탈서구중심주의를 지향하며
현대 한국 정치사상

탈서구중심주의를 지향하며
현대 한국 정치사상

강정인 엮음

아 산 서 원
ASAN ACADEMY

| 차례 |

책머리에 ···07

제1부 현대 한국정치의 사상화(사상적 재구성)

1. **강정인** 한국 현대정치의 이념적 지형:
   비동시성의 동시성의 관점에서 ···38
2. **김동춘** 한국전쟁, 분단이 한국정치에 미친 영향:
   구조화된 '예외상태'하의 자유, 민주, 복지 ···76
3. **문지영** 한국의 자유주의와 근대국가 형성 ···115
4. **양승태** 문명충돌의 정치와 정치학:
   대한민국의 국가 정체성과 한국정치학의
   학문적 정체성의 관계에 대한 문명사적 접근 서설 ···144
5. **이동수** 〈독립신문〉과 공화민주주의 ···177

제2부 **서양 정치사상의 한국화**

6. **김남국** 다문화 시대의 시민: 한국사회에 대한 시론 ···212

7. **김성문** 한국에서의 시민 애국심과 자유주의적 집단주의:
   열정과 정서의 관점에서 ···253

8. **김희강** 서구 페미니즘과 한국 페미니즘 ···298

9. **김용민** 한국에서 루소 사상의 수용과 연구현황에 관한 일 고찰 ···334

10. **장동진** 한국에서 롤즈의 정의론: 이론적 이해와 실천적 함의 ···375

제3부 **동아시아 전통 정치사상의 현대화**

11. **이승환** 전통한국의 공사관(公私觀)과 근대적 변용 ···416

12. **김비환** 조선 초기 유교적 입헌주의의 제요소와 구조: 헌법요소의 화육신(化肉身)으로서의 군주와 권력구조의 상호작용 ···448

13. **김석근** '민본'과 '민주' 사이의 거리와 함의 ···490

14. **이상익** 자유주의의 인권론(人權論)과 유교의 인륜론(人倫論) ···537

15. **박홍규** 유교적 정치가와 성숙한 민주주의: 안철수 '민란' ···573

| 책머리에 |

1

 이 책의 제목은 '현대 한국 정치사상: 탈서구중심주의를 지향하며'이다. 제목이 지시하는 것처럼, 이 책은 현대 한국(=남한) 시민의 정치적 삶에 일관되고 체계적인 이해를 제공하는 것을 목표로 정치사상(또는 정치철학) 연구에 몸담고 있는 국내학자들의 글을 모은 것이다. 목차를 통해 쉽게 파악할 수 있는 것처럼, 이 책에 실린 논문들이 현대 한국 정치사상에서 다루어야 할 중요한 주제들을 포괄적으로 다루고 있는 것은 아니다. 그 대신 이 책은 현대 한국 정치사상 연구가 '탈서구중심주의'를 지향해야 한다는 일정한 목표를 염두에 두고 기획되었다.
 편자는 현대 한국 학계에서 대부분의 인문·사회과학이 서구중심주의에 의해 깊이 침윤되어 있으며 이로 인해 심각한 폐해가 초래되고 있다고 생각한다. 서구중심주의는 여러 가지 방식으로 정의할 수 있겠지만, 이 글에서 편자는 서구중심주의를 다음과 같은 세 가지 명제로 구성되어 있는 것으로 정의한다. 첫째, 근대 서구문명(지리적으로 서유럽을 중심으로 출현했지만 그 문화를 이식한 미국, 캐나다 등도 당연히 포함된다)은 인류 역사의 발전과정에서 최고의 단계에 도달해 있다. 둘째, 서구문명의 역사발전 경로는 서양뿐만 아니라 동양을 포함한 전 인류사에 보편적으로 타당하다. 셋째, 역사발전의 저급한 단계에 머물러 있는 비서구사회는 문명화·근대화·지구화를 통해 오직 서구문명을 모방·수용함으로써만 발전할 수 있다. 다시 말해 서구중심주의는 세 개의 명제, 곧 '서구우월주의', '보편주의/역사주의', '문명화/근대화/지구화(=서구화)'로 압축될 수 있다.[1]

이상의 정의에서 이미 명시된 것처럼, 비서구인들이 서구중심주의를 극복해야 하는 이유는 바로 서구중심주의가 궁극적으로 비서구인들로 하여금 서구문명의 우월성 및 보편성을 받아들이게 함으로써 서구의 문화적 지배에 정당성을 부여하는 기능을 수행하기 때문이다. 그리고 비서구인들은 서구의 세계관, 가치, 제도 및 관행을 보편적이고 우월한 것으로 인식하여 동화주의적 사고를 갖게 되고, 서구를 중심에 놓는 과정에서 자신을 주변화하고 자기비하와 자기부정의 의식을 갖게 되기 때문이다. 이러한 과정을 통해 서구문명을 유일한 보편적 대안으로 상정함에 따라 서구중심적 세계관을 내면화하게 되고, 그 결과 대안적이거나 독자적인 세계관을 형성하지 못하게 됨으로써 궁극적으로 자기소외에까지 이르게 된다.[2]

한국의 다른 학문분야 못지않게 정치사상연구에 있어서도 서구중심

---

[1] 강정인, 《서구중심주의를 넘어서》(서울: 아카넷, 2004), 47~48쪽.
[2] 강정인, 위의 책, 392쪽.

주의의 군림과 그로 인한 폐해는 심각하다. 편자는 "한국 정치사상, 어떻게 할 것인가?; 반성과 대안"이라는 글에서 서구중심주의를 타개 또는 극복하기 위한 연구방법을 시론적으로 제안한 바 있다. 그 중 하나의 대안으로 '서양 정치사상의 한국화', '동아시아 전통 정치사상의 현대화' 및 '현대 한국정치의 사상화(사상적 재구성)'라는 세 가지 전략을 제시했다.[3] 이 책은 기획과 주제의 구성에 있어서 현대 한국 정치사상 연구에서 서구중심주의의 타개라는 목표를 염두에 두고 세 가지 전략의 타당성을 학문적으로 탐색한다는 성격을 띠고 있고, 수록된 논문들 역시 이러한 세 가지 소주제에 따라 배치되어 있다. 따라서 독자의 편의를 위해 세 가지 전략을 아래에 소개하도록 하겠다.[4]

서양 정치사상의 한국화

사실 이 주제는 '학문의 토착화'라는 이름으로 많이 거론되어 온 것이다. 토착화는 어떤 문명이 외래 문명을 주체적으로 수용하는 과정에 필연적으로 수반되는 현상이기도 하다. 가령 서양 문명 역시 본래 동방의 외래 종교인 기독교를 서구화(토착화)했고, 이는 오늘날 우리가 성화(聖畵)를 통해 보는 예수가 본래의 유태인이 아니라 서양 백인의 모습을 띤다는 점에서도 상징적으로 확인된다. 같은 맥락에서 우리 역시 필요하다면 예수를 유태인이 아니라 동아시아인처럼 묘사할 수 있어야 할 것이다. 라틴아메리카의 해방신학과 마찬가지로, 한국의 민중신학 역시

---

3 이 글은 강정인, 《넘나듦通涉의 정치사상》(서울: 후마니타스, 2013), 61~98쪽에 수록되어 있다.
4 따라서 이하의 내용은 편자의 글에서 필요에 따라 약간 수정하면서 옮겨 온 것이다. 강정인, 위의 책, 83~89쪽 참조.

기독교를 한국화하려는 중요한 시도로 볼 수 있다. 예수(기독교)를 서구인의 예수(기독교)가 아니라 한국인의 예수(기독교)로 자기화하는 의미가 있었기 때문이다. 따라서 우리는 민중신학이 기독교를 한국화하려고 했던 것처럼, 서양 정치사상의 한국화를 추구할 필요가 있다.[5] 근대 유럽인이 르네상스 이후 고대 그리스의 플라톤이나 아리스토텔레스의 정치철학을 '유럽화'한 것처럼, 장기적인 관점에서 한국인들 역시 그리스 정치철학을 한국화하는 것은 물론, 나아가 마키아벨리, 로크, 루소, 마르크스 등 서구의 정치철학을 한국화하기 위해 노력해야 할 것이다. 즉 고대 그리스의 정치철학자들은 물론 근대 유럽 사상가들의 정치사상을 그들의 맥락에서 이해하려고 노력하는 한편, 동시에 그들의 사상을 우리의 맥락으로 불러들여 우리의 맥락에서 재활용·전유·혁신하려는 노력이 필요하다. 따라서 편자는 우리의 문제의식(그것은 서구인과 공유하는 것일 수도 있고 우리에게 고유한 것일 수도 있다)을 서구 정치사상에 투영하여 그에 대한 해답을 독자적으로 추구할 때, 그 작업을 일단 '서양 정치사상의 한국화'로 규정하고자 한다.

편자가 다른 글에서 밝힌 것처럼, 조선시대 율곡은 자신의 경장론을 정당화하기 위해 《예기(禮記)》(〈예운(禮運)〉)에 나오는 대동사회론을 《서경(書經)》에 대한 재해석을 바탕으로 혁신했다. 그리고 이를 통해 대동시대에도 경장이 빈번히 있었다는 독창적인 주장을 전개했다('중국사상

---

[5] 여기서 모호하게 제시된 '한국화'가 어떤 내용인가에 대해 엄정한 비판이 제기될 수 있다. 한국화는 궁극적으로 '한국적인 것이 과연 무엇인가'라는 정체성의 개념과 맞닿아 있기도 하다. 그렇기 때문에 그 내용은 시대와 상황에 따라 유동적이며 가변적인 성격을 갖고 있다고 생각한다. 또한 편자는 한국화가 실체적일뿐만 아니라 관계적이며, 또 사전(事前)적으로 추구될 수도 있고, 사후(事後)적으로 발견될 수도 있다고 생각한다. '한국화'는 일종의 발상의 방향을 제시하는 개념으로, 그 내용은 궁극적으로 한국인들이 채우고 합의해 가는 것이라고 생각한다.

의 한국화'),[6] 레닌 역시 마르크스주의를 '러시아화'해서 러시아 혁명에 수정해서 적용하고자 했고, 모택동·호치민·김일성 등과 같은 비서구권의 사회주의자들 역시 비슷한 작업을 수행했다. 편자 역시 한국 보수주의에 관한 몇 편의 논문에서 서구적 (특히 영국식) 보수주의가 한국에 그대로 적용될 수 없으며, 후발국의 보수주의가 서구의 그것과 다를 수밖에 없다는 점을 보여주고자 했다.

동아시아 전통 정치사상의 현대화[7]

편자가 보기에 동아시아 전통 정치사상에 대한 적지 않은 연구들은 원전의 텍스트에 대한 훈고학적 해석에 몰입하고, 또 당시의 맥락에 치중하여 해석하려는 경향이 있다.[8] 물론 이러한 해석은 추후의 버전-업(version-up)된 연구를 위한 기초 작업으로서 매우 긴요하다. 그러나 그에 못지않게 힘써야 할 연구는 중국·한국·일본 등 동아시아 전통 정치사상에 현대의 문제의식을 투영해서 그 사상을 확충하고 버전-업하

---

6 대표적으로 율곡은 대동시대로 알려진 요임금 때 9주가 순임금 때 12주로 개편되었다가 우임금 때 다시 9주로 복귀된 사실을 들고 있다. 이에 대해서는 강정인, "율곡 이이의 경장론과 개념의 혁신: 대동·소강 개념을 중심으로", 《율곡학 연구》(한림대학교 율곡학연구소) 1집(2005), 227~250쪽을 참조할 것.
7 여기서 '현대화'는 본래 '근대화'의 의미로 받아들여야 할 것이다. '근대'는 본래 '현대', '근대', '최신', '당대' 등 시대와 관련된 가치중립적 표현으로 출발했지만, 문명과 관련해서 근대는 르네상스 이후 서구에서 출현한 근대 문명의 독특한 속성, 예를 들어, '휴머니즘', '세속주의', '합리주의', '진보주의', '보편주의', '과학기술' 등 이전의 '전통 문명'과 대비되는 사상적 흐름을 포괄적으로 지칭하는 가치지향적인 개념으로 변모했다. 오늘날 서구 근대문명이 전 세계를 지배하고 군림함에 따라 비서구 문명은 서구문명에 적응하면서 생존과 번영을 추구하기 위해 근대화를 수행하지 않을 수 없게 되었다. 이에 따라 비서구문명의 '근대화'가 비록 양과 질에 있어서 다양한 편차가 있다고 하더라도 서구화를 수반하게 되었다는 점을 부정할 수 없다. 이 점에서 동아시아의 전통 정치사상 역시 근대화의 압력으로부터 자유롭지 못했다. 그러나 지난 20세기 말경부터 우리는 인문사회과학에서 강력한 탈근대 지향성을 목격하고 있으며, 이제 탈근대주의(postmodernism)는 중요한 사조를 형성하고 있다. 이로 인해 일각에서 '근대화'는 이제 시대에 뒤떨어진 추세 또는 변화라는 느낌을 준다. 따라서 편자는 본래의 '근대화'에 탈근대주의적 지향성을 추가하기 위해 '현대화'라는 단어를 사용했다.
8 물론 이러한 지적은 국내의 서양 정치사상 연구에도 적용된다.

는 작업이다. 그러한 작업을 수행하는 과정에서 우리는 전통사상의 현대화가 일정 부분 '서구화'를 수반해야 한다는 관점에서 서구문명에 대한 동화적·역전적·혼융적·해체적 전략을 적용하면서 전통사상을 새롭게 재전유할 수 있을 것이다.[9] 물론 현 단계에서 이 전략이 아직 괄목할 만한 성과를 거두고 있다고 하기는 어렵지만, 우리는 전통시대의 고전을 현대적 관점에 비추어 비판적으로 재해석하고 혁신함으로써 우리의 현실에 유용한 사상적 자원을 추출하려는 작업으로서 이 전략을 지속적으로 추진해야 할 것이다.

전통사상의 현대화라는 작업은 '과거의 사상가를 어떻게 바라보아야 하는가?'라는 문제의식으로 우리를 인도하는데, 여기서 니체의 역사에 대한 세 가지 관점을 상기하는 것은 유용하다. '골동품 애호적 시각', '기념비적 시각', '비판적 시각'이 그것이다.[10] 이 가운데 우리는 니체가 추천하는 '비판적 시각'을 일관되게 채택해야 한다고 생각한다. 니체는 그리스 작가나 철학자들을 논하면서 한 번도 그들을 치켜세우려는 골동품 애호적 시각이나 기념비적 시각을 견지하지 않았다. 그것은 우리가 과거의 문화적 유산에 대해 유지해야 할 온당한 태도이다. 따라서 19세기 서양의 많은 사상가들에게 그랬던 것처럼, 니체에게 고대 그리스의 철학자나 작가들은 죽은 자로서 추존(推尊)의 대상이 아니라 아직도 생생하게 살아 있는 자로서 활발한 논쟁을 벌여야 할 논적(論敵)이었다. 우리 역시 조선과 중국의 전통사상에 대해 그러한 태도를 취해야 한다.

---

9 이 네 가지 전략에 대한 상세한 논의로는 강정인, 《서구중심주의를 넘어서》, 11장을 참조할 것.
10 Friedrich Wilhelm Nietzsche, 《The Use and Abuse of History》, tr. by Adrian Collins (Indianapolis: Bobbs-Merrill Educational Pub, 1957).

우리 학계에서도 이미 전통사상의 현대화를 성공적으로 추진한 사례가 있다. 유가사상을 서구 정치철학의 관점에서 새롭게 재해석한 이승환의 연구, 서구의 근대 헌정주의를 염두에 두고 조선의 헌정제도를 독창적으로 재조명한 함재학의 유교적 헌정주의에 대한 연구가 그것이다.[11] 또 다른 방법은 동아시아 정치사상과 서양 정치사상을 비교·검토함으로써, 양자의 수렴가능성을 탐색하고 호환가능성을 확충하는 작업이다. 유가철학을 전공한 이상익은 일련의 저술들에서 동서양 사상의 상호비교를 통해 이러한 시도를 지속적으로 추구하고 있다.[12] 이러한 연구는 동아시아 사상의 입장에서 서구사상을 비판하고, 서구사상의 시각에서 동아시아 사상을 재해석하는 교차 비판적인 작업을 당연히 수반하게 마련이다.

현대 한국정치의 사상화(사상적 재구성)

우리나라에서 정치사상 연구자들의 노력이 가장 부진한 분야가 현대 한국정치의 '사상화' 작업이라고 생각한다. 한국의 정치사상 연구자들은 현대 한국정치 현실에서 가장 중요하고 심각한 문제들(burning questions)이 무엇인가를 규정하고(define and articulate), 나아가 이를 해결하기 위한 이론적 논변이나 사상적 비전을 전개해야 한다. 현대 한국정치의 3대 과제를 산업화(정보화)와 복지사회의 건설, 민주화(또는 민주주의의 정착과 심화), 분단의 극복과 통일된 국민국가 건설의 완성이라

---

11 이승환, 《유가사상의 사회철학적 재조명》(서울: 고려대학교 출판부, 1998); Chaihark Hahm, "Confucian Constitutionalism"(Cambridge, MA: the Harvard Law School Graduate Program, 2000), J.S.D. Dissertation.
12 이상익, 《유가 사회철학 연구》(서울: 심산, 2001); 이상익, 《유교전통과 자유민주주의》(서울: 심산, 2004).

고 했을 때, 오늘날 정치사상 연구자들은 이러한 주제 또는 기타 긴요한 주제에 대해 과연 후대에 전해줄 만큼 가치 있는, 또는 독창적인 성찰이나 비전을 제시하고 있는가? 아쉽게도 그러한 분야에서 의미 있는 작업은 다른 분야의 학자들(정치사상을 전공하지 않는 정치학자, 사회학자, 인문학자 포함)이나 재야의 지식인이나 활동가들(함석헌, 장준하, 문익환, 송건호, 리영희, 강만길 등)에 의해 수행된 경우가 대부분이다. 사상 연구자들 중 일부는 그들의 성과가 이론적으로 저급하다고 치부하면서 초연한 태도를 취할 법도 하지만, 그렇다 하더라도 현대 한국정치가 직면한 중대한 주제를 정면으로 진지하게 다루지 않고 소홀히 해온 정치사상 연구자들은 심각한 반성이 필요하다. 정치사상 연구자 모두가 이러한 작업에 몰입해야 하는 것은 아니겠지만, 지금까지의 기여는 매우 미흡하게 여겨진다.

물론 사상과 관련된 분야를 모두 사상전공 정치학자들이 독점할 필요는 없을 것이다. 예를 들어, 한국정치나 한국사회를 연구하는 전공학자들이 이러한 작업을 하는 것도 필요하고 바람직하다. 실제로도, 현재 활동하고 있는 몇몇 뛰어난 한국정치 또는 한국사회 연구자들은 사상적으로 의미심장한 기여를 해왔다고 평가된다. 다만 이 연구자들은 사상 전공자의 입장에서 현대 한국정치를 사상화한 것이 아니라, 자신의 전공분야에서 현대 한국 정치나 사회에 대한 진지한 문제의식을 심화하는 과정에서 그것에 대한 사상화 작업을 의식적이건 무의식적이건 수행한 것으로 보인다. 다만 이 학자들의 경우 문제의식의 한국화, 한국 현실에 대한 해석 등에서는 탁월한 면을 보이면서도, 이론의 구성에서는 종종 산만하고 미흡하다고 여겨질 때가 있다. 이러한 미흡한 점을 보완하기 위해 사상전공 학자들 역시 적극적으로 현대 한국정치를 사상화하는 작업에 동참할 필요가 있고, 양자의 노력이 한데 어우러짐에 따라 더욱 바람직한 성과를 산출할 수 있다고 생각된다. 이러한 시도는 학제 간의 교류는 물론 정치학 내에서도 비교정치, 국제정치, 북한정치 연구자들과 사상전공 학자들 간의 교류를 통해서 상호 유익한 결실을 맺는 방향으로 확대되어야 할 것인데, 그러한 필요성마저도 좀처럼 인식되고 있지 못한 현실이 아쉽게 여겨진다.

2

따라서 이 책은 한국 정치사상 연구에서 서구중심주의의 타개라는 목표를 염두에 두고, 위에서 설명한 세 가지 소주제에 따라 15편의 논문을 수록하고 있다. 그러나 실제 논문의 배열은 위에서 논의한 순서를 바꾸어서 '현대 한국정치의 사상화', '서양 정치사상의 한국화', '동아시아 전통 정치사상의 현대화'의 순으로 이루어지고 있다. 현대 한국정치를 사상적으로 재구성하는 논문이 책의 앞부분에 실리는 것이 합당하다고 판단했기 때문이다. 이제 이 책에 실린 논문을 이러한 순서에 따라 간략히 소개하고자 한다.

현대 한국정치의 사상화(사상적 재구성)

1부인 '현대 한국정치의 사상화'에서는 "한국 현대정치의 이념적 지형: 비동시성의 동시성의 관점에서"(강정인), "한국전쟁, 분단이 한국정

치에 미친 영향: 구조화된 '예외상태'하의 자유, 민주, 복지"(김동춘), "한국의 자유주의와 근대국가 형성"(문지영), "문명충돌의 정치와 정치학: 대한민국의 국가 정체성과 한국정치학의 학문적 정체성의 관계에 대한 문명사적 접근 서설"(양승태), "〈독립신문〉과 공화민주주의"(이동수) 등 5편의 논문을 수록했다. 아래에서 독자의 이해를 돕기 위해 개별 논문을 간략히 소개하도록 하겠다.

먼저 "한국 현대정치의 이념적 지형: 비동시성의 동시성의 관점에서"라는 글에서 강정인은 민주화 이후 현재의 관점에서 주로 1987년 민주화 이전까지의 시기에 초점을 맞추어, 현대 한국정치의 이념적 지형을 독일의 마르크스주의 철학자 블로흐(Ernst Bloch)가 고안한 '비동시성의 동시성'이라는 개념을 통해 살펴보았다. 이를 위해 먼저 블로흐가 고안한 비동시성의 동시성 개념을 간략히 제시하고, 저자가 사용하는 비동시성 개념이 블로흐의 개념과 어떻게 구분되는지에 대해 서술했다. 그리고 이러한 개념적 기반 위에서 민주화 이전 한국정치의 이념적 지형의 가장 현저한 특징의 하나로 비동시성의 변증법에 따른 '이중적 정치질서의 중첩적 병존과 한국 보수주의의 이념적 모호성'을 지적하고 있다. 이어서 비동시성의 변증법에서 파생된 이념적 지형의 여러 특징을 '최종적인 완성물로서 다양한 이데올로기의 수용', '다양한 이데올로기의 조급한 충돌과 자유민주주의의 조속한 보수화', '탈맥락적으로 갈등하는 이데올로기들' 및 '진정성 논쟁'이라는 소주제를 통해 고찰하고 있다. 결론 부분에서는 먼저 민주화 이후 20여년이 지난 현재 한국정치의 이념적 지형이 서구의 그것에 수렴하고 동시화하는(synchronize) 현상을, 이념적 다양성을 수반하는 정당체제의 형성이라는 차원에서 검토하고 있다. 이어서 비동시성의 변증법이 단순히 세계체제의 주변부 후발국에서만 관찰되는 현상이 아니라, 역으로 중심부인 서구에서도, 특히 사회주의권 붕괴 이후 동유럽에서 집중적으로 관찰되는 현상임을 새롭게 지적하고 있다. 이 논문은 서구 근대문명의 영향을 받아 현대 한국정치의 이념적 지형이 형성되는 과정에서 서구와 비교해서 드러나는 한국 정치의 차이에 주목하고, 그 차이를 종래 국내학계의 연구관행처럼 단순히 (서구 정치에 대한) '일탈', '왜곡', '예외'로 해석하는 대신, 근본적으로 서구와 한국이 근대국가의 건설과정에서 직면했던 역사적 맥락의 차이로 재조명함으로써 서구중심주의적 해석의 틀을 극복하려고 한 데에 그 의의가 있다.

이어서 "한국전쟁, 분단이 한국정치에 미친 영향: 구조화된 '예외상태'하의 자유, 민주, 복지"라는 글에서 김동춘은 한국에서 근대국가의 기본 이념인 자유, 민주, 복지의 이념과 정책이 서구에서와 다른 양상으로 전개되었다는 점에 주목한다. 주된 원인으로 저자는 일제로부터 해방 직후 한국이 처한 독특한 역사적 상황을 강조하는데, 첫째 전 세계적 냉전하에서 자주독립 국가 건설이 좌절된 채 곧바로 민족이 분단되고, 민족 내부의 전쟁을 거쳐 분단이 고착화된 사실, 둘째 이런 상황에서 근대국가 건설을 미국 정치경제의 압도적 영향 아래서 수행해야 했다는 사실을 지적한다. 이런 식으로 형성된 한국의 분단/전쟁체제는 자유, 민주, 복지의 개념을 반공주의의 틀 내에서 조형했는데, 그 결과 자유는 주로 재산권 보장과 경제적 자유로, 민주는 선거 제도와 삼권분립을 축으로 하는 형식적 민주주의로, 그리고 복지는 공공복지의 축소와 가족복지, 기업복지에 대한 과대한 의존으로 형상화되었다. 물론 저자는 민주화가 진척되면서 민주주의의 폭도 넓어졌고, 공공복지도 확대되어 가고 있다는 점을 인정한다. 그러나 저자는 민주주의의 심화나 공공복지의 확대를 위해 지속가능한 압력을 행사할 수 있는 새로운 정치세력의 형성, 혁신적인 정당의 형성이 부진한 상태이기 때문에, 전통과 식민지의 유산, 분단과 전쟁이 만들어 놓은 구조적 제약이 여전히 강하게 작용하고 있다고 주장한다.

"한국의 자유주의와 근대국가 형성"에서 문지영은 한국 자유주의의 역사적 맥락을 살펴보면서 그것이 근대국가 형성에 끼친 영향을 규명하고 있다. 저자는 해방 이후 대한민국의 수립이라는 근대국가 형성 과정을 주로 민족주의의 관점에서 설명하고 평가하는 학계의 일반적 관행의 타당성을 일면 수긍하지만, 동시에 이를 자유주의의 발전이란 견지에서도 조명할 필요가 있다고 강조한다. 저자는 특히 19세기 후반 개화기에 조선의 근대화를 목표로 자유주의적 원리와 체제를 도입하고자 한 일련의 시도가 있었고, 대한민국 임시정부 헌법 역시 자유주의 원리를 토대로 하고 있었다는 역사적 사실을 상기시키면서 이러한 관점을 정당화한다. 이러한 입장에 따라 저자는 서구 근대의 충격 이후 일제 식민지배, 해방, 분단이라는 역사적 맥락 속에서 대한민국의 수립을 자유주의의 발전과 연결시키고 한국의 근대국가 형성에 그것이 끼친 영향을 추적한다. 나아가 저자는 이렇게 발전해 온 한국의 자유주의가 서구에서 발전한 자유주의와 비교하여 어떤 차이를 지니며, 국가 형성을 포함해서 한국정치에 어떤 영향을 끼쳤는지, 그리고 그것이 드러내는 한계는 무엇인지 등의 문제에 대해서 검토한다.

"문명충돌의 정치와 정치학: 대한민국의 국가 정체성과 한국정치학의 학문적 정체성의 관계에 대한 문명사적 접근 서설"이라는 글에서 양승태는 한국의 국가 정체성과 한국 정치학의 학문적 정체성과의 관계를 문명사적 관점에서 시론적으로 검토하고 있다. 저자는 이 논문에서 문명사적 관점의 핵심으로 헌팅턴의 문명충돌의 개념을 채택하지만, 동시에 헌팅턴의 개념이 국가 정체성 문제를 간과한 근본적인 결함이 있다고 비판한다. 따라서 저자는 문명충돌이 근본적으로 가치관이나 세계관 또는 정치이념들 사이의 충돌이고, 그것들을 통제하고 변화의 방향을 결정하는 주체는 정치권력이며, 그러한 통제의 지적 기반이 정치학이라고 할 때, 문명충돌의 핵심에는 충돌하는 문명들 각각에 내재한 정치학의 충돌이 있다는 점을 논증한다. 본론에서 저자는 19세기 중반 동아시아 지역에서 발생한 문명충돌은 서양 정치학과 주자학적 정치학의 충돌이라는 점에서 다른 지역의 그것과는 구분된다고 주장하면서 이를 설명하기 위해 문명 및 정치학이라는 말들 자체의 원초적인 의미와 개념적 원형을 검토한다. 이러한 검토를 통해 저자는 결론에서 이 시대의 한국 정치학, 나아가 중국 및 일본의 정치학에 부과된 문명사적 소명이 무엇인가라는 문제를 제기한다.

"〈독립신문〉과 공화민주주의"라는 글에서 이동수는 한국사회가 산업화를 거쳐 민주화를 이룩했음에도 불구하고 여전히 갈등과 분열이 심각하다는 점에 주목하고, 이런 상황을 타개할 수 있는 대안으로 헌법에 구현된 공화민주주의에 근거하여 사회의 다양한 갈등을 해결할 것을 제안한다. 한국은 이미 건국헌법에서부터 '민주공화국'을 국가 정체성으로 규정하고 있는바, 저자는 '민주'와 '공화'는 서로 배치되는 개념은 아니지만 미묘한 차이를 갖는다는 점을 지적한다. '민주'는 인민주권의 실현에 관심을 갖고 직접 민주주의적 요소를 강조하는 데 비해, '공화'는 인민주권에 바탕을 두기는 하지만 이를 대의제나 사법심사제, 헌정주의 등과 같은 장치들을 통해 민주적 독재의 위험성을 제거하고자 한다. 또한 민주주의는 인민이 직접 권력을 행사하거나 아니면 적어도 민중적 통제를 통해 정치권력을 견제하는 데 주력하는 반면, 공화주의는 국민통합과 상호성의 확립을 중시한다. 여기서 저자는 19세기 말 조선을 개혁하여 새로운 근대 국민국가를 구상하던 개화파들이 이미 〈독립신문〉을 통해 자생적 공화민주주의의 수립을 추구했다는 점을 환기시킨다. 〈독립신문〉에 나타난 공화민주주의의 특징은 백성을 국민으로 전화시켜 한데 모으는 국민통합, 이를 위한 백성들 사이 및 백성과 정부 사이의 소통, 그리고 국민의 자유와 평등을 보장하기 위해 법을 제정하고 이에 근거하여 통치하는 법치를 강조한 데 있다. 저자는 당시 개화파의 공화민주주의에 일정한 한계가 있었다는 점을 인정하지만, 그들이 선구적으로 제기한 공화민주주의가 오늘날 한국사회의 통합을 위해 필요한 커다란 시사점을 던져준다는 결론으로 논문을 마무리한다.

서양 정치사상의 한국화

2부인 '서양 정치사상의 한국화'에서는 "다문화 시대의 시민: 한국사회에 대한 시론"(김남국), "한국에서의 시민 애국심과 자유주의적 집단주의: 열정과 정서의 관점에서"(김성문), "서구 페미니즘과 한국 페미니즘"(김희강), "한국에서 루소 사상의 수용과 연구현황에 관한 일 고찰"(김용민), "한국에서 롤즈의 정의론: 이론적 이해와 실천적 함의"(장동진) 등

5편의 논문을 수록했다.

먼저 "다문화 시대의 시민: 한국사회에 대한 시론"이라는 글에서 김남국은 오늘날 비교적 동질적인 문화를 가졌던 전통적인 국민국가들이 세계화에 따른 이주노동자와 낯선 문화 및 새로운 종교의 유입과 함께 다문화 사회의 도전에 직면하고 있는 세계사적 변화에 직면하고 있다고 진단한다. 저자는 이러한 세계사적 변화에 주목하면서 단일민족과 단일문화를 강조하던 한국 역시 점점 다양하게 분화되는 인종과 문화 및 종교 등의 도전으로부터 자유롭지 못하다고 지적한다. 이에 따라 저자는 '다문화 시대의 시민'이라는 일반적 문제의식을 제기하면서 이와 같은 상황에서 '시민으로서 권리와 의무는 무엇이어야 하는가?', '시민으로서 공동의 정체성은 어떻게 확보될 수 있는가?', 나아가 '한 사람의 시민이 탄생하는 데 국가의 역할은 어떻게 정의되어야 하는가?'라는 구체적인 문제를 제시한다. 이러한 문제들을 염두에 두고 저자는 다문화 시대에 적합한 시민의 개념을 모색하기 위해 자유주의와 자유방임주의 및 공화주의 전통에서 주장하는 시민의 모습에 대해 개관하고, 이 세 가지 이념형을 중심으로 최근 우리나라에서 이루어지고 있는 바람직한 사회구성의 원칙과 시민의 역할을 둘러싼 논의를 검토한다. 검토를 통해 저자는 우리 학계에서 공화주의를 강화하자는 입장에서 제기된 논변에 담긴 위험성과 한계를 비판한다. 그리고 어느 한 입장의 배타적인 선택보다는 개인이나 공동체 가운데 한쪽의 비중이 커지는 시대의 흐름을 적절히 조율하기 위해 때로는 공화주의를, 때로는 자유주의를 강조하는 유연하고 균형적인 접근이 더 필요하다고 주장한다. 이를 위해 저자는 '심의 다문화주의'라는 개념을 제시하면서 '상호존중'과 '합리적

대화', 그리고 '정치적 권리'라는 세 가지 조건을 다문화 시대의 시민이 갖추어야 할 적합한 모습으로 제시한다.

"한국에서의 시민 애국심과 자유주의적 집단주의: 열정과 정서의 관점에서"라는 글에서 김성문은 한국사회에 적합한 애국주의로 "시민 애국심(civil patriotism)"이라는 개념을 제안하는바, 이 개념을 통해 도덕적 성격에 있어서는 비개인주의적(non-individualistic)이지만 정치적 성격에 있어서는 자유주의적인 대안적 형태의 애국주의를 탐색하고 있다. 저자는 시민 애국심의 가장 중요한 특징 중 하나로 그것이 제도적으로 국가 자체가 아니라 시민사회에 토대를 두고 있다는 점을 강조한다. 저자의 핵심 주장은 크게 두 가지인데, 첫째는 시민 애국심을 추동시키는 동력이 반드시 정치적으로 비롯되는 것은 아니지만 그럼에도 불구하고 정치를 활성화시키는 "시민적 열정(civil passion)"이라는 논변이다. 둘째는 시민적 열정의 핵심이 정치공동체에 대한 적극적/긍정적인 애착정서가 아닌 "비판적 애착정서(critical affection)"라는 논변이다. 비판적 애착정서는 애착정서를 반성적이고 자기규율적으로 만듦으로써 시민적 열정을 보다 성숙하게 만든다. 이에 따라 저자는 조지 케이텝(George Kateb)의 자유주의 이론과 마우리지오 비롤리(Maurizio Viroli)의 공화주의 이론을 비판적으로 검토하면서 시민 애국심 개념을 도출한 후, 이 개념이 한국 민주주의(특히 민주적 시민사회)에 어떤 실천적 함의를 갖는지를 검토한다.

"서구 페미니즘과 한국 페미니즘"이라는 글에서 김희강은 먼저 최근 20~30년간 서구학계, 특히 영미 학계 페미니즘 이론의 흐름을 파악·분석하고, 이어서 이러한 서구 페미니즘 이론이 한국 학계에 던지는 시사점을 살펴본 후, 이를 바탕으로 한국 페미니즘 이론이 앞으로 나아가야 할 방향을 제시하고 있다. 먼저 서구 페미니즘 이론이 1980년대를 기점으로 이전과 비교하여 어떠한 변화를 보이고 있는지를 방법론, 가치지향, 분석대상의 세 가지 측면으로 나누어 검토한다. 저자는 방법론의 측면에서는 비판(critique)에서 건설(construction)로, 가치지향의 측면에서는 평등(equality)에서 자유(liberty)로, 그리고 분석대상의 측면에서는 성(gender)에서 사회정의(social justice)로 동향을 나누고, 각각의 동향에서 부각된 주요 쟁점과 의의를 살펴본다. 마지막으로 이러한 서구 페미니즘 이론의 변화와 쟁점이 한국 학계에 제시하는 함의를 알아보고, 한국적 맥락에서 생성·수용되는 한국 페미니즘 이론의 발전 가능성과 의미를 탐색한다. 더불어 저자는 서구 이론을 무비판적으로 한국적 맥락에 적용했을 경우의 문제점을 올바르게 인지하고 서구 페미니즘 이론의 비판적인 탐구를 통하여, 한국이란 토양에서 생성·발전되어 온 한국 페미니즘에 의미 있는 기여를 하고자 한다.

"한국에서 루소 사상의 수용과 연구현황에 관한 일 고찰"이라는 논문에서 김용민은 프랑스혁명은 물론 근대 서구 정치질서의 형성에 심대한 영향을 미친 루소 사상이 중국·일본·한국을 포함한 동아시아에 수용된 과정을 다루고 있다. 19세기 후반 서세동점의 시대에 국가적 위기에 봉착한 동아시아에서 새로운 정치질서가 모색되었을 때, 인민주권과 민주주의라는 근본이념을 강력하게 표방하고 있는 루소의 정치사상은 서구의 다른 근대 사상가들의 이론보다도 비교적 빨리, 그리고 호의적으로 수용되었다. 루소 사상이 일본과 중국에 이입되는 과정에서 주도적 역할을 한 나카에쵸민(中江兆民, 1847~1901)과 량치차오(梁啓超,

1873~1929)는 19세기 말 한국에서의 루소 사상 수용에도 큰 영향을 미쳤다. 저자는 한국에서 루소 사상 수용사를 크게 개화기를 포함하는 '초기수용의 시대(1897년~1945년)'와 '해방 이후 후기 수용의 시대(1945년~현재)'로 나누어 고찰한다. 해방 전까지 루소 사상이 일본인의 안목에서 수용되고 굴절되는 과정을 겪었다면, 해방은 한국인의 안목에서 루소 저작에 대한 본격적인 번역과 그의 사상에 대한 연구가 활성화되는 계기를 제공했다. 이 논문에서 저자는 한국에서 루소 사상 수용의 역사를 다루면서 20세기 초 이후 현재에 이르기까지 100여 년이 지나는 동안 루소 사상이 어떻게 우리의 사상과 의식의 저변에 깔리게 되었는지를 보여주고 있으며, 아울러 루소 사상을 대하는 우리의 주체적인 학문적 역량이 성숙되고 있음을 드러내고 있다. 저자는 이러한 역량을 바탕으로 이미 우리의 것이 되어 있는 루소 사상을 서구중심적 관점이 아니라 우리의 관점에서 이해하고 해석하는 철학적 계기를 만들어야 할 것이라고 말하면서 글을 마무리하고 있다.

"한국에서 롤즈의 정의론: 이론적 이해와 실천적 함의"라는 논문에서 장동진은 한국에 수용된 롤즈의 정의론을 이론적 이해와 실천적 노력이라는 두 가지 차원에서 검토하고 있다. 저자는 이론적 이해의 과정을 ① 정확한 이론적 이해의 단계, ② 비판적 이해의 단계, ③ 반성적 평형의 단계 등 세 가지 단계로 나누어 고찰하는데, 특히 최근의 단계인 반성적 평형의 단계에 주목한다. 저자는 반성적 평형의 단계에서 나타나는 특징을 동양 및 한국의 전통적 관점에서 자유주의 정치철학과 함께 롤즈 정의론을 비판적으로 검토하고, 동시에 롤즈와 자유주의적 정의관에 입각하여 한국적 정의관을 조명·비판해 보는, 동서 정치사상의 교차문화적 대화로 파악한다. 또한 저자는 한국에서 롤즈 정의론의 이론적 이해와 관련하여 세 가지 경향을 지적한다. 첫째는 롤즈 논의에 대한 (정치학·철학은 물론 경제학·사회학·경영학을 망라하는) 통합 학문적 조명의 추구이고, 둘째는 한국 민주주의에서 롤즈 정의론의 실질적 적용의 검토이며, 셋째는 롤즈의 공화주의적 발상의 적용가능성 탐색이다. 또한 저자는 롤즈 정의론의 실제적 적용과 영향을 세 가지로 정리하여 제시한다. 첫째, 자유의 우선성을 강조하는 정의 제1원칙은 한국 민주주의에서 인권과 기본적 자유의 중요성에 대한 인식을 고양하는 데 기여할 것이다. 둘째, 정의 제2원칙의 차등원칙의 발상은 (필요시 약간의 수정을 거쳐) 심화되어 가는 경제적 불평등을 조정하고 공정한 기회평등을 지향하는 데 있어 시민들에게 구체적 지침을 제공해 줄 수 있을 것이다. 셋째, 롤즈 정의론에 흐르는 평등주의 발상은 공동선과 상호의존적 인간관계를 중시하는 한국의 공동체주의적 요구와 친화성을 지니는 한편, 그 정의론에 내재한 자유주의적 개인주의는 한국인의 일상적인 공동체주의적 의식 및 관계적 인간관행과는 여전히 긴장관계를 유지할 것이다. 마지막으로 저자는 한국에서 롤즈 정의론은 한국 민주주의가 발전함에 따라 새로운 방향을 모색하기 위해 끊임없이 논의되고 새로운 해석이 시도될 것이라고 언급하면서 논문을 마무리한다.

동아시아 전통 정치사상의 현대화

3부인 '동아시아 전통 정치사상의 현대화'에서는 "전통한국의 공사관(公私觀)과 근대적 변용"(이승환), "조선 초기 유교적 입헌주의의 제요소

와 구조: 헌법요소의 화육신(化肉身)으로서의 군주와 권력구조의 상호작용"(김비환), "'민본'과 '민주' 사이의 거리와 함의"(김석근), "자유주의의 인권론(人權論)과 유교의 인륜론(人倫論)"(이상익), "유교적 정치가와 성숙한 민주주의: 안철수 '민란'"(박홍규) 등 5편의 논문을 수록했다.

먼저 "전통한국의 공사관(公私觀)과 근대적 변용"이라는 논문에서 이승환은 전통시대 한국에서 통용되어 온 '공(公)' 개념에 내포된 범주적 특징과 개념적 특성을 분석·정리하고 있다. 이 글에서 저자는 전통시대의 사유구조, 특히 성리학적 사유구조에 내포된 '공' 개념에 대한 분석을 통해, '공'이라는 개념이 ① 정치적 지배영역을 의미하는 '공', ② 보편적 윤리원칙을 의미하는 '공', ③ 다수의 의지를 의미하는 '공' 등의 세 가지 의미를 포괄하고 있었음을 논증한다. 이어서 저자는 '근대'라는 시대적 전환기를 맞이하여 전통한국에 존재하던 세 층위의 '공' 개념 가운데서 오직 '정치적 지배영역을 의미하는 공'의 측면만 과도하게 부각되어 강력한 국가중심주의 현상이 빚어졌다고 진단하면서 그 이유를 해명하고자 한다.

"조선 초기 유교적 입헌주의의 제요소와 구조: 헌법요소의 화육신(化肉身)으로서의 군주와 권력구조의 상호작용"이라는 글에서 김비환은 《경국대전》으로 완성되는 조선 초기의 정치체제를 유교적 입헌군주제로 규정한다. 이에 따라 저자는 통치권력의 행사를 제약했던 입헌주의적 기제들의 존재방식을 확인하고 그 기제들이 어떤 방식으로 통치권력, 특히 임금의 권력을 통제했는가를 조명함으로써 창업 이후 조선이 나름대로 정교한 입헌주의 국가로 발전하고 있었다고 주장한다. 이 글의 구성은 다음과 같다. 서론에 이어 2장에서는 입헌주의의 구성 원리들을 전제적 권력행사를 방지하기 위한 권력구조와 권력분립의 규정, 보호되어야 할 개인들 혹은 집단들의 권리 명시, 그리고 정치공동체의 가치지향 혹은 도덕적 성격의 천명으로 이해하고, 조선 초 최고 통치권자로서의 국왕의 성품과 덕성 그리고 지식 형성에 기여했던 문서들과 제도적 장치들이 유교적 입헌주의의 구조 속에서 갖는 중요성을 조명한다. 3장에서는 각 국가기관들에 대한 권력분장(權力分掌)과 그들 상호 간의 견제와 균형 원리 및 전체로서의 신권(臣權)이 입헌주의의 온전한 작동에 대해서 갖는 중요성을 검토한다. 4장에서는 유교적 입헌주의가 안민(安民)이라는 실질적인 유교적 가치에 토대를 두고 있었음을 보여준다. 근대 입헌주의가 개인들의 기본권 보호를 가장 핵심적인 원리로 삼고 있는데 반해 유교적 입헌주의는 안민이라는 실질적인 유교적 가치를 지향했다는 점에서, 저자는 조선 초기 유교 국가를 유교적 입헌주의 발전의 한 형태로 규정한다. 마지막 장에서 저자는 유교적 입헌주의가 전제하고 있는 인간관을 살펴보고 유교적 입헌주의가 지닌 현대적 의의를 조명해본다.

"'민본'과 '민주' 사이의 거리와 함의"라는 글에서 김석근은 서로 다른 전통과 맥락을 갖는 '민주주의'와 '민본주의(民本主義)'라는 두 개념을 비교·분석하는 데 초점을 맞추고 있다. 이를 통해 저자는 20세기 중반 이후 보편적 종교로 민주주의가 갖는 허와 실을 나름대로 짚어봄과 동시에 민본주의 전통을 재조명하고자 한다. 저자는 먼저 고대 동양사상에서 민본과 민주의 의미를 검토하고, 고대 아테네의 민주주의 경험과 근대 자유민주주의의 장점과 한계를 비판적으로 음미한다. 이어서 저자는 오늘날의 민주주의의 한계와 위기에 대한 보완과 수정에 대한 시사점을 얻기 위해 '민본'과 '민본주의' 전통에 관한 재조명과 적절한 수용이 필요하다고 지적하면서, 그 근거로 현대 민주주의가 '대의제도'를 통한 간접 민주주의라는 틀을 벗어날 수 없다는 점을 제시한다. 다시 말해 저자는 '소수자 지배(과두제)'가 '역사의 냉혹한 숙명'이라면, 그리고 대표(혹은 엘리트)의 존재를 부인할 수 없다면, '민본'과 '민본주의'에 대해서 새롭게 인식할 필요가 있다고 주장한다.

"자유주의의 인권론(人權論)과 유교의 인륜론(人倫論)"이라는 논문에서 이상익은 '자아실현'은 동과 서, 과거와 현재의 모든 철학과 윤리학이 지향하는 이상이라는 전제에서 출발하여 전통 유교와 현대 자유주의의 핵심적 대립이 '자아실현'에 대한 상이한 이해에서 비롯된다고 주장한다. 저자는 '자아실현'을 본래 두 차원에서 이해할 수 있다고 말한다. 하나는 개인이 자신만의 독특한 개성을 실현할 것을 추구하는 것이고, 다른 하나는 개인이 인간의 보편적 본성을 실현할 것을 지향하는 것이다. 그런데 개인의 독특한 개성만을 강조하고 인간의 보편적 본성을 무시한다면, 그 때의 자아실현이란 프롬(Erich Fromm), 매킨타이어(Alasdair MacIntyre), 테일러(Charles Taylor) 등이 지적한 것처럼 '소외, 자아도취, 멋대로 자유' 등 각종 폐단을 야기할 것이다. 그렇다면 우리는 '인간의 보편적 본성'에 기초하여 '개인의 독특한 개성'을 발휘할 때만이 참다운 자아실현이 이루어진다고 할 수 있을 것이다. 이는 인륜의 한계를 넘지 않는 범위에서 자유를 누린다는 뜻이요, 또한 가치의 객관적 척도를 존중한다는 뜻이다. 저자는 그 모범적 사례로 공자의 '화이부동(和而不同)'과 '종심소욕불유구(從心所欲不踰矩)'를 제시하면서 논문을 마무리한다.[13]

---

[13] 여기서 화이부동은 '남들과 조화를 이루되 개성을 지킴'을 의미하고 종심소욕불유구는 '자신의 자유의지에

"유교적 정치가와 성숙한 민주주의: 안철수 '민란'"이라는 글에서 박홍규는 2012년 한국 18대 대통령선거의 최종 국면에서 대선 후보를 사퇴한 안철수를 민주주의 시대에 출현한 유교적 정치가로 해석하고자 한다. 저자는 당시 정당조직은 물론 정치적 경험도 없는 안철수 후보가 단신으로 민중의 지지를 업고 광풍을 일으키며 양대 정당의 기존 정치방식을 쑥대밭으로 만들면서 대선판을 종횡무진 누비고 다닌 현상을 일종의 '민란'으로 개념화한다. 저자는 이러한 '안철수 현상'이 1980년대의 민주화 이후 한국의 민주정치에서 의미하는 바가 무엇인지를 탐구하면서 안철수를 '맹자의 사도(使徒)', 민주주의 시대의 유교적 정치가로 설정한다. 따라서 이 글은 '전통 유교와 서구 근대성'이 교차하는 문제영역에 속하는바, 저자는 한국이라는 공간성과 민주화 이후라는 시간성의 맥락을 전제로 하여 '민주주의의 성숙'이라는 관점에서 전통 유교와 서구 근대성의 문제에 대한 교차문화적인 설명, 곧 전통사상의 현대화에 기초한 설명을 시도한다. 특히 규범적 접근을 피하고 설명력을 높이기 위해 저자는 '인문화(humanization)'와 '진정성(genuineness)'이라는 개념을 채용한다. 이러한 설명을 통해 저자는 궁극적으로 안철수 현상에서 '민본민주주의'라는 개념을 상상해내고자 한다.

지금까지 편자는 정치사상 연구에서 서구중심주의를 타개하기 위해 실험적으로 제시된 세 가지 전략, 곧 '현대 한국정치의 사상화', '서양 정치사상의 한국화', '동아시아 전통 정치사상의 현대화'라는 문제의식에 따라 이 책에 실린 논문들의 개요를 소개했다. 서구중심주의를 타개하는 것은, 비유적으로 말해 겹겹이 쌓인 양파의 껍질을 서로 다른 방

따르되 법도를 넘지 않음'을 의미한다.

향과 층위에서 벗겨내는 것처럼 간단치 않은 작업이다. 이 책에 실린 논문의 저자들 역시 서구중심주의에 관해 상이한 방향과 층위에서 다양한 인식과 고민을 하고 있기 때문에, 전체적으로 이 책이 기획의도에 있어서 얼마나 성공을 거두었는지 평가하기란 어렵다. 그러나 한국의 정치사상 연구자들이 문제의식의 집합적인 공유와 심화를 통해 이러한 시도를 기획하고 지속하려는 노력은 중요하다. 이 점에서 '시작이 반'이라는 평범한 속담은 우리에게 그윽한 격려와 위안을 준다.

3

마지막으로 이 책의 출간 경위에 대해 간략히 소개하고, 그 과정에서 도움을 준 분들에게 감사의 말씀을 남기고자 한다.

출간 경위는 먼저 이 책에 실린 논문들이 "Contemporary Korean Political Thought: Towards a Post-Eurocentric Approach(현대 한국 정치사상: 탈서구중심주의를 지향하며)"라는 제목으로 2014~2015년경에 미국의 렉싱턴(Lexington) 출판사에서 출간될 예정이라는 말과 함께 시작해야 할 것 같다. 편자는 2012년 3월 중순에 미국의 노트르담 대학교(Notre Dame University)의 프레드 달마이어(Fred Dallmayr) 교수로부터 현대 한국 정치사상에 대한 영문 단행본을 출간했으면 좋겠다는 간곡한 제안이 담긴 이메일을 받았다. 편지에서 그는 자신이 렉싱턴 출판사에서 '전 지구적 만남: 비교정치사상을 지향하며(Global Encounters: Toward a Comparative Political Theory)'라는 기획시리즈의 책임편집을 맡고 있는데, 현대 한국 정치사상에 관한 단행본을 그 시리즈에 포함시키고 싶다고 말했다. 그는 이전에도 잘 아는 몇몇 한국학자들에게 자신의 소망을 피력했는데, 여러 가지 이유로 제대로 진척되지 못했다고 말하면서 편자에게 맡아달라고 부탁한 것이다. 편자는 과거 달마이어 교수가 방한했을 때 몇 번 만난 적이 있었다. 그 중 한 번은 그가 한국 정치사상학회 주최로 연세대학교에서 발표한 '상호문화적 대화'를 주제로 한 논문의 토론을 맡았을 때였다. 그리고 2011년 11월 하순경에 유네스코 한국위원회가 부산에서 개최한 제1회 세계인문학포럼에서 편자가 2011년 한국연구재단의 사회과학연구지원사업의 지원을 받아 연구 중이던 주제를 "비교정치사상 방법론에 대한 예비적 고찰: 횡단적, 교차문화적 대화(A Preliminary Exploration for a Comparative Political Philosophy from an East Asian Perspective: Transversal Cross-Cultural Dialogue)"라는 제목의 논문으로 발표하고 달마이어 교수 역시 학술대회의 기조 발표자로 초청받아 참가하게 됨에 따라, 당시 회의장에서 만나서 여러 가지 학문적 의견을 나누었고 그 후 한두 번 이메일을 교환한 적이 있었다.

달마이어 교수의 구체적 출간 제안을 받기 이전에도 편자 역시 평소에 한국 정치사상 연구자들의 학문적 성과를 서구(=세계) 학계에 널리 알려야 한다는 일반적 필요성을 느낀 것은 물론, 서구중심주의를 타개하기 위한 한국 정치사상 연구자들의 노력을 집성하여 소개하면 더욱 좋겠다는 구체적 소망을 품고 있었다. 이에 달마이어 교수의 제안을 시의적절한 것이라 판단하고, 아산정책연구원의 함재봉 원장을 접촉했다. 함재봉 원장 역시 달마이어 교수와 인연도 있고 또 이 기획에 대해 잘 알고 있었기 때문에, 그와 만나 달마이어 교수의 출간 제안과 이 기획의 실천 방안에 대해 이야기를 나누었다. 그 결과 한국정치사상학회의 회원을 중심으로 이 책을 출간하기로 잠정 합의하고, 2012년 3월 말경에 함재봉 원장과 한국정치사상학회의 회원인 몇 명의 교수가 모여 책의 편집과 출간을 위한 기획회의를 가졌다. 회의에서 편자는 정치사상연구에서 서구중심주의의 타개라는 목표를 염두에 두고, 위에서 설명한 세 가지 소주제를 중심으로 책을 구성할 것을 참석자들에게 제안했다. 참석자들은 그 제안에 동의했고, 이어서 적합한 집필자들을 추천했다. 당시 회의석상에서 함재봉 원장은 책의 출간을 격려하고 집필자들의 연구의욕을 고취시키기 위해 원고집필을 위한 연구비를 지원해줄 것을 흔쾌히 약속했다.

  회의가 끝난 후, 2012년 5월 중순경에 편자는 선정된 필자들에게, 세 가지 소주제를 포함한 책의 기획 취지를 간략히 설명하는 제안서와 함께, 그 중의 한 주제에 맞추어 자신이 집필할 논문의 제목과 요약문을 각각 한글과 영문으로 작성해서 보내 달라는 이메일을 보냈다. 그 후 편자는 제출된 논문의 제목과 요약문을 토대로 하여 개별 필자들의 논문을 세 가지 주제에 따라 정리·분류한 후에 렉싱턴 출판사에 출판 제안서를 보냈고, 달마이어 교수의 주선에 힘입어 최종적으로 2012년 10월 중순 경에 출판계약을 체결했다. 출판계약을 앞두고 2012년 9월 하순경에 전체 필진이 모여서 원고마감 등 출판과 관련된 회의를 가졌다. 이 회의에서 함재봉 원장이 영문으로 책을 내기 전에 아산정책연구원에서 한글로 출판하는 것도 좋겠다는 제안을 했고, 참석자 모두 이에 찬성했다. 그 후 편자는 렉싱턴 출판사와 계약을 마무리하는 과정에서 이 책의 한국어 출판권을 한국 측이 보유한다는 문구를 삽입했다.

그 후 2013년 2월 하순경에 집필자들은 작성한 원고를 발표하는 회의를 갖고 상호 토론을 통해 논문의 수정과 보완에 관해 논의했다. 그리고 논문의 한글본을 6월 말까지, 영문본을 10월말까지 제출하기로 정했다.

지금까지 다소 장황하게 설명한 것처럼, 이 책에 실린 논문들은 렉싱턴 출판사에서 출간될 영문 단행본의 한글판이라는 성격을 갖고 있다. 이와 관련하여 편자는 이 책에 실린 논문들의 상당수가 집필자들이 영문(번역) 출판을 우선적 목적으로 하여 과거에 국내 학술지에 발표했던 (최선의) 논문을 수정·보완해서 제출한 것이거나 또는 장기간에 걸친 집필·출간 과정에서 도중에 국내의 학술지에 발표한 것이기 때문에, 이 책에 처음 수록된 것이 아니라는 점, 그리고 그 경우 논문의 원래 출처를 개별 논문별로 명기했다는 점을 밝혀 두고자 한다.

마지막으로 이 책의 출간과 관련하여 편자로서 감사의 말씀을 남겨야 할 차례이다. 무엇보다도 먼저 바쁜 일정에도 불구하고 원고 마감기한을 지켜 이 책에 논문을 기고해 준 모든 필자들에게 깊이 감사를 드린다. 이 책의 출간을 위해 정신적인 격려는 물론 회의장소와 연구비를 제공해 준, 다시 말해 물심양면으로 지원을 아끼지 않은 아산정책연구원의 함재봉 원장의 배려에도 깊이 감사를 드리지 않을 수 없다. 실로 함재봉 원장의 선도적인 격려와 넉넉한 지원이 없었더라면 이 책은 탄생하지 못했을 것이다. 또한 편자는 한국 정치사상 연구에서 서구중심주의를 타개하기 위해 제시된 세 가지 전략, 곧 '현대 한국정치의 사상화(사상적 재구성)', '서양 정치사상의 한국화' 및 '동아시아 전통 정치사상의 현대화'라는 세 가지 소주제를 중심으로 구상된 이 책의 편집과 기획, 그리고 그에 따라 집필된 책의 '서론'과 본문에 실린 강정인 · 문지영 · 이상익의 논문이 부분적으로 2011년도 정부재원(교육과학기술부 사회과학연구지원사업비)으로 한국연구재단의 지원을 받아 연구되었다는 점을 밝혀 둔다(NRF-2011-330-B00010). 행정적으로 집필자들 사이의 연락, 원고수합 등 책의 편집 및 출간과 관련하여 적재적소에서 헌신적인 노고를 아끼지 않은 아산정책연구원의 윤예림 연구원의 도움에 감사드린다. 마지막으로 이 책의 출간에 마침표를 찍어 준 아산정책연구원의 출판실에 깊은 감사의 마음을 전하고 싶다.

집필자들을 대신하여

강정인

현대
한국정치의
사상화

(사상적 재구성)

한국 현대정치의 이념적 지형: 비동시성의 동시성의 관점에서[1]

강정인 서강대학교

1. 서론

사상사적으로 조망할 때 해방과 분단 이후 현대 한국정치는 보수주의, 자유(민주)주의, 민족주의 및 급진주의 등 4대 이데올로기가 상호 각축하면서 전개되었다고 파악할 수 있으며, 이 4대 이데올로기는 한국정치가 1987년을 기점으로 25년간 민주주의로의 이행과 공고화를 경험하면서 일정한 변형과 수렴 과정을 겪고 있다. 이 글은 민주화 이후 현재의 관점에서 주로 1987년 민주화 이전까지의 시기에 초점을 맞추어 4대 이데올로기를 중심으로 전개된 현대 한국정치의 이념적 지형을 유럽의 선발국인 영국, 프랑스, 독일 등과 비교하여 살펴보고자 한다.[2]

---

[1] 이 글은 《넘나듦通涉의 정치사상》(서울: 후마니타스, 2013), 275~309쪽에 같은 제목으로 수록된 논문을 수정·보완한 것이다.
[2] 물론 한국정치의 이념적 지형이 지닌 특징은 단순히 근대 서구의 경험과 비교하는 데 그치지 않고, 비서구권인 동남아시아나 라틴아메리카 국가들, 동남부 유럽 국가들 또는 역사적 문화 유산이 비슷한 중국·일본과의 비교를 수행함으로써 좀 더 온전하게 이해될 수 있을 것이다. 예를 들어 19세기 동유럽의 민족주의에 대한 임

그리고 이러한 작업은 독일의 마르크스주의 철학자 블로흐(Ernst Bloch)가 고안한 '비동시성의 동시성'이라는 개념을 통해 중심부 선발국 사상의 수용과정에서 한국과 같은 주변부 후발국이 겪게 되는 특징적 경험을 조명하면서 수행될 것이다. 그렇지만 이 글의 목적이 한국정치의 이념적 지형의 개요를 거시적인 차원에서 서구와 비교하여 제시하는 것이므로 이 글의 서술은 구체적인 논의보다는 대단히 추상적인 수준에 남아 있음을 미리 밝혀둔다.

이 글에서는 먼저 블로흐가 고안한 비동시성의 동시성 개념을 간략히 살펴보고, 이 글에서 사용되는 비동시성 개념이 블로흐의 개념과 어떻게 구분되는지 명확히 한 후, 민주화 이전 한국정치의 이념적 지형의 가장 현저한 특징의 하나로 비동시성의 변증법에 따른 '이중적 정치질서의 중첩적 병존과 한국 보수주의의 이념적 모호성'을 지적할 것이다. 이어서 비동시성의 변증법에서 파생되는 한국정치의 이념적 지형의 여러 특징을 '최종적인 완성물로서 다양한 이데올로기의 수용', '다양한 이데올로기의 조급한 충돌과 자유민주주의의 조숙한 보수화', '탈맥락적으로 갈등하는 이데올로기' 및 '진정성 논쟁'이라는 소주제를 통해 고찰할 것이다. 결론 부분에서는 민주화 이후 20여 년이 지난 현재 한국정치의 이념적 지형이 서구의 그것에 수렴하고 동시화하는(synchronize) 현상을 이념적 다양성을 수반하는 정당체제의 형성이라는 차원에서 검토할 것이다. 이어서 비동시성의 변증법은 단순히 세계

지현의 연구는 19세기 후반 이래 전개된 한국 민족주의의 이해에 많은 도움을 준다(임지현, 1999: 215~255). 서구가 주도하는 세계 학계의 주된 관행은 비서구 사회에 대한 지식이 주로 그 사회의 경험을 서구의 개념과 경험에 비추어 검토함으로써 얻어지고 축적된다는 의미에서 다분히 서구중심적이다. 이는 실로 극복되어야 할 개탄스러운 관행이지만, 그 작업이 쉽지 않다는 현실 또한 부정할 수 없다. 이 점에서 이 글 역시 그러한 한계를 벗어나지 못하고 있다.

체제의 주변부 후발국에서만 관찰되는 현상이 아니라 중심부인 서구에서도 관찰되는 현상임을 확인하고, 필자가 한국정치의 주요한 이념적 특징으로 규정한 비동시성의 변증법에서 서구와 한국의 차이가 궁극적으로는 '종류의 차이'가 아니라 '정도의 차이'라는 관점에서 재해석될 수 있음을 밝힐 것이다.

2. 비동시성의 동시성:
이중적 정치 질서의 중첩적 병존과 보수주의의 이념적 모호성

1) 비동시성의 동시성

분단 정부 수립 후 60여 년 동안 진행된 한국(남한)의 민주화, 민주주의의 한국화 과정을 검토하기 위해서는 자유(민주)주의는 물론 보수주의·민족주의·급진주의 등 근대 서구에서 연원한 정치사상이 한국에 수용되어 전개된 과정과 그 특성, 곧 한국 현대정치사상(사)의 이념적 지형을 이해하는 작업이 선행되어야 한다. 필자는 이러한 작업이 (서구 문명에 대한) 한국 정치체(政治體)의 주변성과 후발성에 대한 첨예한 인식과 철저한 해명을 바탕으로 수행되어야 한다고 믿는다. 즉 한국정치사상의 발전을 언급하려면 서구문명이 주도하는 세계사적인 맥락에서 보편성과 특수성을 갖게 되는 구조적 조건에 대한 거시적이고 면밀한 성찰이 필요하다고 본다. 이 점을 염두에 두고 서구에서의 근대정치사상의 전개와 구분되는, 주변부 후발국으로서 한국 정치사상의 전개가 드러내는 특징을 '비동시성의 동시성(simultaneity of the non-simultaneous)'이라는 개념을 통해 파악하고자 한다. 이 개념은 한국정치사상의 전개과정에서 세계사적 시간대와 한국사적(일국사적) 시간대의 교차와 불일치가 빚어낸 일방에 의한 타방의 압도·반발·변이를 설명하기 위해 도입한 것으로, 서구와 달리 전개된 현대 한국 정치사상사의 흐름을 이해하는 데 매우 유용하다.

비동시성의 동시성은 독일의 마르크스주의 철학자 블로흐가 나치 정권이 본격적인 맹위를 떨치기 전인 1935년에 펴낸《우리 시대의 유산(Erbschaft dieser Zeit; Heritage of Our Times)》이라는 저서에서 바이마르 공화국에서 나치즘(Nazism), 곧 '국가사회주의'라는 명칭으로 출현한 반동적 극우 민족주의'의 대두를 설명하기 위해 고안한 개념이다. 블로흐는 비동시성의 동시성이라는 개념을 일국 내에서 급속하게 형성된 자본주의적 구조와 그런 구조에서도 아직 청산되지 않은 과거의 사회문화적 구성체 사이의 괴리 및 그 괴리로 말미암아 빚어지는 현상을 지칭하기 위해 사용했는데, 넓은 의미에서 그 개념은 오늘날 우리가 이해하는 '문화적 지체(cultural lag)' 또는 '토대와 상부구조의 엇갈림'에 해당한다고 할 수 있다. 블로흐는 부르주아 혁명이 부재한 상황에서 1918년까지 독일이 수행한 경제적·정치적 변형은 영국이나 프랑스보다 덜 근본적이었기 때문에 이질적이고 반동적인 사회세력들이 (영국과 프랑스와 비교해) 매우 허약한 부르주아지와 병존했다고 하였다. 그리고 '청산되지 않은' 과거가 지닌 문제적(problematic) 성격의 확실한 징후는 근대 사회가 경제적으로 합리화되는 상황에서도 과거의 낡은 심성이 집요하게 존속하는 데서 발견된다고 보았다. 낡은 심성을 소지한 계층들은 당대의 위기에 반응하면서 신성한 신화, 좌절된 기대, 비합리적인 설명에 사로잡혔으며, 나치는 전자본주의적 과거를 이상화하여 호소함으로써 정권을 잡을 수 있었다고 파악하였다(Bloch, 1991).

독일·일본 등 후발 자본주의 국가에서 두드러지게 나타난 비동시성의 동시성은 제2차 세계대전 후 독립한 한국과 같은 신생독립국에서는 훨씬 더 격렬한 양상으로 분출하였다. 정치 질서에서 비동시성의 동시성은 한국에서 권위주의와 자유민주주의라는 '이중적 정치 질서의 중첩적 병존(overlapping coexistence of dual political order)'으로 나타났다. 그러나 한국에서 '비동시성의 동시성'의 정치적 발현은 블로흐가 설명한 독일에서와 같이 일국 차원에서 형성된 자본주의적 경제구조와 사회문화적 구성체 사이의 부정합 때문이 아니라 자유민주주의를 정당한 정치이념으로 신봉하고 부과하는 세계사적 시간대의 압도와 이를 받아들이고 적절히 운영할 수 있는 사회구조와 정치문화를 결여하고 있었던 한국사적 시간대의 반발 및 충돌에서 비롯되었다. 이 점에서 블로흐의 비동시성의 변증법이 '일국적 차원'에서 토대와 상부구조의 괴리를 문제 삼는 전통적인 마르크스주의에 기초하고 있다면, 필자가 제시하는 비동시성의 동시성은 한편으로는 전 지구적 차원에서—제2차 세계대전 이후의 상황에서는 특히 냉전질서하에서—이념적 동시화를 압박하는 세계사적 시간대와, 다른 한편으로는 경제적 토대는 물론 사회문화적 구성체에서도 이념적 동시화를 감당할 수 없는 주변부 후발국의 지역적 시간대의 충돌과 갈등에서 비롯된 '세계적 차원'의 변증법에 초점을 맞추고 있다고 할 수 있다. 필자의 비동시성 개념은 토대에 의한 상부구조의 결정이라는 마르크스(Karl Marx)의 사적유물론의 공식을 전제로 하지 않고, 일국사적 차원의 역사적 시간대를 떠나 세계사적 차원과 일국사적 차원의 역사적 시간대의 상호작용에 초점을 맞추며, 나아가 세계사적 시간대의 조숙한 압박과 지체된 일국사적 시간대의 완강한 저항의 차원에서 이데올로기의 충돌과 반발을 고려한다는 점에서 블로흐의 비동시성의 변증법과 구별된다. 곧 필자의 비동시성은 발상과 영감에서는 블로흐의 영향을 받았지만, 구체적인 관점(perspective)과 초점(focus)에서는 중심과 주변의 구분을 전제로 한 세계체제를 염두에 두고 이념들 간의 상호작용을 다룬다는 점에서 블로흐와 구분된다.[3] 또한, 필자가 관심을 갖는 비동시성의 변증법은 종래 일정 정도 자족성과 자율성 및 안정성을 유지하던 주변부 후발국이 세계사적 시간대로부터 조숙한 충격을 받고 종종 식민화 과정까지 겪으면서 전개되는 것이어서 일국 내의 내생적 사회 역학에 의해서 초래되는 것보다 훨씬 더 '강압적인 작용'과 '격렬한 반작용'의 양상을 띠게 된다. 이 점에서 후발국가(latecomer)에 해당하는 독일·일본보다 한국처럼 식민지 경험을 겪은 후–후발국가(late latecomer)에서 비동시성의 변증법이 더욱 격렬하게 분출되었다.

---

[3] 본래 '비동시성의 동시성' 개념은 블로흐에 앞서 독일의 미술사가인 빌헬름 핀더(Wilhelm Pinder)가 1926년 출간한 저서에서 밝힌 것이다. 미술사가들이 일정한 시대에 지배적인 화풍을 설정하고 이에 따라 화풍의 시대적 변화를 체계적이고 일관되게 구성한 것과 달리 과거 시대는 물론 당대에서 유래하였거나 조숙하게 미래 지향적인 다양하고 상이한 화풍이 교차하고 공존하는 현상을 지칭하기 위해 제시한 것이다. 이런 관점에 따르면 "모든 시대는 서로 다르게 경험되므로 한 시대를 통합하는 단일의 정신"이란 있을 수 없으며, 한 시대의 "시대 정신"을 구현한 지배적 "화풍의 출현"이란 관념은 해체되어 버린다(Schwartz, 2001, 61~63). 마르크스주의적 관점에서 본다면, 한 시기에 목격되는 다양하고 서로 다른 화풍의 교차와 공존을 지칭하기 위해 고안된 비동시성의 동시성 개념은 단지 '상부구조 내에서의 현상'을 설명하기 위한 것이라 할 수 있다. 그런데 블로흐는 이 개념을 경제적 토대와 사회 문화적 구성체의 불일치를 지적하기 위해 마르크스주의적으로 전유한 것이다. 이렇게 볼 때 비동시성의 동시성 개념을 통해 한국정치의 이념적 지형에서 목격되는 상이한 기원을 가진 다양한 이데올로기의 교차와 착종을 설명하려는 이 글의 시도는 그 개념을 본래의 미술사적인 것으로 환원한 것이라 풀이할 수 있다.

2) 비동시성의 변증법: 권위주의와 자유민주주의라는 이중적 정치 질서의 중첩적 병존과 보수주의의 이념적 모호성

　권위주의와 자유민주주의라는 이중적 정치 질서의 중첩적 병존이라는 민주화 이전 한국정치의 특징은 비동시성의 변증법에 의해 초래된 것으로서 현대 한국정치에서 '자유민주주의와 보수주의의 관계' 또는 한국 '보수주의의 이념적 모호성'을 이해하는 데 매우 유용하다. 우리는 민주화 이전 한국정치에 군림했던 이승만·박정희·전두환 정권을 이념적 측면에서 '보수(주의) 정권'이라고 부르는 데 주저하지 않는다. 그런데 한국정치의 보수주의를 (자본주의체제는 논외로 하고) 그 정치적 측면에서 논할 때 보수주의의 개념에 충실하고자 하는 한, 우리는 "보수세력이 지키고자 하는 이른바 '기존 질서' 또는 '현상(現狀; the status quo)'이 과연 무엇인가?"라는 문제에 직면하게 된다. 이 문제는 단명에 그친 제2공화국을 제외한다면 1987년 이전까지 한국의 헌법과 역대 정권이 자유민주주의를 표방했음에도 실상은 그와 반대되는 권위주의 정권에 의한 통치였다는 사실에서 비롯된다. 따라서 한국 보수주의의 핵심은 '권위주의'였다고 할 수 있다. 권위주의체제에서 정치 지도자는 정치권력을 빈번히 그리고 자의적(恣意的)으로 기존의 법과 제도에 구애받지 않고 행사하며, 시민들은 그런 지도자를 자유롭고 공정한 선거를 통해 교체할 수 없다. 이 점에서 현대의 권위주의 정권은 민주주의와 대척점에 서 있다. 이렇게 볼 때, 한국정치에서 자유민주주의는 (실천된 이념이 아니라) 표방된 이념으로 남아 있었으며, 따라서 완성된 체제로서 보수되어야 할 것이 아니라 미래의 질서로서 장차 실현되어야 할 측면이 더 강했다.

하지만 그렇다 하더라도 우리는 민주화 이전 한국정치에서 자유민주주의를 단순히 허공에 뜬 구름처럼 무시할 수는 없다. 우선 무엇보다도 우리는 앞에서 제시한 권위주의 개념이 암묵적으로 (또는 이면적으로) 민주주의를 전제하며 그것에 의해 조형되어 있음을 알 수 있다. 민주주의는 권위주의의 반대말로, 곧 정치지도자가 정치권력을 법과 제도에 따라 행사하며, 시민들은 정치지도자를 자유롭고 공정한 선거를 통해 교체할 수 있는 체제로 정의될 수 있기 때문이다. 이 점에서 현대의 이른바 권위주의 정권은 권위주의와 (자유)민주주의를 동전의 양면으로 하고 있는 이중적 정치체제의 표면을 지칭하는 것으로 해석하는 것이 합당할 것이다. 이러한 이중적 질서의 중첩적 병존은 단순히 개념적으로뿐만 아니라 현실적으로도 확인된다. 한국은 물론 제3세계 권위주의 정권의 대부분은 자유민주주의로 방향을 정한 세계사적 시간대에 따라 서구 자유민주주의의 헤게모니적 영향력하에서 늘 정당성의 위기에 시달리면서 부단히 민주화의 압력을 받고 있었기 때문이다. 다시 말해 정당성의 잣대로서 권위주의 정권을 시험·비판하고 있는 자유민주주의 역시 한국정치의 현실을 구성하고 있었던 것이다. 이 때문에 많은 경우 정치현실과 이를 구성하는 정치적 담론이 자유민주주의적 실천 및 용어와 개념을 통해 구성되어 있었는데, 바로 이런 사실이야말로 심각하게 왜곡된 반민주적 정치현실이 존재했음에도 부분적으로 그 체제가 자유민주주의였다는 점을 방증하며, 또 이를 통해 그 왜곡의 정도를 인식하게 하고 나아가 민주화 운동을 촉발시켰다는 점을 시사한다. 한국에서 보수세력과 보수주의를 논할 때 부딪히는 이런 문제는 한국과 같은 비서구 후발국가가 직면하였던 상황, 곧 비동시성의 동시성이 초래한 이중적 질서(과거 질서인 권위주의와 미래 질서인 자유민주주의)의 중첩적 병존에서 빚어진 것으로 (자유)민주주의를 표방하던 권위주의적 보수 정권이 직면했던 독특한 문제라 할 수 있다.

우리가 익히 알고 있듯이, 서구의 민주화 과정에서 비민주적이고 보수적인 집권세력, 예컨대 영국의 토리당(Tory Party), 프랑스의 나폴레옹(Napoléon Bonaparte) 집권기, 왕정복고기 및 7월 왕정기, 나폴레옹 3세(Louis-Napoléon Bonaparte) 집권기 등의 정권, 독일의 비스마르크(Otto von Bismarck) 정권, 오스트리아의 메테르니히(Klemens von Metternich) 정권 등은 자신들의 정권을 민주주의의 이름으로 정당화할 필요가 없었으며, 노골적이고 공개적으로 민주주의에 적대적인 정권이었다. 그러나 앞에서 논한 것처럼, 한국의 보수 정권은 민주주의의 이름으로 권위주의 정권을 정당화해야 한다는 딜레마에 봉착한 결과, 우리가 이승만·박정희·전두환 정권에서 경험했듯이, 권위주의와 민주주의라는 대립적 정치 질서를 어떤 식으로든 연결 짓지 않을 수 없었다.

이렇게 볼 때, 민주화 이전 한국의 보수주의는 집권 우익세력이 권력이 집중된 권위주의적 정치 질서를 공산주의의 침략과 위협으로부터 자유민주주의를 수호하고 국가안보(반공)와 경제발전에 필요한 정치적 안정을 유지한다는 명분으로 옹호하고자 제시한 이념으로 정의하는 것이 온당할 것이다. 권위주의적인 보수 정권의 정치지도자나 그 이념적 대변인들은 이중적 질서의 중첩적 병존으로 말미암아 민주적 정당성의 결여에 민감하게 반응하지 않을 수 없었으며, 그 결과 반공과 경제발전을 민주주의와 연결시키는 담론을 생산해 내야 했던 것이다. 다시 말해 반공을 주장하더라도 단순히 권위주의가 아니라 민주주의를 수호하기 위해 반공이 필요하다든가, 경제발전이 권위주의체제의 유지를 위해서가 아니라 장차 민주적 질서를 성취하기 위한 필요조건(또는 선결조건)이라는 논리를 개발해야만 했다.[4] 이처럼 '이중적 질서의 중첩적 병존'으로 말미암아 권위주의체제는 그 자체로 정당성을 획득할 수 없었다. 즉 권위주의체제는 '궁극적' 정당성이 아니라 단지 '매개적 또는 과도기적' 정당성만을 인정받을 수 있었을 뿐이다. 공산주의 사상이나 운동을 억압하기 위해서나 경제발전을 수행하기 위해서 권위주의적 통치나 정책을 추진하더라도 그 궁극적 목표는 '권위주의'가 아니라 '자유민주주의'의 수호나 실현이라는 점에서 정당성이 허용되었던 것이다.

권위주의와 자유민주주의의 중첩적 병존은 또한 한국의 민주화 운동이 '호헌', '개헌반대', '민주수호', '민주회복'이라는 다소 역설적인 명칭으로 전개된 사실을 이해하는 데도 도움이 된다. 그러한 명칭은 집권세력이 자신들의 반민주적인 정치적 목적을 달성하려고 헌법 개정을 시도하거나 단행했을 때 원래의 헌법적 질서를 유지하거나 회복해야 한다는 명분을 부각시키기 위해 사용되었다. 이러한 사실은 실제의 정치현실은 권위주의였지만 규범적인 정치현실은 민주주의였다는 이중성을 함축하며, 민주화 운동은 전자에 반대하여 후자를 강조했고 때로는 민주주의의 회복을 위해 개헌을 주장하기도 했다. 물론 '호헌', '민주수호', '민주회복' 등의 용어가 보수적인 논리와 수사학을 머금고 있다는 점을 부정할 수 없는데, 이는 부분적으로 권위주의 정권이 그 정권에 대한 저항 운동을 공산주의자들의 선동으로 몰아붙여 탄압하는 것을 피하기 위한 전술의 일환으로 채택된 측면이 있기도 하지만, 한편으로

---

4 이에 대한 논의로는 강정인 외(2008)를 참조할 것.

는 이중적 질서의 중첩적 병존에 기대어 소기의 효과를 십분 발휘할 수 있었다.[5]

앞에서 서술한 논점의 연장선상에서 우리는 이중적 질서의 중첩적 병존이 사실상 한국정치의 민주화 과정을 보수적으로 귀결시키는 하나의 요인으로 작용했다고 해석할 수도 있다. 1980년대 전두환 정권기에 '혁명화', '전투화'된 운동권이 민중민주주의 또는 인민민주주의와 같은 급진민주주의를 제창하기도 했지만, 대다수 국민은 권위주의 정권에 대한 대안을 과거의 '민주회복', '민주수호'라는 논리에 따라 상상해 온 까닭에 1987년 이후 한국의 민주화 역시 자유민주주의의 지평 내에서 진행되었던 것이다. 특히 민주화 투쟁의 대상이 되었던 역대 권위주의 정권에 대한 경험적 반작용의 일환으로 일반 대중은 민주주의를 1인의 장기집권, 국민의 참정권을 사실상 박탈하는 선거인단에 의한 대통령의 간접선거, 군사쿠데타에 의한 군부집권 등에 대한 반대와 동일시했다. 이러한 태도는 민주화 운동의 절정에 이른 1987년 6월 항쟁에서 최대 연합을 견인했던 구호가 '대통령 직선제 개헌쟁취'였으며, 이는 사실상 '민주회복', '민주수호'라는 용어와 다르지 않았다는 점에서도 확인된다.

이러한 현상은 또한 민주화 이후 김영삼, 김대중, 노무현 민주 정부가 단행한 민주적 개혁에 대한 국민의 평가가 담담하거나 인색하고, 오히려 그 실정(失政)에 더 민감하고 비판적이었다는 사실과도 연관되어 있다. 대다수 국민에게 민주주의는 규범적 현실이었고 간접적으로나

---

5 1980년대 전두환 정권기에는 급진운동세력에 의한 반정부 운동이 혁명화·급진화함에 따라 기존의 용어에 담긴 보수성을 배제하기 위해 이를 '민주화' 운동이라 명명했다. 그리고 이처럼 수정된 명칭은 자유민주주의를 넘어서는 급진적 민주주의에 대한 지향도 담고 있는 것이었다.

마 경험되고 있었다. 이 때문에 정작 실제적 현실이 규범적 현실에 수렴하게 되었을 때에는 (개혁 정책을 추진할 당시에는 일시적인 관심과 지지를 표출하고 성취감을 느꼈을지도 모르지만) 그처럼 개혁된 현실이 일상생활로 신속하게 흡수되어 당연시되었던 것이다. 더욱이 일반 국민은 권위주의 정권 시절에도 이미 텔레비전 등의 대중매체와 교육을 통해 서구 민주국가의 정치현실에 익숙했기 때문에 민주화된 한국의 정치현실에 일시적으로 참신한 느낌을 받더라도 쉽게 '일상적 보수'로 환원되어 버렸다. 그리고 민주화 투쟁과정에서는 민주주의를 만병통치약으로 간주했지만 민주화된 현실이 그러한 기대를 충족시키지 못한다는 점 또는 한국 정치현실이 서구 민주주의와의 거리를 좀처럼 좁히지 못하고 있다는 점을 발견하고 쉽게 절망과 냉소에 사로잡히기도 했다. 민주화가 진행된 지 25년 정도밖에 지나지 않았음에도 대통령 선거나 국회의원 선거에서 유권자의 투표율이 선진국(?) 수준으로 빠르게 하락하는 현상은 지금껏 실현된 민주주의에 대한 이러한 실망과 냉소를 반영하는 것으로 풀이될 수도 있을 것이다.[6]

이중적 질서의 중첩적 병존은 민주화 이후 한국정치에 서구의 선발 민주국가들이 경험하지 못한 이른바 '과거사 청산'이라는 정치적 문제를 제기했다. 서구의 민주화는 민주주의가 이미 정당성을 확보한 상태에서 진행된 목적론적 변화가 아니라 (민주주의가 점차 정당성을 확보해 가

---

[6] 1987년 민주화 이후 총선에서의 투표율은 다소 기복이 있지만 지속적으로 하락하고 있다. 2008년 총선에서의 투표율은 46.1%에 불과했고 2012년 총선에서는 54.2%로 상당히 상승하긴 했지만, 이는 민주화 초기의 70%를 넘는 투표율은 물론 2004년 총선의 60.6% 투표율에도 훨씬 못 미치는 수치다. 대통령 선거의 투표율 역시 민주화 초기의 80%를 웃도는 수준에서 점진적으로 감소하여 2002년에는 70.8%, 2007년에는 63.0%를 기록했다. 다만 2012년 선거에서는 75.8%라는 이례적으로 높은 투표율로 많은 이들을 놀라게 했다.

는) 인과론적 변화의 성격이 강했던 까닭에[7] 영국과 프랑스 등 선발 민주국가에서는 민주주의가 어느 정도 완성된 이후 과거의 정치적 박해나 탄압 등에 대해 '과거사 청산'이라는 문제가 체계적으로 제기되지 않았다. 예를 들어 1848년 2월 혁명 직후 프랑스혁명 정부는 같은 해 6월 파리에서 일어난 노동자들의 봉기를 무자비하게 진압했고 1871년 파리 코뮌에서도 수많은 파리 시민과 노동자가 학살당했지만, 1875년 온건한 민주주의라 할 수 있는 제3공화국이 수립된 후에도 이러한 과거사에 대한 청산 문제는 정치적으로 거론되지 않았다. 당대의 시각에서 보았을 때, 보수세력과 민주세력 사이의 갈등과 각축은 어떤 의미에서는 모두 자신들의 입장이 정당하다고 '주장'하고 '인정'하는 세력들 사이의 투쟁이어서 민주주의가 실현된 이후 과거 투쟁과정에서 빚어진 정치적 박해와 가해에 대해 진상규명, 가해자의 처벌, 피해자의 명예회복 및 보상 등 과거사 청산 문제가 거론되지 않았던 것이다. 그러나 남아프리카 공화국, 아르헨티나, 한국 등 현대의 비서구 국가들이 민주화된 이후 겪었던 사례에서 목격할 수 있는 것처럼 자유민주주의와 권위주의라는 이중적 정치 질서가 중첩적으로 병존할 때에는 과거 권위주의 정권의 반민주적 통치에서 초래된 정치적 박해나 가해를 둘러싼 과거사 청산 문제가 첨예하게 제기된다.[8]

---

[7] 목적론적 변화와 인과론적 변화의 구분에 대해서는 강정인(2004, 364~367)을 참조할 것.
[8] 물론 이러한 해석이 오늘날 비서구권 위주의 국가들이 민주화된 이후 모두 과거사 청산문제를 체계적으로 또는 성공적으로 추진했다는 사실을 주장하려는 것은 아니다. 대다수 동남아시아 국가나 라틴아메리카 국가에서는 민주화가 진행된 후에도 군부세력이 강력히 존속하거나 권위주의적 집권세력의 저항이 드셌는가 하면 다른 복잡한 현실적 변수들이 존재하기 때문에 과거사 청산을 정치적 문제로서 제대로 제기하지 못하거나 제기했다 하더라도 온전히 실천에 옮기지 못하고 있는 것이 현실이다. 그렇다 하더라도 오늘날 민주화된 비서구 후발국가에서는 과거사 청산문제가 정당하게 제기될 '명분'이 존재한다는 점에서 서구와 다르다는 것은 명심할 필요가 있다.

3. 비동시성의 동시성과 현대 한국정치의 이념적 지형: 다른 특징들

후발적인 정치체에서 '비동시성의 동시성'에 따라 자유주의 · 보수주의 · 민족주의 · 급진주의 등 서구의 여러 이데올로기가 압축적 · 동시적으로 출현한다면 서구에서처럼 점진적 · 계기적으로 일어나는 경우와 비교해서 어떤 특징을 지니게 되는가? 앞에서 논의한 이중적 질서의 중첩적 병존 이외에 이념적 지형의 여러 특징을 간략히 제시해 보면 다음과 같다.

1) 최종적인 완성물로서 다양한 이데올로기의 수용

비동시성의 동시성은 현대 한국정치에서 정치사상이 내재적 발전계기를 거치면서 자생적으로 성장하기보다는 그 계기가 생략되거나 압축당한 채 외부로부터 최종적인 완성 형태로서 수용되는 양상을 빚어냈다. 정치사상의 혁신과정을 돌이켜볼 때 중심부에서는 대체로 정치세계의 급격한 변화 또는 이론의 내적인 모순에서 기인한 사상적 패러다임의 붕괴 가능성에 의해 내재적이고 원초적으로 사상의 혁신을 도모하는 경우가 많다. 반면 주변부에서는 외세에 의한 정치공동체의 생존위협(및 이를 극복하기 위한 정치공동체 자체의 변화 필요성) 또는 보편적으로 여겨지는 선진적인 외래사상을 수용할 필요성 때문에 내재적으로 사상을 혁신하기보다는 외래사상을 수용하여 자기화(自己化)하는 경우가 더 빈번하다. 따라서 사회의 변화는 물론 사상의 변화 역시 목적론적 성격을 강하게 띠게 되고, 나아가 목표로서 추구되는 사상은 주변부 사회에서 내재적인 정당성을 확보하기에 앞서 선진적인(또는 우월적인) 중심부에서 유입되었다는 점에서 '빌려온 정당성'을 누리게 된다.

이런 현상은 주변부 사회의 특수성을 강하게 반영할 수밖에 없는 민족주의나 보수주의와 같은 이데올로기에서보다 보편적인 성격을 띤 자유주의와 사회주의와 같은 이데올로기에서 훨씬 더 현저하다. 또한 앞에서도 언급한 것처럼 목적론적 변화와 수용의 성격상 주변부에서 파생적으로(derivatively) 출현한 자유주의나 사회주의는 수용 당시 중심부에서의 최종적 산물인 완제품으로 수입된 것이었다. 따라서 해방 후 한국에 출현한 자유주의는 17~18세기의 과두제적 부르주아 공화정의 이데올로기가 아니라 서구에서 진화과정을 겪으면서 최종적으로 일반 대중의 참정권을 폭넓게 인정한 자유민주주의의 형태로 수용되었다. 마찬가지로 일제 강점기 한반도에서 사회주의 사상의 주류는 러시아혁명 이후 정식화된 마르크스-레닌주의였으며,[9] 해방 후 한국에서 전개된 보수주의와 민족주의는 19세기 유럽 대륙에서 전개된 대부분의 보수주의나 민족주의가 민주주의에 적대적이었던 것과는 달리 민주주의를 포용하는 20세기의 버전이었다. 우리는 이런 사실을 비동시성의 동시성이 초래한 '선진적'이거나 '선제적'인 효과로 풀이할 수 있다.

이런 식으로 후발적인 주변부에 수용된 사상은 중심부에서와는 다른 역사적 궤적을 밟는다. 서구의 경우 영국에서 자유주의가 처음 등장했을 때 자유주의는 '저항이념'으로서 등장하여 "정치적 절대주의", "종교적 순응주의" 및 "귀속적 지위"에 저항하였고 혁명·내전 등 정치적 투쟁과 진통을 통해 종국적으로 '지배이념'으로서 지위를 자생적으로 확

---

[9] 조소앙이나 여운형과 같은 독립운동가들은 사회주의보다는 사회민주주의를 선호했다. 이들이 해방공간에서 좌우합작에 적극적으로 참여한 것은 바로 이 때문이다.

보하였다(볼·대거, 2006: 91~171).[10] 그러나 한국과 같은 후발국에서 자유주의의 최종적 완성 형태인 자유민주주의는 자체적으로 수용·소화하여 전개되는 경로를 따르기보다는 세계사적 이념 지형의 선차적 규정과 '빌려온 정당성'을 따르는 가운데 제2차 세계대전의 종전과 함께 남한을 점령한 미국의 압도적인 영향 아래에서 위로부터의 지배이념으로 수용되었다.

이처럼 해방 이후 남한은 자유주의를 '지배이념'으로 도입하였지만, 그것을 내재적으로 소화하여 운용할 역량을 갖추지 못했기 때문에 (일국사적 시간대의 미숙 또는 반발) 자유주의는 권위주의적 보수 정권을 명목적으로 정당화하는 다분히 허구적인 이념으로 기능하였다. 그리고 이 때문에 권위주의에 저항하는 민주화 운동과정에서 자유주의는 민주화 세력이 주장하는 '저항이념'으로 하강한 후 민주화와 함께 재차 '지배이념'으로 상승하는 역의 경로를 거쳤다.[11] 비록 자유주의는 외부에서 한국으로 수용된 것이라 할지라도 19세기 말 독립협회 등의 개화파 인사 또는 애국계몽운동을 포함한 개혁운동 세력이 이를 저항이념으로 내세워 유교적 정치 질서를 타파하거나 혁신하면서 자율적인 근대화를 이룩했더라면 [물론 이는 반(反)사실적인 가정이지만] 그 과정에서 서구에서처럼 저항이념을 거쳐 지배이념으로 상승할 계기를 확보할 수도 있었을 것이다. 그러나 이러한 시도를 변변히 해보지도 못한 상태에서 조

---

[10] 자명한 논점이지만, 영국에서 자유주의가 선진적이고 본격적으로 전개되었을 때 서유럽 대부분의 국가는 동일 문명권 내에서 동시대적인 역사적 공간을 공유하면서 서로 영향을 주고받고 있었다. 따라서 비록 인접국가들이 자유주의를 전개하는 과정에서 영국 자유주의의 영향을 받기는 했지만, 이 국가들에 '비동시성의 동시성'이 적용되었다고 보기는 어려운 것 같다.
[11] 앞 단락은 물론 이하에서 자유주의를 '지배이념'과 '저항이념'으로 나누어 고찰한 것은 문지영(2004)의 연구를 따른 것이다.

선은 일본의 식민지로 병합되었다. 뒤이어 일제는 조선의 전통적인 정치 질서를 무너뜨렸지만, 그 통치는 정치적 자유주의와는 거리가 먼 것이었다. 일제는 자본주의적 경제 질서를 도입하여 기업 활동의 자유 등 경제활동의 자유만을 부분적으로 보장하였으며, 3·1운동 이후에는 일시적으로만 문화적 자유를 보장하였다. 그리하여 식민지 한국에서 정치적 자유주의는 지리멸렬한 상태에서 지배이념으로서도 저항이념으로서도 그 정치적 활력을 축적하지 못하였다.

자유민주주의는 해방 후 분단 정부 수립과 함께 최종적인 완성 형태로서 수용되어 헌법에 명문화되었지만, 전통문화의 잔재인 권위주의나 군주전제의 요소를 혁파함으로써 문화적 헤게모니를 축적·장악하는 저항이념의 과정을 거치지 못한 상태에서 위로부터 표면상의 (또는 공식적인) 지배이념으로 수용된 까닭에 실제 정치현실에서는 권위주의가 군림하였다. 그 결과, 현대 한국정치에서 정치적 자유주의는 제도와 현실이 표리부동한 이중적 국면을 겪게 되었다. 따라서 권위주의 치하에서 전개된 자유주의적 민주화 운동은 저항이념으로서의 자유주의를 '민주회복'이나 '민주수호'라는 슬로건으로 재차 호명하면서 진정한 지배이념으로서 현실화할 것을 촉구하는 측면을 띠게 되었는데, 자유주의의 이러한 이중적 분화 현상은 서구의 선진국과 달리 한국과 같은 주변부 후발국에서 자유주의가 지배이념에서 저항이념으로 전환하는 역의 경로를 보여주었다. 이 점에서 한국의 민주화 과정은 저항이념으로서의 자유주의가 재차 지배이념으로 상승하는 과정이었다고 풀이할 수 있다. 요컨대 자유주의는 영국·프랑스와 같은 서구의 선발국에서는 저항이념에서 지배이념으로 상승하는 과정을 밟았지만, 제2차 세계대전 이후 독립한 한국과 같은 국가에서는 지배이념으로 도입된 후 권위주의 정권에 저항하는 과정에서 저항이념으로 기능하고 다시 민주화와 함께 지배이념으로 재상승하는 경로를 밟았던 것이다(문지영, 2004).

또한, 자유주의의 최종적 완제품인 자유민주주의가 남한의 분단 정부에 수용되었다는 사실은 서구에서는 자유주의와 민주주의가 상호 보완적이면서도 대립적인 관계를 형성하면서 자유민주주의로 수렴되었지만 한국정치에서는 자유주의와 민주주의 사이의 모순적인 긴장관계가 적어도 민주화 이전에는 형성되지 않았다는 점과 긴밀하게 연관되어 있다. 영국에서 기원한 자유주의는 보통선거권의 시행에 따른 중우정치의 위험, 다수의 횡포로 인한 재산권 등 개인의 자유에 대한 침해 등을 이유로 민주주의에 반대했던 데 반해, 해방 후 남한에서는 빌려온 정당성의 선제적 효과로 말미암아 자유민주주의가 아무런 반발 없이 수용되었다. 또한, 권위주의 정권에 저항한 반대세력 역시 자유주의와 민주주의 사이의 갈등을 느끼지 않으면서 민주화를 요구하였다.[12] 다른 한편 한국정치는 김대중 정부가 들어선 이래 오히려 자유주의와 민주주의 간의 첨예한 갈등을 경험하였다. 뉴라이트 등 자유주의적으로 변신한 보수세력이 법치주의, 헌법재판, 삼권분립, '작은 정부 · 큰 시장', 사유재산권 보호 등을 내세우면서 개혁적 민주 정부를 압박하고, 사회보장제도 등 분배정책의 강화와 일반 시민의 정치참여 활성화에 반대하기 위해 '포퓰리즘(populism)' 또는 '친북좌파 정권'이라는 담론공세로 개혁적 민주 정부를 몰아붙였기 때문이다.[13]

---

[12] 단, 1980년대에 급진운동권이 지향한 민주주의는 궁극적으로 자유민주주의의 틀을 넘어서고자 했으므로 이러한 서술이 적용되지 않는다.
[13] 서구 민주국가들 역시 민주화 이후 사회보장제도의 확대를 도모하거나 수정자본주의적 정책을 채택하고자

2) 다양한 이데올로기의 조급한 충돌과 자유민주주의의 조숙한 보수화

영국과 프랑스 등 서구 주요국가에서는 근대 정치사상의 전개과정에서 자유주의·보수주의·사회주의 등 주요 정치사상이 순차적(계기적)으로 출현하였지만, 한국과 같은 주변부 후발국에서는 이러한 사상들이 동시적(압축적)으로 수용되었다. 예를 들어 영국과 프랑스에서는 자유주의가 먼저 출현하고, 뒤이어 자유주의에 대항하여 구체제를 옹호하기 위한 보수주의가 의식적인 전통주의로서 출현했으며, 마지막으로 산업화와 자본주의의 본격적인 진전과 더불어 자유주의-자본주의를 비판하는 사회주의가 등장하였다. 이 과정에서 영국의 자유주의는 18세기 초부터 19세기 후반까지 적어도 거의 150년 동안 사회주의의 본격적인 도전을 받지 않은 상태에서 지배이념의 지위를 확고히 다질 수 있는 충분한 시간적 여유를 누렸고, 프랑스의 자유주의는 1789년 프랑스대혁명 이후 1848년 2월 혁명의 발발 시기까지 혁명적 독재 또는 왕정복고세력과 힘겨운 싸움을 치르기는 했지만, 상당한 시간을 거치면서 지배이념의 지위를 굳히게 되었다.[14] 나아가 양국에서는 자유주의가 사회주의의 도전과 함께 보수화하고, 보수주의 역시 사회주의라는 급진적인 이념에 맞서 자유주의화하는 과정에서 자유주의와 보수주의가 점차 수렴·연대하는 경향을 보였다. 다른 한편으로, 19세기 후반 영국에서는 혁명적 사회주의의 도전에 직면하여 부분적으로 사회주의적 요소를 수용한 복지자유주의가 그린(Thomas H. Green) 등에 의해 출현하

할 때 자유주의자들의 격렬한 반대에 부딪혔다. 민주화 이후 한국 보수주의의 전개과정 또는 자유주의와 민주주의의 충돌에 대해서는 박찬표(2007)와 강정인(2008a; 2008b)을 참조할 것.

[14] 마르크스와 엥겔스(Friedrich Engels)의 《공산당 선언》이 발표된 1848년을 사회주의의 본격적인 도전이 시작한 기점으로 볼 수 있을 것이다.

고 프랑스·독일 등에서는 의회주의를 통해 사회주의로의 점진적 이행을 추구하는 온건한 사회민주주의가 출현하여 자유주의와 사회주의가 상호 접근하는 양상을 보여주기도 하였다.

그러나 영국과 프랑스에 비해 국민국가의 수립이 지연되고 산업화는 물론 사상의 전개 역시 압축적인 과정을 보였던 독일에서는 독일 민족의 통일과정에서 민족주의와 자유주의의 연대 필요성이 제기되었고(Langewiesche, 2000: xiv~xvi), 사회주의의 조숙한 출현으로 말미암아 자유주의가 그 역사적 진보성을 다 수행·소진하지 못한 상태에서 국가사회주의라는 이름을 내건 반동적 극우민족주의(나치즘)가 출현하는 독특한 양상이 나타났다. 이 점에서 한국은 영국이나 프랑스보다는 독일에 가까운데, 그렇다 하더라도 독일보다 훨씬 더 후발적으로 근대를 맞이했기 때문에 비동시성의 동시성으로 인한 다양한 이데올로기들 사이의 갈등이 훨씬 더 치열한 양상을 띠었다. 일본의 식민지 상태이던 1920년대에 독립운동 진영에서는 독립투쟁의 전략과 독립국가의 정치적 미래상을 놓고 자유주의와 사회주의가 거의 동시에 출현하여 격렬하게 대립했고,[15] 해방공간에서도 자유주의와 사회주의는 아무런 시차 없이 출현하여 격돌했던 것이다.

그런데 해방정국에서 남한이 일제로부터 물려받은 정치경제적 상황을 고려할 때, 보수세력인 이승만과 한국민주당 등이 추진·추구하고자 했던 자본주의적 경제 질서나 자유민주주의적 정치 질서는 지켜야 할 기존 질서라기보다는 오히려 혁신적 또는 개혁적으로 장차 실현되

---

[15] 앞에서 언급한 것처럼 한국에서 자유주의가 출현한 시점을 19세기 말의 개화운동, 독립협회운동, 애국계몽운동 등에서 찾는다면 자유주의의 기원은 좀 더 소급될 것이다.

어야 할 '진보적' 성격을 지닌 것이었다. 지주-소작제가 광범위하게 존재하는 전근대적 경제체제는 자본주의적으로 장차 개조되어야 할 질서였고, 일본의 파시즘적인 식민지 정치체제 역시 자유민주주의적으로 혁파되어야 할 질서였다. 이 점에서 한국의 보수주의자들에게도 당대의 역사적 과제는 자본주의와 자유민주주의를 좀 더 온전히 실현하기 위해 한국사회를 혁신적으로 개조하는 것이었다. 다시 말해 자본주의와 자유민주주의는 완성된 체제로서 지키고 유지해야 할 기존 질서가 아니라 미래의 과제로서 장차 실현되어야 할 질서의 성격이 더 강했던 것이다.

이렇게 본다면 해방정국에서 자유주의와 사회주의는 모두 진보적인 잠재력을 갖고 있었지만, 지배이념으로 수용된 자유주의는 조숙하게 출현한 사회주의에 맞서 조기에 보수화하는 양상을 드러냈다. 지배이념으로서의 자유주의는 한국의 정치현실을 자유주의적으로 개혁할 이념적 활력과 계급적 역량이 미비한 상태에서 자유주의보다 더 광범위한 호소력을 지닌 사회주의에 직면하게 되자 사회주의로부터 자신을 방어하기 위해 일거에 보수화, 반동화할 수밖에 없었던 것이다. 게다가 보수적 집권세력은 북한과의 대결 속에서 국가안보를 위한 반공의 필요성, 근대화를 위한 경제발전의 시급성 등을 주장하면서 정치적 우선순위에서 자유민주주의의 온전한 실천을 배제하고 권위주의적 통치를 유지하는 것을 정당화하고자 했다.[16] 이 때문에 분단 정부가 수립된 이후 역대 권위주의 정권에서 자본주의적 경제 질서는 정착되어 갔지만, 권위주의 정권에 대한 정치적 반대세력들에게 자유민주주의는 자신의

---

16 이에 대해서는 강정인(2004, 297~354)을 참조할 것.

이념에 적합하게 현실 정치를 온전히 개혁하지 못한 상태에서 사회주의 북한체제에 맞서 단순히 권위주의체제를 옹호하는, 다분히 허구화된 명분으로 비쳐지게 되었다.

3) 탈맥락적으로 갈등하는 이데올로기들

한국과 같은 후발국에서는 이처럼 동시적으로 출현한 여러 이데올로기가 "내재적인 가치"나 "논리적인 정합성" 차원이 아니라 사변적 추상성의 차원에서, 곧 상대 이데올로기에 대한 탈(脫)맥락적인 이데올로기적(관념적) 비판을 통해 그 정당성을 놓고 경합하기 때문에 이데올로기들의 충돌이 적어도 외견상으로는 더욱 격렬하고 급진적인 성격을 지니게 되었다(마루야마, 1998: 70 참조). 각국의 구체적인 경험은 서로 다르지만, 서구에서처럼 여러 사상이 점진적·계기적으로 출현하는 경우에는 진보적 이데올로기였던 자유주의가 지배이념으로서 사회·정치적 개혁을 어느 정도 자유주의적 비전에 따라서 추진한 이후에 드러난 현실적 모순을 놓고 사회주의가 도전하기 때문에 대립의 지점이 좀 더 실제적이고 구체적이다. 그러나 한국에서처럼 자유주의가 지배이데올로기로서 정치공동체를 주조하기 이전에 그에 대한 도전이데올로기로서 등장한 사회주의는 자유주의의 "내재적인 가치"나 "논리적인 정합성"을 비판하기에 앞서(마루야마, 1998: 70) 자유주의를 그 이데올로기적 측면에서 공박하는 관념적 급진성과 교조성을 강하게 띤다.[17] 이 경우 자유

---

[17] 민주화 이전은 물론 민주화 이후 상당 기간 한국의 많은 사회주의적 운동세력이나 지식인들이 부르주아지계급도 제대로 형성되지 않은 한국사회에 대한 면밀한 분석과 성찰을 외면한 채 인권보장, 법의지배, 권력분립 등 자유민주주의의 기본적 원리가 제대로 실현되지 않은 군부권위주의 정권하에서 마르크스주의적 입장에 따라 한국의 자유민주주의를 본질적으로 부르주아계급의 이데올로기, 한국의 자유민주주의를 부르주아민주주의라고 규정하고 비판·배척한 것이 그 대표적 사례에 해당한다(임영일, 1991: 76~77). 그렇지만 이

주의나 사회주의는 모두 현실세계를 장악하지 못한 관념적 차원에 머물러 있으므로 이들의 대결은 현실성을 결여한 관념의 세계에서 상호 타협과 대화를 거부한 채 훨씬 더 강한 반동성 또는 급진성을 보이게 되고 그러한 경향은 조합된 내용적 공허성과 교조적 격렬성을 띠고 분출된다. 해방 이후에 나타난 좌우익의 이념적 대결이나 1980년대 급진 운동권에서 진행된 사상적 논쟁은 이런 모습을 잘 보여주는 대표적 사례라 할 수 있다.[18]

이러한 현상은 메이지유신 이후 서구적 근대화를 저돌적으로 추진해 온 일본의 지성계에서도 발견되는데 마루야마 마사오(丸山眞男)는 이를 예리하게 포착하고 있다. 그는 이러한 현상을 후발국인 일본정치의 이념적 지형에서 "이데올로기 비판의 조숙한 등장"이라는 개념을 통해 파악하고 있다. 여기서 이데올로기 비판이란 "… 사상을 그 내재적인 가치나 논리적 정합성이라는 관점에서보다도 오히려 '바깥으로부터', 즉 사상이 수행하는 정치적·사회적 역할(현실의 은폐나 미화와 같은)을 지적함으로써, 혹은 그 배후에 숨겨져 있는 동기나 의도의 폭로를 통해서 비판하는 양식"을 지칭한다(마루야마, 1998: 70).

이데올로기 비판은 마르크스가 본격적으로 발전시킨 것으로 마르크스의 경우에는 서구의 "근대 시민사회 및 근대 합리주의가 내포한 문제

글의 본문에서 비동시성의 변증법의 효과를 강조하는 논변은 어느 정도 완화될 필요가 있다. 좌파와 우파의 격렬한 이데올로기적 충돌은 남북한의 격렬한 이념적 대결과 그 배후에 있는 전 세계적 냉전이라는 정치적 현실을 일정 부분 반영한 것이기 때문이다. 그렇다 하더라도, 격렬한 이념적 갈등과 관련하여 민족분단의 영향력을 지나치게 강조하는 입장 역시 근시안적 태도라 할 수 있다. 마루야마 마사오는 한국처럼 민족분단을 경험하지 않은 전전의 일본에서 이미 동일한 현상을 발견했기 때문이다.

[18] 민주화 이후 한국정치에서 드러나는 좌우파의 정치적 논쟁이나 이념적 대결 역시 이러한 과거 전통을 계승한 것으로 보이는데, 이는 오랫동안 지속된 권위주의 시기에 억압되고 은폐되었던 것의 공개적인 분출인 만큼 매우 소란스러운 양상을 드러냈다.

성에 대한 조숙한" 비판으로서 나름대로 당대의 사회에 대한 역사적 맥락을 확보하고 있었다(마루야마, 1998: 70). 그렇지만 마루야마 마사오가 보기에 일본에서는 그러한 이데올로기 비판이 일본사회에 대한 역사적 맥락을 도외시한 채 서구의 역사적 맥락을 중심으로, 곧 서구중심주의적으로 전개된다는 점에서 문제가 심각했다. 그는 이 점을 다음과 같이 지적한다.

> 메이지 유신 이래 일본이 추구하는 진화의 목표는 '선진' 유럽이었으므로, 거기서 사상을 평가하는 데서도 서양 콤플렉스와 진보 콤플렉스는 떼놓을 수 없게 결부되어 사상 상호 간의 위[열]이, 일본의 지반에서 현실적으로 갖는 의미라는 관념보다는 흔히 서양사에서 그들 사상이 생겨난 시대의 선후(先後)에 의해 정해진다. … 온갖 이데올로기를 일본의 현실이라는 장(場)에서 검증하는 절차를 거치지 않고 사회적 문맥을 빼버린 채 사상의 역사적 진화나 발전을 도식화하는 것이었는데 … .[19](마루야마, 1998: 76~79)

이러한 관점에서 마루야마 마사오는 1950년 일본에서 좌우 이데올로기의 격렬한 대립이 보여준 내용적 공허함과 표면적 급진성을 다음과 같이 지적한다.

---

19 이러한 사례의 대표적 예로 그는 일본의 한 보수적 지식인이 "진화론을 내걸고 천부인권론의 '망상'"을 유행에 뒤떨어진 시대착오적이고 진부한 것으로 비판한 것을 꼽는다(마루야마, 1998: 78~81).

현재 문제가 되고 있는 그런 이데올로기―예를 들어 자유주의라든가 공산주의라든가, 사회민주주의라든가 하는―는 사상(思想)으로서는 어느 것이나 수입된 것이며, 일본인이 스스로 생활체험 속에서 만들어간 것은 아니지. 민주주의가 미국인에게 이른바 '삶의 양식'이 되어 있는 것과는 달리, 일본인의 일상 생활 양식과 그런 다양한 이데올로기는 실은 아직 거의 대부분 무매개적으로 병존하고 있는 데 머물러 있어. 이런 사실은 끊임없이 지적되면서도 일본의 인텔리 내지 의사(擬似) 인텔리는 정작 당면한 정세를 판단하는 단계가 되면 흔히 그런 기본적인 사실을 잊어버리거나 혹은 고의로 눈길을 돌려버려서, 마치 미국적 민주주의와 소련적 공산주의의 투쟁과 같은 도식으로 일본의 정치적 현실을 재단해가려고 하지.(마루야마, 1997: 181)

마루야마가 지적하듯이, 한국에서도 이처럼 표면적으로 요란스럽게 진행된 이념 논쟁과 대립은 현실과 무매개적으로 진행되는 경향이 농후했던 까닭에 논쟁이 되고 있는 이데올로기가 한국인들의 일상적인 생활양식으로 뿌리를 내리지 못했던 것으로 보인다(김동춘, 1997).

4) 진정성 논쟁

위에서 언급한 논점과 연관된 것이지만, 후발국에서는 비동시성의 동시성이 빚어내는 효과의 하나로 각종 이데올로기에 대한 진정성(authenticity) 논쟁이 서구보다 더욱 빈번하고 격렬하게 일어난다. 서구에서는 사상이 생성되는 과정이 원초적이고 점진적이었으며 빌려 온 정당성에 편승해 사회현실보다 조숙하거나 선진적으로 수용되지 않아 각 사상은 충분한 정치사회적 기반을 확보할 수 있었고, 따라서 자유주의·사회주의·보수주의·민족주의 등 각종 사상에 관한 진정성 논쟁이 별로 발생하지 않았다. 게다가 어떤 사상의 발생과 전개에 대한 고찰은 그것이 충분히 성숙한 후에 이루어졌기 때문에 당대에 진정성 논쟁이 일어날 소지가 별로 없었다. 예를 들어 우리가 사용하는 '자유주의'라는 정치적 용어는 스페인 의회의 한 파벌이 '자유주의자들(Liberales)'이라는 명칭을 사용하기 시작했던 19세기 초에 나타났으며 그 후 스페인에서 프랑스와 영국으로 건너갔는데, "영국에서는 휘그(Whig)로 알려진 정당이 1840년대에 이르러 자유당(Liberal Party)으로 발전했다"(볼·대거, 2006: 92). 이 때문에 그 전에 활약했던 로크(John Locke), 몽테스키외(Charles de Montesquieu), 볼테르(Voltaire), 애덤 스미스(Adam Smith) 등이 진정한 자유주의자인지 아닌지에 대한 (학술적 논쟁은 몰라도) 정치적 논쟁은 당대는 물론 후대에도 제기될 필요가 없었다.

보수주의 역시 마찬가지인데, '보수주의'라는 단어는 프랑스의 샤토브리앙(François Chateaubriand)이 발행해 단명에 그친 잡지《보수주의자(Le Conservateur)》(1818~1820)의 이름에서 유래하였다(Klemperer, 1972: 164). 그러나 잘 알다시피 오늘날 우리가 보수주의의 원조 사상가로 부르는 영국의 에드먼드 버크(Edmund Burke)는 자신의 보수주의 사상을 1789년 프랑스혁명이 발발한 직후에 본격적으로 주장하기 시작했으므로 형식적으로 보면 버크나 그와 동시대에 활동했던 보수적인 토리당의 정치가들은 '보수주의 이전의 보수주의자'라 말할 수 있다. 마찬가지로 프랑스혁명에 격렬하게 반발했던 보수주의 사상가인 드메스트르(Joseph de Maistre)나 미국 독립 시기에 활약했던 보수주의적 정치가인 존 애덤스(John Adams), 알렉산더 해밀턴(Alexander Hamilton) 등도 주로 1820년대 이전에 활동했으므로 이들 역시 사후적(事後的)으로 보수주의 사상가로 평가되었다. 따라서 이러한 인물들을 놓고 당대에 이들이 진정한 보수주의자인지에 대한 정치적 논쟁이 제기될 가능성은 아예 없었으며 후대에 그러한 논쟁이 일어나더라도 이는 정치적이라기보다는 학술적인 차원에서의 고증적 논쟁에 불과했다. 예외적으로 마르크스주의 사상은 당대에 또는 사후적으로 얻게 된 교조성과 독점성 때문에 일종의 '이론신앙'으로 전환하게 되었고,[20] 이로 말미암아 진정성 논쟁은 당대는 물론 후대에도 마르크스주의의 현저한 속성이 되었다. 그 결과 역사적으로 오랫동안 정통-수정 마르크스주의 논쟁이 일어나게 되었는데, 이는 사상으로서 마르크스주의가 지닌 독특한 특성과 역사에서 비롯된 것으로 해석하는 게 온당할 것이다.

  이와 달리 현대 한국정치에서는 각종 이데올로기에 대해 진정성 논쟁이 빈번하고 격렬하게 일어났다. 이러한 현상은 좀 더 심층적으로 그 원인을 탐구할 필요가 있겠지만, 비서구 국가 일반의 속성과 한국정치의 특유한 속성이 한데 얽혀서 발생한 것으로 추정된다. 그리고 무엇보다도 특징적인 것으로 현대 한국정치에 수용되고 논의된 다양한 이데올로기가 유동적이고 유연한 역사적 전개과정이 생략된 채 대부분 서

---

[20] 간단히 말해 '이론 내지 사상의 물신숭배 경향'을 마루야마 마사오는 '이론신앙'이라 부른다. 이에 대한 자세한 설명으로는 마루야마(1998, 118~121) 참조.

구에서 최종적인 완제품의 형태로 수입된 탓에 서구의 이데올로기를 초역사적이고 본질주의적으로 보편화·이상화하여 일종의 모델(이념형)로 설정했다는 점을 들 수 있다. 그런데 너무나 당연한 사실이지만, 한국의 역사적·정치적 상황은 서구의 이데올로기가 (원산지에서 실현된) 순수한 형태로 수용·전개되는 것을 좀처럼 용납하지 않았다. 따라서 '보편적으로 상정된 서구의 이데올로기'와 '한국정치에서 현실화된 이데올로기' 사이의 현저한 균열과 괴리가 무엇보다도 진정성 논쟁을 가져온 주된 원인이라고 지목할 수 있다.

이러한 진정성 논쟁을 한국사회에서 통용되는 자유주의 담론에 적용해 보자. 자유주의, 특히 반공을 자유보다 우선시하는 '반공주의적' 자유주의[21]는 종종 진정한 또는 서구적 의미의 자유주의에 부합하지 않는다는 이유로 '양심적', '진정한', '진짜' 자유주의(자)에 대비되는 '사이비', '의사(擬似)', '얼치기', '엉터리', '가짜', '타락한', '어용적', '종속적' 자유주의(자)로 호명된다.[22] 이는 한국 자유주의자의 행태에 대한 신랄한 비판이기도 하지만 동시에 진정성 논쟁을 담고 있는 것이기도 하다. 이와 달리 '반공주의적' 자유주의자들, 곧 보수적인 집권세력이나 정치인들이 자신들과 정치적 의견을 달리하는 정치인들을 '빨갱이', '친북좌파', '좌경' 또는 '불순좌익' 세력으로 몰아세우면서 제기하는 색깔논쟁 역시 자유주의에 대한 진정성 논쟁을 함축하고 있다. 이들은 반공주의적 자

---

[21] 이 글에서는 한국정치에서 '반공주의적' 자유주의와 '반공적' 자유주의를 구분하고자 하는데, 전자는 반공을 위해 정치적 자유의 본질적 부분을 기꺼이 희생하려는 입장이고, 후자는 반공을 주장하지만 이를 위해 자유의 본질적 부분을 희생하는 것을 용납하지 않으려는 입장이다. 예를 들어 함석헌, 장준하 등이 후자에 속한다 할 수 있다.

[22] 이러한 표현은 김동춘(1996; 2006)과 조희연(2003)에서 발췌한 것이다. 김동춘은 자유주의자가 주장하는 '양심의 자유'를 긍정적으로 보기도 하지만, 대체로 그들의 행적을 부정적으로 평가한다(김동춘, 2006: 171, 173, 179~180, 184 참조).

유주의의 입장에서 중도적인 이념적 입장을 일절 용인하지 않고 한국 정치의 이념적 지형을 단순히 '우파 자유주의'와 '좌파 공산주의'의 이분법에 따라 파악한 뒤, 자신들과 대립하는 세력을 모두 '자유주의'를 반대하는 '좌파 공산주의자'로 몰아붙이는 논리를 전개해 왔다. 이러한 논리는 (자신들이 편협하게 이해한 '반공=자유주의'라는 도식에 따라) 오직 자신들만을 '진정한' 자유주의자로 자처하는 심성에서 비롯되는데, 이 점에서 색깔공세 역시 자유주의에 대한 진정성 논쟁을 역설적인 차원이나 은폐된 차원에서 함축하고 있다고 풀이해도 될 것이다. 이러한 심성은 반공주의에 대한 물신적 숭배(근본적으로는 공산주의에 대한 공포)에서 유래한 것으로, 비(非)반공주의적 자유주의를 일종의 형용모순으로 받아들일 법하다.

또 다른 예로, 서구의 자유주의를 온전히 고수하고자 하는 어느 한 자유주의적 지식인은 우리 사회에서 '자유주의'란 서양에서 수입된 말 중에서 "가장 오해가 심한 말"일 것이라고 지적하면서 "수구적 인사들"은 이를 "반공주의와 동일어로 오용"하고 "진보적 인사들"은 이를 "탐욕스러운 이기주의라고 비난하는" 현실을 개탄한 바 있다. 그는 이런 현상이 "억압적이고 차별적이었던 절대군주제와 전통적 계급사회를 무너뜨리고 민주주의와 법치주의라는 근대 시민사회를 건설한 근대 시민들의 건강한 이념"인 자유주의에 대한 오해에서 비롯되었다고 주장한다(이근식, 2001: 13). 한국사회에서 자유주의에 대한 만연된 오해와 올바른 이해를 강조하는 이러한 주장에는 '자신과 같은 진정한 자유주의자가 한국사회에서 오해받고 있다'는 푸념이 섞여 있는데, 이 점에서 그의 주장 역시 진정성 논쟁에 연루되어 있다고 할 수 있다.

진정성 논쟁은 보수주의에서도 나타나는데, 이는 한국 보수주의를 비난하기 위해 '진정한' (또는 서구적 의미의) 보수주의와 대조적으로 사용하는 '보수반동', '수구' 또는 '수구꼴통'이라는 표현에서 직접적으로 발견되며, 그러한 비난을 피하기 위해 '개혁적', '합리적', '중도' 보수라는 용어를 사용하는 데서도 간접적으로 확인된다. 반면 선거를 앞두고 안정을 희구하는 보수성향의 중산층 표를 얻기 위해 정당들이 경쟁할 때에는 '선명' 보수 논쟁이 정치판을 장식하기도 하였다. 일례로, 1996년 15대 총선거를 앞두고 신한국당과 자민련은 스스로 '보수 원조', '원조 보수당' 혹은 '정통보수'로 자처하면서 국민의 반공의식을 동원하는 색깔공세의 일환으로 개혁적 보수를 내세운 김대중의 새정치국민회의를 '위장보수'라고 공격하기도 했다.[23] 이런 현상 역시 보수주의에 대한 진정성 논쟁을 함축하고 있었다.

민주화 운동이 혁명적 기운을 머금고 있던 1980년대에는 급진 운동권 내에서 누가 진정한 마르크스주의자인가를 놓고 격렬한 논쟁이 일어나곤 했는데, 이는 한국이 후발국으로서 서구의 사상을 수용했다는 사실보다는 앞에서 언급한 마르크스주의의 교조적 성격에서 유래하는 것으로 해석하는 것이 온당할 것이다.

한국 민족주의에 대한 정치적·학술적 논의에서도 진정성 논쟁은 매우 빈번하게 표출된다. 특히 민족주의에서 일어나는 진정성 논쟁은 일제 강점기의 친일 논쟁, 일제의 식민지 통치 평가 및 그 후 국교 정상화

---

[23] 2007년 12월 대통령 선거를 앞두고 이회창은 정통보수의 기치를 들고 한나라당을 탈당하여 무소속으로 출마하였다. 그러나 그에 의해 위장보수로 공격을 받은 후보가 여당인 대통합민주신당의 정동영 후보가 아니라 한나라당의 이명박 후보였다는 점은 매우 흥미롭다. 정통보수를 자처하는 입장에서 볼 때, 위장보수는 좌와 우 양편에 모두 존재하는 것 같다. 뉴라이트 역시 과거 우익세력에 의해 기회주의적인 위장보수라고 공격을 받았다.

등 한일 간의 정치적 분쟁, 남북 분단에서 비롯된 민족통일 문제, 우파 정치지도자들이 취한 다양한 정책 등을 중심으로 특정 정치인의 행적과 사상을 민족주의적으로 해석할 수 있는가를 놓고 격렬하게 전개된다. 일제에 의한 국권상실의 경험과 민족해방 투쟁, 해방 후 남북 분단으로 인한 통일된 민족국가 수립의 비극적 좌절과 뒤이은 동족상잔의 한국전쟁, 민족의 지상과제로 설정된 통일에의 열망 등으로 말미암아 한국에서 민족주의는 (오염될 수도 있는) 자유주의, 사회주의, 보수주의와 달리 '오염될 수 없거나', '오염되어서는 안 되는' 일종의 성역화된 이데올로기로 군림하였다.[24] 민족주의를 둘러싼 진정성 논쟁은 남북한 정권 사이와 남한 내 정치세력 사이라는 두 차원에서 전개되었다. 남북한의 집권세력은 항상 자신들만을 민족을 대변하는 정통적 정권으로 자처하고 상대방 정권을 외세의 괴뢰(또는 예속 정권)이자 분단을 획책하고 유지하는 민족반역자[또는 반민족 역도(逆徒)]로 비난하면서 상대방 정권을 합법적인 정치적 실체로 인정하기를 거부하였으며, 현대 남한정치에서도 예를 들어 이승만, 박정희 대통령의 행적이나 정책을 민족주의적인 것으로 평가할 수 있는가를 놓고 격렬한 논쟁이 진행되었다. 그리하여 민족주의를 논하는 글에서 어떤 학자는 비록 민족주의적 담론이나 수사를 남발하기는 했지만 "이승만 시기와 박정희 시기의 민족주의"를 "민족주의 세력을 억압하고 탄압하는 반민족주의적 민족주의"였다는

---

[24] 물론 제2차 세계대전 이후 식민지 상태에서 벗어나 독립한 거의 모든 신생국가에서 민족주의는 다른 이데올로기보다 선차적이고 우월한 위상을 확보하였다. 그러나 한국은 해방과 함께 진주한 미소 양국에 의한 분단, 동족상잔의 한국전쟁, 통일에의 열망이라는 예외적인 경험 때문에 민족주의가 더욱 특별한 지위를 점하고 있는데, 이는 한국정치의 이념적 지형의 매우 독특한 특징이라고 할 수 있다. 필자는 이를 '민족주의의 신성화'로 개념화한다. 그러나 이는 매우 복잡한 주제이므로 이 글에서는 자세히 다루지 않고 다음 기회에 상세히 검토하고자 한다.

모순어법으로 평가하기도 했다(박명림, 1996: 66). 이처럼 현대 한국정치에서 민족주의는 일종의 '정치적 종교'의 위상을 차지하고 있기 때문에 어떤 정치세력이나 정치인을 '민족반역자', '반민족주의자' 또는 '반민족적'으로 규정하는 언술은 사실상 정치적 사형선고의 효과를 노리는 것이었다.

4. 결론

지금까지 다양한 이데올로기가 압축적·동시적으로 출현한 한국정치의 이념적 지형의 특징을 그것들이 점진적·계기적으로 일어난 서구와 비교하면서 고찰하였다. 그러나 이를 통해 드러난 특징은 전체적인 이념적 지형이든 개별 이데올로기이든 다분히 시론적 수준에서 검토된 것이어서 구체적인 정교화 작업이 필요하다고 생각한다. 그러나 지금까지의 논의를 토대로 판단하더라도 서구에서 300여 년에 걸쳐 전개·진화된 다양한 이데올로기가 현대 한국정치에서는 비동시성의 동시성이 초래한 압축적 과정을 통해 불과 60년 만에 어느 정도 그 명색을 갖추게 되었음을 알 수 있다. 민주화 이후 20년이 지난 시점에서 한국 국회에서 활약하는 정당의 이념적 분포를 본다면, 거시적으로 한국의 정당구도는 서구의 민주국가, 그중에서도 사민주의적 정당과 자유주의적 정당이 양당체제를 형성하는 유럽의 정당구도가 아니라 진보적 자유주의 정당과 보수적 자유주의 정당이 양당체제를 형성하는 미국의 정당구도에 수렴하는 현상을 보이고 있다. 이러한 구조는 선거에 의한 최초의 평화적 정권 교체가 일어난 김대중 정부와 이를 이은 노무현 정부 등 개혁적 민주 정부가 들어서면서 기본적 모양새를 갖추기 시작했다. 그리고 2004년 17대 총선에서는 진보적 자유주의 정당이자 여당인 열린우리당(152석)이 처음으로 다수당으로 부상하고 보수적 자유주의 정당이자 전통적으로 다수당이었던 야당인 한나라당(121석)이 소수당으로 자리바꿈하는 이변이 연출되는 한편, 선거역사상 처음으로 사회민주주의적인 민주노동당(10석)이 일약 제3당으로 부상하고 한나라당보다 보수적인 자유민주연합(4석)이 포진하게 되었다. 이후 한국정치의 정당구도는 기본적으로 진보적 자유주의 정당과 보수적 자유주의 정당이 경합하는 양당제로 자리 잡는 한편, 약간의 이념적 다양성을 갖추게 되었다. 2012년에 치러진 19대 총선에서도 보수적 자유주의 정당이라 할 수 있는 새누리당(152석)이 2008년 총선에 이어 여당이자 다수당으로서의 지위를 유지하면서 진보적 자유주의 정당이라 할 수 있는 야당인 민주통합당(127석)과 경합하는 양당구도가 실현되었다. 여기에 10석이 넘는 의석을 차지한 사회민주주의적 성격의 통합진보당(13석)과 보수주의적인 자유선진당(5석)이 자리 잡음으로써 이념적 다양성이 가미된 2004년의 구도를 기본적으로 유지하게 되었다.[25] 비록 필자가 지적한 정당들의 이념적 특징이 일관되고 체계적으로 드러나는 것은 아니지만, 이들 정당은 정책이나 선거공약을 통해 어느 정도 식별 가능한 이념적 특징과 차이를 표출하고 있는 만큼 색깔이 다양한 정당들 사이에서 전개되는 정당정치는 정당일체감을 통해 일반 국민의 정치교육에 영향을 미치면서 국민의 정치사회화에 어느 정도 기여할 것으로 기대

---

[25] 그러나 총선 이후 통합진보당의 일부 의원이 탈당하여 2012년 10월 진보정의당을 창당하면서 통합진보당은 6석, 진보정의당은 7석을 각각 차지하게 되었다.

된다.

 마지막으로 필자가 영국·프랑스 등 선발 서유럽 국가와 한국 정치의 이념적 지형의 차이를 선명하게 대조하고자 사용한 '비동시성의 변증법'의 한계를 지적하면서 이 글을 마무리하고자 한다. 《탈근대주의 또는 후기 자본주의의 문화적 논리(Postmodernism, Or, the Cultural Logic of Late Capitalism)》(1991)라는 저서를 출판하여 일약 탈근대주의에 대한 최고의 마르크스주의 이론가로 부상한 제임슨(Fredric Jameson)은 이 책에서 블로흐의 '비동시성의 동시성' 관념에 호소하여 근대주의(modernism)를 "사회발전의 불균등한 계기에 독특하게 상응하는 것", 다시 말해 "역사의 근본적으로 상이한 계기들로부터 비롯되는 현실들의 공존"에 독특하게 상응하는 것으로 특징지었다(Jameson, 1991: 307). 그의 이러한 언명은 이제껏 자신이 견결하게 옹호하던 루카치(György Lukács)의 "모든 것을 포섭하는 자본주의의 총체성"이라는 관념, 곧 '동시성의 변증법'을 포기하고, 근대주의의 근본적 특징을 "에른스트 블로흐가 이른바 '비동시성의 동시성(Gleichzeitigkeit des Ungleichzeitigen)'이라고 부른 것, 곧 상이한 시대에서 비롯되는 경제구조와 사회문화적 구성체의 공존이 빚어내는 종종 혼란스러운 배치로 특징지어지는 역사적 상황에 해당하는 감성의 구조"라고 규정한 것이다(Durst, 2002: 171). 제임슨의 이처럼 놀라운 전환에 대해 더스트(David C. Durst)는 그 주된 원인을 베를린 장벽이 무너진 1989년 이후 탈근대적 서유럽이 새롭게 직면하게 된 부정할 수 없는 엄연한 현실, 즉 사회주의권 국가들이 자본주의적 불균등 근대화라는 전환의 고통스러운 과정에 진입하게 됨으로써 유럽의 일부 지역에 자본주의적 근대가 귀환한 현실을 들고 있다

(Durst, 2002: 171). 이처럼 과거의 때늦은 귀환에 직면하여 제임슨은 '총체성의 변증법'을 포기하고 '비동시성의 변증법'을 수용하지 않을 수 없었던 것이다.

그러나 이 글에서 논의된 현대 한국정치의 이념적 지형에 대한 분석이 잘 보여준 것처럼 근대성의 해석과 관련해 제임슨의 최근의 놀라운 전환이나 그 전환의 이유에 대한 더스트의 해석은 다분히 서구중심적이다. 한국정치를 포함한 비서구 세계의 다양한 지역의 정치적 경험이 보여주듯이, 전 지구적 차원에서 근대성은 루카치가 말한 "모든 것을 포섭하는 자본주의의 총체성"이 아니라 "불균등한 발전과 시간대가 혼재하는 비동시성의 동시성"으로 체험된 것임이 분명하기 때문이다. 따라서 선발적으로 근대화를 추진한 서구 일부 국가와 후발적으로 근대화를 추진해야 했던 비서구의 다수 국가에서 비동시성의 동시성은 이제 어느 정도 공통된 현상으로서 양자의 차이는 '종류의 차이'가 아니라 '정도의 차이'에 근접하는 것으로 이해되어야 할 것이다.[26] 이 점에서 제임슨과 같은 서구 지식인들은 비서구 국가들이 일상적으로 경험했던 비동시성의 동시성을 사회주의권의 붕괴 및 체제 전환과 함께 뒤늦게 발견한 셈이라고 할 수 있다.

이러한 성찰을 받아들인다면 근원적인 차원에서 '비동시성의 동시성'이란 급속한 변화를 겪는 모든 사회에서 발견되는 보편적인 현상이 아닌가'라는 반론이 제기될 수 있으므로 이를 검토해 볼 필요가 있다. 예를 들어, 자체적으로 변화를 성취하여 외부의 충격에 비동시성의 동시

---

[26] 서구 자본주의 발전과정에서 불균등한 발전 및 이 때문에 초래된 비동시성의 변증법을 비판적으로 상기시킨 역작으로는 핼퍼린(Halperin, 1997)을 참조할 것.

성이 강압적으로 초래되지 않은 사회에서는 공식적인 제도와 가치로 남녀평등이 강조되지만, 그 제도를 운영하고 가치를 실천하는 관행과 문화 및 일상생활은 여전히 가부장적으로 남아 있는 이중적 현상을 들 수 있다. 그러나 자생적이고 자족적으로 변화를 수행하는 사회에서 그러한 비동시성의 변증법은 일시적으로 심각한 병리적 현상을 수반하더라도 점진적인 타협과 학습을 통해 수렴과 동시화로 나아갈 개연성이 높다. 그리고 남아 있는 비동시성의 동시성은 근절되지는 않더라도 봉합된 상태로, 곧 사회 전반에 상대적으로 무해하여 무시해도 좋은 상흔(scar)으로 남아 있게 마련이다. 이에 관해서는 현대 독일의 신나치주의자, 미국의 3K단(Ku Klux Klan: 인종차별주의자) 또는 한국 지리산의 청학동 등을 예로 들 수 있을 것이다. 또한 "서울은 전통적 요소(건축물)와 근대적 요소(건축물), 탈근대적 요소(건축물)가 공존하는 '비동시성의 동시성'을 특징으로 하는 도시다"라는 명제는 '비동시성의 동시성'을 다분히 긍정적으로 평가하는 언명이라 할 수 있다. 그러나 지금까지 이 글에서 논한 것처럼 한국은 독일 등 유럽의 후발국가보다 훨씬 더 늦게 그리고 식민지 경험을 겪어가면서까지 강압적으로 근대를 맞이했기 때문에 해방과 분단 이후 한국정치의 이념 전개 과정에서 목격된 '비동시성의 변증법'은 훨씬 더 극렬하게 전개되었으며 그 병리적 현상이 단기간에 집중적으로 분출하여 이념적 지형을 뒤틀리게 했다고 해석할 수 있다. 그 결과 비록 민주화 이후에 현대 한국정치의 이념적 지형이 서구에 수렴하는 '정상화' 과정을 겪고 있기는 하지만, 그 지형은 비동시성의 변증법이 남긴 거의 반영구적인 충격적 외상(trauma)을 간직하고 있으며, 이것이 현대 한국정치의 이념적 특징을 구성한다고 할 수 있다.

참고문헌

강정인. 2004. 《서구중심주의를 넘어서》. 서울: 아카넷.
강정인. 2008a. "개혁적 민주정부 출범 이후(1998~) 한국의 보수주의: 보수주의의 자기쇄신!?" 《사회과학연구》(서강대학교 사회과학연구소) 16: 2, 6~40.
강정인. 2008b. "민주화 이후 한국정치에서 자유민주주의와 법치주의의 충돌" 《법학》(서울대학교 법학연구소) 49: 3, 40~75.
강정인 · 공진성 · 안외순 · 정승현. 2008. "민주화를 중심으로 본 한국 현대 정치사상의 흐름과 변화" 《신아세아》(신아세아연구소) 15: 2, 152~181.
김동춘. 1996. "사상의 전개를 통해 본 한국의 근대 모습" 역사문제연구소 편. 《한국의 근대와 근대성 비판》, 273~309. 서울: 역사문제연구소.
김동춘. 1997. "80년대 후반 이후 한국 맑스주의 이론의 성격 변화와 한국 사회과학" 《한국 사회과학의 새로운 모색》, 286~313. 파주: 창작과비평사.
김동춘. 2006. 《(1997년 이후) 한국사회의 성찰: 기업사회로의 변환과 과제》. 서울: 길.
마루야마 마사오 지음 · 김석근 옮김. 1997. 《현대정치의 사상과 행동》. 서울: 한길사.
마루야마 마사오 지음 · 김석근 옮김. 1998. 《일본의 사상》. 서울: 한길사.
문지영. 2004. "한국에서 자유주의와 자유주의 연구: 문제와 대안적 시각의 모색" 《한국정치학회보》 38: 2, 73~94.
박명림. 1996. "분단시대 한국 민족주의의 이해" 《세계의 문학》 여름호, 48~75.
박찬표. 2007. "법치 민주주의 대 정치적 민주주의" 최장집 외. 《어떤 민주주의인가》, 197~229. 서울: 후마니타스.
테렌스 볼, 리처드 대거 지음 · 정승현 외 옮김. 2006. 《현대 정치사상의 파노라마》. 서울: 아카넷.
이근식. 2001. "자유주의와 한국사회" 이근식 · 황경식 편. 《자유주의란 무엇인가》, 14~75. 서울: 삼성경제연구소.
임영일. 1991. "한국사회의 지배이데올로기" 한국산업사회연구회 편. 《한국사회와 지배이데올로기》, 67~87. 서울: 녹두.
임지현. 1999. 《민족주의는 반역이다: 신화와 허무의 민족주의 담론을 넘어서》. 서울: 소나무.
조희연. 2003. "정치사회적 담론의 구조변화와 민주주의 동학: 한국 현대사 속에서 지배담론과 저항담론의 상호작용을 중심으로" 조희연 편. 《한국의 정치사회적 지배담론과 민주주의 동학: 한국민주주의와 사회운동의 동학》, 33~120. 서울: 함께읽은책.

Bloch, Ernst. 1991. *Heritage of Our Times*. Berkeley and Los Angeles: University of California Press.

Durst, David. C. 2002. "Ernst Bloch's Theory of Nonsimultaneity." *The German Review* 77: 3, 171~193.

Halperin, Sandra. 1997. *In the Mirror of the Third World*. Ithaca and London: Cornell University Press.

Hirschman, Albert O. 1991. *The Rhetoric of Reaction*. Cambridge, MA: The Belknap Press.

Jameson, Fredric. 1991. *Postmodernism, Or, the Cultural Logic of Late Capitalism*. Durham: Duke University Press.

Klemperer, Klemens von. 1972. "Conservatism." C. D. Kernig, ed. *Marxism, Communism and Western Society: A Comparative Encyclopedia* Vol. 2, 164~169. New York: Herder and Herder.

Langewiesche, Dieter 2000. *Liberalism in Germany*. Houndmills: Macmillan Press.

Schwartz, Frederic J. 2001. "Ernst Bloch and Wilhelm Pinder: Out of Sync." *Grey Room* (Spring), 54~89.

한국전쟁, 분단이 한국정치에 미친 영향: 구조화된 '예외상태'하의 자유, 민주, 복지

김동춘 성공회대학교

1. 서론

정전 60년을 맞았지만 한국은 여전히 사회주의 북한과 '적대'하고 있는 전쟁 상태의 국가다. 1950년 6월 25일 발발한 한국전쟁은 3년 만인 1953년 7월 27일 정전 상태로 종료되었지만, 교전 당사자들에 의해 종전이 선포되지 않았고 남북한 상호 간에 충돌과 긴장이 계속되고 있다. 남북한 간에 발생하는 군사충돌은 다른 모든 경제사회적 의제를 압도하고 있으며, 북한과 군사적으로 대결하고 있다는 명제가 국내 정치와 사회에 적용되어 국민들이 국가에 일방적으로 복종하고 그렇지 않은 사람을 적으로 보는 일들이 계속되고 있다. 즉 민주화 이후 26년이 지난 지금의 시점에서도 분단·정전질서가 여전히 유지되고 있으며 남북한 간의 화해나 평화가 실현되지 않아 국가의 사회 규율의 가장 중요한 명분으로 국가안보가 자리 잡고 있다. 이러한 남북 간 대결구도는 남한에서 여전히 국가보안법이 건재해 있고, 노동계급의 형성에도 진보정치세력이 제대로 성장하지 못했으며, 한국전쟁 전후에 사용되었던 '빨갱이' 담론이 여전히 정치세력이나 언론에 의해 공공연하게 사용되는 사실에서 드러난다. 냉전체제하의 만성적인 남북 대결상태와 전쟁위기는 한국을 국가 목표의 최우선을 국가 '안보'에 두는 안보국가(National Security State)로 만들었고(Raskin, 1976; 김동춘, 1997), 안보라는 목표는 자유, 민주, 복지 등의 가치를 후순위로 밀어냈다. 이것을 우리는 '전쟁모델에 입각한 민간의 지배'나 '국가폭력의 만성화' 혹은 '전쟁정치'라 부를 수 있을 것이다(김동춘, 2011).

이러한 '전쟁모델에 입각한 민간의 지배'는 나치 치하의 독일이나 제국주의 일본에서 가장 전형적으로 나타난 과거의 지배방식이다.[1] 그러나 해방 후 자유민주주의를 기본이념으로 하여 태어난 한국은 북한과의 분단 대결구조와 지구적인 냉전질서의 압도적 영향 아래에서 일제 말 경찰, 군부지배의 방식을 지속시켰다. 특히 분단과 냉전의 최전선에 있었던 만성적인 계엄국가 대만과 더불어 한국의 정치질서는 국가안보 우선주의와 반공주의의 구호 아래 진행되었다. 물론 미소 냉전의 주변에 위치한 라틴아메리카의 여러 국가에서도 경제성장과 사회질서 유지를 명분으로 군부가 오랫동안 집권하였으며, 냉전의 본거지인 미국에서도 한때나마 매카시즘(McCarthyism)이 발흥하여 일시적으로 온국민이 '적과 나'로 구분되는 일이 발생하였다. 결국, 군사주의 원리가 정치와 일상에 작동하는 한국의 사례가 매우 특이하기는 하지만, 한국이 세

---

[1] 일제 말의 '국방국가', '총력전'의 개념은 전시와 평시의 구분을 없애기도 했지만(후지타 쇼조, 2009; 기모토 다케시, 2010), 정전 상태라는 것도 이처럼 전시와 평시의 구분이 애매한 상태라 불러도 좋을 것이다.

계 여러 나라의 '예외'라기보다는 오히려 전쟁·준전쟁 상태 국가 혹은 지난 냉전시절 서방 진영 국가들의 국내 지배질서나 이데올로기, 특히 '자유민주'의 이름 아래 저질러진 전제정치의 흔적의 '전형'을 보여주는 점도 있다.

물론 1987년 민주화로 군부정권이 사라지고, 남북한 간 체제경쟁에서 남북한의 관계가 현저히 역전되어 사실상 북한이 경제적으로는 물론이고 군사적으로도 더는 경쟁상대이거나 위협이 될 수 없는 오늘의 한국 정치사회 상황을 과거 1945년 이전의 전시체제, 60~70년대 제3세계에서 나타난 군사독재체제와 유사한 것으로 볼 수는 없을 것이다. 최고지도자가 '국방위원장'인 오늘의 북한은 아직 라스웰(Lasswell, 1997)이 1945년 직전의 일본을 대상으로 그렸던 병영국가(Garrison State)에 가깝지만 지금의 남한을 그렇게 볼 수는 없을 것이다. 지난 60년 동안 한국은 권위주의 혹은 군사독재 시기를 거쳐 민주화의 진통을 겪고 있으며, 농민이 다수이던 농업국가에서 인구의 압도적 다수가 도시에 거주하는 발전된 공업 국가가 되었고, 자본주의적인 경제질서나 사회관계가 확고하게 정착되었으며, 90년대 이후에는 서비스산업이 산업과 노동력 인구의 다수를 점하는 후기산업사회로 접어들게 되었다. 1987년 민주화 이후 군부가 정치적으로 재기할 가능성은 거의 제거되었고, 정전 이후 오랜세월이 지나 이제는 분단과 전쟁이라는 현실보다는 한국 자본주의와 세계 자본주의의 질서에서 더 압도적인 영향을 받고 있다. 그래서 우리는 '변화 속의 연속성'이라는 문제의식으로 한국의 정치사회, 정치 이데올로기를 조명해 볼 필요가 있다. 변화를 무시해서도 안 되고 연속성을 하나의 건드릴 수 없는 구조로 봐서도 안 되지만,

국가형성기, 전쟁기에 만들어진 정치 이데올로기의 중요한 특징들이 분단체제하에서 어떻게 변형된 형태로 여전히 재생산되고 있는지를 살펴봐야 할 것이다.

백낙청 교수가 주장했듯이 한국의 정치경제, 지배체제를 다루는 사회과학에서는 한국의 분단 현실이 언제나 '예외적인 것'으로 취급되어 제대로 고려되지 않았지만,[2] 필자가 보기에는 분단을 한국전쟁 및 이후의 정전체제 즉 '준전쟁'체제와 함께 고려하면서 현재의 한국정치와 사회를 이해하려는 노력이 매우 부족했던 것으로 보인다. 이것은 필자가 주장했듯이 한국의 사회과학이 자국의 영토 내에서 다른 나라와 전쟁을 겪은 적이 없는 미국을 모델로 한 사회과학의 압도적 영향 아래 있기 때문이라고 본다. 물론 경제학이나 사회학 일반은 상대적으로 긴 평화의 기간인 19세기 유럽의 자본주의와 산업사회를 모델로 하기 때문에 그런 측면도 강할 것이다. 어쨌든 한국의 사회과학은 서구의 근대화를 표준으로 삼아 거기에 한국의 사정을 대입하고 그러한 표준에서 한국이 얼마나 벗어나 있는지를 검토하는 것이 여전히 주류를 형성하고 있다(강정인, 2002). 이런 이유로 한국의 사회과학자들에게 분단과 전쟁이라는 현실은 자본주의, 산업화, 민주화 등의 개념에 의해 뒤로 제쳐 있거나 암암리에 무시당해 왔다.

지구적 냉전체제하에서 자주독립국가 건설이 좌절된 채 곧바로 민족이 분단되고 민족 내부의 전쟁을 거쳐 분단이 더 고착화하는 이 모든 과정에서 미국 정치·경제의 압도적 영향 아래 놓인 한국에서 근대국가의 기본 이념인 자유, 민주, 복지의 이념과 정책은 어떤 형태로 적용

---

[2] 백낙청 교수는 이것을 '분단인식결핍증'이라고 지칭하였다(백낙청, 2012).

되고 있으며, 어떻게 제도와 실천으로 작동하고 있을까? 이 글은 이러한 문제의식 속에서 구조적 예외상태인 분단·준전쟁체제가 한국의 정치사상에 미친 영향을 살펴본다.

2. 냉전·반공주의 아래에서의 국가폭력과 지배질서

한반도에서 내전은 이미 분단된 정부수립 시점부터 시작되었다. 남한에서 정부수립은 남한 내에서 우익 지배체제의 등장을 거부하거나 통일을 지향하는 세력들의 무장 저항을 초래하였다. 이는 지구적 차원에서의 냉전의 형성과 맞물려 있는데, 냉전이라는 새로운 형태의 전쟁은 냉전의 전선에 있는 국가에서 내부의 적, 정치적 반대파에 대한 억압과 폭력 행사를 동시에 수반하는 것이었다. 특히 한반도는 미소가 그들의 후원하에 수립된 정부가 전선을 맞대고 충돌하는 지점이었고 미소는 이 두 체제의 존립을 지탱하는 역할을 하였다. 그래서 남북한은 이미 정부수립 시점부터 이러한 국제정치, 양 강대국의 압도적 영향 아래에서 자체의 정치·경제질서를 만들어나갈 수밖에 없었다. 비록 남한에 주둔하던 미군은 1948년 8월 정부수립 시점부터 이듬해인 1949년 여름까지 대부분 철수하여 한국에는 약 500여 명의 미군사고문단(KMAG)만 남게 되었지만, 남한의 국가안보나 경제질서는 미군의 거의 일방적인 후원하에서 진행되었다. 비록 일본처럼 헌법의 내용까지 미 점령군이 개입하지는 않았지만, 군대와 경찰의 창설, 내부의 적에 대한 군사력의 사용 등에서 한국의 국가권력의 행사를 사실상 관장하였다.

1948년 정부수립 직전인 제주도에서 4·3사건이 발생한 이후 제주도의 주민들이나 여순반란사건 이후 지리산 일대에 거주하던 주민들은 남한의 경찰과 군인들이 행사하는 폭력에 그대로 노출되었으며, 이들에게 새롭게 건설된 국가의 자유, 민주의 이념은 구호에 불과하였다. 아직 탈식민지 이후 새 정부 수립을 실감하지 못하는 섬이나 산악지방의 주민들에게 과거 일제 식민지적 지배질서와 새롭게 건설된 대한민국 지배체제 간에는 그다지 심각한 단절이 느껴지지 않았다. 그것은 정부에 비협조적인 인물과 그 가족에 대한 사찰·감시·통제와 전제주의 문화, 전쟁 수행을 위한 동원의 특징을 갖고 있었다. 그것은 비상사태, 즉 아감벤(Agamben)이 말한 법이 작동하지 않는 예외상태였다(아감벤, 2009). 계엄이 선포되고 정부에 무장으로 저항하는 세력은 '폭도'로 간주하여 '토벌' 혹은 불법처형의 대상이 되었다. 비상사태 즉 예외상태의 구조화는 남북한이 군사·정치적으로 대결하고 있으며 국가의 존립이 위태롭다는 상황규정에서 출발하였던 것이다.

정부수립에서 시작해 1950년 6월 25일의 전면전 발발을 거쳐 1953년 7월 27일 휴전에 이르기까지 한국 정부는 군사적으로뿐 아니라 정치적으로도 미국의 실질적인 관장하에 있었다. 스스로 방어할 능력이 없었던 한국 정부는 형식적으로는 국민이 선출한 국회와 국가가 선출한 대통령에 의해 통치되고 있었지만, 주권국가라고 부르기에는 어려울 정도로 국가의 재정이나 대통령의 인사권까지도 미군사고문단이 자문의 형식으로 개입하였다.[3] 일제에 의해 훈련된 관료, 경찰, 군대가 남한의 국가를 유지하는 기둥이었지만, 제주 4·3사건이나 여순반란사

---

3 특히 국방부장관이나 육군참모총장의 임명에는 미군사고문단의 추천이 결정적으로 작용하였다. 고정훈(1966) 참조.

건 당시 토벌작전에서 사용된 각종 작전 개념이나 교범, 작전지원은 주로 미군이 제공한 것이었다. 일제 식민지하에서 항일독립 운동세력이 표방했던 새 국가의 목표와 이념이 완전히 무시되지는 않았지만, 식민지적 억압은 대개 미국식 자유주의와 결합하여 한국의 정치와 사회를 움직이는 방식으로 자리 잡았다. 반공주의라는 점에서 양자는 공통점을 갖고 있었으나 미국의 자유주의적 반공주의는 일제 식민지 이래의 억압적 반공주의와 차별성을 가지면서도 실제로는 식민지적 억압이 작동하였다.

내전 혹은 전면전 시기였던 1948년 전후와 전쟁기간이었던 1950년에서 1953년 사이는 전형적인 예외상태의 시기였다. 물론 정전협정 이후 한국은 여느 국민국가처럼 운영되기 시작하였으며 공식적으로 예외상태는 종료되었다. 그러나 실제 각종 비상조치는 전쟁의 위기보다는 정권의 위기 때 주로 발동되었다.

1951년 피난지 부산에서 정치적 위기를 맞은 이승만은 계엄을 선포하였고, 1971년 전후 박정희는 야당의 반격을 '국가비상사태'로 간주하고 위수령과 긴급조치 등을 선포하기도 하였다. 5·16 군사쿠데타, 5·18 비상계엄 전국 확대 등 군부는 권력 획득을 위해 수시로 비상사태를 선포하였다. 그러나 1987년 6·29선언 이후에는 한 번도 계엄이 선포되지 않았고 전국 단위로 비상사태가 선포되는 경우도 없었다. 그러나 계엄을 일상에 연장한 국가보안법은 건재하였고, 공권력 집행에서의 '예외' 즉 수사정보기관(공안기관)의 탈법적인 행동, 법의 지배가 사실상 무시되는 시점과 장소, '비국민' 혹은 '2등 국민'으로 분류된 내부의 '잠재적 적'에 대한 사찰, 불법구금, 탄압은 계속 유지되었다.

안보위기는 후퇴하였으나 국가보안법의 무리한 적용, 수사·사찰기관의 월권과 불법, '비국민'으로 분류된 반정부 혹은 반체제인사, 노조 활동가 등에 대한 공권력의 폭력과 비인간적 대우는 민주화를 이룬 지 20년이 훨씬 지난 지금까지 그대로 남아 있다. 특히 이명박 정부 이후 쌍용차 노동자 항의나 용산 철거민 항의처럼 조직적으로 저항하는 노동자와 철거민에 대한 공권력의 폭력적 행사현장에서 이러한 전쟁상황을 방불케 하는 국가의 폭력행사가 주로 나타났다. 과거에 안보, 반공주의의 이데올로기 아래에서 정당화되었던 국가 폭력이 이제는 신자유주의적 구조조정, 경제질서 유지의 명분으로 변화되었으며, 과거나 현재나 국가 폭력 행사의 대상자들을 비국민으로 분류하는 일이 동시에 진행되었다. 용산 철거민이나 강정 해군기지 반대주민들을 지목해서 '도심 테러범', '종북세력'의 논리가 각각 동원되는 것이 그 예이다.

냉전체제하에서 한국의 국내 정치는 미국의 세계전략과 동아시아 정책, 국가이익에 크게 규정받았다. 이는 미국이 유럽에서 마셜플랜(Marshall Plan)을 입안한 것은 미국이 소련의 무력개입을 우려한 측면도 있지만 유럽인들이 기아와 빈곤과 절망을 딛고 공산당에 투표할지도 모른다는 위기감에서도 비롯된 것처럼, 중국과 소련이 일본이나 한국을 직접 무력으로 병합하려 한다는 측면보다는 일본, 한국의 좌파 세력이 영향력을 확대하여 미국이 후원하는 우파 세력이 권력을 상실할지도 모른다는 두려움 때문이었다. 그래서 미국은 일본의 자민당을 재정적으로 크게 지원하였고, 내키지 않은 경우가 많았지만 이승만, 박정희, 전두환 정권을 지지하였다. 이 때문에 이승만, 박정희, 전두환 정권의 지배 이데올로기는 실제로는 독재였으면서도 냉전체제하 미국의 이데올로기인 자유민주주의 혹은 냉전 자유주의의 틀 속에 있었다.

분단체제에서 남북한은 체제유지를 위해 미소 양 강대국의 지원을 이끌어냈고, 대체로 그들을 후원하는 양 강대국이 애초에 표방했던 것보다 더 극단적인 반공주의 · 공산주의 이데올로기를 표방하였다. 남한의 이승만은 분단을 관리하고 현상유지하려는 미국에 맞서 반공포로를 석방하는 등 더욱 독자적인 행동을 하였고, 미국은 마지못해 상호안전보장 조약을 체결하여 권위주의 체제를 지지하게 되었다(개디스, 2005: 182~183). 매카시즘은 내부의 스파이가 외부의 적에게 도움을 주고 있으니 그들을 숙청하는 것이 정치의 첫째가 되어야 한다는 논리인데, 미국에서는 그것이 너무 지나친 수준으로 나아가 오히려 반발을 불러일으켜 50년대 초 한때의 광기에 그쳤다. 그러나 미국에서 매카시즘을 확대 · 강화하는 데 결정적인 역할을 한 한국에서는 매카시즘이 권위주의 정권하에서, 심지어는 민주화 이후 90년대까지도 구조적으로 혹은 국면적으로 회오리바람처럼 등장하였다. 과거 미국에서도 그러했지만 매카시즘이 기승을 부리면 모든 민주주의적인 절차는 일거에 정지되고 정치사회가 비이성적인 광기에 휩싸이게 된다. 즉 내부에 간첩이 있다는 증거가 발견되면 시민의 자유권에 대한 존중은 곧바로 철회될 수 있었다. 즉 전체주의는 제2차 세계대전 이전의 유물이 아니라 냉전체제하에서 얼마든지 재연 · 지속될 수 있었다.[4]

결국, 한국의 지배질서는 큰 틀에서 남북한의 분단으로 인한 준전쟁 상황과 미국의 냉전정책의 규정력에서 영향을 받고 있지만, 이보다 직

---

[4] "사실은 우리 한 사람 한 사람의 마음 깊은 곳 어딘가에 전체주의적 생각이 조금씩 묻어 있다"고 소련의 위협을 강조하면서 케난은 말하였다(개디스, 2005: 72). 반공주의는 전체주의로 나아갈 수 있다는 이야기였다.

접적으로는 국내 지배세력의 위기의식과 체제유지 전략에서 영향을 받는다. 그런데 한미 관계는 일방적인 관계만은 아니다. 한국전쟁은 미국이 내적으로나 외적으로 공산주의 일반에 대한 봉쇄 전략을 강화하는 계기가 되었으며, 그러한 미국의 정책변화는 거꾸로 한국을 지배하였다. 또한, 한국전쟁은 일본의 세계질서 복귀를 기정사실화한 1951년 샌프란시스코 평화조약을 앞당기는 계기가 되었는데, 바로 이 전쟁 때문에 한반도는 일본의 식민지 지배를 제대로 청산하지 못하는 결과를 받아들이게 되었다.

이러한 조건에서 한국의 자유, 민주, 복지의 개념과 실천이 어떤 양상으로 나타났는지 살펴볼 필요가 있다.

3. 분단 · 전쟁체제 아래에서 '자유'의 개념

냉전체제하에서 미국이 그러했듯이 분단 · 전쟁 상태에서 '자유' 혹은 '자유주의'는 대체로 공산주의와 대비되는 개념으로 사용되었다. 1950년대에서 70년대까지 한국의 대통령과 지배층, 정부가 사용하였던 '자유진영'이라는 용어는 곧 냉전 후 새로운 패권국가로 등장한 미국 주도의 자본주의 진영을 의미하였고, 자유라는 가치는 곧 생산수단을 국유화 · 사회화한 사회주의가 아니라 사유재산권과 자유시장경제가 작동한다는 의미였다.

한국전쟁 시기와 1950년대의 한국 사람들은 경찰권력의 공포 속에서 살면서 '자유세계'에 살고 있다는 권력의 소리를 매일 들어야 했다. 이승만 대통령이 전시 임시수도 부산에서 야당을 제압하기 위해 비상

계엄을 선포하고, 전시라는 명분하에 국민보도연맹원을 불법으로 구금해서 재판도 없이 죽일 수 있었던 '특별조치령'를 내리고,[5] 민간인을 군인으로 취급하여 구속할 수 있었던 국방경비법을 시행하며, 인민군 부역자로 지목된 사람들을 법적 절차도 거치지 않고 체포하여 처형하였던 전시 상황이 바로 '자유세계' 한국에서 일어난 일이었다. 게다가 선거조작과 부정부패, 이승만 우상화와 영구집권을 추진했던 정당이 바로 이승만의 '자유당'이었다

이승만의 '자유' 개념은 다음과 같은 연설에 집약되어 있다.

> 우리 한인은 자유민으로 죽을지언정 남의 노예백성으로 살지는 않겠다는 결심을 우리가 혈전마당으로 처음부터 끝까지 표명한 것입니다. 우리 평민과 군인들이 각각 가진 것을 다 사용해서 세계 모든 자유민의 원수를 일심으로 오늘까지 싸워온 것입니다.[6]

개인이든 국가든 '자유'는 원래 독립 위에서 가능하지만, 북한의 침략을 받아서 국가의 존립이 경각에 처했던 전쟁 상황에서 한국은 미국의 전적인 군사 지원 없이는 국가를 유지할 수 없었다. 한국이 군사적 자주권을 행사할 수 없어서 군사·경제적으로 미국에 절대적으로 의존한

---

5 원래 명칭은 '대통령 긴급명령 제1호, 비상사태하의 범죄처벌에 관한 특별조치령'이었다. 이 법은 범죄의 구성요건이 포괄적이었고, 신속·졸속·약식 처벌을 가능케 했기 때문에 사실상 법의 구성요건을 갖추고 있지 못했다. 그럼에도 이 법은 이후 자의에 의하지 않은 수많은 인민군 부역자를 처형하는 근거가 되었다(한인섭, 2001).

6 이승만 사변 1주년을 맞이하여 훈시, "한반도 면면 촌촌에 통일민주국의 태극기 날릴 때까지"(공보처선전대책중앙위원회편, 1951).

상태를 이승만은 바로 '자유'라고 표현하였다. 이러한 자유의 이념은 국가에 의해 제창되었으나 곧 전쟁을 겪은 국민들에게 내면화되었다.

한편 '자유의 사도', '구국의 은인'인 맥아더를 동상으로 세우는 작업도 국가가 시작했으나 주민의 지지 속에서 진행되었다. 인천의 '만국공원'이 '자유공원'으로 개칭된 것도 이와 관련된다(김미정, 2005). 원래 자유는 서구 근대화와 미국의 이데올로기였고, 미국과 맥아더가 자유의 사도였으니 그들의 은덕에 감사한다는 차원에서 자유는 건드릴 수 없는 도그마가 되고, 자유가 도그마가 되는 순간 그것은 강압이 된 셈이다.

이승만은 한국의 국가 정체성을 한편으로는 미국 주도의 '자유 진영'의 일원이라는 '의사 보편주의', '전도된 제1세계주의'에서 구했지만, 그의 미국과의 '혈맹론'은 극단적으로는 어쩌면 한국의 존립 근거를 미국의 존재에서 구한 태도를 달리 표현한 것이었다.[7] 과거 19세기 말 독립협회는 '독립' 즉 자유를 청나라로부터의 독립으로 여기고 일본과 서구 열강의 식민지가 되는 일을 마다하지 않았듯이(이나미, 2003). 이승만의 독립과 자유는 바로 공산주의로부터의 자유와 미국의 정치·군사적 종속을 달리 표현한 것이었다.

한국전쟁 직후의 한국에서 자유는 '자유를 표방한 이승만 정권'과 '미국'과의 우호관계에 회의를 품을 자유의 억압, 즉 정치적 자유주의의 엄격한 제한과 경제적 자유주의의 무한정한 확대로 존재하였다. 이승만 정권 시기에는 북한을 찬양하지 않더라도 대한민국 혹은 이승만을 비판하면 식민지 시기 천황을 비판하던 용어인 '국체를 부인하는 것'으로

---

[7] 이승만은 "내가 만일 한국을 희생시킴으로써 미국의 지위를 강화시킬 수만 있다면 나는 그렇게 할 것이요"라고까지 말했다(올리버, 1982: 490).

간주하여 검찰 수사의 대상이 되었다.[8] 1955년 일본의 자유민주당이 일제 말 군국주의와 천황제를 옹호하던 전범들과 보수우익세력 주도로 만들어진 정당이듯이 한국의 자유당은 개인의 표현과 자유를 제약하되 자본주의체제를 옹호하고 공산주의에 대해 비판적이었던 사람들이 이승만의 영구집권을 위해 만든 정당으로, 그들은 대개 일제 식민지 지배 체제 때 관료, 경찰 등으로 부역한 인물이었다(서중석, 2005: 143~164). 즉 일본의 자민당이나 한국의 자유당은 '자유'라는 수사 위에 극우보수 세력의 지배를 달리 표현하고 있었다. 여기서 '자유'는 제국주의 옹호, 전체주의 통치, 1인 독재나 군사독재와 모순되지 않은 것은 물론 그것을 옹호하는 논리가 될 수 있다. 따라서 오늘날 일본의 극우역사학자들이 천황제의 전쟁범죄를 감추고 이웃 국가의 침략사실을 부인하면서 자신들을 '자유주의사관'이라고 자칭하는 것도 우연이 아니다.

한편 이승만 정권이 미국과 동일하게 사용한 자유의 개념은 단순히 공산주의에서 벗어난다는 의미만 있는 것이 아니라 사유재산제도를 옹호하고 시장경제를 신봉한다는 점에서 다분히 도덕적이고 종교적 함의까지 포함하고 있다. 이것은 1917년 러시아혁명의 충격에 미국이 견지했던 자유의 개념이 이후 냉전 시대의 자유 개념의 전사를 이루고 있다는 사실에서 확인된다. 민족자결주의를 표방했던 윌슨 대통령과 그의 정신적 후계자인 트루먼은 민주정부와 자유로운 사회라는 이상을 내세우면서 그것을 누리지 못하는 나라들, 특히 윌슨 시대의 독일, 트루먼 시대의 소련 동구 국가의 인민들을 공산주의 독재의 사슬에서 해방시

---

[8] 함석헌의 "생각하는 백성이라야 산다"(사상계, 1958: 8)가 바로 그런 경우다. 이러한 탄압을 받아서 그는 "'생각하는 백성이라야 산다'를 풀어 밝힌다"라는 글을 또다시 쓰지 않을 수 없었다.

켜야 한다는 것을 설파하였으며 자유로운 사회를 건설해야 한다는 주장을 도덕, 즉 '정의'의 담론으로 제기하였다(Pierce, 2003). 그래서 이들에게 자유 혹은 자유주의는 도덕적·종교적 의미까지 갖게 되었다. 실제로 트루먼에게 한국전쟁은 자유와 공산노예와의 투쟁으로 간주되기도 했다. 여기서 미국의 국가이익이라는 관점은 뒤로 슬쩍 감추어져 있다. 윌슨의 자유주의, 냉전 초기 트루먼의 자유주의는 한국전쟁을 치른 이승만과 한국 지배층의 자유세계에 대한 관념에 가장 큰 영향을 주었다. 이들은 소련 공산주의를 제국주의로 보았다(Pierce, 2003: 263~174).

냉전시절 스탈린식 전체주의와 대결한 자본주의 진영은 외부의 적과 내통한 내부의 적을 없앤다는 명분하에 사회 구성원을 획일적인 이데올로기 아래 놓이게 했다. 즉, 이 점에서 반공주의를 표방한 자유주의는 논리적으로나 구조적으로 전체주의로 갈 개연성을 갖고 있었다. 반공주의는 인종주의와 마찬가지로 배제, 편견, 심리적 거리감을 내용으로 하는데, 이러한 태도가 권위주의 혹은 독재하에서 진행될 경우에는 그것을 더욱 강화하여 학살과 테러를 가져오기도 하고, 전체주의를 강화하는 역할을 하기도 한다(Barnett, 1999: 89).

냉전체제하에서 서방의 모든 나라에서는 공산주의가 개인의 자유를 억압한다는 이데올로기가 지배했지만, 이러한 반공주의로 체제의 정당성을 유지할 수는 없었다. 그들은 무엇보다도 자본주의가 개인의 자유를 보장해 준다는 것도 동시에 보여주어야 했다. 그래서 미국은 일본의 전후 부흥을 위한 경제적 지원을 아끼지 않았다. 그런데 여전히 독재 상태에 있으며 아직 초보적인 산업화도 이루지 못한 이승만 정부하의 한국에서는 자유가 경제발전 이데올로기의 역할을 하지 못하였다. 5·16

군사쿠데타와 60년대 이후 자유의 확대를 위해 국가 주도의 자본주의 발전전략이 채택된 것은 바로 반공주의 체제하에서 자유의 내용을 채우고 그 외연을 확대하기 위한 필연적 방향이었고, 그런 점에서 이승만의 자유 개념은 좀 더 풍부한 형태로 박정희 정권에 그대로 연장될 수 있었다.

5·16 군사쿠데타 이후 곧바로 조직된 중앙정보부(국정원)의 원훈은 '자유와 진리를 향한 무명의 헌신'이었다. 그래서 1972년 제정된 헌법으로 한국 역사상 국민의 기본권을 가장 크게 제약하였던 유신헌법에 한국 헌법사상 처음으로 '자유민주적 기본질서'라는 조항이 들어갔다는 점은 의미심장하다. 한국 현대사의 유신체제하에서는 표현과 결사의 자유, 법치, 삼권분립이 가장 심각하게 제약되었지만, 이 법이 말하는 '자유민주적' 기본질서는 '자유+민주'가 아닌 '자유민주'이고 정확히 말하면 '자유(민주)'였다. 박정희는 "우리가 직면하고 있는 오늘의 상황은 준전시 상태가 아니라 전쟁을 하고 있는 상태"(대통령비서실, 1975: 26, 183)라고 규정하였고, 이러한 준전시라는 상황 규정 아래 적과의 대결을 위해 국가의 모든 구성원을 총동원하고 내부의 적으로 의심되는 집단이나 개인을 외부의 적과 사실상 동일시하거나 그것과 연계되었다는 것을 증명하는 조작 간첩 사건을 만들어냈는데, 이는 바로 전쟁정치의 전형적 특징을 보여준 것이다. 박정희 정권하에서 '자유민주'를 지탱하는 기둥은 바로 긴급조치라는 초헌법적인 대통령의 명령이었다. 자유주의가 독재, 전제주의와도 양립할 수 있다는 것을 보여주는 좋은 사례가 바로 유신체제와 5공체제였다.

유신헌법에 있는 '자유민주'라는 표현은 1987년 민주화 이후 제정된 헌법에도 그대로 살아 있는데, 이것은 이명박 정부의 교과서 개정 시도에서도 표출되었다. 이명박 정부하에서 금성출판사의 역사교과서 문제가 제기되었을 때 "대한민국의 역사를 서술함에 있어서 자유민주주의의 가치를 떠나서는 서술될 수 없다. … 하나였던 한반도의 북부에 불법적으로 인민민주주의 정권을 창출하고 유엔이 인정한 한반도 유일한 합법정부인 대한민국을 침략했고 지금까지 지속적으로 위협하기 때문이다"라고 뉴라이트측의 학자는 주장했다. 즉 대한민국은 인류의 보편적 가치인 자유와 민주주의를 원칙적으로 포기한 적이 없고, 이승만, 박정희, 전두환이 독재를 했지만 자유민주주의를 부정하지는 않았고 단지 권력구조의 측면에서만 일시적으로 자유의 원칙을 제한한 적이 있기 때문에 결국 북한의 인민민주주의에 반대하고 그것에 대해 남한체제의 우월성을 강조하기 위해서 자유민주주의를 교과서에 집어넣어야 한다는 것이다. 한국에서 자유민주주의는 여전히 반북·반공의 내용, 즉 북한의 인민민주주의와 대립되는 개념으로 사용되고 있다.

냉전 시대의 자유주의에 대해 아블라스터(Arblaster)는 "오늘날 자유주의자들은 혁명가이거나 혁명에 동조하는 자들이라기보다는 '반혁명'일 가능성이 더 높다. 자유주의는 보수주의에 가까워졌다"라고 말했다. 냉전 시대에는 비자유주의적이고 억압적이라도 반공산주의라면 용서되었다. 언론의 자유와 관용과 다양성은 공산주의자들에게는 적용될 수 없는 원리가 되었다. 그리고 이러한 상황에서는 공산주의자도 사회의 다른 구성원과 동등한 시민권을 가진다고 주장하는 사람도 사실상 공산주의자(아블라스터, 2007: 599)로 간주되었다. 그래서 공산주의의 위협에 대해 강박 관념을 가졌던 1945년에서 60년 사이처럼 자유주자들을 자처하는 사람들이 그들 자신의 원리를 그렇게도 비열하게 배반한 경우를 달리 찾기 어렵다(아블라스터, 2007: 596)는 그의 비판은 미국과 한국에 가장 잘 적용될 수 있다. 그러나 미국과 달리 분단과 준전쟁상태에 있는 한국에서 이러한 보수적 전제주의적인 자유 개념은 냉전이 계속되는 현재까지 여전히 유효하다. 한국자유총연맹, 자유기업원처럼 '반공주의체제' 혹은 천민적 자본주의 경제질서를 무조건적으로 옹호하는 극우 노선의 민간단체도 언제나 명칭뿐만 아니라 자신의 입지를 정당화하기 위해 '자유'의 개념을 사용한다.

사실 지금까지 한국에서 권력층이나 지배집단이 사용해온 자유 혹은 '자유민주'의 개념, 반공·반북, 6·25에 대한 공식 해석은 권력집단이나 주류 언론에 의해 거의 강박증적으로 강요되고 있었다는 특징이 있다. 그것은 한국이 인민민주주의 북한과 사실상 전쟁 상태에 있다는 상황 규정에서 나왔다. 북한과의 군사대결을 국가의 가장 중요한 임무로 하는 지금까지 한국의 내부 정치는 바로 자유의 이름을 빌린 강압과 폭력이 번번이 자행되었다(김동춘, 2011).

자유가 국제정치 차원에서 국가 간의 대결 논리, 안보 논리의 형태로 강요되거나 선악의 구도에서 사용된다면 그것은 그 실제 내포를 둘러싼 다양한 논의를 억제하는 효과, 즉 폭력을 달리 표현하는 것이 된다. 여기서 정치적 자유주의의 기본 조건인 개인의 선택의 자유, 자신의 운명을 스스로 결정할 기회나 권리로서의 자유는 제약을 받게 되고 국가의 공식 정책이나 명령이 곧 개인의 자유를 압도하는 현상이 발생하게 된다. 이 경우 사회주의나 사회민주주의는 물론 자유주의의 정치적 정책적 입지만 좁아지게 된다. 한국에서 자유주의 지향의 제1야당이 정책정당으로 등장하지 못하는 데는 이러한 자유 개념의 전제적 성격이 작동하기 때문이라고 볼 수 있다.

4. 민주주의와 '법의 지배'의 제약

한국은 식민지, 전쟁, 분단을 겪은 나라 중에서 드물게 민주주의의 수립에 어느 정도 성공한 나라로 거론된다. 특히 1987년 이후 과거와 같은 군부통치로 되돌아가는 경로를 겪지 않았으며, 다섯 번의 대통령 선거를 거쳐 여야의 정권이 교체되는 등 민주주의의 정착에 어느 정도 성공한 나라로 칭찬의 대상이 되기도 한다. 그러나 1987년 민주화 이후에도 선거라는 절차 그 자체만을 제외하면 흔히 서구 자유민주주의의 주요 구성 조건인 정당정치, 사법부의 독립과 법의 지배, 정부에 대한 의회의 감시와 통제 등이 제대로 뿌리박지는 못하고 있다.

한편 근대 민주주의 국가는 폭력 대신 법으로 주민을 통치하는 체제라는 기본원칙 위에 서 있다. 그런데 선거라는 최소한의 절차만 지키되 국가기관이 행정권력의 집행과정에서 법치의 원칙에 서지 않는다면, 야당이 존재하기는 하나 그것이 표방하는 정치이념이나 정책이 국가가 허용하는 극히 제한적인 범위에 머물러 있다면, 선거 외에 대중의 조직화나 의사표현이 제한되거나 굴절된다면 이런 정치체제를 민주주의라 부를 수 있으며 법의 지배가 지켜지고 있다고 볼 수 있을까? 그리고 정치적 민주화 이후에도 여전히 이러한 현상이 남아 있다면 그것은 전통적인 정치문화의 유산이거나, 오늘날의 개별 국민국가를 지배하는 신자유주의 지구경제질서 및 분단·준전쟁상태와 관련되어 있지 않을까?

한국은 남한 단독 정부수립 시점부터 서구 여러 나라가 이백 년 이상 투쟁에서 얻어낸 보통선거권, 삼권분립, 3심 재판절차 등을 도입하였다. 이것은 한국인들의 오랜 투쟁의 결과이기도 하지만, 미군의 점령 정책과 민주주의 제도의 도입으로 주어진 것이었다. 따라서 이승만, 박정희 정부에서 법과 제도는 미국식 민주주의의 모델을 따랐지만, 실제로는 대통령의 명령, 국가의 행정권이 입법부나 사법부의 독립성을 위협하였다. 정부수립 무렵인 1948년 제주 4·3사건 당시처럼 계엄법이 없는 상태에서 계엄령이 선포된다거나 한국전쟁 발발 직후의 '특별조치령'처럼 국회의 동의절차를 거치지 않고 대통령에 의해 일방적으로 명령이 선포되었으며, 그 명령이나 법은 실제로 국민의 생명권을 박탈할 힘을 가지고 있었다. 한편 법의 집행과 적용이 말단의 경찰 등 행정권력, 심지어는 법적 지위를 갖지 않는 준군사조직(para-military group), 폭력조직 등에 의해 자의적으로 이루어지거나 체포나 수사, 기소 등의 절차가 국회와 국민적 통제를 받지 않는 초법적 수사정보기관에 의해 이루어지기도 하였다.[9] 이렇게 되면 제복을 입은 군인과 경찰, 제목을 입지 않은 준군사조직, 법적 권한을 갖춘 검사, 판사까지도 사실상 폭력행사의 요원이 된다(이재승, 2010: 303). 비록 근대 국민국가는 아니지만 조선 왕조나 일본 제국주의하에서도 법은 분명히 존재하였는데, 이때에는 법의 제정이 의회에서 이루어지지 않고 집행이 왕이나 총독의 자의에 의해 이루어졌으며 재판도 권력자의 의지에 종속되었기 때문에

---

[9] 군수사기관인 특무대(이후 보안사, 기무사)는 민간인 수사를 할 수 없음에도 1948년 이후 87년까지 민간인을 수사하였고, 중앙정보부(이후 안기부, 국정원)는 반공법, 국가보안법 위반자에 대한 수사권을 통해 피의자들이 검찰, 변호사의 조력을 받을 수 없는 상태에 놓이게 하였다.

이런 체제는 '법의 지배'가 아닌 '법을 통한 지배', 폭력을 내장한 법치체제라 부를 수 있는데(문형래, 2009), 1987년 이전까지 한국은 사실상 형식적 민주주의가 수립되었음에도 권력자의 명령이나 의지가 법 위에 있었다고 볼 수 있다.

정부수립과 동시에 발생한 여순반란사건을 계기로 일제 시대의 치안유지법의 정신을 이어받은 국가보안법이 제정되었고, 그 이후 국가보안법은 '사실상의 헌법'으로 기능하였다(최장집, 2008). 한국전쟁 후 지금까지 헌법을 위반한 쿠데타가 발생해도, 공안기관의 불법활동이 발생해도, 1971년 비밀남북대화와 같은 일이 진행되어도 그것이 최고통치자의 결단에 관한 것이면 국가 혹은 안보의 이름으로 정당화되었다. 1995년 전두환, 노태우 재판 당시 12·12 쿠데타에 대해 "성공한 쿠데타는 처벌할 수 없다"는 검찰 측의 전두환 불기소 논리가 대표적이다. 이는 당시 검찰의 우발적인 주장이 아니라 실제로 헌법위반, 쿠데타 혹은 폭력행사의 주체가 현실권력자일 경우에는 사법적인 법적 심판의 대상이 되지 않는다는 논리를 달리 표현한 것이다.

1972년 10월에 선포된 유신체제는 절차적 민주주의의 사실상의 정지 상태, 삼권분립 원칙의 노골적 위반, 법의 이름을 빈 사실상의 테러통치, 엄격한 국민감시체제를 특징으로 한다. 이에 따라 검찰은 대통령의 의사를 집행하는 하부 행정기관의 역할을 충실히 하였고, 사법부의 판결까지도 중앙정보부와 검찰의 입김에 좌우되었다. 그래서 1987년까지 한국은 민주주의나 법의 지배는 극히 형식적인 외피로만 존재했을 뿐 실질적으로는 수사정보기관의 폭력이 절차적 민주주의나 법을 대신하였다.[10] 대통령이 비상사태를 선포하여 모든 민주적 절차를 종식시킬 수 있었고, 공안기관이 모든 국가기관 위에 서서 정당의 활동은 물론 노동조합의 활동에까지 개입하였다. 야당은 물론 여당 내의 정치적 반대세력에 대한 공공연한 무차별적 연행, 테러와 고문, 재판 없이 현행범이 아닌 사람을 구속시킬 수 있었던 법의 정지 상태, '법에 의한 전제(autocratic rule by law)'였다. 국회에서 통과되지 않는 사실상 대통령의 명령인 긴급조치가 헌법을 넘어서는 최상의 지배 규율로 작용하였으며, 이 체제하에 발동된 긴급조치는 체제에 대한 비판도 차단하였는데 그것은 바로 유신체제의 반민주적 성격을 가장 잘 집약해 주고 있다. 이처럼 거의 모든 면에서 박정희의 유신체제는 일제 말의 식민지 파시즘의 적자(嫡子)였으며, 같은 시기 피노체트 지배하의 칠레나 프랑코 지배하의 스페인과 유사하게 군사파시즘의 성격도 갖고 있었다.

유신헌법에 따라 대통령은 간접선거로 선출됨으로써 대만의 총통제와 유사한 성격을 갖고 있었으나, 총선으로 국민대표의 2/3가 선출될 수 있었고 사법부 기능이 완전히 정지되지는 않았다는 점에서 유신체제는 히틀러의 파시즘이나 일제 말 총력전 체제와 달리 자유민주주의의 외피를 견지하였다. 즉 선거라는 절차적 민주주의의 형식이 유지되었으며, 극히 제한적이었으나 입법부나 사법부의 활동이 중단되지는 않았다는 점에서 유신체제는 당시 제3세계의 군사독재, 권위주의체제

---

[10] 벤야민(Walter Benjamin)이 말했듯이 법은 국가 내에서 작동하고 있으며, 국가 형성기의 폭력의 산물이며 폭력의 뒷받침을 전제하고서야 ('폭력이 점착된 법') 유지될 수 있다. 대부분의 국가는 법을 집행하는 과정에서 고문, 감금, 테러, 주민강제이주, 집단처형 등 폭력을 행사하였고, 또 그것을 정당화하였다. 전쟁과 내란 상황에서 국가의 유지 즉 법의 '존립'이 급박하게 요구될 경우에는 직접 폭력이 행사되고, 이때 폭력행사를 정당화하는 법은 법 형식을 빌리고 있지만 실제로는 '폭력 그 자체' 혹은 '폭력적 법'의 성격을 갖게 된다. 이러한 상황에서 법의 목적과 수단(폭력)은 화해할 수 없는 모순에 빠진다(벤야민, 2008: 89).

의 한 유형이었다고 볼 수 있다.

개발독재 시대에 경제의 위기는 군사 쿠데타나 독재체제를 유지하는 중요한 명분이 되었고, 한국도 70년대 초에 그러한 경제위기를 겪었기 때문에 유신체제가 등장했다고 볼 수 있다. 그러나 한국에서 군사독재가 1987년까지 지속될 수 있었던 또 하나의 중요한 명분과 배경은 바로 남북한 간의 군사적 대결과 만성적인 국가위기와 정치불안이었다. 1974년 이후 국내 반정부 세력의 거센 도전에 직면한 박정희 정권은 월남 패망이나 육영수 여사 서거, 판문점 도끼 만행 사건 등 국내외 사건을 명분으로 삼아 반공 억압체제를 더욱 강화하였다. 박 정권은 민주화 운동을 한 사람을 북한의 지령을 받는 반국가 사범으로 몰아서 처벌하였으며 민간 차원의 통일운동을 이적시하였다. 그리고 북한에 내왕하여 간첩 혐의를 받던 사람들을 서둘러 처형하기도 하였다.

한편 박 정권의 '긴급조치' 선포 이유도 주로 국가안보 명분에 기초한 것이었다. "천재, 지변, 중대한 재정 경제상의 위기, 국가의 안전보장, 공공의 안녕질서의 위협 등 내정, 외교 등 국내외 정세의 위기에 대처한다"는 긴급조치는 실제 긴급조치 위반 사건의 통계를 보면 오직 재정조치 한 건을 제외하면 모두가 '공공의 안녕질서' 즉 국내 반정부 저항운동을 막기 위한 것이었다.

1987년 6월 항쟁으로 1972년 이후 사실상 중단되었던 정치적 민주주의는 회복되었다. 7·80년대 후발자본주의(late capitalism) 국가에서 군부정권의 몰락은 선거절차의 부활, 의회와 정당기능의 활성화를 가져왔다. 그 결과 권력자의 자의적인 권력행사가 통제되고, 사법기능이 어느 정도 독립적이 되었으며, 민중의 조직화가 가능해졌고, 과거 군부정권 시절에 기득권을 누려온 세력이 크게 위협을 받았는데 한국에서도 그러한 일이 진행되었다. 국민의 대표인 국회의 권한 강화와 대통령 및 행정기구의 약화, 정당기능의 활성화와 대표기능의 강화, 각종 제도적 수준에서 국민의 참여 기회의 확대, 선거절차의 공정성과 투명성, 지방자치의 발전, 냉전질서하에서 구축된 초법적 국가기구의 권한 약화 등이 조금씩 이루어졌다. 특히 1993년 김영삼 정부의 등장 이후 하나회가 해체되면서 군부가 권력을 장악할 길이 차단되었고, 과거 실질적인 권력체였던 안기부가 국정원으로 명칭을 변경하면서 그 정치개입의 가능성이 축소되었다. 1995년에는 지방자치제가 도입되어 지방정치의 자율성이 높아질 기회가 열렸다.

1987년 민주화는 대통령, 국회의원 등 최상부의 권력을 교체 가능한 것으로 만들었으며 권력을 국민의 감시권에 노출시켰다. 그러나 한국에서 정치적 민주주의는 선거의 부활, 의회의 활성화, 군부의 영향력 약화라는 제도적 절차적 민주주의의 완비 이상으로 크게 나아가지 못하였다. 민주화 이후에도 한국에서는 여전히 절차적 민주주의나 법의 지배의 원칙이 대통령의 통치권 행사라는 상위의 기준에 종속하는 경향이 있었다. 여기서 민주주의를 '정치에서 배제되었던 자들의 참여'라고 정의한다면, 한국의 민주주의는 그 절차적 형식만 부활시켰을 따름이며 그동안 배제되었던 사회 세력을 새로운 정치세력으로 등장시키지 못하였다. 특히 민주화 이후에도 정당의 이념적, 계급적 대표성의 관점에서 보면, 한국 민주주의는 여전히 반공 민주주의, 엘리트 민주주의, 보수독점의 정치구조(최장집, 2005)에서 벗어나지 못하고 있다. 즉 지역주의와 반공이데올로기가 여전히 선거정치와 정당정치를 지배하고 있으며, 노동자의 정치참여나 정치세력화는 거의 답보상태에 머물러 있다. 정치적 대표성의 문제에서 이 점은 더욱 분명히 드러난다. 국회와 행정부에서 군 출신자는 사라졌으나, 이들 '민간'의 내부 구성을 보면 판검사, 기업가, 언론인 등 엘리트 출신들의 진출은 더욱 활발해진 데 반해 노동자, 농민 출신은 거의 찾아보기 어렵다. 계급으로 분화된 사회에서 권력, 부, 지위의 차이는 민주주의의 제도화에 따라 점차 완화될 수는 있으나 완전히 제거되지는 않는다(루쉬마이어, 1997: 89)는 지적이 있지만, 1987년 이후 한국 자본주의의 발전에 따라 인구 구성상 노동자의 비중이 날로 커졌고 노동자계급의 목소리도 높아졌지만, 여전히 그들은 자신을 정치적으로 대표하지 못할뿐더러 어떤 기성 정당도 그들의 목소리를 제대로 대변하지 못하고 있다.

한편 민주화가 이루어졌는데도 선출되지 않은 권력과 국가기관, 특히 사법부와 검찰, 수사정보기관의 힘은 의회의 힘을 쉽게 제압하고 있다. 이들 집단은 군사정권하에서는 대통령, 군부, 공안기구 등 통치기구의 정치적 요구에 종속되어 있어서 그 존재와 역할이 부각되지 않았지만, 선거정치를 통해서 권력의 중심이 이들 통치기구에서 국가 내 다양한 기구로 분산되자 가장 강한 조직력과 지속성을 갖는 집단으로 부상하였는데, 관료조직과 사법조직이 그 대표적인 예이다. 흔히 이들 관료조직은 정치권력의 도구로 간주되는 경향이 있지만, 사실상 이 기구의 구성원들은 독자적인 이해관계를 갖고 있다. 즉 정부의 권한 확대를 통한 관료 개개인의 정치·경제적 이익추구가 그것이다. 특히 관료집단은 국가예산을 집행하는 주체이자 전문성을 지닌 집단이어서 어떠한 선출된 권력도 이들을 무시하고서는 일을 추진할 수 없게 되어 있다.

사법부 특히 검찰은 식민지, 군사독재 이후 기소독점권 등의 권력자원을 누리고 있다. 군사정권하에서는 비록 정치권력에 예속되어 있었다고 하지만, 민주화 이후 그러한 족쇄가 사라진 후에는 사실상 자기 마음대로 권력자들을 구속하거나 풀어줄 수 있는 무소불위의 권력체로 등장하였다.

한국의 정치적 민주주의는 오랜 기간에 걸친 군사독재의 전통에 억눌려 있다가 87년 민주화 이후 일정한 진전을 보이고는 있으나 군사독재를 정당화하였던 국가의 근원적인 존립 기반, 즉 남북한 간의 군사적인 대결, 냉전 반공주의 지배체제의 틀 내에서 만들어진 보수 양당의 정당 구조, 사법제도, 보수 우위의 언론 지형에 의해 여전히 지배되고 있다. 물론 한국의 분단체제는 정치적 민주주의에 유리한 조건으로 작용한 측면도 있다. 미국식 민주주의는 독재나 군사정권에 저항할 최소의 기반을 만들어 주었다. 서구에서 오랜 투쟁을 거쳐 형성된 민주주의가 일거에 도입된 것은 북한과의 대결에 직면하여 남한의 정치체제 질서를 안정시키고 사회적 불만세력이나 저항세력을 포섭해야 할 필요성이 있었기 때문이다. 그러나 전체적으로 보아 전쟁과 분단은 사회경제적으로 배제된 세력의 참여를 차단하고 있으며 그들을 대변하는 정당의 등장을 어렵게 함으로써 여전히 한국의 민주주의를 안착시키는 데 큰 걸림돌로 작용하고 있다. 특히 안보의 필요나 북한의 위협이 법치의 논리를 쉽게 무시하는 까닭에 법의 집행이 극히 편파적으로 이루어져 결국 국가에 대한 신뢰를 떨어뜨린다.

해방 후 한국정치는 미국에서 도입된 자유민주주의 제도와 분단, 전쟁 현실, 전통적 정치문화가 요구하는 권위주의와 엘리트주의 방식 간의 충돌의 역사였다고 볼 수 있다. 여기서 야당과 비판적 지식인들의 담론은 서구의 이상적 민주주의 모델에 근거해서 한국 현실정치의 후진성과 비민주성을 주로 비판하는 방식으로 진행되었기 때문에 한국의 조건에 맞는 민주주의에 대한 다양한 논의는 오히려 실종되었으며(강정인, 2002), 지적, 사상적으로 매우 빈곤한 상태에서 원칙론과 현실론만이 극한적으로 충돌하였다. 즉 실질적인 인민주권의 원리를 관철하기 위해 노동자나 주민, 사회적 소수자의 정치 참여를 격려할 수 있는 제도나 논리의 마련, 국회나 관료 사법부에서 엘리트의 의사결정 독점을 해체하기 위한 감시기구 마련과 대중 참여의 방안을 둘러싼 논의는 매우 지지부진하다. 이러한 논의나 실험, 실천은 60년 동안 계속된 반공·반북 이데올로기 전쟁정치의 위세 앞에서 제대로 공론장에 진출하지도 못하고 있다.

5. 공공복지의 성격과 복지의 개념

분단과 한국전쟁 이후의 남한은 미국의 압도적 정치문화적 영향 아래 매우 강한 성취 지향의 사회로 변하였다. 그리고 식민지 전통을 거의 그대로 이어받은 이승만의 경찰국가와 박정희의 군사주의와 안보국가는 구성원들 간의 사회적 연대를 촉진하기보다는 오히려 해체하는 데 기여하였다. 무엇보다도 분단과 전쟁을 지탱한 기본 이데올로기인 반공주의는 반노동, 즉 노동운동에 대한 적대의 이데올로기이기도 했다. 따라서 반공은 곧 친기업, 친자본 논리를 의미하는 것이었다. 유럽의 복지국가에서는 공공복지의 원형이 되는 사회 내부의 연대와 전통

사회의 유산인 공동체가 나름대로 작동하거나 계급 연대적 노동운동이 있어서 복지의 담론과 제도의 형성이 크게 활성화될 수 있었다. 교회나 마을공동체 등 전통적 복지제도의 기반이 있는 나라나 계급적 노동운동이 활성화된 나라가 현대에 들어와서도 복지 선진국이 된 것은 이런 이유 때문이다. 이와는 달리 한국은 전쟁으로 인해 농촌공동체가 해체되고 자주적 노조활동이 제약을 받으면서 모든 국민은 가족 단위의 복리 후생에 의존하지 않을 수 없게 되었다. 이런 점들을 고려해 보면 한국의 분단과 전쟁체제는 사회복지나 국가복지의 확대에 불리하게 작용하였다. 그래서 1987년 이전까지 한국의 복지 관련 제도나 정책은 사회적 요구나 논의와 무관하게 주로 국가에 의해 위로부터 도입되었다(이영환, 2004: 56). 박정희 정권에서의 의료보험제도 도입은 이런 맥락에서 설명할 수 있을 것이다.

겉으로만 보면 1987년 이전까지 한국에서 공공복지의 확대를 제한하는 가장 큰 요인은 개발주의와 성장지상주의였다. 60년대 이후 고도성장을 추진하는 과정에서 복지란 기본적으로 당사자의 책임이라는 개념이 정착되어 공공복지는 매우 제한적으로만 작동하였다. 박정희 정권도 복지는 경제성장이 일정한 궤도에 올라가면 자연스럽게 주어질 것으로 강조한 적이 많았으며, 이런 이유로 보건사회부 등의 각종 복지행정은 경제부처의 활동에 언제나 종속적인 역할밖에 할 수 없었다. 국가가 경제성장에 모든 자원을 투입하고 시장에서 불리한 위치에 있는 취약계층에게 보호막이나 안전판의 역할을 하지 못하는 조건에서 개개인은 살아가면서 생길지도 모르는 질병, 노령화, 산업재해 등 사회적 위험을 오로지 가족과 회사에만 의존할 수밖에 없었다. 이런 조건에서 한국형 가족복지, 기업복지체제가 형성된다. 그런데 한국형 가족복지와 기업복지는 '안보를 위한 군사비 지출과 기업의 경제활동을 지원하기 위해 개인의 안전을 위한 지원은 배부른 소리다'라는 전제를 깔고 있으며, 복지는 '기본적으로 가족과 개인이 해결해야 할 문제'라는 자유주의 논리를 전제로 하고 있다. 복지를 사회나 국가의 책임이 아니라 개인과 가족의 책임으로 간주하는 이러한 논리는 한국의 가족주의 전통에서 유래하는 것이기는 하나, 앞에서 말한 분단과 냉전으로 한국에 이식된 미국식 반공주의와 자유주의 논리의 결과이기도 하다.

물론 국가 간의 전쟁 등 외적 위기상황은 사회적 시민권 확대 즉 복지국가 형성에 유리하게 작용하기도 한다. 그것은 노동자계급을 국가, 민족의 이데올로기로 통합하여 대외의 적에 맞서도록 활용하기 위해서였다. 한국에서도 전쟁 직전에 도입된 징병제는 농민들을 국가의 구성원으로 통합하는 데 일정하게 기여하였다. 그러나 사회적 시민권의 확대는 다른 문제다. 물론 독일 비스마르크의 사회보험제도 도입(1881)은 내·외부의 위기가 사회적 시민권 즉 공공복지의 확대에 기여한 중요한 사례로 볼 수 있다. 냉전체제하에서 서구의 사회민주주의 제도도 소련의 사회주의에 대한 대항전선 구축을 위해 내부에서의 혁명의 위험을 방지하고 노동자계급이나 노동조합을 체제 내로 포섭하기 위한 작업의 일환이었다고 평가할 수 있다. 제2차 세계대전 중에 시행된 미국의 뉴딜정책 역시 이러한 맥락에서 설명할 수 있다. 그러나 이러한 정책은 독일이나 다른 유럽국가 그리고 미국에서처럼 노동조합운동이나 노동자 정치세력이 어느 정도 성장해 있을 때 해당하는 것이어서 아예 노동조합운동이나 노동정치 자체가 거의 존재하지 않으면 적용하기 어렵다. 즉 전쟁국가가 사회적 시민권 확대나 복지제도 도입 정책을 압박하기 위해서는 대내외적 위기가 국가의 적극적인 정책적 양보를 가능케 할 조건이 있어야 한다. 사실상 미국이나 이스라엘과 같은 전쟁국가는 실제로 심각한 불평등과 낮은 사회복지라는 특징이 있다. 따라서 국가나 자본이 그다지 심각한 위협을 느끼지 않는다거나 절박하게 타협하거나 양보할 유인이 없다면 전쟁위기가 있다고 하더라도 실질적인 복지나 '사회국가'의 수립은 이루어지지 않는다.

한국의 냉전·반공주의체제의 전쟁정치는 노동계급의 정치적 역할을 극도로 위축시켰다. 따라서 전쟁상황은 공공복지의 확충에는 오히려 부정적으로 작용할 가능성이 크다. 전쟁이라는 것은 생명의 안전조차 보장되지 않는 극도의 예외적인 위기상황이므로 사회·경제적 안전의 문제는 국가의 정책적 관심의 우선순위에서 밀려나게 될 가능성이 크다. 더욱이 전쟁이라는 예측불허의 상황 자체는 국가가 개인과 가족의 안전을 보장해주지 못하게 만들고 개인과 가족이 각자도생(各自圖生)을 해야 하는 상황을 만들기 때문에 애국주의 등 위로부터 조장되는 국민적 연대는 커질 수 있으나 밑으로부터의 사회연대 기반은 허물어질 가능성이 크다. 그런데 사회적 연대는 사회복지나 국가복지의 내적인 동력이 되지만, 분단과 전쟁은 가족적 유대는 강화하나 지역사회나 공동체를 해체할 가능성이 커 복지의 형성에 부정적으로 작용하게 된다. 설사 국가나 자본이 내외적인 필요성 때문에 일부 복지정책을 시행했다고 하더라도 위로부터의 복지는 반드시 수혜자를 단지 복지의 수급자로 전락시키고, 복지정책의 이상인 사회적 약자의 자력화(empowering)와 사회 참여의 동인 부여에 기여하기는 어렵게 된다.

냉전체제하에서 자유주의 진영의 국가들은 노동운동은 물론 일반적인 사회운동도 사회주의 진영을 이롭게 하는 행위로 간주하여 탄압하는 경향이 있었기 때문에 모든 진보적 정당이나 정치적 노동운동의 입지는 극히 좁아지게 되었다. 특히 박정희 정권 이후 한국의 대기업 위주의 성장주의 전략은 반노동, 극우반공주의 이데올로기와 맞물려 노동자들의 연대와 단결을 거의 불가능하게 하였다. 1987년까지 한국에서는 노동자의 단결권 즉 노조를 조직할 수 있는 권리도 크게 제한을 받았고, 단체행동권 즉 파업권은 사실상 극도로 제한되어 있거나 허용되지 않았다. 1987년 이후 기업 단위에서의 단결권과 교섭권은 어느 정도 보장되었으나, 여전히 파업은 대체로 불법이었고, 파업을 감행하는 노동조합 지도자들은 감옥행을 피하기 어려웠다. 직권중재제도, 무노동무임금, 사용자로 하여금 파업 노동자들에게 손해배상을 청구하도록 장려하는 조치는 노동자들의 저항의지를 위축시켜 사실상 파업을 불가능하게 하는 조치들이었다.[11] 민주화 이후에도 노동현장은 여전히 전제주의적 지배체제가 유지되고 있다. 한국에서는 노조 조직률이 10% 이하로 떨어지고, 노조의 조직화 자체도 매우 부담스러운 일이며, 조직된 노동자들의 파업행동은 용역의 폭력적 몽둥이 세례와 엄청난 액수의 손해배상 처벌을 받는 게 다반사다. 노동운동을 향한 폭력적·탈법적인 공권력 행사가 여전히 '좌익', '종북'의 담론 아래 정당화되고 있는 현실을 보면 정치적 민주화에도 계속해서 유지되고 있는 분단·전쟁정치가 노동자들의 수평적 연대와 정치세력화, 그리고 그것에 기

---

[11] 심지어 합법적으로 파업을 해도 그것이 대기업과 경제에 미치는 파장이 크다고 판단되면 공권력이 투입되기도 한다. 2011년 유성기업의 예가 대표적이다.

초한 공공복지의 확대를 심각하게 제약하고 있음을 확인할 수 있다.

한편 1987년 이전까지 가족에게 주로 맡겨졌던 사회적 위험 해결의 방식은 90년대 이후에는 시장에 의존하는 형태로 바뀌었다. 1990년 이후 민간보험시장의 팽창이 이를 입증해 준다(김연명, 2007; 남찬섭, 2012). 국가의 복지지출 규모가 적고 조세징수 능력이 취약한 것이 공공복지에 구조적인 걸림돌로 작용하는데, 결국 국가의 복지지출 규모를 제한하거나 보편적 복지의 담론을 제한하는 요인은 가족주의 전통 외에 반공주의와 결부된 '자유주의'와 전쟁정치에 대한 조직 노동의 취약성에서 구할 수 있을 것이다. 따라서 1990년대 이후 시장주의의 강화는 바로 국가 기능의 부재라는 공백을 신자유주의 이데올로기와 정책이 메운 것으로 볼 수 있을 것이다.

남북한 각각의 전쟁체제는 국가나 사회 외부와 내부의 '적'에 대한 적대적 배제정치를 만성화한 한편으로 남한에서 재벌기업에 대한 비판이나 시장만능주의에 대한 비판, 사회민주주의조차도 여전히 극우세력에게는 친북, '종북좌파'로 공격을 당하는 극단적 대립구도가 존재해 노동세력을 중심으로 한 광범위한 '복지동맹'의 형성은 쉽지 않았다. 특히 남한의 극우반공주의와 국가보안법은 진보정치세력의 등장을 어렵게 하는 동시에 기업과 자본의 발언권을 극대화하였고, 자본-노동 간 힘의 관계에서 노동의 대항력을 극히 불리하게 한 까닭에 자본 측의 양보 특히 조세 정책에서 기업의 양보를 얻어내기는 어려웠다. 공공복지에 관한 한 미국에서 '인종' 변수가 한 역할을 한국에서는 반공주의가 수행해왔다고 볼 수도 있다.[12] 결국, 반공주의에 따라 조성된 자본-노동 간

---

[12] 미국의 백인 남성노동자들이 복지 확충을 위한 세금 납부에 거부감을 갖는 것은 인종적 거부감의 표현이라

힘의 불균형, 반노동의 법과 이데올로기는 공공복지의 확충을 위한 밑으로부터의 동력의 형성을 제한하고 필요한 조세의 확충에 불리하게 작용한다. 분단과 전쟁체제에서의 막대한 분단유지 비용도 공공복지의 확충에 부정적 영향을 끼치고 있다. 현재 한국의 국방비는 일 년 총예산의 10% 정도, GDP의 2.5% 정도로, 이는 과거보다는 비중이 많이 줄어든 것이나 전체 국가예산에서 차지하는 비중은 여전히 매우 높다.

자본주의체제에서 공공복지는 주로 계급 간 타협의 체제이며, 어느 정도 사회구성원 간의 신뢰와 사회통합을 전제로 한다는 점이 중요한데, 분단·준전쟁체제하에서는 그것이 어렵다. 노사분규는 물론 도시재개발 문제, 핵폐기장 설치 문제, 군사기지 문제를 비롯해 최근 밀양에 송전탑 설치 등을 둘러싼 피해자들의 항의를 처리하는 정부나 사회의 태도를 보면 한국사회에서 갈등해결 기제와 타협이 부재한 현실을 읽을 수 있다. 정부는 피해자들의 항의를 거의 진압하듯이 힘으로 누르거나 일부 주민들을 보상정책으로 포섭하는 방식을 주로 취하는데, 이 과정에서 극심한 저항과 공권력의 폭력, 피해자들 간의 불신과 분열이 발생한다. 사회적 타협은 우선 어떤 정책을 펼 경우 그 수혜자들이 양보를 해야 가능한데 지금까지 한국사회는 그러한 기반이 대단히 취약하였다. 피해자들 역시 정부나 강자들의 약속이 폐기되는 것을 많이 겪은 터라 쉽게 타협하지 않으려 한다. 따라서 이러한 조건에서 사회적 타협을 전제로 하는 공공복지의 확대는 어렵다.

반공주의는 바로 재산권의 배타적 보장, '소유권 분리 불가능'의 원칙에 기초해 있다. 반대편의 마르크스주의 이론은 재산권에 대한 부인 혹

는(Goldie, 2012) 지적도 있다.

은 '소유권 분리 불가능'의 사상을 전제하고 있다. 이 양자의 입장이 충돌하면 혁명이나 내전과 같은 상황이 연출될 수 있고, 사회민주주의의 입지는 극히 좁아진다.[13] 그런데 재산권에 대한 옹호, 즉 소유권 절대주의는 헌법에 명시된 '재산권의 한계는 법률로 정한다', '재산권의 행사는 공공복리에 맞게 행사한다'는 원칙과 충돌할 수 있다. 대기업의 중소기업 고유 분야 침투와 약탈적 시장 지배, 공정거래 위반 등의 행동은 공공복리를 심각하게 위배하는 행위이고 소유권을 절대화하는 행동인데 실제 민주화 이후 한국사회는 시장의 자율을 확대한다는 명분으로 기업에 과도한 권력을 부여하였다. 또한, 노동력의 산물이 아닌 토지에 대한 재산권 행사는 적절하게 규제되어야 하지만, 실제로 대기업은 토지투기, 토지독점을 통해 지가를 상승시키고 막대한 이익을 얻어내 대중들의 주거복지를 심각하게 침해하는 데 한몫하였다. 결국, 반공주의 및 그와 연관된 법, 제도, 의식인 재산권 만능주의는 공공복지의 비율을 낮추고 대중들을 더욱 기업의 논리에 종속시키는 결과를 가져왔다.

노조활동은 바로 이 재산권 만능주의와 충돌하는 점이 있다. 자본주의 시장경제에서 강자, 대자본가들은 스스로 별도의 조직을 만들어 놓지 않고서도 자신의 이익을 지킬 수 있으나, 사회·경제적 약자는 반드시 조직을 통해서만 자신을 보호할 수 있고 경제생활의 주체로서 역할을 할 수 있다. 약자들이 스스로 보호받는 방법은 노조와 각종 이익집단의 조직화와 협동조합 참가를 통한 자력화(empowering)밖에 없다. 그런데 한국의 기업별 노조체제는 노동자들을 광범위하게 조직하는 길

---

[13] 민주적 사회주의를 지향한 스웨덴에서도 이러한 논쟁이 있었는데, 스웨덴 사민당의 이론가인 칼레뷔는 소유권을 분할할 수 있는 것으로 보았으나, 비그포르스는 마르크스주의에 근접한 입장에 서서 "소유권은 기능이 아니다"고 주장하였다(홍기빈, 2011: 266).

을 차단한다. 이 기업별 노조라는 제도는 바로 노동자들을 회사 내로 묶어두고 사회적 주체로 등장하지 못하게 하는 장치라고 볼 수 있다. 노동자들이 기업별 노조의 틀 내에서 활동하는 한 복지동맹의 주역이 되기는 어려운데 한국에서는 60년대를 제외하고서는 노동자들의 계급적 단결을 도모할 수 있는 산업별 노조가 허용된 적이 없었다.

모든 자본주의 국가가 어느 정도 그런 측면이 있지만, 지난 시절 한국에서 안보 이데올로기와 경제성장의 이데올로기는 한몸을 이루어 위로부터 강요된 '공공'의 영역을 형성하여 사회적 약자나 노조의 요구를 '이기적인 요구'로 매도하면서 억압하였다. 즉 하버마스(Habermas)가 말한 것처럼 한국에서 체제(system)의 논리는 의사소통의 논리, 즉 시민사회의 목소리를 극도로 위축시켰다. 그리하여 과거 군사정권 때 정치 우위의 정치·경제질서의 시녀였던 노동·복지의 영역은 오늘날에는 주로 정치와 경제의 영역으로 흡수되어 경제 우위의 정치·경제질서의 시녀로 존재하고 있다. 정부의 예산편성 과정에서 노동부와 복지부의 예산은 언제나 기업 활성화를 제일의 과제로 삼는 경제부처들의 목소리에 위축되었고, 노동부나 복지부의 행정은 노동자의 삶, 서민의 삶의 질 확보라는 차원에서 진행되기보다는 경제성장과 체제유지라는 목표에 종속되어 왔기 때문이다.

6. 결론: 한국에서 자유, 민주, 복지의 변형 가능성

분단·전쟁정치는 자유, 민주, 복지의 개념을 반공주의의 틀 내에 머물게 함에 따라 한국에서 자유는 주로 재산권 보장과 경제적 자유를 의미하였으며, 민주는 선거를 축으로 하는 형식적 민주주의를 중시하였고, 복지는 공공복지의 축소와 가족복지·기업복지에 대한 과대한 의존으로 나타났다. 물론 시간이 지나 민주화가 진척되면서 민주주의의 폭도 넓어졌고, 공공복지도 확대되었다. 그러나 민주주의나 복지제도를 추동할 새로운 세력의 형성, 새로운 정당의 형성은 거의 성공하지 못해 여전히 구조적 제약은 강하게 작용하고 있다.

그렇다면 만약 분단·전쟁체제라는 '구조화된 예외상태'가 계속된다면 자유, 민주, 복지의 개념이 근본적으로 변하는 것은 불가능하냐는 물음이 제기될 수 있다. 그러나 그렇게 단언하기는 어렵다. 북한의 핵위협과 전쟁 위기가 상존하기는 하나, 남북한의 체제경쟁은 오래전에 승패가 결정되었고, 북한 변수가 남한 정치에 차지하는 비중은 과거보다 훨씬 축소되었다. 이제 한국은 전쟁 없는 분단국가였던 서독과 유사한 형태로 변해가고 있다. 민주주의 절차를 중단하는 일은 더는 가능하지 않을 것이다. 분단 전쟁질서가 제도화되면서 뿌리를 내린 정치경제 질서가 외적인 변수보다 더 크게 작용할 것이다. 특히 남한 자체 내의 극도로 불균등한 경제권력의 분포가 민주주의와 법의 지배, 사회복지의 확대를 가로막는 제약으로 작용할 것이다. 즉 한반도에서 냉전질서(분단)가 해체되더라도(남북 화해 혹은 통일의 경로를 통해서) 이미 형성된 자본주의 질서는 별로 훼손되지 않은 채 지속될 가능성이 크다.

그러나 남북한 평화 질서의 정착과 통일의 가능성 확대가 남한의 정치·경제체제를 뒤흔드는 중요한 계기가 될 것임은 틀림없다. 특히 전쟁위기를 동반하는 분단체제는 사회적 타협이나 통합을 어렵게 하여 국가복지나 사회복지를 확대하는 데 큰 걸림돌로 작용할 것이다. 안보

국가가 사회국가로 바뀌려면 우선 자유법치와 지역공동체 활성화를 통해 사회적으로 공생의 정신이 존중되어야 하는데, 남북한의 군사적인 대결은 그것을 어렵게 한다. 그래서 남북한의 분단을 예측 가능한 방향으로 통제하거나 남북한의 대화, 군비축소나 평화질서의 정착이 본격적으로 논의되지 않고서는 복지국가를 향상 재정지출이나 논의가 제약을 받을 위험성이 크다.

  냉전의 최전선에 있는 한국의 전쟁·분단체제가 여전히 정치세력 간의 대립을 거의 전쟁의 차원으로 지속하게 하고 정치나 시민사회에서 제1세계에서 견지된 사상적 획일성을 요구하는 체제라고 본다면, 이러한 조건에서 자유, 민족, 복지의 개념과 제도는 모두 제1세계, 특히 미국에서 수입된 것과 그러한 틀에 기초한 비판의 쳇바퀴에서 벗어나지 못하게 한다. 즉 분단·전쟁체제의 억압성은 지배적인 자유, 민주, 복지에 대한 반정립의 논리 역시 미국과 유럽을 표준으로 하는 자유민주주의 혹은 사회민주주의의 이상과 원칙의 기초에서만 이루어지게 하였다. 즉 이러한 논리와 제도가 그 영향하에 있는 한국 대중들의 처지와 의식에 비추어 어떤 문제점이 있으며 어떻게 교정되어야 할지에 대한 논의는 거의 없었다. 이러한 사상적, 지적 빈곤이야말로 분단과 전쟁이 가져온 가장 심각한 결과였다.

참고문헌

강정인. 2002. "서구 중심주의에 비쳐진 한국의 민주화, 민주주의의 한국화"『한국정치학회보』 34집 2호.
강정인. 《민주주의의 한국적 수용-한국의 민주화, 민주주의의 한국화》. 책세상. 2002.
개디스, 존 루이스 지음·정철, 김규형 옮김. 2005. 《냉전의 역사 – 거래, 스파이, 거짓말 그리고 진실》. 에코 리브스.
고세훈. 2007. 《복지한국, 미래는 있는가?-이해관계자 복지의 모색》. 후마니타스.
고정훈. 1967. 《부르지 못한 노래-정치와 감옥과 나》. 홍익출판사.
공보처선전대책중앙위원회편. 1951. 《자유대한, 6·25 사변 1주년 기념록》. 국민회중앙총본부.
구갑우. 2012. "복지국가는 평화국가와 함께 가야 한다" 《복지동향》. 2012. 4.
기모토 다케시. 2010. "총력전의 이율배반" 역사문제연구소, 《역사문제연구》 No. 23.
김상봉. 《기업은 누구의 것인가》. 꾸리에. 2012.
김동춘. 1997. "한국 자본주의와 지배질서-안보국가, 시장, 가족" 《분단과 한국사회》. 역사비평사.
김동춘. 2000. 《전쟁과 사회》. 돌베개.
김동춘. 2011. "냉전, 반공주의 질서와 한국의 전쟁정치". 비판사회학회. 《경제와 사회》 통권 제89호. 2011. 3.
김미정. 2005. "1950–60년대 한국전쟁 기념물 – 전쟁의 기억과 전후 대한민국의 냉전이념의 형성" 동국대학교한국문학연구소. 《전쟁의 기억, 역사와 문학(상)》. 도서출판 월인.
김연명. 2007. "한국 사회정책의 특징: 취약한 국가의 역할" 참여연대사회복지위원회. 《월간 복지동향》 101호. 2007. 3.
김흥수. 1999. 《한국전쟁과 기복신앙확산 연구》. 한국기독교역사연구소. 1999.
남찬섭. 2012. "한국, 왜 복지국가 전환이 어려운가" 윤흥식 편. 참여사회연구소 기획. 《우리는 한 배를 타고 있다》. 이매진.
대통령비서실. 1975. 《박정희 대통령 연설문집》 제11집.
뤼시마이어 외 지음·박명림, 조찬수, 권혁용 옮김. 1997. 《자본주의 발전과 민주주의》. 나남출판. 1997.
문형래. 2009. "법에 내재된 정치와 폭력에 관한 연구—유신체제의 형성과 인혁당 재건위 사건을 중심으로" 성공회대학교 NGO대학원 석사학위논문.
발터 벤야민. 2008. 《역사의 개념에 대하여, 폭력비판을 위하여, 초현실주의 외: 발터벤야민 선집 5》. 길.

박근갑. 2009. 《복지국가 만들기: 독일사회민주주의의 기원》. 문학과지성사.
백낙청. 2012. 《2013년 체제 만들기》. 창비.
이그나시오 산체스-쿠엔카. 2008. "권력, 규칙, 그리고 준법" 아담 세보르스키 외 지음 · 안귀남, 송호창 외 옮김. 《민주주의와 법의 지배》. 후마니타스.
서중석. 2005. 《이승만의 정치 이데올로기》. 역사비평사.
아감벤, 조르주 지음 · 박진우 옮김. 2004. 《호모 사케르-주권권력과 벌거벗은 생명》. 새물결.
아감벤, 조르주 지음 · 김항 옮김. 2009. 《예외상태》. 새물결.
올리버, 로버트 지음 · 박일영 옮김. 1982. 《이승만 비록》. 한국문화출판사.
이나미. 2003. 《한국자유주의의 기원》. 책세상.
이영환. 2004. 《한국사회와 복지정책-역사와 이슈》. 나눔의 집.
이재승. 2010. 《국가범죄-한국현대사를 관통하는 국가범죄와 그 법적 청산의 기록》. 앨피.
증훈혜, 장여흥, 박강배. 2007. "'적(異己)' 쓰기: 50년대 백색 테러시기 '비첩(匪諜)'의 상징분석" 《제노사이드연구》 제2호. 2007. 8.
최장집. 2005. 《민주화 이후의 민주주의》. 후마니타스
최장집. 2008. "법의 지배와 민주주의-한국어판 서문" 아담 세보르스키 · 호세 마리아 미라벨 외 지음 · 안귀남 · 송호창 외 옮김. 《민주주의와 법의 지배》. 후마니타스.
미셸 푸코 지음 · 박정자 옮김. 1997. 《사회를 보호해야 한다》. 동문선.
한인섭. 2001. "한국전쟁과 형사법: 부역자 처벌 및 민간인 학살과 관련된 법적 문제를 중심으로" 서울대학교. 《법학》 제41권 2호.
스티븐 홈즈. 2008. "법의 지배의 계보" 아담 쉐보르스키, 호세 마리아 미라벨 외 지음 · 안귀남, 송호창 외 옮김. 《민주주의와 법의 지배》. 후마니타스.
홍기빈. 비그포르스. 2011. 《복지국가와 잠정적 유토피아》. 책세상.
후지다 쇼조 지음 · 김석근 옮김. 2009. 《천황제 국가의 지배원리》. 논형.

Arblaster, Anthony. 2007. *The Rise and Decline of Western Liberalism*, (Basil Blackwell, 1985.) (앤서니 아블라스터 지음 · 조기제 옮김. 《서구 자유주의의 융성과 쇠퇴》. 나남, 2007.)
Barnett, Victoria J. 1999. *Bystanders: Conscience and Complicity During the Holocaust*. Westport: greenwood Press.
Giddens, Anthony. 1985. "Nation-State and Violence and Its Infringment", John Keane ed, *Civil Society and State*. Berkeley: University of California Press.
Goldie, Thomas. "The Dark side of American Politics", *ANU*. 2012. 8. 20.

Kovel, Joel. 1994. *Red Hunting in the Promised Land: Anticommunism and the Making of America*. New York: Basic Books.

Lasswell, Harold. 1997. *The Garrison State*. New Jersey: Transaction Publishers (originally 1937).

Raskin, Marcus. 1976. "Democracy versus the National Security State". *Law and Contemporary Problems* Vol. 40. No. 3. 189~220.

Schmitt, Carl. 2005. *Political Theology: Four Chapters on the Concept of Sovereignty*. Chicago: University of Chicago Press.

Schmitt, Carl. 2007. *The Concept of the Political*. Chicago: University of Chicago Press.

Thompson Edward et al. 1980. *Exterminism and the Cold War*. London: New Left Books.

Tilly, Charles. 1986. "War Making and State Making as Organized Crime". Evans, Peter and Rueschemeyer, Dietrich and Skocpol, Theda, eds. 1986. *Bringing The State Back In*. Cambridge: Cambridge University Press.

Pierce, Anne R. 2003. *Woodrow Wilson and Harry Truman: Mission and Power in American Foreign Policy*. Westport: Preager.

한국의 자유주의와
근대국가 형성[1]

문지영 한국여성정책연구원

1. 서론

이 논문의 목적은 한국 자유주의의 역사적 맥락을 살펴보면서 그것이 근대국가 형성에 끼친 영향을 밝히는 데 있다. 제2차 세계대전 이후 독립한 제3세계의 많은 신생국이 그러하듯이, 그동안 대한민국의 수립과 근대국가 형성 과정은 주로 민족주의에 기반을 두어 설명되고 평가되었다. 민족주의의 견지에서 보면 대한민국의 수립은 불완전한 것일 수밖에 없다. 그것은 통일된 독립국가 건설에 대한 한국인들의 오랜 열망에 반하는, 남한만의 단독정부 수립을 의미하기 때문이다. 이런 기원의 문제는 대한민국의 정통성에 대한 끈질긴 논쟁을 일으켰으며, 민족주의의 영향 아래 한국 정부의 역사적 정통성을 인정하기를 꺼리는 입

---

[1] 이 글은 2011년에 후마니타스에서 발행된 《지배와 저항: 한국 자유주의의 두 얼굴》 중 일부 내용을 축약하여 재구성한 것이다.

장은 여전히 존재한다.

 식민지 경험을 공유하는 한국인들이 대개 강한 민족주의 정서를 가지고 국가 분단에 부정적 태도를 보이는 것은 이해할 만한 일이다. 하지만 우리는 또한 자유주의의 발전이라는 견지에서 한국의 근대국가 형성 과정을 조명할 필요가 있다. 이는 특히 19세기 후반의 개화기에 조선의 근대화를 목표로 자유주의적 원리와 체제를 도입하고자 한 일련의 시도가 있었으며, 대한민국 임시정부 헌법은 자유주의 원리를 토대로 하고 있었다는 역사적 사실을 염두에 둘 때 그러하다. 이런 역사적 배경 위에서 이 논문은 대한민국의 수립을 자유주의의 발전과 연결하고 한국의 근대국가 형성에 그것이 끼친 영향을 밝혀보고자 한다.

 이 논문에서 필자는 우선 서구 근대의 충격 이후 일제의 식민지배, 해방, 분단, 근대국가 형성에 이르기까지 자유주의가 발전해온 한국의 역사적 맥락을 추적한다. 그런 역사적 맥락에서 한국의 자유주의는 그 특유의 성격을 획득하게 되는데, 이 논문을 통해 필자는 한국 자유주의의 특징과 그것이 함축하는 바를 보이고자 한다. 또한, 한국의 자유주의가 서양 사회에서 발전한 자유주의와 어떤 차이를 보이며, 국가 형성을 포함해서 한국 정치에 어떤 영향을 끼쳤는지, 그리고 그것이 드러내는 한계는 무엇인지 등을 검토하고자 한다. 이를 통해 자유주의에 대한 기존의 시각을 반성적으로 돌아보는 한편, 자유주의가 새로운 전망을 지니는 것으로 재구성될 가능성도 찾아볼 수 있기를 기대한다.

2. 자유주의의 수용과 그 초기 발전 맥락

한국에서 자유주의의 수용은 19세기 중반 이래의 '개화'와 밀접한 관련이 있다. 당대의 문맥에서 개화란 '근대화', 곧 "서구적 근대 문명을 표준으로 해서 이를 모방, 경쟁하는 과정"을 의미하였다(정용화, 김현철, 2005: 561). 19세기에 이르기까지 수 세기 동안 조선이 중국 중심의 중화 질서에 속해 있었다는 점을 고려하면 개화가 어떤 반발과 위험, 혼란과 변화를 동반하는 과정이었을지 쉽게 짐작할 수 있을 것이다.

당시 개화에 대한 요구는 조선 사회가 당면한 정치적 위기를 배경으로 제기되었다. 19세기 중반에 접어들면서 자본주의 열강들의 외압이 나라의 자주독립을 위협하는 수준으로 거세졌고, 이 와중에 전통적 정치 질서의 문제점도 좀 더 분명하게 드러났다.[2] 국가의 존망이 걸린 위기 국면에서 다양한 형태의 자구 노력이 시도되었는데, 위정척사 사상에 입각한 내정 개혁과 의병운동, 동도서기론을 토대로 한 자강운동, 아래로부터의 동학농민운동 등이 그 예라 하겠다. 그 가운데서 개화운동은 조선을 둘러싼 국제 관계의 변화를 적극적으로 활용하고 서양의 문물을 받아들임으로써 부국강병을 이루고자 했던 상황을 대변한다. 즉, 당시 개화는 단순한 대외 개방이 아니라 서구화를 적극적으로 의도하는 용어였으며, 따라서 개화에 대한 지향은 기존의 중화적 세계관과 전통적 지배 질서에서 벗어나려는 움직임을 포함하였다.

개화를 통해 조선의 부국강병과 자주독립을 이루고자 했던 세력들은

---

2 이 시기 서세(西勢)의 충격과 조선의 대응에 관한 상세한 논의로는 구대열(1985), 김영작(1989), 이상익(1997), 신용하(2001)를 참조.

일찍이 실학사상의 영향을 받았고 중국과 일본을 통해 국제 정세의 흐름 및 서구 근대의 새로운 문물과 접촉할 기회가 있었던 진보적 관료와 지식인들이었다. 개화파의 핵심 인물 가운데 한 사람인 박영효는 개화란 "새로운 것에 나아가 자립하는 것"이라고 주장하였다(정용화, 김현철, 2005: 567). 조선이 도달해야 할 목표이자 조선을 자립할 수 있게 할 '새로운 것'으로 개화파 지식인들이 주목한 것은 단지 근대적 과학기술 문명이라기보다 오히려 그것을 가능하게 한 서구의 새로운 사상과 제도였다. 즉, 당시 개화 지식인들은 서구 열강의 부강함이 자신들로서는 낯선 그들의 사상과 제도에서 비롯된다는 판단하에 그것을 도입함으로써 조선의 자주독립과 근대국가 건설의 과제를 해결하고자 하였다.

19세기 중반을 전후해 조선에 영향을 미친 서세의 판도로 미루어 볼 때, 개화 지식인들이 자유주의를 근대화의 모델로 삼았으리라는 점은 쉽게 짐작할 수 있다. 실제로, 사회주의나 공산주의가 근대화의 또 다른 길로 알려지게 되는 것은 좀 더 나중의 일이며, 영국과 미국, 프랑스 등 당대 서구 사회는 일련의 자유주의적 혁명을 통해 봉건제와 절대주의 국가에서 근대 국민국가로의 이행을 대부분 완료하고, 나아가 제국주의적 팽창의 단계에 있었다. 이런 서세의 영향 아래 동아시아의 국제질서가 급변하는 상황에서 갑신정변을 통해 조선의 근대화를 추진했던 김옥균이나 박영효 등 초기 개화파는 구미 제국의 입헌군주제와 공화제를 소개하면서 '백성의 자유권 확장'과 '군권 제한'이 '국(國)의 부강'을 달성하는 길이라고 주장하였다.[3] 나아가 독립협회의 서재필과 윤치호를 포함하는 후기 개화 지식인들에 이르면 개인과 자유, 평등, 권리, 주

---

[3] 〈한성순보〉, 〈갑신정강〉, 〈건백서〉; 이상익(1997, 209~227); 김영작, 윤순갑(2005, 607~618) 등 참조.

권재민, 삼권분립, 민(民)의 정치 참여 등에 대한 논의가 좀 더 구체적으로 발전하고, 이를 바탕으로 자유민주주의 제도의 실현을 위한 운동이 본격적으로 전개된다.[4]

요컨대 한국에서 자유주의의 수용은 봉건적 수탈에 반발하는 내부의 도전과 제국주의 열강들이라는 외부의 위협이 빚어낸 국가적 위기에 대처하기 위해 이루어졌다. 자유주의의 수용이 이루어진 이러한 역사적 맥락은 그 수용 방식에 영향을 미쳤는데, 자유주의 수용을 주도한 개화 지식인들의 논의를 중심으로 그 수용 방식의 특징을 살펴보면 다음과 같다. 첫째로, 자유주의를 수용하려는 개화 지식인들의 노력은 '왜' 자유주의인가 하는 문제, 즉 그것의 바람직함이나 정당성 문제보다는 자유주의가 유교 전통이 지배하는 조선에 '어떻게' 도입될 수 있으며, '어디까지' 도입될 수 있는가 하는 문제를 탐색하는 데 집중되었다. 19세기 중엽 조선 사회에서 개화를 지지한 이들의 관점에서 볼 때 자유주의는 서구 열강의 지배적 이념이자 제도였으며, 바로 그 점에서 자연스럽게 그들이 모델로 삼고자 하는 현실 개혁의 대안이 되었다. 그들에게 자유주의는 그 자체로 이미 정당한 것이었는데, 그 정당성은 내부에서 얻어진 것이 아니라 서양의 경험에서 '빌려온' 것이었다.

둘째로, 당시 개화 지식인들은 자유주의를 개인의 자유와 평등, 인권, 관용, 다양성의 존중과 같은 원리나 가치보다는 의회제, 삼권분립, 보통선거권 같은 제도적 측면을 중심으로 소개하였다. 자유주의가 조선에 서구 근대의 충격과 더불어 전해졌다는 점에서 제도를 중심으로 자유주의를 소개하는 방식 역시 어느 정도 불가피하였을 것이다. 자유

---

4 〈독립신문〉; 김영작, 윤순갑(2005, 627~632), 서울대정치학과 독립신문강독회(2004) 등 참조.

주의에 대한 관심 자체가 서구 사회의 부강함을 직간접적으로 목격한 데서 비롯되었으므로 자유주의가 무엇인지를 이해하는 손쉬운 길은 겉으로 드러나 작동하는 제도를 살펴보는 것이었다. 게다가 자유주의 수용을 통해 당시의 대내외적 위기를 돌파하려 했던 개화 지식인들의 처지에서는 그런 방식의 이해가 장점이 되기도 하였다. 위로부터 제도를 도입해 시행하는 것이 아래로부터 사상이 무르익고 내면화되어 제도화에 이르게 하는 방식보다 개화 지식인들이 당면한 목적을 이루는 데 더 빠르고 효과적이었을 것은 분명하다. 여기에는 당시 개화 지식인들 대부분이 양반·관료 출신이었다는 배경도 작용하였다. 그들은 비밀결사 조직에 의한 쿠데타나 군주의 개명화 등과 같은 '위로부터의 개혁'을 통해 나라가 직면한 위기를 극복하고자 하였으며, 자유주의적 가치가 인민들 사이에서 실천되도록 하는 일에는 상대적으로 소홀하였다.[5]

셋째로, 개화 지식인들의 자유주의 수용 논의는 민권에 대한 강조와 함께 국권에 대한 강조를 뚜렷하게 보여준다. 서구 열강이 이룬 진보의 동력이 개인의 자유와 권리를 보장하는 그들의 입헌적·자유주의적 제도에 있다고 보았던 만큼 초기 개화파 이래 개화 지식인들은 민권이 무엇인지 설명하는 데 주력하면서 군권을 제한하는 제도 개혁을 이루고자 하였다. 하지만 그런 군권의 제한에 대한 강조가 인민의 자치나 지방분권제의 도입에 대한 주장으로 나아갔던 것은 아니다. 또한, 군권이 제한된 국가를 통해 일종의 '야경국가'를 지향한 것도 아니다. 오히려 그들은 철저히 중앙집권화된 정부, 국가를 통한 근대화를 지지하였다.

---

5 김영작, 윤순갑(2005, 618)은 '위로부터의 개혁'에만 집중한 개화파의 한계가 갑신정변 후 수구 지배층뿐만 아니라 일반 대중 사이에서도 보수·반동화의 기운을 촉진하는 결과를 가져왔다고 지적한다.

군권의 제한은 강력한 국가, 국권의 확보와 강화를 위해 요구된 것이었다.[6]

이처럼 개화 지식인들이 자유주의 수용 논의를 전개하면서 중앙집권적 권력의 확립과 인민의 평등한 자유권 확보를 동시에 중시했던 것은 당시 자유주의 수용의 필요성이 서구 제국주의 열강들에 의해 조성된 조선의 위기 상황에서 비롯되었기 때문일 것이다. 국가의 자주적 생존이 위협받는 상황에서 개인의 자유와 권리에 대한 강조가 국가의 약화를 초래하는 방향으로 나아갈 수 없었던 것은 당연하다. '일군만민(一君萬民)'적 방식이 되었든 '군민공치(君民共治)'나 '국민공화(國民共和)'의 방식이 되었든, 자주적으로 독립한 강한 국가를 이루는 일이 당면한 과제였고, 자유주의의 수용은 바로 그런 과제를 실현하기 위한 길로 인식되었다. 이 점에서 국권에 대한 강조와 국가를 통한 개혁이라는 구상은 개화기 자유주의의 핵심이 되지 않을 수 없었다. 개화기가 결국 일제 강점기로 이어지면서, 초기 수용 과정에서 나타났던 자유주의의 측면, 곧 개인이나 민권 못지않게 국가와 국권을 중시하는 경향은 이후 한국 자유주의의 중요한 특성으로 자리 잡게 된다.

마지막으로 개화 지식인들은 역사적 맥락이나 정치·사회적 상황과 무관하게 서구 자유주의를 곧이곧대로 모방한 것이 아니라 그 실천적 목표에 맞게 그것을 재해석하거나 재구성하고자 했다는 점에서 특징

---

[6] 당시 자유주의 수용론이 추구한 민권 사상과 국권 사상의 결합은 유길준을 통해 가장 분명하게 드러나는데, 그는 천부인권론에 입각해 개인의 자유와 평등을 강조하는 한편으로 "인군은 기부(其父)요 인민은 기자(其子)"라든가 "정부의 요구하는 바는 다소를 불문하고 거역하면 불가하다"라고 하여 국가를 중시하는 입장을 견지한다(유길준, 2004). 이 점에 대해 김영작, 윤순갑(2005, 619)은 "유길준의 개화사상에는 천부인권을 제창하는 '민권 사상'과 애국주의로 표현되는 강력한 '국권 사상'이 밀접하게 결합"해 있었으며, "그의 사상의 입각점은 국권론과 민권론이라는 두 가지 요소의 대립과 통일을 도모하는 것"이었다고 분석한다.

적이다. 개화 지식인들이 조선에 소개한 자유주의는 특정한 유형의 자유주의를 지향한 것도 어떤 특정 국가의 자유주의 전통을 따른 것도 아니었다. 오히려 그것은 자유주의가 발전한 서구의 역사적 맥락이나 정치·사회적 특수성을 가로질러 현실적 필요에 따라 취사선택된 형태로 나타났다. 즉, 개화 지식인들이 수용한 자유주의는 고전적 자유주의나 자유방임적 자유주의의 경향과 근대 자유주의 또는 신자유주의적 경향을 국면에 따라 혹은 강조의 맥락에 따라 번갈아 드러내고 있었다.[7]

개화기 자유주의 수용의 이러한 특성은 얼핏 자유주의에 대한 당대 지식인들의 이해가 모순적이거나 적어도 철저하지 않았음을 보여 주는 것으로 해석될 수 있다(김주성, 2000; 김석근, 조진만, 2001). 물론 자유주의가 동양에 소개될 때 그 주요 개념이 번역되는 과정을 동반해야 했고, 그나마 조선의 지식인들로서는 그처럼 번역된 서양의 사고 체계를 중국이나 일본을 통해 간접적으로 수용할 수밖에 없었다는 점에서, 그들이 자유주의에 대한 근본적이고 치밀하며 주체적인 인식에 도달했으리라고 기대하기에는 무리가 있다. 그러나 적어도 당시에 자유주의 수용은 도저히 거부할 수 없는 강제였다기보다는 선택의 문제였다. 위정척사론이나 동학운동 등이 조선의 위기 극복을 위한 대안으로 경쟁하고 있었고, 개화 지식인들은 자유주의 수용의 길을 최선의 방책으로 믿었던 것이다. 그리하여 그들은 자신들이 이해한 한도 내에서나마 어떤 것은 거부하고 어떤 것은 받아들이며 또 어떤 것은 적당히 변용하기도 하면서 그 수용 의도에 맞게 자유주의를 재구성하였다. 이처럼 개화 지

---

[7] 예컨대 권리를 통의와 연관 지어 설명하면서 불가침의 천부인권과 제한 정부 관념을 강조하는가 하면, 자유방임적 자유주의의 이상을 공유하며 경쟁과 이익 추구 활동, 자조를 긍정하는 모습도 보인다.

식인들의 자유주의 수용을 일방적인 과정이 아니라 수용자의 문화적·심리적 호불호(好不好) 관념과 필요에 따라 특정 관념이나 행태의 파급이 저지되기도 하고 쉽게 소통되기도 하는 '선택적 과정'이라는 관점(정용화, 2002)에서 이해한다면, 그들의 자유주의 수용론에서 나타나는 일견 상충하는 면들을 동양 지성의 한계나 이해 수준의 문제로 섣불리 귀결지을 수는 없을 것이다.

개화 지식인들의 자유주의 수용 노력은 자생적 근대화의 길로 이어지지 못하고 일제 강점으로 좌절되었다는 점에서 실패했다고 말할 수 있다. 따라서 '선택적 과정'을 거친 자유주의가 서양과는 다른 조선의 자유주의로서 전개되며 그 역사적 전통을 형성할 수 있었을지, 또 과연 그것이 바람직했을지는 장담할 수 없다. 그러나 자유주의 수용의 이 실천적 성격은 독립운동 시기를 거쳐 근대국가 건설 과정에 이르기까지 한국 자유주의의 중요한 특성으로 지속된다.

3. 일제 식민지 시기의 자유주의: 민족주의로의 수렴

일본 제국주의 침략으로 말미암아 500여 년의 역사를 이어온 조선왕조의 몰락이 초읽기에 들어간 1890년대 말부터 1900년대 초까지 국권 회복을 위한 노력은 무장투쟁 노선과 실력 양성 운동 노선을 각각 채택한 의병전쟁과 자강운동의 두 갈래로 전개되었다(박찬승, 1992; 안외순, 2003).[8] 이 중 개화 지식인들의 자유주의 수용 노력은 '자강운동론'의 형

---

[8] 이와 관련한 선행 연구에 따르면, 전자는 일부 위정척사 계열의 유림과 민중의 연대 세력이 주축이었고, 후자는 대개 개명 지식인, 곧 신지식층이 주축이었다(안외순, 2003: 191). 각 세력의 사상적 기반과 노선에 관한 연구로는 신용하(1980), 조동걸(1989), 박찬승(1992), 김도형(1994), 이상익(1997)을 참조할 수 있다.

성에 영향을 미쳤던 것으로 보인다. 자강운동론의 핵심적 주체 중에는 실제로 개화파에 몸담았던 인사들이나 서양 사상의 영향을 크게 받은 인물들이 다수였으며(박찬승, 1992: 29~107), 그들이 주장하는 자강의 내용이나 방법은 개항 이래 개화 지식인들이 모색하였던 자유주의적 근대화와 부국강병의 길을 구체화한 것이었다.

일제 식민지하에서 자유주의는 서로 구별되는 두 가지 형태로 목격된다. 개화 지식인들이 자유주의의 수용을 모색하던 때와는 달리, 식민 통치하에서는 "자유주의의 원칙을 추구하는 것 자체가 … 끊임없는 체포와 구속을 각오해야 하는 일"(김동춘, 2000: 249)이었고, 이런 상황에서 자유주의는 정반대의 두 길로 나아가게 된다. 제국주의와 타협하면서 종국적으로 친일·부일의 논리를 정당화하게 되는 것이 그 하나라면, 전투적 민족주의의 경향을 띠게 된 것이 다른 한 길이다. 식민지 시기의 자유주의를 부정적으로 평가하거나 간과하게 되는 이유는 초기 자유주의 수용에서 자강운동론으로 이어지는 자유주의의 흐름을 전자의 길과만 관련해 보기 때문이라고 생각한다. 하지만 이 시기 자유주의의 진면목은 오히려 후자의 길에서 더 분명하게 발견된다. 요컨대 자유주의는 이른바 '우파 민족주의' 세력의 독립운동 이념으로 전화하여 식민지 시기를 거치는 가운데 그 특유의 성격을 획득해 갔다.

17~18세기 서양에서 자유주의는 대체로 일국 내의 반봉건·반절대주의 과제를 해결하기 위한 정치 이념으로 등장하였다. 당대 자유주의 사상가들에게서 일반적으로 자유주의적 국제 관계에 대한 구상을 발견하기 어려운 것은 그들의 주된 관심이 (일국 내에서) 국가권력으로부터 개인의 자유를 획득하는 문제에 있었기 때문이다. 즉 그들이 민족 독립

이나 국가 주권 등의 문제에 상대적으로 주의를 기울이지 않았던 것은 그들이 놓였던 역사적 맥락과 관계가 있다. 그들은 모두 식민지를 경험하거나 그럴 위협에 처해 본 적이 없는 서양의 지식인들이라는 공통점이 있는 것이다.

하지만 자유주의가 서양의 제국주의적 팽창과 함께 비서양의 여러 지역에 전해졌을 때, 해당 지역에서 그것은 반봉건 · 반절대주의의 과제에 못지않게, 오히려 그보다 먼저 반제국주의의 과제에 직면해야 했다. 일국 수준에서 자유주의적 공동체가 자유롭고 자율적이며 평등한 개인의 존재를 전제로 한다면 자유주의적 국제 관계는 자유롭고 평등한 주권국가를 전제로 한다. '자유로운 개인'에 대한 자유주의적 원칙은 오직 외세의 자의적 지배를 받지 않는 독립된 주권 국가에서만 의미가 있기 때문이다. 이렇게 볼 때, 식민지에서 자유주의는 먼저 민족자주 독립국가 건설을 향한 투쟁으로 나아가지 않을 수 없다. 식민지 조선에서 자유주의의 두 길은 민족독립과 개인의 자유 및 권리 간에 무엇이 우선시되어야 하는가 하는 문제를 두고 나뉘었다. 주권을 상실한 국가에서 반제국주의의 문제의식을 발전시키는 대신 후자에 중요성을 부여한 사람들은, 윤치호의 예에서 볼 수 있듯이, 제국주의와 타협하고 종국적으로는 반자유주의적인 결과를 초래하였고, 이와 달리 "국가의 독립이 인민의 권리 보장의 선행 요건이라는 인식"(안외순, 2003: 203)에 입각한 사람들은 식민지 조선에서 자유주의의 다른 한 길, 곧 전투적 민족주의의 길로 나아갔다.

자유주의 발전의 이 다른 한 길은 "자강운동 단체 가운데 가장 핵심적"이었던 신민회에 의해 주도되었다(박찬승, 1992: 83). 양기탁, 안창호

등이 1907년 창건한 신민회는 종래의 개화파를 잇는 운동 단체로서 조선의 자주독립과 근대화를 종국적 목표로 삼고 초기에는 교육과 언론 운동에 매진하였다(이재순, 1977). 신민회는 스스로 그 활동 목표를 '자유문명국의 성립'이라고 밝혔다(국사편찬위원회, 1983; 이승현, 2006). 여기서 '자유문명국'은 인민주권론에 기초한 근대적 입헌 공화제였는데(이재순, 1977; 신용하, 1985), 이를 위해서는 민족 구성원 모두가 '신민(新民)'이 되어야 한다고 보았다. 여기서 신민이란 자율, 자주의 가치를 체득하고 권리 의식으로 무장한 근대적 국민을 뜻하는 것이었다. 예를 들어, 신민회의 중추적 인물이자 급진파의 한 사람으로서 무장독립투쟁을 이끌었던 신채호는 '신국민'을 국가 독립의 불가결한 전제로 보고 우리 민족이 '구국민'에서 '신국민'으로 개조되어야 한다고 주장하면서, 신국민으로의 개조는 자유, 평등, 정의, 공적 정신과 같은 신도덕을 우리 것으로 만듦으로써 가능하다고 보았다(우남숙, 2005: 658).

이렇듯 신민회는 일제로부터의 국권 회복이 근대적 민주공화국으로 연결될 수 있도록 전근대적 신민(臣民)을 신민(新民), 곧 자유롭고 평등한 개인들로 재편하는 일의 중요성을 강조하였다.[9] 그러나 신민(新民)이 근간이 되어 자유문명국을 설립한다는 신민회의 이상은 일제의 식민 지배가 본격화하면서 개인이나 민권보다 국가와 국권 회복 그 자체

---

9 '개인'에 대한 강조는 신민회뿐만 아니라 당시 신지식인층 일반에서 발견된다. 예컨대 송진우는 1915년에 《학지광》에 발표한 "사상개혁론"에서 가족이 아니라 개인을 사회의 기본 단위로 전제하고 유교적 가족제도의 타파와 개인의 자립, 자유연애의 고취 등을 역설했다. 전영택 또한 1917년 《학지광》에 실린 "구습의 타파와 신도덕의 건설"을 통해 효도, 남존여비, 계급제도, 조상숭배 등 유교적 구습을 타파하고 신도덕을 건설하자고 주장했는데, 이때 신도덕의 핵심은 "백행만사의 본원"인 "철저한 나"를 건설하는 데 있었다. 또한, 1920년 이상재를 회장으로 하여 출범한 조선교육회는 "사회의 완전한 발달은 그 사회를 조직한 각 개인의 원만한 발달"이 전제되어야 한다고 주장하면서 개인의 발달을 위한 교육을 목표로 내걸었다. 이에 관한 상세한 논의는 전재호(2004), 정용화(2006)를 참조.

로 강조의 초점이 옮겨가게 된다. 그들이 보기에, 식민지 상황에서 개인의 자유나 민권 문제에 지나치게 집중하면 자칫 비정치적인 실력양성론으로 흘러 제국주의 지배의 현실을 정당화하는 우(愚)를 범할 수 있었다. 그리하여 신민회는 일제의 조선 병합 의도가 거의 분명하게 드러나던 1909년 무렵 국외에 독립군 기지를 건설할 필요성이 있음을 제기했고, 1910년 봄에는 국내에서의 실력 양성이 더는 불가능하다고 판단해 그 대안으로 국외에 독립운동 기지를 건설하기로 하였다. 그리고 이 결정은 1911년 5월 서간도에 신흥무관학교가 설립되는 것으로 이행되었다(이재순, 1977; 신용하, 1985).

신민회 활동의 이런 질적 변화는 식민지 시기 자유주의의 전투적 민족주의로의 전화를 보여주는 좋은 예다. 자유주의는 그 원리상 제국주의와 짝을 이루는 이념일 수는 있을지언정, 식민지의 정치 이념으로는 존재하기 어렵다. 식민지에서 그것은 오히려 반식민주의의 이념으로 작동하게 되는데, 실제로 식민지 시기 한국에서 자유주의는 민족주의와 결합해 항일독립운동 이념으로 발전하였다. 전 민족적인 항일운동의 시발점이 된 1919년의 2·8독립선언과 3·1운동은 식민지에서 자유주의의 존재 방식을 보여주는 또 다른 좋은 예다. 2·8독립선언문과 기미독립선언문이 각각 드러내고 있듯이, 독립운동의 배경은 일제의 억압으로 말미암은 부자유의 경험이었다. 식민 통치란 "제한받지 않은 권력의 남용에 다름 아니"었고(김용직, 2005: 691), 따라서 민족자결권의 상실은 민족 구성원 개개인의 자유와 안녕에 대한 위협으로 이어질 수밖에 없음을 대다수 한국인은 식민지 삶을 통해 확인하였다. 이런 점에서 독립운동은 "자유를 위한 투쟁"이었고, 각 선언문은 "독립이 자유의 성취라는 목표를 향한 민족적 의사의 표출"로 이해된다(김용직, 2005: 691).

식민지 경험을 둘러싼 역사적 맥락은 한국에서 자유주의가 그 자신의 성격을 획득해 나가는 데 강하게 영향을 미쳤다. 그것은 반제국주의와 민족독립의 과제에 대처하는 가운데 국가 주권을 강조하고 개인에 앞서 국가를 더 강조하는 경향을 보이게 되었다(전복희, 1993; 강정민, 2003; 박주원, 2004). 이런 특성은 서양 중심적 기준을 적용하면 반자유주의 혹은 자유주의의 실패로 생각될 수도 있으나, 그 역사적 맥락을 고려해 한국 자유주의의 한 특징으로 해석되어야 할 것이다. 한편, 식민지 상황에서의 무장독립투쟁 경험을 통해 한국에서 자유주의는 전투적 민족주의와 연결될 기회를 얻게 되었다. 많은 학자가 지적한 바 있듯이, 신민회를 계승하여 항일독립운동에 헌신했던 우파 민족주의자들의 이념적 배경은 기본적으로 자유주의였고, 특히 임시정부는 자유주의적 민족주의 세력에 의해 주도되었다(박찬승, 1992; 김용직, 2005). 비록 근대국가 건설 과정에서 민족주의와 결별하기는 하지만, 독립운동 과정에서 함께 결합하였던 경험으로 말미암아 해방 후에도 한국의 자유주의는 극우 반공주의 혹은 이른바 '냉전 자유주의'와 일정한 선을 긋고 거리를 유지할 수 있었다.

4. 해방과 자유주의: 민족주의로부터 분화

1945년 8월 15일의 '해방'은 일제에 의해 억눌린 국내 정치 공간을 그야말로 해방시켰다. 식민지 시기에 독립 투쟁 노선을 둘러싸고 이미 분열과 갈등을 경험한 바 있던 여러 정치 세력은 이제 다양한 근대국가 건설의 전망을 놓고 서로 경쟁하며 이합집산하였다. 게다가 미국과 소련의 한반도 진주에 따른 38선 획정과 국토 분단, 강대국들에 의한 신탁통치안 등의 요인은 해방이 열어젖힌 정치적·사상적 자유에 더하여 건국 구상을 더욱 복잡하고 어렵게 만들었다.

그러나 이처럼 다양한 정치 세력과 정치 이념이 혼란스럽게 얽혀 있었다고는 하나, 그래도 근대국가의 성격과 형태가 '민주주의'이기를 요구한다는 점에서는 서로 의견이 일치하였다(여현덕, 1987; 안병도, 1992). 그런데 문제는 '어떤' 민주주의냐였다. 다시 말해, 민주주의적 민족국가를 건설한다는 데는 이견이 없었으나, 어떤 민주주의를 어떻게 실현할 것인가의 문제를 두고 이념적·정책적 대립이 치열하게 전개되었던 것이다. 해방 정국의 다양한 논쟁은 결국 여러 정치 세력의 민주주의에 대한 이해, 신념 및 헌신의 정도와 밀접한 관련이 있다고 볼 수 있다(심지연, 1992).

해방 공간에서 각 정파의 이합집산이나 이념, 노선 대결은 신탁통치 찬성 대 반대, 단정 대 좌우합작 등의 의제를 중심으로 조명되었다. 이때 그 잣대는 주로 민족주의에 근거했는데, '민족적이냐 반민족적이냐'의 기준은 단순하지만 엄청난 파괴력이 있었다. 그런 잣대를 중심으로 일련의 이분법적 평가가 내려졌다. 이를테면, "단정 노선은 반민족적이고 좌우합작 노선은 민족적"이라거나 "반탁은 민족적이요 찬탁은 반민족적"이라는 식의 평가가 그렇다. 물론 당시의 정국 구도나 세력 관계, 해방의 민족사적 의미를 고려할 때 그런 잣대와 평가는 나름대로 타당성을 지닌다고 할 수 있다. 그러나 민족주의적 잣대에만 의존한 그와 같은 이분법적 평가는 해방 정국을 지나치게 단순화하고, 무엇보다 또 하나의 중요한 잣대로서 '민주주의'가 갖는 중요성을 간과한다는 점에서 문제가 있다.

해방과 함께 제기된 민족사적 과제의 성격에 비추어 볼 때, 해방 정국의 주된 이념과 세력 갈등은 민족주의만이 아니라 자유민주주의와 관련지어서도 설명될 필요가 있다. 당시에 '통일된 민주주의 독립국가' 건설이라는 민족사적 과제는 '8·15해방'의 성격상[10] 서로 긴밀히 연결되면서도 단계론적 관계에 있는 두 개의 과제, 곧 '민족통일 국가' 건설과 '민주주의 국가' 건설로 구분되어 인식되었다. '8·15해방'이 한국 민족의 주체적 투쟁으로 직접 획득되지 않고 연합군의 승리로 실현됨에 따라 해방 공간이 미소 양국에 의해 분할 점령되어 있었던 탓에 당시 정치 지도자들 사이에는 분단 극복과 근대적 민주국가 형성을 동시에 달성하기 어려울 수 있다는 인식이 확산되고 있었으며, 그런 만큼 민족사적 과제 해결의 우선순위나 방식에서 견해 차이가 존재하지 않을 수 없었던 것이다.

그런 견해 차이는 특히 단독정부 수립이 정국의 당면한 쟁점으로 떠올랐을 때 가장 극적으로 드러났다. '민족통일'이 전제되지 않는 한 완전한 자주독립국가의 건설이란 불가능하다고 본 세력들은 단정 반대를 주장하며 남북협상 노선을 추구했던 반면, 당면 현실에서 '자유민주주의 확립'을 더욱 시급한 과제로 인식한 세력들은 남북에서 각각 민주주의·민족주의 역량을 강화한 후 그것을 바탕으로 통일을 성취한다는

---

[10] 여운형, 박헌영, 김구 등 해방 정국의 대표적인 정치 지도자들은 8·15해방이 '연합국 세력의 승리로 가능'했다는 인식을 공유하고 있었다. 김광식(1985, 36~38) 참조.

전략에서 단정 참여 움직임을 보인 것이다. 전자의 대표적인 경우가 김구, 김규식이라고 한다면 후자의 예는 조소앙, 조봉암, 안재홍, 장준하 등에서 찾을 수 있다.

김구, 김규식, 조소앙, 안재홍, 장준하 등은 자유민주적 독립국가 수립을 목표로 항일 투쟁에 헌신했던 이른바 우파 민족주의 세력의 대표적 인물들이라고 할 수 있다.[11] 일제로부터의 독립이라는 민족문제 해결이 당면 과제였을 때 그들은 사회주의적 길을 주장하던 좌파 민족주의 세력과 분명한 견해 차이를 보이며 해방의 구상을 전반적으로 공유하였다. 해방 후에도 그들은 공산주의에 경계심을 표하며 자신들의 활동 영역에서 가능한 한 좌익과 일정한 선을 긋고자 했다는 점에서 일치한다. 이렇게 볼 때, 단독정부 수립을 둘러싸고 벌어진 그들 간의 분열은 우파 민족주의 세력 내의 분화를 상징적으로 보여준다고 할 수 있다.

김구·김규식의 예가 말해 주듯이, 사실 식민지를 경험한 국가에서 저항적 민족주의와 결합했던 자유주의 세력이 민족통일보다 단정 수립을 지지하기는 쉽지 않았을 것이다. 그러나 다른 한편으로, 이미 독립운동 과정에서 사회주의 세력과 노선 투쟁을 경험한 바 있었던 자유주의 세력으로서는 '민족'을 '자유'와 '민주'보다 앞세우며 무조건 통일을 지지하기도 어려웠을 법하다. 조소앙, 안재홍, 장준하 등의 예가 이런 경우로, 그들은 앞장서서 적극적으로 단정을 주장하지는 않았으나 양자택일의 상황이 발생했을 때 통일지상의 입장에 서기보다는 단정 수

---

[11] 조봉암은 일제 시절 공산당 지도자로서 활약한 바 있으나 해방 후 당시 자신의 노선이 "한국 독립을 위한 사회주의이고 공산주의였다"고 술회하며 전향하였다. 조봉암의 사상 편력과 정치 노선에 대해서는 정태영(1991), 박태균(1995), 박명림(1999)을 참조할 것.

립에 소극적으로 동의하거나 침묵하는 길을 택했다. 이 후자의 존재[12]는 해방 공간에서 근대국가 수립이 단지 민족주의적 과제 해결의 관점에서만 평가될 수 없는 문제임을 증언한다. 이들에게 남한만의 단독정부 수립은 민족통일에 대해 배타적으로 선택된 대안이었다기보다 향후 민족통일 국가 건설의 목표를 달성하기 위한 현실적인 전(前) 단계로서의 민주주의 국가 건설을 의미하였다. 즉, 이들은 '남북 정권의 분립이 통일의 한 과정'이라는 데 이해를 같이하였고, 따라서 '통일을 위한 단정 참여론'을 주장하기에 이르렀던 것이다.[13]

자유주의든 사회주의든 민족주의의 큰 틀 속에 포섭되지 않을 수 없었던 독립운동의 와중에서와는 달리 해방을 맞이한 정치 공간에서, 특히 새로운 국가 건설의 과제를 앞에 두고, 자유주의 세력과 사회주의 세력은 이제 각기 서로 다른 지향을 분명히 드러내며 기존의 민족주의 세력으로부터 분화해 나갔다. 물론 해방 공간에서도 식민지 경험을 배경으로 민족주의가 여전히 우월한 이념적 지위를 차지했던 것은 분명하나, 단순히 민족적이냐 반민족적이냐의 잣대만을 적용해 당시 정치 세력들 간의 갈등이나 이념적 대립을 평가하기는 무리가 있다. 다양한 건국 구상과 그것을 둘러싸고 치열하게 벌어졌던 노선 투쟁은 민족주의의 관점에서만이 아니라 '민주주의'의 관점에서 되짚어 볼 필요가 있

---

12 이들뿐만이 아니라 한독당 내부에서 상당수의 당원이 김구의 지시에도 불구하고 5·10선거에 참여했다. 선거 후 김구는 한독당원으로서 단독 국회에 들어간 인물들을 제명 처분했지만, 어쨌든 제헌국회에서는 김구, 김규식을 지지하거나 정치적 성향을 같이하는 사람들이 전체 의원들의 약 3분의 1을 차지했으며 이른바 '소장파'로서 활동하게 된다. 백범김구선생전집편찬위원회(1999), 서중석(1996), 백운선(1992) 참조.

13 그 외 임시정부 관계 인사들 가운데 이시영, 신익희, 조성환, 이범석 등이 김구의 한독당 주류와 행동을 같이 하지 않고 이승만의 단정 노선 지지 계열로 옮겼다. 이와 관련한 자료와 논의로는 국사편찬위원회 편(1973), 김남식·이정식·한홍구 편(1986), 장준하선생추모문집간행위원회 편(1995), 백범김구선생전집편찬위원회 편(1999), 도진순(1993), 정태영(1991), 서중석(1996), 신병식(2000)을 참조할 것.

고, 그럴 때 해방 공간을 점철했던 여러 이념의 각축이 더욱 선명하게 부각될 수 있을 것이다. 요컨대 해방 정국은 크게 민족주의와 자유민주주의, 인민민주주의(혹은 공산주의) 지향이 부분적으로 중첩되기도 하면서 대립·갈등하는 상황에 놓여 있었고, 대한민국의 수립은 그런 상황 속에서 이루어졌다.

5. 대한민국의 수립과 그 자유민주주의적 특성: 제헌헌법을 중심으로

1948년의 대한민국 정부 수립을 민족주의의 관점에서만 평가할 경우 그 의의는 부정되거나 폄하되기 쉽다. '통일된 민족국가'의 대의에 반하는 단독정부 수립이라는 점에서 그러하다. 그리고 이 경우 소극적으로든 적극적으로든 단정에 참여한 세력은 이유를 불문하고 (단정 반대 세력과 비교해서) '반민족적'이라고 규정된다. 하지만 민족주의에 더하여 자유주의의 기준을 적용해 보면 단독정부 수립의 의미나 국가 건설을 둘러싼 민족주의 내 이념·노선의 갈등이 좀 더 복합적으로 파악될 수 있다.

미군정의 영향 아래 수립된 대한민국은, 자유 진영 대 공산 진영이라는 당대의 세계사적 구도에서 보거나 인민민주주의를 내세운 북한 정권에 대비해서 볼 때, 자유민주주의의 형태를 갖춘 것으로 간주되었다. 국가 수립 과정에서 자유주의는, 앞 장에서 논의된 대로 자유민주주의적인 국가 건설을 당면 목표로 독립운동 당시의 우파 민족주의 진영에서 분화해 '통일을 위한 단정 참여'를 주장한 세력의 이념으로 발전하였다. 개화기 이래의 자유주의 수용과 그 계승사를 고려할 때, 자유주의가 해방과 함께 국내에 갑자기 유입된 이념이라고 보기는 어렵고, 게다가 그것이 민족주의와 무관하거나 반민족적인 이념이라고 보기는 더더욱 어렵다. 따라서 친일·지주 경력의 극우 단정 세력이 해방 정국의 자유주의를 대변한다고 볼 수는 없다. 더구나 극우 단정 세력은 국가 수립 과정에서 일정한 선거권 자격 제한을 관철하고자 했다는 점에서 반자유민주주의적이기까지 했다.[14] 이에 반해 '통일을 위한 단정 참여' 세력은 대체로 자강운동론, 신민회, 임시정부로 이어지는 독립운동 노선을 그 배경으로 공유하며, 자유민주주의 국가 건설에 대한 확고한 신념하에 분단 극복보다 대한민국 수립을 우선적으로 지지하였다. 자주적인 민족통일의 전 단계로서 자유민주주의 체제 확립을 지지·선택한 이 세력에 주목할 때, 우리는 대한민국 수립의 의미를 단순히 미국의 반공 보루 확보라는 차원에서만이 아니라 자유민주주의적인 근대국가 형성이라는 측면에서도 찾을 수 있다.

    제헌헌법은 대한민국 수립을 둘러싼 역사적 맥락과 그것이 제도화한 자유민주주의 성격을 총체적으로 집약해서 보여주는 텍스트이다. 그러므로 국가 형성기 한국 자유주의의 성격을 이해하려면 제헌헌법을 검토해볼 필요가 있다. 제헌헌법에서 드러나는 가장 두드러진 특성은 "사회정의의 실현과 균형 있는 국민경제의 발전"을 국가 경제 질서의 기본으로 천명하면서 그것을 개인의 경제적 자유에 대한 한계로 제시(제84조)하는 한편, 국가에 경제의 조정과 개인의 자유 실현을 위한 적극적인

---

[14] 제헌국회 선거법 제정 과정에서 극우 단정 세력은 선거권·피선거권 나이를 25·30세로 높여 잡고 투표 방식으로 자서(自書)를 주장함으로써 전면적인 보통선거제 시행에 사실상 반대했다. 이에 관한 상세한 논의로는 박찬표(1997, 266~278)를 참조할 것.

역할을 부여한다는 점이다.[15] 물론 제헌헌법이 정치적 자유주의의 원리를 바탕으로 하고 있음은 부인할 수 없다. 그것은 인민주권의 원리를 천명하고(제2조), 유진오(1980, 461)가 지적한 대로, "미·불 혁명 시대 이후 민주주의 제 국가에서 인정되고 있는 자유권의 중요한 것을 거의 망라"하고 있다. 그런데 이런 자유권은 공공복리의 향상을 위해 국가에 의해 (보호될 뿐만 아니라) 조정될 수 있다(제5조). 나아가 제헌헌법은 사기업에서 근로자의 이익 분배 균점권을 명시하며(제18조 2항), 근로조건의 기준과 노동3권을 국가의 법률로써 보장해 근로자를 보호하도록 하였다(제18조 2항, 19조). 요컨대 제헌헌법은 사회정의의 실현과 복지 향상을 근간으로 하고 이를 위해 국가에 상당한 정도의 권한을 부여한다는 점에서 큰 특징이 있다.

제헌헌법의 이런 특성은 당시의 국내외 정세와 그것에 반응하고 대처하면서 국내 정치 세력들이 갈등하고 타협해낸 결과였다. 20세기로 접어들면서 서구 선진 자유민주주의 국가들은 자유방임적 자본주의 경제 질서의 폐해를 교정할 목적에서 대체로 복지국가주의를 헌법의 원리로 받아들이는 경향을 보이고 있었다. 또한, 전면적인 토지개혁을 단행하여 아래로부터 열렬한 지지를 확보하고 있던 북한 공산 정권의 존재로 말미암아 끊임없이 체제의 정당성에 대한 도전을 의식하며 국가 형성 과제를 완수해야 했던 국내 사정도 헌법 제정의 배경으로서 무시할 수 없었다. 그러므로 비록 자유민주주의를 제도화한다고는 하나, 독립된 근대국가 형성의 과제를 해결해야 하는 상황에서 주요 정치세력

---

15 이 점에서 제헌헌법은 사회국가 원리나 사회복지(/복지국가)주의를 그 기본 원리의 하나로 반영하고 있다고 평가된다. 이에 대해서는 김영수(2000), 김철수(1988)를 참조.

들은 개인의 자유나 권리 보장에 초점을 맞추고 국가권력을 제한하는 쪽으로 입법의 방향을 잡기가 어려웠다. 국가를 필요악으로 간주하면서 시장을 절대적으로 강조하고 개인의 자유와 권리를 내세워 빈곤과 불평등 문제를 도외시하는 자유방임주의는 애초부터 그들에게 고려 대상이 아니었다.

한편, 농지 분배에 관한 조항(제86조)과 근로자의 이익 분배 균점권 조항(제18조 2항)은 한국에서 제도화된 자유민주주의가 사실상 상당히 진보적인 성격을 띤 것이었음을 증언한다. 제헌헌법의 형태로 표현된 그 진보성은 입법과정에 참여한 국내 정치세력들 간의 역동적인 세력 관계가 빚어낸 결과로 해석될 수 있다. 제86조로 농지 분배 문제가 헌법에 규정된 것은 그 문제를 미리 처리한 북한을 고려해 정부 수립의 정당성을 확보할 필요가 있다는 데 남한 측 정치 세력들이 궁극적으로 의견 일치를 보았기 때문에 가능했다. 제18조 2항은 원래 헌법 기초위원회가 본회의에 제출한 헌법 초안에는 존재하지 않았다가 제2독회에 와서 새로이 제안되었는데, 그 이유로 해방 이후 지속된 좌·우의 사상적 대립과 갈등을 해결할 대안의 필요성이 강조되었다. 제헌국회 속기록에서 확인할 수 있듯이, 당시 이 조항을 둘러싸고 벌어진 논쟁은 제도화 초기 단계에서 자유민주주의가 미국의 영향력을 넘어 국내 정치세력들에 의해 조율되고 각색되는 과정을 단적으로 보여 준다.

제헌헌법을 중심으로 볼 때, 초기 자유민주주의의 제도화는 단순히 미국식 자유주의를 이식한 것이라기보다는 '제도 형성자'로서 미국이 구조화해 놓은 한계선(최장집, 2005) 내에서 '해방이 몰고 온 민족사적 진보성'(서중석, 1996)을 배경으로 극우 반공 세력과 중도 우파 민족주의 세력이 대립·갈등하며 나름대로 타협해 낸 결과였다고 할 수 있다. '정치적 자유주의와 경제민주주의의 조화'를 꾀한 것(유진오, 1980)으로 요약될 수 있는 제헌헌법의 성격은 한국 자유주의의 실천적 성격을 보여 주는 예라고 할 수 있을 것이다. 앞 장에서 필자는 개화 지식인들에 의한 자유주의 수용이 당시의 역사적, 정치·사회적 조건과 부분적으로는 그들 자신의 이해 방식에 따라 '선택적 과정'을 거쳐 이루어졌음을 지적한 바 있는데, 이 장에서의 고찰을 통해 볼 때 제헌헌법의 제정으로 집약되는 자유민주주의의 초기 제도화 역시 '선택적 과정'을 거쳤던 것으로 보인다. 즉, 제헌헌법이 미국 헌법 등에서 구현된 자유주의 정신을 기본 이념으로 받아들이면서 동시에 독일 헌법 등에서 찾아볼 수 있는 복지국가주의 원리를 적용하고, 또한 '사회정의의 실현과 균형 있는 국민경제의 발전'을 '개인의 경제상 자유'에 앞서는 국가 경제 질서의 기본으로 천명한 것은 선진 이념을 수용·도입해 스스로 역사적 맥락 속에서 발전시켜야 하는 후발국의 특성이 작용한 결과로 이해될 수 있을 것이다.

6. 결론

이 글에서 필자는 개화기 이래 자유민주주의적 근대국가 수립에 이르는 역사적 과정을 한국 자유주의의 발전이라는 견지에서 살펴보았다. 지금까지의 논의는 한국에서 자유주의가 개화 지식인들에 의해 최초로 그 수용이 모색된 이래 독립된 근대적 민주국가 건설 이념으로, 또 헌법 이념이자 공식적 지배 이념으로 발전해왔음을 보여주었다. 자유민주주의 공화국을 표방하면서 대한민국 정부가 수립되었을 때, 제헌헌법으로 제도화된 자유주의는 단순한 미국식 자유주의의 모방으로만 볼 수는 없는 특유의 성격을 드러냈다. 이를테면 제헌헌법의 자유주의는 정치적 자유에 대한 보장과 더불어 첫째, '국민 생활의 균등한 향상' 및 '공공복리의 향상'을 위해 개인의 자유가 조정될 수 있고, 둘째, 사유재산권이나 시장의 자유보다 분배의 정의나 복지를 우선시하며, 셋째, 그에 따라 국가에 상당한 정도의 권한을 부여하는 등의 내용을 갖추고 있었다. 이 점을 유진오는 제헌헌법이 '정치적 자유주의와 경제적 민주주의의 조화'를 추구한 것으로 보고한 바 있다.

　잘 알려졌다시피, 대한민국이 자유민주주의의 틀을 갖추는 데 미군정의 영향이 결정적이었음에도 제헌헌법이 이처럼 사회적 자유주의를 지향했다는 사실은, 해방이 만들어 낸 당대 현실 공간의 진보적 분위기와 더불어 조선의 근대화를 위한 대안으로 모색된 이래 한국에서 자유주의가 축적해 온 역사적 성격을 짐작하게 한다. 식민지 시기와 해방정국을 거치는 동안 자유주의는 반제·민족 해방과 근대 국민국가 건설을 위한 이념적 기반으로 발전하였고, 이는 한국에서 자유주의가 민족의 자유와 강력한 주권국가에 대한 열망을 특징으로 내재하게 되는 계기가 되었다. 그뿐만 아니라 사회주의와 경쟁하는 가운데 독립운동을 지지하고, 나아가 북한 공산 정권과 대치한 상태에서 전개되는 국가 형성 작업을 뒷받침해야 했던 자유주의는 평등과 공공복리에 대한 문제의식을 키우지 않을 수 없었다.

　자유주의의 발전이라는 맥락에서 한국의 근대국가 수립을 바라보면, 민족주의의 관점으로는 놓치기에 십상이었던 '통일을 위한 단정 참여'

세력의 존재가 부각되어 나타남을 알 수 있다. 해방 공간에서 근대적 자유민주주의 국가 수립을 통일된 민족 국가 수립보다 우선 과제로 인식함으로써 단정에 동조하거나 그것을 용인했던 이들 세력은 자유주의의 수용을 통해 조선의 부국강병을 꾀했던 개화 지식인들의 시도 이후 식민지 시기의 전투적 민족주의, 해방 공간에서의 자유주의적 민족주의로 이어지는 한국 자유주의의 역사적 궤적을 올곧이 체현한다. 요컨대 자유민주주의 체제 수립이라는 측면에서 이야기될 수 있는 대한민국 정부 수립의 의의는, '제도 형성자'로서의 미국이나 미군정의 이해관계를 대변하며 기득 이익을 사수하고자 한 친일·지주 경력의 극우 단정 세력을 중심으로만은 도저히 파악될 수 없으며, 한국의 역사적 맥락에서 일종의 자유주의적 전통을 형성해 온 이들 세력을 반드시 고려해야 비로소 파악될 수 있다. 제헌헌법의 자유주의는 바로 그 점을 보여주는 하나의 예다.

그러나 해방 공간에서 자유주의가 결국 '단정' 세력에 의해 지지·대변되었다는 사실은 이후 한국사회에서 자유주의가 발전하는 데 어쩔 수 없는 한계로 작용하였다. 비록 단정 수립에 동의한 것이 반민족적인 기득권 옹호나 극우 반공 노선 때문이 아니라 민족통일과 자유민주주의 확립이라는 이중적 과제에 직면한 상황에서 후자를 우선 선택한 결과라 하더라도, 이는 이후 한국에서 자유주의가 계속해서 걸머져야 하는 굴레가 되었다. 분단이 고착화되면서 민족주의는 점차 해방 정국에서보다 더 큰 비중과 호소력을 지니게 되었고, 한국에서 자유주의는 그 '원죄'로 말미암아 민족주의로부터 늘 경계되고 경시되었다. 단정 수립을 매개로 자유주의적 민족주의 세력이 극우 반공 세력과 어설픈 동맹을 맺은 결과, 정부 수립 후 자유주의는 민족주의와 무관한, 심지어 반민족주의적인 분단체제 수호 이념으로 인식되는 경향을 피하기 어려웠다. 게다가 냉전체제의 영향과 한국전쟁의 경험으로 정부 수립 초기 자유주의가 반공주의의 경향을 강하게 드러내며 스스로 이념적 입지를 좁혀나감에 따라 신생 대한민국의 자유주의는 지배 이념으로서는 불구적인 모습을 보이게 된다. 한국에서 자유주의가 그 본래의 저항적인 성격을 회복하며 다시 사회 진보의 임무를 실천하게 된 것은 기나긴 반독재 민주화 투쟁의 역사가 시작되면서부터였다.

참고문헌

강정민. 2003. "독립협회와 제도적 자유주의"《한국사상과 문화》21호.
구대열. 1985. "대한제국시대의 외교"《대한제국연구(Ⅲ)》. 이화여자대학교 한국문화연구원.
국사편찬위원회. 1983.《한국독립운동사 : 자료(1)》.
국사편찬위원회 편. 1973.《자료 대한민국사(6·7)》.
김광식. 1985(1995). "8·15 직후 정치 지도자들의 노선 비교" 진덕규 외.《해방전후사의 인식 (2)》. 서울: 한길사.
김남식, 이정식, 한홍구 편. 1986.《한국현대사 자료총서(13)》. 파주: 돌베개.
김도형. 1994.《대한제국기 정치사상연구》. 서울: 지식산업사.
김동춘. 2000.《근대의 그늘》. 서울: 당대.
김석근, 조진만. 2001. "19세기말 조선의 'franchise'(參政權) 개념에 대한 인식과 수용"《한국정치학회보》35-2호.
김영수. 2000.《한국헌법사》. 경기: 학문사.
김영작. 1989.《한말 내셔널리즘 연구 : 사상과 현실》. 서울: 청계연구소.
김영작, 윤순갑. 2005. "개화파의 근대국가 건설구상" 한국 동양정치사상사학회 엮음.《한국정치사상사 : 단군에서 해방까지》. 서울: 백산서당.
김용직. 2005. "3·1운동의 정치사상" 한국 동양정치사상사학회 엮음.《한국정치사상사 : 단군에서 해방까지》. 서울: 백산서당.
김주성. 2000. "김옥균·박영효의 자유주의정신"《정치사상연구》2호.
김철수. 1988.《한국 헌법사》. 대학출판사.
도진순. 1993. "1945~48년 우익의 동향과 민족통일정부수립운동" 서울대학교대학원 국사학과 박사 학위 논문.
박명림. 1999. "한국민주주의와 제3의 길 : 민주주의, 사회적 시장경제, 그리고 평화·통일의 결함-조봉암 사례연구" 죽산 조봉암선생기념사업회.《중산 조봉암 전집(6) : 한국 현대사와 조봉암 노선》. 서울: 세명서관.
박주원. 2004. "《독립신문》과 근대적 '개인', '사회' 개념의 탄생" 이화여자대학교 한국문화연구원.《근대 계몽기 지식 개념의 수용과 그 변용》. 서울: 소명출판사.
박찬승. 1992(1997).《한국근대정치사상사연구 : 민족주의 우파의 실력 양성 운동론》. 서울: 역사비평사.
박찬표. 1997.《한국의 국가형성과 민주주의 : 미군정기 자유민주주의의 초기 제도화》. 서울: 고려대학교출판부.
박태균. 1995. 《조봉암연구》. 파주: 창작과비평사.
백범김구선생전집편찬위원회. 1999. 《백범김구전집(8)》. 서울: 대한매일신보사.
백운선. 1992. "제헌국회내 '소장파'에 관한 연구" 서울대학교대학원 정치학과 박사학위 논문.
서울대정치학과 독립신문강독회. 2004. 《독립신문 다시읽기》. 서울: 푸른역사.
서중석. 1996. 《한국현대민족운동연구 (1·2)》. 서울: 역사비평사.
신병식. 2000. "한국현대사와 제3의 길 : 여운형, 김구, 조봉암의 노선을 중심으로"《한국정치학회보》. 34집 3호.
신용하. 1980. "한말 애국계몽사상과 운동"《한국사학(1)》.
신용하. 1985. 《한국민족독립운동사연구》. 서울: 을지문화사.
신용하. 2001. "조소앙의 사회사상과 삼균주의"《한국사연구》 27집 3호.
심지연. 1992. 《해방정국 논쟁사》. 파주: 한울.
안병도. 1992. "건국시기 국내정치세력의 해방인식 고찰(1) : 한국민주당의 건국노선을 중심으로"《한국정치학회보》 26집 2호.
안외순. 2003. "'애국 계몽 운동'과 준식민지에서의 자유주의 : '계몽'의 양면성"《한국사상과 문화》 21호.
여현덕. 1987. "8·15 직후 민주주의 논쟁" 진덕규 외. 《해방전후사의 인식(3)》. 파주: 한길사.
우남숙. 2005. "민족과 국가의 발견" 한국·동양정치사상사학회 엮음. 《한국정치사상사 : 단군에서 해방까지》. 서울: 백산서당.
유길준 지음·허경진 옮김. 2004. 《서유견문 : 조선 지식인 유길준, 서양을 번역하다》. 파주: 서해문집.
유진오. 1980. 《헌법기초회고록》. 서울: 일조각
이상익. 1997. 《서구의 충격과 한국 근대사상》. 파주: 한울.
이승현. 2006. "신민회의 국가건설사상"《정신문화연구》 29권 1호(통권 102호).
이재순. 1977. "한말 신민회 연구"《이대사원》 14호.
장준하선생추모문집간행위원회 편. 1995. 《민족혼·민주혼·자유혼: 장준하의 생애와 사상》. 파주: 나남출판.
전복희. 1993. "사회진화론의 19세기말부터 20세기초까지 한국에서의 기능"《한국정치학회보》 29집 1호.
전재호. 2004. "자강론과 자유주의 : 식민지 초기(1910년~1920년대 초) 신 지식층의 자유주의관"《정치사상연구》 10집 2호.

정용화. 2006. "근대적 개인의 형성과 민족: 일제하 한국자유주의의 두 유형"《한국정치학회보》 40집 1호.
정용화, 김현철. 2005. "개화파의 자주독립 사상" 한국 · 동양정치사상사학회 엮음.《한국정치사상사 : 단군에서 해방까지》. 서울: 백산서당.
정태영. 1991.《조봉암과 진보당》. 파주: 한길사.
조동걸. 1989. "한말 계몽주의의 구조와 독립운동상의 위치"《한국학논총》 11호.
최장집. 2005.《민주화 이후의 민주주의: 한국 민주주의의 보수적 기원과 위기》. 서울: 후마니타스.

문명충돌의 정치와 정치학: 대한민국의 국가 정체성과 한국정치학의 학문적 정체성의 관계에 대한 문명사적 접근 서설[1]

양승태 이화여자대학교

1. 서론

이 글은 상호 연관된 다음의 거대 논제를 해명하기 위한 기초적인 작업을 마련하려는 목적에서 작성된 시론 수준의 연구이다. 그 거대 논제란 다음과 같다. 1) 대한민국의 국가 정체성 문제는 한국정치학의 학문적 정체성과 별개의 문제가 아니라 다른 측면에 불과하다는 것, 2) 그 두 문제는 또한 근대 한국의 정신사적 맥락에서 이해되어야 한다는 것, 3) 근대 한국의 정신사는 궁극적으로 세계와 동아시아의 문명사적 관점에서 접근 및 해명되어야 한다는 것, 4) 그 문명사적 관점의 핵심은 동아시아 지역에서 19세기 중엽에 발생하여 현재에도 진행 중인 문명충돌의 양상이라는 것, 5) 그 문명충돌의 핵심은 이질적인 정치체

---

[1] 이 논문은 2011년 9월 24~25일 일본 도쿄의 세이케이 대학에서 〈동아시아의 역사와 사상〉을 주제로 개최한 한·중·일 학술대회에서 "문명충돌의 정치와 정치학: 유길준의 서양 정치학 도입과 한국 및 동아시아 문명의 정체성 문제"라는 제목으로 발표한 논문의 일부를 발췌하여 수정·보완한 것이다.

제의 충돌이자 정치학의 충돌이라는 것 등이다. 일단 이러한 논제 자체가 기존 한국정치학의 지식체계에는 생소한 것이므로, 먼저 그것의 학문적 의의에 대한 설명이 필요하며 이를 위해서는 헌팅턴(Samuel P. Huntington)의 '문명충돌론'을 거론할 필요가 있다.

헌팅턴의 《문명충돌론(The Clash of Civilizations and the Remaking of World Order)》(Huntington, 1996a)은 당시의 세계사적 상황에 대한 진단이다. 그것은 당시 미국의 정치학자 대부분에게는 대체로 생소한 거대 담론으로, 책으로 출간되자 학계뿐만 아니라 일반인들의 관심을 불러일으켰으며 그에 대한 여러 가지 비판도 제기되었다.[2] 한편, 그것은 학술서로서 적어도 다음의 두 가지 기본적인 덕목은 갖고 있다고 볼 수 있는데, 하나는 거대 담론을 제기하면서도 지적 졸속성은 범하지 않았다는 사실이고, 다른 하나는 슈펭글러(Spengler)와 토인비(Toynbee)의 저작 이후 오랫동안 서구 지성계의 관심 영역에서 사라졌던 문명의 문제를 새로운 차원의 학술적 쟁점으로 끌어올린 나름의 학문적 참신성이다.

일단 헌팅턴은 비슷한 성격의 거대 담론을 앞서 제기한 프란시스 후쿠야마(Fukuyama, 1992)와 대비된다. 즉, 그는 후쿠야마처럼 소련권의 붕괴라는 역사적 사건이 일어난 지 3년도 지나지 않아 그것을 서구 자유민주주의와 자본주의의 최종적 승리로 간주하면서 이 세계에 영원한 질서가 도래했다는 결론을 조급하게 내리지는 않았다.[3] 그 후 세월이

---
[2] 헌팅턴의 이해와는 달리 문명이란 경계가 명확하지도 않으며, 문명 내부에 언제나 다양성이 존재하고, 문명들 사이에는 언제나 대화가 존재하기 때문에 갈등이 필연적일 수 없다는 것이 지금까지 제기된 비판의 대체적인 내용으로 정리될 수 있을 것이다. 그의 문명충돌론에 대한 비판에 관해서는 대표적으로 Huntington(1996b) 및 Fox(2005) 참조.

[3] 헌팅턴 자신도 스스로 그의 이름을 거명하면서 '조화로운 신세계'의 도래에 대한 낙관(euphoria)과 환상

그리 오래 지나지 않아 바로 자유민주주의와 자본주의의 본거지인 미국과 유럽에서 발생한 9·11사태나 세계적 금융위기, 그리고 포퓰리즘 정치 등은 각각의 진정한 실체가 무엇인지의 문제를 떠나 후쿠야마와 같이 '재빠르게' 세계사의 흐름에 낙관론을 개진한 행동이 적어도 지식인으로서 진중한 태도는 못됨을 증언하는 것이다. 후쿠야마와 달리 헌팅턴은 새로운 세계사적 사태의 전개에 대해 4년이라는 긴 시간을 할애하여 성찰하는 지적 신중함은 분명히 지니고 있었고, 그 결과 나름대로 참신한 주장을 제기할 수 있었던 것으로 평가될 수 있다. 그 학문적 참신성은 다음과 같이 정리될 수 있다.

냉전 이후 전개된 국제질서는 영원한 질서의 새로운 도래가 아니라 문명 사이의 충돌 또는 문화적 정체성 사이의 갈등이라는 인류 역사에 지속적이면서 '정상적인 상태(a normal state of affairs)'에 회귀한 것에 불과하다는 주장이 참신하다는 것으로, 학문적 타당성 여부를 떠나 학계는 물론 일반인들에게도 적어도 현 세계를 새로운 시각에서 바라보는 계기가 되고 새로운 논쟁을 자극하였다는 점에서 그 학문적 업적은 분명히 인정될 수 있다. 헌팅턴의 그러한 논의가 현대 정치학의 학문적 지평을 확장한 것은 확실하며, 특히 문명 간 비교 및 문명의 성장과 쇠퇴를 중심으로 이루어진 과거 문명론의 시각에서 벗어나 문명충돌이라는 문화와 종교적 정체성의 갈등 문제를 국제정치의 시각에서 설명하려 한 시도 자체에 학문적 참신성이 있다고 인정될 수 있다. 그러나 그러한 학문적 업적에도 헌팅턴의 문명충돌론이 제기한 새로운 관점으로 과연 새로 전개되는 세계질서의 실체, 특히 국제정치의 핵심 주체인 국

(illusion)을 비판한 바 있다(Huntington, 앞의 책, 31~32).

가와 문명 간의 관계를 제대로 파악할 수 있는지에 대한 근본적인 의문이 제기되며, 그러한 의문의 제기는 개괄적인 수준이라도 문명과 국가 및 한 국가의 정치학의 관계에 대한 논급을 요구한다.

2. 문명, 국가, 그리고 한 국가의 정치학

여기서 다시 헌팅턴의 견해로 돌아갈 필요가 있다. 헌팅턴은 국제정치학의 전통적인 현실주의를 비판하는 가운데(앞의 책, 33~35), 문명이란 근본적으로 국가의 경계를 초월하여 작동하면서 한 국가의 정책을 궁극적으로 결정하는 힘으로 파악한다. 하지만 스스로 문명의 핵심으로 제시한 사회·문화적 가치 및 정체성의 유지나 보존 또는 변화의 문제가 과연 국가라는 지배질서 또는 권력질서의 존재를 떠나서 파악될 수 있는지가 먼저 의문으로 제기된다. 사회·문화적 가치와 정체성 문제는 정치·사회적 공간을 떠나 생각할 수 없을 것이다. 그리고 그러한 가치나 정체성이 제도화된 형태인 정치·사회질서는 새롭거나 이질적인 문명에 대한 자발적인 수용이나 배척 또는 강제적인 동화 등의 끊임없는 교류와 상호작용의 역동적인 변증법적 관계를 통해서 스스로 끊임없이 변화·발전하며, 그러한 변증법적 상호작용과 역동적인 변화의 핵심에 국가 권력이 존재한다고 할 수 있다. 그러므로 국가의 존재를 떠나 과연 문명충돌의 실체가 제대로 파악될 수 있는지 의문을 품지 않을 수 없는 것이다.

한 국가를 지배하는 문명은 외래 문명에 접하면서 그것을 구성하는 요소들을 무분별하게 수입하여 잡탕의 문명으로 변질할 수도 있고, 그것을 주체적이고 능동적으로 수용하여 스스로 전통 문명을 승화·발전시킬 수도 있으며, 그것에 대해 폐쇄적이고 배척하는 태도로 말미암아 자기변용을 이루지 못하고 정체된 상태에 빠질 수 있다. 그리고 한 문명이 자기변화를 통한 발전의 길을 택할지, 또는 일방적 흡수나 배척을 통한 소멸이나 정체의 길을 선택할지는 바로 사회·문화적 정체성을 관리하는 궁극적인 주체인 국가 권력이 어느 수준의 '문명적 식견'을 (앞으로 설명되겠지만 '문명적 식견'은 국가의 정치학 자체이다) 갖추고 있느냐에 달려 있다. 예를 들어 헌팅턴이 서구 문명과 특히 대립시켜 서술한 현재의 이슬람 문명권의 모든 국가가 서구 문명에 저항하지는 않는다는 것은 잘 알려진 사실이다. 이들 국가 사이에 존재하는 서구 문명에 대한 이해나 대응 방식의 차이는 종교가 권력구조에 편입된 정도 및 세속화의 정도와 더불어, 궁극적으로 이슬람이라는 종교의 본령에 대한 해석 등과 관련된 개별 국가 권력의 지적 수준이나 정신적 성향의 차이를 떠나서는 설명할 수 없다. 이는 결국 문명의 충돌 또는 접합의 양상이란 외래 문명을 접하는 국가가 자국의 문명에 대한 이해나 자부심의 정도를 포함하여 공통으로 지향하는 이념이나 가치관의 문제를 떠나서는, 다시 말해 국가 정체성의 문제를 떠나서는 제대로 설명할 수 없음을 의미한다.[4] 즉, 문명충돌은 정치현상이자 정치학의 양상인 것이다. 그런데 바로 이 점에서 헌팅턴의 저술에서 흥미로운 요소가 발견된다. 그것은 그 자신도 실제로는 문명 또는 문명충돌과 국가 정체성의 문제를 다루고 있으면서도 문명충돌과 국가 정체성의 관계를 명시적으로

---

[4] 국가 정체성 개념 자체에 대한 자세한 논구는 양승태(2010, 특히 제1부) 참조. 대단히 복잡하고 심오한 이 개념을 간단히 정리할 수 있다면 다음과 같다. 국가 정체성은 국가라는 집단의 '자기규정성(Selbstbestimmung)'이며, 그러한 자기규정성은 공통으로 추구하는 가치나 이상을 떠나 존재할 수 없다는 것이다.

개념화하지는 못하고 있다는 사실이다.

헌팅턴은 앞의 저작을 출간한 지 8년이 지나 미국의 국가 정체성 위기의 문제를 다룬 새로운 저서(Huntington, 2004)를 간행하였다. 그 책에서 그는 앞의 저서에서 제기한 문화적 정체성과 종교적 정체성 문제를 중심으로 미국의 국가 정체성 위기 문제를 설명하고 있는데 그 핵심은 다음과 같이 축약될 수 있다. 20세기 들어 미국에는 이질적인 문화나 종교를 가진 이민자들이 대폭 증가했는데, 이들 새 이민자는 그전의 이민자들과는 달리 미국의 전통적인 '청교도 문화'에 동화되지 않아 미국 전체가 이질적인 문화와 종교 사이의 갈등의 장이 되어버렸다는 것이다. 그런데 헌팅턴은 그러한 특징이 단순히 미국에만 국한된 문제가 아니라 유럽의 국가에도 해당하는 서구문명의 공통적인 현상이라고 문명충돌의 저서에서 이미 지적했던 것이다(Huntington, 1996a: chap. 12). 그것은 국가 간 전쟁이나 외교적 갈등이 수반되지만 않았을 뿐 본질적으로 서구 국가들이 겪는 문명충돌의 현상과 다르지 않았다. 그러므로 미국에서 벌어지는 문명충돌에서 헌팅턴이 미국 국가 정체성의 위기를 발견했다면, 그는 그 문제를 당연히 좀 더 보편적인 시각에서, 다시 말해 그가 앞의 저서에서 논의했던 세계사와 국제정치적 차원의 문명충돌론 시각에서 다루어야 했다. 그런데 이상하게도 그는 그러하지 않았다. 그는 미국의 국가 정체성 문제를 다룬 저서에서는 세계사적 문명충돌의 주제에 관해 언급조차 하지 않았던 것이다.

문명충돌과 국가 정체성에 대한 헌팅턴의 연구는 이러한 한계를 지녔지만, 그의 저작들이 정치학자로서의 소임을 나름 진지하게 수행하려는 노력의 결과임은 분명하다. 한 국가가 외래의 문명과 충돌하면서 고유의 국가 정체성이 위기에 봉착했을 때, 전통적인 정체성의 우월성을 확신하여 그것을 그대로 유지하려고 하든 새로운 정체성을 정립하려고 노력하든 간에 직면한 위기를 극복할 해결책의 모색은, 그 국가의 정치학에 주어진 시대적 소명이자 정치학자에게 주어진 최고의 사명일 것이다. 문명충돌이라는 세계사적이면서 국제와 국내 정치의 모든 요소를 포괄하는 현상에 대한 이해와 더불어 국가가 나아가야 할 새로운 비전을 제시하는 작업처럼 체계적이고 광범위하며 심원한 정치학적 탐구를 요구하는 것은 없을 것이다. 그것은 곧 정치학 연구의 본령이자 그 국가의 정치학 수준이라 할 수 있다. 또한, 진정한 의미의 정치학자라면 문명충돌의 현장에서 단순히 수동적인 관찰자나 연구자로 남을 수는 없을 것이다. 만일 그가 문명충돌이 국가생활에 미칠 장·단기적인 영향을 판단하면서 국가생활의 새로운 이상과 미래를 제시하고, 그에 상응하는 새로운 국가체제를 기획하면서 국가 정체성을 이념적으로나 제도적으로 새롭게 정립하려는 노력을 통해 현실 정치가들을 정신적으로 지도할 경우 그는 진정한 의미의 정치적 주체, 즉 진정한 의미에서의 정치가이자 정치학자일 수 있는 것이다. 고대의 모세나 솔론 등 역사상 위대한 정치체제 기획가들이란 바로 국가 정체성의 위기를 극복한 위대한 정치가들이자 위대한 정치학자의 원형이었다. 따라서 헌팅턴이 서구 문명과 미국의 입장에서 나름 정치학자의 소임을 수행했듯이, 한국의 정치학자들에게는 한국 고유의 정신사와 지성사적 전통 또는 공통된 동아시아 문명의 입장에서 (물론 중국이나 일본의 정치학자들도 이에 해당할 것이다) 현재 직면한 문명충돌의 문제를 해명해야 할 문명사적 소임이 있다. 따라서 그 공동의 문명사적 과제가 무엇인지부터 간단하게나마 해명할 필요가 있다.

　헌팅턴도 문명충돌을 역사의 정상적인 상태로 규정했듯이, 문명충돌과 국가 정체성의 문제는 이 시대에 처음 등장한 것은 아니다. 한국이 속한 동아시아 지역 또한 19세기 중반 이래 근·현대사의 연속성 속에서 아직도 지속되고 있는 문명충돌의 현장이라는 사실이 중요하다. 단지 이 지역에서의 충돌 양상은 오래전에 폭력성의 양상을 벗어나 있다는 점이 일부 이슬람 지역의 그것과 다를 뿐이며, 바로 그러한 점 때문에 이 지역에서 충돌이 잠재적인 형태로 지속하는데도 문명충돌의 실체를 제대로 인지하지 못하는 것이다. 이 지역에 잠재하는 문명충돌의 양상 가운데 주목의 대상이 되어야 할 것은 서구 정치학과 동아시아 정치학 사이의 충돌이다.

　앞으로의 논의를 통해서 그 의미가 좀 더 분명히 밝혀지겠지만, 19세기 중반 동아시아 지역에까지 도달한 서구 열강의 세력팽창은 한·중·일 삼국이 공통으로 직면한 정치사적 과제이자 문명사적 과제였다. 특히 주목해야 할 점은 한·중·일 삼국에는 이슬람 문명권이나 힌두교 문명권의 국가들과는 달리 신화나 종교의 차원을 넘은 통치 이데올로기이자 나름의 치밀한 이론적 체계성을 갖춘 주자학이라는 정치학이 (이를 왜 정치학으로 간주해야 하는지는 앞으로 설명할 것이다) 존재하였다는 사실이다. 전통적인 정치학의 존재는 일단 필연적으로 문명충돌이라는 정치현상을 나름대로 이론적으로 설명하고 체계적으로 대응하는 시도나 그와 관련된 내부적인 논쟁을 유발하기 마련이다. 그런데 문명사적으로 더욱 의미 있는 사실은 충돌의 상대방인 서구 문명에도 별도의 정치학 전통이 있다는 것이며, 아울러 그러한 문명충돌을 통해서 새로운 문화 및 윤리적 가치관이나 국가관에 기초한 정치질서가 부과되거나 도입되는 과정은 필연적으로 두 정치학 전통 사이의 충돌을 유발한다는 것이다.

정치학의 충돌이라는 공통의 문명사적 사태에 직면하여 한국의 지식인, 나아가 중국과 일본의 지식인들이 상대방의 이질적인 정치질서와 그 바탕에 있는 이질적인 이념들에 대한 이해의 차이, 그것들에 대한 거부나 수용, 비판 등 대응하는 방식의 차이, 그러한 차이가 현실 정치인들의 행동을 통해 국가정책 등 현실 정치에 반영되는 차이와 그 역사적 시차 등이 한국과 중국, 일본이 직면한 산업화와 민주화의 문제 또는 근대화와 전통문화 사이의 긴장관계 문제 등 국가 정체성 문제와 관련된 차이의 근본적인 배경이라고 할 수 있다.[5] 그렇다면 문명충돌의 시점에서 일단 한국의 정치학자들은 각각 어떠한 수준의 정치학적 소임을 수행했으며, 그것이 어떠한 역사적 지성사적 연속성 속에서 한국의 국가생활에 잠재적 또는 현재적으로 작동하고 있는지를 규명할 필요성이 제기된다. 즉, 한국의 정치학을 근대 지성사의 맥락에서뿐만 아니라 문명사적으로 접근할 필요성이 학문적 당위로서 부각되는 것이다. 그러한 작업은 현재 한국의 정치학을 한국정치학이 되어야 할 바 전부로 받아들이는 사고의 독단이나 나태함에서 벗어나기 위해서도 반드시 필요하다.

이 글은 그러한 학문적 당위를 실현하기 위한 거대한 작업을 본격적으로 수행하기 위한 서설 차원의 기초적인 연구이다. 기초적인 이유는 정치와 정치학의 실체 문제를 떠나 그 말 자체에 내포된 원초적인 개념

---

[5] 중국과 일본을 포함하여 세계 여러 나라가 겪고 있는 정체성의 위기에 대해서는 Huntington(2003, 3~33) 참조.

적 의미를 문명의 개념과 문명사적 차원에서 새롭게 정립하는 것이 목적이기 때문이다. 따라서 이 목적을 달성하기 위해서는 먼저 문명과 정치학이란 말 자체의 의미에 대한 검토와 더불어 문명충돌에 담긴 정치학적 의미를 근본적으로 새롭게 고찰할 필요가 있다. 왜냐하면, 그러한 문제를 정치 및 정치학과 관련된 기존의 지식체계나 관념에 의존할 경우 특정한 문명의 세계관이나 특정한 문명에 지배적인 정치적 이념이 전제된 특정의 정치학 이념을 정치학 자체로 잘못 이해할 수 있기 때문이다. 특정한 정치학 이념을 정치에 대한 보편적인 지식체계나 이념으로 받아들인다면 바로 그러한 세계관이나 지식체계를 처음부터 당연한 진리로 오인하는 오류를 범할 수 있으므로 이러한 위험을 피하기 위해서는 문명과 정치학의 원초적인 의미와 개념을 검토할 필요가 있는 것이다. 다음 3장과 4장에서는 문명과 정치학이라는 말의 의미와 관련된 논의를 전개하며, 그러한 논의를 기초로 결론 부분에서는 대한민국의 국가 정체성과 한국정치학과의 관계, 나아가 중국과 일본에 대한 문명사적 개관이 시도될 것이다.

3. 문명이라는 말과 개념

문명이란 말은 본디 한자문화권에도 있었지만,[6] 전통적인 의미는 거의 사라지고 현재는 주로 영어 'civilization'의 번역어로 사용되고 있

---

6 예를 들어 《周易》에도 문명이란 단어는 여러 곳에 등장하는데, 〈明夷卦〉에 나오는 "明入之中 明夷 內文明而外柔順"에서 문명은 마음을 밝게 한다는 것을 뜻한다. 그리고 《書經》〈舜傳〉에서 "濬哲文明"이라는 말은 문덕의 빛남을 뜻한다.

다.[7] 그런데 여기서 먼저 주목해야 할 점은 'civilization'이란 말은 라틴어 'civis' 및 'civitas'의 형용사형인 'civilis'에서 유래했지만 정작 라틴어에는 그런 말이(예를 들어 'civilitatio' 같은 형태의 말이) 없다는 사실이다.[8] 아울러 'civilization'이라는 말의 역사에 대해서 지금까지 가장 포괄적인 서술을 제시한 언어학자 벤베니스트(Emile Benveniste)가 이 말의 등장 자체가 이 세상에 대한 새로운 모습을 담고 있는 단어의 출현을 의미한다고 진술한 사실도 주목된다(벤베니스트, 1987: 479). 즉, 새로운 'civilization'이라는 단어를 출현시킨 서양이나 이 말을 수입하여 문명이란 번역어를 조어한 동양은 모두 각각의 정신사적 전통에서의 일탈과 더불어 세계관적인 변혁을 내포하고 있었다는 것이다.[9] 그러한 사실의 의미에 대한 해석과 관련하여 벤베니스트의 이어지는 설명은 좀 더 참작할 필요가 있다.

벤베니스트는 먼저 페브르(Lucien Febvre)를 인용하면서, 'civilization' 이라는 단어의 현대적 용례가 1776년 이전에는 발견되지 않았음을 다음과 같이 부기한다. 'civilization'은 1704년 형법의 사례를 민법의 사례로 변환시키는 법을 지칭하는 용어로 처음 등장하였지만, 현대적 의

---

[7] 그러한 과정에는 후쿠자와 유키치 등 메이지유신기의 학자들의 역할이 있다. 메이지유신 당시 일본에서는 'civilization'을 처음에는 '禮儀'와 '交際'로 번역하다가 점차 '문명개화'나 '문명'이라는 말이 정통적인 번역어로 자리 잡게 되었다는 것이다. 이에 관해서는 김석근(2000, 97~98) 참조.
[8] 참고로 라틴어 'civiitas'는 희랍어의 'politike', 즉 정치학에 해당한다. 영어 'civilization'에 가장 가까이 상응하는 라틴어는 'humanitas'라고 할 수 있으며, 이 라틴어의 출현과 관련된 로마 지성사는 동양에서 서구 문명의 수용에 내포된 지성사적 의미의 요체를 파악하는 데 많은 시사점을 준다. 잘 알려졌듯이 이 말은 군인 국가였던 로마가 지중해 세계를 제패는 했지만 스스로 문화적 열등성을 자각하기 시작한 로마인들이 '스키피오 서클(the Scipionic circle)'을 중심으로 희랍 문화를 배우자는 선진문명 수용운동의 과정에서 발생하였다. 그런데 문명화의 핵심은 바로 무엇이 '참다운 인간적인 삶'인가 혹은 '좋은 삶'인가의 문제로 귀착된다는 사실이 중요하다. 그 사실의 의미 및 시사점이 동아시아 문명에서 지니는 의미는 이 글의 논의 과정을 통해 해명될 것이다.
[9] 벤베니스트가 'civilization'이란 말의 역사를 다룬 제28장의 제목 자체가 "Civilization이란 단어의 역사에의 기여"이다.

미로 나타난 최초의 사례는 스코틀랜드 학파의 인물들인 퍼거슨(Adam Ferguson)의 《An Essay on the History of Civil Society》(1767), 밀라(John Millar)의 《Observations concerning the Distinction of Ranks in Society》(1771), 스미스(Adam Smith)의 《the Wealth of Nations》(1776)에서 발견되며, 프랑스어에서는 이들 영국학자보다 앞서 1757년 출간된 미라보(Marquis de Mirabeau)의 《L'Ami des hommes ou traite de la population》에서 처음으로 발견되는데 18세기 후반에 이르러서는 프랑스혁명의 분위기와 함께 이 말의 사용이 보편화되었다는 것이다. 물론 이러한 사실에서 본원적으로 중요한 문제는 그러한 언어학적 기원을 갖는 'civilization'이라는 말의 현대적 용례 자체에 내포된 개념적 의미가 무엇이냐는 것이다. 이 문제에 대한 궁극적인 해명은 언어학의 영역을 넘어선 사상사 또는 개념사적 논의의 대상이며, 앞으로 이 글에서도 부분적이나마 시도되는 작업이다. 그런데 벤베니스트는 여러 문헌에 나타난 다양한 용례를 정리하면서 나름대로 일반적인 의미들을 추출하고 있으므로 먼저 그 내용을 참조할 필요가 있다.

벤베니스트의 연구에서 먼저 주목할 언어학적 사실이 있다. 프랑스혁명 이전에는 동태적인 '행위(acte)'의 뉘앙스를 갖는 '-zation' 어미로 끝나는 어휘가 프랑스어와 영어에는 공통으로 극히 적었다는 것이다.[10] 'civilization'이란 말이 출현하기 이전에는 'civilite(예절)'라는 말이 있었는데, 그 정태적 어감의 어휘로는 라틴어 'civilis'로 묘사하고 연상하는 상태가 점차 확산·심화하는 당대 정치·사회적 삶의 동태적인 상황을

---

[10] 그것은 'civilization'을 포함하여 'fertilization'이나 'the saurization(축재)' 등 몇 개가 있을 뿐이라는 것이다(벤베니스트, 1987: 486).

충분히 표현할 수 없어서 'civilization'이라는 말이 등장했다고 이해할 수 있다는 것이다. 이는 곧 '인간의 삶 전체가 누추함과 야만성에서 벗어나 끊임없이 향상되고 개선된다'는 관념이 한 어휘로 규정되면서 그 개념적 실체가 드러남을 의미한다. 이와 관련하여 벤베니스트의 말을 직접 인용할 필요가 있다.

> "… civilization의 때늦은 출현을 해명하기 위해 인간과 사회에 대한 전통적인 개념 내에서 이 단어가 함축하고 있었던 변화들과 그 개념의 참신성을 고려해야만 한다. 최초의 야만성으로부터 사회를 이루고 있는 인간의 현재의 상태에 이르기까지, 우리는 보편적이고 점진적인 발전, 느리게 진행된 교육과 개화의 느린 과정, 한마디로 말해 질서정연한 지속적인 진보를 찾아볼 수 있다. 그러나 이러한 상태를 표현하기에는 정태적인 용어인 civilite는 불충분했으며, 따라서 그 의미와 지속성을 총체적으로 규정하기 위해서는 civilization이라는 용어가 진실로 필요했던 것이다. 이는 사회에 대한 역사적인 시각이었을 뿐만 아니라 문명의 진화에 대한 단호히 비신학적이고 낙관적인 해석이었다. 그런데 이러한 문명의 진화는 때로는 이를 주장하는 사람들도 모르는 사이에, 그리고 미라보를 포함한 몇몇 사람들이 종교를 문명의 제일 요인으로 꼽고 있음에도 불구하고 점차 확실히 드러나고 있었다."(벤베니스트 1987: 486~487)

따라서 문명은 본질적으로 '문명화'와 동일하며,[11] 인류 전체가 얼마나 더 야만성에서 벗어나 지적으로 계몽되고 더 '잘살게', '되어가고' 있느냐 하는, 삶의 이상이 실현되는 과정에 대한 다른 표현에 불과한 것이었다. 이에 따라 적어도 슈펭글러(Oswald Spengler)나 토인비(Arnold Toynbee)를 통해 '문명들'에 대한 연구가 부각되기 전까지 서구 세계에서 'civilization'은 인류 전체의 진보를 지칭한다는 의미에서 단수로 쓰였지 복수로 쓰이지는 않았다.[12] 문명이라는 말의 개념이 이렇게 이해될 때, 각기 다른 문명은 한편으로 진정으로 완성된 문명을 향한 진보의 과정으로 이해된다. 특정한 개별 문명은 문명 자체가 아니라 얼마나 그것에 접근했느냐의 차원에서 이해되어야 한다는 인식이 이미 문명이라는 말의 태동 속에 함축되어 있는 것이다. 문명 개념에 대한 그러한 이해는 또한 개별 문명을 모두 미완성의 문명으로 파악하며, 완성된 문명으로부터 일탈해 있거나 그보다 열등한 상태에 있으면서 각각 자체 내에 지양하고 극복해야 할 많은 요소를 함유하고 있는 것으로 간주함을 의미한다. 실제로 문명이란 용어와 개념을 탄생시킨 서구의 바로 그 18세기에 루소(J. J. Rousseau) 등을 통해 본격적으로 진행되는 신흥 부르주아 문명에 대한 비판은 서구문명 자체 내에서 문명이나 문명화 개념에 내포된 그와 같은 이중성에 대한 인식이 형성되고 있음을 보여준다.

잘 알려졌듯이 루소는 부르주아 계층이 주도하는 상업화와 도시화에

---

[11] 이 점에 대해서는 마루야마 마사오도 후쿠자와 유키치의 '문명론의 개략'에 대한 해석학적 연구를 수행하는 과정에서 지적한 바 있다. 같은 맥락에서 그는 타동사를 명사화한 유럽 언어가 일본어로 번역되는 과정에서 동태적인 의미가 정태적인 의미로 "응고되는 현상을"—'organization'을 조직이라고 번역함으로써 하나의 조직을 이미 완성된 것으로만 받아들이거나 'government'를 정부라고 번역함으로써 "결정의 부단한 과정이라는 측면이 떨어져 나가"는 현상과 같이—지적하고 있는데(마루야마 마사오, 2007: 97 참조), 이 점은 대체로 일본 학자들의 번역어를 수입하여 서양 학문의 용어를 정착시킨 한국의 경우에도 해당한다.
[12] 프랑스어에서는 지금도 그렇다고 한다. 이에 관해서는 Velkley(2002) 참조.

따라 삶이 더욱 편리해지고 누추하고 '촌스런' 삶과 대비되는 'civilitiy'가 확산하는 과정에서 좋은 삶, 다시 말해 삶의 바람직한 상태가 아니라 반(反) 자연주의적인 삶이나 물질적 탐욕과 허위와 허식 등 인간성의 타락을 읽고 있었다. 루소의 이러한 태도는 문명이라는 어휘를 창조한 스코틀랜드학파의 학자들이 새롭게 등장하는 부르주아 사회를 자연적인 것이자 바로 'civil society'로서 'civility'를 실현하고 심화·확산하는 첨병으로 간주한 것과 대비된다. 또한, 그것은 유럽의 지식인들이 'civilization'이라는 어휘로 규정한 특정한 역사적 현상의 다른 측면에 대한 인지이자 그 실체가 직관적인 느낌과는 달리 지극히 복잡한 것임을 새롭게 인식하기 시작한 징표라고 할 수 있다. 그리고 루소 등 서양 근대 지식인들의 지적 원천인 서양의 고대정치철학이란 간단히 말하여 진정으로 '잘사는 것(euzein)' 또는 '행복(eudaimonia)'이 무엇이며 그것을 구현하는 진정한 삶의 질서로서 국가체제(politeia)가 무엇인가를 규명하기 위한 노력의 결과라는 사실을 고려할 때, 그들의 그러한 인식은 서양 정치사상사의 맥락에서 이미 충분히 예견되었던 것이다.

문명의 개념이 이처럼 파악될 때, 문명이 정신적 가치와 질서의 총체를 지칭하는 문화와 개념적으로 구분될 이유는 없다. 그리고 문명충돌이란 특정한 가치관, 관습이나 문화, 종교와 국가체제 또는 지배질서를 포괄하는 삶의 질서를 당연하거나 최선의 삶의 질서로 믿는 집단 사이의 갈등이다. 특히 한 집단이 그것과 다른 삶의 질서를 살아가는 사람들에게 자신의 삶의 질서 전체 또는 그 일부를 강요할 때 나타나는 현상으로 규정될 수 있는 것이다. 따라서 그 갈등의 심도나 강요의 정도는 개별 문명의 성격이나 그것을 영위하는 사람들이 자기의 문명에 대해 갖는 자신감이나 집착의 정도에 따라 달라질 수밖에 없다. 문명 간의 접촉이 반드시 문명 사이의 충돌과 갈등으로 나타날 필연적인 이유는 없는 것이다. 문명과 문명충돌의 본질에 대한 이러한 이해는 한·중·일 삼국의 근대 역사와 지성사의 흐름을 새롭게 이해하는 데도 도움을 준다.

앞서 언급했듯이 문명충돌은 단순히 이 시대에 국한된 국제정치적 문제가 아니다. 근대 세계의 문명충돌은 서구 국가들이 비서구지역의 존재에 대한 이른바 '지리상의 발견'과 더불어 전개되기 시작한 중상주의와 제국주의적 팽창의 세계사적 결과일 뿐이다. 비서구 국가 대부분은 역사적 시차를 두고 서구 문명과의 다양한 충돌을 경험하였으며, 그 문명충돌의 구체적 양상이나 갈등의 정도는 위에서 언급된 척도에 따라 달라질 수 있었다. 비서구 지역의 근대사란 그러한 문명충돌에 수반하여 전개된 정치·사회적 변환의 역사인 것이다. 한국과 중국과 일본 동아시아 삼국의 근대사도 물론 그러한 세계사적 전개과정에서 예외가 아니었다. 다만 앞에서 강조했듯이 이 지역의 문명충돌은 다른 지역의 문명충돌과는 달리 동아시아 정치학 대 서구 정치학의 충돌이라는 요소도 포함하고 있다는 사실이 반드시 주목되어야 한다. 왜 그렇고 그 의미가 무엇인지는 기존의 모든 학문적 논의나 쟁점을 떠나 정치학이란 말 자체의 의미에 대한 탐색을 통해서 확인할 필요가 있다.

4. 정치학이라는 말과 그것의 개념적 원형

잘 알려졌듯이 정치학이라는 말은 본디 전통적인 한자어 체계에 있지는 않았으며, 대체로 현재 동양 삼국의 학술 용어가 그러하듯이 메이지 시대 일본의 지식인이 수행한 서양 학술 용어에 대한 번역 작업의 결과물의 하나다.[13] 그러나 동양의 지성사 전통에서도 서양의 'politics'에 상응하는 개념은 분명히 존재하였다.[14] 그것은 한자어 '정(政)'자의 발생 및 의미 변화와 그 궤를 같이한다.

한자어 '政'은 음성소와 의미소를 겸한 '正'과 의미소인 '攵'이 결합한 회의문자이다.[15] '正'자는 갑골문에도 나타나 있다. 그것은 일반적으로 장소를 형상화한 '一'과 식물의 뿌리나 인간의 발을 형상화한 '止'의 결합으로서, 인간이 언제나 머무르고 돌아가야 할 곳인 집이나 마을을 지칭한 것으로 해석된다. 그러한 감각적 의미가 추상화되어 《書經》 요전(堯典)의 "이정중동(以正仲冬)"이나 《詩經》의 "정월번상(正月繁霜)"과 같이 '처음'이나 '바탕'의 의미를 갖게 되었고, 그러한 의미가 더욱 발전하여 '바르다' 또는 '마땅하다'의 의미를 지니게 된 것 같다. '攵'자는 갑골문에서도 회초리 모양을 형상화한 것으로 나타나 있다. 따라서 '政'이란

---

13 영어 'politics'를 '정치' 및 '정치학'으로 번역한 사람은 메이지 시대 일본 학자인 니시 아마네(西周, 1829~1897)로 알려졌다. 이 글을 통해서 설명되듯이 '政'자 자체에 '다스림(治)'의 의미가 이미 내포되어 있을 뿐만 아니라, 절대적인 것은 아니지만 일자일의의 한자어 기본 원칙에 비추어 볼 때도 '政治'란 말은 전통적인 한자어가 아님을 암시한다. 실제로 중국에서 1897년에 출간된 《思想教育》이라는 문헌에는 아리스토텔레스의 《정치학》을 《政學》으로 번역하면서 "西名(서양 명칭으로)" "波立特(politics의 사음어)"이라고 부기한 바 있다. 이에 관해 조사해 준 용인대학교 중국학과의 장현근 교수에게 감사를 드린다.
14 잘 알려졌듯이, 아리스토텔레스의 '정치학'은 본디 다른 학문과 배타적으로 분리된 학문영역을 지칭하는 말이 아니라, 'ta politika(things political)', 즉 정치적인 것들에 대한 체계적인 탐구를 의미할 뿐이다. 그것은 특히 인간의 'ethos', 곧 삶의 방식과 이상에 대한 탐구인 윤리학의 완성이며, 그러한 지적 완성의 시도 안에 권력이나 정치체제의 문제를 포함하여 인간의 공동체적 삶과 관련된 모든 문제가 포섭되었던 것이다. 그것은 현대 미국의 정치학에서처럼 윤리 문제뿐만 아니라 다른 사회현상들과 독립된 '정치현상'이—대체로 권력 쟁취와 관련된 현상만을—별개로 존재한다는 가정에서 출발한 연구가 아닌 것이다. 뒤에 가서 다시 언급되겠지만, 현대의 미국 정치학을 정치학 자체로 파악하면서 그것과 다른 세계관이나 다른 인식론적 체계에 기초한 정치적 사유를 비(非)정치학 또는 불완전한 또는 잘못된 정치학 정도로 파악하는 것은 사고의 독단이나 어리석음 이외의 다른 것이 아니다.
15 이하 한자 어원에 관한 논의는 《說文解字》참조.

말은 본디 회초리나 채찍 등의 물리적 수단을 통해서 처음이나 바탕에서 이탈한 상태를 되돌려 바로잡는다는 의미가 있으며, 이 점 역시《書經》순전(舜典)의 "재선기옥형 이제칠정(在璿璣玉衡 以齊七政: 준기와 옥형으로 살펴 칠정을 고르게 하다)"에 있는 '政'자의 의미에서 확인된다.[16] 지극히 오랜 시간에 걸친 복잡한 과정을 간단히 표현한다면, 그와 같이 바로잡는 행위가 바로 '다스림'의[17] 행위이고, 그러한 '다스림'의 행위가 씨족장, 부족장, 왕 등 권력의 주체에 대한 명칭의 변화와 더불어 공간적으로 확대되고 제도적으로 체계화되는 과정이 인류 초기의 정치사라고 할 것이다.

또다시 지극히 오랜 시간에 걸친 복잡한 역사적 변화의 과정을 단순화할 필요가 있다. 회초리나 채찍 등 인간에게 고통을 주는 여러 수단을 통한 다스림의 역사는 오랫동안 지속하였을 것이다. 그러나 처벌 수단이 존재하지만 처벌 대상이 쉽게 '바로잡히지' 않는 상황이 전개되었고 처벌의 주체인 다스리는 자들 또한 '바로잡힌' 인간들이 아닌 상황이 계속 전개됨에 따라 좀 더 구체적으로 형벌 규정을 명문화하고 이를 바탕으로 더욱더 정교하고 강하게 인간에게 고통을 가하는 '다스림'의 역사가 이어졌을 것이다. 그리고 그러한 과정은 인류 역사에서 중국의 은(殷) 문명과 메소포타미아 문명으로 대표되는 청동기시대에 해당한다고

---

[16] 이 문장은《書經》에서 무척 난해한 문장으로 꼽히는 것으로 오랜 해석학적 논쟁의 대상이다. 여기서는 채침(蔡沈)의 주석에 따라 '在' 자를 '살피다'의 의미로, '七政'은 日月과 五星(수-금-화-토-목 성)의 운행이라는 자연법칙과 조화로운 정치를 의미하는 것으로 이해하였다. 채침은 5星은 각각 仁(木), 禮(火), 信(土), 義(金), 智(水)를 지칭하는 것으로 해석하였는데, 日月에 대해서는 채침 자신이 명확하게 언급하지는 않았다. 추측하기에 그것은 '양과 음' 및 '군왕-신하(백성을 포함하여)'를 지칭하는 것으로 해석될 수 있을 것 같다.
[17] 안재홍(安在鴻)은 한국어의 숫자 '다섯'은 '모두 살게 하다'는 뜻의 '다사리'와 그 어원이 같으며, 그것에는 우리의 정신사 고유의 '다스림'의 원리가 표현되어 있음을 밝힌 바 있다. 이에 관해서는 정윤재(1999, 25~29) 참조.

할 것이다.[18] 바로 시장경제의 확산과 함께 "물질적 탐욕이 보편화되고, 부의 편중 및 사치와 향락과 각종 범죄가 나타나며, 거대한 국가 권력을 정점으로 하는 사회적 계층 질서가 형성되고, 성문법 체계가 갖추어지며, 각종 살인 무기가 발달하고 전쟁이 일어나는 등 현대에 이르기까지 존속하면서 마치 인간의 삶에 필수적인 것처럼 된 요소들이 대체로 구비된 시기"인 것이다(양승태, 2006, 99).

그런데 중국에서는 춘추시대와 같이 그러한 다스림의 역사가 한계에 부닥쳤을 때, 다시 말해서 입법과 행형을 통한 '다스림'이 인간의 삶을 '바른' 상태로 되돌아가게 하지 못하는 상황이 오래 계속되었을 때 '다스림'의 외양에 대한 집착에서 벗어나 그것의 본질로 돌아가려는 노력이 나타나게 되었는데 이는 정신사적 필연이라고 할 수 있다. 즉 '다스림'이란 본질적으로 '바름' 자체이고, 입법과 행형은 그것의 수단에 불과하며, 인간의 삶이 바른 상태를 유지하는 데 그 실천적 목적이 있다는 사고의 출현이 그것이다. 바로 공자의 "정자정야(政者正也)"라는 선언에 압축된 사상이 그러한 정신사적 전환을 대변한다고 할 것이다.[19] 그것은 곧 인간의 사고가 인간의 삶이 보여주는 외양에 대한 일반화의 수준을 넘어서 삶의 근본적인 질서에 대한 탐구로 이어지는 것을 의미하며, 인간의 어리석음과 비참함을 세속적인 실천 수단이나 대중적 처방 수준으로 해결하기보다는 근원적 처방을 통해서 해결하려는 시도라고 볼 수 있다. 즉, 인간의 삶과 정치생활에 대하여 새로운 차원의 지적 탐구와 실천이 이루어지고 있음을 의미한다.[20] 따라서 그것은 그 내용이

---

[18] 청동기 시대의 역사와 문명의 성격에 관해서는 Drews(1993) 참조.
[19] "季康子問政於孔子 孔子對曰 政者正也 子帥以正 執敢不正"《論語》안연(顏淵) 편.
[20] 단순화의 위험은 있지만, 禮에 따른 인간정신의 순화와 교육, 德에 의한 통치를 근간으로 하는 공자의 사상

나 체계성, 세계관이나 인간관의 차이를 떠나 서양에서 등장한 소크라테스-플라톤의 정치철학이나 정치적인 것들에 대한 탐구로서 정치학이란 말을 만들어낸 아리스토텔레스의 학문적 태도와 근본적으로 다르지 않다.[21]

물론 그러한 탐구나 실천의 결과가 얼마나 체계적이고 문제의 근원에 대한 해결에 이르고 있으며, 의도한 목표에 얼마나 근접했느냐는 별개의 문제이다. 그것은 각 민족이 국가생활이 요구하는 상황적 필요성이나 정신사적 전통 또는 지성사적 축적의 깊이에 따라 달라질 수 있다. 그리고 그러한 탐구가 역사적으로 얼마나 발전하면서 현재에 이르렀는지는 광범위한 차원의 지성사적 평가의 문제인 동시에 서양의 비슷한 전통과의 비교 대상이기도 하다. 어쨌든 자명한 사실은 정치학이란 바로 '다스림'과 '다스림의 질서'에 대한 이성적 탐구이자 체계적인 사유라는 것이고, 정치학이라는 말이 처음부터 어떤 고정된 지식체계를 지칭한다고 믿는 것은 바로 사유의 변화와 발전 가능성에 대한 부정이자 특정한 학문 체계에 대한 맹신이라는 것이다. 특히 정치학이란 말이 존재하지 않았다고 해서 정치에 대한 학문이 존재하지 않았다고 믿는 것은 언어에 대한 우상숭배, 즉 베이컨(Francis Bacon)이 말한 '시장의 우상(idola fiora)'에 지나지 않는다.

결국, 유학이란 중국 문명에서 이루어진 '좋은 삶'과 삶의 질서의 이

은 그러한 새로운 정신사적 전환의 구체적인 내용을 이룬다고 할 것이다. 《論語》 위정(爲政) 편의 다음 문구는 공자의 그러한 사상을 압축적으로 표현한다고 할 수 있다. "子曰 道之以政 齊之以刑 民免而無恥, 道之以德 齊之以禮 有恥且格"

21 이러한 맥락에서 강조되어야 할 점은 플라톤이나 아리스토텔레스 모두 정치철학(philosopia politike)이라는 말을 직접 사용한 것은 아니라는 사실이다. 그들 모두 명시적으로 언급하지는 않았지만, 그들에게 정치생활에 대한 탐구는 철학의 일부가 아니라 철학의 완성, 즉 학문적 탐구의 최종적 단계라고 할 수 있다.

상에 대한 체계적인 탐구이며, 그 결과 윤리학을 자체 내에 포섭한 정치학이다. 그와 같이 정립된 학문체계가 역사적 시차를 두고 한국과 일본 두 나라로 전파되면서 각국 나름의 독자적인 형태의 유학으로 발전하였으며, 각국의 권력구조나 사회체제의 현실 속에서 변화나 왜곡을 겪으면서 통치 이데올로기로 작동하였다. 그리고 그러한 이상과 현실의 관계가 변증법적 상호작용 속에서 각국의 특수한 역사와 정신사적 변화를 전개하는 과정이 동아시아 삼국 문명사의 요체라고 할 수 있다. 일반적으로 '유교문명'이라고 할 때, 그 핵심은 좋은 삶의 질서에 대한 모색이나 이상화가 일찍부터 신화나 종교의 차원을 벗어나 학문적 탐색의 차원에서 이루어졌다는 사실에서 찾을 수 있다. 그리고 중요한 점은 그러한 학문의 존재는 바로 동아시아와 서양 이외의 문명에서는 찾을 수 없다는 사실이다.[22] 그리고 그러한 점에서 19세기 중반 동아시아 지역에서 서구 문명과 발생한 문명충돌은 다른 지역에서 발생한 그것과 근본적으로 다르다.

잘 알려졌듯이 이른바 지리상의 발견 이후 전개된 서구 문명의 전 지구적 팽창 과정은 지구 곳곳에서 다양한 형태의 문명충돌을 일으켰다. 19세기 중반 동아시아 지역에서 아편전쟁을 계기로 본격적으로 전개된 문명충돌은 그것의 종결 국면을 이룬다고 할 수 있다. 그런데 세계 다른 지역에서의 문명충돌이 대체로 이질적인 종교나 문화 사이의 충돌

---

[22] 알 파라비(Al-Farabi)나 이븐 시나(Ibn Sina) 등 이슬람 문명이 배출한 정치철학자들은 근본적으로 희랍정치철학의 연속성에서 이해될 수 있을뿐더러, 그러한 지적 전통도 결국은 독단적인 이슬람 신학의 '세속적' 영향력에 의해 소멸하였으므로 이슬람 문명의 정치학을 운위하기는 어렵다. 중국 문명에서 유학의 탄생은 그 구체적인 내용이나 성격은 다르지만, 어쨌든 정치의 문제를 신화와 종교의 차원이 아니라 이성적으로 접근했다는 점에서 서양에서 희랍문명을 통해 이루어진 '신화에서 로고스(from myth to logos)'의 이행에 해당한다. 그래함(A. G. Graham, 2001)은 도(道) 개념의 생성과 발전을 중심으로 고대 중국 지성사의 그러한 측면을 서술한 바 있다.

이었던 데 비해, 이 지역에서는 그러한 성격과 함께 전통 학문 및 전통 학문에 기초한 통치 이데올로기가 서구 문명과의 충돌의 정신적 주체였다는 사실이 중요하다. 다시 말해 이 지역에서의 문명충돌은 다른 지역과 달리 전통적인 정치학에 정당성의 기반을 둔 정치질서가 서구의 근대 정치학에 정당성의 기반을 둔 정치질서와의 충돌이었다. 바로 그런 이유로 이 지역에서의 문명충돌은 국가 정체성의 위기와 더불어 지성사적 정체성의 문제로 이어지는 한편으로 학문적 종합을 통한 (이슬람 문명과 서양 문명 사이의 관계에서처럼 폭력적 갈등이나 일방적 동화의 형태가 아니라) 새로운 문명적 승화의 가능성을 잠재하고 있었던 것이다.

이러한 맥락에서 한국의 유길준을 비롯하여 일본의 후쿠자와 유키치(福澤諭吉), 중국의 옌푸(嚴復)과 캉유웨이(康有爲)나 량치차오(梁啓超) 등 서양 정치학을 자국에 소개한 유학자들의 존재는 동아시아에서 발생한 문명충돌의 핵심적인 요소로 등장한다. 본디 유학자들인 그들이 서양의 정치학을 접하는 태도와 그것을 수용하고 소개하는 방식이나 이해 수준은 그 이후에 전개된 각국 정치학의 발전뿐만 아니라 각국 현대 정신사와 지성사의 방향을 예고하고 있으며, 나아가 한·중·일 세 나라에서 전개된 현대 정신사와 지성사의 흐름을 비교 차원에서 이해하고 평가하는 데도 의미 있는 관점을 제공한다.

한·중·일 삼국의 근현대사는 서구의 충격과 '강요된' 개화라는 세계사적 운명을 공유하고 있다. 앞에서 언급했듯이 각국은 그러한 충격에 어떻게 대응하고 어떠한 형태와 성격의 개화를 추구했는지에 따라 비슷하면서도 서로 다른 내용의 근현대사의 흐름을 보여주었다. 각국은 규모의 차이는 있지만 모두 내전의 체험을 겪었으면서도 새로운 국가통합이나 분단으로 나아갔으며, 병합과 전쟁이라는 상호 갈등의 시대를 거치면서 각각 다른 역사적 시차를 두고 산업화를 성공적으로 수행하고 있다. 그리고 더욱 중요한 점은 앞서 언급한 바와 같이 각국이 현재 공통으로 국가 정체성의 위기를 겪고 있으면서 새로운 국가 정체성 확립의 정신사적 과제를 안고 있다는 사실이다.

개화라는 이름의 외래 문명과의 충돌 및 수용 과정이란 새로운 국가 정체성의 확립으로 나아갈지를 떠나서 근본적으로 외부의 충격에 변화를 강요받으면서 새로운 국가 정체성을 모색하는 계기로 작동하기 마련이다. 그러한 과정에는 또한 언제나 필연적으로 기존의 정신적 전통이 그 수용의 주체로 작동하기 마련이지만, 주체성이 발휘되는 정도는 전통 자체의 지성적 깊이나 체계성의 정도에 따라 달라질 수 있다. 한·중·일 각국은 유학이라는 공통의 정신적 전통이 있지만, 그것이 각국 국민의 정신세계에서 전통으로 작동하는 힘은 유학 자체의 발전 내용이나 이데올로기로서의 성격 또는 토착 종교 등 다른 정신적 전통과의 관계에 따라 달라지게 마련이다. 따라서 왜 그런지를 설명하면서 이 글을 맺을 필요가 있을 것 같다.

5. 결론: 정치학으로서의 유학과 동아시아 문명사

논의의 편의상 다시 문명충돌이라는 정치 및 정치학의 근본 문제를 정리해 보자. 한 국가가 문명충돌에 접했을 때 그 국가 정치학의 내용과 수준을 정의하자면, 외래의 문명이 어떠한 이질적인 다스림의 질서이고, 그러한 다스림의 질서에 대해서 외래 문명을 전파하는 사람들은 어떠한 내용의 지식과 도덕 체계를 지니고 있으며, 그러한 지식 및 도덕 체계는 그것에 상응하는 자신의 지식 및 도덕 체계와 어떠한 차이가 있는지 등에 대한 지적 성찰의 내용과 수준이라고 할 수 있다. 그리고 그러한 차이에 나타난 지성과 도덕성의 상대적 우월성이나 열등성 문제에 대한 판단과 비판적 자기 성찰을 통하여 얼마나 자기의 지식과 도덕 체계를 발전시켰느냐에 문명충돌을 겪은 국가가 지향해야 할 정치학 발전의 요체가 있을 것이다.

  동서양 문명의 충돌이라는 사건 자체는 국제정치적 현상일 뿐 아니라 동아시아 지식인들에게는 무엇보다도 국가체제의 존속이나 개혁이라는 정치학 본령의 문제를 제기하는 것이기도 하다. 서구 정치학 지식의 습득 여부를 떠나 그것은 곧 당대의 지식인에게 절박한 현실이며, 진지한 지식인이라면 누구에게나 치열한 탐구의 대상인 것이다. 따라서 '좀 더 문명화된' 정치학 지식에 대한 습득 노력과 이해의 심화는 문명개화 이념의 필연적 귀결일 뿐만 아니라 당대의 정치적 현실을 체계적으로 이해하는 데 필수적인 지적 수단이다. 따라서 서구 정치학의 소개는 단순히 한 학문분야의 도입 차원을 넘어선 역사와 지성사적 필연이다. 다만 그러한 습득이나 이해의 심화 노력이 구체적으로 어떻게 이루어졌고 어떠한 학문적 발전을 이루었는지에 대한 검토는 당연히 지성사적 연구의 영역이다. 그것은 결국 당대 동아시아의 지식인들에게는 정치학으로 자각하지 못한 주자학적 정치학과 서양 정치학의 충돌이며, 주자학적 정치학자가 서양의 정치학을 접하는 지적 태도 및 이해의 수준과 관련된 문제인 것이다. 물론 이 문제를 철저히 해명하려면 새로운 거대한 작업이 필요한데, 그러한 작업을 수행하기 위한 필자 나름의 원초적인 구상을 제시하면 다음과 같다.

  주지하듯이 유학적 예의 질서는 인간이라면 누구나 지켜야 할 영구 불변의 천도(天道), 곧 서양 정치학의 개념으로는 자연법의 질서이다. 어떠한 문명이든지 그 문명의 바탕을 이루는 자연법적 질서는 존재하기 마련이다. 그런데 자연법적 질서는 독단적인 종교가 아닌 한 그 자체로 정당화되지는 않으며, 이 세계의 존재론적 근거나 불변의 인성(人性)에 대한 나름의 체계적인 탐구에 그 정당성의 기반을 둔다. 그리고 그러한 탐구의 주체와 결과가 바로 여러 위대한 문명이 배출하고 발전시킨 철학자와 철학인 것이다. 중국의 주자학은 물론 독단적인 종교가 아니며, 이른바 원시 유학에 비체계적으로 제시된 예의 질서를 주역(周易)이라는 중국 전통의 자연철학과 불교의 인성론을 참고로 철학적으로 체계화한 노력의 결과이다. 따라서 유학적 예의 질서는 그것 자체로서 독립적으로 존재하거나 정당화되지는 않으며, 주자학적 존재론과 인성론의 토대 위에서 어떠한 '다스림'과 '다스림의 질서'가 바람직하고 옳은지를 나름대로 체계적으로 해명한 주자학적 정치학의 일부인 것이다.

  동아시아의 문명개화파 지식인을 통해서 소개된 서양 정치학의 이념이나 지식, 특히 문명개화의 핵심으로 강조한 자유나 평등과 권리의 개념이나 입헌주의 등은 잘 알려졌듯이 서양의 근대 정치사상이 발전한 결과이다. 그리고 그 모든 이념이나 지식의 근간이 되는 것은 자연권 이념이며, 교과서적으로 잘 소개되어 있듯이 그것에는 독단적인 믿음과 전제가 바탕을 이루고 있다. 즉, 개인은 신관이나 교황 또는 교회 등 신적 권위를 부여받은 다른 사람이나 집단을 매개하지 않고 신과 직접 소통할 수 있는 독립적이고 자유로운 존재이므로 사회나 국가의 성립 이전에 존재한다는 믿음과 전제가 그것이다.

물론 독단적인 믿음이나 전제가 반드시 오류는 아니다. 그리고 근대 서양정치사상이 추구하는 목표로서 '이성이 지배하는 인간 존중의 문명화된 질서'라는 이상 자체를 부정할 이유는 전혀 없다. 그러나 표방되는 이상이 바람직하다고 해서 그 이상 자체의 성립 근거가 되는 세계관이나 인간관 및 그것을 뒷받침하는 이론들도 자동으로 그 타당성을 보장받는 것은 아니다. 하나의 이상이 말 그대로 '이(理)로운 상(想)'으로서 공상이나 환상 또는 망상이 되지 않으려면 그것의 근거가 되는 세계관이나 인간관을 구성하는 개념적 요소들의 타당성이 입증되어야 한다. 실제로 19세기 후반 서구의 지성사와 정치사상사가 걸어온 길은 자유주의가 정치·사회적으로 제도화되고 대중의 의식 속에 가치관으로 내면화되고 외연적으로 확대되는 과정이기도 하지만, 대중사회의 인간들에 대한 문학적·심리학적 통찰의 심화와 더불어 자유주의적 이성 개념과 인간성 이념의 허구성에 대한 정치철학적 논박의 역사이기도 하다.

물론 외래 문명의 다른 세계관과 다른 인간관에 입각한 '새로운' 개념에 접했을 때 그 근거에 대한 철저한 비판적 성찰은 천재적인 철학자나 수행할 수 있는 일일 수 있다. 그러나 전통적인 주자학 교육을 받은 탁월한 학자라면 주자학 체계와 그러한 인간관은 과연 양립할 수 있는지 정도의 의문을 제시하면서 서구 정치학에 대해 비판적으로 접근하는 태도 정도는 당연히 기대될 수 있다. 무엇보다도 자기수양을 통한 인간성의 완성을 지향하는 주자학적 덕(德) 개념이 존재한 만큼 유교 문명의 전통 속에 서양의 자연권 개념과 자연권적 평등 이념의 근거에 대해 비판적으로 접근할 수 있는 지적 계기가 잠재적으로는 이미 충분히 준비되어 있었다고 볼 수 있다. 그러나 동아시아에서 문명충돌 이후 전개된 서양 정치학 수용의 역사에 그러한 수준의 지적 노력이 있었는지 의문이 들지 않을 수 없다.

이에 대해서는 별도의 자세한 논구가 필요하지만, 한국 근대 지성사에서는 서양 정치학이 정치학 자체로 잘못 각인되면서 주자학적 정치학은 종언을 맞는 것 같다. 그리고 그러한 지성사적 계기의 중심에 유길준이란 인물이 있는 것으로 보인다.[23] 그를 통해 한국의 주자학은 현실정치를 이해하고 변화시키는 지적 주체로 더는 작동하지 않는, 지나간 학문적 유물에 그치고 말 결정적인 지성사적 계기를 맞이하게 되었다고 판단된다. 그러한 지성사적 상황은 해방 후 지금까지도 지속되고 있다. 게다가 이제는 '서구정치학=정치학'이라는 등식이 '미국정치학=정치학'이라는 등식으로 대체되었고, 주자학적 전통을 포함하여 동양의 한자문화권에서 나름의 지적 심원함과 체계성에 기초하여 발전한 정치적 사유는 정치학이 아니라 오직 과거의 '사상'일 뿐이며 현실 정치에 대한 이해나 지식과는 무관한 지적 교양의 대상일 뿐이라는 믿음이 많은 정치학자의 생각을 지배하고 있다. 한국의 정치학에서는 주자학 자체를 발전시켜 정치현실을 분석하고 현실정치를 변화시키는 노력이 완전히 사라졌다고 해도 과언이 아닌 것이다.[24]

---

23 한국 근대 지성사에서 유길준이 왜 그렇게 평가될 수 있는지에 대한 논의가 이 논문의 후속 연구의 주제이다.
24 '미국정치학=정치학'이라는 믿음이 한국정치학계에서 광범위하다는 사실은 역설적이게도 한국 정치사상 전공자의 연구 논문을 통해서 확인된다. 배병삼의 논문(2003)이 그것이다. 한국정치학의 정체성을 탐구하는 것이 목적인 이 논문의 기본 논지는 '정치학의 대표적인 분과로서 정치사상학은 정약용, 국제정치학은 박지원, 비교정치학은 최한기 등 조선 후기의 몇몇 학자들에게서 각각 그 기원을 찾을 수 있다'는 것이다. 즉, 한국의 지성사적 전통에서도 현대 정치학의 맹아를 발견할 수 있다는 것이다. 다시 말해 이미 조선시대에도 정치학이라는 자랑스러운 학문적 전통이 존재했다는 주장이다. 앞의 논의를 통해서도 강조한 바와 같이 한국의 지성사 전통에도 정치학의 맹아가 있음은 동서양의 차이를 떠나 인간적 삶의 본질상 당연하다고 할 수 있으며, 그러한 점을 확인하려는 위 논문 저자의 진지한 학문적 태도는 나름대로 평가할 만하다. 그러나 그 논문에서

물론 문명의 충돌 과정에서 하나의 문명이 다른 문명의 실체를 제대로 이해하는 데는 오랜 시간의 지적 노력이 필요하며, 그러한 노력 자체가 이질적인 문명을 융합하거나 상대의 존재에 대한 체계적인 인식 속에서 스스로를 발전시키는 과정의 중요한 부분이기도 하다. 그러나 적어도 장구한 세월 동안 독자적으로 심오한 학문적 정체성을 유지해 온 문명의 탁월한 학자들이 다른 문명의 학문에 접하여 자기의 학문을 포기하고 일방적으로 수용하는 태도에는 분명히 지성사적 설명이 요구된다. 왜 그러한 지성사적 상황이 발생하게 되었는지, 다시 말해 무엇이 그들로 하여금 그러한 태도를 보이게 했는지 그들 스스로 의식하지 못한 믿음이나 독단적 전제 등과 관련하여 조선조 주자학의 학문적 내용과 통치 이데올로기로서의 성격 등이 깊이 탐구되어야 하는 것이다.

동아시아 지역에서 문명충돌이 발생한 지 150여 년이 지났다. 최근 들어 21세기가 동아시아의 세기가 될 것이라고 주장하는 학자들이 많이 나타나고 있다.[25] 그리고 그러한 주장에는 유교 문명이 서양 문명에 대한 대안이 될 것이라는 믿음이 있다. 필자도 유교적 전통에 대해 여러 차원의 수정과 보완이 이루어진다면 그렇게 될 수 있다고 믿는다.

는 일단 지적 체계성과 정체성 면에서 논란의 대상이자 상호 범주적 경계가 불투명한 현대 미국정치학의 하위 분야에 대한 상투화된 분류를 '정치학의 대표적인 분과'로서 당연하고 자명한 사실로 받아들이는 무비판적 태도가 발견된다. 즉, 한국에도 독자적인 정치학이 존재했다는 주장을 입증하려는 시도에 역설적이게도 미국의 역사와 정신사가 특이하게 반영된 현대의 미국정치학을 정치학 자체 또는 정치학의 이상형으로 당연시하는 믿음이 그 바탕에 있는 것이다.

참고로 미국의 한 지성사 연구가(Ross, 1991)는 미국정치학을 포함한 미국 사회과학 자체가 미국인 특유의 역사의식과 국가 이데올로기의 반영이라는 사실을 미국 지성사 맥락에서 설득력 있게 서술한 바 있다. 즉, 미국의 사회과학은 '미국예외주의 이데올로기(the ideology of American exceptionalism)', 다시 말해서 미국의 공화정이나 자유방임적 경제란 유럽이나 다른 대륙 국가들의 역사에서는 볼 수 없는 새로운 현상이라는 믿음이 그 바탕에 깔려 있다는 것이며, 이에 따라 미국의 사회현상은 미국인들 삶의 태도와 정신의 원천인 유럽의 역사와 정신사적 맥락을 떠나서도 설명할 수 있고 그 자체가 자연과학적 일반화의 대상이라는 '학문적 신념'을 낳게 했다는 것이다.

[25] 예를 들어 Little et. al.(1989), Mahbubani(2008), Fan(2010).

특히 유학적 전통의 '예의 질서' 이념은 점차 독단적이고 화석화되어 인간 존엄성의 고양이 아니라 개인들의 무분별한 욕망이나 몰염치를 정당화하는 이데올로기로 변질해 가는 서구의 개인주의적 인권 이념에 대한 대안이 될 수 있다고 믿는다. 다만 그것의 대안 여부를 운위하기 이전에 충족되어야 할 전제조건은 있다. 유학적 예의 질서 이념을 실제적으로는 '비례(非禮)'의 봉건적 착취나 강압적 국제질서를 정당화하는 이데올로기로도 변질시켰던 과거 동아시아 문명의 사회구조적 요인이나 역사 및 정신사적 변화 과정에 대한 깊이 있는 탐구와 더불어 서양 정치학의 전통에 대한 철저한 이해와 유학의 전 체계에 대한 철저한 반성적 성찰을 통해 유학의 새로운 혁신을 모색해야 한다는 것이 그것이다. 그렇지 않으면 그러한 믿음은 바로 단순한 믿음의 영역에 영원히 머무를 수밖에 없을 것이다.

이러한 새로운 변화의 모색은 서양의 근대 정치학 또는 현대 미국의 정치학이 서양 정치학의 전부는 아니라는 자명한 (현재의 정치학자들에게는 자명할 수도 있지만, 유길준이나 후쿠자와 유키치나 강유위 등에게는 결코 자명할 수 없었던) 사실에 대한 인식에서 출발하여야 할 것이다. 이와 관련하여 일단 근대 자유주의 정치철학의 자연권 이념, 가치상대주의, 현인(賢人: sage) 개념의 실종 등을 비판한 리오 스트라우스(Leo Strauss)를 참고할 필요가 있다.[26] 특히 서양의 근대성에 대한 그의 비판의 원천인 서양 고대의 정치철학은 결국 유교적 인간관 및 윤리관과 상통한다는 (스트라우스 스스로 이를 의식했는지 아닌지를 떠나) 사실이 중요하다. 아울러 최근 서양학계의 이른바 공동체주의(communitarianism)가 주자학적 덕 개

---

[26] 대표적으로 Strauss(1959; 1953) 참조.

념에 내재한 인류 보편의 가치를 간접적으로 확인해 주고 있는 점도 염두에 둘 만하다. 물론 스트라우스의 근대성 비판이나 현대의 공동체주의가 유학의 정치적 사유에 내재한 보편적 가치를 자동으로 입증하는 것은 아니다. 그리고 동서양의 정치철학 또는 정치학의 종합은 천재적인 철학자의 소임이자 오랜 시간에 걸친 사유의 고뇌를 요구하는 지난한 작업일 수 있다. 다만 동서양을 막론하고 학문은 본질적으로 고정된 체계가 아니라 본원적인 불안정성과 역동성 속에서 끊임없이 변화·발전하는 사유체계임을 전제할 때, 그러한 노력만이 한국의 국가 정체성, 나아가 동아시아 문명의 새로운 정체성을 확립하면서 21세기 인류 문명의 발전에 진정으로 이바지하는 길이라고 할 것이다.

일본은 일찍이 서구문물을 수용하여 동아시아에서는 가장 먼저 서구적 발전을 재현하였으며, 20세기 후반에는 한국이 그 길을 성공적으로 답습했고, 현재 중국은 서구적 민주화의 부정 속에서 서구적 산업화를 성공적으로 추구하는 도정에 있다. 그러한 역사적 과정이 동아시아 삼국에 의한 새로운 세계역사의 주도를 운위할 수 있는 상황에 이르게 한 것이다. 그럼에도 아직 동양 삼국의 문명은 전통의 문명을 승화·발전시켜 서양의 문명을 대체할 새로운 독자적인 문명을 창조하지 못한 채 서양의 변방에 머무르고 있다. 이는 곧 동아시아 문명이 과거 문명의 한계를 극복하여 새로운 문명적 정체성을 확립하지 못하고 있음을 의미한다. 물론 서양 문명의 한계를 극복한 새로운 문명의 창출은 이 시대에 부과된 세계사적 의무라고 할 수 있지만, 그러한 세계사적 의무의 지성적 주체는 세계 문명들 가운데 유일하게 서양 문명을 대체할 정신사적 잠재력과 지적 전통을 갖춘 동아시아 삼국의 정치학이 되어야 한다고 본다. 그런데 현재 한국의 정치학자를 비롯하여 중국과 일본의 정치학자들은 과연 그러한 문명사적 과제를 제대로 수행하고 있는가?[27]

---

[27] 현재의 일본 정치학자들에게 존숭의 대상인 마루야마 마사오가 이룩한 학문적 업적의 탁월성은 필자도 당연히 인정한다. 하지만 그의 업적은 일본 정신사에 내재한 보편적인 요소를 구명하면서 그것들을 승화시키는 방안을 모색하는 수준의 연구에는 이르지 못하였다고 필자는 평가한다. 그는 근대 서구 정치학의 개념들을 차용해 일본정치사상사 연구에 적용하는 수준을 근본적으로 벗어나지 못하였다는 것이다. 물론 이 점은 단순한 언급으로 그칠 문제는 결코 아니며, 앞으로 별도의 체계적이고 비판적인 논구를 통해 치밀하게 해명되어야 할 주제이다.

참고문헌

《詩經》,《書經》,《論語》

강정인. 2004.《서구중심주의를 넘어서》. 서울: 아카넷.
그래함(A. G. Graham) 지음·나성 옮김. 2001.《도의 논쟁자들》. 서울: 새물결.
금장태. 1984.《동서교섭과 근대한국사상》. 서울: 성균관대학교출판부.
김석근. 2000. "福澤諭吉의 自由와 通義: 獨立不羈의 정치학"《정치사상연구》2집. 87~117.
김학준. 2000.《한말의 서양정치학 수용 연구: 유길준·안국선·이승만을 중심으로》. 서울: 서울대학교출판부.
마루야마 마사오(丸山眞男) 지음·박충석, 김석근 옮김. 1992.《충성과 반역: 전환기 일본의 정신사적 위상》. 서울: 나남출판사.
마루야마 마사오(丸山眞男). 1995.《日本政治思想史研究》. 김석근 옮김. 서울: 통나무.
마루야마 마사오(丸山眞男). 2007.《《문명론의 개략》을 읽는다》. 김석근 옮김. 파주: 문학 동네.
배병삼. 2003. "한국 정치학의 기원과 정체성 탐색"《한국정치학회보》37집 2호. 87~105.
양승태. 2010.《대한민국이란 무엇인가: 국가 정체성 문제에 대한 정치철학적 성찰》. 서울: 이화여자대학교출판부.
이홍구. 1986. "근대 한국정치학 백년: 그 한계성의 극복을 위한 자성"《한국정치학회보》20집 2호.
임종원. 2011.《후쿠자와 유키치: 새로운 문명의 논리》. 파주: 한길사.
정윤재. 1999.《다사리국가론: 민세 안재홍의 사상과 행동》. 서울: 백산서당.
정윤재. 2005.《동아 대동아 동아시아: 근대 일본의 오리엔탈리즘》. 서울: 역사비평사.
하영선 편. 2009.《근대한국의 사회과학 개념 형성사》. 파주: 창작과 비평사.
하영선. 2009. "근대한국의 문명 개념 도입사" 하영선 편.《근대한국의 사회과학 개념 형성사》. 36~65.

Benveniste, Emile. 1971. *Problems in General Linguistics*, translated by Mary E. Meek, 2 vols., Coral Gables, Florida: University of Miami Press.
Buckle, Henry Thomas. 1904. *Introduction to the History of Civilization in England*. John Robertson trans. London: George Routledge & Sons.
Drews, Robert. 1993. *The End of the Bronze Age: Change in Warfare and the Catastrophe CA.*

1200 B. C. Princeton, NJ: Princeton Univ. Press.
Fan, Ruiping. 2010. *Reconstructionist Confucianism: Rethinking Morality after the West*. Springer: Springer+Business Media.
Fox, J. 2005. "Paradigm Lost: Huntington's Unfulfilled Clash of Civilizations Prediction into the 21st Century." *International Politics*, vol. 42, 428~457.
Fukuyama, Francis. 1992. *The End of History and the Last Man*. New York: Free Press.
Guizot, Francois. 1947. *The History of Civilization in Europe*. William Hazlitt trans. New York, AL: Burt Publishers.
Huntington, Samuel P. 1996a. *The Clash of Civilizations and the Remaking of World Order*. New York: Simon & Schuster.
Huntington, Samuel P. 1996b. *The Clash of Civilizations?: The Debate*. New York: Foreign Affairs.
Huntington, Samuel P. 2004. *Who are We?: The Challenges to America's National Identity*. New York: Simon & Schuster.
Little, Reg & Warren Reed. 1989. *The Confucian Renaissance*. Sydney: The Federation Press.
Mahbubani, Kishore. 2008. *The New Asian Hemisphere: The Irresistible Shift of Global Power to the East*. New York: Public Affairs.
Ross, Dorothy.1991. *The Origins of American Social Science*. Cambridge: Cambridge U. Press.
Said, Edward W. 1978. *Orientalism*. New York: Pantheon Books.
Strauss, Leo. 1953. *Natural Right and History*. Chicago: The University of Chicago Press.
Strauss, Leo. 1959. *What is Political Philosophy? and other Studies*. Glencoe Il.: the Free Press.
Velkley, Richard. 2002. "The Tension in the Beautiful: On Culture and Civilization in Rousseau and German Philosophy", in Idem., *Being after Rousseau: Philosophy and Culture in Question*. Chicago: The University of Chicago Press, 11~30.

〈독립신문〉과 공화민주주의[1]

이동수 경희대학교

1. 서론

우리 사회는 1960년대부터 진행된 근대화와 80년대부터 본격화한 민주화의 덕택으로 세계사에 유례가 없을 만큼 비약적인 정치적, 경제적 발전을 이루었다. 하지만 민주주의가 아직 공고하지 않은 상태에서 다양한 이해관계가 동시에 표출함에 따라 갈등과 혼란이 더욱 심해지는 경향이 있다. 이뿐만 아니라 전 지구적으로 진행되고 있는 세계질서의 급격한 변화는 우리에게 정체성의 혼란을 겪도록 강요하고 있다. 즉 국경 없는 지구촌에서의 무한경쟁, 다양한 이해관계의 갈등, 보수와 진보를 둘러싼 이념 갈등, 세대 간의 갈등, 지역 갈등 등이 우리 사회의 민주화를 무색하게 만들고 있다. 이러한 갈등과 분열의 심화현상은 궁

---

[1] 이 글은 《정신문화연구》 제30권 1호(2007)에 게재되었던 필자의 논문 "개화와 공화민주주의: 독립신문을 중심으로"를 수정·보완한 것이다.

극적으로 공동체에 대한 소속감 혹은 귀속성의 약화현상, 즉 정체성의 혼란과 위기를 불러온다.

이러한 상황을 벗어나는 지름길은 근대적 통합의 결정체인 헌정주의(constitutionalism)를 확고히 하는 것이다.[2] 즉, 사회구성원이라면 누구나 동의할 수 있는 국가관과 정체성을 확립하여 헌법에 반영하고 사회의 제반 갈등을 이에 근거하여 해결하는 것이다. 그런 점에서 우리는 헌법 1조 1항에 대한민국 정체성으로 명시된 '민주공화국'[3]의 의미를 되새겨 볼 필요가 있다. '민주공화국'이라는 개념은 상해임시정부 임시헌장(1919년 4월 11일)과 제헌헌법(1948년 7월 17일), 국가재건비상조치법(1961년 6월 6일)과 제3공화국 헌법(1962년 12월 26일), 유신헌법(1972년 12월 27일)과 제5공화국 헌법(1980년 10월 27일), 그리고 현행 헌법(1987년 10월 29일)에 이르기까지 헌정체제가 기초해야 할 기본적 원칙으로 이미 오래전부터 합의되어 온 것으로서, 이 '민주공화국'의 의미에 근거해야만 초보적 민주화로부터 파생된 혼란을 불식시킬 수 있는 합의점을 찾을 수 있다.

헌법학계에서도 헌법 1조 1항은 헌법개정 절차를 따르더라도 개정할 수 없는 헌법의 핵심원리로, 헌정질서 전반에 걸친 기본적인 지도원리이자 근본규범으로, 국민주권 이념을 표현한 구조적 원리로, 그리고 국가의 구조와 체계에 관한 국민적 합의의 결과로 해석하고 있다. 요컨대

---

[2] 전통적으로 서구에서는 정체성을 정립하고 공동체의 통합을 유지하기 위해 여러 방안이 강구되었다. 고대에는 신성한 권위의 확립, 혈연관계의 유지, 원시적인 제도들을 통해 공동체를 통합하였으며, 다양한 개인을 사회의 기본 단위로 삼은 근대국가는 초기엔 국민과 민족의 형성을 통해 그리고 후기에 접어들면서는 체계화된 제도와 법을 통해 사회통합을 이루고자 하였다. 이에 대한 자세한 논의는 Habermas(1996)를 참조.

[3] '민주공화국'이라는 개념이 최초로 등장한 것은 1848년 프랑스 제2공화국에서의 '민주적 공화국(republique-democratique)'이며, 이것은 인민주권과 참여를 강조하는 정치적 지표로서의 민주주의와 군주정에 대립하는 공화정체를 결합한 국가라는 의미로 사용되었다.

'민주공화국'을 대한민국의 국체이며 정체로 보는 것이다(곽준혁, 2005: 34).

사실 그동안의 대한민국 60년사는 이러한 '민주공화국'을 실현하기 위한 과정이었다고 볼 수 있다. 건국, 산업화, 민주화를 거치면서 인민주권의 실현이라는 민주주의의 근간은 이제 어느 정도 형성되었다. 하지만 헌법에 나타난 '공화'는 아직 그 개념조차 정확하게 파악하지 못하고, 그저 왕정에 반대되는 의미로서의 고전적 공화정으로만 인식하고 있을 뿐이다. 그러나 이는 광복 후 대한민국 수립과정에서 왕정을 폐기함으로써 이미 달성되었다고 볼 수 있으며, 오늘날과 같이 민주화가 되었음에도 사회 혼란과 갈등이 가중되고 있는 상황에서는 헌법에 명시된 공화의 의미를 다시금 재검토할 필요가 있다.

서양사상의 맥락에서 볼 때 공화주의나 민주주의는 확고하게 어떤 의미로 규정된 용어가 아니라, 역사적 과정에서 끊임없이 논의되고 수정되어 온 산물이다. 일반적으로 민주주의를 '인민의 지배'라고 정의하고 공화국을 "왕이나 노예 없이 공동의 법 아래 함께 사는 시민들"(Viroli, 2002: 3)의 정치체제로 규정하기는 하지만, 인민을 누구로 규정하며 인민 지배의 성격과 범위를 어디까지로 정할지에 대해서는 여러 논의가 있으며, 공동의 법 아래 사는 시민들의 계층분화나 역할분담을 어떻게 규정해야 하는가를 둘러싸고 공화정에 대한 해석은 분분하다.

물론 민주주의와 공화주의는 서로 배치되는 개념이 아니다. 하지만 둘 사이에는 미묘한 차이가 존재하며, 이 차이를 주목할 때 역사 속의 사회들이 왜 민주주의와 공화주의라는 두 개념을 길항적으로 사용해 왔는지를 알 수 있다. 근대사회는 민주주의의 발달과정으로 특징지어

지지만, 사실 민주주의는 개개인의 권리보장과 그 권리를 권력으로 강화하는 것을 주된 목적으로 한다. 즉 민주주의는 자의적일 수 있는 권력을 어느 특정한 개인이나 집단이 독점하지 않도록 배분함으로써 일반 개인이나 집단의 권리를 보호하고자 하는 체제로서, '권력의 분립(the division of power)'과 '다수의 지배(majority rule)'를 원칙으로 삼는다. 하지만 공화주의는 이러한 분립 속에서도 사회통합을 어떻게 이루어낼 것인지, 또 다수의 지배 속에서도 소수의 권리와 이익을 어떻게 보호할 것인지에 관심을 둔다. 따라서 민주주의의 목표는 궁극적으로 인민의 지배를 수립하는 것인데 비해, 공화주의는 누가 지배자라고 말하기 어려운 비지배(non-domination)적인 상태를 지향한다.

그리하여 민주주의는 인민주권의 실현에 일차적인 관심을 두고 직접민주주의적 요소를 더욱 강조하는 데 비해, 공화주의는 인민주권에 바탕을 두기는 하지만 이를 대의제나 사법심사제, 헌정주의 등과 같은 장치들을 통해 '민주적 독재'의 위험성을 제거하고자 한다. 또한, 민주주의는 인민이 직접 권력을 행사하거나 적어도 민주적 통제를 통해 정치권력을 견제하는 데 주력하는 반면, 공화주의는 국민통합과 상호성의 확립을 중시한다.

그런데 이러한 공화주의적 특징은 구한말 조선을 개혁하여 새로운 근대 국민국가체제를 구상하던 개화파 선각자들이 이미 염두에 두었던 덕목이기도 하다. 특히 서구사상에서 영향을 받은 개화사상가들이 생각했던 정치체제는 흔히 회자되고 있는 자유민주주의에 근거했다기보다는 자생적 공화민주주의와 유사했다고 볼 수 있다. 여기서 공화민주주의는 공화주의에 초점을 둔 민주주의라는 뜻이며, 자생적 공화민주주의는 서구적 공화민주주의와는 달리 왕의 존재를 인정하면서도 국민을 정치의 장으로 끌어들이는 정치체제를 일컫는다. 특히 그 내용은 국민을 통합(integration)하고 이를 위해 인민과 인민, 인민과 국가 사이의 공론장을 형성하여 소통(communication)하며 최종적으로 법치에 의한 지배체제를 확립하는 것이었다.

혹자는 개화사상가들의 '입헌군주론'을 군주를 인정한 법치주의로서 여전히 구시대적 왕정을 옹호하는 것으로 폄하하고, 그들의 의회설립 운동도 하원은 반대하면서 상원만 설립하기를 주장했다는 점에서 평가절하하는 측면이 있다. 이런 한계에 대한 지적은 적절하지만, 그렇다고 해서 그들의 공화민주주의적 개혁 노력을 과소평가해서는 안 된다. 당시 조선은 근대 서구와 같은 상황이 아니었으며, 조선에 주어진 상황을 토대로 경로 의존적 개혁방안을 추진했을 것이라는 점을 고려해야 하기 때문이다.

이 글은 이러한 문제의식 아래 개화사상가들이 〈독립신문〉에서 펼친 근대 국민국가 건설의 사상적 측면을 자생적 공화민주주의 관점에서 살펴보고, 그 의의와 한계를 밝히는 것을 목적으로 삼는다. 이를 위해 서구 공화민주주의의 특성을 알아보고, 〈독립신문〉을 공화민주주의 관점에서 분석한 후, 공화민주주의 관점에서도 부족하게 느껴지는 한계를 살펴볼 것이다.

2. 공화민주주의에 대한 이론적 검토

정치이념으로서나 정치제도로서 민주주의의 정당성에 대해서는 아무도 이의를 달지 못할 것이다. 다만 어느 시점에, 어떤 환경에서, 어떤 방식의 민주주의를 실행할 것인가에 대해서는 의견의 차이가 있을 수 있다. 이런 차이로 말미암아 민주주의에는 비록 층위가 서로 다르기는 하지만 다양한 종류의 민주주의, 예컨대 직접민주주의(direct democracy), 대의민주주의(representative democracy), 자유민주주의(liberal democracy), 사회민주주의(social democracy), 참여민주주의(participatory democracy), 공화민주주의(republican democracy) 등의 하위 개념이 존재한다.

민주주의는 원래 그리스어 demokratia에서 파생된 말로서, 인민을 나타내는 demos와 지배의 뜻을 갖는 kratos의 합성어이다. 따라서 일반적으로 민주주의는 '인민의 지배'로 정의된다. 즉 민주주의란 다수의 인민이 지배하는 체제라는 것이다. 그러나 르포르(Claude Lefort)에 따르면, 인민의 지배라는 말에는 이중적인 의미가 내포되어 있다. 이를 좀 더 구체적으로 말하면, 민주주의란 권력이 인민에게서 나오지만(rule by the people) 그 권력은 누구에게도 귀속되지 않는다(nobody rules)는 원칙을 동시에 포함하고 있다는 것이다(Lefort, 1986: 279). 요컨대 민주주의는 '인민의 지배'와 '지배의 공백' 사이의 이중성(duality)으로 특징지어진다.

따라서 민주주의를 단순히 인민의 지배나 다수의 지배라는 식으로 규정하는 것은 민주주의 정신을 잘못 해석한 결과이다. 민주주의에서 중요한 것은 일인의 왕이 지배하는 왕정이나 소수가 지배하는 귀족정과는 다른 다수의 인민이 지배하는 민주정이라는 형식이 아니라, 그것을 통해 누구의 지배도 받지 않고자 하는 비지배와 자유에 대한 갈망이라는 내용이다.

하지만 현실적으로 비지배는 그 자체 과정으로서보다는 결과로서 나타난다. 즉 지배를 전제하지 않은 채, 누구도 지배하지 않는 비지배의 정치체제를 구성하는 것은 불가능하다. 비지배를 얻기 위한 과정에서의 지배는 불가피하며, 다만 이런 지배가 궁극적으로 비지배로 인도하거나 비지배적 양식으로 표출되어야 한다. 그리하여 민주주의의 기본 원칙은, 고대 아테네 민주주의가 그랬던 것처럼, 자유로운 시민이면 누구나 법 앞에 평등하고(isonomia), 누구에게나 의회 혹은 공공장소에서 말하고 싶을 때 말할 수 있는 권리가 있으며(isegoria), 출신배경과 상관없이 시민이면 누구든 참정권을 갖고 있고(isogonia), 오늘 지배하는 사람이 내일은 지배받을 수 있어야 한다(isokratia)는 데 놓여 있다.

이런 원칙에 따라 세워진 것이 바로 민주정(democratic regime)이다. 여기서 민주정이란 다수의 지배를 허용하되 그 지배가 민주주의 정신인 비지배와 자유를 추구하며, 다수의 지배임을 확인하기 위해 다수결의 원칙을 따르고 지배의 교체가 가능한 정치체제를 일컫는다.

하지만 다수의 지배체제로서의 민주정은 그것 역시 지배의 한 양식이어서 여러 가지 문제를 야기한다. 다수의 지배는 다수결의 원칙이 지배의 원리로 작용하는데 이때 비록 소수에 의한 독재는 아닐지라도 여전히 다수의 독재가 뒤따른다. 다만 다수결의 원칙이 적용되는 과정에서 인민 각자가 때로는 다수의 편에 속하고 때로는 소수의 편에 속하기도 하면서 이러한 독재성은 희석된다. 그러나 가령 사회가 인종적, 민족적, 종교적, 이념적 차이 등으로 말미암아 상당히 이질적인 다수집단과 소수집단으로 나뉘어 있으면, 다수집단의 소수집단에 대한 전면적이고 영구적인 지배가 발생하기도 한다. 일찍이 밀(J. S. Mill)이 경고한 것처럼, 다수독재는 소수독재보다 더 철저하게 소수집단에 속한 사람들을 무시하는 결과를 초래한다. 이때 소수집단에 속한 사람들은 다수독재 상황을 종식하기 위해 반민주적이라는 오명을 감수하면서까지 조직적이고 폭력적인 저항을 결행하게 되는데, 이는 바로 민주정 아래에서도 분란이 끊이지 않는 주요 원인이 된다(정원규, 2002: 173).

이런 민주정의 문제에 가장 예민하게 반응한 사람이 근대의 자유민주주의자들이다. 그들은 소수의 독재하에서 다수의 권리보장을 위해 민주주의가 발달한 것과 마찬가지로 다수의 독재하에서도 소수의 권리가 보장되어야 한다고 생각한다. 그리하여 소수자도 삶을 영위하는 데 필요한 최소한의 기본권을 법률로 규정함으로써 자유를 보호하는 법치와 다수의 독재를 최소화하기 위한 최소정부를 가장 중요한 민주정의 요소로 간주한다. 그리하여 자유민주주의에서는 기본권과 자유를 보호하기 위한 민주적 절차를 강조하고, 참정권을 선거를 통한 정치행위로 국한한 채 개인의 자유로운 공간 확보에 더 관심을 둔다.

그러나 이런 자유주의적 해결방식에는 커다란 약점이 있다. 즉 개인의 자유와 권리보장에 주된 관심을 두다 보면 사회구성원 공동의 사무에는 별다른 관심을 기울이지 않게 되고, 점차 공적인 영역에서 사적인 영역으로 퇴거하는 경향을 보임으로써 민주정 자체가 위기에 처하게 된다. 익명화된 다수집단이 지배하는 사회에서 소수자는 그 지배에서 발생하는 자신의 권익 침해를 방어하는 데에만 골몰하고, 공적인 일 전반은 모두 다수의 위임을 받은 것으로 간주되는 정부에 위임하게 된다. 또한, 다수집단 자체도 익명화되고 정부에 자신의 권한을 위임한 상태이기 때문에 설사 다수집단에 속한 사람이라도 개인별로는 각자 자신도 피지배자라고 생각하면서 자신의 권익보호에만 집중하게 되는데, 이런 소극적인 행동은 결국 사회의 공적인 영역의 활성화를 가로막는다. 그리하여 자유민주주의하에서 개인은 자신의 사적인 이익과 사회의 공익을 분리하고 사익을 더 우선시함으로써 민주주의가 타락하는 결과를 초래한다.

이런 상황에 직면해서 오늘날에는 공화민주주의적 요소를 강조하는 경향이 있다. 여기서 공화민주주의란 민주정의 원리인 선거를 통한 다수의 지배를 강조하기보다는, 또 자유민주주의처럼 개인의 자유와 권리를 최대한 확보하는 데 일차적 관심을 두기보다는 여러 층위에서 사회구성원들로 하여금 공적인 일에 관심을 갖고 참여하도록 유도하고 사회 전반에 걸쳐 의사소통을 강화하는 가운데 소수의 위임받은 자들이 자의적으로 지배하지 않고 법에 따라 통치하게 함으로써 사회 정체성의 확립과 사회통합의 능력을 확대하는 것을 가리킨다. 이는 자유민주주의를 대체하는 것이 아니라 보완하는 성격을 지닌다. 즉 법치와 최소정부의 원리는 보존하면서도 사회 각 부문에 공적인 영역을 확보하여 지배자와 피지배자 사이의 간극을 없앰으로써 지배와 피지배의 구분을 더욱 모호하게 하려는 것이다.

예컨대 바버(Benjamin Barber)는 자유민주주의의 위험을 이른바 '강한 민주주의(strong democracy)'라고 부르는 참여적 공화민주주의를 통해 해소하고자 한다. 그에 따르면, 자유민주주의는 개인 간의 갈등을 해결하기 위해 이익표출과 이익조정을 위한 정치과정만 중요시할 뿐이며, 그 이해관계와 연관된 다수와 소수 사이의 차이는 여전히 존재하게 된다. 이와 달리 참여적 공화민주주의는 다수자와 소수자 간의 토의, 인지적 태도, 감정이입을 포함한 정서적 반응을 중요시하면서 다수와 소수자 간의 심의과정을 갖고 이를 바탕으로 하나의 공동체 의지를 형성하고자 한다. 즉 바버는 현대인들이 다수자이든 소수자이든 아직 사회에 대한 공동체 의식을 지니고 있지 못하며, 그런 상황에서는 여전히 지배와 피지배의 관계로 사회를 이해한다고 보고, 이를 타파하기 위해 공동체의 의지형성(will-formation) 과정에 참여시키면 소수자이든 다수자이든 주인의식을 가지게 되고 궁극적으로는 우리라는 의식을 형성할 수 있다고 본다(Barber, 1984: 154~155).

한편 아렌트(Hannah Arendt)는 고대 아테네 민주주의를 정치의 이상으로 간주하면서 고전적 공화민주주의에 주목한다. 아렌트 역시 근대 사회가 지나치게 사적인(private) 것을 강조한다고 본다. 자유주의가 표방하는 인간의 천부적 기본권에 대한 강조는 일견 그럴듯해 보이지만, 문제는 그런 기본권이 추구하는 내용을 사회적으로 실현해야 하는 것이며, 이는 단순히 개인의 권리를 강조한다고 해서 획득되는 것은 아니다. 오히려 근대인들은 개인의 권리를 보편성에 근거를 두려고 하면서 자신의 사적인 것을 정당화하려는 경향이 있다. 반면에 이를 바로잡으려는 사회민주주의의 노력은 반대로 개인의 사적인 영역을 배제하면서 사회 전체를 여전히 이익이나 권력의 배분 문제로 통제하려고 하는 전체주의에 불과할 뿐이다.

또한, 민주주의의 꽃이라 불리는 선거에서 이루어지는 투표행위는 유권자인 대중에게는 자신의 개인적인 문제와 전체 공동체의 문제 사이의 의미 있는 관계를 연결하는 데 한계가 있다. 즉 개인은 투표를 통해서는 자신의 비정치적이고 사적으로만 향유하는 개인적 자유만 고려할 뿐으로, 투표에 반영되는 정치적 견해는 기껏해야 개인적 자유를 방해하는 대의정부의 권한만 제한하는 데 국한된다. 즉, 투표에서는 공동체 전체를 고려하는 시민적 정치행위가 나타날 가능성이 적다는 것이다.

그리하여 아렌트는 고대 아테네 민주주의에 주목한다. 아렌트가 보기에, 고대 아테네는 공화민주주의적 특징을 갖는데, 이는 무엇보다도 모든 시민이 민회와 같은 공론장에서 자신의 주장과 의견을 개진하고 설득하면서 서로 의견이 다른 사람들 사이에 공동세계(common world)를 구성하는 장점이 있다. 투표행위만 할 뿐 토론을 통해 의견을 제시하고 형성하는 기회가 주어지지 않으면 대중은 신뢰할 수 없고 변덕스러운 개인으로만 존재하게 되며, 이런 개인으로 구성된 사회는 민주주의를 실현할 수 없다(Arendt, 1963: 268). 사실 고대 아테네에서는 모든 시민이 모이는 민회(ekklesia)와 법정(dikasteria)에서 중요한 문제에 대한 논의와 결정이 이루어졌지만, 특정한 기능은 추첨으로 선출된 소수의 행정관에게 위임되었으며 이들에게 상당한 권력과 권한이 주어졌다. 즉 정부의 기능은 여전히 소수자에게 위임되었으며, 그런 점에서 다수를 대리하는 소수의 지배라고 할 수 있었다. 하지만 모든 시민이 민회와 법정에 참여하여 실제적인 논의를 행했다는 점에서, 또 추첨이라는 형식을 통해 모든 사람이 행정관에 이미 후보자로 참여하고 그 자신이 행정관이 될 수 있는 '가능성의 평등(the equality of possibility)'[4]을 지니

---

[4] 마넹(Manin, 1997)은 고대 아테네 민주주의의 특징을 '가능성의 원칙'과 '탁월성의 원칙'으로 집약한다. 여기서 가능성의 원칙이란 지배자와 피지배자 사이의 유사성을 높이기 위해 추첨이라는 제도를 통해 누구라도 지배자가 될 가능성을 열어주는 원칙을 일컬으며, 탁월성의 원칙이란 이런 상황에서도 선거를 비롯한 여러 제도적 장치를 통해 가장 탁월한 자가 지배할 수 있도록 만드는 원칙을 지칭한다.

고 있었다는 점에서 모든 구성원은 누가 소수자이고 누가 다수자인지의 구분 없이 참여적이라고 할 수 있으며, 그럼으로써 공동체적 의식이 형성되고 지배와 피지배의 이분법을 극복할 수 있었던 것이다.

그런 점에서 공화민주주의는 공동체를 개인들의 집합으로 간주하면서 다수의 개인이 지배하는 체제를 수립하고자 하는 것이 아니라, 비록 실제로는 소수의 위임받은 정부가 지배한다손 치더라도 모든 사회구성원이 공적인 문제에 관심을 기울이고 여러 층위에 참여하고 소통함으로써 공동체 의식을 지니고 자신을 단순히 피치자로 간주하지 않는 체제를 건설하고자 한다. 따라서 공화민주주의에서 가장 중요한 것은 개인의 권리와 이익보호에 대한 논의가 아니라, 그들 사이의 관계를 공동체적 관점에서 주목하는 법치(the rule of law)와 소통(communication), 참여(participation)의 개념이라고 할 수 있다.

3. 〈독립신문〉의 공화민주주의적 요소

흔히 〈독립신문〉에 대해서는 상반된 평가가 존재한다. 혹자는 〈독립신문〉이 고종과 고종 주위의 수구세력에 반대하는 개화세력의 견해를 대변한 최초의 민간신문으로서 위로부터의 개혁과 민족주의를 주장했고(김영작, 1989: 349), 부르주아의 정치적 견해를 대표하여 국민국가 건설과 입헌정체론을 주장함으로써 조선의 근대화에 공헌했다는(신용하, 1988: 61) 긍정적인 측면을 부각시킨다. 반면 다른 혹자들은 〈독립신문〉이 제국주의의 침략성에 대한 의식이 희박하였을 뿐만 아니라 반민중적이었으며(주진오, 1993: 681~682), 기본적으로 자유주의자들의 계급적 한계를 전형적으로 드러내고 있고(이나미, 2000: 9), 〈독립신문〉이 추구한 것은 근대 국민국가가 아니라 위계적인 차별과 기존 정치제도를 보완하는 보수적 개혁(김동택, 2004: 70)이라고 평가절하하기도 한다.

그런데 〈독립신문〉에 나타난 사상적 측면을 볼 때 필자의 견해로는 분명 당시 개화세력이 근대 국민국가건설을 추진하고 있다고 여겨진다. 물론 당시 개화파들이 근대 민주정을 목표로 했는지에 대해서는 반론의 여지가 있다. 그들은 서구의 자유주의와 민주주의에 대해 잘 알고 있었고 거기에서 커다란 영향을 받았지만, 왕정을 폐지하고 본격적인 민주주의를 추진하지 않았다는 점에서는 한계를 지닌다. 하지만 이제야 비로소 중국의 영향력에서 벗어나 독립된 국가를 만들기 위해 기왕의 중심점이자 권력체인 국왕의 존재를 인정하면서도 입헌군주제를 통해 전통적인 통치방식에서 벗어나 국민의 권리와 자유를 옹호하는 법치국가를 추구하고, 비록 상원에 한정되었지만 의회설립을 추진했다는 점에서는 분명 민주주의를 염두에 두었다고 볼 수 있다.

특히 그들이 지향했던 민주주의는 공화민주주의적 성격이 강하다고 생각된다. 비록 부분적으로는 권리와 자유에 대해 언급하고 있지만, 개인의 권익을 옹호하고 참정권을 강조하면서 민주정 수립을 목표로 하는 서구식 자유민주주의를 추구했다기보다는 독립과 근대화를 위해 조선의 지배자와 피지배자 간의 간극을 줄이고 국민통합을 추구했다는 점에서 공동체를 중시하는 공화의 관점이 더 강조되었다고 볼 수 있다. 바로 이 점 때문에 자유민주주의 관점에서는 〈독립신문〉이 주장하는 내용이 미흡해 보일 수 있다.[5] 또한, 필자가 강조하고자 하는 〈독립신문〉

---

5 민중론자들이 〈독립신문〉을 비판하는 근거도 어떤 면에서는 〈독립신문〉이 철저한 자유민주주의에 입각해 있

의 공화민주주의적 요소는 앞서 살펴본 서구의 공화민주주의와는 사뭇 다르며, 따라서 공화민주주의라고 규정짓기에도 어려운 측면이 많이 있다. 다만 필자가 주장하고 싶은 것은 〈독립신문〉을 공화민주주의의 관점에서 바라보는 것이 그 신문의 의도를 더 잘 이해하고 그 의의를 더 잘 드러낼 수 있다는 점이다. 물론 공화민주주의적 관점에서도 〈독립신문〉의 한계는 많이 노출되며, 그 점에 대해서는 후술할 것이다. 다만 여기서는 〈독립신문〉의 특징을 공화민주주의적 관점에서 정리하여 그 의미를 더욱 부각해 보기로 한다.

〈독립신문〉의 최고 관심사는 조선을 독립된 근대국가로 만드는 것이며, 이는 국민통합을 이룰 때에만 가능하다고 본다. 즉 〈독립신문〉의 기본적인 문제의식은 청일전쟁 이후 비로소 중국으로부터 독립한 조선이 다시 외세에 종속되지 않고 독립된 국가가 되기 위해서는 정치·사회적으로 근대화하고 근대국가로 재탄생해야 하는데 이는 국민통합이라는 공화주의적 이상을 달성할 때 가능하다는 것이다.[6] 이때 근대 독립국가의 성립을 위해 〈독립신문〉이 제시한 것은 먼저 전체 백성을 하나의 통합된 국민으로 만들고, 이들 간의 소통을 원활하게 해주며, 법치에 근거한 통치구조를 만들어야 한다는 것이다. 그러면 이 내용을 차례로 살펴보도록 하자.

먼저 〈독립신문〉은 당시 조선을 겨우 종속에서 벗어나 가까스로 독립하려는 시초 단계에 있는 국가로 간주한다. 그동안 조선은 대개 "남

지 않다는 점에 주목하고 있는 것처럼 보인다.
[6] 당시 독립에 대한 주장은 단순히 조선의 자발적인 것이었다기보다는 청일전쟁에서 승리한 일본이 청의 조선에 대한 종주권을 부정한다는 의미를 나타내기 위해 조선이 독립국임을 고종으로 하여금 선포하도록 한 측면이 있다. 하지만 출발이야 어떻든 간에 당시 조선의 지식인들이 조선의 독립된 위상을 갖기를 열망했다는 점은 부인하기 어려울 것이다.

의 나라 속국으로 남의 압제만 받는 고로 독립 자주가 무엇인지 몰랐으며"(1987. 5. 18),[7] 갑오경장을 통해 (비록 타국의 도움을 받기는 했지만) 이제야 비로소 독립된 국가로 출발하게 되었다. 따라서 〈독립신문〉에서 말하는 독립이란 중국으로부터의 국가적 독립을 의미한다. 한편 독립이라는 말은 이 외에도 조선 인민의 능동적인 주체성과 자립정신을 강조하는 의미도 담고 있다. "독립이란 말은 남에게 의지하지 않는 것"(1897. 8. 5)으로서, 그동안 백성은 피치자 혹은 객체로만 살아왔지만 근대국가의 구성원이 되면 인민 스스로 하나의 주체적인 존재로 독립할 수 있어야 한다는 것이다. 따라서 〈독립신문〉의 독립이라는 말은 이러한 이중성, 즉 국가의 수동적인 독립과 인민의 능동적인 독립이라는 의미를 내포하고 있다.

독립국가가 되려면 백성 개개인이 자립할 수 있어야 하고, 국가는 이런 백성들을 국민으로 통합시킬 수 있어야 한다. 〈독립신문〉은 자유와 평등을 "백성으로서 당연히 가질 수 있는 권리"(1897. 3. 9)라고 말하면서, 그들의 권리의식을 일깨워주려 하였다. 하지만 아직 그들은 교양과 시민정신이 부족해 주인의식을 지닌 독립된 개인이 되기에는 미흡하였다. 〈독립신문〉은 조선 백성의 주인의식 결여에 대해 다음과 같이 지적하였다.

> 조선 사람 하나가 지나가니까 그 사람더러 외국 사람이 묻되 왜 당신 집앞 길을 정하게 못하고 있느냐 한즉 조선 사람

---

[7] 이 글에서 〈독립신문〉 인용구에는 발간 일을 명시하기로 한다. 예컨대 1987. 2. 23은 1987년 2월 23일에 발간된 〈독립신문〉을 의미한다.

말이 돈이 없어 못한다 하거늘 외국 사람 말이 돈이 없으면 삯군은 얻어서 못할지언정 왜 당신 손으로 고쳐놓지를 못하느냐 한즉 조선 사람 말이 첫째는 그 길이 내 길이 아니오, 둘째는 내가 그런 일을 하기 좋아 아니 하노라 한즉 외국 사람 말이 만일 그 길이 당신 길이 아니면 왜 남의 길에다 대소변은 왜 보며 더러운 물건은 버리느냐 한즉 조선 사람 말이 그것이 풍속이라 하니 외국 사람이 다시 말 아니 하고 지나가면서 자기들끼리 하는 말이 조선은 풍속 까닭에 될 일이 못 된다고 하더라.(1897. 2. 2)

따라서 무엇보다 필요한 것은 백성들의 풍속을 바꾸기 위한 교육이었다. 그것은 지금 당장 어떤 결과를 얻을 수는 없지만, 마치 씨를 뿌리고 거름을 주는 것과도 같이 미래를 위해 가장 확실하게 투자하는 일이었다. 교육은 또한 외국의 조선 침탈을 방지해 주는 효과가 있었다. 외국 사람들보다 만사에서 뒤져 있는 조선인들이 외국의 문물과 학문을 배우게 되면 외국과 경쟁할 힘이 생기기 때문이었다. "조선 안에 있는 인민이 학문이 없고 교육이 없어 외국 사람들과 만사에 뒤떨어져서 볼 수가 없는 고로 조선을 아무 나라라도 와서 임의대로 하게 되었고 인민이 잔약하고 어리석은 까닭에 학문이 있고 강한 사람들이 그 사람만 못한 까닭이니 그 사람들만 못한 까닭은 학문이 없는 까닭"(1897. 2. 13)이었던 것이다.

또한, 계몽되고 독립된 개인들이 하나의 국민으로 통합되려면 조선 안에 사는 사람들이 남녀노소 빈부귀천을 막론하고 하나의 국민이라는 관념을 지녀야 하는데, 이는 사회의 소통구조가 원활하게 진행되어야만 가능하다. 서구의 역사가 보여준 것처럼 근대 국민국가의 형성은 언제나 커뮤니케이션의 변화와 함께 일어났으며,[8] 그런 점에서 〈독립신문〉이 한글전용을 채택하여 신문을 발간한 것은 조선사회에 커다란 공동의 소통구조를 만들어낸 것과 같다. 즉 〈독립신문〉은 누구나 읽을 수 있는 한글을 전용함으로써 백성을 인민으로 만들고 나아가 하나의 공동체 구성원으로서의 국민으로 결집하는 역할을 하였던 것이다(전인권 2004, 111). 이와 관련하여 〈독립신문〉은 창간호부터 이런 목적을 분명하게 밝히고 있다.

> 우리 신문이 한문은 아니 쓰고 다만 국문으로만 쓰는 것은 상하귀천이 다 보게 함이라. 또 국문을 이렇게 구절을 띠어 쓴 즉 아무라도 이 신문 보기가 쉽고 신문 속에 있는 말을 자세히 알아보게 함이라. … 우리 신문은 빈부귀천을 막론하고 이 신문을 보고 외국 물정과 내지 사정을 알게 하라는 뜻이니 남녀노소 상하귀천 간에 우리 신문을 하루걸러 몇 달만 보면 새 지각과 새 학문이 생길 걸 미리 아노라. (1896. 4. 7)

이러한 소통구조의 형성은 조선의 신분구조가 타파됨으로써 국민으

---

[8] 앤더슨(Benedict Anderson, 1983)은 근대에 접어들면서 국어의 사용과 국어로 이루어진 출판물들의 대량 생산과 유통이 국민공동체의 실재를 구성하는 데 커다란 공헌을 했다고 보고, 그런 점에서 국민은 혈연관계나 지역을 토대로 한 자연적 공동체가 아니라 문화적으로 구성된 '상상의 공동체(imagined community)'라고 주장한다. 국어를 사용한 근대적 매체로서 〈독립신문〉이 창간되고 유포되었다는 것은 앤더슨의 관점에서 보면 우리나라의 근대 국민국가 형성에 결정적인 역할을 한 것으로 평가될 수 있다.

로의 결집을 더욱 용이하게 하였다. 한글 전용에 관한 논설과 기사는 〈독립신문〉에 자주 나타나는데, 이는 당시 야만의 언어로 전락한 한자를 버리고 문명의 언어인 한글을 채택한다는 의미가 있을 뿐 아니라, 기본적으로는 한자가 늙어 죽어도 다 배울 수 없는 양반과 기득권층의 언어이며, 모든 인민이 주인인 문명국가에는 모든 국민이 소통할 수 있는 하나의 언어가 존재해야 한다는 근대적인 국민국가 사상을 바탕으로 하고 있다.[9] 요컨대 〈독립신문〉의 한글전용 채택은 단순히 '국어의 발견'에서 그치는 것이 아니라, '국민의 발견' 또는 '근대적 국가의 발견'에 이르게 된다.

그러나 한글전용 신문을 발간했다는 사실만으로는 국민통합이 저절로 이루어지지 않는다. 신문의 본래 역할인 공론장의 제공이 제대로 이루어져야 사회구성원 간의 실제적인 소통이 가능하며, 이때야 비로소 국민통합의 목표를 달성할 수 있다. 〈독립신문〉은 이런 사실을 잘 인식하고 있으며, 자신의 역할을 무엇보다도 공론장을 제공하는 일로 규정한다.

> 우리가 독립신문을 오늘 처음 출판하는데 조선 속에 있는 내외국 인민에게 위의 주의를 미리 말씀드리어 알게 하노라. 우리는 첫째, 편벽되지 아니한 고로 무슨 당에도 상관없고 상하귀천을 달리 대접하지 아니하고 모두 조선 사람으로만 알고 조선만 위하여 공평히 인민에게 말할 터인데, 우리

---

[9] 전인권(2004, 112)은 〈독립신문〉의 국어 발견이 종교개혁 시기 루터가 귀족이나 승려들의 고급언어였던 라틴어로 된 성경을 일반 평민들의 저속한 언어였던 독일어로 번역했던 것과 같은 의미를 지닌다고 평가한다.

> 가 서울 백성만 위할 게 아니라 조선 전국 인민을 위하여 무슨 일이든지 대언하여 주려함 … 정부에서 하는 일을 백성에게 전할 터이요 백성의 정세를 정부에 전할 터이니, 만일 백성이 정부 일을 자세히 알고 정부에서 백성의 일을 자세히 알면 피차에 유익한 일만 있을 터이요 불평한 마음과 의심하는 생각이 없어질 터임.(1896. 4. 7)

또한, 더욱 중요한 것은 이 공론장이 언론인과 지식인들이 독점하여 일반 백성들에게 단지 계몽적인 내용을 전달하고 교육하는 일방적인 차원에 그치지 않고, 일반 백성들에게 자신의 의견을 직접 개진할 수 있게 해줌으로써 실제적인 공론의 장이 되어 주었다는 사실이다. 〈독립신문〉은 요즘보다도 더 많은 비중을 두고 일반 백성들의 투고를 게재하였다. 그리고 〈독립신문〉 자체가 일반 백성들 사이에서 공론의 장을 형성하는 중요한 구실을 하였다. 예컨대, 당시 강원도 양구군 우망리장에 사는 시민 김기서, 조성룡, 김리선 등 3인이 보낸 편지가 〈독립신문〉에 게재되었는데, 이를 보면 〈독립신문〉이 개인적인 독서 수단으로서 뿐만 아니라 공론의 장을 제공하는 매개체 역할을 톡톡히 했음을 알 수 있다.

> 요사이 본 군수가 한 장시를 설립하고 친히 장에 와서 상고(상인)와 인민이 많이 모인 후에 당세 형편을 일통 연설하고, 국문과 한문 번역 잘하는 사람으로 하여금 소리를 크게 질러 '독립신문'을 읽히니, 오는 사람과 가는 손이며 장사하는

사람과 촌백성들이 어깨를 비비고 둘러서서 재미를 붙여 함께 듣고 모두 찬탄하는지라. 이 다음부터는 물건매매하는 장시 인민뿐 아니라 '독립신문' 들으러 오는 백성들이 길이 멀고 가까운 것을 헤아리지 않고 귀를 기울이고 다투어 모여들어 서로 말하여 가로되, 오직 우리 대한 전국에 크고 작은 일과 천하만국의 아침과 저녁 일이 환연히 눈앞에 벌여 있고, 학식과 법률을 가히 자식과 손자를 가르쳐 어둡던 데를 버리고 밝은 데로 향하는 것을 번연히 가르쳐 깨닫겠노라고 말들을 하기에, 기쁘고 다행함을 이기지 못하여, 본시에 사는 백성들이 서로 의논하고 양포하오니, '독립신문'을 본군에 보낼 때에 일체로 한 장을 더 붙여 보내시면 신문 값은 또한 본군 군수에게로 붙여 보내오리니, 조량하심을 엎드려 바라노라고 하였더라.(1898. 11. 9)

이러한 공론장의 형성은 백성의 성격을 바꾸는 데 결정적인 역할을 하였다. 〈독립신문〉에는 백성이라는 용어와 함께 인민이라는 표현도 자주 등장하는데, 이는 보통의 사회구성원을 당시와는 다른 방식으로 정의하는 용어이기도 했다. 즉 〈독립신문〉은 조선의 백성을 인민의 수준으로 끌어올리고 있었던 것이다.

다른 한편 〈독립신문〉은 근대적 독립국가를 형성하고 국민통합을 이루는 데 필수적인 요소로 법치를 강조하면서 과거 조선의 정치가 문제였던 이유가 정부관원들이 힘과 권세를 앞세워 자의적인 통치를 일삼은 데 있다고 보았다. 즉 조선의 정치는 "무법한 조선정부, 불쌍한 조선백성"(1897. 3. 16)으로 특징지어진다는 것이다. 특히 조선의 정부관원들은 정치를 담당할만한 점잖음이 없는 천한 사람들로 간주했다. 외국의 점잖은 사람들은 "지체도 상관이 없고 형세도 상관이 없고 얼굴도 상관이 없고, 누구든지 남의 권리를 침범치 말고 내 권리를 남에게 뺏기지 않고, 내가 내 마음대로 자유를 하되 만일 그 하고 싶은 일이 법률에 어기지 않고 남의 권리에 상관이 없으면 자기 마음대로 할 말도 하고 할 일도 하는 것이 옳고, 죽더라도 법률에 어기는 일은 하지 말고 남이 나를 법률에 어기는 일을 억지로 시킨다고 하는 것은 시키는 사람과 같이 법률을 범하는 사람이니 죄를 당할 때에는 같이 당하는"(1897. 2. 18) 사람들인 데 비해, 우리의 정부관원들은 지체만 앞세우고, 남의 권리를 빼앗고, 마음대로 법을 무시할 뿐만 아니라, "귀하고 형세가 있을수록 그 사람의 몸은 장약하여 추위와 더위와 아픈 것을 조금치도 견디지 못하고 조금만 조심을 아니하여도 병이 나며 몸이 그렇게 약한 까닭에 마음이 약하여 조그마한 일에 겁을 내고 허한 일에 속기를 하며 무서움이 마음에 가득한 까닭에 의리와 충심이 무서움 다음에 오는"(1897. 2. 20) 나약한 존재에 불과하다고 하였다. 따라서 이런 정부관원들이 하루빨리 법의 기강을 세우고 자신부터 엄격하게 법을 적용하면서 백성들을 법으로 다스려야 나라가 바로 설 수 있다고 보았다.

요컨대 〈독립신문〉은 조선이 근대적 독립국가가 되려면 무엇보다도 법률을 세우고 이에 근거하여 통치가 이루어져야 한다고 보고, 먼저 법이 인민 각자의 권리가 침해되지 않게 보호해주는 역할을 해야 한다고 보았다.

나라의 법률과 규칙과 장정을 만든 본의는, 첫째는 사람의 권리를 이게 정해 놓고 사람마다 가진 권리를 남에게 뺏기지 않게 함이요, 또 남의 권리를 아무나 뺏지 못하게 함이라. 만일 이 정한 것이 없어놓게 되면 사람마다 남의 권리를 제 권리 외에 더 뺏으려고 하며, 또 제 권리를 남에게 뺏기지 아니하려고 서로 상지가 되어 불평하고 각심이 되어 소란한 일이 많이 생기는지라.(1897. 3. 18)

또한, 법은 치자의 자의적인 권력행사를 막고 빈부귀천과 남녀노소를 막론하고 누구나 동등하게 대하는 규범으로서, 이에 근거할 때에만 백성은 동등한 국가의 구성원이 될 수 있다고 보고, 법의 동등성을 다음과 같이 지적하였다.

동양제국에서 개화 이전에는 사람마다 생각하기를 권력만 있으면 그 힘을 가지고 옳은 것을 그르다고 하며 그른 것을 옳다고 하는 풍속이 있었거니와 개화 세계에는 이런 법이 없고 세 있는 사람들이나 세 없는 사람들이나 다 법률에 범치만 않을 것 같으면 누구를 두려워할 것도 없고 누구든지 그 사람을 감히 늑박지 못하는지라.(1896. 7. 11)

이런 권리와 평등의 원칙에 따라 〈독립신문〉은 법의 성격을 단순히 자연법적 차원에서만 이해하지 않고 서구 근대의 사회계약론적 관점에서 파악하였다. 즉 법이란 정부와 백성이 함께 논의하여 약조한 것과 같다는 것이다.

> 정부와 백성 사이에 교섭하기를 위하여 약조를 정하나니, 이 약조의 목적은 만국간에 공동한 이익을 보존하며 영원히 치평케 함을 위함이라. 그런고로 이 약조를 정할 때 정부와 백성이 난상공의하여 서로 다른 의견이 없으면 그 결정한 의안을 상주하여 재가하신 후 천하에 반포하는 것이니, 이 약조 이름이 법률이라.(1899. 3. 3)

따라서 법은 관인이나 일반 백성 모두에게 공정하게 적용되며 누구라도 법을 어기면 그에 마땅한 벌을 받아야 한다고 보았다. 그러나 〈독립신문〉은 법에 대한 과도한 의존을 부추기는 측면이 있으며, 일종의 법률 만능주의적인 태도를 보인다(이원택, 2004: 40). 즉 법은 일차적으로 인민들에게 유리하게 만들어져야 하지만, 아무리 좋은 법이라 하더라도 그것에 불편을 느끼는 사람들이 있기 마련이므로 설사 불편을 호소하는 사람들이 있다손 치더라도 이를 적극적으로 시행하는 것이 관리들의 임무라고 여겼다. 요컨대 "정부가 법률을 만들 때는 아무쪼록 여러 백성에게 유조하도록 만들고, 50명에게 해로울 것 같으면 그 50명이 원망을 하더라도 그 백 사람을 위하여 그 영을 시행"(1896. 11. 7)하는 것이 법의 본연의 모습이라는 것이다. 따라서 〈독립신문〉은 법의 엄격한 적용과 지배를 강조하는 법치의 틀을 마련하고 있었다고 볼 수 있다.

4. 결론

앞에서 우리는 공화민주주의의 의미와 〈독립신문〉의 문제의식 및 특징에 대해 살펴보았다. 이를 요약하면 다음과 같다. 첫째, 민주주의 정신은 단지 인민의 지배, 다수의 지배를 확립하고 개인의 자유와 권익을 보호하는 데에만 있는 것이 아니라, 법의 지배 아래 적절한 참여와 소통을 통해 공동체적 통합을 이루는 데 있다. 둘째, 〈독립신문〉의 의의는 이러한 덕목을 중시하는 공화민주주의, 특히 당시의 역사적 맥락에서 조선의 독립을 위해 고려된 자생적 공화민주주의 관점에서 살펴보면 그 의의가 더 잘 드러난다. 셋째, 〈독립신문〉의 공화주의적 특성은 백성을 국민으로 전화시켜 한데 모으는 국민통합과 이를 위해 백성들 사이 및 백성과 정부 사이에서 이루어지는 소통, 모든 국민의 자유와 평등을 보장하기 위해 법을 제정하고 이에 근거하여 통치하는 법치로 집약될 수 있다.

이러한 〈독립신문〉의 문제의식과 공화민주주의적 처방은 당시의 상황을 고려한 고심의 제안이었다고 생각된다. 이 구상의 장점은 앞서 살펴보았듯이 너무나도 많아 여기에서 더는 그 장점을 논하지 않겠다. 그 대신 몇 가지 문제점을 짚어보고자 한다.

첫째, 국민통합을 이루기 위해 〈독립신문〉이 제시한 '국민관'은 충분히 이해되지만 근대 서구의 기준이나 오늘날의 기준에서 볼 때는 미흡한 점이 엿보인다. 이미 필자가 〈독립신문〉에 관한 이전의 한 연구에서 지적한 바와 같이(이동수, 2006: 23~25), 〈독립신문〉에서 주장하는 국민통합은 인민을 통일된 국민으로 결집하는 데 주목하고 있을 뿐 개인의 능동적이고 잠재적인 능력의 강화는 중시하고 있지 않다. 즉 백성을 개인으로 만들고 이를 바탕으로 국민이나 시민을 형성하는 방법을 택하기보다는 결집한 국가구성원으로서의 국민에만 착안하고 있다. 그런데 이런 결집은 진정한 의미의 통합(integration)이라기보다는 국가라는 전체로의 흡수(inclusion)로 귀결되기 쉬우며, 그럴 경우 국민적 역량 자체가 충분히 발휘되지 못할 위험이 있다.

또한 '개인'의 단계를 거치지 않은 '국민'의 형성은 개개인들의 주권과 권력을 강조하는 '민주'의 관점을 흐리게 할 우려가 있다. 앞에서 지적한 것처럼, '민주'란 '인민의 지배'로서 모든 인민이 개인의 권리와 이를 구현할 수 있는 권력을 가짐으로써 국가권력을 분립시키고 독재를 막을 수 있는 근거를 제시해준다. 하지만 〈독립신문〉에서는 인민의 자유와 권리를 논하면서도 그들의 권력에 대해서는 함구하는데, 바로 이 점이 서구의 공화민주주의 발달사와 〈독립신문〉에 나타난 공화주의적 경향의 차이를 선명하게 보여준다. 즉 서구에서는 '국민'보다 '개인'의 형성이 우선이었으며 그 과정에서 권력분립이라는 '민주적' 과제가 먼저 달성된 후 공화주의 문제가 강조된 반면, 〈독립신문〉에서는 전통적인 '백성'으로 이루어진 국가관에서 '국민'으로 이루어진 국가관으로 변화하는 사이에 '민주'에 대한 문제가 그만큼 소홀히 취급되었던 것이다.

결국, 이러한 국가관으로 말미암아 개화파들은 국민주권론과 의회개설을 주장하였음에도 강화된 군주권을 바탕으로 하는 입헌군주제를 현실적인 정치체제 방안으로 제시하는 결과를 빚고 말았다. 이런 체제하에서 정치권력의 최종 주체가 백성보다는 '독립협회'와 같은 지식인 결사체에 주어지며, 개화파가 하원 설치안을 반대하는 대신 중추원 중심의 의회안을 지지하게 되는 이유도 이와 관련이 있다.

둘째, 〈독립신문〉은 국민의 행위를 이끌어내기 위해 백성에 대한 교육과 계몽을 전략으로 제시하였는데, 이는 아주 중요한 덕목이기는 하지만 적어도 국민으로 행동하게 하는 데에는 부족해 보인다. 즉 백성으로 하여금 국가를 위해 국민 통합적으로 행동하게 하는 동인은 그들에게 예컨대 국민교육헌장을 외우게 하거나 국민윤리교육을 시행하는 것이 아니라 그들이 직접 수행적(performative) 경험을 통해 주체적이고 능동적인 국민의식을 갖게 하는 것이다. 즉 국민의식은 '계몽적 교육'보다는 '수행적 행동' 속에서 나오는 것이다. 이는 공화민주주의에서 참여를 중요시하는 이유이기도 하다.

예컨대 고대 그리스의 정치철학자 크세노폰(Xenophon)의 《키루스의 교육(Cyropaedia)》을 보면, 수행적 경험과 참여적 행위가 국민통합을 가져오고 그 집단의 능력을 극대화하는 데 공헌했다는 사실을 알 수 있다. 잘 알려진 바와 같이, 고대 페르시아의 대제국을 이룩한 키루스(Cyrus)의 성공 요인은 바로 일반 평민들의 수행적 행동과 국민 통합적 정체성을 일구어낸 데 있다.

당시 키루스의 나라는 작은 왕국에 불과했으며 국민과 병사의 수도 그리 대단한 규모가 아니었다. 더구나 전통적으로 특권을 누리던 귀족계층과 피지배자인 평민계층으로 양분되어 있으면서, 페르시아인으로서의 정체성과 페르시아군으로서의 무장은 귀족들에게만 허용되었을 뿐이다. 그러나 키루스는 페르시아를 강건한 국가로 만들 욕심이 있었으며, 이 목표를 위해 정복전쟁을 치르기로 결심하였다. 이때 그가 맨 먼저 취한 행동은 귀족뿐만 아니라 평민에게도 무장을 시키고 그들에게 공과에 따른 공평한 분배를 약속해 주는 것이었다. 키루스는 평민들에게 다음과 같이 연설하면서 그들의 자발적인 전쟁 참가를 유도하였다.

> 페르시아인들이여, 여러분은 우리[귀족들]가 태어나고 성장했던 바로 그 나라에서 태어나고 성장했소. 여러분은 우리 못지않은 육체를 갖고 있소. 그리고 그것은 여러분이 우리 못지않은 영혼을 가지고 있다는 사실과 일치하오. 그러나 여러분은 이러한 사람임에도 조국에서 우리와 같은 평등한 몫을 나누어 받지 못했소. 여러분은 우리에 의해서가 아니라, 여러분 자신의 일용할 식량을 구해야 하는 불가피함 때문에 배제되었던 것이오. 그러나 이제 여러분이 그러한 것들을 가지게 되는 것이 신들과 더불어 나의 관심사가 될 것이오. 만약 여러분이 원한다면, 여러분은 우리와 마찬가지로 무기를 들고 일어나 우리와 똑같은 위험을 겪을 수 있소. 그리고 만약 거기에서 귀중하고 훌륭한 무언가를 얻게 된다면, 그에 합당한 보답을 받을 자격이 있다고 생각될 수 있을 것이오.(Xemophon, 1968: II, i, 15ff)

물론 처음에 이 조치는 귀족들의 반대에 부딪혔지만, 키루스는 평민을 무장시키기에 앞서 먼저 귀족들에게 더 큰 이익을 위해서 평민보다 우월한 위치에서 가질 수 있는 기득권을 포기하도록 설득하는 작업을 하였다. 그 후 평민들에게 충분한 보상을 약속해주고 크고 작은 여러 전투를 치르자 평민들은 점차 페르시아인으로서의 정체성을 획득하고

전쟁에 능동적으로 참여하였으며, 정복전쟁도 성공적으로 끝날 수 있었다. 이 사례가 보여주는 교훈은 전쟁에서도 동원보다 참여가 훨씬 더 효과적이라는 사실이다.

셋째, 〈독립신문〉에서 제기한 법치에 대한 강조는 대단히 중요한 공헌임에도 아쉬움이 남는다. 〈독립신문〉에서 발견되는 법치의 문제점을 한마디로 요약하면, '법에 의한 지배로서의 법치(rule by law)'와 '법의 지배로서의 법치(the rule of law)'를 혼동하고 있다는 점이다.

〈독립신문〉은 법을 인민의 권리를 보호하고 그들을 동등하게 대하기 위한 규범으로서 사회협약적 성격을 지닌다고 파악한다. 법에 대한 이런 인식은 대단히 앞선 견해이다. 하지만 법의 적용에서는 이와 상반된 태도를 보인다. 이 문제를 논하기에 앞서 먼저 앞에서 공화민주주의자로 소개된 아렌트의 법률관을 살펴보고 이를 〈독립신문〉의 법률관과 비교해 보고자 한다.

아렌트는 사회통합 혹은 국민통합을 이룰 수 있는 법치가 근거해야 할 법으로서 초월적 기원의 자연법 대신에 인간에 의해 만들어지고 인간들 사이의 관계에 바탕을 두고 있는 '관계법'을 옹호한다. 그녀가 보기에, 그리스와 로마는 모두 자신의 법을 정당화할 원천을 정치세계의 외부에서 찾을 필요가 없었다. 법에 대한 이해는 서로 달랐지만 어떤 초월적 권위의 원천보다 '사람들 사이의 관계'에 주목했다는 점에서 이 둘은 공통점을 가진다. 그리스에서 법을 뜻하는 노모스(nomos)는 자연적인 것이 아니라 인공적인 것, 사람의 활동 경계와 한계를 뜻하며, 로마에서 법을 의미하는 렉스(lex) 역시 세속적이고 공간적인 의미를 지닌다(Arendt, 1963: 188~189).

이보다 좀 더 구체적으로 말하자면, 그리스에서 입법가는 비록 공동체의 '밖(outside)'에서 왔지만 그 '위(above)'에 서 있는 것으로는 여겨지지 않았다. 여기서 입법가가 '위'에 있지 않다는 것은 그가 신적인 존재가 아님을 뜻하며, '밖'에 있다는 것은 단지 법을 정하는 것이 폴리스가 존재하기 전의 전정치적 활동이라는 것으로, 마치 도시가 존재하기 전에 도시를 둘러쌀 담을 세우는 것과 같은 활동이라는 것을 의미한다. 여기서 노모스는 법의 관습적이며 인공적인 것을 의미한다. 또한, 렉스(leges: 법률)의 원래 의미는 밀접한 결합(intimate connection) 혹은 관계, 다시 말해서 외부환경으로 말미암아 함께 모인 두 사물이나 파트너를 연결해 주는 어떤 것을 의미하는 것으로서, 로마는 이를 주로 협약(treatises)이나 공동체 유지를 위한 것으로 이해하였다. 요컨대 노모스나 렉스 모두 법을 서로 다른 당사자들 간의 관계와 동의를 의미하는 것으로 간주하였던 것이다.[10]

그런데 이와 같은 관계법적 권위는 무엇보다도 시민들의 의사를 모으고 법을 제정하는 행위 자체에서 나온다. 특히 아렌트는 설사 서로 의견이 다르더라도 서로의 관계를 고려하고 공동체 유지를 위해 합의하는 공동의사(common will)에 법이 근거해야 한다고 본다. 이는 일반의지(general will)를 강조하는 루소의 견해와 달리, 사람들은 자유롭고 평등하게 함께 살기 위해 서로 비슷한 생각을 해야 할 필요가 없음을 의미한다. 공화국의 시민을 묶어주는 것은 그들이 같은 공간에 거주하

---

[10] 아렌트는 이런 법에 대한 관점이 근대엔 오직 몽테스키외(Montesquieu)에게서만 발견된다고 본다. 몽테스키외는 정치 영역에 절대적이며 신적인 혹은 전체적인 힘을 도입할 필요가 없다고 생각했다. 그는 법이란 용어를 엄격히 로마적인 의미로 사용했는데, 이는 그의 저서인 《법의 정신(The Spirit of the Laws)》 첫 장에서 법률을 rapport, 즉 상이한 실체들 사이에 존재하는 관계란 의미로 정의한 것에서 알 수 있다.

고 공동의 관심사를 공유한다는 사실이지 같은 생각을 하고 있어서가 아니라는 말이다. 이해관계는 하나가 될 수 있지만 의견은 오히려 하나가 되기 어렵다(Arendt, 1963: 73).

따라서 법에서 제일 중요한 것은 법의 내용이 아니라 법의 제정과정과 법에 대한 동의 여부이다. 아렌트는 미국 헌법을 공화주의적 요소를 가장 많이 간직한 법으로 간주하는데, 여기서 가장 중요한 조항은 그것에 포함된 다른 어떤 내용보다도 그 내용을 국민이 지지한다고 적시한 'We hold'라는 부분이다. 이 말을 하는 순간, 우리는 헌법의 권위에 동의했고, 그럼으로써 헌법에 의한 지배를 단순히 지배가 아니라 자유로운 복종으로 받아들이게 된다.

이런 법률관에 비추어 볼 때 〈독립신문〉의 법치는 법을 사회계약론적 관점에서 이해하는 단초는 갖고 있지만 엄격한 법의 적용과 지배를 강조함으로써 법 제정에서의 국민의 참여와 지지 혹은 자발적 복종의 측면을 간과하고 있는 것 같다. 따라서 〈독립신문〉이 주장하는 법치는 법의 형식적 지배에 좀 더 가까우며 법에 자발적으로 복종함으로써 이루어지는 법의 실질적 지배 차원이 부족해 보인다.

그러나 이러한 문제가 있을지라도 자생적 공화민주주의의 관점에서 살펴본 〈독립신문〉의 의의는 분명해 보인다. 특히 〈독립신문〉에 담겨있는 근대 공화민주주의적 국가건설의 진정성은 충분히 인정되며, 그 구상도 오늘날 여전히 적실하다고 생각된다. 다만 앞서 한계로 지적되었던 점들이 현대적 관점에서 더욱 보완되고 세련되어야 함은 물론이다.

하지만 다행스러운 것은 민주화가 달성된 현시점에서, 〈독립신문〉의 약점으로 지적된 '민주적' 요소의 결핍 문제는 이미 해소된 것처럼 보인다는 점이다. 오히려 서구가 자유민주주의 이후 공화민주주의의 필요성을 절감한 것처럼, 민주화 이후 시대를 사는 우리에게는 공화주의적 발상이 더욱 요청된다. 〈독립신문〉은 비록 완전한 의미의 공화민주주의 모델을 제시해주지는 못하였지만, 앞으로 우리 사회에 필요한 공화민주주의의 기본적인 요소를 제공해준 중요한 내재적 근거로 자리매김할 것이다.

참고문헌

〈독립신문〉

곽준혁. 2005. "민주주의와 공화주의: 헌정체제의 두 가지 원칙".《한국정치학회보》. 39집 3호. 33~57.
김동택. 2004. "독립신문의 근대국가 건설론".《사회과학연구》. 서강대학교 사회과학연구소. Vol. 12, No. 2, 68~97.
김영작. 1989.《한말 내셔널리즘 연구: 사상과 현실》. 서울: 청계연구소.
신용하. 1988.《갑오개혁과 독립협회운동의 사회사》. 서울: 서울대학교출판부.
이나미. 2000. "독립신문에 나타난 자유주의 사상에 관한 연구". 고려대학교 박사학위논문.
이동수. 2006. "독립신문과 공론장".《정신문화연구》. 제29권 제1호. 3~28.
전인권. 2004. "만민공동회: 한국 근대 정치의 원형". 〈독립신문 다시 읽다〉 심포지엄 발표논문. 105~128.
정원규. 2002. "민주주의의 기본원리: 절차주의적 공화민주주의 모델을 제안하며".《철학》. 71집. 171~196.
주진오. 1993. "독립협회의 주도세력과 참가계층: 독립문 건립 추진위원회 시기를 중심으로".《동방학지》. 77/78/79 합집. 659~689.

Anderson, Benedict. 1983. *Imagined Communities: Reflection on the Origin and Spread of Nationalism*. London: Verso.
Arendt, Hannah. 1963. *On Revolution*. London: Faber and Faber.
Barber, Benjamin R. 1984. *Strong Democracy: Participatory Politics for a New Age*. Berkeley: University of California Press.
Habermas, Jürgen. 1996. *Between Facts and Norms: Contributions to a Discourse Theory of Law and Democracy*. Tr. William Rehg. Cambridge: The MIT Press.
Lefort, Claude. 1986. *The Political Forms of Modern Society: Bureaucracy, Democracy, Totalitarianism*. Ed. John B. Thompson. Cambridge: The MIT Press.
Manin, Bernard. 1997. *The Principles of Representative Government*. Cambridge: Cambridge University Press.
Montesquieu. 1989. *The Spirit of the Laws*. Trs. Anne M. Cohler, Basia Carolyn Miller and Harold

Samuel Stone. Cambridge: Cambridge University Press.
Viroli, Maurizio. 2002. *Republicanism*. Tr. Antony Shugaar. New York: Hill and Wang.
Xenophon. 1968. *Cyropaedia*. Tr. Walter Miller. Cambridge: Harvard University Press.

서양 정치사상의 한국화

다문화 시대의 시민: 한국사회에 대한 시론[1]

김남국 고려대학교

1. 서론: 다문화 사회에서 사회통합의 과제

인종과 문화, 성과 종교를 기준으로 끊임없이 분절되는 다문화 사회에서 시민이 된다는 것은 어떤 의미일까? 이러한 사회에서 시민의 권리와 의무는 무엇이어야 하고, 시민으로서 공동의 정체성은 어떻게 확보될 수 있을까? 나아가서 한 사람의 시민이 탄생하는 과정에 국가의 역할은 어떻게 정의되어야 할까? 오늘날 전 지구적인 현상이 되고 있는 다문화 사회의 유형은 크게 두 가지로 구분할 수 있다. 첫째는 영국이나 독일, 프랑스처럼 비교적 동질적인 문화를 가졌던 전통적인 국민국가들이 자본과 노동의 세계화에 따른 이주노동자, 낯선 문화, 그리고 새로운 종교의 유입과 함께 다문화 사회의 도전에 직면한 경우이고, 둘

---

[1] 이 글은 필자의 논문 "다문화 시대의 시민: 한국사회에 대한 시론" 《국제정치논총》 45권 5호(2005)를 수정·보완하여 재수록한 것이다.

째는 캐나다나 미국처럼 출범 초기부터 다양한 인종과 문화로 구성된 이민자의 나라여서 상대적으로 다문화 사회의 도전에 익숙하지만 여전히 사회통합의 문제가 심각한 경우이다.

단일민족과 단일문화를 강조하던 우리나라는 첫 번째 유형에 가깝다. 하지만 우리나라 역시 점점 다양하게 분화되는 인종과 문화, 지역과 종교 등의 도전으로부터 자유롭지 못한 상황에 직면하고 있다. 예컨대, 59만 명에 이르는 이주노동자들에 대한 불법체류 관리와 인권보장 사이의 갈등, 농촌총각의 1/3 정도가 외국인 신부와 결혼하고 그들 사이에서 태어난 2세가 늘어나는 현실, 양심적 병역거부나 동성결혼 문제가 점점 사회 이슈화되고 있는 상황 등은 우리 사회가 정치권력이나 경제적 분배문제를 둘러싼 사회적 다수 중심의 전통적인 갈등 이외에도 사회적 소수의 문제 제기에 따라 다양하게 분화해 가고 있음을 보여준다. 이처럼 다원화되는 사회에서 사회적 다수와 사회적 소수, 또는 기존의 시민들과 새로운 이주자들이 공존할 수 있는 사회구성의 원칙을 찾는 일은 우리 사회가 광범위한 토론과 성찰을 통해 풀어나가야 할 중요한 과제 가운데 하나이다.[2]

---

[2] 2012년 8월 현재 한국에 거주하는 외국인은 141만여 명으로, 전체 인구의 약 2.8%를 차지한다. 이는 다시 59만여 명의 이주노동자(42%), 16만여 명의 숙련노동자(11.5%), 14만 4천여 명의 결혼이민자(10.2%), 8만 7천여 명의 유학생(6.2%)으로 구성된다. 이 숫자는 이민과 인종갈등이 사회문제화하기 시작하던 1960년대 말의 유럽과 비슷한 수준이다. 서구에서 다문화주의가 전면에 등장하는 과정은 두 단계로 이루어진다. 첫째는 사회적 소수의 숫자가 일정 수준 이상 증가하여 임계점에 도달하는 단계이고, 둘째는 이들이 경제적 보상에 만족하지 않고 문화적 생존을 주장하기 시작하는 단계이다. 물론, 서구의 모든 나라는 소수의 숫자, 특히 이주노동자의 숫자가 증가하는 것을 막기 위해 노력하였다. 그러나 국내의 낮은 출산율에 따른 노동력 부족과 저임금을 선호하는 자본의 우월한 지위에 따라 어떤 나라도 소수의 증가를 완벽하게 통제하지는 못한다. 우리 사회의 전통적인 갈등기준에 따른 사회경제적 약자는 2009년 가처분 소득기준으로 보면 절대빈곤층만도 470만여 명(9.5%)에 이른다. 따라서 노약자, 어린이 가장, 비정규직 노동자 등의 사회경제적 약자 문제는 여전히 중요하다. 그럼에도 불구하고 우리가 이주노동자를 비롯한 사회적 소수 문제에 관심을 두는 것은 이들의 존재가 지구화 시대의 등장을 반영하는 준거적 현상이고, 우리 사회의 가장 주변적인 부분에서 우리 사회의 존엄과 민주주의를 시험하는 사례가 되고 있기 때문이다.

오늘날 국민국가의 경계 안팎에서 새로운 이주자와 기존의 시민들, 또는 사회적 소수와 사회적 다수집단이 공존하면서 겪는 갈등은 적어도 네 가지의 상충하는 이해들을 동시에 반영하고 있다. 기존 시민의 입장에서 보면 낯선 사람들의 등장이 가져올 일상생활의 충격이나 노동시장에서의 경쟁 심화, 전통문화에 미치는 영향을 걱정하는 것은 자연스러운 감정이다. 따라서 기존 시민들은 새로운 이주자들에게 그들이 선택한 새로운 사회의 규칙과 관습, 생활양식 등을 존중하고 그것에 적응해 주기를 기대하지만, 그렇다고 하더라도 새로운 이주자들의 문화를 완전히 무시하거나 그들의 인권을 거들떠보지 않는 인종차별주의자로 보이기를 원하지는 않는다. 기존 시민들은 자신의 오래된 이웃에게 보여주는 심정적 유대를 새로운 이주자들에게 보여주기도 하고 그들의 정착을 도우려는 인간적인 노력을 보여주기도 한다. 이처럼 상반된 두 가지 감정은 한 사람의 의식 안에 동시에 존재할 수도 있으며 집단을 달리하여 좀 더 배제하는 쪽으로 기우는 이른바 극우집단과 좀 더 포용하는 쪽으로 기우는 인권 관련 집단에 따라 다르게 나타날 수 있다.

새로운 이주자들 역시 서로 다른 두 가지 욕구를 동시에 갖고 있다. 우선 이들은 기존 사회 구성원들에게서 자신들의 인종 및 문화와 관계없이 보편적인 한 개인으로 인정받기를 원한다. 즉, 기존의 시민들과 동등한 자격을 갖는 한 개인으로서 오직 자신의 능력에 따라 평가받기를 원하고 새로운 사회의 주류집단에 참여하여 자신이 뜻하는 바를 성취하기를 원한다. 그러나 동시에 새로운 사회에서도 소수집단의 일원으로서 자신의 문화적 정체성을 인정받기를 원하고 자신의 문화와 전통을 유지하기를 바란다. 다시 말해, 새로운 사회에 완전히 동화되기를 바라지도 않지만, 그렇다고 해서 새로운 사회에서 고립된 소수집단으로 살기도 바라지 않는다. 사회적 소수로서 새로운 이주자들은 본질적으로 갈등하는 이 두 가지 요구가 동시에 충족될 때 비로소 자신들이 사회적으로 완전한 인정을 받았다고 느낄 것이다.[3]

이처럼 갈등하는 사회적 다수와 소수, 새로운 이주자와 기존 시민들 사이의 서로 다른 요구를 조정하는 과정에서 시민이라는 개념은 중요한 매개체로 자리 잡게 된다. 경계를 기준으로 외부에 대해 배타적인 하나의 공동체는 구성원에게 요구되는 의무와 권리를 시민이라는 개념 아래 규정한다. 즉, 하나의 정치공동체 안에서 함께 생활하게 되는 구성원들은 구성원 서로에 대한 의무와 권리, 구성원 개인과 공동체의 관계 등을 시민이라는 개념 속에 포괄적으로 규정하며, 이 기준에 맞추어 공동체의 새로운 시민이 될 수 있는 사람들의 자격을 제시한다.

근대적인 의미의 시민은 경계 안의 모든 사람을 종교와 신분, 가족과 지역에 상관없이 하나의 범주로 묶을 수 있는 보편적인 개념이었다. 따라서 공화국을 구성하는 주권의 담지자로서 시민들은 자유롭고 평등함을 원칙으로 했지만, 경계를 중심으로 구획된 개별 국민국가의 전통에 따라 시민의 개념은 서로 다른 발전의 길을 걸어왔다. 다시 말하자면, 시민에 대한 정의는 국가에 따라 다르고, 하나의 국가 안에서도 시대

---

[3] 다문화주의는 단순히 단일문화에서 다양한 문화로 변화해 가는 사회의 현상을 가리키는 가치중립적 용어로 쓰일 수도 있고, 소수의 권리를 적극적으로 보호해야 한다는 규범적 의미로 쓰일 수도 있다. 이 논문에서 다문화주의란 사회적 소수집단의 정체성과 문화적 이해를 공공영역에서 적극적으로 인정하려는 일련의 흐름으로 정의할 수 있다. 경제나 복지 차원의 정책 이슈보다는 사회적 인정과 문화적 생존을 중요하게 생각하는 이러한 접근에서는 사회적 소수의 보호를 위해 예외적인 역차별 제도를 만드는 것, 공공영역에서 문화적 표현을 인정하는 것, 국가 차원에서 특별한 대표나 집단적 자치의 권리를 허용하는 것 등이 중요한 문제가 된다. 경제와 복지 중심의 재분배로부터 문화를 중심으로 한 사회적 인정이라는 패러다임의 변화를 다룬 최근의 연구로는 프레이저와 호네트(Fraser and Honneth, 2003), 마켈(Markell, 2003) 등이 있고, 재분배 중심의 전통적인 관점에서 다문화주의를 비판한 연구로는 베리(Barry, 2001)가 있다. 국내의 연구로는 설한(2005)이 있다.

의 흐름에 따라 변해왔다. 그렇기 때문에 사회적 다수가 이미 정해 놓은 시민의 개념과 역할에 사회적 소수가 일방적으로 복종할 것이라고 믿는 것도 현실성이 없지만, 사회적 소수의 요구를 무조건 수용하는 것도 사회적 다수의 동의를 얻기가 쉽지 않다. 사회적 소수나 새로운 이주자들의 존재가 공동체를 풍부하게 만드는 다원화의 증거라는 긍정적인 평가를 받기 위해서는 적어도 갈등하는 두 집단의 서로 다른 네 가지 요구를 동시에 고려하면서 사회적 연대의 위기와 대표의 위기 문제를 해결하는 일이 먼저 이루어져야 할 것이다.

사회적 연대는 다수결의 원칙에 따른 민주적 의사결정을 존중하기 위해 비록 자신의 의견이 소수에 속할지라도 자신의 희생을 기꺼이 감수할 수 있을 정도의 신뢰를 공동체의 구성원들이 가져야 한다는 것을 의미하고, 대표의 문제는 사회의 모든 구성원이 정치적 권리를 가지고 자신의 의견을 정책결정 과정에 반영할 수 있어야 한다는 사실을 뜻한다. 그러나 인종과 문화, 종교를 달리하는 사회적 소수의 증가는 이미 존재했던 사회적 연대의 수준에 도전을 가져온다. 다수가 느끼는 낯선 사람에 대한 공포는 종종 소수에 대한 배제의 시도로 나타나고, 그 결과 사회적 소수는 대표의 권리를 갖지 못한다. 우리는 새로운 구성원에 대한 서로의 연대가 확인되었을 때 비로소 소수의 정치적 권리를 보장하는 대표의 문제에 합의할 수 있을 것이다. 이러한 현실은 우리가 다문화 시대에 사회적 연대를 고양할 방법을 찾아야 하고 이에 근거해 대표의 위기 문제를 해결해야 한다는 것을 뜻한다.

이 논문은 이러한 문제의식을 바탕으로 사회적 다수와 사회적 소수가 동의할 수 있는 바람직한 시민상을 통해 다문화 시대에 가능한 사회

구성의 모델을 추론해 보고자 한다. 이를 위해 필자는 우선 자유주의 전통에서 롤즈(John Rawls)와 하버마스(Jürgen Habermas), 자유방임주의 전통에서 노직(Robert Nozick)과 하이에크(Friedrich Hayek), 공화주의 전통에서 스키너(Quentin Skinner)와 샌델(Michael Sandel)이 말하는 시민의 개념을 검토한다. 이들의 논의는 국가의 역할과 사회의 책임, 개인의 자유라는 세 가지 차원에서 시민의 개념을 어떻게 규정할 수 있는가에 대해 뚜렷한 차이를 보여주는 이념형으로서 의미를 지닌다. 즉, 규범이론으로서 이들의 논의는 무엇이 옳은가 또는 바람직한가를 기준으로 자신들의 주장을 논리적 일관성에 초점을 맞추어 구성하고 있기 때문에 현실을 보는 분석틀로 직접 사용할 수는 없지만, 새로운 시민의 모델을 추론하는 과정에서 현실을 판단하는 준거로서 역할을 할 수는 있는 것이다. 물론, 전통적인 국민국가의 비교적 균질한 시민사회를 전제하는 이들의 논의는 다문화주의 관점에서 보면 그 강점과 한계가 확연하게 드러난다.[4]

이렇게 재구성한 시민의 이념형을 근거로 필자는 최근 들어 우리나라에서 이루어지고 있는 바람직한 사회구성의 원칙과 시민의 역할을

---

[4] 시민에 대한 논의의 전통은 고대 도시국가의 시민을 다룬 플라톤의 공화국, 근대 국민국가의 바람직한 시민상을 다룬 루소의 에밀까지 거슬러 올라갈 수 있다. 최근에는 마샬(T. H. Marshall)이나 터너(Bryan Turner), 포콕(J. G. A. Pocock) 등의 논의가 있었다. 그러나 비교적 동질적인 국민국가를 전제로 한 이들의 논의는 사회적 다수 사이의 정치나 경제적인 권리분배에 중점을 두었고, 문화적 차이가 가져오는 새로운 갈등의 등장은 고려하지 않았다. 이 글에서 주목하는 지구화가 초래하는 다문화 시대의 시민권에 대한 대표적인 논의로는 킴리카(Kymlicka, 1995; 2001)와 바우벡(Baubëck, 1995; 1999)의 연구를 들 수 있다. 이 두 사람의 논의는 문화의 본질적 가치와 문화적 소수집단의 권리를 적극적으로 인정하고, 소수의 구체적 권리의 내용과 정당성의 근거를 찾는 데 집중하고 있다. 이에 비해 필자의 논의는 소수의 문화적 생존 주장과 다수가 느끼는 공포감 사이의 거리에 주목하고, 그 차이를 매개할 합의 가능한 조건, 즉 정치 공동체를 함께 구성하는 시민으로서 문화적 차이에도 불구하고 동의에 이를 수 있는 시민의 덕목을 통한 사회통합에 초점을 맞추고 있다. 다문화 현상은 자본과 노동의 세계화에 따른 지구화라는 보편적 세례를 받아 가는 과정이므로 오히려 한국적 특수성이 약화되어가는 현상으로 해석될 수 있다. 따라서 우리와 비슷한 서구의 전통적 국민국가들이 채택했던 사회구성의 원칙을 원용하여 우리 사회를 분석함으로써 얻을 수 있는 시사점이 있다.

둘러싼 논의의 장단점을 검토하고자 한다. 오늘날 우리 사회에는 의외로 공화주의적 입장의 강화 필요성을 강조하는 목소리가 많다. 그러나 이 문제는 배타적인 선택의 문제는 아닐 것이다. 즉, 자유주의가 아니면 공화주의라는 식의 배타적인 선택보다는 개인이나 공동체 가운데 한쪽의 비중이 커지는 시대의 흐름에 따라 때로는 공화주의, 때로는 자유주의를 강조하는 균형이 더 필요할 것이다. 이 논문은 결론적으로 '심의 다문화주의'라는 개념 아래 필자가 이론화한 바 있는 '상호존중'과 '합리적 대화', '정치적 권리'라는 세 가지 조건을 다문화 시대의 사회적 소수와 다수가 합의에 이를 수 있는 시민의 적합한 모습으로 제시한다.[5]

2. 자유주의: 국가 중립성과 최소주의 전략

다문화 사회에서 시민이 된다는 것에 대해 자유주의 전통이 제시하는 기준, 즉 다수와 소수가 함께 합의할 수 있는 시민의 권리와 의무, 그리고 사회적 책임과 국가 개입의 범위에 대한 기준은 최소주의 전략과 국가 중립성이라는 두 개념으로 요약될 수 있을 것이다. 예컨대, 정치적 자유주의를 대표하는 롤즈는 시민권을 인종과 종교, 성과 문화에 상관없이 모든 자유롭고 평등한 인간이 받아들일 만한 이유가 있는 일련의 원칙들이라는 관점에서 해석한다. 다원화된 근대사회에서 우리가 공유할 수 있는 부문은 많지 않다고 보기 때문에 롤즈의 자유주의에서

---

[5] 시민의 이념형을 세 가지 규범이론의 전통으로 구분하여 추적하는 작업은 필자가 이미 발표한 논문(김남국, 2005b)에서 간략하게 다룬 바 있다. 앞의 논문이 간략한 시민의 이념형에서 시작하여 국경의 의미에 대한 학자들의 논의를 다루고, 이어서 국경통제의 정당성을 추론하는 것을 목표로 하였다면, 이 논문에서는 기존 논문의 3배 정도 분량으로 시민에 대한 논의를 더 구체화하고, 이를 다시 다문화주의 관점에서 검토하여 다문화 시대에 바람직한 시민의 모습을 추론하고 있다.

규정하는 시민의 의무는 엷고 단순하다.

롤즈가 보기에 서구사회는 무엇보다도 합리적인 사람들이 한 가지 내용의 최고의 삶의 방식에 동의하는 것을 기대할 수 없다는 다원성에 의해 특징지어진다. 사람들은 논쟁적인 어떤 주제에 대해 공식적인 정당화를 가능하게 하는 합의된 근거를 찾지만 오늘날 서구사회에서 그러한 근본적인 합의가 가능하다고 기대할 수는 없다. 따라서 롤즈는 공공 정치문화를 통하여 얻을 수 있는 최대공약수에 눈을 돌리고 있다.

그는 공공 정치문화의 가장 중요한 특징으로 합리적인 다원주의를 예로 든다. 합리적인 다원주의의 범주 안에서 정의의 요구를 수행하려면 시민들은 공적 이성과 비공적 이성을 구분할 수 있어야 한다. 롤즈는 공적 영역과 사적 영역을 구분하고 공적 이성(public reason)과 비공적 이성(nonpublic reason)을 구분한 다음, 사람들은 오직 공적 영역에서 시민의 역할을 수행해야 할 때만 공적 이성을 따를 것을 요구받는다고 본다(Rawls, 1993a: 49~50).

공적 이성은 사람들이 자발적인 모임의 일원으로서 행하는 것이 아닌, 시민의 일원으로 행하는 논리적 사유이다. 즉, 질서 있는 사회(well-ordered society)에서 헌정의 주요 요소들(constitutional essentials)이나 근본적인 정의의 문제(matters of basic justice) 등에 대해 평등한 시민들이 행하는 정치적으로 최종적이면서 동시에 강제를 수반하는 논리적 사유이다.[6] 그렇다면 공적 이성의 사유는 구체적으로 어떤 기준에 따라 이

---

6 여기에서 롤즈가 말하는 질서 있는 사회란 첫째, 팽창 지향적이지 않고 평화적이며, 둘째, 그 법체계가 시민들이 보기에 정당성을 갖추고 있으며, 셋째, 안전과 생계수단의 보장, 강제 노예 상태로부터의 자유, 사유재산의 보장, 법 앞의 평등, 이민의 허용 등으로 구성되는 인권을 존중하는 사회이다. 반면에 질서 없는 사회는 불법적인 정권에 의해 통치되거나 사회·경제·역사적 조건이 절대적으로 갖춰지지 않아서 질서 있는 사회가 되기에 불가능한 사회를 말한다(Rawls, 1993b: 62~75).

루어져야 할까? 롤즈는 공적 이성의 기준, 즉, 공공 의제를 다룰 때 어떤 사유의 방법이 적절하고, 어떤 증거가 적합한지를 결정하는 틀로서 자신의 정치적 영역에 한정된 정의의 원칙(political conception of justice)을 제시한다.

롤즈가 도덕이나 종교, 형이상학적이 아닌 정치적인 개념의 정의를 제시하는 이유는 모든 시민의 동의에 이를 수 있는 합리적인 하나의 대원칙이란 정치적인 영역의 정의에 국한하지 않고는 존재할 수 없다고 보기 때문이다. 바꿔 말하자면, 그는 합리적으로 조직된 질서 있는 헌정국가에서 헌정의 주요 요소나 근본적인 정의의 문제들은 오직 정치적인 가치들에 의해서만 결정될 수 있으며, 정치적인 가치들에 의한 결정은 쉽사리 뒤집어지지 않을 것으로 보는 것이다.[7]

결국, 롤즈는 일반 시민이란 마치 책임 있는 정부의 자리를 맡았을 때 처럼 행동함으로써 시민의 의무를 다할 수 있다고 주장한다. 즉, 개인들은 사적 영역이 아닌 공적 영역에서 시민의 의무를 요구받을 수 있고, 그때 정치적인 개념의 정의에 입각한 공적 이성의 내용을 기준으로 행동함으로써 시민의 의무를 다할 수 있다고 본다. 롤즈는 이 과정에서 정부의 역할은 시민들이 옹호하는 다양한 도덕적, 종교적 관점에서 중립적이어야 한다고 믿는다. 사람들은 오직 한 가지 최고의 삶의 방식이 존재할 수 있다는 사실에 동의하지 않기 때문에 정부는 특정한 삶의 방식을 법에 규정하는 어떠한 행위도 해서는 안 되는 것이다. 그 대신 정

---

[7] 롤즈가 공적 이성에 근거한 논리적 사유의 대상으로 한정한 헌정의 주요 요소와 근본적인 정의의 문제는 오늘날 다문화적인 갈등의 주요 현장이 되고 있는 교회나 대학, 자발적 결사 등을 배제하고 있다. 사실, 사회적 의제를 헌정의 주요 요소이냐 아니냐로 구분하는 것도 어려운 일이지만, 혹 구분한다고 하더라도 비헌정적인 의제를 이해하려고 사용했던 사유의 근거를 헌정적인 의제를 다룰 때 기계적으로 배제한다는 것은 어려운 일이다(Greenawalt, 1993: 669).

부는 자유롭고 독립적인 자아를 존중하고 그들 자신의 가치와 목적을 선택할 수 있는 권리의 틀을 제공해야 한다(Rawls, 1997: 767).

자유주의 정치문화에 근거한 롤즈의 이와 같은 도덕적 최소주의 입장은 하버마스에 의해 세계적 차원의 다문화주의 논의에 적용되고 있다. 하버마스는 근대 국민국가가 두 개의 얼굴을 갖고 있다고 본다. 시민들의 자발적 의사를 결집하는 데 성공한 국민국가는 민주적 정당성의 근원이지만, 다른 한편으로는 동일한 인종을 바탕으로 사회적 통합을 이룩한 귀속적인 유산의 범주이다. 하버마스에 따르면, 근대 국민국가는 일정 단계까지는 사회적 통합과 정치적 정당성의 문제를 동시에 해결하면서 민주주의 발전에 기여해 왔다. 그러나 민족에 대한 인종중심주의적 해석이 범세계주의적 해석보다 우선되기 시작하는 순간부터 그 긍정적 기능을 멈추고 부정적 측면이 두드러지게 된다. 하버마스는 이제 국민국가가 많은 경우에 인종적으로나 문화적으로 동일하지 않은 사람들을 배제하는 억압적 기제로 작동하기 시작하였다고 본다(Habermas, 1999: 155).

따라서 하버마스는 사회적 통합을 달성하고 서로 다른 문화의 공존을 가능하게 하는 새로운 방법을 모색해야 한다고 주장한다. 하지만 그는 이러한 차이를 묶는 새로운 힘을 인종적 동질성이나 문화적 유사성에 바탕을 두는 것이 아니라 민주적 절차와 원칙에 대한 시민들의 충성심에서 찾을 수 있다고 믿는다. 즉, 민족이나 인종적 정체성에 근거한 것이 아니라 보편적인 자유주의 정치문화를 중심으로 한 사회화를 통해 시민들 사이의 연대를 증진할 수 있다고 보는 것이다.

하버마스는 자신의 이러한 주장을 '법의 지배'와 '의사표현의 자유',

'관용의 원칙', '시민의 동의에 근거한 정부' 등으로 이루어진 헌법애국주의(constitutional patriotism)라는 개념으로 정리한다. 그는 헌법애국주의를 중심으로 한 자유주의 헌정의 정치적 원칙들이 서로 다른 생활방식과 서로 다른 문화를 매개할 수 있는 유일한 수단이라고 주장하는 것이다. 이것은 달리 말하자면, 시민들이 주장하는 자결의 권리는 자신들의 정치문화를 보존할 권리를 의미할 뿐 특별한 지위를 갖는 자신의 문화적 생활을 보존할 권리를 일컫는 것은 아니라는 사실을 의미한다. 하버마스는 이 과정에서 국가가 계몽적 정치의 주요 행위자가 될 필요는 없다고 본다. 자유주의 정치문화는 기본적으로 자율적인 개인을 전제로 한 것이기 때문이다.

하버마스가 보기에 민주적 법의 지배라는 헌정의 틀 안에서 다양한 삶의 형식은 평등하게 공존할 수 있으며, 보편적인 정치문화는 새로운 형식의 문화가 가져오는 미래의 충격으로부터 열려 있다. 그는 자유주의 정치문화에 근거한 세계적인 소통의 체계를 구축함으로써 세계시민권의 출현을 위한 범세계적인 공론장의 형성이 이제는 신기루가 아니라 정치적인 현실이 되고 있다고 믿는다(Habermas, 1996: 491~515).

롤즈와 하버마스가 보편적인 시민의 덕목으로 제시하는 공적 이성의 사유나 헌법애국주의의 원칙에서 공통되는 점은 두 개념 모두 자유주의 정치문화에 기반을 둔 국가 중립성과 도덕적 최소주의를 주장하고 있다는 사실이다. 이들은 다양한 궁극적 가치가 공존하는 다문화 시대의 현실에서 강제력을 수반하는 국가권력이 특정한 삶의 방식을 더 우월한 것으로 믿고 옹호해서는 안 된다는 점을 강조하고 사적 영역과 구분되는 공적 영역의 장으로 시민의 역할을 제한하면서 그 문제 해결

방식에서도 포괄적인 문화와 종교의 원칙들을 배제하고 문화와 신념의 차이에 상관없이 합의에 이를 수 있는 최소한의 원칙을 제시하고 있다.

정치적 자유주의가 주장하는 시민의 개념들은 다문화주의 관점에서 보면 새로운 평가가 가능해진다. 예컨대, 롤즈의 논의는 오직 출생에 의해 가입하고 죽음에 의해 탈퇴하는 자족적인 닫힌 사회를 전제로 한 논리적 추론의 산물이다. 즉, 그의 논의는 새로운 이주자나 난민의 유입이 일상화된 다문화 시대의 적극적이고 역동적인 측면을 대상으로 한 것이라기보다는 출생과 죽음에 따른 귀속적인 닫힌 사회를 전제로 하고 있다(Benhabib, 2002: 168~171). 따라서 그의 논의는 국민국가의 경계를 자유롭게 넘나드는 자본과 노동의 현실을 정확하게 반영하지 못한다. 오늘날 현실의 자유주의 국가는 어떤 강제로도 국경을 완벽하게 통제하지 못하고, 모든 나라는 공동체로부터 탈퇴와 결사의 자유를 기본 인권의 하나로 인정하고 있다.

또한, 하버마스의 정치적 자유주의는 합리적인 대화를 거부하고 절대 진리를 정치세계에 구현하려는 개인이나 집단에게 궁극적으로 강제력의 동원이나 대화의 포기를 통한 전쟁을 선포하고 있다. 그러나 이러한 입장은 유럽의 무슬림 이민자들이 공적 영역에서 자신들의 종교적 정체성과 문화적 생존권의 인정을 요구하며 유럽의 전통에 도전하는 현실을 설명하거나 해결하지 못한다. 즉, 유럽의 구성원으로 엄연하게 존재하는 무슬림 이주노동자들에게 전쟁을 선포하면서 자신의 합리적인 태도에 한계를 설정하는 정치적 자유주의의 논리가 완벽하게 성공적인 논의체계라고 볼 수는 없는 것이다(Miller, 1995: 440~443). 다문화 시대의 갈등양상은 공적 영역보다는 대학과 교회, 문화 단체 등 시민사회의 사적인 결사의 영역에서 더 활발하고, 그 갈등이 강제를 수반한 공적 이성의 사유에 의해 명쾌하게 결론이 나기보다는 오랜 시간에 걸쳐 끊임없이 지속된다는 점에서 더욱 그러하다.

아마도 가장 강력한 자유주의 시민 개념에 대한 공격은 이 개념이 서구의 가치에 근거하여 모든 문화의 차이를 무시하려는 문화제국주의적 성격을 갖고 있다는 비판일 것이다. 영국과 미국, 프랑스혁명이 성취한 근대의 정치문화는 인간의 자유와 존엄, 기회의 평등이라는 가치가 경계를 달리하는 모든 정치공동체에 동일하게 받아들여질 수 있는 보편적인 이념체계라고 주장해왔다. 그러나 문화적 자결권과 문화의 비교불가능성을 주장하는 입장에서 보면 보편적인 시민권의 개념은 이른바 인권의 위기를 이유로 종종 제3세계에 대한 서구의 제국주의적 침략을 정당화하는 논리로 사용되었다. 물론, 이러한 비서구사회의 비판은 문화적 자결권이라는 이름 아래 경계 안의 보편적인 인권침해를 정당화하는 특수한 사례를 언제든지 만들어 낼 수 있다는 한계를 안고 있다.

3. 자유방임주의: 개인 자유 우선의 원칙

정치적 자유주의가 공적 영역과 사적 영역을 구분하고 사적인 개인이 공적 영역에 나아갈 때 시민이 될 것을 요구한다면, 자유방임주의는 모든 공적 영역을 자유로운 시장교환에 맡기는 사적 영역으로 전환하여 공적 영역 자체를 최소화하는 탈정치화의 정치를 지향한다. 따라서 자유방임주의 세계에서 개인들은 오직 자발적인 결사나 시장교환, 그리고 사적 활동으로 성취하기 어려운 공공재가 필요할 때만 공동의사

결정을 통해 시민이 된다.

자유방임주의는 국가의 개입에 대한 강한 거부감과 사회적 책임에 대한 부정적인 견해, 개인의 자유에 대한 적극적인 옹호 때문에 급진적인 인상을 갖고 있다. 그러나 무정부주의와 달리 자유방임주의는 국가의 역할을 인정한다. 다만, 그 역할이 개인의 재산권과 개인 간의 계약을 보호하는 최소한의 역할에 그쳐야 한다고 본다. 자유방임주의 전통에서는 또한 개인들의 선택과 자발적인 계약이 전제되지 않는 선험적인 공동체의 책임이란 것이 존재하지 않기 때문에 다른 사람의 필요가 무엇이든지 간에 단지 내 이웃이어서 도와야 한다는 의무를 갖지 않는다.

예컨대, 노직은 일부 시민들이 다른 시민들을 돕게 하는 데 억압적 국가기구를 사용하거나, 자신의 즐거움이나 자신의 보호를 위한 시민들의 활동을 금지하는 데 국가의 힘을 사용해서는 안 된다고 주장한다(Nozick, 1971: ix). 그는 국가의 역할이 사적 계약을 보호하거나 강제, 도둑, 사기로부터 개인을 보호하는 데 그쳐야 한다고 본다. 노직에 따르면, 개인의 삶은 외부의 어떤 개입도 배제된 상태에서 스스로 선택하여 결정하고 형성해 갈 때 의미를 갖기 때문이다.

노직이 상정하는 자연상태는 칸트(Immanuel Kant)의 원칙처럼 인간은 수단이 아닌 목적으로 대접받아야 한다는 도덕적 제한이 자연법으로서 존재한다. 따라서 개인의 권리를 침해하는 것은 절대적으로 금지된다. 개인의 권리는 전체적인 권리 침해를 줄이기 위해서 잠시 유보될 수 있는 성질의 것이 아니다. 다른 사람들을 위해 우리 가운데 일부를 희생시키자는 시도 또한 정당화될 수 없다. 이러한 관점에서 보면, 국가는 개인의 권리를 보호하거나 개인의 권리를 침해한 자를 벌주기 위해 개인들이 구성한, 그 사회에 지배적인 상호보호를 위한 결사(mutual protection association) 정도일 뿐이다(Nozick, 1971: 22~33).

노직은 복지정책을 펴고자 국가가 세금을 거두는 것 역시 정의롭지 않다고 본다. 이러한 재분배는 특정한 사람들을 다른 사람의 이익을 위한 도구로 사용하고 있기 때문이다. 또한, 노동으로 벌어들인 수입에 세금을 매기는 것은 도둑질일 뿐 아니라 노예화와 똑같은 것이라고 주장한다. 노직의 정의의 원칙 가운데 양도에 대한 논의(principle of justice in transfer)에 따르면, 이미 한 사람이 소유한 재산은 다른 사람의 소유로 양도될 수 있는데, 그 형태는 선물(gift)이나 양도(bequest) 또는 시장교환(market exchange)의 방식으로 나타난다. 이러한 원칙에 비추어 보면, 재분배를 위한 세금은 위 세 가지의 양도방식 어디에도 해당하지 않는 강제적인 방법으로, 개인의 권리를 근본적으로 침해하는 것이다(Nozick, 1971: 169~172).

노직이 보기에 정당화할 수 있는 유일한 세금은 사유재산권을 보호하기 위해 국가가 거두는 세금이다. 노직은 자유시장체제에서 보장되는 이러한 재산권의 보호가 사회적 생산을 증진하고 궁극적으로 고용창출을 가져올 것이라 본다. 그의 논의는 공동선보다 개인의 권리가 우선한다는 자유방임주의의 전형적인 주장을 반영하고 있다. 이러한 관점에서 보면, 공동체를 전제로 한 시민의 의무와 권리라는 개념은 개인의 선택의 자유와 상호갈등하는 관계이므로 최대한 배제하는 것이 당연한 결론일 것이다.[8]

---

[8] 노직은 그의 후기 저작들에서 선명한 상상으로 이루어진 자신의 재산권과 자유이론이 현실에 직접 적용될 때 잘 들어맞지 않을 수 있다는 점을 말하고 있다. 그러나 오늘날 자유방임주의를 추구하는 세계의 많은 단체는 후기 저작보다 간단하고 분명한 노직의 초기 이론에서 주로 그 활동 논리를 찾고 있다. 그의 후기 저작

하이에크의 논의에서도 국가의 필요성 자체가 부정되지는 않지만, 국가는 궁극적으로 타인이 개인에게 강제한 상황을 제거하거나 개인의 자유를 증진하는 법의 지배를 가져오는 경우에만 정당화될 수 있다. 바꿔 말하자면, 국가가 법을 통해 사적인 영역의 존재를 인정하고 사적인 영역을 보호하는 법의 기능을 원활하게 하는 경우에만 국가의 억압적인 권력은 정당화될 수 있는 것이다. 여기에서 말하는 개인의 자유란 다른 사람의 강제에 종속되지 않은 상태를 의미한다.

그렇다면 국가권력이 개인의 자유를 침해하는 일이 발생했을 때 개인이 자신의 자유를 안정적으로 지키는 방법은 무엇일까? 하이에크는 개인이 국가와 타인의 침해로부터 스스로를 보호할 수 있는 방법은 자신만의 사적 영역을 만들어내는 것이라고 주장하면서 사적인 영역은 모든 개인이 독립적인 사적 재산의 소유자가 될 때 확보될 수 있다고 하였다. 즉, 하이에크는 강제를 줄이고 개인의 자유를 극대화하는 최선의 방법으로 사유재산권을 보호하고 재산의 소유를 장려하고 있는 것이다. 하이에크가 보기에 물질적인 뒷받침은 독점의 힘에 조종당하지 않으면서 자신만의 계획을 행동으로 옮기는 데 반드시 필요하다. 그러나 사유재산이 없다면 개인은 곧 돈 많은 타인이나 독점자본의 간섭을 받게 된다(Hayek, 1960: 140~142).

이러한 맥락에서 하이에크는 사회주의와 복지국가론을 비판한다. 그에 따르면, 정치권력의 수단으로서 중앙 집중화된 경제권력은 노예상태와 구별되지 않을 정도의 의존문화를 만들어 낸다(Hayek, 1944: 108).

으로는 *Philosophical Explanation*(1981), *The Examined Life: Philosophical Meditation*(1989), *The Nature of Rationality*(1993), *Invariances: The Structure of the Objective World*(2001) 등이 있다.

사유재산권은 불가피하게 투자의 위험과 그에 따른 책임을 동시에 요구하지만, 사회주의는 권리와 책임 사이의 올바른 균형을 파괴한다. 왜냐하면, 사회주의는 그 전제 자체가 집단책임과 사회보장을 통해 개인적인 책임을 회피하게 만드는 제도이기 때문이다(Hayek, 1944: 157). 그러므로 하이에크의 입장에서 보면, 사회적 권리를 위한 투쟁과 공동체주의는 개인의 책임감을 약화시킴으로써 이상적인 시민의식을 갉아먹는 것이다. 개인들은 점점 더 자신들의 경제적 풍요로움을 위해 국가에 의존하게 되고, 복지국가의 집중화된 관료권력은 개인의 자유를 침해한다. 결국, 국가의 사회복지를 위한 지출은 사적 영역에서 부를 창출하는 기반 자체를 심각하게 훼손하게 된다.

요약하자면, 자유방임주의는 시민의 도덕적 의무감을 전제로 한 분배적 정의나 국가 개입을 통한 사회보장이 개인의 독립적인 사고와 자유로운 선택권을 침해한다고 보고, 이러한 형태의 외부 개입을 거부한다. 따라서 개인을 시민으로서의 의무감으로 짓누른 사회주의나 공동체의 구성원으로 격하시킨 민족주의 등은 동일하게 조악한 부족적인 감정들로서 위대한 자유방임주의 사회의 달성에 방해가 된다고 본다(Hayek, 1976: 133~134).

개인의 자유와 사회의 책임, 국가 개입에 대한 자유방임주의의 이러한 주장은 다문화주의의 관점에서 보면 두 가지 상반된 결론을 가져올 수 있다. 우선 자유방임주의는 다문화주의에 가장 강력한 논리를 제공해 줄 수 있다. 자유방임주의에서 말하는 가치다원주의는 국민국가의 전통을 이미 선점하고 있는 기존의 다수문화나 새로운 집단의 소수문화가 동등한 가치와 중요성을 갖는 개인들의 생활양식일 뿐이며 그 이상의 의미는 없는 것으로 간주하기 때문이다.

그러나 국가의 개입과 집단의 역할을 최대한 배제하고 순전히 개인의 선택에 최고의 가치를 두는 이러한 주장은 곧 한계에 부딪친다. 사회적 인정과 문화적 생존을 주장하는 다문화주의는 환경에 의해 구속받는 자아(encumbered self)를 전제하는 동시에 문화집단을 전제하고 있지만, 집단과 국가의 개입을 외부의 강제로 간주하는 자유방임주의는 추상적인 개인을 중심으로 가치를 설정하기 때문이다. 결국 두 입장은 근본적으로 서로 다른 전제 위에 서 있는 셈이다.

따라서 많은 경우에 자유방임주의적 다문화주의는 기존의 전통을 존중받으면서 새로운 이주자와 타협하기를 원하는 현실의 국민국가와 갈등하게 된다. 즉, 집단과 국가의 역할을 부정하거나 최소화하려고 노력하는 이 전통은 곧 국민국가의 경계를 중심으로 구성된 엄연한 현실세계의 벽에 부딪히게 된다. 바꿔 말하자면, 자유방임주의는 개인 이외의 모든 존재가치를 부정하는 상황에서 다문화 사회의 서로 다른 개인과 집단들을 묶어서 하나의 공동체로 기능하게 하는 상호신뢰의 기초를 어디에서 구할 수 있느냐는 질문에는 뚜렷한 답을 제시하지 못하는 것이다.

자유방임주의는 사회적 소수의 문제 역시 평등보다는 자유의 원칙에 초점을 맞춤으로써 국가 개입을 통해 특정 소수집단을 위한 역차별을 도입하는 것에 반대한다. 또한, 자유에 중점을 둔 자유방임주의의 시장교환에서 재분배의 측면은 사라지고, 시장에서 결정된 소득의 차이는 공공재에 대한 동등한 접근 역시 방해한다. 예컨대, 재분배의 측면이 고려되지 않는다면, 도로와 치안, 전기, 수도 등의 사회기반시설과 교육, 의료, 복지 등 공공재적 성격이 강한 자원들에 대한 접근 여부도 단순하게 사람들의 소득 수준에 따라 결정될 것이다. 대체로 사회적 소수의 지위는 인종과 종교, 문화라는 세 가지 차원에서 서로 중복되어 나타난다. 즉, 경제적 결핍과 사회적으로 낮은 지위는 특정 인종과 종교, 문화를 공유하는 집단에 집중되는 경향이 있다.

물론, 공적 영역과 시민의 개념이 갖는 의의에 대해 회의적인 자유방임주의 전통은 국가 개입을 통한 차이의 해소와 사회적 공동선 확보라는 접근 자체에 반대할 것이다. 결국, 자유방임주의는 모든 개인의 문화를 동등하게 존중함으로써 다문화주의를 지지할 수 있는 강력한 이론적 근거를 가지고 있지만, 사회적 소수가 차별받는 시장구조를 개선하려는 의도적인 국가 개입을 배제함으로써 다문화주의에 가장 비우호적인 접근이 될 가능성도 함께 가지고 있다.

4. 공화주의: 시민의 덕목과 정치 참여

공화주의는 적극적인 국가의 역할과 사회의 책임, 시민의 의무와 권리를 강조한다는 점에서 자유주의 및 자유방임주의와 매우 다른 입장을 보여준다. 공화주의 전통에서 전제하는 형성의 정치(formative politics)는 국가의 역할에 대해 정치공동체가 지향하는 가치들을 보호하고 육성하는 데 정치 과정의 중요한 주체가 되어 적극적으로 개입해야 하는 것으로 본다. 다시 말해, 국가는 자치를 위해 요구되는 시민의 자질을 키우고 공동체를 보호하는 데 필요한 모든 정책의 중심에 서 있어야 하는 것이다. 만약 이러한 적극적 역할을 국가가 하지 않는다면 정치적 담론의 빈곤화와 사회적 통합의 손상이 불가피하다는 것이 공화주의의 입장이다.

공화주의 전통에서 정치는 시민이 지향하는 가치와 목적에서 중립적일 수 없고, 그러한 중립이 가능하지도, 또한 바람직스럽지도 않다고 본다. 따라서 공화주의 사회에서 개인의 자유는 공동체의 자치(self-government)에 참여하는 정도에 따라 그 실현 여부가 달라진다. 즉, 개인은 자신이 속한 정치공동체의 시민으로서 공공활동에 적극적으로 참여하고, 동료 시민들과 함께 그 사회의 공동선에 대해 토의하고, 자신들이 속한 공동체의 운명을 결정하는 데 책임을 공유할 때 비로소 자신의 자유를 완성할 수 있다고 주장한다(Sandel, 1996).[9]

공화주의 전통은 다시 추상적인 시민적 덕목의 고양을 통해 강한 공동체를 지향하는 그리스 전통과, 법이나 제도적인 틀을 통해 공화주의 국가를 지향하는 로마의 전통으로 나누어진다. 아리스토텔레스나 헤겔이 그리스 전통의 대표적인 이론가들이라면, 키케로나 마키아벨리는 로마 전통의 대표적인 이론가들이다.

개인의 자유와 사회적 공동선의 상호관계에 대해 로마 전통의 공화주의적 입장에 선 스키너는 우리의 사적인 자유를 극대화하는 길은 정치적 활동에 적극적으로 참여함으로써 개인의 권리보다 앞서는 시민의 의무를 먼저 완수하는 것이라고 주장한다. 즉, 모든 시민이 강력한 시

---

[9] 공화주의는 공동체주의와 많은 공통점이 있고, 공동체주의의 한 흐름으로 분류될 수 있다. 필자는 여기에서 공화주의가 국가의 역할을 중요시한다는 점을 강조하고자 한다. 다시 말하자면, 국가의 역할을 적극적으로 인정하는 공동체주의의 한 흐름을 공화주의라고 부를 수 있을 것이다. 좌우파 구분을 극복하고, 보수와 진보를 아우르려는 공동체주의의 범주는 매우 넓다. 예컨대, 혁명적 낭만주의와 급진적 참여민주주의에 근거한 개인의 결사체를 꿈꾸는 무정부주의 역시 국가를 부정하는 공동체주의의 한 흐름으로 분류할 수 있다. 물론, 무정부주의는 국가의 역할을 부정한다는 점에서 국가의 역할을 제한적으로 인정하는 자유방임주의와는 또한 다르다.

민의 덕목으로 무장하고 공공의 의무를 다할 때 비로소 개인의 자유는 유지되고 극대화될 수 있다고 주장한다(Skinner, 1998: 85~86). 이러한 입장은 정치적 자유주의의 근본전제, 다시 말해, 개인의 자유를 보장하는 최선의 길은 개인에게 부여된 사회적 의무를 최소화하는 것이라는 주장을 정면으로 반박하는 것이다.

스키너에 따르면, 자유로운 국가에 사는 개인은 자신이 선택한 삶의 방식에 따라 자유의 권리를 향유하고, 자유국가는 이러한 공동의 혜택을 자유헌법을 통해 보장한다(Skinner, 1992: 215~217). 개인의 자유가 자유로운 국가에 의해 보장된다는 공화주의 주장에 대한 유명한 비판으로서 스키너는 홉스의 예를 든다. 홉스는 개인의 자유가 자유로운 국가의 존재 여부에 달려 있다는 주장에 대해 개인의 자유를 위해 문제가 되는 것은 법의 근원이 아니라 그 법이 허용하는 자유의 정도라고 반박한 바 있다. 신민의 자유는 주권의 무제한적인 권한과 일치하므로 개인이 콘스탄티노플의 군주제 아래 거주하든지 아니면 루카의 자유국가(free state)에 거주하든지 그 자유의 크기는 아무 차이가 없다는 것이다(Hobbes, 1996: 149). 군주제이든 자유국가이든 개인의 자유를 허용하는 체제의 근원과는 상관없이 그 나라의 법이 허용하는 정도에 따라 자유를 누린다는 홉스의 주장은 이미 제임스 해링턴에 의해 반박된 바 있다.

해링턴은 어떤 사람이 만약 술탄의 신민이라면 그 사람은 루카의 시민보다 덜 자유롭다고 주장한다. 왜냐하면, 콘스탄티노플에서 한 사람이 누리는 자유의 범위가 아무리 넓다고 할지라도 그의 자유는 순전히 술탄의 선의에 의지하고 있기 때문이다. 다시 말하자면, 군주제에서 법의 근원은 군주의 의지와 동일하다. 따라서 만약 술탄이 마음을 바꾼다면 신민의 자유는 어느 순간 줄어들거나 사라져 버릴 것이다. 그러므로 해링턴은 콘스탄티노플에서 가장 자유로운 신민이 누리는 자유가 루카의 가장 비천한 시민이 누리는 자유보다도 못하다고 주장한다(Harrington, 1998: 20).

결국, 이러한 논의들은 자의적인 자유의 범위보다는 안정적인 자유의 근원이 더 중요하다는 사실을 강조한다. 또한, 사회적 의무를 자유에 대한 침해로 간주할 게 아니라 개인의 자유를 증진하는 지름길로 간주할 것을 요구한다. 즉, 공화주의 전통은 자유의 근원이 되는 정치공동체를 지키려고 모든 시민이 공적 영역의 활동에 적극적으로 참여할 때 비로소 자유로운 시민의 삶 역시 보장된다고 보는 것이다.

스키너가 로마 전통의 공화주의 이론을 지지한다면, 샌델은 그리스 전통의 공화주의 입장에 서서 아리스토텔레스의 이론을 출발점으로 하여 논의를 전개한다. 아리스토텔레스식의 닫힌 정치체제를 전제하는 완전주의이론(perfectionist theory)에서는 이상적인 헌정이 무엇인지를 규명하거나 사람들의 권리에 대해 정의를 내리기 위해 우선 바람직스러운 삶의 본질이 무엇인지를 결정해야 한다. 이상적인 삶에 대한 정의가 분명하지 않으면 이상적인 헌정의 내용 역시 불분명해지기 때문이다(Sandel, 1998: x∼xi).

샌델에 따르면, 아리스토텔레스는 정치적 공동체가 단순히 동일한 장소에 사는 거주자들의 모임이라는 의미를 넘어선다고 본다. 그의 정치이론에서 국가는 시민의 삶을 풍요롭게 하는 데 존재 이유가 있으며 시민은 정치적인 결사에 참여할 때 비로소 자신의 본성을 실현하고 삶의 최고 목표를 성취하게 된다(Sandel, 1996: 7). 즉, 그리스 전통의 강한 공화주의 입장에서 보면, 시민의 덕목과 정치적 참여는 자유를 확보하는 데 절대적인 요소이고, 정치적인 존재라는 인간의 본성 때문에 우리는 오직 사회의 공동선을 위해 토론하고 국가의 공적 활동에 참여할 때만 자유로워진다.

그리스 전통의 공화주의에서 말하는 시민의 덕목은 명예를 소중히 여기는 감정이나 종교적 경건성, 적극적인 공공활동에의 참여, 공동체에 대한 헌신, 국가에 대한 애국심 등을 일컫는다. 샌델은 이러한 덕목은 그 자체가 선한 인간성을 완성하는 데 필요한 요소인 까닭에 정치적인 최선을 확보하기 위한 도구나 수단으로 쓰일 때만 긍정적 의미를 갖는 것은 아니라고 주장한다. 즉, 시민의 덕목이 궁극적 자유를 위한 도구라고 보는 입장은 결국 개인의 자유와 권리를 확고하게 만들지 못하고 개인의 본래적인 존엄성을 손상시킨다고 본다.

예컨대, 이러한 접근은 공리주의적인 계산 가운데서 개인을 그 자체가 목적이거나 존중해야 할 가치가 있는 것으로 보기보다는 다른 사람의 행복을 위한 수단으로 볼 가능성이 있다. 따라서 샌델은 자신이 지지하는 강력한 그리스 전통의 공화주의, 즉 모든 시민이 그 스스로 절대적인 가치를 갖는 시민의 덕목으로 무장하고, 주제와 소재의 차별 없이 모든 정치적 토론이 무제한 허용되며, 이를 바탕으로 도덕적, 시민적 에너지가 충만한 사회를 이루는 것이 가장 이상적인 길이라고 주장한다(Sandel, 1996: 9~26).[10]

---

[10] 샌델은 무제한의 토론이 가져올 수 있는 위험에 대해 내재적인 가치를 갖는 시민의 덕목과 그 덕목을 바탕으로 진행되는 토론은 선험적으로 결론이 예측되지 않는 비결정성(indeterminacy)을 본질로 하므로 최악의 상황을 언급하는 것은 무의미하다고 본다(Sandel, 1999: 324~327). 내재적 가치와 비결정성이 공화주의의 본질적인 내용이라는 말을 끝으로 그 이상의 설명 없이 침묵하는 샌델에 대해 팽글(Thomas Pangle)은 샌델의 논의가 다른 논의와 구분되는 선명한 지점에 이르기도 전에 흐릿하게 사라져버린다고 비판한 바 있다

요약하자면, 그리스와 로마의 공화주의 전통에 대한 현대적 해석은 정치적 참여를 통해 시민이 됨으로써 비로소 개인의 자유를 완성할 수 있다고 보고, 이 과정에서 국가의 주도적인 역할을 인정한다는 점에서 일치된 견해를 보인다. 그러나 샌델의 강한 공화주의에서는 시민의 덕목과 정치적 참여가 내재적인 가치를 지닌 자유의 본질적인 내용인 반면, 스키너의 온건한 공화주의에서는 자의적인 권한 행사를 방지하는 법의 지배를 지지하는 한에서 그 중요성이 인정된다. 물론 두 전통 간의 이러한 차이는 개인의 자유와 시민의 의무를 서로 다른 영역으로 파악하고 사회적 의무와 국가의 개입이 개인의 선택의 자유를 제한한다고 보는 자유주의 및 자유방임주의 입장과 비교하면 사소한 차이일 뿐이다.

다문화주의의 관점에서 보면 공화주의는 사회적 소수가 지닌 두 가지 욕망 가운데 하나인 동등한 인간으로서 개인에 대한 존중을 충실하게 보장한다. 즉, 공화주의는 우리도 동등한 인간이기 때문에 보편적인 인권을 보장받아야 한다는 사회적 소수의 이해를 잘 반영한다. 하지만 우리는 다르기 때문에 그 차이에 대한 사회적 인정이 필요하다는 사회적 소수의 또다른 측면의 요구에는 취약하다. 무엇보다도 공화주의는 정치공동체에 지배적인 의견을 중심으로 한 일체감 형성을 강조함으로써 사회적 소수의 의견을 억압할 가능성을 항상 안고 있다. 이른바 다수의 전제 가능성(tyranny of majority)은 공동체에 대한 소속감을 강조하는 공화주의 전통에서 언제든지 발생할 수 있다는 것이다.

문화와 인종, 종교적 소수집단이 사회적 의무를 다하거나 공공의 안

(Pangle, 1999: 28~30).

건에 정통한 공화주의적 시민이 되려면 정치적인 권리를 갖는 일이 선행되어야 한다. 즉, 사회적 소수집단의 일원이 특정 정치공동체의 법적인 시민이자 정치적인 시민이 되어야 한다. 그러나 이주노동자를 비롯한 사회적 소수집단이 소속감과 연대감을 통해 분명한 경계를 갖고 있는 공화주의적 공동체 내부로 진입하는 것은 쉬운 일이 아니다. 물론, 일단 진입에 성공한다면 공화주의는 다수와 소수 모두에게 평등한 시민의 권리를 보장할 것이다. 그러나 이 지점은 다시 문제의 시작을 의미한다. 공화주의적 정치공동체의 시민으로서 모두가 동등하다고 말할 때 다른 집단과 다를 수 있는 사회적 소수집단의 권리는 보장받지 못하는 셈이 되고, 다른 집단과 분명한 차이를 보이는 그들의 정체성은 또다시 도전받게 된다.

5. 한국적 현실에서 논의의 가능성과 한계

그렇다면 한국사회에서 우리가 생각하는 시민의 권리와 의무는 자유주의와 자유방임주의, 공화주의 전통 가운데 어떤 이념형에 가장 가까울까? 다문화의 도전에 직면하기 시작한 우리 사회에서 사회적 소수와 사회적 다수가 동의에 이를 수 있는 새로운 시민의 모습을 찾는 데 이 세 가지 이념형은 어떤 시사점을 줄 수 있을까? 사실, 우리 사회의 시민권에 대한 논의를 규범이론 차원에서 추적하기는 쉽지 않다. 이러한 어려움은 무엇보다도 우리 근대사에서 개인에 대한 논의가 충분하지 않았다는 점에 있다. 지난 30여 년 동안 계속된 군사정권 아래에서 국가는 사회의 모든 부분을 압도하면서 사적인 영역에까지 광범위하게 개입할 수 있었고, 시민사회는 국가의 영향력 아래 독립적인 공간을 갖지 못했으며, 개인은 대부분의 경우 감시와 동원의 대상이었다.

그러나 민주화 이후 이러한 상황은 우리 사회의 모든 주체가 원심력의 방향으로 뛰쳐나가기 시작하면서 급작스런 반전을 보였다. 아마도 현재 시점에서 새로운 주체는 내면의 욕망에 근거한 유희, 쾌락 또는 소비의 이미지를 중심으로 형성되고 있으며, 이제 민주주의의 미래는 "주관적이고 감성적인 쾌락의 주체들에 근거하여 어떻게 보편적인 합의"를 이끌어 낼 수 있느냐에 달려 있다고 말할 수 있을 것이다(홍태영, 2005: 172~173).[11]

이러한 반전에 대한 대응은 공화의 가치를 중심으로 한 공동체적 성찰이 부족했다는 결론으로 치닫는 경향을 보인다. 예컨대, "건강한 국가경영에 필요한 애국심, 헌신, 절제 등의 공화주의 원리"를 우리가 잊고 있었다는 주장이나(정윤재, 2005), "사회경제적 평등을 확보하고 참여민주주의를 확산시킴으로써 자유민주주의에서 평등과 참여의 요소를 강화하는 것"이 중요하다는 주장(강정인 외, 2001: 10~11), 공화주의의 "공론 정치를 민주주의에 적대적인 것인 양 몰아붙이면서 국민의 정치참여를 포퓰리즘으로 부정하고 비난"해 왔다는 주장(김대영, 2004: 80~81) 등은 우리 사회에서 공화주의적 전통의 필요성을 강조하는 사례들이다.

---

11 전인권(2004)은 한국사회의 근대적 시민에 대한 논의의 기원을 1896년 4월부터 1899년 12월 사이에 발행되었던 '독립신문'의 존재로까지 끌어올리고, 1898년 3월부터 같은 해 12월까지 열렸던 만민공동회의 활동을 한반도 최초의 근대적 시민사회의 출현으로 해석한다. 이후 군주국의 신민에서 공화국의 시민으로 비상을 시도하던 한국인들은 일본제국의 점령 아래 황국신민이 되기를 강요받았고, 반공을 국시로 한 군사정권 아래에서는 국민총화의 깃발 아래 뭉칠 것을 요구받았다. 1990년대 문민정부의 출현과 함께 시민사회와 비정부기구들은 급속히 팽창하였고 때때로 부분적인 파괴와 해체의 과격한 모습을 보이기도 하였지만 이 시점에서야 비로소 개인들은 우리 사회의 전면에 등장하기 시작하였다.

이러한 주장들은 분명히 설득력이 있다. 공론장을 통해 만들어지는 시민의 덕과 공공성, 나아가 "공공영역으로서 정치세계는 민주주의 이념의 핵심으로서 정치공동체를 유지시키는 집단적 역량"임이 틀림없기 때문이다(유홍림, 2003: 404). 그러나 공동체 사이의 경계와 경계 안의 동질성을 강조하는 공화주의적 주장은 우리 사회가 아래로부터의 다양한 기준에 따라 얼마나 걷잡을 수 없을 정도로 분화하고 있는지를 상대적으로 과소평가하고 있다. 특히, 아직 우리 사회의 고층에 남아 있는 공동체 지향의 강고한 국가주의적 전통을 생각한다면 이러한 주장들은 더 신중한 접근이 필요하다.

예컨대, 양심적 병역거부나 동성애 등의 사회적 소수에 대한 논의들이 사회문제로 제기될 때 우리 사회의 다수는 자신들이 얼마나 개인의 권리보다는 국가의 안위를 먼저 걱정하고 있는지를 확연하게 보여준다. 그 자체로 결코 부정적인 것은 아니지만, 우리 헌법 제1조 "대한민국은 민주공화국이다"와 제2조 "대한민국의 주권은 국민에게 있고, 모든 권력은 국민으로부터 나온다"는 "공동체적 삶에의 끊임없는 참여와 교육을 통해 자신의 지위를 획득"해 가는 공화주의적 국민을 전제하고 있다(한상희, 1999: 13~14). 차이에 대한 존중이 우리 사회의 중요한 담론이 되고 있지만, 우리 헌법 제11조에서 "모든 국민은 법 앞에 평등하다"라고 말할 때 우리가 생각하는 다원성의 기준은 누구든지 성별, 종교, 사회적 신분이라는 세 가지 기준에 의해 차별받지 않는 것이다. 물론, 우리 사회는 이미 이 세 가지 기준 외에도 지역, 연령, 인종, 문화 등에 의해 생겨나는 다양한 차별을 걱정해야 하는 상황에 이르고 있다. 나아가서 우리 헌법 제37조는 "국민의 모든 자유와 권리는 국가안전보장, 질서유지, 또는 공공복리를 위하여 필요한 경우에 한하여 법률로써 제한할 수 있음"을 분명히 하고 있다. 이러한 사례들은 무엇보다도 우리 헌법이 보편적 인간이나 세계 "시민"적 이상을 강조하기보다는 대한민국이라는 국민국가의 배타적인 "국민"됨과 그 안에서의 동질성을 강조하고 있음을 보여준다(홍윤기, 2005).[12]

우리 사회의 국가를 중심으로 하는 사고경향은 새로운 이주자에 대한 태도에서도 확인할 수 있다. 양계 혈통을 물려받는 방법을 제외한다면, 이른바 '귀화'를 통해 대한민국의 국민이 되기 위해서는 국내에 5년을 살아야 하고, 품행이 단정하고, 국어능력과 대한민국 풍습을 이해하는 기본소양을 갖춰야 한다. 만약 귀화 또는 시민권을 획득할 의사 없이 대한민국의 거주체류증을 갖기 위해서는 길게는 7년을 거주해야 하고, 영주체류증을 갖기 위해서는 다시 5년을 더 거주해야 한다.[13]

이 조건들이 갖는 의미는 크게 두 가지다. 첫째는 거주나 영주 자격보다 귀화 자격을 더 쉽게 규정함으로써 개인 자격의 외국인으로서 단순거주를 선택하기보다는 아예 대한민국의 국민이 되기를 장려하고 있다. 둘째, 이주노동자에게는 고용허가제의 규정에 따라 최장 4년 10개월 연속 체류만을 허가함으로써 더 긴 체류기간이 필요한 귀화나 거주 또는 영주의 신청 자격 자체를 아예 부여할 의사가 없음을 분명히 하고 있다.

결국, 폐쇄적인 국가주의적 전통이 여전한 상황에서 지나친 공화주

---

[12] 이 외에도 우리 사회의 국가주의적 경향에 대한 문제의식을 추적하는 대표적인 글로는 임지현 외(2000), 박노자(2001)에 이은 일련의 저작과 권혁범(2004) 등을 들 수 있다.
[13] 우리나라 국적법 제2조와 출입국관리법시행령 제12조 '외국인의 체류자격' 별표 중 27항 '거주' 및 28의 3항 '영주'를 참고 바람.

의에 대한 관심은 바람직하지 않다. 이에 대해서는 두 가지 이유를 부연할 수 있을 것이다. 첫째는 국가와 공동체 지향의 담론이 아직도 강하게 남아 있는 사회에서 공화주의적 전통에 대한 강조는 또 하나의 추상적 담론이 될 수 있다는 점이다. 개인의 이익에 근거한 "구체적이고 실용적 주체"가 아닌 시민의 덕목과 헌신에 근거한 "추상적, 형식적 주체"에 대한 담론(박동천, 2001: 212~214)은 현실적인 개인의 존재를 사적 이익을 초월한 추상적인 인간으로 왜곡시킴으로써 담론 자체의 사회적 적실성을 떨어뜨린다.

둘째는 개인의 자유에 대한 천착 없이 공화주의적 시민의 덕목들을 예찬하는 것은 우리 사회를 전체주의의 나락으로 몰고 갈 위험을 안고 있다는 점이다. 공화주의 전통이 강조하는 참여와 공론장은 개인의 자유와 개인의 내면적 자율이 숨 쉴 수 있는 사적인 공간의 크기와 비례할 때 비로소 의미를 가질 수 있다. 특히, 다양하게 분화하는 사회적 소수의 목소리를 포함한 개인들의 자유의 크기와 비례할 때 공화주의적 전통에 대한 강조는 비로소 정당화될 수 있다.

물론, 자유주의 역시 개인의 자유에 대한 존중과 공적 및 사적 영역의 구분을 통해 우리 사회를 분열과 갈등으로 이끄는 극단적 신념의 경쟁이라는 문제를 어느 정도 해결할 수 있지만, 다양한 도전에 직면한 우리의 현실을 이론적으로 완전하게 뒷받침하지는 못한다. 절차적인 측면을 강조하면서 방법론적 개인주의와 개인의 권리를 우선적으로 주장하는 자유주의적 접근은 민주적 의사결정과정의 대부분을 법의 심판에 사후적으로 맡기는 경우가 많아지는 결과를 가져온다. 즉, 절차적 자유주의 사회에서는 중요한 안건이 시민들의 민주적인 참여를 통해 사전에 정치의 영역에서 결정되기보다는 사후에 법의 절차를 통해 보상되는 절차를 밟는 경우가 많아지는 것이다.

법의 보상절차는 문제를 둘러싼 환경의 적실성이 이미 바뀔 정도로 긴 시간을 필요로 하고, 시민의 참여로써 진행되는 정치의 절차보다 훨씬 낮은 정당성을 지닌다. 따라서 법의 판단을 의심하고 승복을 미루는 소송 사태가 끊임없이 일어나게 되고, 법률가의 역할이 시민의 역할을 압도하게 된다. 다시 말하자면, 절차적 자유주의가 융성한 나라에서는 시민의 역할과 공적 영역의 크기가 줄어들고 법이 정치의 역할을 대신함으로써 생겨나는 정당성의 문제가 항상 존재하는 것이다. 우리 사회는 2004년 대통령 탄핵 사태와 수도 이전 문제에 대한 헌법소원 과정에서 법이 정치의 역할을 대신하고 법률가가 시민의 역할을 압도하는 사례, 이른바 정치의 사법화 현상을 이미 경험한 바 있다.[14]

반면, 강한 공화주의 전통의 국가는 시민의 참여와 정치의 활성화를 통해 정당성의 문제를 근본적으로 해결할 수 있지만, 시민들이 겪게 되는 도덕적 과부하와 다수의 전제라는 위험을 늘 안게 된다. 공화주의 사회에서 개인은 공적 영역에 항상 노출되면서 자유로운 상상력의 빈곤에 시달릴 수 있고, 소수집단은 공동체의 일반의지를 따르면서 정체성의 위기를 겪을 수 있다.

도덕적 과부하와 다수의 전제라는 공화주의의 특징적인 폐해는 우리 사회의 경험에서도 확인할 수 있다. 1960년대 이래 한국의 사회운동에서 발견되는 공화주의 전통은 참여와 도덕, 열정과 낭만이라는 측면에서 서구의 전통과 비슷하였다. 이들은 "민주화 이후의 사회를 이상화"

---

[14] 한국사회의 법과 정치 관계를 논한 유용한 글로는 박명림(2005), 김두식(2004), 정태욱(2002) 등이 있다.

하면서 "총체적 인간으로서 과도한 도덕적 의무를 당연시"하였고, 이 과정에서 사적인 개인에 대한 관심은 상대적으로 적었다. 그러나 이러한 상황은 곧 "민주화 이후의 자기부정"과 실망, 단절로 이어졌다(최장집, 2002: 229~230). 즉, 한국의 사회운동은 도덕적 과부하와 거대담론의 영향 아래서 왜소화되었던 개인이 민주화 이후 정체성의 위기와 자기부정에 직면하게 되는 전형적인 과정을 보여주었던 것이다.

이와 비교하면 공동체의 의무에 묶인 정치적인 시민의 개념을 부정하는 자유방임주의의 전통은 서구의 근대가 발견해 낸 개인의 개념을 극단까지 밀어붙인 가장 급진적이고 과격한 인간해방의 개념이라고 말할 수 있다. 어떠한 외부의 속박도 배제하고 개인의 자유로운 선택에 최선의 가치를 두는 이 전통은 공동체에 대한 강조가 가져올 수 있는 다수의 전제에 대한 우려를 생각하면 더욱 절실한 대안으로 떠오른다. 또한, 국민국가의 힘이 세지고 공동체적 의미가 강조될수록 지나친 국가 개입은 항상 개인의 자유에 대한 침해를 걱정하게 한다는 점에서 자유방임주의적 접근에 대한 지지와 열광이 끊이지 않는 이유가 된다.

그러나 시민의 개념이 갖는 본질적 가치를 부정하는 자유방임주의는 현실에서 자유를 강조하는 원래의 의도와는 전혀 다른 결과를 가져올 수 있다. 예컨대, 공공재에 대한 대안적 접근으로서 자유방임주의에서 주장하는 수익자부담의 원칙은 소수의 부자와 다수의 가난한 사람 사이의 격차를 더욱 벌리면서 사회를 양극화시킨다. 이 접근은 서비스를 공급받는 대신 지방세를 통해 그 값을 치르는 폐쇄적인 지역사회의 형성을 부추긴다. 따라서 치안이라는 공공재에 대한 보편적인 사회적 권리의 틀이 보장되지 않는다면 가난한 다수는 무방비 상태에서 범죄에 노출될 수밖에 없고, 이 상황에서 다른 폐쇄지역으로 이동할 선택의 자유가 있다고 말하는 것은 실현 불가능한 교과서의 원칙을 되풀이 하는 것일 뿐이다. 부자 동네와 가난한 동네 사이에 놓인 물리적인 장벽은 결국 사람들의 마음속에 심리적인 장벽으로 자리 잡게 된다. 시민들의 마음을 가로지르는 이러한 장벽은 궁극적으로 그 사회를 유지하기 위한 최소한의 사회적 연대감마저도 위협한다. 신자유주의의 물결이 휩쓰는 시대에 세계화와 양극화를 주제로 한 담론들이 한국사회에서 지속적으로 등장하는 것도 이러한 맥락에 바탕을 두고 있다.

특히, 문화적 공동체를 개인에게 꼭 필요한 생존의 조건으로 보는 다문화주의 입장에서 보면, 시민을 단지 자유시장경제의 소비자로 인식하는 자유방임주의의 접근은 회피 불가능한 문화적 공공재의 경우에 논리적 한계를 드러낸다. 예를 들자면, 사람들은 자신이 속한 사회가 비폭력적이거나 종교적 신념을 존중하는 등의 일정한 특징을 갖기를 원한다. 따라서 시장에서 유통되는 폭력적인 영상물이나 포르노그래피를 이용하는 것을 개인의 선택의 문제라고 말하는 것은 설득력을 갖지 못한다. 이러한 경우의 요구는 불가피하게 공공의 성격을 갖게 되는 제품에 관한 것이므로 개인의 선택에 그치지 않고 그 사회의 전체적인 성격에 영향을 미치게 된다. 즉, 그러한 선택에 동의하지 않았던 개인 역시 불가피하게 타인의 선택의 영향 아래 놓이게 된다. 그러므로 개인의 선택이 무조건 보호받아야 하는 최선의 가치라고 주장하는 것은 다문화주의가 전제하는 문화적 자산과 사회의 공동선이라는 관점에서 보면 갈등을 일으킬 소지를 안고 있다.

사실 우리가 어떤 사회를 자유주의적이라고 부른다면 그것은 경쟁하는 많은 이념 가운데 자유주의가 더욱 지배적인 사회라는 것을 뜻한다. 즉, 어느 사회든 오직 하나의 이념에 따라 전일적으로 구성되지는 않는다. 따라서 나름의 장점과 한계를 갖는 자유주의와 자유방임주의, 공화주의가 제시하는 세 가지 시민의 이념형은 배타적인 선택의 문제가 아닌 균형의 문제라고 말할 수 있을 것이다. 다시 말하자면, 개인이나 공동체 가운데 어느 한쪽의 비중이 커지는 시대의 흐름에 따라 때로는 공화주의를, 때로는 자유주의를 강조하는 균형의 유지가 더욱 중요할 것이다.

예컨대, 국가주의적 전통이 여전한 상황에서 우리 사회에 지금 필요한 것은 자유주의의 보편적 인권 담론을 통해 개인을 억압하고 착취하는 비인간적인 관행을 타파함으로써 개인의 자유와 존엄을 고양하는 것이라고 말할 수 있다. 그러나 자유주의를 포함하여 세 전통 가운데 어느 한 입장의 필요성을 강조하더라도 각각의 입장에서 다문화 시대의 다양함을 수용할 수 있는 유연성을 고민할 필요는 그대로 남는다. 즉, 자유주의의 보편적 인권이 갖는 제국주의적 성격, 공화주의적 시민의 덕목이 내포하는 다수의 전제 가능성, 자유방임주의의 극단적인 해방지향 등이 갖는 해체의 위험에 대해 다문화주의 관점에서 볼 때 어떻게 이러한 모순을 해결할 수 있는가에 대한 성찰이 필요한 것이다.

6. 결론: 다문화 시대에 시민의 바람직한 모습

다문화 시대의 시민적 실천에서 생겨날 수 있는 이러한 문제점은 우리가 추구하는 모든 정치철학은 시대의 산물로서 지금 여기라는 시간과 공간의 제약을 받고 있다는 근본적인 철학적 인식에 눈을 돌리게 한다. 아마도 우리가 아는 모든 도덕적 주장을 반영하고, 갈등하는 서로 다른 개념에 대해 가중치를 두어 문화적 다수와 소수의 주장에 대응하는 종합적인 원칙을 찾아낸다는 것은 불가능할 것이다. 더구나 서로 다른 삶의 방식을 양립시키기 위해 간신히 찾은 균형점은 지금 여기를 지배하는 조건들의 변화에 따라 한 지점에서 또 다른 지점으로 계속해서 이동하고 있다. 이러한 사실은 문화적 소수의 요구를 무조건 수용하는 것이 정의는 아니듯이, 선험적인 논리나 논리적 정합성의 필요를 위해 현실적인 삶의 요구를 무시하는 것 역시 불완전한 정의임을 말해준다.

결국, 다문화 시대에 문화집단 간 불평등의 문제나 문화집단 안에서 취약한 개인의 지위 문제, 국가 정체성을 둘러싼 기존 시민과 새로운 이주자 사이의 갈등 등 다문화주의 정책이 현실에서 부딪히게 되는 문제들의 해결책은 타협이 될 수밖에 없다. 이 타협은 문화를 달리하는 개인 사이에 선한 삶에 대한 기준과 평가가 다를 수 있다는 사실, 따라서 모두가 합의할 수 있는 종합적인 원칙의 발견이 가능하지 않다는 사실을 전제로 한 것이다. 그렇다면 이질적인 문화의 시민들은 어떤 과정을 통해 타협에 이를 수 있을까? 어떤 방식의 타협일 때 이해당사자들은 승복할 수 있을까? 사실 우리는 사안에 따라 달라질 타협의 내용을 규정할 수는 없을 것이다. 결국 우리가 제시할 수 있는 것은 타협에 이르는 최소한의 절차적인 규정들이다.

가치 기준이 서로 다른 개인들 사이에서 공정한 타협은 관련된 이해당사자들이 충분한 토론을 통해 자신들의 의견을 개진한다는 의미의 심의(deliberation)를 통해 가능할 수 있다. 대화와 토론은 상대방에 대한 이해를 증진하는 최선의 방법이다. 그렇지만 공정한 타협을 위한 심의는 다시 합의 가능한 절차적인 규칙을 필요로 한다. 그 규칙은 상호존중(mutual respect)과 합리적인 대화(rational dialogue), 그리고 관련 당사자, 특히 소수에 속하는 개인이나 집단에 정치적인 권리(political right)를 보장해야 한다는 것이다. 다시 말하자면, 다문화 시대에 바람직한 시민의 모습을 형식적 차원에서 정의하는 데에는 '상호존중(mutual respect)'과 '합리적인 대화(rational dialogue)', '정치적 권리(political rights)'라는 세 가지 조건으로 이루어진 심의 다문화주의의 틀을 제시할 수 있다. 이 원칙들은 모든 사람이 자신의 문화적 배경과 종교적 신념에 상관없이 합의에 이를 수 있다고 보는, 시민으로서 갖춰야 할 조건을 최소화한 것이고 다문화 시대가 가져오는 사회적 연대와 대표의 위기 해소를 목표로 한 것이다.

'상호존중'은 상대방 역시 나와 동일하게 인간으로서의 권리와 존엄을 가진 평등한 존재라는 인식에서 시작된다. 그것은 사람들이 서로 다른 생활방식과 가치의 기준을 갖고 있다는 점을 당연하게 인정하는 것을 의미한다. '합리적인 대화'에서 '합리적'이란 협력의 공정한 조건으로서 원칙과 기준을 제시할 준비가 되어 있고, 다른 사람들도 그렇게 할 것이라는 확신하에 그 원칙들을 스스로 지킬 생각이 있는 것을 가리킨다. 또한, 합리적이어서 모두가 받아들일 것으로 보는 규칙을 자신이 제시하듯이, 다른 사람이 제시하는 공정한 조건에 관해서도 토론할 준비가 되어 있는 것을 의미한다. 이와는 반대로 '비합리적'이란 공정한 협력의 조건이 되는 원칙과 기준을 제시하지 않거나 설사 제시하더라도 자신의 원칙에 관해 토론하는 것을 허용하지 않는 상태이다.

'정치적 권리'란 서로 존중하는 가운데 합리적인 대화가 이루어지는 공론장에 참여할 개인의 권리, 특히 사회적 소수의 권리를 말한다. 즉, 자신이 속한 공동체의 운명을 결정하는 의사결정과정에 시민으로서 참여할 수 있는 권리이다. 정치적인 권리는 상호존중과 합리적인 대화라는 절차적 규칙에 일정한 방향성을 부여한다. 정치적인 권리를 통해서 이루는 의사의 결집은 공화주의적 공동선에 대한 관심을 불러일으킬 수도 있고, 또 다른 자유주의적 절차 규칙에 대한 관심을 가져올 수도 있을 것이다. 정치적 권리는 자신과 자신이 속한 집단의 운명에 대한 자결권을 의미하므로 그러한 정치공동체는 집약된 의사표출의 내용과는 관계없이 사회적 소수가 대표된다는 의미에서 민주적이다.[15]

그렇다면 이러한 세 가지 조건으로 이루어진 심의 다문화주의의 주장은 기존의 자유주의 및 공화주의 전통과 어떻게 구분되는가? 다문화시대의 시민들이 합의할 수 있는 규칙들을 최소화한다는 측면에서 보면 필자의 주장이 자유주의적인 것은 맞다. 그러나 자유주의를 개인의 자유에 대한 존중과 절차주의적 공정을 추구하는 것으로 정의하고, 국가 중립성과 자의성의 회피, 공동선에 앞서는 개인 자유의 우선성을 그 특징으로 제시한다면 필자의 주장을 자유주의적이라고 말하는 것은 한계가 있다. 자유주의를 특징짓는 이러한 내용 자체도 시민들 사이에서 합리적 대화를 통해 합의되어야 한다는 필자의 관점에서 보면 자유주의의 특정 덕목들은 공화주의자에 의해 거부될 확률이 높다. 필자의 주장은 오히려 형성의 정치를 통한 합의의 구성 과정을 전제한다는 점에

---

15 이 부분은 필자가 이미 발표한 바 있는 논문, "심의 다문화주의: 문화적 권리와 문화적 생존"《한국정치학회보》39권 1호(2005)에서 해당 논의를 재정리하여 인용하였다.

서 공화주의에 가까운 측면이 있다. 그러나 공화주의에서처럼 국가의 개입을 당연하게 전제하지 않고 정치적 권리를 갖는 시민들의 합의사항으로 남겨두었다는 점에서 공화주의와는 차이가 있다.

매우 다른 정치적 신념과 문화적 배경을 갖는 다문화 시대의 시민들 사이에서 적어도 이 세 가지 조건이 거부되지 않을 것이라는 점을 예상할 수 있다. 바꿔 말하자면, 누구도 이 세 가지 조건을 받아들이지 않을 정당한 이유를 찾기는 쉽지 않다. 문제는 '이 세 가지 최소한의 조건만으로도 하나의 정치공동체를 구성하기에 충분할 정도의 사회적 연대감을 만들어낼 수 있는가'이며 동시에 '그러한 연대가 대표의 위기를 해소할 만큼 두터울 것인가'이다. 물론, 사회적 연대감의 증진을 위해 종교적 신념과 문화적 전통을 공유하는 것이 훨씬 더 효율적일 수 있겠지만, 다문화 시대의 시민들 누구도 이러한 기준을 통해 합의에 이를 수는 없다. 결국, 모든 개념이 합의의 대상이 되어야 하는 상황에서 갈등하는 시민들이 가장 쉽게 합의에 이를 수 있는 조건은 상호존중과 합리적 대화, 정치적 권리라고 말할 수 있다. 이 조건들은 자유주의나 공화주의라는 기준에 따라 분류되어야 하는 개념이라기보다는 두 전통이 나뉘는 경계지점보다 훨씬 앞서 존재하는 더 근원적인 개념이라고 보아야 한다.

결국, 심의 다문화주의를 지지하는 입장에서 다문화 시대의 이상적인 시민의 모습을 요약하자면 개인의 자유와 자유로운 내면의 가치를 지지하고 다른 사람과의 문화적 차이를 존중하면서 자신의 주변에서 일어나는 정치 과정에 적극적으로 참여하고 있는 사람이라고 말할 수 있을 것이다. 즉, 다문화의 도전에 직면하기 시작한 우리 사회에서 사회통합을 매개할 바람직한 시민의 모습은 기존의 시민들과 새로운 이주자 모두 상호존중과 합리적 대화, 정치적 권리라는 세 가지 조건을 갖추고, 개인이 침잠할 수 있는 자유로운 사적 공간을 확보하고 그 공간의 크기에 비례하는 정치적 참여를 실천하고 있는 사람이라고 말할 수 있다.

참고문헌

강정인 외. 2001. 《민주주의의 한국적 수용》. 서울: 책세상.
권혁범. 2004. 《국민으로부터의 탈퇴》. 서울: 삼인.
김남국. 2005a. "심의 다문화주의: 문화적 권리와 문화적 생존" 《한국정치학회보》 9권 1호, 87~107.
김남국. 2005b. "경계와 시민: 국민국가의 국경통제는 정당한가?" 《한국과 국제정치》 21권 2호, 153~180.
김남국. 2004. "유럽통합과 민주주의의 결여" 《국제정치 논총》 44권 1호, 281~302.
김대영. 2004. 《공론화와 정치평론》. 서울: 책세상.
김두식. 2004. 《헌법의 풍경: 잃어버린 헌법을 위한 변론》. 서울: 교양인.
김홍우 감수, 전인권 편집. 2004. 《독립신문 다시읽기》. 서울: 푸른역사.
박노자. 2001. 《당신들의 대한민국》. 서울: 한겨레신문사.
박동천. 2001. "영국 민주화과정, 한국적 경험에 대한 함의" 강정인 외. 《민주주의의 한국적 수용》. 서울: 책세상, 2001.
박명림. 2005. "헌법, 헌법주의, 그리고 한국 민주주의" 《한국정치학회보》 39집 1호, 253~276.
설한. 2005. "재분배의 정치와 인정의 정치" 《한국과 국제정치》 21권 2호, 181~213.
스티븐 에릭 브로너 지음 · 유홍림 옮김. 2005. 《현대정치와 사상》. 서울: 인간사랑.
유홍림. 2003. 《현대 정치사상 연구》. 서울: 인간사랑.
임지현 외. 2000. 《우리안의 파시즘》. 서울: 삼인.
전인권. 2004. "독립신문의 재해석과 한국의 사회과학" 김홍우 감수. 《독립신문 다시읽기》. 서울: 푸른역사.
정윤재. 2005. "정치평론, 한국정치학, 그리고 한국 민주주의" 한국정치평론학회 2005년 춘계 심포지움. 평창. 4월.
정태욱. 2002. 《정치와 법치》. 서울: 책세상.
최장집. 2002. 《민주화 이후의 민주주의》. 서울: 후마니타스.
통계청. 2004. "2004년 혼인이혼 통계결과" http://www.nso.go.kr.
한상희. 1999. "민주공화국의 헌법적 함의: 공화주의 논쟁과 동태적 주권론" 《일감법학》 3호, 115~141.
홍윤기. 2005. "국민헌법에서 시민헌법으로." 창비, 함께하는 시민행동 공동 심포지움 '87년 체제의 극복을 위하여, 헌법과 사회구조의 비판적 성찰. 서울. 7월.

홍태영. 2005. "프랑스 공화주의 축제와 국민적 정체성"《정치사상연구》11집 1호, 153~176.

Barry, Brian. 2001. *Culture and Equality: An Egalitarian Critique of Multiculturalism*. Cambridge: Harvard Press.
Baubëck, Rainer, ed. 1999. *Blurred Boundaries*. London: Ashgate.
Baubëck, Rainer. 1995. *Transnational Citizenship*. London: Edward Elgar.
Benhabib, Seyla. 2002. *The Claims of Culture*. Princeton: Princeton University Press.
Fraser, Nancy and Axel Honneth, eds. 2003. *Redistribution or Recognition*. London: Verso.
Greenawalt, Kent. 1993. "Ground for Political Judgment." *San Diego Law Review*, Vol. 30, No. 2, 647~675.
Gutmann, Amy, ed. 1994. *Multiculturalism*. Princeton: Princeton University Press.
Habermas, Jurgen. 1996. *Between Facts and Norms*. Cambridge: MIT Press.
Habermas, Jurgen. 1999. *The Inclusion of Others*. Cambridge: MIT Press.
Harrington, James. 1998. *The Commonwealth of Oceana and A System of Politics*. J. G. A. Pocock, ed. Cambridge: Cambridge University Press.
Hayek, Friedrich. 1944. *The Road to Serfdom*. Chicago: The University of Chicago Press.
Hayek, Friedrich. 1960. *The Constitution of Liberty*. Chicago: The University of Chicago Press.
Hayek, Friedrich. 1976. *Law, Legislation, and Liberty*. Vol. 2. Chicago: The University of Chicago Press.
Hobbes, Thomas. 1996. *Leviathan*. Richard Tuck, ed. Cambridge: Cambridge University Press.
Kymlicka, Will. 1995. *Multicultural Citizenship*. Oxford: Oxford University Press.
Kymlicka, Will. 2001. *Politics in Vernacular*. Oxford: Oxford University Press.
Markell, Patchen. 2003. *Bound By Recognition*. Princeton: Princeton University Press.
Marshall, T. H. 1950. *Citizenship and Social Class*. Cambridge: Cambridge University Press.
Miller, David. 1995. "Citizenship and Pluralism."*Political Studies*, Vol. 43, No. 2, 432~450.
Nozick, Robert. 1971. *Anarchy, State, and Utopia*. NY: Basic Books.
Nozick, Robert. 2001. *Invariances: The Structure of the Objective World*. Cambridge: Harvard University Press.
Thomas Pangle. 1999. "The Retrieval of Civic Virtue." Anita Allen and Milton Regan, eds. *Debating Democracy's Discontent*. New York: Oxford University Press.
Pocock, J. G. A. 1998. "The Ideal of Citizenship since Classical Times." Gerson Shafir, ed. *The*

Citizenship Debates. Minneapolis: University of Minnesota Press.

Rawls, John. 1993a. *Political Liberalism*. New York: Columbia University Press.

Rawls, John. 1993b. "The Law of Peoples." Stephen Shute and Susan Hurley, eds. *On Human Rights: The Oxford Amnesty Lectures*. New York: Basic Books.

Rawls, John. 1997. "The Idea of Public Reason Revisited." *Chicago Law Review*, Vol. 64, No. 3, 765~807.

Sandel, Michael. 1996. *Democracy's Discontent*. Cambridge: Harvard University Press.

Sandel, Michael. 1998. *Liberalism and the Limits of Justice*. Cambridge: Cambridge University Press.

한국에서의 시민 애국심과 자유주의적 집단주의: 열정과 정서의 관점에서

김성문 홍콩시립대학교

1. 서론

"애국심은 잘못인가"라는 글에서 조지 케이텝은 애국주의를 맹렬히 비판하는데 그 이유는 애국주의가 국가처럼 상상으로 만들어진 추상적 실체가 아닌 개인들 혹은 (그들의) 인격의 존중이라는 보편적 도덕원리를 그 핵심으로 하는 계몽주의를 배격하기 때문이다. 케이텝에 따르면, 애국주의는 두 가지 이유에서 도덕적 가치를 갖지 않는데, 하나는 정치적이고 다른 하나는 심리적이다. 첫째, 정치적인 측면에서 볼 때, 애국주의는 위험하다. 왜냐하면, "그것은 어떤 추상적인 것을 위해 죽을 준비를 하는 것이기 때문이다. 즉, 애국주의는 그 본질상 그것이 승리건 패배건, 바로 지금 여기서, 그리고 우리의 기질을 자극하는 그 어떤 방식으로든 간에, 아직 젊은 우리를 폭력적인 죽음(우리가 그것을 자발적으로 받아들였건 않건 간에)으로 이끄는 성질이 있기 때문이다."(Kateb, 2000:

907) "질투와 배타성을 그 본질로 하는 충성심으로서"(910) 애국심은 (필연적으로) "외부의 적을 필요로 한다."(913) "애국자는 만약 어떤 상황에서 선택을 해야 한다면 고통을 당하기보다는 (남에게) 불의한 행동을 지체없이 가할 수 있어야 한다. 애국자는 항상 도덕적으로 불확실한 상황에서의 판단을 자신에게 유리한 쪽으로 한다. (그런 의미에서) 애국주의는 일종의 도덕심이 영원히 휴가를 떠나 있는 것과 같고, 일단 한번 추동되면 필연적으로 범죄성을 갖게 된다."(914)

둘째, 심리적 측면에서 볼 때, 애국주의는 병리적(pathological)이다. 그 이유는 그것이 "자기 자신을 이상화하는 것(self-idealization), 즉 간혹 행해지는 믿을 수 없는 계산(prudence)을 제외하고는 어떠한 자기제약으로부터도 자유로워서 (언제나) 죽음으로 귀결되는 집단적 나르시시즘이기 때문이다."(909) 케이텝은 애국주의를 일으키는 집단심리학의 내적 동학을 다음과 같이 설명한다.

> 당연히 최악의 이기심은 자기 자신을 경배하는 것이다. 그러나 가장 극단적인 자기 경배는 대개 간접적인 방법으로 이루어진다. … (그리고) 가장 효과적으로 자기 자신을 간접적으로 경배하는 방법은 집단과 자신을 동일시하는 것인데, 그 경우 개인은 집단을 자신에게 흡수시키고 있다는 것을 잊기 마련이어서 자신을 더욱 만족스럽게 경배할 수 있게 된다. 동일화(identification)를 통한 자아상실의 과정을 통해 개인은 자기 자신을 확장하게 되는 것이다. 이때 집단은 더 이상 단순히 자아의 외부에 있지 않다. 오히려 그것은 개

인이 이미 자기 자신으로서 상상하는 어떤 것이 되어 있다. 이렇게 애국주의라는 형태로 이루어지는 개인의 집단 정체성과 소속감은 개인의 이기주의를 극대화한다. … '나'는 곧 '우리'로 치환되고 '우리'는 곧 '그것'으로 치환된다. 그리고 이러한 동일화의 과정을 통해 개인은 (개인 내부에) 잠재한 부끄러움이라고는 전혀 모르는 극도의 이기주의와 가장 무자비한 자기희생을 매개시킨다. 즉, 가장 역동적인 판타지적 삶과 가장 수동적인 복종이 매개되는 것이다. 간접적인 자기 숭배는 대개 이런 식으로 일어난다[그리고 이것은 자기를 포기하는 것과 다름없다].(918)

케이텁에 따르면, 궁극적으로 애국주의를 막을 방법은 '민주적 개인성(democratic individuality)'을 고양하는 권리 중심적 개인주의뿐인데 그 이유는 '민주적 개인성'만이 도덕성과 양립할 수 있기 때문이다(921~922).[1] 그런데 민주적 개인성은 오직 특수한 형태의 정부, 즉 자유주의적 대의민주주의하에서만 지탱될 수 있다(Kateb, 1992b).

비록 몇몇 자유주의적 입장에 서 있는 학자들이 자유주의와 애국주의를 양립 불가능하게 보는 케이텁의 입장을 비판했지만(Viroli, 2002: 16~17; Müller, 2007), 케이텁의 견해는 여전히 애국주의(및 집단, 특히 국가·집단 전반에 대한)와 자유주의의 전형적인 입장을 반영한다.[2] 자유주

---

[1] '민주적 개인성'에 관한 케이텁의 좀 더 세밀한 논의를 위해서는 Kateb(1992a)을 참조.
[2] 이것이 애국주의와 관련하여 자유주의가 취할 수 있는 유일한 태도라는 말은 결코 아니다. 가령, 일부 시민적 자유주의자들(civil liberals)은 애국주의가 자유주의적 시민 덕성의 매우 중요한 일부임을 확신한다. 이와 관련된 논의는 Cohen(1996)에 실린 벤자민 바버, 마이클 월처, 그리고 찰스 테일러의 글들을 참조할 것. 본고가 케이텁의 이론에 특히 주목하는 이유는 그것이 애국주의 및 다른 시민적-공화주의적 덕성들에 대한 개인주의적

의자들이 볼 때 애국주의는 열정(passion)이 집단적으로 표출된 것으로, 바로 그 때문에 그것은 위험하다. 집단적으로 분출된 열정은 대개 반사회적, 비도덕적, 반문명적(uncivil)인데, 이는 그것이 항상 '집단 긍지(group-pride)', '집단 부러움(group-envy)', '집단 질투(group-jealousy)', '집단 원한(group-resentment)'의 감정을 수반하기 때문이다. 자유주의자들에 따르면, 열정의 집단적 분출로서의 애국주의는 오직 이성으로만 통제될 수 있고 이성은 전적으로 합리적이고 도덕적으로 자율적인 자유로운 인간(person)만이 가능하다. 그리고 이러한 인간(즉 개인)이야말로 자유주의적 권리 중심의 개인주의의 근간을 이룬다. 이렇게 볼 때, 애국주의와 민족주의를 동일한 것으로 파악하는 대다수 자유주의자들, 특히 케이텝과 같은 코즈모폴리턴 자유주의자들이 종종 애국주의를 반박해온 사실은 그리 놀랄 일도 아니다(Nussbaum, 1996; Vincent, 2002: 110~35; Tan, 2004: 135~62). 실제로 현대정치이론 분야에서 애국주의는 대체로 공동체주의적이거나 공화주의적으로 인식될 뿐, 자유주의의 핵심 문제로 이해되는 경우는 극히 드물다(MacIntyre, 1995; Viroli, 1995).

그러나 개인의 도덕적 자유와 권리에 대한 일방적 관심 때문인지 몰라도 케이텝(과 많은 자유주의자)은 실제로 개인과 그가 시민으로서 참여하는 자유민주적 정치공동체를 매개해 주는 사회의 독특한 정서와 습속(Barber, 2003: 242~243)의 중요성을 간과한다. 즉, 그는 시민사회가 (특히 정치적인 관점에서) 얼마나 중요한지를 간과한다. 비록 (랄프 에머슨으

자유주의의 회의를 가장 극명하게 보여주기 때문이다. 당연히, 자유주의적 개인주의가 필수불가결하게 국가에 대한 충성심에 반하는 것은 아니다. '자유주의적 충성심'에 관한 이론적 논의에 관해서는 Stilz(2009)를 참조.

로부터 큰 영향을 받은) 케이텝을 자유지상주의자(libertarian)라고 부를 수는 없겠지만, 그의 자유주의 정치이론은 확실히 개인성(personhood)을 (그것이 개인 도덕성, 자아정체성 혹은 개인권 등 어떤 형태로 표현되든 간에) 시민성(citizenship)보다 우위에 두고, 나아가 그것을 이상화한다. 다시 말해서, 케이텝의 권리 중심적 자유주의에는 시민적 연대와 (강한) 민주적 시민성을 가능케 하는 '시민 덕성(civic virtue)'(Sandel, 1996)이 전적으로 부재한다.

그러나 만약 우리가 (1) 권리 중심적 개인주의에 기초한 자유민주주의가 역사상 존재했고 지금도 존재하는 많은 자유민주주의 중 단지 하나의 특수한 형태라는 점, (2) 적잖은 자유민주주의 사회에서 민주적 시민성이 케이텝의 이론에서 상정하는 것보다 훨씬 '두터운' 것으로 이해되고 있다는 점, 마지막으로 (3) 강하고 두터운 시민성을 지탱해 주는 시민 덕성이 사회적 정서와 습속을 매개로 활성화된다는 점[3]에 동의할 수 있다면, 우리는 "애국주의는 잘못인가?"라는 케이텝의 질문을 전혀 새로운 각도에서 바라볼 수 있게 된다. 이러한 새로운 관점에서 애국주의는 자유민주주의의 온전한 실현을 방해하는 장애물로서가 아니라 시민사회의 민주적 활성화에 없어서는 안 될 민주적 시민 덕성으로 이해된다. 여기서 자유주의는 인권과 개인성의 '도덕적' 가치를 결코 부정하지 않지만, 권리 중심적 개인주의와 전적으로 동일시되지도 않는다. 우리가 상정하는 강하고 두터운 민주주의에서 자유주의는 도덕적인 입장에서 이해되기보다는, 일찍이 토크빌이 생각했던 것처럼, 좀 더

---

[3] 이상의 조건들은 자유민주주의의 이론과 실천에 문화적으로 익숙하지 않은 민주화의 제3의 물결 이후 탄생한 신생민주주의 사회의 시민들에게 특히 적실성이 있다.

'정치적'으로 이해된다(Villa, 2008: 27~48). 이는 곧 비민주적이고 부정의한 국가에 저항하는 공적 자유(public freedom)로서의 '정치적 자유'를 자유민주주의의 핵심으로 보는 입장이다. 이러한 관점에서 애국주의는 '민주주의적 시민사회에 대한 애정'으로 새롭게 이해될 수 있는데, 이러한 애국주의는 정치적 자유의 핵심 요소이기도 하다. 이렇게 정의된 애국주의는 개인적 영웅주의도 배타적인 민족주의와도 구분된다. 또한, 이 새로운 애국주의는 헌정적 애국주의(constitutional patriotism)가 요구하는 대로 전적으로 보편적 도덕원리에만 초점이 맞춰 있지도 않다. 이 글에서 말하는 애국주의는 시민사회의 구성원들이 광범위하게 공유하는 사회적 정서에 의해 활성화된 (그러나 일방적으로 추동되는 것은 아닌) 시민성(civic quality)의 집단적 행사를 일컫는다.

애국주의를 이렇게 새롭게 규정함으로써 우리는 도덕적 특질에서는 비개인주의적(non-individualist)이지만 정치적 특질에서는 자유(주의)적인 형태의 민주주의를 상정해 볼 수 있게 된다. 이 글에서 우리는 제도적으로 시민사회에 기반을 둔 이 같은 새로운 자유민주주의적 애국주의를 '시민 애국심(civil patriotism)'으로 명명한다. 이 글의 핵심주장은 다음의 두 가지로 요약될 수 있다. 첫째, 시민 애국심의 핵심에는 반드시 정치적으로 발생하는 것은 아니지만 시민사회의 공공영역을 정치적으로 활성화하는 시민적 열정(civil passion)이 자리하고, 둘째, 시민적 열정의 핵심은 정치공동체에 대한 '긍정적 애착정서(positive affection)'라기보다는 애착정서(affection)를 반성적이고 자기규율적으로 전환해 주는 '비판적 애착정서(critical affection)'에 있다. 이 글에서는 케이텝의 자유주의 정치이론과 마우리치오 비롤리(Maurizio Viroli)의 공화주의적 정치이론을 비판적으로 검토함으로써 '시민 애국심'을 개념적으로 구성한 후, 한국의 민주주의에서 실제로 (비록 완벽하게는 아니지만) 작동하는 시민 애국심의 흥미로운 사례를 제시한다.

2. 케이텝과 비롤리를 넘어서

통상적으로 애국주의는 조국에 대한 열정적인 애착정서를 의미한다. 자유주의자들은 항상 국가 혹은 민족(그들은 대체로 이 둘을 구분하지 않는다)에 대한 강렬한 열정적 애착정서에 잠재된 '병리성(pathology)'에 주목하는데 그 이유는 그러한 애착정서 안으로 개인(도덕적 자율성을 행사하는 주체로서의 혹은 도덕적 자아가 기초하고 있는 심리학적 토대로서의 개인)이 흡수되어 버릴 뿐 아니라 심지어는 그 속에서 개인(성)이 무화(無化)되기 때문이다. 이런 관점에서 우리는 왜 케이텝과 같은 자유주의자들이 애국주의를 비판하는지 그리고 왜 그것을 "일종의 도덕심이 영원히 휴가를 떠나 있는 것"이라고 부르는지 어렵지 않게 이해할 수 있다.

그러나 이 같은 자유주의적 비판을 면밀히 관찰해 보면, 우리는 곧 비판의 실질적 대상이 애국주의 그 자체라기보다는 모든 종류의 (개인/자아보다 더 큰 모든 사회적 실체로서의) '집단'임을 알 수 있다. 앞서 언급했듯이, '정치'이론의 관점에서 볼 때 애국주의와 민족주의의 구분은 매우 중요한 것임에도 자유주의자들은 대체로 이 구분을 별로 중요하게 여기지 않는다. 그들이 보기에 민족주의든 애국주의든 그것이 집단주의인 한, 개인/자아에게 부정적 집단-심리적 영향을 끼치기 때문이다. 집단주의는 그 자체로 개인의 도덕적 자율성을 파괴할 뿐 아니라 인간을 (한나 아렌트의 표현을 빌리면) 사물 혹은 '비자아(nobody)'의 상태로 전락시켜 버린다. 개인/자아를 파괴한다는 점에서 (그것이 집단을 매개로 한 자기숭배로 표현되거나 집단 속으로의 병리적 자기 포기이든 상관없이) 애국주의(혹은 민족주의)는 전체주의일 뿐이다. 실제로 케이텁은 아렌트가 말했던 바의 전체주의의 개념을 그대로 받아들이는데 이에 따르면 전체주의가 악인 이유는 그것이 자유의 핵심인 개인의 즉자성(spontaneity)을 완전히 파괴하여 개인 자체를 소멸시켜 버린다는 점에 있다.

> 인간의 무궁한 다양성과 구별을 모든 인간이 마치 하나의 개인인 것처럼 재단해 버리려는 전체주의적 지배(total domination)는 오직 각각의 개인이 영원히 변하지 않는 (기계적) 반응들로 전환되고 그러한 반응들의 실타래들(의 일부로서의 개인들)이 다른 반응들(에 불과한 개인들)로 임의로 치환될 때만 가능하다. … 전체주의적인 지배(totalitarian domination)는 엘리트 그룹의 이념적 세뇌와 집단수용소에서의 절대적인 테러를 통해 그러한 목표를 달성한다. … 집단수용소는 사람들을 말살하고 개인의 가치를 격하하는 것을 의미할 뿐 아니라 과학적으로 통제된 상황에서 인간행위의 (본원적) 표현으로서의 즉자성(spontaneity)을 무자비하게 파괴하고 인간의 인간됨(human personality)을 단순한 사물로, 심지어 동물의 상태에도 미치지 못하는 그 어떤 것으로 전락시킨다.(Arendt, 1973: 438)

아렌트적인 관점에서 케이텝은 정치적 악의 가장 깊은 근원을 집단 정체성의 형성 문제로 돌린다. "내가 악을 인간에 의해 만들어진 것(artifice)이라 말할 때 부분적으로 의도했던 바는 악을 야기하는 인간의 열정이 추상적이라는 점이다. … 추상적 열정은 지도자들이 계획한 후 추상적으로만 경험하는 추상적 프로젝트나 목적들을 추동한다. 이러한 비현실성(unreality)은 모든 정치를 관통한다. 그것은 분명 (국가) 정책이라는 이름으로 악을 생산한다. 그리고 지도자들뿐 아니라 일반 개인들 역시 집단 정체성을 깊이 느끼기 때문에 그들 또한 추상적인 열정을 공유하게 된다."(Kateb, 1992c: 211) 애국주의가 그토록 무서운 이유는 그것이 추상적 열정의 극단적 형태이기 때문이다. 그것을 치료하는 방법은 정말 심각한 의미에서의 개인주의밖에는 없다. 케이텝은 이렇게 말한다. "사적인 삶에서 건전한 판단(sanity)을 더 많이 기대할 수 있다. 그리고 우리의 사적인 삶이 심지어 광기에 휩싸여 있더라도 그것은 마찬가지다."(Kateb, 1992c: 211)

흥미로운 점은 아렌트 자신은 전체주의라는 악에 관해 케이텝이 내리는 처방에 동의하지 않는다는 점이다. 아렌트에게서 전체주의를 치료하는 방법은 개인의 고유한 자아성(selfhood) 혹은 사적 자아(private self)에 있지 않다. 오히려 그녀는 그 해독제를 진정한 의미의 정치, 즉 "인간이 건설한 지속 가능한 법과 제도"에 대한 시민의 적극적인 정치 참여에서 찾는다(Arendt, 1965). 다시 말해서, 심지어 혁명(특히 미국독립혁명)을 찬양할 때조차도 아렌트의 궁극적인 정치적 관심은 시민으로서의 인간이 말과 행동을 통해 자신의 인간으로서의 특수성을 표현(disclose)할 수 있는 지속 가능한 자유의 구조물을 창조하는 데 있다.

그녀가 시민들이 공유하는 권력과 공적 자유의 제도적 실현으로서의 '폴리스'를 그토록 강조했던 이유가 바로 여기에 있다.

> 폴리스라는 형태를 통한 인간의 공통된 삶은 인간활동 중 가장 헛된 행위와 말 그리고 인간이 만든 "제조물들(products)" 중에서 가장 눈에 띄지 않고 가장 덧없어 보이는 행위들과 그 행위들의 결과로 이루어진 이야기들이 영원히 사라지지 않기를 바랐던 마음에서 비롯된 것 같다. 도시 주위로 성을 쌓음으로써 물리적으로 보호되고 법을 통해서 형상화되었던 (그렇게 함으로써 후세 사람들이 그 정체성에 지나친 변화를 주지 않도록 했던) 폴리스의 건설은 일종의 조직된 기억(organized remembrance)이었다. … 정확히 말해서, 폴리스는 물리적인 장소로서의 도시국가가 아니었다. 함께 행동하고 말하기를 통해 형성된 것으로서 사람들의 조직(the organization of the people)이었다. 폴리스의 진정한 공간은 그들이 어디서 (물리적으로) 살았든 간에 (공동의) 목표를 위해 함께 살았던 사람들 사이에 존재했다.(Arendt, 1958: 197~198)

고대 그리스의 시민들보다 로마의 공화주의자들에게서 더 큰 영향을 받은 공화주의 정치이론가 마우리지오 비롤리는 조국의 법과 제도 및 거기에 함의된 도덕적, 정치적 '원리들(가령 정치적 자유)'에 초점을 둠으로써 (비록 아렌트에게서 '애국주의'라는 개념 자체는 전혀 중요하지 않았지만) '비교적' 아렌트적인 관점에서 (민족주의와 동일시된) 애국주의와 (도덕원리의 존중이라는 의미로서의) 자유주의에 관한 케이텝의 명확한 이분법에 반대한다.[4] 비롤리에 따르면, 공화주의적 애국주의는 "애국을 공화국의 제도와 삶의 양식에 대한 시민들의 열정적인 사랑으로 묘사한다." (Viroli, 2002: 14) 그것은 "무엇보다 시민성의 경험에 기초한 정치적 열정을 말하는데 그것은 같은 지역에서 태어났다는 점, 같은 동족/인종이라는 점, 동일한 언어를 말한다는 점, 동일한 신을 섬긴다는 점, 동일한 관습을 가지고 있다는 점 등에서 형성된 선-정치적(pre-political) 요소들에 기초한 열정과 다르다."(13) 즉, "공화주의자들이 말하는 조국(patria)이란 도덕적, 정치적 제도"를 가리킨다(15). "조국에 대한 사랑이 자연적 감정으로가 아니라 법으로, 나아가 좋은 정부와 공적 삶에의 참여로 고양되는 인위적 감정인 만큼"(82), 공화주의적 애국주의는 자연적 감정에 기초한 민족주의와 질적으로 구분되며 구분되어야 한다.

더욱이 이탈리아의 정치가 주세페 마치니가 분명하게 보여주듯이 (Viroli, 1995: 144~156), 공화주의적 애국주의와 인류애는 상호배타적이지 않다. 사실, 마치니의 공화주의적 애국주의는 우리에게 다음과 같이 말한다. "인류를 향한 우리의 도덕적 의무는 우리가 우리의 조국에 대해 지고 있는 의무에 우선한다. 우리는 어느 특수한 국가의 시민이기 전에 인간(human beings)이기에 국가 간의 경계는 우리가 도덕적으로 눈감아야 할 명분이 될 수 없다. … (그러나) 인류애라는 대의는 … 일단

---

[4] '비교적'이라고 제한을 두는 이유는 비록 비롤리와 아렌트 모두 법과 정치공동체의 제도에 기초한 공화주의적 시민성을 강조하지만, 시민 덕성의 고양과 관련해서는 양자가 입장을 달리하기 때문이다. 다나 빌라가 분명하게 보여주듯이, 적극적 시민성(active citizenship)을 옹호하는 다른 공화주의적 사상가들과는 달리, 아렌트는 "시민 덕성이 길러지고 공적 의식을 지닌 시민들이 만들어지는 교화과정에는 별 관심이 없다."(Villa, 2008: 99)

우리의 조국을 먼저 건설함으로써 효과적으로 지탱될 수 있다."(Viroli, 2002: 85) 이런 관점에서 비롤리는 케이텝을 비판한다.

> 공화주의적 애국주의에 영향을 받았던 사람들은 현대의 헌정적 민주주의 사회가 탄생하는 데에 지대한 공헌을 했다. … 그러나 이들 현대 공화주의적 애국자들의 자유에 대한 사랑이 보편주의적 도덕 원리로서의 자유에 대한 사랑보다 (상대적으로 가치가) 덜한 도덕적 위엄을 갖는 것일까? 공화주의적 애국주의는 국가 간의 경계를 넘어설 수 있다. … 자기 민족의 공적 자유를 사랑하는 사람은 다른 민족의 자유 역시 사랑하고 존중하며 그것을 지키는 것에 헌신한다. … 마치 구체적인 모습으로 살아가는 신이 영적인 신과 동일한 가치를 가지듯이, 케이텝이 쓰는 비유를 그대로 들자면,[5] 민족의 자유 또한 특정 국가나 역사에 한정되지 않는 보편적 원리로서의 개인의 자유와 동일한 가치를 가진다.(17)

케이텝에 대한 비롤리의 비판의 핵심에는 공화주의적 애국주의가 보편성에 열려 있는 특별한 형태의 구체성(particularity)이라는 생각이 전제되어 있는데, 공화주의적 애국주의가 특별한 이유는 그것을 추동하

---

5 케이텝은 비롤리를 다음과 같이 비판한다. "이것은 비물질적이고 영적인 신은 인간으로 태어나지 않거나 혹은 성모 마리아 숭배, 성자들의 석상이나 초상화, 아니면 장엄하고 우아한 교회 같은 특정한 장치를 마련하지 않고서는 사랑받을 수 없다고 보는 가톨릭의 입장처럼 들린다. 그러나 내 생각에는 급진적인 프로테스탄트적 비판이 맞는 것 같다. 즉 진정한 신은 그가 (다른 무엇인가에 의해) 재현될 때 (그 실체를) 잃게 된다. 같은 논리로 비롤리가 그리고 있는 것과 같은 애국자들은 도덕원리들을 잃어버릴 위험을 안고 있고, 결국에는 (잘못 사용하든, 잊어버리든, 혹은 배반하든) 잃어버리고 만다."(Kateb, 2000: 911)

는 동력이 민족주의를 활성화하는 자연적 감정이 아니라 정치적 혹은 인위적인 열정이기 때문이다. 케이텝은 애국주의와 민족주의를 무차별적으로 동일시하고 전자를 도덕적으로 공허하고 정치적으로 위험한 추상적 열정이라며 비난함으로써 추상적 열정이 무엇인지를 애매하게 남겨둔다. 어쩌면 자연적 감정(가령, 부러움, 질투, 원망과 같은 반사회적 감정)은 그것이 가족처럼 여겨지는 국가에 일반적으로 적용될 때 위험스런 추상화로 변질될지도 모른다. 실제로 (비자유주의적) 민족주의는 그런 식으로 작동하기 마련이고 그것이 위험한 것도 이 때문이다. 그렇다고 해도, 시민들을 시민성의 도덕적 의미를 담지하고 있는 구체적인 정치제도와 그에 기초한 특정한 삶의 양식에 접합시켜 주는 정치적 혹은 인위적 열정마저도 단순히 집단심리적 환상쯤으로 매도할 수 있는 것인가?

비롤리가 보기에, 어떤 종류의 집단 정체성(가령 시민성)은 정치적 열정을 매개로 형성되고 공화주의적 자치를 통해 오히려 개인/자아가 강화될 수 있다는 점을 고려해 보면 개인/자아보다 큰 일체의 실체에 대한 케이텝의 혐오는 문제가 있다. 더욱이 애국주의는 동지와 적에 대한 슈미트적 이분법으로 필수불가결하게 귀결됨으로써 적에 대한 적개심을 자연적으로 일으킨다는 케이텝의 비판은 근거가 없다. 왜냐하면, 시민들의 정치적 열정은 비지배(non-domination) 혹은 독립성(independence)으로 이해되는 정치적 자유를 향하기 때문이다(Viroli, 2002: 3~19; Pettit, 1997). "공공선을 모든 사람의 이익도 아니며 사적 이익을 초월하는 이익도 아닌 자유롭고 독립적으로 살기를 원하는 시민들의 이익"(Viroli, 2002: 54)으로 이해함으로써 공화주의적 애국자는 케이텝이 동일하게 비판하는 공동체주의자들과도 차이를 보인다(Kateb,

1992d).[6]

 비롤리의 비판대로 케이텝이 애국주의를 이해하는 방식에는 사실 상당한 문제가 있다. 첫째, 애국주의를 전체주의와 동일시하는 케이텝의 이해는 몰역사적이다. 역사적으로 전체주의는 애국주의가 카리스마적 지도자나 민족-국가에 대한 컬트적 경배를 목적으로 배타적 민족주의자들(가령, 독일이나 일본의)이 애국주의를 폭력적으로 도용하거나 악용했을 때 발생하고는 했다. 이와 반대로 애국주의는 개인/자아를 집단 속에 매몰시키지 않고, 단지 사적 개인을 사적 이익과 공적 이익 사이에서 균형을 찾을 수 있는 공적 시민으로 전환할 뿐이다. 둘째, 케이텝은 권리 중심적 개인주의를 전체주의에 대한 유일한 대안으로 상정함으로써 사적 개인의 정치적 힘을 (비록 개인의 도덕적 의미가 중요하다고 하더라도) 과장하는 측면이 있다. 그러나 일찍이 토크빌이 말했듯이, 혼자 외따로 있을 때 개인은 자기 이익에 함몰되기 쉽고, 그렇게 됨으로써 종종 모든 권력을 독점한 국가 혹은 다수의 지배에 속수무책이 되고 만다. 토크빌의 이른바 "민주적 평등성의 조건(democratic condition of equality)"에서 결사의 자유와 기술이 중요해지는 것은 바로 이 같은 정치적 문제 때문이다. "혼자 행동할 수 있는 자유 다음으로 인간에게 가장 자연적인 행동은 자신의 힘을 자기와 같은 다른 사람들의 힘과 합쳐 함께 행동하는 것이다. 이 때문에 내가 보기에 결사체의 자유는 개인의 자유만큼이나 그 본질상 거의 양도 불가능한 권리이다."(Tocqueville, 2000: 184)

---

[6] "정의와 법의 지배에 기초해서 세워진 공화국은 공동체주의자들이 강조하는 우정, 연대, 소속감을 제공할 수 있다. 그러나 선에 관한 특수한 관념 혹은 특수한 문화에 기초한 공화국은 모든 이들을 위한 공화국일 수 없으므로 정의롭지도 못하다."(Viroli, 2002: 65~66)

셋째, 앞선 논의의 연장에서, 케이텝은 개인의 선한 (도덕적) 인간으로서의 측면과 좋은 시민으로서의 측면에는 불가피한 긴장이 있다는 아리스토텔레스의 통찰을 간과하고 있다. 케이텝이 보기에 좋은 시민성이란 좋은 인간이 되는 것만으로 충분하다. 케이텝이 상정하는 자유인에게 시민덕성은 그것이 자아를 억압하고 궁극적으로는 자아를 무화시킨다는 점에서 너무 고압적이다. 물론 공동체주의자들과 공화주의자들이 종종 비판하든 (케이텝적) 자유인이 사회적으로 뿌리 뽑혀 있다(socially unencumbered)는 뜻은 아니다. 실제로 자유주의의 비판자들은 자유주의가 '뿌리 뽑힌 자아관'에 기초하고 있다고 비판할 때 종종 자유주의 특유의 사회성을 간과한다. 그러나 자유주의적 사회성(liberal sociability)은 시민덕성(civic virtue)과는 개념적, 실천적으로 구별되는 '시빌리티(civility)'로 표현되는데, 근대적 (자유주의적) 덕성으로서의 시빌리티는 공화주의적 시민공동체(civic community)에서가 아니라 사적 개인들이 서로 '이방인'으로 만나 상대적으로 얇은 관계를 형성하는 시민사회(civil society)에서 요구되고 형성된다.[7] 자유주의자들이 보기에 현대 공화주의적 전통에서 말하는 시민덕성은 시민들 간의 얇거나 느슨한 자유주의적 연결을 적극적인 시민−정치참여(civic and political participation)에 기초한 두터운 시민성으로 전환하는 것을 목표로 한다.[8] 그런데 문제는 시민덕성이 사회적으로 활성화됐을 때 공동체의 이름으

---

[7] 시빌리티를 전통의 공화주의적 시민적−정치적(civic−political) 공동체에서 이상으로 여기는 강한 시민성과 구분하면서 새뮤얼 플레이쉐커(1998)는 자유시민사회를 "별 의미 없는 공동체(insignificant community)"— 즉, 서로 무관심한 구성원들이 느슨하게 연결된 얇은 공동체—라고 부른다. 시민 덕성과 시빌리티 간의 개념적 구분에 대해서는 Seligman(1997)을 참조.
[8] 제이슨 스코자(2004)에 따르면 자유주의적 시빌리티의 핵심은 "타자에 대한 가벼운 존중 및 타자에 대한 반응성과 개방성"으로 정의되는 "부드러움(tenderness)"에 있다.

로 개인의 자율성과 자아성을 억압할 수 있다는 데 있다.

이런 점에서 케이텝이 앞서 말한 아리스토텔레스의 통찰을 무시한 데는 그만한 (자유주의적인) 이유가 있다. 문제는 시민성을 엷거나 느슨한 연결이라는 관점에서 재구성할 때 그가 자유주의적 시민을 지나치게 정치적 중심으로부터 멀리 위치시킨다는 점이다. 케이텝의 자유주의적 인간에게 국가는 항상 그리고 불가피하게 (홉스적인) 리바이어던(즉 잠재적으로 전체주의적인 국가)으로 형상화되는데, 이렇게 심각하게 왜곡된 국가는 개인을 정치로부터 후퇴시킬 뿐 아니라 (비록 법적인 시민권 자체는 아니더라도) 자신의 적극적 시민성을 포기하게 한다. 케이텝이 꿈꾸는 자유주의적 천국에서 중요한 것은 시민성(그것의 실제적 중요성에도 불구하고)이 아니라 사적 개인의 자아정체성이다.

케이텝의 주장에 문제가 있다는 이 같은 주장이 곧바로 비롤리의 공화주의적 애국주의를 옹호하는 것은 아니다. 분명 비롤리가 강조하듯이, 애국주의의 정치적 가치를 이해하고 평가하는 데 애국주의와 민족주의의 구분과 정치적·인위적 열정과 자연적 감정 간의 구분은 매우 중요하다. 그렇지만 이 같은 구분이 정치와 아무 상관없는 순수한 개념적 문제라고 생각하면 오산이다. 첫째, 비롤리의 말처럼 애국주의와 민족주의의 경계가 분명하게 그어질 수 있는지는 논쟁의 소지가 크다. 그가 케이텝을 비판하고 공화주의적 애국주의의 보편주의적 성격을 강조할 때 비롤리는 종종 마치니를 사례로 든다. 그런데 흥미롭게도 일부 학자들 사이에서 마치니는 대표적인 자유주의적 민족주의자로 인식되기도 한다(Tamir, 1993: 96~97). 공화주의적 애국주의와 자유주의적 민족주의를 본격적으로 비교·분석하는 문제는 이 글의 논지를 넘어서므로 여기서는 다루지 않기로 하겠다. 다만 여기서 중요한 점은 실천의 차원에서 애국주의를 (자유주의적) 민족주의로부터 구별해내는 일이 쉽지 않다는 점이다. 그리고 이러한 실천적 어려움은 비롤리에 대한 두 번째 비판으로 이어진다. 즉, 과연 정치적 열정이 자연적 감정으로부터 명료하게 분리될 수 있을까? 앞서 살펴본 대로 비롤리는 법과 정치 제도, 정치적 삶의 양식에 대한 시민의 사랑을 정치적 열정으로 설명한다. 그런데 어째서 정치적 열정이라는 말인가? 시민들이 사랑하는 '대상'이 정치적이기 때문인가? 사랑의 대상이 정치적이라는 사실이 열정 자체를 인위적인 것으로 만들어버린다는 것인가? 역으로, (자유주의적) 민족주의가 자연적 감정에서 비롯된다는 말은 정확히 무엇을 의미하는가? 문화공동체의 구성원들은 '당연히/저절로' (혹은 맹목적으로) 자신들의 공동체를 사랑한다는 말인가?

열정이 개인/자아보다 더 큰 사회적 실체로 연장될 때 어떤 상상에 기초한 일체감은 자신을 그 대상에 유의미하고 역동적으로 매개하는 데 필수적이다(Walzer, 1967). 베네딕트 앤더슨이 《상상의 공동체》에서 보여주듯 민족(-국가)도 예외일 수 없다. 열정이 민족이나 국가처럼 거대한 사회적 실체로 연장됐을 때 그것은 언제나 절반은 자연적이고 절반은 인위적이다. 이 같은 사실은 비롤리의 정치적 열정과 자연적 열정에 대한 이분법적 구분에 문제가 있음을 보여준다. 여기서 정말로 중요한 점은 열정의 '본질(nature)'이 아니라 시민들이 보이는 열정적 충성의 '특성(character)'이 어떤가 하는 점(가령 이성적인가 비이성적인가 혹은 포용적인가 배타적인가)이다. 이보다 더 중요한 점은 어떻게 도덕적으로 건전한 시민적 열정(civil passion)을 고양할 수 있느냐이다. 물론 이러한 비판은 케이텝의 애국주의에 대한 더욱 문제성 있는 이해에도 그대로 적용된다.

그렇다면 무엇이 시민적 열정인가? 그리고 그것은 비롤리가 중요시하는 정치적 열정과 어떻게 다른가? 시민적 열정은 어떻게 이 글에서 제시하고자 하는 '시민 애국심(civil patriotism)'과 관련이 있는가? 다음 절에서 우리는 시민 애국심이 한편으로 비롤리가 말하는 공화주의적 애국주의에 기초하면서도 그와는 질적으로 다르다는 것과 그것이 케이텝이 강조하는 한 가지 중요한 자유주의적 요소를 담지하고 있음을 보게 될 것이다. 즉 공화주의적 애국주의와 자유주의의 창조적인 결합을 가능케 하는 것은 시민 애국심을 가능케 하고 지탱해 주는 시민적 열정의 성격 때문이다.

3. 비판적 애착정서와 시민 애국심

실천적인 측면에서 볼 때 이 글에서 제시하는 시민적 열정은 비롤리가 지지하는 정치적 열정, 즉 조국의 법과 정치제도(및 그와 관련된 시민문화)에 대한 애정에 가깝다. 그것은 구체적인 정치공동체의 정치적 자유에 대한 열정으로, 도덕적·정치적 삶을 공유하는 사람들(people)에 의해 집단적으로 표출된다.

그러나 시민적 열정과 정치적 열정 사이에는 주목할 만한 차이점이 존재한다. 이미 밝혔듯이 시민적 열정은 인위적이면서 동시에 자연적이다. 여기서 중요한 점은 특정한 상황에서 자연적 열정이 얼마든지 정치적 열정으로 변환될 수 있다는 점이다. 다시 말해서, 자연적으로 혹은 선-정치적으로 형성된 열정이 시민적 애착정서(피땀 흘려 성취한 시민사회 등의 민주적 정치제도에 대한 일반 시민들의 열정)로 발전할 수 있을 뿐 아니라 나아가 그것을 고양할 수도 있다는 말이다. 다시 강조하지만, 여기서 중요한 것은 문제가 되는 열정이 인위적 혹은 자연적으로 발생하느냐는 문제가 아니라 그것이 정치체의 시민성과 민주성을 유지·심화할 수 있느냐 하는 점이다(c.f. Krause, 2008).

시민적 열정(혹은 시민 애국심)과 정치적 열정(혹은 공화주의적 애국주의)의 두 번째 차이는 후자에서는 시민사회에 대한 관심을 찾아볼 수 없다는 점이다. 비롤리는 "조국의 근본 토대는 시민과 국가의 관계, 공화적 제도들을 유지하게 하는 삶의 양식에 있다"(Viroli, 2002: 83)고 하였다. 그런데 이런 주장을 펼 때 비롤리는 국가와 시민 간의 관계가 이보다 훨씬 복잡하거나 '간접적인' 현대 자유헌정적 민주주의에 대해 각별히 주목하지 않는다. 사실 공화주의적 정치체에서조차 국가와 시민 간의 관계가 반드시 직접적인 것은 아니다. 왜냐하면, 양자는 언제나 공화적 제도들에 의해 매개되기 때문이다. 정치적 열정, 즉 그런 제도들에 대한 애착정서가 중요한 것도 이 때문이다. 그러나 공화정하에서 법과 정치제도는 여전히 국가(civitas)의 일부일 뿐으로 여기에는 국가와 시민사회 간의 도덕적, 정치적 구분이 전제되어 있지 않다.[9] 다시 말해서, 공화주의에는 사적 영역과 근대 관료국가의 제도적 장치들 사이에 (독자적으로) 존재하는 근대 민주시민사회가 결여되어 있는 것이다.

앞서 보았듯이, 제도적으로 대의민주정치에 의존하고 있는 권리 중

---

[9] 존 던(2001)에 따르면, 심지어 존 로크의 정치이론에서 상정된 '시민사회'마저도 제도적으로 국가와 독립된 근대 시민사회가 아니라 여전히 국가 그 자체를 의미하는 것이었다.

심적 자유주의 또한 국가와 시민 간의 '관계'를 무시하지 않는다. 다만 그 관계를 엷고 느슨하게만 유지할 뿐이다. 실천적인 측면에서 볼 때, 국가와 시민 간의 이러한 엷은 자유주의적 관계는 국가에 대한 사적 개인의 정체성을 표출하는 시민결사체의 도덕적 우위로 나타난다. 비롤리의 공화주의는 사적 영역과 국가 어디에도 속하지 않는 민주적 시민사회의 중요성을 인정하지 않는다. 권리 중심적 자유주의에서 국가가 사적 개인들로부터 너무 멀리 떨어져 있다면, 공화주의에서는 반대로 국가가 시민으로서의 개인에게 너무 가까이 있는 것이다. 즉, 자유주의가 시민성(citizenship)보다 개인의 인격(personhood)과 자아성(selfhood)에 더 많은 관심을 기울인다면, 공화주의는 심지어 그것이 정치적 열정에 의해 추동될 때조차 국가에서의 시민성에 집중해 있다.

시민 애국심은 공화주의와 자유주의 양자의 핵심적 도덕·정치적 특질을 비판적으로 수용한 근대의 민주적 애국주의이다. 첫째, 시민 애국심은 자유를 주권적(self-governing) 시민들의 정치적 자유로 이해하는 공화주의의 자유관을 수용하면서도 시민사회를 국가와 직접적으로 동일시해버리는 공화주의의 국가관은 거부한다. 둘째, 시민 애국심은 국가와 시민사회 간의 자유주의적 구분은 수용하지만 자유주의가 종종 상정하는 민주적 시민성에 대한 사적 개인성 혹은 사적 자아정체성의 우위 및 자유주의 특유의 열정에 대한 부정적 시각은 거부한다.[10] 결론적으로 현대 민주주의에 적합한 애국주의로서 시민 애국심은 '민주적 시민사회에 대한 주권적 시민들의 시민적 애착정서(civil affection)와 정

---

10 최근 들어, 일부 자유주의 정치이론가들 사이에서 열정(passion)에 대한 관심이 증가하고 있는 점은 고무적이다. 흥미롭게도 이들은 지금까지 합리주의적이라고만 알려진 (주류) 자유주의 정치이론에서 '흄적인' 요소를 발견해낸다. 가령, Frazer(2007); Markell(2000); Krause(2008)를 볼 것.

치적 자유에 대한 그들의 집단권리'로 정의될 수 있다. 애국주의에 대한 이러한 새로운 정의에서 정치적 자유의 범위는 더욱 확대되는데, 자유는 (공화정에서 상정하듯) 외부세력의 지배가 부재함을 의미할 뿐 아니라 나아가 국가에 의한 시민사회의 비민주적 지배가 부재함을 뜻하게 된다.

  이는 국가(특히 민주주의 국가)와 시민사회 간의 분리가 양자를 이분법적으로, 특히 상호대치적으로 보아야 한다는 말은 아니다. 존 듀이에게서 많은 영향을 받은 벤자민 바버는 다음과 같이 말한다. "다시 말해, 민주주의 정부는 공동의 행동을 위해 조직화된 시민사회다. 그것은 시민사회가 법을 손에 들고 총을 옆에 찬 후 인민주권에 의해 정당화되고 권위를 얻은 후, 주권을 얻은 것이다. 마치 시민사회가 정부의 살아 있는 몸속에 존재하는 것처럼 정부는 시민사회라는 공동의 팔 안에 존재한다."(Barber, 1998: 62) 조금 다른 각도에서 마이클 월처(2002) 또한 시민사회의 도덕적, 정치적 자율성은 현 시민사회에 넘쳐나는 사회경제적, 정치적 불평등을 방치한 상태에서는 얻어질 수 없으며 그런 문제들을 해결하기 위해서는 (민주적으로 통치되는) 국가의 정당한 간섭이 필수적이라고 주장한다. (케이텝과 같은) 에머슨주의적 자유주의자들과 (자유지상주의자들을 망라한) 고전 자유주의의 옹호자들과 달리, 시민 애국자들(civil patriots)은 국가의 시민사회에 대한 모든 종류의 '간섭'을 반대하지는 않지만, 분명 시민사회에 대한 (반민주적 혹은 이름뿐인 민주주의하의) 모든 종류의 국가의 불의한 지배에 반대하고 이에 격렬히 저항한다. 비롤리의 (혹은 필립 페티트의) 유덕한 공화주의자들처럼 시민 애국자들은 비간섭(non-intervention)으로서의 자유와 비지배(non-domination)로서의 자유를 명확히 구분하며 오직 모든 시민의 자치능력을 고양하고 그들의 비지배를 보장하는 그런 간섭만을 수용한다.[11]

그런데 어떻게 실제로 시민사회의 공적 영역에서 집단적으로 행사되는 시민적 열정이 시민 애국심을 진작시킬 수 있다는 말인가? 여기서 우리는 이 글에서 제안하는 시민적 열정과 비롤리가 지지하는 정치적 열정 사이의 세 번째 차이로서 아마도 가장 중요한 차이를 접하게 된다. 비롤리는 정치적 열정은 인간이 창조한 정치제도에 대한 애착정서라는 측면에서 본질적으로 시민적(civil)이라고 본다. 그렇지만 특정한 열정이 이성적(rational)이고 시민적인 대상을 향해 있다는 사실은 그 열정 자체가 이성적이거나 시민적이라는 것을 설명해주지는 못한다. 케이텝과 같은 자유주의자들이 열정에 대해 부정적인 이유도 여기에 있다. 다시 한 번 강조하지만, 어떤 열정이 그 본질상(혹은 기원상) 정치적이냐 혹은 선-정치적이냐 하는 문제는 근본적인 문제가 아니다. 정말로 문제가 되는 것은 그 열정이나 그것의 사회적 효과가 시민성을 고양하는 방향으로 표출되느냐 아니냐 하는 점이다. 다시 말해서, 우리의 진정한 관심은 열정이 (무비판적으로 그 대상에 대해) 긍정적(positive)인가 혹은 비판적(critical)인가 하는 열정의 '성격(character)' 문제이다.

이렇게 볼 때, 비롤리의 정치적 열정은 그 성격상 의심할 여지 없이 긍정적이다. 그것은 전승된 정치제도와 전통에 대한 적극적이고 긍정적인 애착감정이며, 비롤리가 근대 공화주의적 애국주의 전통의 중요한 대변인의 한 사람으로 꼽는(Viroli, 1995: 69~77) 사상가로서 18세

---

[11] 비간섭으로서의 자유와 비지배로서의 자유의 차이에 대해서는 Viroli(2002, 45~55)를 볼 것. 최근의 저서에서 아이리스 영(2006)은 간섭과 비지배가 어떻게 양립 가능할 수 있는지를 실제 정치 사례를 통해서 보여준다.

기 스코틀랜드의 공화주의 사상가였던 아담 퍼거슨이 말한 '강렬한 열정(vehement passion)'과 다르지 않다. "단순한 익숙함과 습관은 애착정서(affection)를 고양하며, 사회에 대한 경험은 인간의 모든 열정을 그것의 편에 서게 한다. 인간이 사회에서 경험한 성공과 번영, 재난과 고통은 온갖 종류의 강렬한 열정을 만들어내는데 이런 열정은 동료들과 함께 있을 때만 제대로 발동할 수 있다. 이때 개인은 그의 연약함, 안전에 대한 염려, 의식주의 고민 등을 잊게 된다. 그리고 그러한 열정을 통해 행동함으로써 자신의 힘을 발견한다. … 적개심과 애착 같은 강렬한 열정은 인간이 품게 되는 첫 번째 (내적인) 에너지로서 인간으로 하여금 그 자신이 상대하는 대상에만 집중하게 한다. 위험함이나 어려움 등은 오직 (대상에 집중된) 그를 더욱 흥분시킬 뿐이다."(Ferguson, 1995: 23)

퍼거슨이 강조하는 공화주의적 열정은 정치적 자유에만 집중되어 있는데 정치공동체의 유지와 방어(특히 군사적 방어)에서 '강렬함'이 정치적 열정의 필수불가결한 요소라는 점은 의심의 여지가 없다. 그런 강렬함이야말로 공화주의적 애국주의를 추동하는 힘이다. 그러나 '우리의' 법과 제도, 즉 '우리의' 생활양식에 강렬하게 애착을 가질 때, '우리' 내부에 존재하는 반대의 목소리가 항상 억압될 수 있다는 점 또한 사실이다. 즉, 그러한 강렬한 애착정서는 공화주의적 애국주의의 핵심적인 도덕원리에 반하지 않으면서도 비민주적일 수가 있는 것이다.

이와는 반대로, 그 성격상 자유민주적이며 제도적으로는 시민사회에 기반을 둔 시민 애국심은 시민적 열정의 핵심적 성격인 '비판적 애착정서(critical affection)'에 기반을 둔다. 하나의 개념으로서, 비판적 애착정서는 비롤리의 공화주의적 열정에서 보이든 애착정서가 일반적으로 그 성격상 (대상에 대해) 긍정적인 성격을 띤다는 점에 비추어볼 때 자가당착적으로 보일 수 있다. 그러나 우리의 실제 심리적인 경험에 따르면, 애착정서가 반드시 늘 긍정적인 것만은 아님을 알 수 있다. 가령, 사람들은 대개 조국을 사랑하지만, 또 종종 미워하기도 한다. 특히 자신의 조국이 과거에 다른 나라나 자국의 국민들에게 어떤 불의를 저질렀을 경우 사람들은 최소한 그것에 대해 실망하고 분개하고 후회하며 수치스러워한다. 즉, 일종의 '미운' 감정을 갖게 된다. 이는 조국이 작거나 힘이 약해서 한때 외국에 의해 지배당했던 경험이 있는 경우에 특히 두드러지는 현상이기도 하다. 그런 경험이 있는 나라의 사람들이 조국에 대해 가지게 되는 애착정서는 매우 복잡하고 모호하다. 그들은 한편으로는 자신의 조국을 사랑하지만 (그 이유가 공화주의적인지, 공동체주의적인지, 아니면 자유주의적 민족주의적인지 혹은 그들의 애착정서가 정치적으로 혹은 비정치적으로 추동됐는지의 문제는 중요하지 않다) 다른 한편으로는 자신이 사랑하는 그 조국을 '미워'한다. 왜냐하면, 사실 조국은 자신들의 정치적 자유를 지켜주지 못하였고 그들이 개인적으로 또 집단적으로 고통을 받도록 했기 때문이다. 그럼에도 여기서 중요한 점은 사랑하는 조국에 대한 사람들의 비판적 태도의 근원은 긍정적 애착정서에 뿌리를 내리고 있다는 사실이다. 즉, 그들이 조국을 미워하는 근본 원인은 그들이 조국을 여전히 사랑하기 때문이다. 그러므로 그들의 태도는 비판적이지만 애착정서에 바탕을 둔 것이다.[12]

비판적 애착정서는 우리로 하여금 집단적 열정이 긍정적으로 애착되어 있는 대상에 대한 반성적(reflective) 태도를 포함하고 있음을 알려준

---

[12] 이 문단은 Kim(2014)의 제5장의 일부를 수정한 것이다.

다. 만약 우리가 반성적 태도가 도덕성 혹은 도덕적 자율성의 핵심 요소임에 동의한다면, 비판적 애착정서의 존재는 (개인의 도덕성과는 구별되는) '집단적 도덕성(collective morality)'이 가능함을 말해준다. 이와 더불어, 비판적 애착정서 개념은 자연적/선-정치적 열정과 인위적/정치적 열정을 명확하게 구분하는 비롤리의 입론에 중대한 시사점을 준다. 왜냐하면, 비판적 애착정서는 그 근원으로 보면 자연적이지만, 시민사회의 공적 영역에서 표출되면 종종 정치적 열정으로 전환되기 때문이다. 그곳에서 비판적 애착정서는 비민주적 정부에 대항하는 시민들의 정치적 자유를 향한 집단적 열정으로 재탄생한다. 비판적 애착정서를 통해 시민들은 도덕적 반성을 할 수 있게 되고 나아가 집단적 자결을 할 수 있는 공간을 창출할 수 있게 되는데, 이렇게 해서 국가와 시민 간의 비판적 정치적 거리는 확보된다.

지금까지 우리는 비롤리의 공화주의 이론과 케이넵의 자유주의 이론을 비판적으로 검토함으로써 현대 민주주의 사회에서 요구되는 애국주의 개념을 이론적으로 검토하였으며 이를 통해 '시민 애국심'이라는 개념을 만들어냈다. 이 과정에서 우리는 특히 시민 애국심을 형성하는 핵심 요소로서 비판적 애착정서가 어떤 도덕적 성격과 정치적 역량을 가졌는지에 주목하였다. 지금부터는 시민 애국심이라는 개념이 민주화의 제3의 물결 이후 나타난 신생 민주주의 국가의 대표적 사례인 한국에서 어떻게 실천되고 (그리고 실천될 수) 있는지를 검토해 보려고 한다. 앞으로 전개될 이 글의 요지는 한편으로 해명적(explanatory)이고 동시에 규범적(normative)이다. 즉, 한국에서 민주주의가 유별나게 역동적일 수 있었던 이유는 부분적으로 시민사회에서 적극적으로 실천한 시민 애국심에서 찾을 수 있는데 시민 애국심의 지속적 고양과 실천은 한국의 민주시민 사회를 정치적으로 생동감 있게 만드는 데 매우 중대한 기여를 할 것이다.

이러한 주장과 관련해 한 가지 주의할 점은 이 글이 곧 살펴볼 '정(情)'의 사회심리적 현상에 기초한 시민 애국심과 한국의 민주화 간의 과학적 인과관계를 확립한다거나 그것을 증명하려는 것을 목표로 하지는 않는다는 점이다. 이 글은 다만, 비록 논쟁적이지만, 한국 민주주의의 공고화에 기여했던 시민 애국심의 역할에 주목함으로써 시민 애국심의 개념이 실제 사회정치적 맥락에서 실천적으로 가능할 뿐 아니라 바람직한 것임을 보여주려 할 것이다.[13] 방법론적으로는 스티븐 살키버가 주창한 이론과 실천 그리고 사실과 가치를 아리스토텔레스적 입장에서 융합한 접근법인 '해명적 평가(explanatory evaluation)'를 시도할 것이다. 살키버는 이러한 접근법을 다음과 같이 설명한다. "정치철학과 정치과학 혹은 규범성과 경험정치이론의 구분은 우리에게 알려진 사물의 성격과 그 사물이 우리에게 알려지는 방법에 대해 많은 것을 시사한다. 그중에서 특히 중요한 점은 사실(facts)과 가치(values) 혹은 선(goods) 간의 구분과, 사실은 경험적으로 알 수 있는 반면 가치는 객관적으로 알 수 없거나 선험적 방법으로만 알 수 있다는 주장이다. … 내가 말하고자 하는바는 정치철학과 정치과학 간의 구별, 좀 더 일반적으로는 도덕철학과 사회과학 간의 구별이 정치학(political science)을 해명적·설명

---

[13] 이와 관련하여 정치학자인 이애리와 영 글래셔(2007)는 한국인들의 지속적인 정치참여를 공적 시민의 '사회자본(이는 본고에서 우리가 '시민 애국심'으로 부르는 덕성과 일맥상통한다)'이라는 관점에서 한국인들에게 정치에 대한 심리적 참여가 얼마나 통계적으로 유의미한지를 (단, 이처럼 민주주의를 고양하는 심리적 힘이 무엇인지는 규명하지는 않은 채) 보여준다. 이후에서, 본고는 일반 한국 시민들의 정치에의 심리적 참여를 한국인의 사회심리의 중요한 요소인 '정'의 관점에서 해명해 보려 한다.

적이면서도 규범적인 학문으로 이해하고 실천하려는 많은 학자의 의도와는 달리 평가와 설명의 과정과 비판과 이해의 과정을 분리하는 방향으로 작동한다는 점이다."(Salkever, 1990: 14)

4. 전통 한국에서 국가의 도덕적 이상

주지하다시피 한국은 1980년대 후반 민주화되었는데, 민주화 과정에서 범국가/국민적이고 윤리적 성격이 짙은 시민사회가 매우 중요한 역할을 했음은 재론의 여지가 없다. 물론 같은 시기 동아시아와 동유럽의 시민사회들도 이러한 모습을 보였다는 점에서 이러한 특질이 한국사회에 고유한 것이라 할 수는 없을 것이다. 그러나 한국의 시민사회는 다른 신생 민주주의와 확연히 구분되는데 그것은 앞서 말한 특질이 한국 민주주의의 공고화 과정에서도 고스란히 보이고 있다는 점이다(Kim, 2004). 많은 사회과학자들은 동유럽의 신생 민주주의 국가들이 민주주의를 공고화하는 데 어려움을 겪는 이유를 그들이 민주화 기간에 성장한 전 국민을 아우르는 윤리적 시민사회(ethical civil society)를 이익에 기초하거나 이익을 진작시키는 다양한 형태의 시민결사체로 전환시키는 것에 실패했던 것에서, 즉 자유주의적 다원주의의 원리를 따르지 못했던 것에서 찾고 있지만(Linz and Stepan, 1996), 아이러니하게도 한국의 성공은 윤리적 시민사회가 민주화 이후에도 여전히 지속되는 데서 찾을 수 있다(Kim, 2006). 한국사회에서 범국가/국민적이고 정치적으로 투쟁적인 민주적 시민사회는 (때로 그 민주적 성격이 의심되는) 국가에 저항하는 핵심 요새의 기능을 수행함으로써 한국민들이 민주화 과정과 공고화 기간에 피 흘려 성취한 정치적 자유를 보호해주고 있다.

한국 시민사회의 성공은 민주주의의 역동성이 사적 결사체의 번성과 밀접하게 관련되어 있다고 보는 자유주의적 다원주의의 모형을 따르지 않아 오히려 가능했다는 이상의 주장에 대해 의문이 있을 수도 있다. 심지어는 "시민사회(즉 사적 결사체)의 번성 없이 강한 시민사회가 가능할 수 있느냐"며 위의 주장의 이율배반성을 지적할지도 모른다. 그러나 이러한 질문에는 심각한 오류가 있는데, 여기에는 두 가지 전혀 다른 성격의 시민사회 개념이 혼재해 있기 때문이다.[14]

자유주의적 다원주의를 옹호하는 사회과학자들은 대체로 시민사회를 개인과 국가 사이에 존재하는, 이익을 매개로 조직된 사적 결사체로 간주하지만, 케이텁과 같은 다원주의적 자유주의 정치이론가들은 '이익'의 개념을 더욱 포괄적으로 이해한다. 물질적 이익의 집단적 조직에만 전적으로 관심을 기울이는 사회과학자들과 달리 이들 정치이론가들은 이익을 단순히 물질적 이익으로 보지 않는다. 즉, 그들에게 이익이란 본질적으로 개인의 자기정체성(self-identity)을 포괄하는 개념이다. 이런 관점에서 사적 결사체(종교단체를 포함해서)는 단순히 사회과학자들이 통상적으로 정의하는 사적 영역과 국가 사이에 존재하는 제도적 매개물로 기능하기보다는 개인의 자기정체성을 '표현'해준다는 점에서 개인의 (사회적) '연장'으로 이해된다. 간단히 말해서, 결사의 자유와 표현의 자유는 동전의 양면과도 같다는 것이다. 그래서 케이텁은 다음과 같이 말한다. "표현의 자유는 그것을 행사하는 사람들을 위한 도구로서 이해되어서는 안 된다. … 그것의 진정한 의미는 많은 경우 인간은 그

---

[14] 이 같은 혼동에 대한 좀 더 자세한 설명을 위해서는 Kim(2010)을 볼 것.

가 표현하는 것 그 자체라는 점이다. 인간은 표현하기 위해 살며, 표현함으로써 존재한다. 우리는 단순히 언어를 사용하는 것이 아니라 우리 자신이 곧 우리의 언어이다. 우리의 삶은 대부분 언어로 이루어진다. (내가 표현의 내재적 가치를 부정하지 않는 것도 이 때문이다. 정체성은 표현과 맞물려 있기 때문이다) … 표현의 자유가 모든 자유를 포괄하지는 못할지라도 그것은 자유의 핵심이다."(Kateb, 1998: 53)

이런 관점에서 볼 때, 물질적 이익은 개인의 자아정체성을 구성하는 일부일 뿐이며, 시민사회가 중요한 이유는 경제적인 데 있는 것이 아니라 그것이 자아의 표현과 관련 있다는 도덕적인 점 때문이다.[15] 개인의 사적 정체성의 사회적 표현이라는 관점에서 (케이텝이 구상하는) 개인주의적 자유주의 사회가 시민성보다는 (사적 결사체의) 멤버십에 더 큰 도덕적 가치를 부여한다는 점을 고려할 때 이런 사회에서 시민 애국심이 적극적으로 수용되는 데는 한계가 있다. 이런 사회에서 시민사회에 대한 도덕적 충성심으로서의 시민 애국심은 궁극적으로 자기이해(self-interest) 혹은 좀 더 포괄적으로 말하자면 자아정체성(self-identity)으로 귀결(혹은 변질)되기 쉽다.

개인/자아에 대한 압도적 관심이 시민사회에 대한 자유주의적 다원주의의 특징이라면, 한국의 시민사회는 그런 개인/자아에 대한 윤리적 집착에 가까운 관심이 거의 보이지 않는다는 특징이 있다. 유교가 여전히 공적 문화(public culture)로 남아 있는 한국사회에서 한국인 대부분은 근대 서구의 자유주의가 기초하고 있는 개인주의의 도덕적 의미와

---

15 도덕적 관점에서 볼 때, 자유지상주의가 지나치게 단순한 이유는 사적 개인의 정체성을 철저하게 물질적 이익, 즉 사적 재산권의 입장에서만 접근하기 때문이다.

가치에 대체로 익숙하지 않다.[16] 최근 한국사회의 급격한 자유주의적 개인주의화와 다문화화에도 불구하고 (이민자들을 포함한) 한국인들은 여전히 자신과 타인 간의 관계를 유교-가족적인 언어를 통해 이해한다. 마치 자신들이 하나의 커다란, 국가적으로 확대된, 가족에 소속되어 있는 것처럼 말이다.[17] 실제로 과거 한국사회에서 국가적으로 확대된 가족을 대변하는 제도적 실체는 국가였는데, 이때 '국가(國家)'는 단순히 '스테이트(state)'를 의미하는 것이 아니라 특수한 유교적 도덕-정치체제를 의미하였다. 따라서 시민사회에 대한 한국적 관념과 자유주의적 다원주의 관념이 어떻게 다른지를 알려면 국가의 이상과 성격을 살펴보는 것이 필요하다.[18]

한국인들이 말하는 국가는 로버트 필머가 옹호하고 존 로크가 격렬하게 비판하였던 바와 같은 서구의 가부장적 국가와 질적으로 구분된다. 필머의 가부장적 국가의 주된 관심이 정치적 정당성 (가령, 아담의 장자상속권) 및 군주와 백성 간의 확고한 계서적 정치위계에 있는 것과는 달리 유교-한국적 개념으로서의 국가에서 가장 중요한 점은 인애(仁愛)한 아버지로서의 군주의 도덕적 지위이고 그보다 더욱 중요하게는 백성들 (특히 한국인의 대다수를 차지했던 일반 양인계층) 사이의 어느 정도 위계적이지만 대체로는 평등주의적인 도덕적-정치적 관계이다. 국가의

---

[16] 물론 이것이 개별 한국인들 사이에서 서구적 자유개인주의가 발견되지 않는다는 말은 아니다.
[17] 어떤 의미에서 2006년 이후 한국 정부의 다문화 정책은 이민자들(특히 다문화가정의 외국인 아내들)을 좋은 한국적 아내, 엄마 혹은 (사례가 덜하지만) 아빠가 되도록 권장하고 교육함으로써 그들이 (유사)가족으로서의 한국사회에 빠르게 편입·통합되게 하는 데에 치중해 왔다고 할 수 있다. 이와 관련해서는 Lee(2008)를 볼 것. 한국인들이 여전히 국가를 가족의 관점에서 이해하고 있다는 경험적 자료는 Park and Shin(2006, 350)을 통해 확인할 수 있다.
[18] 전통 한국에서의 국가의 이상과 근대 한국의 민족국가 성립과정에서 그것이 어떻게 지속적으로 영향을 끼쳤는지에 대해서는 Hwang(2000)을 참조.

도덕적 이상에서 시민관계(civic relationships)는 (유사)가족관계(familial relationships)를 모델로 했으며, 시민윤리(civics)는 가족주의적 도덕과 광범위하게 융합·혼재하였다. 요컨대 국가의 이상에서 가족적인 것(the familial)은 곧 정치적인 것(the political)이었다.

시민들은 오직 (유교적 도덕-정치적 이상을 담지한) 국가의 성원으로서만 자신의 (사회적, 정치적) 정체성을 가질 수 있었고, 여느 유교 가족에서처럼 국가 안에서 시민 각각의 개인성은 '아버지/어머니', '형/누이', '아저씨/아주머니', '할아버지/할머니' 등 가족 내부의 언어를 통해 타자의 개인성과 결합하였다.[19] 많은 사회심리학자들과 정치이론가들이 주장하듯이, 이러한 특유의 유교-한국적 사회적 자아는 서구의 독립된 자아와 구분되는데 우리는 이러한 자아를 '가족-관계적 자아'라고 부를 수 있겠다.[20] 한국적, 사회적 개인성이 가족-관계적 자아성에 기초하고 있고 한국적 시민성이 국가에서의 가족멤버십을 의미한다고 할 때, 전통 한국사회에서 합리적 개인성(rational personhood)과 개인적 자아정체성(individual self-identity)이 강조되지 않았다는 사실은 놀랄 일이 아니다(최상진, 2000; 최상진, 김정운, 1998).

한국인에게 특징적인 국가의 유교·도덕적 이상을 통해 우리는 신토크빌주의자들이 민주주의의 번영을 위해 사적 결사체가 중요하다고 그토록 강조함에도 불구하고 어째서 한국사회에서는 사적 결사체의 성장이 더디며 한국인들 사이에서 그에 대한 커다란 관심이 없는지를 이

---

19 심지어 현대 한국에서도 한국인들은 여전히 사회적 관계를 가족 관계적 언어를 통해 이해하고 표현한다. 가령, 전혀 알지 못하는 사람들과 교류할 때도 친밀성이 발달하면 '형/누나', '아저씨/아주머니', 혹은 '할아버지/할머니' 등으로 부른다(전혜영 1998).
20 한국인의 (가족-)관계적 자아에 관한 탁월한 철학적, 인류학적 연구로는 Alford(1999)를 볼 것.

해할 수 있게 된다. 개인/자아의 다원성에 대한 자유주의적 강조는 자발적 결사체들이 본질적으로 구성원들의 (공유된) 자아정체성을 표출하는 확장된 자아에 다름없다는 점에서 자연적으로 결사체적 다원주의 혹은 낸시 로젠블룸(1998)이 말하는 '다원주의의 도덕성(the morality of pluralism)'으로 이어진다. 그러나 전통 한국에서 국가는 전체 한국인의 집단적 자아 정체성을 담지하는 것으로 여겨졌다. 물론, 이것이 한국인들이 공공정책과 관련하여 집단적 자결권을 누렸다는 말은 아니며, 전통적 유교 중심의 한국이 민주주의에 기반을 두지 않았다는 점은 두말할 필요도 없다. 그럼에도 한국인들은 '한국인'으로서의 공동의 정체성을 가지고 있었고, 이러한 집단적 자아정체성은 '국가'를 통해 제도적으로 유지될 수 있었다. 국가의 이상 아래 유교 특유의 가족도덕과 시민도덕이 자연스럽게 융합되었다는 점에서 국가에 대한 한국인의 애착정서가 민족주의적 정서였는지 혹은 공화주의적 애국주의였는지를 판단하는 일은 쉽지 않다. 다만, 국가에 대한 한국인의 애착정서를 비롤리가 그토록 경멸하는 혈통적 민족주의(ethnic nationalism)나 케이텝이 그토록 두려워하는 집단 전체주의(group totalitarianism)와 동일시할 수 없음은 상대적으로 분명해 보인다.

5. 한국의 민주시민사회와 국가 이념의 민주주의적 재구축

근대국가 성립 이후에도 국가의 이상은 한국사회에서 지배적이었다. 그리고 전통 시대, 특히 조선 중기 이후부터 이 같은 특수한 도덕적, 정치적 이상은 확실히 한국 정치에 특수한 성격을 부여하였다. 간단히 말해, 국가가 일반 한국인의 집단 정체성을 대변하는 유일한 (정치적) 실체로 기능하였으므로 (전통) 한국 정치에서 가장 중요한 문제는 어떻게 하면 국가를 그 이상(즉, 인애한 아버지에 의해 다스려지는 확장된 가족으로서의 국가의 이상)에 가장 근접하게 유지할 수 있느냐 하는 문제로 귀결되었다. 실천적으로 이러한 유교 정치의 목표는 군주에 대한 신하들의 간언과 조언, 심지어는 일반 백성들의 집단적 행동(가령 민중봉기와 반란)을 통한 정치적 항거와 폭군의 제거 (비록 이를 실질적으로 집행한 사람들은 양반 귀족층이었지만) 등을 통해 성취되었다.

일부 사회과학자들이 주장하듯이, 1970년대, 특히 1980년대 한국의 수많은 '일반' 시민들로 하여금 거리로 뛰쳐나가게 하고 궁극에서는 한국의 민주화를 가능하게 하였던 동학 역시 이와 유사한 사회심리적, 정치적 요인에 기인한 것으로 보인다(Cho, 1997; Helgesen, 1998). 한국인들은 권위주의적 정권이 한국의 정치공동체가 헌정적으로 기초하고 있는 민주주의 이상을 위반한 비민주적 정권임을 규탄하면서 민주화 운동에 참여하였지만, 이들 시민 대부분이 거리로 뛰쳐나간 이유는 여전히 그들의 '마음의 습속(habits of the heart)'을 형성하고 있었던 유교적 도덕 감수성에 비추어볼 때 당시의 정권이 폭정을 행사하고 있었기 때문이다. 권위주의 정권과의 격렬한 대결에서 급진파 행동주의자들과 지식인들이 (마르크시즘과 해방신학 등) 좌파이데올로기와 자유주의적 인권담론에 지대한 영향을 받았음은 주지의 사실이다. 그렇다 해도, 분명 그와 같은 급진 이데올로기나 인권·민주주의 담론에 무지했던 대부분의 시민들이 목숨을 걸고 거리로 박차고 나갈 수 있었던 원동력은 다른 데 있어 보이는데, 비록 논쟁적이기는 하나, 우리는 그것을 전통 한국의 국가 이상이 (그리고 그에 함축된 도덕원리가) 권위주의 정권에 의해 무참히 짓밟혔기 때문이라고 진단한다. 즉, 권위주의 정권이 민족의 양심을 대변하는 지식인들과 특히 학생들을 무참히 폭행하고 살해하여 국가가 자신의 이상을 완전히 포기했음이 확실해졌을 때 보다 못한 시민들이 마침내 거리로 쏟아져 나온 것이다.

그런데 여기서 중요한 점은 한국의 민주화 운동이 폭군을 인애한 군주로 교체함으로서 단순히 국가의 도덕적 이상을 복구하는 또 다른 민중반란으로 끝나지 않았다는 점이다. 한국의 민주화를 권위주의 정권의 민주정권으로의 교체라는 체제변동의 시각으로만 볼 수 없는 것은 이 때문이다. 이는 한국의 민주화가 체제변동을 넘어 한국 정치 공동체의 성격 그 자체에 근본적인 변화를 가져왔기 때문이다. 국가가 권위주의 세력에 의해 장악되고 그 이상이 철저히 유린당했을 때, 그리고 이에 대항하여 일반 시민들이 분연히 일어났을 때, 그들은 체제만을 변화시킨 것이 아니라 국가 자체에 대해서 전혀 새롭게 생각하게 되었다. 즉, 그들에게 국가는 더는 그들의 사회경제적 안녕과 복지를 인애한 아버지 같은 정치지도자가 돌봐주고 그 안에서 남들과 조화로운 가족관계를 맺을 수 있는 '가족-국가'가 아니었다. 국가가 '국가'라는 도덕적 명분으로 그 구성원인 시민들에게 얼마나 잔인할 수 있는지를 목도한 한국의 시민들에게 국가는 순전히 베버적인 의미에서의 국가, 즉, 국가의 이상에 함축된 가족적 따스함이 제거되고 폭력을 독점적으로 소유한 스테이트로 보이게 된 것이다.

잠재적으로 폭력성을 지닌 이런 베버적 국가에 대한 자유주의자들의 공포는 그래서 당연한 것이다. 이런 국가에 대한 맹목적인 애착정서는 국가주의로 귀결되기 쉽고 그런 국가주의는 전체주의임이 틀림없다. 그러나 (서구의) 자유주의자들이 강한 민주적 시민성과 시민적 참여보다 사적 개인의 사적 자유를 더 우위에 두는 것은 다른 극단으로의 경도를 의미할 뿐이다. 한국인들은 분명 국가의 폭력성을 실제로 경험하였지만, (서구 주류의) 자유주의적 대안을 추구하지는 않았다. 왜냐하면, 그들에게 중요했던 것은 개인의 자유 그 자체보다는 자신들의 공적 자유를 보장해주고 '한국시민'의 집단 정체성을 담아내고 표출할 수 있는 '공동의 시민권(common citizenship)'이었기 때문이다.

한국인들은 이러한 사회·정치적 분위기와 환경에서 자신들이 진정한 시민일 수 있고 동시에 개인일 수 있는 새로운 '가족'을 모색해야 했다. 그러나 권위주의 정권과의 오랜 투쟁을 통해 한국의 시민들은 그들의 (유사) 가족적 집단 자아정체성(collective self-identity)이 만약 집단 자결권(collective self-determination)과 연결되지 못한다면 더는 의미 있게 유지될 수 없음을 깨달았다. 따라서 새로운 가족은 단순히 그들의 집단 정체성만을 담지하는 것이어서는 안 되었다. 그것은 동시에 시민들의 집단권력과 공적 자유를 수호하여 비민주적 국가에 효과적으로 저항할 수 있는 요새와 같은 것이어야 했다. 시민사회가 '국가'의 이상에서 '가(가족)' 부분을 담지하는 새로운 민주제도로서 한국사회에 정착하기 시작하면서 그것은 한국인들에게 절실히 필요했던 문화적-정치적 요새를 제공하였다. 이처럼 한국 특유의 윤리적 시민사회, 즉 유사가족적인 범국민적 시민사회가 등장하고 공고화되면서 1980년대의 시민혁명은 시민사회와 국가 간의 제도화된 긴장을 넘어 제도화된 시민권(혹은 시민성)의 정치로 진전될 수 있었다. 한국 시민사회의 이 같은 역동성

은 가까운 일본의 시민사회와 비교해 보면 더욱 뚜렷해진다(Pekkanen, 2006).[21]

6. 한국적 시민 애국심

이렇게 볼 때, 한국의 민주주의는 개인주의에 기초한 자유주의와도 또 공화주의적 애국주의와도 거리가 있다. 그럼에도 한국의 민주주의에는 여전히 자유주의적인 측면이 있는데, 국가와 시민사회의 제도적 구분과 정치적 자유 혹은 공적 자유의 가치에 대한 광범위한 사회적 인식이 이를 입증한다. 또한, 한국의 민주주의는 (민주적) 정치제도에 의해 매개되는 삶의 양식에 기초한 시민성의 정치적 가치를 숭고하게 여기고 그러한 시민성이 애국주의와 같은 시민 덕성에 의해 활력을 얻는다는 점에서 여전히 공화주의적인 측면을 포함하고 있다. 앞서 필자는 제도적으로 민주적 시민사회에 토대를 둔 민주적 애국심을 시민 애국심으로 정의한 바 있는데, 이러한 시민 애국심이 민주화 과정과 민주주의의 공고화 과정에 이르기까지 한국의 민주주의를 역동적으로 만든 하나의 중요한 동력이라고 생각한다.

시민 애국심이 시민사회의 공적 영역에서 주로 (비민주적) 국가에 대항해서 발휘되지만, 그렇다고 해서 민주화된 한국사회에서 전통 국가의 이상이 완전히 사라진 것은 아니다. 다만, 과거 '가족—국가'로서의 국가가 행사하였던 (도덕적, 상징적, 심지어 일부 정치적) 기능의 상당 부분

---

21 참여연대와 경제정의실천연합과 같은 시민단체들이 민주시민사회의 제도화에 결정적인 역할을 하였음은 주지의 사실이다. 어떻게 이들 단체(특히 전자)가 특유의 한국적 시민 애국심과 시민 덕성을 고양함으로써 시민들의 정치참여를 이끌 수 있었는지에 관해서는 Kim(2008)을 볼 것.

을 이제는 시민사회가 수행하게 되었다. 실천적으로 이것이 함의하는 바는 시민사회가 시민들에게 스테이트로서의 (혹은 제도로서의) 국가에 반성적이고 비판적인 태도를 취할 수 있는 공적 영역을 제공해 준다는 점이다. 따라서 국가는 시민사회의 건설적 비판을 적극적으로 포용하고 반영해야 비로소 정당한 (한국인들의 도덕적 이상을 반영하는) 국가로서 인정받고 그 제도적 기능을 수행할 수 있게 되는 것이다.

그런데 한국사회에서 흥미로운 점은 국가에 대한 건설적인 사회적 비판이 대체로 롤즈와 하버마스 등 합리주의적 자유주의자들이 중요시 하는 칸트적 (합리주의적) 공적 이성에 의해 이루어지지 않는다는 점이다. 우리가 보기에 한국에서 그런 비판을 가능케 하는 동력은 주로 국가에 대한 비판적 애착정서에 기인한다. 즉, 그런 비판적 애착정서를 매개로 하여 시민사회에 적극적으로 참여하는 한국의 시민들은 국가를 비판하기도, 심지어 그 권위에 적극적으로 도전하기도 한다. 이는 한국의 시민들이 국가에 애정이 있기 때문이다. 따라서 많은 한국인들은 말한다. "우리는 우리의 국가를 비판해야만 한다. 우리는 우리의 조국이 그 권위와 권력을 우리의 자유민주주의적 헌법에 따라 행사하고 도덕적으로는 우리의 (유사) 가족적 집단 자아정체성에 기초하여 정당하게 행사하기를 원하기 때문이다." 한국인들은 이러한 비판적 애착정서를 '미운 정'이라고 부르는데 여기서 '미운'은 어떤 부정적, 비판적 심리와 태도를 지칭하고 '정'은 애착정서를 의미한다. 이 점에서 '미운 정'은 대상에 대한 긍정적 애착정서인 '고운 정'과 구분된다. 형용모순처럼 보이는 '미운 정'의 사회심리와 도덕관념에 따르면, 우리는 우리가 소중히 여기는 국가에 잠재하거나 국가가 표출하는 비민주적이고 부정의한 요소들에 대해 건설적이고 (이는 '정'의 부분에서 비롯될 것이다) 동시에 비판적일 (이는 '미운' 정서에서 비롯될 것이다) 수 있어야 한다. 이렇게 볼 때, 한국사회에서 '미운 정'은 우리가 앞서 이론적으로 고찰한 '시민적 열정'의 한 모델을 제시한다고 할 수 있겠다.[22]

'미운 정'은 비롤리가 옹호하는 정치적 열정과 질적으로 구분된다. '미운 정'은 주로 가족적 언어로 밀접하게 맺어졌으며 가족-관계적 자아를 소유한 일반 시민들의 일상적 대인관계 속에서 비-정치적(non political)이거나 선-정치적으로 형성되는 사회적 정서라는 점에서 그렇다. 주목해야 할 점은 이 한국 특유의 비판적 애착정서가 종종 시민사회의 공적 영역으로 연장되고 확대될 때 시민적 관계(civic relations)를 고양하거나 시민의 정치적 자유를 수호하는 중요한 정치적 기능을 수행한다는 점이다. '미운 정'은 비록 그 기원상 정치적 열정 그 자체라고는 할 수 없지만, 우리는 그것이 민주적 시민사회에서 시민 애국심을 추동하는 데 한해 정치적 열정이라고 부를 수 있을 것이다. 그러므로 정치적 열정으로서의 '미운 정'은 그 특유의 자기 반성적이고 자기 제어적 성격으로 말미암아 비롤리의 공화주의적 열정보다 더욱 성숙한 열정으로 발전할 것이다.

---

[22] 한국인들의 '정'의 사회심리현상에 관해서는 최상진(2000); 최상진, 김지영, 김기범(2000); 최상진, 이장주(1999)를 볼 것. 한국의 민주적 시민사회의 환경에서 미운 정이 어떤 정치적 함의를 갖는지에 대한 좀 더 자세한 연구로는 Kim(2006; 2008; 2010)을 볼 것. Kim(2014)은 한국-유교적 민주적 공적 이성과 그 사용에 대한 상세한 논의를 전개한다.

7. 결론

　지금까지의 주장이 현재 한국사회에서 실천되고 있는 민주주의가 한국인들이 상정하는 이상적 민주주의에 가깝다는 말로 오해되어서는 안 된다. 이 글의 목표가 그런 주장을 하려는 데 있는 것은 더더욱 아니다. 이 글의 궁극적인 목표는 '자유주의적 집단주의(liberal collectivism)'로 불릴 만한 특정한 형태의 자유주의 즉, 집단적 자결(collective self-determination)이라는 민주적 이상에 가장 충실하고 그에 직접적으로 조응할 수 있는 형태의 자유주의가 가능함을 논증하는 데 있다(Kim, 2007; 2008). 이 글은 이러한 비개인주의적인 자유민주주의가 비판적 애착정서에 의해 추동되는 시민 애국심에 기초한다고 주장한다.
　이 글의 주장에 대해 개인주의적 자유주의자들은 여전히 납득하기 어려워할지도 모른다. 그들은 아마도 어떻게 개인주의에 기초하지 않은 자유민주주의가 가능할 수 있느냐며 물을 것이다. 가령, 공화적 덕성의 지나친 강조에 종종 수반되는 전체주의적 경향을 우려하면서 김남국은 다음과 같이 주장한다. "나는 한국사회가 개인들의 내적 가치를 발굴하고 개인의 (자유주의적) 해방을 성취하는 데 더 많은 시간을 써야 한다고 생각한다. … 국가주의적 전통이 여전히 남아 있는 현 상황에서 우리에게 필요한 것은 공화적 덕성의 강화가 아니라 개인을 억압하고 강탈하는 비인간적인 습속과 관습을 제거함으로써 개인의 자유와 존엄성을 신장시키는 것이다."(Kim N, 2007: 210~211) 곽준혁 같은 공화주의자들 역시 이 글에서 주장하는 시민 애국심에 이의를 제기할 수 있을 것이며, 그 비판의 핵심은 아마도 시민 애국심이 어떻게 민족주의와 구분될 수 있고 그것이 어떻게 이민자들을 포함한 사회적 소수자들을 지배·억압하는 방향으로 나가는 국가권력을 막을 수 있는지에 집중될 것이다(Kwak, 2007). 그러나 필자가 보기에 이 같은 주장(자유주의적·공화주의적 주장)은 의심스러운 전제나 편견에 기반을 두고 있는 것처럼 보인다. 자유주의적 편견은 자유주의는 필연적으로 개인주의적이며 (비록 반개인주의가 아니라 하더라도) 비개인주의(non-individualism)는 사실상 반개인주의에 불과하고 궁극적으로는 전체주의로 이어진다는 전제가 깔려 있다. 김남국이 공화주의적-공동체주의적 민주주의에 대해 합의적 민주주의를 선호하는 것도 이런 전제에 근거한다(Kim N, 2008). 이와는 반대로, 공화주의적 편견은 정치적으로 (따라서 인위적으로) 발생하지 않은 것은 필연적으로 위험하다는 전제에서 비롯된다. 곽준혁이 한국사회의 다문화화에 대한 대응책으로 법의 지배와 정치의 제도적 측면에 관심을 두는 이유 역시 바로 여기에 있다.

　이 글에서 제안하는 시민 애국심이 민주적 합의와 투쟁 및 법적 권위와 정치적 (특히 민주적) 제도의 중요성을 무시하는 것은 결코 아니다. 그러나 그 특성상 비개인주의적이지만 동시에 개인성을 고양할 수 있고, 비정치적으로 추동되지만 동시에 정치적으로 역동적인 정치적 실천을 생산해낼 수 있다는 점에서 시민 애국심은 자유주의 및 공화주의와 의미 있게 구별되는 새로운 이론적, 실천적 모델을 제공한다. 특히, 시민 애국심은 한국과 같이 자유주의적 개인주의[우리는 이것을 점점 한국사회에서 만연하는 개인주의, 즉 일찍이 찰스 테일러가 명명한 '원자주의(atomism)'나 신자유주의적 개인주의가 상정하는 바와 같은 일체의 도덕적 기반으로부터 뿌리뽑혀 발가벗겨진 개인주의와 구분해서 이해할 필요가 있다]의 문화적, 도덕적,

정치적 전통이 결여된 비서구권 사회에서 민주주의를 실천적으로 가능하게끔 한다. 이런 점에서 한국의 민주주의는 비록 완벽하게는 아니지만 놀랄 정도로 잘 작동되고 있는 시민 애국심과 자유주의적 집단주의의 흥미로운 사례를 제공한다고 볼 수 있다.

참고문헌

곽준혁. 2007. "다문화 공존과 사회적 통합"《대한정치학회보》15: 2, 23~41.
전혜영. 1998. "한국어에 반영된 유교 문화적 특성" 국제한국학회.《한국문화와 한국인》233~258. 서울: 사계절.
최상진. 2000.《한국인 심리학》. 서울: 중앙대학교 출판부.
최상진, 김정운. 1998. "집합적 의미구성에 대한 문화심리학적 접근으로서의 심정심리학"《한국심리학회지: 사회 및 성격》12: 2, 79~96.
최상진, 김지영, 김기범. 2000. "정 (미운정 고운정)의 심리적 구조, 행위 및 기능간의 구조적 관계 분석"《한국심리학회지: 사회 및 성격》14: 1, 203~222.
최상진 · 이장주. 1999. "정의 심리적 구조와 사회-문화적 기능 분석"《한국심리학회지: 사회 및 성격》13: 1, 219~234.

Alford, C. Fred. 1999. *Think No Evil: Korean Values in the Age of Globalization*. Ithaca: Cornell University Press.
Arendt, Hannah. 1958. *The Human Condition*. Chicago, IL: University of Chicago Press.
Arendt, Hannah. 1965. *On Revolution*. New York, NY: The Viking Press.
Arendt, Hannah. 1973. *The Origins of Totalitarianism*. New York, NY: A Harvest Book.
Barber, Benjamin R. 1998. *A Place for Us: How to Make Society Civil and Democracy Strong*. New York, NY: Hill and Wang.
Barber, Benjamin R. 2003. *Strong Democracy: Participatory Politics for a New Age*, 20th anniversary edition. Berkeley, CA: University of California Press.
Cho, Hein. 1997. "The Historical Origin of Civil Society in Korea." *Korea Journal* 37: 2, 24~41.
Cohen, Joshua (Ed.). 1996. *For Love of Country: Debating the Limits of Patriotism*. Boston, MA: Beacon Press.
Dunn, John. 2001. "The Contemporary Political Significance of John Locke's Conception of Civil Socity." S. Kaviraj and S. Khilnani, eds. *Civil Society: History and Possibilities*. Cambridge: Cambridge: University Press.
Ferguson, Adam. 1995. *An Essay on the History of Civil Society*. Cambridge: Cambridge University Press.
Fleischacker, Samuel. 1998. "Insignificant Communities." A. Gutmann, ed. *Freedom of Associa-*

tion. Princeton, NJ: Princeton University Press.

Frazer, Michael. 2007. "John Rawls: Between Two Enlightenments." *Political Theory* 35: 6, 756~780.

Gutmann, Amay. 1999. *Democratic Education*. Princeton, NJ: Princeton University Press.

Helgesen, Geir. 1998. *Democracy and Authority in Korea*. Surrey: Curzon.

Hwang, Kyung Moon. 2000. "Country or State? Reconceptualizing *Kukka* and the Korean Enlightenment Period, 1896–1910." *Korean Studies* 24, 1~24.

Kateb, George. 1992a. "Democratic Individuality and the Claims of Politics." *The Inner Ocean: Individualism and Democratic Culture*. Ithaca, NY: Cornell University Press.

Kateb, George. 1992b. "The Moral Distinctiveness of Representative Government." *The Inner Ocean: Individualism and Democratic Culture*. Ithaca, NY: Cornell University Press.

Kateb, George. 1992c "On Political Evil." *The Inner Ocean: Individualism and Democratic Culture*. Ithaca NY: Cornell University Press.

Kateb, George. 1992d. "Individualism, Communitarianism, and Docility." *The Inner Ocean: Individualism and Democratic Culture*. Ithaca, NY: Cornell University Press.

Kateb, George. 1998. "The Value of Association." A. Gutmann. ed. *Freedom of Association*. Princeton NJ: Princeton University Press.

Kateb, George. 2000. "Is Patriotism a Mistake?" *Social Research* 67: 4, 901~924.

Kim, Nam-Kook. 2007. "Constitution and Citizenship in a Multicultural Korea: Limitations of a Republican Approach." *Korea Journal* 47: 4, 196~220.

Kim, Nam-Kook. 2008. "Consensus Democracy as an Alternative Model in Korean Politics." *Korea Journal* 48: 4, 181~213.

Kim, Sungmoon. 2006. "The Politics of *Jeong* and Ethical Civil Society in South Korea." *Korea Journal* 46: 3, 212~241.

Kim, Sungmoon. 2007. "Liberal Collectivism: The Korean Challenge to Liberal Individualism." *The Good Society* 16: 1, 54~59.

Kim, Sungmoon. 2008. "Transcendental Collectivism and Participatory Politics in Democratized Korea." *Critical Review of International Social and Political Philosophy* 11: 1, 57~77.

Kim, Sungmoon. 2010. "On Korean Dual Civil Society: Thinking through Tocqueville and Confucius." *Contemporary Political Theory* 9: 4, 434~457.

Kim, Sungmoon. 2014. *Confucian Democracy in East Asia: Theory and Practice*. New York, NY:

Cambridge University Press.
Kim, Sunhyuk. 2004. "South Korea: Confrontational Legacy and Democratic Consolidation." M. Alagappa. ed. *Civil Society and Political Change in Asia: Expanding and Contracting Democratic Space*. Stanford, CA: Stanford University Press.
Krause, Sharon R. 2008. *Civil Passions: Moral Sentiment and Democratic Deliberation*. Princeton, NJ: Princeton University Press.
Lee, Hye-Kyung. 2008. "International Marriage and the State in South Korea: Focusing on Governmental Policy." *Citizenship Studies* 12: 1, 107~123.
Lee, Aie-rie and Glasure, Young. 2007. "Social Capital and Political Participation in South Korea." *Asian Affairs: An American Review* 34: 2, 101~118.
Linz, Juan J. and Alfred Stepan. 1996. *Problems of Democratic Transition and Consolidation*. Baltimore, MD: Johns Hopkins University Press.
MacIntyre, Alasdair. 1995. "Is Patriotism a Virtue?" R. Beiner. ed. *Theorizing Citizenship*. Albany, NY: State University of New York Press.
Markell, Patchen. 2000. "Making Affect Safe for Democracy? On 'Constitutional Patriotism'." *Political Theory* 28: 1, 38~63.
Müller, Jan-Werner. 2007. *Constitutional Patriotism*. Princeton, NJ: Princeton University Press.
Nussbaum, Martha C. 1996. "Patriotism and Cosmopolitanism." J. Cohen. ed. *For Love of Country: Debating the Limits of Patriotism*. Boston, MA: Beacon Press.
Park, Chong-Min and Doh Chull Shin. 2006. "Do Asian Values Deter Popular Support for Democracy in South Korea?" *Asian Survey* 46: 3, 341~361.
Pekkanen, Robert. 2006. *Japan's Dual Civil Society: Members without Associates*. Stanford, CA: Stanford University Press.
Pettit, Philip. 1997. *Republicanism: A Theory of Freedom and Government*. New York, NY: Oxford University Press.
Rosenblum, Nancy L. 1998. *Membership and Morals: The Personal Uses of Pluralism in America*. Princeton, NJ: Princeton University Press.
Salkever, Stephen G. 1990. *Finding the Mean: Theory and Practice in Aristotelian Political Philosophy*. Princeton, NJ: Princeton University Press.
Sandel, Michael J. 1996. *Democracy's Discontent: American in Search of a Public Philosophy*. Cambridge, MA: Belknap Press.

Scorza, Jason A. 2004. "Liberal Citizenship and Civic Friendship." *Political Theory* 32:1, 85~108.

Seligman, Adam B. 1997. "Public and Private in Political Thought: Rousseau, Smith, and Some Contemporaries." *The Problem of Trust*. Princeton, NJ: Princeton University Press.

Stilz, Anna. 2009. *Liberal Loyalty: Freedom, Obligation, and the State*. Princeton, NJ: Princeton University Press.

Tamir, Yael. 1993. *Liberal Nationalism*. Princeton, NJ: Princeton University Press.

Tan, Kok-Chor. 2004. *Justice without Borders: Cosmopolitanism, Nationalism and Patriotism*. Cambridge: Cambridge University Press.

(De) Tocqueville, Alexis. 2000. *Democracy in America*, H. C. Mansfield and D. Winthrop. trans & eds. Chicago, IL: University of Chicago Press.

Villa, Dana. 2008. *Public Freedom*. Princeton, NJ: Princeton University Press.

Vincent, Andrew. 2002. *Nationalism and Particularity*. Cambridge: Cambridge University Press.

Viroli, Maurizio. 1995. *For Love of Country: An Essay on Patriotism and Nationalism*. Oxford: Clarendon Press.

Viroli, Maurizio. 2002. *Republicanism*. New York, NY: Hill and Wang.

Walzer, Michael. 1967. "On the Role of Symbolism in Political Thought." *Political Science Quarterly* 82: 2, 191~204.

Walzer, Michael. 2002. "Equality and Civil Society," S. Chambers and W. Kymlicka. eds. *Alternative Conceptions of Civil Society*. Princeton, NJ: Princeton University Press.

Young, Iris M. 2006. "Two Concepts of Self-Determination." *Global Challenges: War, Self-Determination and Responsibility for Justice*. Cambridge: Polity.

서구 페미니즘과
한국 페미니즘[1]

김희강 고려대학교

1. 서론

"페미니즘은 (역사가 존재하는 한) 항상 존재하였다." 앨리슨 재거(Alison Jaggar)는 여러 페미니즘 이론을 일목요연하게 정리한 《여성해방론과 인간본성(*Feminist Politics & Human Nature*)》을 이렇게 시작하고 있다(1983: 3). 물론 인류의 역사를 성 불평등과 여성 억압의 역사로 단순화하여 이해하기에는 무리가 있다. 그러나 인류 통사(通史)와 문화적 다양성에도 불구하고 여성이 남성과의 관계에서 불평등을 겪고 있으며 성적 억압을 당하고 있다는 사실은 누구도 부인하기 어려울 듯하다. 여성은 끊임없이 변화하는 역사 속에서 그들이 경험하는 성 불평등과 억압에 대해 개인적이건 집단적이건, 의식적이건 그렇지 않건 간

---

[1] 이 논문은 "서구 페미니즘 이론의 동향과 쟁점. 글로벌 맥락에서 한국 페미니즘에 미치는 의미"라는 제목으로 《21세기정치학회보》 16권 2집(2006년 9월), 27~50쪽에 게재된 것을 수정·보완한 것이다.

에 다양한 형태로 저항하였다. 서구 역사의 흐름 속에서 여성의 저항은 200~300년 전부터 가시화되고 광범위해졌으며 조직화된 형태를 띠기 시작했다. 이러한 여성의 저항은 크게 두 가지 모습으로 나타났다. 하나는 행동주의적인 여성운동이고, 다른 하나는 여성의 저항을 사상적으로 뒷받침해온 페미니즘 이론이다.

본 논문은 행동주의적인 여성운동보다는 페미니즘 이론의 발전과 변화에 초점을 두고자 한다.[2] 페미니즘 이론가들은 성 불평등의 부정당성과 가부장제에서 억압받고 있는 여성 문제의 심각성과 변화의 필요성을 인지하면서, 양성평등과 여성 해방을 위한 페미니즘 이론 정립의 중요성을 강조한다. 그러나 성 불평등의 근본적인 원인이 무엇인지, 가부장제를 진단하고 대항하기 위해서 무엇이 필요하고, 무엇이 우선시되어야 하는지에 대한 세부 문제들을 마주하면 다양한 의견을 제시한다. 따라서 페미니즘 이론은 결코 일관되거나 단일하지 않으며 구체적인 역사, 정치, 사회, 경제, 문화의 맥락 속에서 다양하게 생성되고 변화하였다는 사실은 아무리 강조해도 지나치지 않는다.

본 논문의 목적은 최근 20~30년간 서구학계, 특히 영·미 학계 페미니즘 이론의 흐름을 파악·분석하고 이러한 서구 페미니즘 이론이 한국 학계에 던지는 시사점을 살펴봄으로써 앞으로 한국 페미니즘 이론이 나아가야 할 방향을 제시하는 데 있다. 이를 위해 먼저 서구 페미니

---

[2] 페미니즘 논의에서 강조되어야 하는 것은 이론(theory)과 실제(practice)의 조화이다. 이는 페미니즘 이론가가 동시에 여성운동가(activists)가 되어야 한다는 것을 의미하거나 여성운동가가 페미니즘 이론가가 되어야 한다는 것을 의미하지 않는다. 대신에 페미니즘 이론은 현실의 사회문제와 필연적으로 연결되고 이를 분석할 수 있는 이론적 틀로써 사용될 때 그 가치를 인정받을 수 있으며, 여성운동도 이를 사상적으로 뒷받침해 줄 수 있는 이론이 정립되어 있을 때 그 운동성을 더욱더 발하게 됨을 의미한다. 이 점에서 캐서린 맥키논(Catharine MacKinnon)은 페미니즘은 "여성 자신의 목소리로, 그리고 여성의 구체적인 경험으로써 추상적이지 않고 실제적으로" 이해되어야 한다고 주장한다(1989: 244).

즘 이론이 1980년대를 기점으로 이전과 비교하여 어떠한 변화를 보이고 있는지 분석하고자 한다. 특히 이론 변화의 흐름을 방법론, 가치지향, 분석대상의 세 가지 측면으로 나누어 살펴보고자 한다. 즉, 방법론의 측면에서는 비판(critique)에서 건설(construction)로, 가치지향의 측면에서는 평등(equality)에서 자유(liberty)로, 분석대상의 측면에서는 성(gender)에서 사회정의(social justice)로 동향을 나누고, 각각의 동향에서 부각된 주요 쟁점과 의의를 살펴보고자 한다. 마지막으로 이러한 서구 페미니즘 이론의 변화와 쟁점이 한국 학계에 제시하는 함의를 알아보고, 한국적 맥락에서 생성·수용되는 한국 페미니즘 이론의 발전 가능성과 의미를 조망해 보고자 한다. 아울러 서구 이론을 무비판적으로 한국적 맥락에 적용했을 때의 문제점을 올바르게 인지하고 서구 페미니즘 이론을 비판적으로 탐구함으로써 한국이란 토양에서 생성·발전되어 온 한국 페미니즘에 의미 있는 기여를 하고자 한다.

2. 서구 페미니즘 이론의 동향

서구 페미니즘 이론에 대한 연구는 한국 학계에서도 계속 있었다. 그러나 서구 페미니즘 이론을 체계적으로 분류·분석하는 연구는 주로 서구 저서를 한국에 번역해 소개하는 데 그치고 있다. 일례로 재거의 《여성해방론과 인간본성》, 로즈마리 통(Rosemarie Tong)의 《페미니즘 사상연구(Feminist Thought)》, 조세핀 도노번(Josephine Donovan) 《페미니즘 이론(Feminist Theory)》 등은 이러한 이유로 자주 인용되는 저서들이다. 이들 학자는 페미니즘 이론을 자유주의·급진주의·마르크스주의·사회주의·실존주의·포스트모던 페미니즘 등으로 분류한다. 대부분 여성학 교과서의 이론 부분은 이러한 분류를 기초로 해서 구성된다. 그러나 본 논문은 기존 연구의 분류 틀에 의존하지 않고 서구 페미니즘 이론이 최근까지 어떠한 변화와 발전을 보이고 있는지를 살펴보려고 한다.

물론 기존 분류 틀은 익숙할 뿐 아니라 페미니즘이 다양하게 접근할 수 있다는 사실을 보여주기에 매우 유용하다. 그러나 기존 분류 틀에 대한 지나친 의존은 다음과 같은 한계를 내포한다. 무엇보다도 기존 분류 틀은 분류 틀 내 논의 변화를 이해하는 데 도움이 되지만, 각각의 분류 틀을 관통하여 포괄적으로 흐르는 거시적인 흐름을 파악하기는 어렵다. 또한, 기존 분류는 결국 개별 학자의 작위적인 과정의 결과로 볼 수 있기 때문에 실제 우리가 생각하는 것만큼 보편적이지 않을 수 있다. 예를 들어, 마샤 너스바움(Martha Nussbaum)은 대부분의 페미니스트를 [앨리슨 재거와 아이리스 영(Iris Young) 등의 몇몇 소수를 제외하고는] 자유주의 페미니스트 군으로 분류한다(2000a: 71). 너스바움은 심지어 대표적인 급진주의 페미니스트로 분류되는 맥키논을 자유주의 페미니스트 군에 가깝다고도 주장하는데, 그 이유로 중립적 자유주의(neutral liberalism)에 대한 맥키논의 비판과 롤즈(John Rawls)와 같은 정치적 자유주의자의 주장이 서로 일맥상통하기 때문이라고 설명한다(Nussbaum, 1999: chap. 2; 2000a: 72). 따라서 기존 분류 틀에 따른 페미니즘 이론의 이상형(ideal type)은 존재하지 않으며 각각의 분류 유형은 이를 해석하는 학자의 관점에 따라 다를 수 있다는 점과 복잡하고 섬세한 페미니즘 이론을 기존 분류 틀에 끼워 맞추어 설명하면 그 이론을 단순화할 위험이 있다는 점을 잊지 말아야 하겠다.

따라서 기존 분류 틀이 내포하는 이러한 한계를 인식하고 좀 더 거시적이고 포괄적인 관점에서 서구 페미니즘 이론의 흐름을 조망하기 위하여 본 논문은 방법론의 측면, 가치지향의 측면, 분석대상의 측면에서 페미니즘 이론의 동향 변화를 살펴보고자 한다. 특히, 최근 20~30년 동안 이루어진 페미니즘 논의와 그 이전의 논의를 위와 같은 세 가지 측면에서 비교하고자 한다. 여기서 유념해야 할 점은 필자가 제시하는 동향이 최근 페미니즘 이론의 모든 변화 추이를 설명하지는 않으며, 새로운 지적 흐름이 감지되었다고 해서 이전의 논의가 사라지거나 그 영향력이 무의미해졌다는 것을 의미하지 않는다는 사실이다.

1) 방법론의 측면: 비판에서 건설로

정치사상 분야에서 페미니즘 이론의 주류는 기존의 지배적인 정치사상과 개념에 대한 페미니스트 비판에서 시작된다. 다시 말해 기존 이론과 개념은 여성의 위치와 입장을 적절히 설명해 줄 수 있는 긍정적인 페미니스트 이념과 가치를 제시한다기보다는 성 중립적이라는 포장 아래 궁극적으로는 남성 중심적이었고 성에 관해 무관심(gender-blind)한 태도를 보여 온 까닭에 여성의 특수한 경험과 성 불평등을 적절히 설명하지 못한다는 비판에서 출발한다. 페미니즘 이론의 지배 논쟁과 담론이 기존 이론과 개념에 대한 페미니스트 비판으로 인식된 대표적 계기는 수잔 오킨(Susan Okin)의 저서 《서구 정치사상에서의 여성(Women in Western Political Thought)》(1979)에서 비롯되었다. 이 책에서 오킨(1979, 4)은 "정치철학에서 현존하는 전통과 주제가 여성을 포함할 수 있는가?

그렇지 못하다면, 왜 그러한가?"라는 질문을 던지면서, 이에 대한 답을 얻고자 플라톤(Plato), 아리스토텔레스(Aristotle), 루소(Rousseau), 밀(Mill)의 저작들을 깊이 있게 분석한다. 오킨은 이들 저작은 기본적으로 공사 간의 구별을 전제하고 있으며, 이러한 구별에 근거해 사적 영역으로 간주된 가족을 그들의 논의에서 배제함으로써 여성과 성의 이슈를 직접적으로 설명할 수 없었다고 본다. 이어 그녀의 다음 저서인《정의, 성, 그리고 가족(Justice, Gender, and the Family)》(1989)에서도 롤즈, 왈쩌(Walzer), 노직(Nozick) 등 서구 현대 정치사상가들의 이론에 같은 질문을 던지면서 이들 이론 또한 성 분화된 가족의 이슈를 사회정의의 문제로 바르게 설명하지 못하고 있다고 비판한다. 결국, 오킨은 여성과 성에 대한 이슈가 서구 정치사상에서 일반적으로 누락되고 간과되었다고 강조한다.[3]

그러나 이러한 페미니즘 비판이론의 흐름은 1980년대 후반부터 페미니즘이 단순한 비판으로 머물지 않고 기존 이론과 개념에 대안을 제시하는 긍정적인 형태로 전환된다. 이러한 지적 흐름은, 벤하빕(Seyla Benhabib)과 코넬(Drucilla Cornell)의 언어를 빌리자면, "이론적 건설을 위한 페미니스트 프로젝트"로 불릴 수 있다(1987: 1). '비판'의 페미니스트 과제의 목적은 남성 중심적이고 성에 무관심한 주류 이론을 비판하고 해체하는 데 있는 반면, '건설'의 페미니스트 과제의 목적은 페미니스트 관점에서 긍정적인 이론과 건설적인 대안을 제안하는 데 있다. 페미니스트 관점에서 기존 이론이나 개념을 수정하거나 새로운 대안을

---

[3] 실제로 오킨은 1999년의 저서에서 "나는 서구정치사상과 그 실제, 특히 페미니스트 관점에서 자유주의의 과거와 현재를 비판하는데 과거 25년의 많은 시간을 투자하였다"고 고백한다(Okin 1999: 119).

제시하는 연구로는 벤하빕과 코넬(Benhabib and Cornell, 1987), 쉔리와 페이트만(Shanley and Pateman, 1991), 허쉬만과 스테파노(Hirschmann and Stefano, 1996), 쉔리와 나라얀(Shanley and Narayan, 1997), 나라얀과 하딩(Narayan and Harding, 2000) 등이 있으며, 이러한 연구는 정치사상의 주요 개념인 자유, 평등, 시민권, 사회정의, 권력 등을 페미니스트 관점에서 재해석한다.

페미니스트 '비판'이론에서 '건설'이론으로 전환을 논의할 때 페미니스트의 '비판'적 관점이 페미니즘 이론의 전반적인 질적 발전에 크게 공헌한 점을 쉽게 간과해서는 안 된다. 이는 페미니즘의 목적과 핵심이 기본적으로 비판적 사고에서 비롯되었기 때문이다.[4] 그러나 비판하는 것보다 긍정적 개념이나 대안적 가치를 제시하는 것이 더욱더 어렵다고 사람들은 말하듯이, 페미니스트 '비판' 이론가들 또한 이런 질책을 피할 수 없었다. 따라서 '비판' 이상의 새로운 이론을 제시하려는 노력은 페미니즘의 불가피한 발전사일 것이다.

여기에서 주의해야 할 점은 '건설'적인 페미니즘 이론은 단순히 '여성'을 주제(subject)로 삼는 것으로 충분하지 않다는 것이다. 최근 들어 여성이라는 주제와 성이라는 변수를 인지하는 이론이 많아졌으며 그 논의에서 여성과 성을 포괄적으로 언급하는 경향이 자주 발견된다. 이는 아마도 근래 페미니즘 연구에 대한 유명세와 여성문제를 간과했다는 비판에 손쉽게 대응하고자 한 탓인지도 모른다. 그러나 기존 논의에 여성이라는 주제가 가미되었다고 해서 페미니즘 이

---

4 이런 의미에서 페미니즘 이론은 방법론적으로 비판이론(critical theory)에서 많은 영향을 받았다고 할 수 있다. 페미니즘과 비판이론의 방법론적인 상관성에 관해서는 영(Young, 1990: 5~8)과 재거(Jaggar, 2009: 95~101)를 참조.

론이 될 수 있는 것은 아니다. 또한, 주류 이론이 페미니스트 관점에서 비판받는 이유는 단지 그들의 논의에서 여성이라는 주제가 배제되었기 때문만은 아니다. 산드라 하딩(Sandra Harding, 1986)도 경고했듯이, "여성을 넣고 휘젓는 것(add women and stir)"만으로는 기존 이론이 진정한 페미니즘 이론으로 거듭나는 데 치명적인 한계가 있다. 따라서 건설적인 페미니즘 이론은 여성과 성이라는 변수를 정확히 다루어 기존 이론과 개념에 근본적인 변화를 가져올 수 있는 페미니스트적 '새로운 패러다임'을 제시하는 것이 필요하다.

정치사상 분야에서 이러한 '새로운 패러다임'을 제시하는 최근의 대표적인 저서로 낸시 허쉬만(Nancy Hirschmann)의 《자유라는 주제: 페미니스트 자유이론을 향해서(The Subject of Liberty: Toward a Feminist Theory of Freedom)》(2003)를 들 수 있다.[5] 이 책으로 허쉬만은 2004년 미국정치학회(American Political Science Association)의 "여성과 정치" 분과에서 전(前)년도에 출간된 젠더 관련 서적 중 최고의 책을 쓴 이에게 주는 빅토리아 셔크 상(Victoria Schuck Prize)을 받아 그 학문적 공헌도를 인정받았다. 그녀는 이 책에서 가정 내 폭력으로 학대받는 여성, 복지혜택을 받는 여성, 이슬람 문화권에서 베일(veil) 착용을 기대받는 여성 등의 실제 경험을 바탕으로, 기존 학자들이 제시하는 '자유'의 개념이 이러한 여성들의 자유, 무엇보다도 여성의 '선택'을 적절히 설명하지 못한다고 비판한다. 구체적으로 그녀는 적극적 자유(positive liberty)와 소극적 자유(negative liberty)로 나누는 기존의 이분법적인 자유 개념,

---

[5] 이보다 최근 저서에서 허쉬만(Hirchmann, 2008)은 서구 자유주의 전통의 자유 개념을 여성주의 관점에서 깊이 있게 재해석한다.

즉 개인의 선택을 개념화할 때 외적인 구속과 내적인 구속으로 나누는 이분법적인 이해는 앞서 언급한 여성의 실제 경험을 고려한다면, 여성의 선택이 외적 구속과 내적 구속의 미묘하고 복잡한 관계에 영향을 받고 있다는 점을 설명해 줄 수 없다고 주장한다. 반면에 페미니스트는 자유 개념을 논할 때 자유에 관한 기존 이분법적 분류의 한계를 올바르게 인지해야 하며, 더 나아가 개인이 선택할 때 수반되는 사회적 요소(외적인 구속)와 개인의 자아(내적인 구속) 간의 필연적인 상호작용을 이해해야 한다고 설명한다. 그리고 이러한 이해는 개인 선택의 '사회적 구성(social construction)'이라는 아이디어로 설명될 수 있으며, 바로 이것이 새로운 페미니스트의 자유 개념의 핵심이 되어야 한다고 주장한다.

비판에서 건설로 변화하는 페미니즘의 흐름을 이해하기 위해 염두에 두어야 할 점은, 여성주의적 새로운 패러다임을 제시하는 것이 단지 여성만을 위한다거나 여성에게만 해당하는 이론이나 개념의 발전이 결코 아니라는 점이다. '페미니스트' 혹은 '여성주의'라는 수식어가 붙는 이유는 기존 이론에 대한 비판을 바탕으로 새로운 패러다임을 전개하고자 하는 근본적이고 규범적인 관점이 구체적이고 직접적인 여성의 경험과 상황에서 도출되었음을 의미한다. 다시 말해 여성의 목소리를 경험함으로써 기존 이론의 문제점과 개선 방향을 제대로 모색해 나갈 수 있다는 것이다. 따라서 페미니즘의 발전은 단순히 남성 중심에서 여성 중심으로 관심의 초점이 바뀌는 것이 아니라, 가치 중립적이고 일반 모두에게 적용되는 것처럼 보였던 기존 이론이 실제로는 여성의 관점을 배제하고 있음을 정확히 인지하고, 이를 여성의 관점을 적절히 포괄하는 좀 더 나은 이론으로 변화시키려는 의미를 담고 있다고 볼 수 있다.

그 예로서 보살핌(care)과 관련된 최근의 페미니스트 논의를 살펴보자. 캐럴 길리간(Carol Gilligan)류의 페미니스트 학자들은 보살핌과 양육 등을 여성 윤리로 특징지으며 여성이 남성과 다른 윤리의 가치체계를 가지고 있다는 주장한다. 그리고 여성의 '보살핌의 윤리'는 정의와 권리 등으로 대표되는 남성의 '정의의 윤리'와 구별되어야 하며, 남성의 '정의의 윤리'와 동등하게 사회에서 그 가치의 중요성이 존중되어야 한다고 주장한다(Gilligan, 1982; Chodorow, 1978; Ruddick, 1995; Toronto, 1993). 이처럼 '보살핌의 윤리'와 '정의의 윤리'를 나누는 이분법적인 이해는 원칙적으로 여성과 남성의 본질적 차이를 전제한다. 그러나 이러한 해석은 '보살핌의 윤리'가 실제로 여성에게만 나타나지 않는다는 비판에 쉽게 노출된다.[6] 이러한 논의와 비교하여, 최근 에바 키테이(Eva Kittay)의 인간 의존성(human dependency)을 중심 개념으로 한 보살핌 이론은 앞서 언급한 비판에 적극적으로 대처할 수 있을 뿐 아니라 보살핌 논의를 여성의 문제에서 인간의 문제로 끌어올렸다는 데 의의가 있다(Kittay, 1999). 길리간류의 학자들이 남성과 구별되는 여성의 본질적이고 독특한 특성으로 보살핌을 강조한 반면, 키테이는 남성과 여성 모두에게 적용되는 인간 의존성을 기초로 보살핌을 설명한다. 즉, 인간은 살면서 타인에게 의존하지 않을 수 없으므로 이러한 의존이 보살핌의 필수불가결한 가치로 자리매김해야 한다는 것이다. 따라서 키테이는 보살핌을 여성의 특성이 아닌 인간 보편의 문제로 바라보는 한편으

---

6 예를 들어, 흑인 페미니스트들은 보살핌의 윤리체계가 여성에게만 한정되어 나타나는 것이 아니라 다른 소외 당하는 계층에게도 나타난다고 주장한다(Collins, 2000). '정의의 윤리'와 '보살핌의 윤리' 간의 논쟁에 관한 자세한 설명은 스퀴레스(Squires, 1999: chap. 5)를 참조. 최근 '보살핌'에 관한 다양한 페미니스트 논의를 정리한 연구로는 키테이와 페더(Kittay and Feder, 2002)가 있다.

로, 보살핌을 담당함으로써 여성들이 겪는 사회적, 경제적 착취와 불이익에 논의의 초점을 맞춘다.

따라서 페미니즘 이론은 여성을 위한, 여성에 관한 이론이라기보다 남성과 여성을 포함한 우리 모두를 위한, 우리 모두에 관한 이론, 다시 말해 인간을 위한, 인간에 관한 이론이라 할 수 있으며,[7] 이를 통해 여성이 당면하고 있는 문제를 좀 더 거시적이고 근본적인 차원에서 생각해 보는 인식 전환의 계기가 마련될 수 있을 것이다. 결국, 여성의 관점을 바탕으로 여성과 남성을 포함한 우리 모두를 위해 더 나은 이론을 제시하고자 하는 것이 '건설'적인 페미니즘 이론의 목표이다.

2) 가치지향의 측면: 평등에서 자유로

평등은 페미니즘 논의에서 최고의 화두이며 양성평등은 페미니스트들의 최종 지향점이다. 특히 평등에 관한 페미니스트의 논의 폭이 넓고 깊어진 것은 1960년대를 기점으로 시작된 서구의 제2기 페미니스트 운동에서 그 기원을 찾을 수 있다. 제2기 페미니스트 운동은 "개인적인 것은 정치적인 것이다(the personal is political)"라는 구호 아래, 여성 차별적인 법과 제도의 형식적인 개혁이나 변화를 넘어 실질적인 양성평등과 여성 해방을 위해 기존의 공사 영역의 구분을 비판하고, 사적이고

---

[7] 이 점에서 마샤 너스바움은 인간에 관한 학문과 이론이 최고의 페미니즘 이론이라고 설명한다. 너스바움은 인간 개념에 대한 바른 이해와 공감을 통해 페미니즘 이론은 기초를 이룰 수 있다고 주장하면서, 그 근거로 《여성의 예속(The Subjection of Women)》에서 밀의 주장이 궁극적으로 인간 발전(human improvement)으로 귀결되는 점, 성 불평등의 문제를 다루고자 한 아마티아 센(Amartya Sen)과 너스바움의 논의가 인간 가능성(human capability) 이론으로 제시된 점, 오킨의 페미니스트 비판이 궁극적으로 인간의 정의(humanist justice)를 지향하고 있는 점을 강조한다. 그리고 이러한 인간에 대한 논의가 여성이 당면한 수많은 현안을 설명하는 데 유용하다고 주장하면서, 성 불평등 문제를 단순히 여성의 문제로만 접근하기보다는 인간이 누려야 할 기본적인 자유나 권리에 대한 문제로 이해해야 한다고 설명한다(Nussbaum, 2000c).

개인적인 영역으로 단순히 치부되었던 문제까지도 평등의 논의로 수용해야 한다고 주장한다.[8] 예를 들면, 가정과 사적인 영역의 문제로 여겨졌던 가정 내 폭력, 부부 강간, 성폭력, 가정 내 가사분담 같은 문제도 국가와 사회의 적극적인 개입이 필요한 공적인 문제로 여겨져야 한다는 것이다.

이런 평등 논의에 대응하여 최근 일련의 페미니즘 학자들은 양성평등에 대한 강조와 확대된 공적 영역의 이해는 여성 개인의 자유, 자율(autonomy), 주체성(agency), 주관성(subjectivity) 등의 이슈를 쉽게 간과하는 오류를 범할 수 있다고 경고한다. 베스 제미에슨(Beth Jamieson)은 남성과의 평등을 요구하는 페미니스트의 평등주의는 여성의 집단으로서의 지위와 남성의 집단으로서의 지위 간 불평등에 초점을 맞추기 때문에 여성의 구체적이고 개인적인 관심을 심도 있게 다루는 데 실패하였다고 주장한다(Jamieson, 2001). 이러한 제미에슨의 주장은 성 불평등만이 페미니즘의 절대적인 관심사여야 하며 여성 개인의 자유와 선택은 양성평등 논의에 무의미하다고 설명하는 맥키논 같은 급진주의 페미니스트의 주장과는 대조된다.[9] 제미에슨은 자유가 없는 평등에 관한 페미니스트의 탐색은 단지 "공허한 약속"일 뿐이라고 하여 "(개인의) 자유가 배제된 평등은 노예들의 공동체를 양산해낼 뿐이다. 이러한 노예들은 (국가와 사회에 의해서) 자기 자신을 명명할 권한(power)도 빼앗기

---

[8] 자유주의적 공사 영역 구분에 대한 페미니스트 비판에 관해서는 맥키논(MacKinnon, 1987: chap. 8)과 페이트만(Pateman, 1987)을 참조.
[9] 맥키논은 양성평등을 위한 사회의 재구조화를 고려하지 않은 채 여성의 자유에 집착하면 성 불평등을 오히려 강화할 뿐이라고 주장한다. 예를 들어, 여성의 임신중결권을 지지하는 사람들은 여성 개인의 해방을 위해 성 중립적인 언어와 가치를 사용한다고 생각하지만, 사실 그들이 사용하는 언어와 생각은 그 자체로 남성지배(male dominance)에 영향을 받은 것이라고 본다. 요컨대 맥키논에게 여성 개인의 자유에 관한 문제는 성 평등 논의와 결과적으로 아무런 관계가 없는 것으로 간주된다(MacKinnon, 1987: 98).

고, 인간 존엄과 타협한 행위를 강제로 하게 되고, 그들 자신의 삶에 대한 직접적인 서술을 금지당한다"고 말한다(Jamieson, 2001: 28). 결론적으로 페미니스트 운동은 "개인의 자아결정(self-determination)과 자아방향성(self-direction)의 가치"를 강조하는 데 초점을 맞춰야 한다고 보고 있다(Jamieson, 2001: 1). 이와 비슷하게 페트리샤 케인(Patricia Cain)도 페미니즘의 궁극적인 목표는 평등이 아니라 여성의 "자아정의(self-definition)"와 "자아결정"이라고 역설한다(Cain, 1990: 806). 페미니즘 이론의 핵심은 집단으로서의 여성과 집단으로서의 남성 간 평등 논의를 넘어 여성 개인 자신에게 옮겨져야 한다는 것이다.

이제까지의 페미니즘 지배 담론이 양성평등에 초점을 맞추었던 것은 사실이다. 그렇다고 해서 여성 개인의 자유와 선택의 문제에 여성학자들이 관심을 보이지 않았다는 것은 아니다. 여성 개인의 선택권과 여성 사생활의 권리에 대한 문제가 대두하기 시작한 것은 임신을 여성 스스로 종결할 수 있는 임신종결권(낙태권)을 합법화한 1973년 미국 대법원의 *Roe v. Wade* 판결을 통해서라 할 수 있다. 임신종결권과 더불어 1970년대 이후부터 성소수자들에 의해 확산되기 시작한 성적(sexuality) 선택권에 대한 인정 요구도 여성의 평등 논의보다 여성의 자유 논의와 근본적으로 그 맥을 같이한다고 볼 수 있다(Phillips, 1991: chap.4). 그런데도 기존 페미니즘 논의에서 여성 자유와 선택에 관한 주장은 임신종결권과 성적 선택권 같은 특정 이슈에 주로 한정되어 있었으며, 여성의 자유, 자율, 주체성의 문제가 좀 더 폭넓게 이론적으로 대두한 것은 제미에슨과 케인 등이 주장하듯 오히려 최근의 일로 볼 수 있다.

서구 페미니즘 기원이 자유주의 정치사상에서 출발했다는 점을 고려해 볼 때 이는 어찌 보면 아이러니한 일이다. 대표적으로 울스톤 크래프트(Mary Wollstonecraft)의 《여성 권리의 옹호》와 존 스튜어트 밀(John Stuart Mill)의 《여성의 예속》에서 보이듯이 전통적인 초기 자유주의 페미니즘은 여성의 자유 보호와 존중에 초점이 맞추어져 있었다. 즉 여성 스스로 자신이 원하는 삶을 자유의지로서 선택하여 살 수 있도록 보장해주는 것이 자유주의 페미니즘의 핵심이다.[10] 최근 들어 조명받는 여성의 자유, 자율, 주체성에 대한 관심은 제2기 페미니즘의 영향으로 자유주의 페미니즘의 핵심이 간과되어 왔다는 비판적 성찰에 따른 반등으로 볼 수 있다. 자유주의 페미니즘을 재발견하려는 움직임의 선두에 있는 학자로는 너스바움을 들 수 있다. 너스바움은 페미니즘이 태생적으로 자유주의 이념을 뿌리에 두고 있다는 점은 강조하면서, 기존의 자유주의 페미니즘에 대한 도전에 적극적으로 대응할 수 있는 새로운 형태의 자유주의 페미니즘을 제시한다.[11] 이것이 최근에 활발히 논의되고 있는 인간 가능성 이론(human capability theory)이다. 본고에서는 너스바움의 인간 가능성 이론에 대해 자세히 논하지 않겠다. 인간 가능성 이론은 모든 사람에게 자유와 자립을 누릴 실질적인 기회를 주는 것을 목표로 하고 있다.[12] 다시 말해 페미니즘 근본 과제는 여성들이 자신의 삶을 자신의 의지대로 살아갈 수 있는 선택의 자유와 이러한 자유를 실질적으로 실현할 가능성의 회복에 두어야 한다는 것이다.[13]

---

10 에이미 베어(Amy Baehr)는 자유주의 페미니즘(liberal feminism)과 페미니스트 자유주의(feminist liberalism)를 구별하고 있으나 본 논문에서는 이 둘을 특별히 구별하지 않겠다(Baehr, 2004: 17). 다양한 모습의 자유주의 페미니즘에 관해서는 베어(Baehr, 2004)를 참조.
11 자유주의 페미니즘에 대한 기존의 비판에 적극적으로 대응하는 너스바움의 최근 연구로는 Nussbaum(1999, 2000a)이 있다.
12 너스바움의 인간 가능성 이론에 대한 자세한 설명은 Nussbaum(2000b; 2003)을 참조.
13 여성의 자유와 인간 가능성에 관한 아이디어는 UN의 인간개발보고서(Human Development Report)를 작성

'평등'에서 '자유'로의 흐름은 다음과 같은 함의가 있다. 첫째, 평등에서 자유로의 경향은 이전의 평등 논의가 자유 논의로 대체되고 있음을 의미하지 않는다. 오히려 페미니스트의 관심이 평등에서 자유로 바뀌었다는 것이 아니라, 양성평등을 주요 목적으로 하는 기존 페미니스트 담론의 문제점, 즉 여성의 선택과 자유에 대한 실질적인 이해 부족을 좀 더 실감하게 되었다는 데 있다. 평등 논의가 차별받고 소외당하는 집단에 대한 보상의 문제 혹은 억압받는 집단에 대한 해방의 측면에 초점을 두고 있었다면, 자유에 대한 관심은 여성들이 자신의 삶을 스스로 계획하고 선택할 수 있는 자유와 그 가능성을 보장해 주는 것에 초점을 두고 있다. 따라서 여성을 수동적인 행위자에서 능동적인 주체로 보아야 한다는 행위자 지향적이고 발전 지향적인 접근법을 택하고 있다고 할 수 있다.

두 번째로 이는 페미니즘 관심사가 평등에서 자유로 바뀌어야 한다는 당위론적 해석이 아니다. 오히려 여성의 자유를 강조함으로써 기존의 평등 논의가 긍정적이고 발전적인 방향으로 나아갈 수 있도록 동기를 부여한다는 점이 주목되어야 한다. 즉 자유를 강조함으로써 평등에 관한 논의를 보완하는 방향으로 나아가야 한다는 것이다. 이는 여성 평등과 여성 자유에 대한 관심이 서로 양립할 수 있음을 보여주는 것이기도 하다. 이러한 가능성은 드루실라 코넬(Drucilla Cornell)의 자유와 평등에 관한 논의에서도 찾아볼 수 있다. 코넬에 따르면, 페미니즘은 성적 자유와 사회적 평등 간의 완벽한 조화를 이루어야 한다. 코넬에게는

하는 데 기본적인 바탕을 제공하였고, 최근 UN의 여성지위위원회가 여성의 교육, 경제적 지위 향상 및 자립에 중점을 둔 새천년 개발계획(Millennium Development Goals)에도 잘 반영되어 있다.

가부장제 규범에 의문을 갖고 도전하는 것이 여성 자유와 평등 보호 및 증진을 위해서 필수적인 과정이며, 따라서 평등과 성적 자유 간에는 어떠한 갈등도 없는 것으로 개념지어진다(Cornell, 1998).[14] 결론적으로 여성의 평등과 자유를 이분법적으로 나누어 평등과 자유 중에 어떤 것이 선행되어야 하며 혹은 어떤 것이 더 중요한지를 따지기보다는 코넬이 시도하였던 것처럼 페미니스트의 평등과 자유에 관한 옹호가 서로 양립할 수 있으며, 양자가 서로에게 도움이 되고 궁극적으로 같은 목표를 공유하고 있다는 것을 보여주는 것이 앞으로의 평등과 자유에 관련된 페미니즘 이론의 지향점이 되어야 할 것이다.

3) 분석대상의 측면: 성에서 사회정의로

페미니즘 이론의 또 다른 동향 중 하나는 페미니즘의 분석대상이 '성'을 (혹은 남녀 관계에 대한 초점을) 넘어 사회의 다른 집단들 간의 관계로 확대되고, 궁극에는 '사회정의' 문제로 귀결되고 있는 점이다. 이러한 흐름은 1980년대 이후 탈근대주의(post-modernism)와 탈구조주의(post-structuralism)의 영향으로 페미니즘 내에서 다양성과 차이가 강조되고, '성'이라는 일률적인 분석대상에 대한 문제점이 대두하면서 나타났다. 따라서 아이러니하게도 페미니즘 분석대상의 확대는 페미니즘 분석단위의 세분화와 깊은 관련이 있다.[15]

---

[14] 코넬은 "내가 지지하는 페미니즘, 즉 상상 영역(imaginary domain)의 평등한 보호를 정당화해 주는 페미니즘은 필수적으로 자유로운 개인으로서의 여성의 평등을 요구한다"고 주장하면서, 가부장제는 성적 개인으로서의 자아표현의 권리를 부인하므로 이러한 가부장제에 대한 도전은 상상 영역을 평등하게 보전하는 방법이라고 본다(Cornell, 1998: 22~23).

[15] 성에서 사회정의로의 동향 변화에 대한 개략적인 설명으로는 낸시 프레이저(Nancy Fraser, 1997: chap. 7)를 참조.

페미니스트는 기본적으로 성을 분석단위로 보고 여성의 관심, 경험, 문제를 더 잘 반영할 수 있는 페미니즘 이론을 추구한다. 그러나 여기에서 주의하여야 할 것은 집단으로서 여성은 공통된 특성, 환경, 불이익을 공유하고 있지 않다는 점이다. 다시 말해, 여성은 동질 집단이 아니며 여성들 간에도 유의미한 차이가 존재한다는 것이다. 여성이라는 집단은 인종(race), 계층(class), 민족(ethnicity), 종교(religion) 등의 변수에 의해 제한되며, 여성을 하나의 범주로 묶어 분석하는 것은 적절하지 못하다고 지적한다. 특히 이러한 주장은 1980년대 이후 미국의 흑인 페미니스트와 레즈비언에 의해서 대두하였다. 흑인 여성과 레즈비언 여성은 '여성'을 하나의 카테고리로 묶어 추상적으로 분류하는 것에 비판적이다. 이들은 여성 억압이란 성이라는 변수 이외에 다른 변수, 즉 성과 인종, 성과 섹슈얼리티가 서로 맞물린(interlock) 형태로 나타난다고 설명한다(Childers and hooks, 1990; Spelman, 1988; Calhoun, 2003). 따라서 '성'과 '인종' 혹은 '성'과 '섹슈얼리티'의 "교차성(intersectionality)"을 페미니즘 분석의 중요한 틀로서 인식해야 한다고 주장한다.[16]

결국, 페미니즘의 분석단위가 '다원화된 여성(diversity of women)'으로 세분된 것이다. 다원화된 여성은 여성들 간의 다양한 차이를 강조하는 것을 넘어 다른 집단의 억압과 연계된 여성의 억압에 대해 깊이 있는 분석을 진행한다. 여성은 동일한 형태의 억압을 경험하는 것이 아니라, 인종과 섹슈얼리티 같은 다른 억압의 축(axis)과 중층적으로 관계하며 이러한 관계를 통해 다양한 형태로 여성 억압이 나타나고 있음을 강조한다. 성, 인종, 계급, 섹슈얼리티 등이 서로 억압의 체계를 구성하기

---

16 교차성에 대한 자세한 설명은 크랜쇼(Crenshaw, 1991)를 참조.

때문에 페미니즘은 여성의 억압을 연구함으로써 다른 집단이 경험하는 다양한 억압까지 포괄할 수 있고 따라서 페미니즘 연구의 폭을 넓힐 수 있다고 본다(Collins, 2000; Davis, 1981; Smith, 1983; Lord, 1984). 이와 관련해 낸시 프레이저(Nancy Fraser)는 "이제는 성뿐만 아니라 인종, 종족, 민족, 섹슈얼리티, 계급 등 모든 것에 페미니즘의 이론화가 필요하다. 이는 억압에 대한 모든 투쟁이 페미니즘과 어느 정도 관련된다"고 주장한다(Fraser, 1997: 180).

대표적인 흑인 페미니스트인 벨 훅스(bell hooks)가 정의하는 페미니즘은 이러한 페미니즘 동향에 유용한 시각을 제공한다. 훅스는 "페미니즘은 성 억압(sexual oppression)과 투쟁하는 것"이라고 정의한다(hooks, 1987: 71). 그녀가 정의하는 페미니즘이 의미 있는 이유는 성 억압이 인종, 계급, 섹슈얼리티 등의 억압과 밀접한 관계가 있음을 강조하기 때문이다. "미래의 페미니스트 투쟁은 … 섹시즘 이외 다른 집단들 간의 억압을 야기하는 문화의 기초와 원인에 … 확고히 근거해야 한다"고 역설하면서, 사회주의 정치학(politics of socialism)과 반인종주의(anti-racism) 움직임이 성 억압에 대응하는 여성의 투쟁과 결부되어 일어나지 않는 한 페미니즘은 성공하기 어렵다고 지적한다(hooks, 1987: 75). 훅스의 이러한 페미니즘 정의는 앞으로 페미니즘 이론이 나가야 할 긍정적인 일면을 제시해 준다고 본다. 페미니즘은 여성의 억압 이외에 다른 집단이 겪고 있는 억압에도 관심을 기울여야 하며, 이는 페미니즘이 여성만을 위한 이론이 아닌 소외당하는 다른 집단을 위한 사회정의론의 성격을 띠어야 한다는 것을 암시한다. 다시 말해 페미니즘 이론은 남성과의 관계에서 여성에게 절대적인 특권을 주어야 한다는 주장이 아니라 사회 구성원 모두에게 도움이 되는, 즉 사회변화의 기조를 제공할 수 있어야 한다는 것이다.

따라서 페미니즘은 여성을 하나의 집단으로 인식해야 할 뿐만 아니라 집단에 포함된 다양한 여성을 인식해야 하며, 여성들 간의 다양성을 이해함으로써 여성 억압 이외에도 사회의 다른 집단이 겪는 부정당성과 억압을 지적할 수 있어야 한다고 본다. 페미니즘 이론은 사회에서 억압받는 다양한 사회집단을 구분해 내고 이들이 겪는 억압을 구체화함으로써 이들과 성 억압 간의 교차성에 대한 분석을 진행할 수 있어야 한다. 그리고 이를 통해 궁극적으로 사회정의에 얼마나 일조할 수 있는지에 대한 전망까지 발전시켜야 한다(Walby, 2011).

3. 서구 페미니즘 이론과 한국적 맥락

1) 서구 페미니즘 이론의 수용

이제까지 서구 페미니즘 이론의 전반적인 동향과 쟁점을 중심으로 살펴보았다. 한국 페미니즘 학계에서는 서구 페미니즘 이론이 기본적으로 수용·적용되는 형태를 보인다. 따라서 앞서 살펴본 서구 페미니즘 이론의 동향 변화도 한국 학계에서 일반적으로 (분야에 따라 조금씩은 다르겠지만) 감지되고 있는 것이 사실이다. 다만 눈에 띄는 차이라면 서구 학계에서는 동향 변화가 1980년대를 전후로 나타난 반면, 한국 학계에서는 서구 이론이 전해지고 소개되는 시간적 차이로 말미암아 서구보다 10~20년 뒤에 그러한 동향 변화를 볼 수 있다는 점이다. 즉 한국 학계에서는 앞서 살펴본 서구의 동향 변화가 이제 막 시작되었다고 볼 수 있다. 그럼 지금부터 이를 구체적으로 살펴보자.

첫째, 페미니즘의 방법론이 '비판'에서 '건설'로 변화한 것은 최근 한국 페미니스트들이 제시하는 '대안적 패러다임으로서의 페미니즘' 논의와 깊은 관련이 있다. 기존 이론이나 개념에 대한 비판으로서의 페미니즘을 넘어 새로운 대안으로서의 페미니즘을 연구하는 이러한 움직임은 전경옥(1996), 이영자(2000), 허라금(2004), 조형(2005) 등에서 찾아볼 수 있다. 예를 들어, 이들은 기존의 윤리 개념이나 리더십 논의를 페미니스트 관점에서 비판하고 그에 대한 대안으로 여성주의적 윤리 개념과 여성주의적 모성 리더십을 제시한다. 페미니스트 비판을 넘어 페미니스트 대안을 제시하려는 이러한 움직임이 나타나는 만큼 이와 관련된 연구 분야는 앞으로 한국 학계에서 활발한 연구가 기대되는 분야이고 연구의 필요성이 강조되어야 하는 분야라고 할 수 있다.

둘째, 페미니즘의 가치지향이 '평등'에서 '자유'로 변화하는 모습은 아직 한국 학계에서 가시적으로 드러나고 있지 않다. 이제까지 한국 페미니즘 학계의 주요 담론은 주로 '평등'에 초점이 맞추어졌다. 우리 사회에서 현재 활발하게 논쟁 중인 여성과 성 관련 다양한 이슈들, 예를 들어 호주제, 성매매방지특별법, 생리 공결제, 여성공무원 채용 목표제, 여성할당제, 군가산점제, 국공립대 여성교수 채용 목표제, 성희롱·성폭력 문제 등이 모두 직간접적으로 '(양성)평등'의 논리 혹은 수사 아래에서 진행되고 있다. 임신종결권에 대한 최근 논의(예를 들어, 박숙자, 2001; 양현아, 2005; 오승이, 2007)를 제외하면 여성의 '자유'에 관한 이론적인 논의는 한국 학계에서 구체적으로 이루어지고 있지 않다.[17]

---

[17] 예외적으로 허라금(1995), 노성숙(2005), 김희강(2006)이 있으나 이들 연구가 페미니즘의 '자유'에 관한 연구

필자는 이러한 이유를 서구, 특히 영·미와는 다른 한국 페미니즘 학계의 특성 때문이라고 본다. 영·미 페미니즘의 기원, 즉 제1기 페미니즘의 출발은 18·19세기 자유주의 정치사상에서 비롯되었다. 1960~1970년대 자유주의 페미니즘의 기조가 '평등'을 강조하는 제2기 페미니즘으로 대체되었다고 할지라도 개인의 자유와 자율에 관한 논의는 서구 페미니즘에 내장되어 있었고, 그 결과 1980년대 이후 본격적으로 다시 재조명될 수 있었다고 본다. 따라서 서구 페미니즘에서 '자유'에 대한 논의는 결코 새로운 것이 아니었으며 드러나지는 않았지만 항상 준비되어 있었던 것이다. 반면에 한국 페미니즘은 서구와 달리 자유주의 페미니즘에 대한 잠재성이 결여된 채 급진주의적 성향을 주로 표명하였다. 서구에서와 같은 제1기 페미니즘 운동이 명시적으로 없었던 한국 페미니즘은 일제강점으로부터의 해방 및 대한민국 정부 수립과 동시에 참정권 등 중요한 여성의 권리를 획득할 수 있었다. 그리고 1960년대 이후 급진적인 서구 제2기 페미니즘을 받아들였다. 1960~1970년대 서구의 급진적인 페미니즘을 공부한 한국 여성학자들에 의해서 한국 페미니즘 학계의 토대가 만들어졌다는 점 또한 주목할 만하다. 이와 더불어 한국 페미니즘의 급진성은 초기 페미니즘이 학생운동과 노동운동과 함께 연대하는 데에도 기여하였다.[18] 비록 1990년대 이후 한국 페미니즘 학계는 학생운동과 노동운동으로부터 독립된 페미니즘을 지향하고 있지만, 자유주의의 핵심인 여성 개인의 자유와 자율

에 새로운 동향을 만들어내고 있는 것 같지는 않다.
[18] 한국 페미니즘 학계가 급진적이라는 것의 예로서 소위 급진주의로 분류되는 서구 페미니스트의 저서가 주로 많이 번역되어 학계의 교재로 널리 사용되고 있다는 점을 들 수 있다. 따라서 아쉽게도 서구 페미니즘 학계에서 주류로 분류되는 자유주의 페미니스트 이론이나 저서가 한국 학계에는 많이 소개되지 않고 있다. 앞서 필자가 언급한 너스바움의 글이 그 경우이다.

에 관한 논의가 한국 학계에 본격적으로 나타날 수 있을지는 좀 더 관찰해봐야 할 것이다.

셋째, '성'에서 '사회정의'로 분석대상의 변화는 한국 학계에서 1990년대 후반부터 드러났다. '성'이라는 일률적인 분석대상에 대한 비판은 여성들 간의 '차이'에 대한 관심으로 나타났다. 여성들 간의 '차이'를 다룬 대표적인 최근 연구로는 조주현(1996), 이상화(1998), 홍찬숙(1999), 태혜숙(1999), 문현아(2004), 조희원(2005) 등이 있다. 이들 연구는 페미니즘에서 다루는 '여성'이 다양한 여성들의 목소리를 대변하는 데 문제가 있다고 지적한다. 예로서 성매매 금지를 주장하고 성매매방지특별법을 통과시킨 여성계의 주류 담론에서 성매매업에 종사하는 여성의 목소리가 배제되었다는 비판을 들 수 있다(고정갑희, 2005; 문은미, 2005; 정희진, 2005). 그러나 여성 내 차이가 존재한다는 단순한 주장을 넘어, 왜 그러한 차이가 의미 있게 다뤄져야 하는지에 대한 연구는 미흡한 게 현실이다. 다시 말해 서구 학계가 주목하는 성과 관련된 다른 억압과의 '교차성'으로까지는, 즉 본격적인 '사회정의'로까지는 페미니즘이 확장되고 있지 못하다. 따라서 '성'에서 '사회정의'로의 변화는 '성'에서 '여성 내 차이'와 '여성 내 차이'에서 '사회억압에 대한 다층적 교차성'에 대한 연구의 두 단계로 나누어질 수 있는데, 한국 학계에서 후자에 해당하는 '여성 내 차이'에서 '사회억압에 대한 다층적 교차성'에 대한 연구는 활발하지 않다.

결론적으로 말해 한국 페미니즘은 서구의 것을 주로 수용하고 적용하는 일반적인 모습을 보인다. 그러나 서구 페미니즘 이론을 탐구하는 주요한 이유는 이들 이론을 수용하여 단순히 한국 여성의 경험과 생활에 적용하려는 게 아니라 서구 페미니즘 이론을 살펴보고 분석함으로써 궁극적으로 한국적 맥락에서 생성·발전되는 한국 페미니즘 이론의 기반을 공고히 하기 위해서다. 페미니즘은 특수한 역사와 구체적인 문화적 배경에서 나온다고 앞서 강조하였다. 인류 역사가 남성의 여성에 대한 억압과 불평등의 역사라는 일반적인 보편성을 지닌다고 할지라도, 구체적인 억압과 불평등의 형태는 시대와 장소에 따라서 각기 다른 모습을 지닌다. 또한, 여성의 저항과 도전의 모습도 다양한 형태로 나타난다. 이것이 한국 페미니즘의 이론화가 필요한 근본적인 이유이다. 그러나 아쉽게도 한국 여성의 특수한 경험과 위치를 기반으로 한 한국 페미니즘의 이론화 작업은 서구 이론을 채택하여 적용하는 단계에 아직 머물러 있다고 볼 수 있다.

이 점에서 한국 여성학계의 서구 중심주의를 비판하는 강정인(2004)의 주장은 의미가 있다. 한국 여성학계는 일반적으로 서구 페미니즘을 보편적 가치로 상정하고 그것에 대한 정밀한 재해석 없이 한국적 적용을 감행해 왔다고 강정인은 비판한다. 이는 결국 발전된 서구에 비추어 한국 페미니즘의 저발전성을 강조하는 결과를 낳았으며, 한국적 특수성을 서구적 보편성에 동화시킴으로써 한국적 특수성을 주변의 것으로 깎아내리는 경향을 가져왔다고 지적한다. 그 결과 서구 이론의 수용 필요성을 다시금 강조하게 되어 궁극적으로 한국 페미니즘 이론의 빈곤을 가져왔다는 것이다(강정인, 2004: 395~405). 또한, 서구 이론에 대한 지나친 의존은 한국 여성학자가 한국의 특수한 여성 현실에 대해 질문하는 주체적인 능력마저 제한했다는 것이다(태혜숙, 2004: 260). 조혜정(1994: 40, 80)은 이를 "자국 내 식민화"라고 설명하면서 "우리가 서구의 지식을 수용하는 데 급급한 나머지 우리의 경험과 현실에 민감하지 못하게 되는 지식 생산의 식민성이 한국사회 내부에서 재생산되는 현상"이 한국 여성학계에서도 발견된다고 주장한다. 서선희(1998)도 일반화되고 있는 서구 페미니즘의 무비판적 수용과 적용의 문제점을 지적한다. 그녀는 1980년대 후반부터 한국에서는 여성문제의 분석과 해결을 위한 이론적인 바탕이 단순히 서구 페미니즘의 적용이나 최소한의 수정으로는 확보될 수 없다는 반성의 목소리가 있었음에도 한국 페미니즘 이론의 빈곤은 1998년 현재에도 여전히 해결되어야하는 중요한 문제라고 지적한다(cf. 여성사연구회, 1988). 그러나 서선희가 지적한 이러한 상황은 2010년을 넘어선 지금도 큰 변화가 없어 보인다.

2) 유교와 페미니즘

한국 페미니즘 이론의 정립 필요성에 비추어 볼 때, 최근 활발히 논의되고 있는 유교와 (서구)페미니즘의 연구는 무척 고무적이다. 유교문화는 한국적 특수성임이 틀림없다. 서구 페미니즘은 인식되건 인식되지 않건 간에 태생부터 기독교 문화에 뿌리를 두고 있다. 유교는 이제 국가 통치이념이나 종교가 아니며, 현재 우리 사회는 서구 기독교 문화에서 많은 영향을 받고 있다는 사실을 부인할 수는 없다. 더욱이 현재 우리의 삶이 얼마나 유교문화의 영향권 안에 속해 있는지를 실증적으로 증명하기도 어렵다. 그러나 유교문화가 한국문화의 중요한 부분을 구성하고 있다는 것은 쉽게 부인하기도 어려울 것이다. 따라서 서구와는 다른 유교적 맥락에서 한국 페미니즘이 어떠한 모습으로 발전해 왔는지를 경험적, 이론적으로 밝혀내는 것은 앞으로 한국 여성학계의 중요한 과제의 하나라고 할 수 있다.

현재 학계에서 진행 중인 유교와 페미니즘 연구는 다음과 같은 세 가지 입장을 견지한다. 첫째는 유교와 페미니즘을 물과 기름처럼 상반되고 갈등하는 관계로 보는 견해이다(조순경, 2001; 오세근, 2001; 엄태석, 2005). 전통적 유교주의는 한국 페미니즘의 발달에 장애 요인으로 작동하고 있으며, 유교의 가부장성은 한국사회의 성차별적 의식, 문화, 제도에 근본적으로 기여했다는 것이다. 이러한 입장은 유교의 가족공동체 윤리와 사상은 여성에게 특정 기능과 역할을 한정하였고 남성과 여성의 관계를 서열적으로 규정하였기 때문에 남성에 의존하는 열등한 존재라는 여성관이 정립되었다고 설명한다. 따라서 유교의 성 차별적 여성관과 성 억압적 규율과 제도는 서구 페미니즘이 지향하는 양성 평등적이고 여성의 자율을 강조하는 원리와 가치에 대치된다고 본다.[19] 이는 유교가 이념적으로나 역사적으로 페미니즘과 공유하는 점이 없다고 보는 것으로, 유교를 페미니즘의 관점에서 재해석하는 것을 원천적으로 부정하는 입장이다(전복희, 2005: 64).

둘째는 유교가 여성 억압적이고 성 불평등적이더라도 유교에는 페미니즘 발전에 도움이 될 수 있는 긍정적인 요소도 찾아볼 수 있다는 견해이다(Sen, 1999; 서선희, 1998; 강숙자, 2004). 이는 기본적으로 유교의 지배적인 가치는 가족에 충성하고 국가에 복종하는 위계질서적이고 권위주의적 이념을 내포하고 있으나, 유교가 단편적이고 일률적인 문화

---

[19] 엄태석은 유교의 남녀 불평등적이고 수직적인 위계질서는 서구의 민주주의, 자본주의 문화와 대조적이라는 것을 강조하면서, "민주주의와 자본주의를 필두로 한 서구문화의 유입으로 여성들이 이전에는 생각하지도 못한 자유를 구가함에도 불구하고 여성 종속적인 유교문화의 잔영은 이전과는 또 다른 모습으로 여전히 사회에 잔존하고 있다"고 설명한다(2005: 78).

가 아닌 점을 고려해 본다면 유교 학자들의 저서에서 서구 페미니즘이 지향하는 자유와 평등의 가치를 발견할 수 있다는 견해다. 구체적으로 아마티아 센은 서구 페미니즘의 핵심 가치인 '자유'는 유교 담론이 지배하는 동양의 저서와 사상에서도 찾아볼 수 있는 아시아적 가치가 충분히 될 수 있다고 주장한다(Sen, 1999: 227~248). 이러한 입장은 유교의 문화와 동양의 전통 속에서 서구의 페미니즘과 "상응할 수 있는 성질을 찾는 것", 즉 동양의 전통사상과 서구의 페미니즘에서 "어떤 공약수"를 찾으려는 노력으로 간주할 수 있다(서선희, 1998: 326~327). 강숙자(2004: 7)의 표현을 빌리자면, 이는 유교 이념과 문화 속에서 "무엇이 여성주의에 걸림돌이며, 무엇이 여성주의에 부합하는가"를 규명하고자 하는 노력이다.

셋째는 유교에서 서구 페미니즘의 요소를 찾아볼 수 있다는 견해를 넘어 유교의 특정 관점은 서구 페미니즘의 주류 담론이 직절히 설명하지 못하는 부분을 채워줄 수 있다는 견해다(신옥희, 1995; 서선희, 1998; 이숙인, 1999; 이은선, 1995). 예를 들어, 가족공동체 원리에 근거한 유교의 사회구조는 공동체 안에서 다른 구성원과 서로 의존하고 필연적으로 관계하는 '관계적' 자아를 가능하게 해주는데, 이러한 가족 공동체 원리를 통해 독립적이고 개별적인 개인에 초점을 두는 서구 자유주의 페미니즘의 한계를 극복할 수 있다고 본다. 또 다른 예로, 유교의 인(仁) 개념에서 주류 페미니즘 이론이 부족한 공동체적 자아관을 찾아낼 수 있다고 설명한다. 유교 본연의 원리에서 "현재의 페미니즘에서 필요로 하는 원리"를 이끌어낼 수 있다는 것이다(서선희, 1998: 348). 이 점에서 신옥희(1995: 23)는 다음과 같이 말한다.

> 오늘날 우리들의 사상적 과제는 단지 동양의 전통적 사고방식의 우위를 맹목적으로 고집하거나 반복하는 것에 있는 것이 아니라 우리의 고유한 전통 속에 간직되어 있는 현대적 가치를 발굴하여, 이를 우리 시대에 있어 의미 있는 것으로 재창조하는 데 있다고 본다. 그리고 이 같은 과제를 수행하기 위해서는 우리의 동양적 전통과는 이질적인 서양의 사고방식의 빛에서 우리의 사고방식을 음미하고 반성하며 변혁해가는 과정이 필요하다.[20]

이러한 노력은 단순한 '현대적 가치'가 아니라 '상호적 보충'과 '상호적 변혁'이 가능한 동양의 사상적 토대를 찾으려 한다는 점에서 의미가 있다.[21]

그러나 위에서 언급한 유교와 페미니즘의 기존 연구가 한국 페미니즘의 이론 정립으로까지 확대되기에는 다음과 같은 미흡한 점이 있다. 따라서 기존 연구의 공통적인 한계를 지적하면서 앞으로 한국 페미니즘 이론이 나아가야 할 방향을 제시하고자 한다.

첫째, 유교와 페미니즘의 기존 연구는 유교에 대한 해석의 출처를 대부분 유교 경전에서 찾으려 한다. 예를 들어, 원시유교의 경전 속에서 나타난 여성관은 이후 유교와는 다른 의미를 지니고 있다고 지적하면서, 유교를 올바르게 이해하려면 원시유교 경전으로 돌아가야 한다고

---

[20] 신옥희(1995)는 동양사상이 서구사상을 보완하고 보충할 수 있는 근거로 유교를 대신해 대승불교의 공(空)사상을 제시한다. 자유주의 페미니즘의 한계를 대체할 수 있는 관계 의존적 자아개념을 존재 간의 상호의존성과 상호상관성을 강조하는 대승불교의 공 이론에서 찾을 수 있다고 본다.
[21] 이러한 노력은 유교 이외의 다른 동양적 전통에서도 나타나는데, 서선희(1998)는 불교와 페미니즘을 연구하면서 불교에는 여성 지향적인 윤리인 자비, 사랑, 보살핌의 윤리와 남녀평등 사상이 만연해 있다고 강조한다.

역설한다.²² 이러한 예로 유교 경전의 해석과 관련되어 현재 진행 중인 유교학계와 여성학계 간의 격렬한 논쟁을 들 수 있다. 필자도 유교 경전 해석의 중요성과 올바른 분석의 필요성에 공감한다. 그러나 이와 함께 한국 페미니즘 이론의 발전을 위해서는 경전 중심적 해석의 한계를 분명히 인식하는 것도 중요하다고 생각한다. 우리가 체험하고 느끼는 유교는 추상적이고 현실과 동떨어진 경전의 어구가 아니라 사회구조와 사람들과의 관계 속에서 체화된 제도와 이념의 모습으로 나타난다. 따라서 한국 페미니즘 이론은 고서에 깃든 사상을 넘어 유교의 가부장성이 정치적, 경제적, 사회적 맥락 속에서 어떻게 실제로 투영되고 재현되었는지의 문제에 더 깊은 관심을 두어야 한다.

둘째, 유교에서 서구 페미니즘의 가치를 찾을 수 있건 없건 간에 기존 연구의 대부분은 유교와 페미니즘의 관계를 양분법적으로 보고 있다는 한계가 있다. 즉, 서구 페미니즘을 그 비교 기준으로 삼고 유교의 긍정적인 면과 부정적인 면을 구분하려고 한다. 이는 서구 페미니즘의 관점에서 유교를 평가하는 것으로, 본질주의자나 보편주의자들이 서구 문화와 가치를 기준으로 비서구 문화와 가치를 평가하여 서구와의 어떤 동질성을 찾으려 하고, 그렇지 못하면 열등한 것으로 치부해 버리는 의도와 어느 정도 일맥상통한다고 본다. 결국, 서구 페미니즘을 가치판단과 비판의 척도로 삼았다는 점에서 강정인(2004: 395~402)이 비판했던 한국 학계의 "문제의식의 서구화"와도 깊은 관련을 보인다.

따라서 한국 페미니즘 이론의 미래는 유교 경전에 대한 해석 중심

---

22 일례로, 맹자에게 부부유별(夫婦有別)은 상하적인 존비관계가 아닌 남녀유별의 관계로서, 서로의 직분에 충실하여 서로에게 필요한 보완관계로 이해되었다고 본다.

의 방법론에서 벗어나 실제 사회의 권력관계 내에서 구체화되고 다양한 변화에 능동적으로 대처하며 현재까지 재생산되어온 유교적 가부장제의 동학을 밝혀 이론화하는 것이 그 핵심이 되어야 할 것이다. 또한, 유교적 가부장제의 동학 속에서 한국 여성의 위치를 찾아내고 가부장제에 대한 도전의 의미를 설명할 수 있어야 한다. 아울러 한국적 가부장제를 한국의 전통과 유교의 탓으로 돌리는 태도를 지양해야 할 것이다. 이는 전통과 근대, 가부장적 유교주의와 평등주의적 서구 페미니즘의 양분법적 분석 틀을 벗어나야 함을 의미한다. 즉, 유교와 페미니즘이 서로 단순히 순하고 혹은 역하는 관계를 밝히는 것을 뛰어넘어 한국적 맥락에서 드러난 이 둘 간의 체계적인 상호 역학관계와 역동성을 밝혀내는 것이 필요할 것이다.

마지막으로 양현아(2002; Yang, 2003)가 설명하는 호주제를 예로서 언급하며 한국 페미니즘 이론의 가능성을 찾아보려고 한다. 양현아는 호주제의 문제를 전통과 근대 간 혹은 가부장제와 페미니즘 간 갈등과 대립으로 보는 것을 거부한다. 변화하지 않는 전통과 추상적인 실체로서의 호주제가 아니라, 구체적인 역사적 맥락에서 구성된 호주제의 성격을 밝혀내고, 호주제가 어떠한 영향으로 유지·공고화되었는지에 연구의 초점을 맞춘다. 전통을 추상화하거나 사물인 것처럼 실체화해서는 안 되며, "사회적 맥락, 지역과 계급적 입장, 시대적 역동성"에 의해 전통으로서 구체화된 호주제의 실체적 모습을 찾아야 한다고 양현아는 강조한다(2002: 111). 호주제는 일제 강점기에 일본 구민법의 도입과 조선의 관습 인정이라는 "복합적인 지형 속에서 만들어진 산물"이므로, 순수한 한국 전통이라는 입장과 식민지 유산으로서 전통의 왜곡이라는 입장의 기존 양분법적인 접근방식으로는 설명될 수 없다는 것이다 (2002: 113). 따라서 양현아가 해석하는 호주제는 탈식민주의 맥락에서 서구의 가부장제와 구별되는 한국의 유교적 가부장제의 특수성과 한국 여성의 독특한 도전을 설명하는 시발점이 될 수 있으리라고 본다.

4. 결론을 대신하여: 한국 페미니즘 이론을 향하여

결론적으로 한국 페미니즘이 나아가야 할 방향은 구체적인 한국 페미니즘 이론을 정립하는 동시에 이를 글로벌 페미니즘(global feminism)의 보편적인 흐름과도 조화를 이루는 것이어야 한다. 다시 말해, 한국 페미니즘 이론은 한국의 특수성과 페미니즘의 초국적 보편성을 함께 설명할 수 있어야 한다. 이를 위해 한국 여성학계는 한국 페미니즘 이론의 빈곤을 직시하고 이론 정립의 필요성을 인식해야 하며, 문화와 국가의 다양성을 쉽게 간과한 채 승인된 서구 페미니즘 이론의 무비판적 수용의 문제점을 지적할 수 있어야 한다. 그렇지 않으면 국가와 문화의 다양성을 무시하고 성 불평등과 여성 억압의 보편성과 유사성만을 강조하는 본질주의의 오류에 빠질 수 있다. 본질주의를 옹호하는 대표적인 여성학자인 오킨은 서구 문화권에서 발전된 정의, 자유, 평등 등의 개념이 비서구 문화권에도 일률적으로 적용될 수 있다고 주장한다. 오킨에게 서구와 비서구 페미니즘의 차이는 단지 정도의 차이일 뿐이다. 그녀는 잘 살지 못하는 비서구 여성이 경험하는 성 불평등과 여성 억압은 잘 사는 서구 여성과 비교해 보면 단지 "비슷하지만 좀 더(similarly but more so)" 심각할 뿐이라고 설명한다(Okin, 2000). 그러나 이러한 오킨의 본질주의적 해석은 옳지 않다. 서구 여성과 비서구 여성은 보편적으로 유사한 점도 있겠지만, 이들 간의 차이는 단순한 정도의 차이를 넘어 삶의 다양한 내용과 형태로 나타나므로 이러한 다양성을 밝히는 것이 한국 여성학자를 포함한 비서구 여성학자의 과제라고 생각한다.

참고문헌

강숙자. 2004. "유교사상에 나타난 여성에 대한 이해" 《동양정치사상사》 3권 2호, 7~48.
강정인. 2004. 《서구중심주의를 넘어서》. 서울: 아카넷.
고정갑희. 2005. "성매매방지특별법과 여성주의자들의 방향감각" 《여/성이론》 12호, 10~34.
김희강. 2006. "운평등주의에서의 '자율'에 대한 페미니스트 비판" 《한국정치학회보》 40권 3호, 79~101.
노성숙. 2005. "주체성" 《여/성이론》 13호, 251~268.
로즈마리 통 지음·이소영 옮김. 1995. 《페미니즘사상》. 서울: 한신문화사.
문은미. 2005. "일단, 성매매여성 비범죄화부터 시작합니다" 《여/성이론》 12호, 35~49.
문현아. 2003. "'차이'와 차별을 너머-경계선 횡단과 연대의 정치" 《여/성이론》 10호, 187~207.
박숙자. 2001. "여성의 낙태 선택권과 입법과제 연구" 《한국여성학》 17권 2호, 69~98.
서선희. 1998. "동양의 전통사상과 페미니즘" 《21세기 정치와 여성》. 서울: 나남.
신옥희.1995. "동양의 전통사상과 한국적 여성철학의 전망" 여성철학연구모임 편. 《한국여성철학》. 서울: 한울아카데미.
앨리슨 재거 지음·공미애, 이한옥 옮김. 1999. 《여성해방론과 인간본성》. 서울: 서광사.
양현아. 2002. "'전통'과 '여성'의 만남: 호주제도 위헌소송에 관한 문화 연구" 《법사학연구》 25호, 105~130.
양현아. 2005. "여성 낙태권의 필요성과 그 함의" 《한국여성학》 21권 1호, 5~39.
엄태석. 2005. "여성과 정치문화" 강경희 외. 《여성정치학 입문》. 서울: 들녘.
여성사연구회 편. 1988. "한국 여성해방이론의 전개에 대한 비판적 검토." 《여성》 제2권.
오세근. 2001. "조선조 유교의 기론과 페미니즘의 지평" 한국유교학회 편. 《유교와 페미니즘》, 134~195. 서울: 철학과 현실사.
오승이. 2007. "법여성학상의 낙태권 이론: 임신 상황이 기본권 주체성에 미치는 영향을 중심으로" 《공익과 인권》 4권 2호, 55~89.
이상화. 1998. "페미니즘과 차이의 정치학" 《철학과 현실》 (가을), 181~196.
이숙인. 1999. "유교의 관계윤리에 대한 여성주의적 해석" 《한국여성학》 15권 1호, 39~69.
이영자. 2000. "대안적 패러다임으로서의 페미니즘: 가능성과 딜레마" 《한국여성학》 14권 1호, 5~36.
이은선. 1995. "유교와 페미니즘, 그 관계의 탐색을 통한 '한국적 페미니즘' 전망" 《동양철학연구》 15호, 403~448.

전경옥. 1996. "정치학의 새로운 패러다임" 한국정치학회 연례학술대회. 서울. 12월.
전복희. 2005. "동양정치사상과 여성: 유교적 시각" 강경희 외. 《여성정치학 입문》. 서울: 들녘.
정희진. 2005. "성 판매여성, 페미니스트, 여성주의방법 메모"《여/성이론》 12호, 50~68.
조세핀 도노번 지음 · 김익두 옮김. 1993. 《페미니즘 이론》. 서울: 문예출판사.
조순경. 2001. "유가사상 성별분업"《여성학논집》 18권, 177~193.
조주현. 1996. "여성정체성의 정치학: 80~90년대 한국의 여성운동을 중심으로"《한국여성학》 12권 1호, 138~179.
조형 편. 2005. 《여성주의 가치와 모성 리더쉽》. 서울: 이화여자대학교 출판부.
조혜정. 1994. 《탈식민시대 지식인의 글읽기와 삶읽기 2》. 서울: 한국여성학회.
조희원. 2005. 《"차이"의 논의에 대한 정치학적 고찰: 여성들 간의 차이를 중심으로》 경희대학교 정치학과 박사논문.
태혜숙. 1999. "성적주체와 제3세계 여성문제"《여/성이론》 1호, 94~120.
태혜숙. 2004. "한국의 탈식민페미니스트 지식생산을 위하여"《한국의 탈식민페미니즘과 지식생산》. 서울: 문화과학사.
허라금. 1995. "여성주의적 '자율성' 개념을 위한 시론"《한국여성학》 11집, 7~26.
허라금. 2004. 《원칙의 윤리에서 여성주의 윤리로》. 서울: 철학과 현실사.
홍찬숙. 1999. "차이를 안고 연대로: 문제제기"《여성과 사회》 10권, 9~19.

Baehr, Amy (ed.). 2004. *Varieties of Feminist Liberalism*. Oxford: Rowman & Littlefield Publishers, Inc.
Benhabib, Seyla and Drucilla Cornell. 1987. *Feminism as Critique: Essays on the Politics of Gender in Late-Capitalist Societies*. Cambridge: Cambridge University Press.
Cain, Patricia. 1990. "Feminism and the Limits of Equality," *Georgia Law Review*, vol. 24, no.4 (Summer): 803~847.
Calhoun, Cheshire. 2003. *Feminism, the Family, and the Politics of the Closet: Lesbian and Gay Displacement*. Oxford: Oxford University Press.
Childers, Mary and bell hooks. 1990. "A Conversation about Race and Class." In Marianne Hirsch and Evelyn Fox Keller (eds.), *Conflicts in Feminism*. New York: Routledge.
Chodorow, Nancy. 1978. *The Reproduction of Mothering*. Berkeley: University of California Press.
Collins, Patricia Hill. 2000. *Black Feminist Thought*, 2nd edition. New York and London: Routledge.

Cornell, Drucilla. 1998. *At the Heart of Freedom*. Princeton: Princeton University Press.
Crenshaw, Kimberle Williams. 1991. "Mapping the Margins: Intersectionality, Identity Politics, and Violence Against Women of Color," *Stanford Law Review*, vol. 43, no. 6: 1241~1299.
Davis, Angela Y. 1981. *Women, Race and Class*. New York: Random House.
Donovan, Josephine. 2000. *Feminist Theory: The Intellectual Traditions* 3rd edition. Continuum International Publishing Group.
Fraser, Nancy. 1997. *Justice Interruptus: Critical Reflections on the 'Postsocialist' Condition*. New York: Routledge.
Gilligan, Carol. 1982. *In a Different Voice*. Cambridge: Cambridge University Press.
Harding, Sandra. 1986. *The Science Question in Feminism*. Inthaca, NY: Cornell University Press.
Hirschmann, Nancy. 2003. *The Subject of Liberty: Toward a Feminist Theory of Freedom*. Princeton: Princeton University.
Hirschmann, Nancy. 2008. *Gender, Class, and Freedom in Modern Political Theory*. Princeton: Princeton University.
Hirschmann, Nancy and Christine Di Stefano eds. 1996. *Revisioning the Political: Feminist Reconstructions of Traditional Concepts in Western Political Theory*. Boulder, CO: Westview Press.
hooks, bell. 1987. "Feminism: A Movement to End Sexist Oppression." In Anne Phillips ed. *Feminism and Equality*. New York: New York University Press.
Jaggar, Alison M. 1983. *Feminist Politics & Human Nature*. Lanham, Rowman & Littlefield Publishers, Inc.
Jaggar, Alison M. 2009. "*L'Imagination au pouvoir:* Comparing John Rawls's Method of Ideal Theory with Iris Marion Young's Method of Critical Theory." In Ann Ferguson and Mechthild Nagel eds. *Dancing with Iris: The Philosophy of Iris Marion Young*. Oxford: Oxford University Press.
Jamieson, Beth. 2003. *Real Choices: Feminism, Freedom, and the Limits of the Law*. University Park: Pennsylvania State University Press.
Lorde, Audre. 1984. *Sister Outsider*. Trumansberg, NY: Crossing Press.
Kittay, Eva Feder. 1999. *Love's Labor*. New York: Routledge.
Kittay, Eva Feder and Ellen K. Feder eds. 2002. *The Subject of Care*. Lanham: Rowman &

Littlefield Publishers, Inc.
MacKinnon, Catharine. 1987. *Feminism Unmodified*. Cambridge, MA: Harvard University Press.
Mill, John Stuart. 1988. *The Subjection of Women*. Hackett Publishing Company.
Narayan, Uma and Sandra Harding. 2000. *Decentering the Center: Philosophy for a Multicultural, Postcolonial, and Feminist World*. Bloomington, IN: Indiana University Press.
Nussbaum, Martha. 1999. *Sex and Social Justice*. Oxford: Oxford University Press.
Nussbaum, Martha. 2000a. "The Future of Feminist Liberalism." *Proceedings and Addresses of The American Philosophical Association*, vol. 74, no. 2: 47~79.
Nussbaum, Martha. 2000b. *Women and Human Development*. Cambridge: Cambridge University Press.
Nussbaum, Martha. 2000c. "Human Capabilities, Female Human Being." In Martha Nussbaum and Jonathan Glover eds. *Women Culture and Development: A Study of Human Capabilities*. Oxford: Oxford University Press.
Nussbaum, Martha. 2003. "Capabilities as Fundamental Entitlements: Sen and Social Justice." *Feminist Economics*, vol. 9, no. 2-3 (July-Nov): 33~59.
Okin, Susan Moller. 1979. *Women in Western Political Thought*. Princeton: Princeton University Press.
Okin, Susan Moller. 1989. *Justice, Gender, and the Family*. New York: Basic Books.
Okin, Susan Moller. 1999. *Is Multiculturalism Bad for Women?* Princeton: Princeton University Press.
Okin, Susan Moller. 2000. "Inequalities Between the Sexes in Different Cultural Contexts." In Martha Nussbaum and Jonathan Glover eds. *Women, Culture, and Development: A Study of Human Capabilities*. Oxford: Oxford University Press.
Pateman, Carol. 1987. "Feminist Critiques of the Public/Private Dichotomy." In Anne Phillips ed. *Feminism and Equality*. New York: New York University Press.
Ruddick, Sara. 1995. *Maternal Thinking: Toward a Politics of Peace*. Boston: Beacon Press.
Sen, Amartya. 1999. *Development as Freedom*. New York: Anchor Books.
Smith, Beverly. 1983. "The Wedding." In Barbara Smith ed. *Home Girls: A Black Feminist Anthology*. New York: Kitchen Table Press.
Shanley, Mary Lyndon and Carole Pateman eds. 1991. *Feminist Interpretations and Political Theory*. University Park: Pennsylvania State University.

Shanley, Mary Lyndon and Uma Narayan eds. 1997. *Reconstructing Political Theory: Feminist Perspectives*. University Park: Pennsylvania State University.

Spelman, Elizabeth. 1988. *Inessential Woman: Problems of Exclusion in Feminist Thought*. Boston: Beacon Press.

Squires, Judith. 1999. *Gender in Political Theory*. Cambridge: Polity Press.

Tong, Rosemarie Putnam. 1998. *Feminist Thought: A More Comprehensive Introduction*. 2nd edition. Boulder: CO, Westview Press.

Toronto, Joan. 1993. *Moral Boundaries: A Political Argument for an Ethic of Care*. New York and London: Routledge.

Walby, Sylvia. 2011. *Future of Feminism*. Cambridge: Polity Press.

Wollstonecraft, Mary. 1992. *A Vindication of the Right of Woman*. London: Penguin Books.

Yang, Hyunah. 2003. "Gender Equality vs. 'Tradition' in Korean Family Law: Toward a Postcolonial Feminist Jurisprudence." *The Review of Korean Studies*, vol. 6 no. 2: 85~118.

Young, Iris Marion. 1990. *Justice and the Politics of Difference*. Princeton: Princeton University Press.

한국에서 루소 사상의 수용과 연구현황에 관한 일 고찰[1]

김용민 한국외국어대학교

1. 서론

장 자크 루소(Jean-Jacques Rousseau)는 1712년 제네바에서 태어나 1778년 파리 근교인 에르메농빌(Ermenonville)에서 사망하였다. 그가 근대국가의 형성에 미친 영향은 이루 다 말할 수 없지만, 인구에 회자되는 사회계약, 인민주권, 일반의지, 민주주의라는 개념이 루소의 핵심 개념이며, 그의 정치사상이 프랑스혁명의 이념적 횃불이었다는 사실에서, 우리는 그가 근대 서구 정치질서의 형성과정에 심대한 영향을 끼쳤음을 확인할 수 있다. 루소 사상의 영향은 단지 서구에 한정되지 않았다. 그의 사상은 19세기 중엽 이후 서세동점의 시대에 국가적 위기에 봉착한 한국, 중국, 일본을 포함한 동아시아 국가들이 새로운 정치질서

---

[1] 이 글은 《정치사상연구》 18집 2호(2012년 가을호)에 게재되었던 논문임을 밝힌다. 필자는 이 글에서 이전 논문에 나타난 몇 가지 오류를 바로 잡았다. 본 논문의 목적이 루소 사상이 수용되는 과정을 고찰하는 것이었기에, 그 수용 내용에 대한 사상적 분석은 할 수 없었음을 밝힌다. 사상적 분석은 차후 과제로 미루기로 한다.

를 모색하는 과정에서 여타 근대 사상가의 이론보다도 비교적 빨리, 그리고 호의적으로 수용되기 시작하였다.[2] 이유는 여러 가지가 있겠지만, 그 중에서도 가장 중요한 이유는 그의 정치사상이 프랑스혁명을 배경으로 하였으며 인민주권과 민주주의라는 근본이념을 강력하게 표방하고 있었기 때문이다.

루소의 사상이 일본과 중국에 이입되는 과정에서 큰 역할을 한 사람은 나카에 쵸민(中江兆民, 1847~1901)과 량치차오(梁啓超, 1873~1929)였다. 루소의 사회계약설은 후쿠자와 유키치(福澤諭吉, 1835~1901)가 1872년에 그의 저서 《학문의 권장》에서 언급한 바 있었으나, '동양의 루소'라고 불리는 나카에 쵸민이 1874년에 《민약론(民約論)》이라는 제목으로 《사회계약론》의 2권 1~6장 부분만을 일본어로 번역했으며,[3] 이후 루소의 사회계약설은 널리 전파되기 시작하였다. 나카에 쵸민은 1882년 《사회계약론》 1권의 한문 번역과 자신의 해석을 담은 《민약역해(民約譯解)》를 출판하였다.[4]

---

[2] 일본에서 일찌감치 수용된 사상가로 몽테스키외를 들 수 있다. 가 노리유키(何禮之, 1840~1923)는 몽테스키외의 《법의 정신》을 1875년에 《만법정리(萬法精理)》로 완역해 내고 있다. 마루야마 마사오 · 가토 슈이치/임성모 옮김, 《번역과 일본의 근대》(서울: 이산, 2000), 163 참조. 한국의 서구 사상 수용에서 프랑스혁명과 관련되는 루소, 몽테스키외, 볼테르는 항상 같이 짝 지어져서 소개되고 있다.

[3] 쵸민의 이 번역본은 명치 정부에 의해서 출판금지처분을 받아 정식으로 간행되지 못하였다. 루소의 《사회계약론》이 최초로 '완역되어' 출판된 것은 하토리토쿠(服部德)의 《민약론》이다. 하지만 부분역인 쵸민의 번역본은 하토리토쿠의 완역본에 비해 높은 평가를 받았다고 한다. 이예안의 "개화기의 루소 《사회계약론》의 수용과 번역 – J. J. Rousseau Du Contrat Social에서 中江兆民, 《民約譯解》로 그리고 황성신문 "로사민약"으로", 《일본문화연구》 제40집(2011), 502~504, 참조. 나카에 쵸민에 관한 국내 학자의 연구로 다음 참조. 최상용, "《民約譯解》에 나타난 中江兆民의 Rousseau 이해", 《아세아연구》 27-2(1984); 박규규, "나카에 쵸민의 평화념과 맹자", 《정치사상연구》 11-2(2005); 이혜경, "나카에 쵸민의 이상사회", 《철학사상》 17집(2003), 서울대학교 철학사상연구소.

[4] 김효전, 《근대한국의 국가사상-국권회복과 민권수호》(서울: 철학과 현실사, 2000), 315, 652쪽; 김효전, 《서양 헌법 이론의 초기 수용》(서울: 철학과 현실사, 1996), 386쪽. 이 두 권의 책은 서양의 국가사상과 법사상의 한국에서의 초기 수용과정에 관한 연구에 대단히 긴요하다. 《민약역해》의 번역 내용과 해석에 관해서는 각주 3의 최상용(1984)과 이예안(2011) 참조.

중국에서는 1898년 상해 동문역서국(同文譯書局)에서 나카에 쵸민의 한역본을 《민약통의(民約通義)》라는 이름으로 출판하였고, 1902년에는 양정동(楊廷棟)이 일본어 번역에 의거하여 《사회계약론》의 제4권을 번역하였다.[5] 당시 중국 사회 내에서 루소 사상의 수용과 보급에 큰 역할을 한 사람은 량치차오였다. 일본에서 망명 생활을 했던 량치차오는 여기서 배운 서구 지식 체계를 중국에 전파하려고 하였다. 양태근은 "량치차오는 루소 사상이 중국에 전파되는 데 효시적 역할을 수행한 사람으로, 그의 "노사학안(盧梭學案)"은 이른바 중국에서의 민권론 전파에 지대한 영향을 끼쳤으며 서구 사상 소개에 상당히 중요한 역할을 담당하였다"고 지적하고 있다.[6] 량치차오의 저서 《음빙실문집(飮氷室文集)》(1903년 초간됨)에는 루소에 대한 언급이 단편적이지만 자주 나오고 《민약론》의 요약이라고 할 수 있는 "노사학안"이 실려 있는데, 량치차오는 "노사학안"을 통하여 사회계약이론, 인민의 자유와 평등, 주권재민, 일반의지, 정부체제, 투표 등을 간략하게 소개하고 있다. 《음빙실문집》의 일부는 1908년 전항기(全恒基)에 의해 《음빙실자유서(飮氷室自由書)》라는 이름으로 국역 간행되었는데,[7] 이 책은 자서(自序)에 나타나 있듯이 량치차오가 일본에 망명하여 일인과 교류하고 시서를 읽은 독서 감상과 그 비슷한 것들로 되어 있다.[8] 루소 사상의 한국이입과 관련해서 량치차오의 《음빙실문집》과 《음빙실자유서》가 중요한 이유는 이 책들이 일

---

[5] 김효전, 《근대한국의 국가사상—국권회복과 민권수호》, 652쪽.
[6] 양태근, "루소 정치 사상의 전파 과정을 통해 본 중국 전통 사상과 서구 정치사상의 교류와 소통", 《중국현대문학》 제48호(2009), 213쪽.
[7] 《음빙실자유서》의 문헌해제에 관해서는 다음 참조. 강중기, "량치차오, 《음빙실자유서》", 《개념과 소통》 제8호(2011).
[8] 김성권, "루소의 이입과 영향에 관한 연구—개화기에서 1920년대까지를 중심으로", 서강대학교 국어국문학과 석사논문(1982), 31~32쪽. 이 논문은 루소 사상 수용사를 다룬 최초의 논문이라고 할 수 있다.

찍이 한문을 읽을 수 있는 구한말의 지식인들에 의해 탐독되었기 때문이다.[9]

한국에서 루소 사상의 수용은 주로 일본과 중국을 통해서 이루어졌다. 이 경로 이외에 또 다른 경로는 서재필(1864~1951)에서 찾아볼 수 있다. 서재필은 1884년 갑신정변이 실패하자 미국으로 망명하여 유학하게 되는데, 그는 1895년 말 귀국한 뒤 독립신문을 창간하고 독립협회를 조직하여 1898년 5월 미국으로 돌아갈 때까지 국민 계몽 운동에 나섰다. 그는 법률의 중요성을 자주 설명하고, 국민주권론의 당연한 귀결로서 국민이 국정에 참여하는 민권론을 조심스럽게 전개하였다.[10] 서재필이 특별히 루소 사상의 소개에만 앞선 것은 아니지만, 그는 당시 서양 사상의 주류였던 로크와 루소의 계몽주의, 벤담의 공리주의, 몽테스키외의 자연법 사상, 그리고 당시에 풍미했던 진화론과 진보주의 사상을 고국에 소개하려 하였다.[11] 그는 독립신문을 통해 법치주의, 민권론, 천부인권설, 진보주의 등을 적극적으로 소개하고, 이를 바탕으로 조선의 개혁을 시도하였다.[12]

위에서 루소의 사상이 한국, 일본, 중국을 포함하는 동아시아 국가에 초기 이입되는 과정을 살펴보았지만, 각 국가에서 어떤 과정을 거쳐 루소의 작품과 사상이 지식인에게 우선 수용되고 대중에게 전파되었는가

---

9 《음빙실문집》에 대한 당시 지식인들의 평가는 대단한 것으로 나타나고 있다. 신일철에 의하면 "안창호는 자강 사상에 공명하여 구국 운동에 뜻을 둔 이에게는 량치차오의 《음빙실문집》을 100질 사서 배포하는 것이 가장 훌륭한 기여가 될 것이라고 역설했다고 한다. 안창호 자신도 대성학교 교장으로 한문 시간에는 오경(五經)보다 《음빙실문집》을 교재로 사용했다는 것이다. 이처럼 안창호·신채호 등 당시 구한말의 지성인들에게 량치차오의 그 책은 바이블이었다." 이광래, 《한국의 서양 사상 수용사》(서울: 열린책들, 2003), 237쪽에서 재인용.
10 김효전, 《근대한국의 국가사상―국권회복과 민권수호》, 103쪽.
11 이광래, 《한국의 서양 사상 수용사》, 224쪽.
12 독립신문에 게재된 사설에 대한 사회과학적인 체계적 소개·정리는 김홍우 감수, 《독립신문, 다시 읽기》(서울: 푸른역사, 2004)에 잘 나타나 있다.

를 사상적 · 정치적 · 역사적 · 문학적인 관점에서 탐구하는 것은 상당히 의미 있는 학문적 작업이라고 할 수 있다. 본 연구에서 필자는 제2장에 제시된 시기별 구분에 근거하여, 제3장에서는 구한말에서 시작하여 해방에 이르기까지 루소 사상이 한국에 유입되고 전파되는 경로와 그 정치적 · 사상적 · 문화적 배경을 추적하고, 제4장에서는 해방 이후 현재에 이르기까지 루소의 주요 작품들이 한국어로 최초로 번역되는 양상을 살펴보며, 제5장에서는 국내에서의 루소에 대한 연구업적의 현황을 살펴보고, 제6장인 결론에서는 루소 사상의 수용사가 지니는 의미를 제시한다.

2. 루소 사상 수용의 시기별 구분

한국에서 루소는 역사 교과서라고 할 수 있는 《태서신사람요(泰西新史攬要)》(1897)를 통해서 최초로 소개되고 있는데, 《태서신사람요》의 원전은 맥켄지(Mackenzie)의 《History of Nineteenth Century》(1880)이다.[13] 루소의 《민약론》은 황성신문사(皇城新聞社)에서 간행한 《법국혁신전사(法國革新戰史)》(1900)에서 자세히 설명되기도 했으며, 1906년 황성신문(皇城新聞)이 약 9개월에 걸쳐 대대적으로 연재한 "일본유신삼십년사(日本維新三十年史)"에서는 이 책이 프랑스대혁명의 원동력이었다고 거론되기도 하였다. 황성신문은 1909년 8월 4일부터 9월 8일까지 "노사민약(盧梭民約)"을 연재하였는데, 이는 비록 루소의 《사회계약론》 제1권의 번

---

13 《태서신사람요》는 원래 중국의 상해 광학회에서 《태서근백년래대사기(泰西近百年來大事記)》라는 이름으로, 1895년 5월에 간행된 것을, 우리나라에서 《태서신사람요》라는 이름으로 1897년에 5월에 중간(重刊)한 것이다. 이 중간본(重刊本)의 국문본이 같은 해에 출간된 《태셔신사》이다.

역으로 그치고 말았지만, 한국 최초의 《사회계약론》 번역으로 여겨지고 있다. 이 번역의 저본은 나카에 쵸민의 《민약역해》로 밝혀졌다.[14] 구한말에 전신자적(傳信者的) 역할을 수행했던 육당 최남선은 《소년(少年)》에 연재된 "나폴네온 대제전(大帝傳)"(2권 4호, 1909년 4월)에서 루소의 사상을 《민약론》, 《학문예술론》, 《인간불평등기원론》을 중심으로 간략하게 소개하고 있다.

경술국치 이후 3·1운동을 거쳐 1920년에 이르기까지 일제의 무단정치의 강압적 정책의 영향으로 루소 사상에 대한 새로운 소개는 거의 이루어지지 않았다. 1920년대 초반에 들어, 특히 1920~1922년 사이에 일본에서 유행하기 시작한 문화주의의 영향을 받아 루소 사상에 대한 종합적이고 체계적인 소개가 이루어졌는데, 묘향산인(妙香山人)의 "근대주의(近代主義)의 제일인(第一人) 루소선생(先生)", 강매(姜邁)의 《자유(自由)의 신신(神) 루소》가 대표적인 소개 글이라고 할 수 있다. 1930년에 묵암생이 부분 번역한 "사회계약론(1)"이 나온 후로,[15] 해방 직후 성인기(成仁基)가 《민약론》(1946)을 전역하기까지,[16] 루소의 작품이나 사상에 관한 글을 잡지나 학회지에서 찾아볼 수 없다. 곧 1930년부터 1946년까지는 루소 사상 수용의 공백기라고 할 수 있다.

한국전쟁의 참화에서 안정을 찾기 시작한 1950년대 후반 이후, 루소에 대한 관심은 그의 작품을 번역하려는 작업으로 연결되었으며 이 작업은 1970년대 중반까지 계속되었다. 근 30년간의 초기 번역 시기에

---

14 이예안, "개화기의 루소 《사회계약론》의 수용과 번역", 512쪽.
15 묵암생 역, "社會契約論(1)", 《대조》 1호(1930년 3월). 이 번역본은 자료를 얻기 어려워 그 내용을 확인하기도 힘든 상태이다.
16 성인기는 이 책은 번역자가 성인기로 되어 있지 않고 대성출판사 번역부로 되어 있다고 한다. 중간(重刊) 5판 이후 성인기가 번역자로 직접 드러난다. 성인기(1955) 참조.

출판된 루소의 작품에 관한 번역본은 다양하게 존재하지만, 다음과 같은 최초의 한글 번역본을 확인할 수 있다.[17] 성인기 역, 《민약론: 정치적 권리의 제원칙》(선문사, 1955); 이강록 역 《참회록》(학우사, 1955); 김영국 역, 《인간불평등기원론》(현대문화사, 1956); 김봉수 역, 《에밀》(박영사, 1960); 방곤 역, 《고독한 산책자의 몽상》(문학사, 1962); 민병산, 박상규 공역 《학문예술론》(대양서적, 1971); 김용구 편역, 《루소의 전쟁과 평화》(을유문화사, 1972).[18]

박은수・김붕구의 번역으로 《루소전집》(서울: 성문각, 1976) 7권이 간행되었는데, 1~3권은 박은수가 번역한 《에밀》이고, 4~6권은 김붕구가 번역한 《고백》이며, 7권은 박은수가 번역한 《외로운 산책객의 몽상》, 《나의 자화상》, 《말제르브 앞의 편지》, 《학문예술론》을 담고 있다. 1978년에 박은수가 번역한 《사람들 사이의 불평등에 기원과 근거들에 관한 논문, 사회계약론》이 《루소전집》의 제8권으로 출판되었다. 성문각의 《루소전집》이 완간된 1978년을 기준으로 해서 본다면 루소의 주요 작품이 대부분 완역되어 있음을 확인할 수 있다.

1978년 이후 현재까지의 시기에는 번역이 안 되었던 루소의 작품이 번역되기보다는 기존의 번역이 개역되거나 새로운 번역자에 의해서 재번역되고 있음을 확인할 수 있다. 최근에 초역이 이루어진 작품으로 서익원 옮김 《신엘로이즈》(2008), 진형준 옮김 《루소의 식물사랑》(2008),

---

[17] 여기에 거론된 최초의 번역본보다 시기적으로 약간 늦게 출판된 번역본에는 다음과 같은 것이 있다. (1) 사회계약론: 남용기 옮김, 《사회계약》(한국번역도서주식회사, 1959); 박옥출, 《민약론》(1960, 박영사). (2) 《참회록》: 김욱 역, 《참회록》(태문사, 1958). (3) 《에밀》: 김붕구 역(성문각, 1976); 이가형 역, 《에밀》과 《학문예술론》(서울: 상서각, 1975).
[18] 김용구의 책에는 "생-피에르 사 영구평화안 발췌문", "영구평화안 비판문", "전쟁상태론", "정치경제론"의 4편의 글이 실려 있다.

진인혜 옮김 《루소, 장 자크를 심판하다-대화》(2012)가 있다.

위에서 간략하게 루소 사상의 수용과정과 번역과정을 살펴보았는데, 현재에 이르기까지의 수용과정은 다음과 같이 일곱 시기로 나누어 볼 수 있다.[19]

> 제1기 (1895~1905), 개화운동의 시기: 루소가 일본과 중국을 통하여 소개되기 시작하는 시기
>
> 제2기 (1905~1910), 애국계몽의 시기: 을사늑약 이후 루소의 《사회계약론》의 내용이 국가학, 정치학, 헌법학 등을 다룬 저서나 잡지에서 언급되는 시기
>
> 제3기 (1910~1919), 무단정치의 시기: 교육적 측면에서의 루소 사상이 약간 언급만 되는 시기
>
> 제4기 (1920~1930), 문화운동의 시기: 루소의 사상에 관한 최초의 종합적 소개가 이루어지고, 특히 《에밀》과 《참회록》에 관한 소개가 적극적으로 이루어지는 시기
>
> 제5기 (1931~1945), 문화적 공백기: 루소에 대한 논의가 거의 이루어지지 않는 시기
>
> 제6기 (1945~1978), 초기 번역의 시기: 루소의 작품 대부분에 대한 한글 번역이 왕성하게 이루어지는 시기로 최초의 《루소전집》이 발간된 시기
>
> 제7기 (1979~현재), 재번역과 처녀 번역의 시기: 개역이 이루

---

19 이 시기 구분은 필자가 독자적으로 시도한 것이다. 수용사 연구가 더욱 진척되어 이러한 시기 구분이 객관화될 필요가 있다.

어지거나 새로운 번역자들에 의해 재번역이 이루어
지거나, 미번역된 작품의 초역이 이루어지는 시기

　이러한 일곱 시기 중 제3기와 제5기는 일종의 공백기로서 표면적으로는 상세히 거론할 것이 없으나, 그다음 시기를 준비한다는 의미에서 잠재력이 심화하는 시기라고 할 수 있다. 실제로 이러한 공백기 이후에 루소에 대한 종합적 소개(제4기)와 전반적 번역(제6기)이 이루어졌다. 아래에서는 이러한 일곱 시기를 크게 '초기 수용의 시대(1~5기)'와 '해방 이후 후기 수용의 시대(6~7기)'로 나누어 시기별로 루소 사상 수용의 역사적 배경과 수용의 내용, 루소의 작품이 번역되어온 경로와 그 의미를 살펴보고자 한다.

3. 초기 수용의 시대

1) 개화운동의 시기(1895~1905)

　1895년은 여러 가지 측면에서 뜻깊은 해라고 할 수 있다. 우선 국가적으로는 갑오개혁이 적극적으로 추진되었으며, 정치학적으로는 "우리나라 최초의 정치학 책"으로[20] 평가받는 유길준의 《서유견문(西遊見聞)》이 출판되었고,[21] 번역문학적으로는 번역문학의 효시인 《유옥역전》이나

20　김학준, 《한말의 서양정치학 수용 연구—유길준·안국선·이승만을 중심으로》(서울: 서울대학교 출판부, 2002), 38쪽. 유길준에 관한 연구로 다음 참고. 정용화, 《문명의 정치사상: 유길준과 근대한국》(서울: 문학과지성사, 2004).
21　《서유견문》은 국내에서 출판되지 않고, 후쿠자와의 도움으로 도쿄의 수영사(秀英社)라는 인쇄소에서 1895년 4월 25일 1,000부가 인쇄되었다. 유길준은 한 부도 팔지 않고 하나하나 서명해서 정부의 고관들을 비롯한 그때의 유력자들에게 기증하였다. 일반 국민들에게 읽히려던 방침을 바꿔 먼저 정부 고관부터 눈을 뜨게 하는 것이 바람직하다고 생각하였기 때문이다. 김학준, 《한말의 서양정치학 수용 연구》, 41쪽 참조.

《텬로력뎡(天路歷程)》이 출판되었다.[22] 이러한 개화기의 번역문학은 그 예술성보다는 정치적, 사회적 유용성을 중시하고 있다. 개화운동의 시가에는 자주독립과 민권을 수호하고, 문명사회로서 서구에 대한 지식을 보급하며, 개화사상을 확산하려는 목적으로 해서 압도적으로 많은 수의 역사전기류의 번역서가 간행되었는데,[23] 이렇듯 문예류보다는 역사전기류의 번역이 우세함은 문학의 사회적 유용성이 강조되었던 그 시대 상황의 반영이라고 할 수 있다. 이들 번역서의 대부분은 일본서를 근거로 하고 있었는데, 이는 한국에서 서구 문화의 초기 수용은 일본을 매개로 이루어졌으며, 이 같은 일본의 매개로 말미암아 한국에서 서구 문화와 사상의 수용은 처음부터 '굴절'될 수밖에 없는 숙명을 지니게 되었다고 할 수 있다. 김병철은 문화수용에서의 굴절현상을 다음과 같이 지적한다.

> 개화기 우리 조상들은 자기들의 안목에서 직접 자신의 선택으로 원저자가 의도한 대로 서구작품을 읽은 것이 아니라, 日人의 眼目에서 受容되고 屈折된 범위에서 서구작품을 수용했으니, 이것은 그 당시 우리나라 개화수준으로 보아 불가피한 일이었을 것이라고 생각된다. 이처럼 우리의 수용태도가 개화 초부터 일본적 소지 밑에서 일본의 수용을

---

[22] 《유옥역전》은 우리나라 사람에 의한 최초의 번역이며 문예소설이라는 데 의의가 있다. 《텬로력뎡》은 존 번연(John Bunyan)의 *The Pilgrim's Progress*를 게일(James S. Gale)이 번역한 것으로 번역문학의 효시일 뿐만 아니라, 개화 초기의 시대사조와 잘 어울린다. 김학동, 《한국개화기시가연구》(서울: 시문학사, 1990), 20~21쪽 참조.

[23] 역사전기류 번역작품의 원전과 그 내용에 관한 간략한 설명에 관해서는 김병철, 《한국근대번역문학사연구》(서울: 을유문화사, 1975), 제2장 1~3절 참조.

그 영양소로 하고서 자라났다는 것은 민족적 숙명이었으리라.[24]

유길준의《서유견문》에서는 루소에 관한 언급을 찾을 수 없다. 위에서 거론된 역사전기류 가운데서 루소가 언급되고 간략하게나마 소개되는 책은《태서신사람요》(1897)와《법국혁신전사》(1900)이다. 이 외에 앞에서 언급한 바와 같이 량치차오의《음빙실문집》에서도 루소가 소개된다. 우선 한국에서 루소는 몽테스키외, 볼테르와 함께《태서신사람요》(1897)에 처음으로 다음과 같이 소개된다.

> 나식은 법국의 명사ㅣ라. 민심을 고동ㅎ미 복록특이보다 더 속ㅎ더라. 일쳔팔빅오십삼년(철종ㅅ년)에 한 글을 지어 일흠ㅎ야 왈 빅셩분등ㅎ는 근원이라 ㅎ고 쏘 법국의 군신지도─문란ㅎ 연유를 말ㅎ고 치국양민ㅎㄴ 법을 상고ㅎ야 엄졀이 말ㅎ야 조곰도 은휘치 아니ㅎ니 일시에 만구일담이 다 올타ㅎ여 다토아 사셔보고[25]

> 法國又有羅索者 才智之士也 鼓動民心 較福祿特爾 爲尤速 一千七百五十三年(英祖二十九年)曾著一書名曰百姓分等之原[26]

---

24 김병철,《한국근대번역문학사연구》, 108쪽.
25 《태셔신사》제1권 제11절. 1753을 1853년으로 잘못 번역하고 있으며, 루소가《인간불평등기원론》을 쓴 해는 1754년이고 이것을 출판한 해는 1755년인데, 원문 자체가 이러한 사실을 잘못 기술하고 있다.
26 《태서신사람요》제1권 제11절.

여기서 나식은 루소를 말하고 복록특이는 볼테르를 말한다. 루소는 이입 초창기에 한자명 羅索, 戞昭, 路索, 盧騷, 戞素, 盧梭, 廬梭, 盧蘇 등으로 표기되었으며, 한글명으로는 루우소우, 루쇼, 루-소-, 루-쏘 등으로 표기되었다.[27] 위 인용문은 《인간불평등기원론》과 《사회계약론》의 내용을 간단하게 언급하고 있다.

《법국혁신전사》(1900)에서도 역시 루소는 몽테스키외와 볼테르와 함께 소개된다. 여기에서 루소에 관한 소개는 상당히 자세한 편인데, 이 부분을 인용하면 다음과 같다.

> 其後에 戞昭의 議가 出ᄒᆞ믹 其聲이 上下遠近에 달ᄒᆞ야 四方이 風動ᄒᆞ니 戞氏는 文太士規와 越太爺를 합ᄒᆞ야 當世 新說家의 三偉人이라 칭ᄒᆞ나 … 其論이 曰 人은 원래 至仁正大ᄒᆞᆫ 上帝의 造作物이라. 亦自善良義仁ᄒᆞ거늘 人生의 妨碍物되ᄂᆞᆫ 社會 政體 學問 等類가 其淳朴을 害ᄒᆞ며 其道德을 汚ᄒᆞ야 罪戾와 艱難으로 接着케 ᄒᆞ기에 至ᄒᆞᆫ다 ᄒᆞ야 乃其談鋒을 激發ᄒᆞ야 曰 虛妄ᄒᆞᆫ 社會의 組織을 悉皆瓦解ᄒᆞ야 文明이라 稱呼ᄒᆞᄂᆞᆫ 鄙陋ᄒᆞᆫ 貧苦와 驕傲ᄒᆞᆫ 富裕의 世界를 一洗할지어다.
>
> 戞昭가 又民約論을 印刷ᄒᆞ니 此書는 古今 有名ᄒᆞᆫ 著書中에 一座를 占ᄒᆞᄂᆞᆫ 者라. 其 自序에 云ᄒᆞ되 人이 生ᄒᆞ면서 自由가 有ᄒᆞ거늘 然ᄒᆞ되 到處에 束縛을 受ᄒᆞᆫ다ᄒᆞ니 夫 政治哲學의 要旨ᄂᆞᆫ 古를 學ᄒᆞ고 今을 通ᄒᆞᄂᆞᆫ데 在ᄒᆞ거늘 戞昭ᄂᆞᆫ 不

---

[27] 한글 표기에 관해서는 김성권(1982, 11~12, 16)과 이예안(2011, 507~508) 참조.

然ᄒᆞ야 歷史類의 手段을 一切 不取ᄒᆞ고 只其 多感多想한 腦裏로서 理想邊社會論을 産出ᄒᆞ야 實際로 實行코져 ᄒᆞᆫ 則 其末이 民主說을 生ᄒᆞ기에 至ᄒᆞᆷ이라. 今에 民約論의 欠疵를 吹覓ᄒᆞᆫ 즉 空想詭辯이 狹隘ᄒᆞᆫ 中에 矛盾이 혹 生ᄒᆞ고 此 獨斷을 過用ᄒᆞ야 實際의 範圍를 遠離ᄒᆞ나 其 議論이 感慨痛切ᄒᆞ야 自由의 風을 鼓發ᄒᆞ고 字字句句에 悽愴惻怛ᄒᆞᆫ 氣를 帶ᄒᆞ야 愛國心을 刺衝ᄒᆞᄆᆡ 其 感化力의 廣大ᄒᆞᆷ이 他書의 能히 企及ᄒᆞ지 못ᄒᆞᄂᆞᆫ 者라. 故로 學者가 此書를 指ᄒᆞ야 法國革命의 導火線이라 謂ᄒᆞ더라.(25~26쪽)

이 인용문의 전반부는 "人生의 妨碍物되ᄂᆞᆫ 社會 政體 學問 等類가 其 淳朴을 害ᄒᆞ며 其道德을 汚ᄒᆞ야 罪戾와 艱難으로 接着케 ᄒᆞ기에 至ᄒᆞᆫ다"라는 《학문예술론》의 주제를 말하고 있고, 후반부는 《민약론》의 내용을 요약하고 있다. 이 책은 "今에 民約論의 欠疵를 吹覓ᄒᆞᆫ 즉 空想詭辯이 狹隘ᄒᆞᆫ 中에 矛盾이 혹 生ᄒᆞ고 此 獨斷을 過用ᄒᆞ야 實際의 範圍를 遠離ᄒᆞ나"라는 문장에 잘 나타나 있듯이 루소의 《민약론》이 이상사회론으로 흘러서 실현 가능성도 미약하고 논리적 모순을 지니고 있다는 약점이 있기는 하지만, 민주설을 주장하고, 자유를 확산시키고, 애국심을 고취하고, 프랑스혁명의 도화선이 됐다는 점에서 타의 추종을 불허하고 있다는 점을 강조하여 말하고 있다.

위에서 살펴보았듯이 《태서신사람요》와 《법국혁신전사》에서 소개되고 있는 루소에 관한 지식은 상당히 미약한 편이다. 이것에 비하면 량치차오의 "노사학안"은 상당한 수준에서, 상당한 분량(근 10여 쪽)으로

《민약론》의 주요 내용을 상세하게 설명하고 있다. "노사학안"에는 루소의 정치사상에서 핵심적인 개념인 자유(自由), 평등(平等), 주권(主權), 공의(公意)라는 용어가 정확한 의미를 가지고 등장하고 있다. 여기서 공의(公意)는 '일반의지(general will)'를 말하는데, 다음 문장은 주권, 공의, 자유의 관계를 잘 나타내 주고 있다.

　… 則主權不在於一人之手而在此衆人之意, 而所謂公意者是也
　… 盧梭所謂公意, 極活發 自由自發起之 自改正之 自變革之[28]

루소의 사상이 처음으로 소개되었던 개화운동의 시기는 을사늑약의 체결과 함께 끝나게 된다. 1905년 이후에는 1895~1896년간에 일본에 파견되었던 관비유학생의 국내 귀국활동이 활발하게 진행되는데, 이들은 일본에서 배운 서양의 정치학, 정치사상, 헌법학 등을 저술활동을 통해 애국계몽운동의 일환으로 널리 홍보하려고 하였다. 이들의 저술에서 루소의 정치사상은 좀 더 학문적인 차원에서 언급되고 있다.

2) 애국계몽의 시기(1905~1910)

1905년 국권상실의 비운을 맞이하여 서울에 있었던 지식인·관료층은 문화계몽운동을 통하여 '국권회복'을 달성하려고 하였다. 이 당시에는 국권회복을 모색하기 위한 하나의 방법으로 서양의 정치학과 정치사상의 수용이 활발하게 진행되었는데, 이러한 수용과정에서 루소, 몽

---

[28] 《음빙실문집》 하권(下卷), 13쪽. 이는 다음과 같이 번역된다. "주권은 한 사람의 손에 있는 것이 아니고 다수의 의지 속에 존재한다. 소위 일반의지는 바로 이것이다. … 루소가 말하는 바 일반의지는 대단히 활동적이다. 자유는 자발적으로 일반의지를 만들며 스스로 이것을 개정하며, 스스로 이것을 변혁한다."

테스키외, 홉스, 로크를 포함한 서양의 정치사상가들에 대한 소개가 심화되었다. 이제는 역사전기류를 통한 소개가 아니라 정치이론을 소개하는 가운데 정치사상가들이 논의되기 시작한 것이다. 김학준은 이 당시의 서양 정치학의 수용 배경을 다음과 같이 적고 있다.

> 대체로 유길준에 의해 시작됐다고 말할 수 있는 서양정치학의 수용은 특히 1905년과 1907년 사이에 몇몇 다른 학자들에 의해, 또는 애국지사들에 의해 활발해졌다. 1905년은 일제가 대한제국을 자신의 보호국으로 전락시킨 을사5조약이 강제로 맺어진 해이며 1907년은 일제가 강제로 고종을 퇴위시키고 순종황제를 즉위시킨 뒤 대한제국에 대한 내정간섭을 더욱 극심하게 만든 정미7조약이 강제로 맺어진 해이다. 말하자면, 대한제국의 국권이 결정적으로 제약되고 침해되면서 망국에 들어서던 시기였다. 따라서 애국지사들은 망국을 피하려면 선진국의 정치제도를 받아들여 대한제국을 개혁해야겠으며 그 개혁을 통해 대한제국을 부강하게 만들어야겠고 국민을 그러한 방향으로 계몽해야겠다는 마지막 일념에서 서양의 정치사상을, 그리고 정치학을 폭넓게 받아들이게 됐던 것이다. 거기서 한 걸음 더 나아가 정치학을 학교에서 가르치기 시작했다.[29]

1905~1910년 사이에는 정치학과 국가학에 관한 교과서 형태의 많

---

[29] 김학준, 《한말의 서양정치학 수용 연구》, 85쪽.

은 저술이 출간되었는데, 대표적인 저술로 유길준의 《정치학(政治學)》, 안국선의 《정치원론(政治原論)》(1907), 헌정연구회의 《헌정요의(憲政要義)》(1905), 저자 미상의 《국민수지(國民須知)》(1905~6 ?), 나진·김상연의 《국가학(國家學)》(1906), 블룬츨리(Bluntschli)의 《국가학강령》(1907)과 《국가사상학》 및 저술의 형태는 아니지만 《만세보》에 연재된 《국가학》을 손꼽을 수 있다.[30] 이 당시 정치학·국가학 관련 저술이 많이 나오게 된 이유로 김효전은 지도층이 국가주권회복의 기운을 북돋우고자 했으며, 근대적인 학교가 설립되어서 교과서가 필요했기 때문이었다고 지적하고 있다. 특히 법학, 정치학, 경제학 등 이른바 신식학문은 과거제도가 폐지되면서 관리임용 시험과목으로 채택되어 그 수요가 폭발적으로 늘어났다는 것이다.[31]

이러한 교과서 등에서 서양의 정치사상가들은 이론적으로 다루어지기 시작한다. 예를 들어 나진·김상연 억술의 《국가학》을 살펴보면 루소와 홉스의 사회계약설을 비교·설명하고, 계약설은 무정부설이라고 할 만큼 위험한 이론이라고 비판하고 있는데, 이러한 설명과 비판은 루소는 물론 홉스의 계약설에 관해서도 많은 지식이 있음을 전제하고 있는 것으로 볼 수 있다. 다음 인용문은 루소의 인민주권설과 홉스의 절대주권설을 비교하여 설명하고 있다.

> 契約說은 社會의 原始는 契約이라 云ᄒᆞ는 說로 彼 佛蘭西 《루-소》氏 以來로 世間에 勢力을 得ᄒᆞ얏스나 《루-소》氏

---

[30] 이들 저술에 대한 연구에 관해서는 김효전(2000)과 김학준(2002)을 참고할 것.
[31] 김효전, 《근대한국의 국가사상―국권회복과 민권수호》, 25쪽.

以前에 英國《홉쓰스》又《롯구》氏 等도 亦 論述ᄒᆞ든 說이
라.《루-소》氏의 設을 依ᄒᆞ면 人類는 其 自然的 狀態로 社
會的 狀態를 변홈이 자못 社會契約을 依ᄒᆞᆫ 者-오 其 契約
의 結果로 各人이 其 權利를 人民 全體에게 獻ᄒᆞ얏다는 說
을 依ᄒᆞᆫ 時에는 民主政治 外에 正當한 政治가 無ᄒᆞ다 ᄒᆞ얏
스되 此 社會契約說을 同唱ᄒᆞ던 《홉쓰스》의 論과 全異ᄒᆞ
니 《홉쓰스》는 《루-소》와 ᄀᆞᆺ치 人類는 自然한 狀態로 社會
的 狀態에 變홈이 社會契約의 結果를 依홈이라 云ᄒᆞ나 各
人이 君主에게 其 權利를 君主에게 奉獻ᄒᆞ고 其 保護를 受
ᄒᆞ는 以上에는 主權者 其 人의 命令을 逆ᄒᆞ기 不能한 者ᄅᆞᄒᆞ
며[32]

나진·김상연이 《국가학》에서 홉스와 로크의 계약설을 비판하고 있듯이, 안국선 역시 자신의 《정치원론》의 제3장에서 홉스, 로크, 루소, 블룬츨리, 아리스토텔레스, 울시, 그로티우스 등을 원용하면서 계약설을 믿을 수 없다고 비판하고 있다.[33] 당시 국가본질론에 대해서는 크게 두 계통의 이론이 소개되고 있었다. 하나는 보댕, 홉스, 로크, 몽테스키외, 루소 등이 주창한 자연법적 국가론이고, 다른 하나는 엘리네크, 블룬츨리 등이 주창한 유기체적 국가론이었다. 일본에서는 유기체적 국가론이 우세했는데, 일본에서 대학을 졸업한 나진, 김상연, 안국선은 자신이 배운 것을 자신들의 저술에서 반복하고 있다고 볼 수 있다. 국가학이

---

[32] 김효전, 《서양 헌법 이론의 초기 수용》, 391쪽에서 재인용. 원전: 나진·김상연 역술, 《국가학》, 20~21쪽.
[33] 김학준, 《한말의 서양정치학 수용 연구》, 129쪽.

나 정치학에 관해 저술을 내고 있는 위 세 사람의 공통점은 관비 유학생이었다는 점이다. 나진은 관비유학생으로 1899년부터 1903년까지 도쿄의 메이지 대학에서 법률을 전공했으며, 김상연 역시 관비 유학생으로 1899년부터 1902년까지 도쿄의 와세다 대학에서 정치학을 전공하였다. 안국선 역시 관비유학생으로 게이오 의숙 보통과에서 수학한 후 1896년에 도쿄 전문학교 정치과에 입학해서 1899년에 졸업하였다. 이들은 자신들이 일본 대학에서 배운 정치적인 개념이나 용어 등을 자신들의 저술에서 사용하고 있는데, 그 개념이나 용어는 전기 개화운동의 시기에 소개한 수준과 비교하면 상당한 학문적 전문성을 띤다.

애국계몽 시기에 정치학이나 국가학 교과서를 통해 루소 사상이 좀 더 심화된 수준에서 소개되기도 하였지만, 신문이나 잡지를 통한 소개도 계속되었다. 특히 황성신문은 1906년 5월에 "일본유신삼십년사"를 연재했는데 여기서 루소의 《민약론》이 프랑스혁명의 중요한 원인이었음을 말하고 있다.

> 其 中에 一世가 風靡호 者는 民約論이 居最호니 是 書는 十八世紀 法蘭西人 盧梭의 著作호 바인디 民主論을 主唱호니 그 要旨에 日 君의 主홀 者는 民이니 君으로 政府를 主케 홈은 民이 設호야뻐 自利케 홈이라. 故로 民이 以爲不合타 호는 時는 비록 改호야도 可호고 廢호야도 쫀호 可타 호니 主權이 전혀 民에 在호 지라. 是 書가 法蘭西大革命의 一 原因이 되니 其 國에 在호야는 甚히 努力이 有혼 쟈라.[34]

---

[34] 김효전(1996, 386)에서 재인용. 원문: 황성신문 1905년 5월 3일 자.

이 같은 황성신문의 연재물 자체가 지니는 의미는 자유, 만민평등의 권리 등을 말하며 당시 조선을 개화하고 국민의 의식을 개혁하는 데 크게 영향을 미쳤다는 점에서 찾아야 할 것이다. 황성신문은 독립협회 운동 말기부터 유교 지식인들을 독자로 하여 '개화'와 '독립'을 강조하였고, 이후에도 줄곧 '개진문명'을 통해 자강을 실현할 것을 강조하였다. 황성신문의 적극적인 서구사상 수용에 대한 열의는 한국 최초로 루소의 《사회계약론》을 번역하여 연재했다는 데서 잘 드러난다. 황성신문에 번역·게재된 "노사민약"(1909)은 한문에 익숙한 한정된 지식층이 아닌 일반 독자를 상대로 국민주권이나 민주주의라는 서양 사상의 일단을 널리 보급했다는 점에서 그 계몽적 의의를 지닌다고 할 수 있다. 인민주권이나 민주주의로 대표되는 루소 사상의 전파와 보급은 계몽적 의의를 지니고 하였지만, 을사늑약 이후 실질적으로 한국의 통치를 담당한 일본의 관점에서 볼 때 군주제에 기초한 조선왕조의 기반을 무너뜨릴 수 있는 유용한 수단으로 간주되었다고 볼 수 있다.

애국계몽의 시기에 루소 사상의 수용과 전파에 크게 기여한 사람은 최남선이다.[35] 최남선은 《소년》에 연재된 "나폴네온 대제전"(2: 4, 1909. 4)에서 루소의 《민약론》은 물론 《학문예술론》과 《인간불평등기원》에 대해 간략히 설명하고 있다. 그런데 여기서 최남선은 《학문예술론》과 《인간불평등기원론》에 관한 글이 《민약론》을 구성하는 한 부분인 것으로 착각하고 있다. 최남선이 루소에 관해서 어떻게 알게 되었는지 그 경로를 확인할 수는 없으나, 적어도 위의 세 저서를 직접 읽지 않았다는 것

---

[35] 최남선은 《소년》과 《청춘》을 통해서 많은 서양 사상가를 소개하고 있다. 서양의 사상, 문화, 문학에 대한 그의 전신자적 역할은 상당히 중요하다고 할 수 있다. 최남선의 전신자적 역할에 관해서는 김학동 《한국개화기 시가연구》(시문학사, 1990), 제6절 참조.

은 확실하다.

3) 문화운동의 시기(1920~1930)

국권침탈 이후 1910년대의 10년은 루소 사상의 수용과 전파에서 정체된 10년이라고 할 수 있다. 1910년 이전에는 위에서 본 바와 같이 주로 루소의 《민약론》을 중심으로 한 소개가 있었으나, 1910년 이후에는 루소의 정치사상은 일제의 식민통치를 위협할 수 있는 위험한 사상으로 취급되어 사상통제를 받게 된다. 이러한 정치적 상황으로 말미암아 루소의 사상 중에서 비정치적인 부분을 간헐적으로 소개하기 시작하는데, 특히 《에밀》에 대한 소개가 조금씩 이루어지기 시작한다.

《에밀》의 내용에 관한 최초의 언급은 《기호흥학회월보》 창간호(1908년 8월)에 발표된 정영택의 "교육의 목적"에서 찾아볼 수 있는데 그는 교육의 제 학설을 소개하는 중에 루소의 자연주의 교육을 다음과 같이 언급한다.

> 自然主義 此 主義는 有名훈 婁素氏의 極力 主張ᄒ는 者이니 人性은 其 自然에 放任홈이 至當ᄒ다 ᄒ야 敎育의 方針은 消極的으로 其 妨害만 除去홈이 可ᄒ고 積極的으로 其 助長을 務爲홈이 不可ᄒ다ᄒ는 바라[36]

《에밀》이라는 책 이름은 거론되지 않으나 《에밀》의 주요 내용의 하나가 소개되고 있다는 점에서 이 글은 《에밀》에 대한 국내 최초의 소개 글

---
[36] 《기호흥학회월보》 창간호(1908년 8월), 30~31쪽.

이라고 할 수 있다. 《에밀》에 관한 상세한 소개를 포함한 루소 사상 전반에 대한 종합적 소개는 1920년대 초반에 앞에서 언급한 바 있는 묘향산인과 강매에 의해서 이루어진다.

1920년대 한국사회에서는 다양한 문화주의 운동이 추진되는데, 그런 운동이 추진될 수 있는 이유는 1910년대 중반 이후에 신지식층이 생성되었기 때문이다. 박찬승은 신지식인층의 형성과정에 대해 다음과 같이 설명한다.

> 1910년대 중반 이후 국내 사상계에는 새로운 흐름이 형성되기 시작하였다. 즉 비록 아직 다듬어지고 완성된 형태는 아니었지만 새로운 시대사조를 들고 나온 새로운 주역들이 등장하기 시작한 것이다. 이 새로운 주역들은 당시 일본 등지에 유학하여 신지식, 신사상을 흡수하고 돌아온 신지식층이었다. 즉 1910년 국망을 전후한 시기 상당수의 청년들이 일본 등지로 떠나 신지식, 신사상을 흡수하는 데 열중하였고, 1910년대 중반 이후 이들이 차례로 귀국하면서 국내에는 하나의 새로운 시대사조가 형성되기 시작하였던 것이다.[37]

이들 신지식인층은 1920년대 들어 문화운동을 이끌어가는 새로운 동력이 되었는데 이들이 문화운동을 통해 추구했던 것은 정신의 개조, 사회의 개조였다. 당시의 시대상을 박찬승은 다음과 같이 분석한다.

---

[37] 박찬승, 《한국근대정치사상사연구: 민족주의 우파의 실력양성론》(서울: 역사비평사, 1992), 110쪽.

3·1운동 이후 일제는 회유정치의 일환으로 무단정치를 완화하고, 문화정치의 공간을 마련했다. 1910년대에 형성된 신지식인층은 이때를 맞이하여 문화운동이라는 이름으로 실력양성운동을 펼치게 된다. 1920년대 초반 문화운동의 주요한 구호는 신문화건설·실력양성과 정신개조·민족개조였다. 이 당시 개조가 중요한 사회문화적 구호로 떠오르게 된 것은 일본의 영향이라고 할 수 있다. 한국의 사회개조론은 당시 일본에서 유행하고 있었던 '문화주의' 사조의 영향을 크게 받았다고 할 수 있다. 1920년대 초 한국의 문화운동의 주도이념은 문화주의와 그로부터 파생된 '인격주의', '개인의 내적 개조론'이었다고 해도 과언이 아니었는데, 이것들은 모두 당시 일본에서 유행하던 '문화주의' 사조의 영향을 받은 것이었다.[38]

이러한 분석을 고려해 본다면 묘향산인과 강매도 당시 유행했던 문화주의 사조에서 영향을 받아 루소에 관한 종합적 소개를 시도했을 것으로 짐작할 수 있다. 신지식인층인 이들은 일본식 근대교육제도 안에서 교육받은 사람들이었다.[39] 묘향산인의 "근대주의의 제1인 루소 선생"과 강매의 《자유의 신 루소》에서는 루소의 생애와 사상 전반을 본격적으로 소개하고 있는데, 김성권은 이 두 편의 글은 작자 미상의 일본어 원전을 묘향산인과 강매가 각각 자기 나름대로 번역하여 정리한

---

[38] 박찬승, 앞의 책, 181쪽.
[39] 묘향산인의 직업은 기자였고, 강매의 직업은 교사였다.

글로 추정하였다.《개벽》에 게재된 "근대주의의 제1인 루소 선생"(1: 5, 1920년 10월)은 루소를 한국 최초로 체계적이고 종합적으로 소개하였다는 점에서 의미가 있다면,《자유의 신 루소》는 한성도서주식회사가 전기총서의 일환으로 발간한 책(1921년 6월)으로 국내 최초의 루소 전기단행본이라는 데 의미가 있다. 위 두 편의 글의 양을 비교해 보면, 강매는 미확인 원전을 자세하게 번역하여 소개하려 하였고 이와는 대조적으로 묘향산인은 이를 좀 더 간결하게 요약하려 하였음을 알 수 있다.

묘향산인과 강매의 글을 중심으로 당시 루소 소개의 양상을 살펴보면 다음과 같다. 우선 묘향산인의 "근대주의의 제1인 루소 선생"은 다섯 가지 소주제로 나누어져 있다. ① 그의 일생(一生)과 성격(性格), ② 그의 표어-자연(自然)에 귀(歸)하라, ③ 인생불평등원인론(人生不平等原因論)과 민약론, ④ 그의 교육관(敎育觀), ⑤ 여자(女子)는 일종물(一從物)-그의 '여성관(女性觀)'이 그것인데, '① 그의 일생과 성격'은《고백론》에 근거한 설명이며, '④ 그의 교육관'과 '⑤ 여자는 일종물'은《에밀》에 근거한 설명이다. '② 그의 표어'는 자연으로 돌아가라는 루소의 사상을 개괄적으로 살펴보고 있다. 각 작품에 대한 설명에서는《에밀》을 압도적으로 많이 다루고(전체 논문의 반을 차지한다), 다음으로《고백록》, 그다음으로《사회계약론》,《인간불평등기원론》의 순서로 다루고 있음을 알 수 있다. 물론 각 저서의 두께에 비례해서 설명이 이루어지는 측면도 있겠지만, 설명하는 양의 많고 적음은 당시 사회의 관심 정도를 반영하고 있다고도 볼 수 있다.[40] 1920년대 당시의 상황은 정치적이고 혁명적인

---

[40] 이 글이 어떤 일본어판을 원본으로 번역하고 있는지 확인할 수 없어서 원본에서 각 작품의 내용을 어떤 비율로 다루고 있는지 판단할 수 없다. 하지만 이 원본을 묘향산인이 1920년에 번역해서《개벽》에 게재했다는 것은 이러한 내용에 대한 사회적 요구나 사회적 계몽의 필요성이 있었다는 것을 보여준다고 할 수 있다.

성격의 글로 평가되는 《사회계약론》과 《인간불평등기원론》에 관한 폭넓은 소개를 허용하지 않았을 것으로 짐작된다. 이 시대의 주요 관심은 비정치적인 분야인 교육과 문학에 놓여 있었다고 볼 수 있다.

강매의 《자유의 신 루소》는 일곱 가지 소주제로 나누어져 있다. ① 루소의 인물과 사상 ② 루소의 주의 ③ 루소의 교육관 ④ 루소의 인생관 ⑤ 루소의 사회관 ⑥ 루소의 여성관 ⑦ 루소의 문학관이 그것으로, 묘향산인의 글에 없는 것은 ④ 루소의 인생관과 ⑦ 루소의 문학관이다. '④ 루소의 인생관'은 《에밀》의 4권에 있는 "사부아 보좌신부의 신앙고백"에 근거하여 루소의 의지론, 인식론, 종교론, 영혼론, 양심론을 요약하고 있으며, '⑦ 루소의 문학관'은 《신엘로이즈》에 나타난 자연주의 문학과 낭만주의 문학을 간단하게 설명하고 있다. 여기서 ③, ④, ⑥이 《에밀》과 연관된 내용임을 고려하면 총 내용의 50% 이상(총 68쪽에서 35쪽 정도의 분량)이, 묘향산인의 글의 경우와 마찬가지로, 《에밀》의 소개에 할당되어 있음을 확인할 수 있다.

1920~1921년 사이에 묘향산인과 강매가 루소를 종합적으로 소개한 이후, 1922년 들어서도 루소 사상을 소개하는 글들이 발표되는데 대표적인 것이 최팔용의 《자유(自由)의 모(母) 루소》와 꽃주머니의 《루소의 교육관》이다. 1929년에는 LWM의 "루쏘와 그의 교육론(敎育論) 대의(大意)"가 발표되었는데 그 이후에는 루소의 《에밀》에 관한 글을 잡지나 서적에서 더는 찾아볼 수 없게 되었다.

앞에서 언급했듯이 묘향산인은 자신의 글에서 《에밀》 외에도 《참회록》을 중요하게 다루고 있는데, 《참회록》이 우리에게 최초로 소개된 것은 1900년대 량치차오에 의해서이다. 즉, 그의 《음빙실문집》 중 "연사

피리순(煙士披里純)"(inspiration)에서 그 일절이 소개되었는데, 전항기가 번역한 《음빙실자유서》에서 그것은 다음과 같이 번역되어 있다.

> 盧騷가 일즉이 其 懺悔記 後에 自書ᄒ야 曰 〈余가 孤節單步로 所遇ᄒ 百事百物이 다 我의 思想을 鼓舞發揮ᄒ야 全體가 動ᄒ면 余心도 亦 動ᄒ니 余가 오즉 飢ᄒ면 食ᄒ고 飽ᄒ면 行ᄒ미 當時에 余의 心目中에 所存ᄒ 자는 오즉 新大國이 有ᄒ야 余가 日노 思ᄒ고 日노 求ᄒᆯ 뿐이니 余의 一生得力이 진실노 此 在〉에 ᄒ다 云ᄒ니 嗚呼라 盧騷心力의 大로써 소위 歐洲億萬人心의 火種에 放火ᄒ얏다 호ᄃᆡ 其 成就ᄒ 바는 行脚中의 '煙士披里純'으로 得來흠이니 煙士披里純의 動力은 진실노 可히 思議치 못ᄒ리로다.⁴¹

여기서 량치차오는 걸을 때만 사고할 수 있고 영감을 얻을 수 있다는 루소의 말을 강조하여 설명하고 있다. 량치차오가 윗글에 인용된 참회록의 일절을 어떤 출처에서 따왔는지는 확인할 수 없으나, 1883년에 일본에서 이미 《참회록》이 《노소씨 참회기사》란 이름으로 최초로 번역되었다는 것을 고려하면 일본의 번역서를 참조했을 가능성이 크다.⁴²

루소의 《참회록》의 내용에 관해서는 묘향산인이 쓴 "근대주의 제1인 루소 선생"의 도입 부분인 "그의 인생과 성격" 및 강매가 쓴 《자유의

---

41 량치차오 원작, 전항기 역술, 《음빙실자유서》, 탑인사 1908, 17.
42 《참회록》에 대한 초창기 일본어 번역본을 살펴보면 다음과 같다. 小野衛門太 驛, 《盧騷氏 懺悔記事》(博聞社, 1883); 栗原亮一 驛, 《魯曹自敍祥傳》(書物出版社, 1883); 宮崎夢柳, 《垂天初影》(土陽新聞, 1886). 김성권 (1982), 78쪽 참조.

신 루소》의 제1장 "루소의 인물과 사상" 부분에 자세하게 나타나 있다. 이 두 글에서의 루소의 생애에 관한 소개는《참회록》의 전체 분량과 비교하면 상당히 간략하지만 당시 독자들의 지적인 호기심을 만족시키는 데는 미흡하지 않은 것으로 짐작할 수 있다. 묘향산인은 자신의 글을 마무리하면서 "그 思想과 그 文學의 如何는 世間의 評論이 旣定하얏스며 쏘 우리가 벌서 잘 斟酌하는 것이니 더 말할 必要가 무엇이리요"라고 쓰고 있는데, 이 말은 루소의 사상과 문학이 당시에 상당히 일반화되어 있음을 보여준다고 할 수 있다.

루소의《참회록》은 특히 1920~1930년대의 문학사조에 크게 영향을 미친 것으로 평가되고 있다. 문학사조상 루소는 낭만주의와 자연주의의 연원으로 수용되었는데, 이러한 사조에 영향을 받아 많은 문학작품이 출간되었으며, '고백론'이라는 자기 고백적 문학 양식에서 자극을 받아 최학송의《탈출기》, 나도향의《J의사의 고백》과 같은 서간체 단편소설이 출판되기도 하였다.[43] 1930년대 이후 루소의 사상이 새롭게 전파된 측면은 찾아보기 어렵다. 일본이 1931년 만주사변을 일으키고 1937년 중일전쟁을 개시함에 따라, 한국사회는 전시체제로 바뀌어 갔는데, 이러한 암울한 시대적 배경 속에서 루소의 사상은 그 내렸던 뿌리조차도 잃어갔다고 할 수 있다.

---

[43] 김성권, "루소의 이입과 영향에 관한 연구—개화기에서 1920년대까지를 중심으로" (1982, 82~89쪽).

4. 해방 이후 후기 수용의 시대

1) 초기 번역의 시기(1945~1978)

　해방 이전까지 루소의 작품 중에서 번역된 것은 1909년 황성신문에 게재된 "노사민약"과 1930년 묵암생이 부분 번역하여 《대조(大潮)》지에 게재한 "사회계약론(1)"으로, 둘 다 사회계약론의 부분역일 뿐이다. 이는 한마디로 말해, 여타 서구 사상가의 경우와 마찬가지로, 우리는 해방 전까지 국어로 번역된 변변한 루소 작품을 하나도 가지지 못했었음을 의미한다.

　해방 당시 한국의 번역 상황을 1880년대 일본의 메이지 시대의 번역 상황과 비교해 보면 격세지감을 느끼지 않을 수 없다. 박상익은 메이지 시대의 번역 상황을 다음과 같이 말한다.

> 《번역과 일본의 근대》에서 마루야마 마사오와 카토 슈이치는 일본이 근대화를 이루는 데 번역이 가장 결정적인 역할을 했다고 단언한다. 특기할 것은, 일본 정부가 이 작업을 주도했다는 것이다. 일본은 메이지 유신을 단행하면서 정부 내에 번역국을 두고 서양 서적을 조직적으로 번역해 온 것이다. 그 결과 메이지 초기에 이미 서양고전이 대거 번역되었다. 1881년에 버크의 《프랑스혁명에 대한 고찰》이, 1883년에 홉스의 《리바이어던》과 몽테스키외의 《로마인 성쇠 원인론》이 번역되었다. 이 무렵 일본은 그야말로 번역의 홍수에 빠져 있었다. 오죽하면 《역서독법》(1883년)이라 하여, 엄

청나게 쏟아지는 번역서들을 안내하는 책자가 따로 나올 정도였다.[44]

해방 이후 과연 언제쯤에 우리가 일본이 1883년에 도달한《역서독법》의 수준에 도달했는지는 반문하지 않을 수 없다. 루소의 경우만 살펴보자면, 한국에서 1960~1970년대에 그의 주요 작품이 대부분 번역되었다고 본다면 일본에서는 그러한 작업이 1880~1990년대에 이미 끝났으니 근 80여 년의 차이가 난다고 할 수 있다.

해방 이후 한글로 최초로 번역된 루소의 작품은《민약론-정치적 권리의 제원칙》이었다. 이 작품을 번역한 성인기(成仁基)는 다음과 같이 역자의 머리말을 달고 있다.

> 온갖 지능을 모으고, 있는 힘을 다바쳐서 건국일로에 매진하고 있는 오늘날,《정치적 권리의 제원칙》을 논술하야 근대 정치학의 출발점이며 되게 한 쟝 짝크 · 루소(1712~1778)의 주저 *Contrat Social*《민약론》을 번역상재 하는 것은 결코 도로가 아닐 것이다.
> 역사적인 대전환기에 직면한 우리 조선! 아니, 민족만년의 대계를 세워야 할 우리 동포는 이 정치적 원칙을 술한《민약론》에 힘입을 바 어찌 적다고 할 것인가. 다만 번역이 졸렬하여 원뜻을 그대로 전하지 못할 바 있음을 두려워하는 바

---

[44] 박상익,《번역은 반역인가》(서울: 푸른역사, 2006), 27쪽.《역서독법》은 야노 후미오(矢野文雄, 1850~1931)가 지은 책으로 1883년 호치사라는 출판사에서 출간되었다.

로 대방의 질정을 빌어 완역이 되기를 기하는 바다. 지면관계로 원서중의 주를 약간 할애 한 것이 있음을 부언한다. 단기 4279년 병술 대서일.

이 글에서 성인기는 해방이라는 역사적 대전환기를 맞아 건국일로에 매진하고 있는 한국이 민족만년의 대계를 세우기 위해서는 《민약론》의 도움을 받아야 할 것을 강조하고 있다. 그는 1955년에 제5판을 중간하면서 자신이 사용한 원전에 대해 "불어를 잘 해득치 못하는 까닭에 영역, 일역을 주로 하고 불어에 능숙한 친구의 조력을 받아 이것을 번역"하였다고 밝혔다. 이를 고려해 본다면 아마도 영역이나 일역에 의존해서 번역하는 것이 초기 번역 시대의 일반적인 특징이라고 할 수 있다. 성인기의 번역 의도가 건국의 과정에서 어느 정도 성과를 거두었는지는 확인할 수 없으나 그의 의도는 국가건설에 대한 원대한 포부를 담고 있다고 할 수 있다.

《인간불평등기원론》은 1956년 김영국에 의해서 최초로 번역되었다. 그는 대본으로 본(C. E. Vaughan)이 편집한 《루소의 정치저서(The Political Writings of Jean Jacques Rousseau)》(Cambridge, 1915)를 사용했음을 머리말에서 밝히고 있다. 본이 편집한 책은 불어 원문을 담고 있다. 김영국의 번역본에서 하나 아쉬운 점은 번역자의 번역 의도나 배경에 대한 언급이 없다는 점이다. 이러한 점은 이후의 많은 번역자에게도 발견되는 아쉬운 점이다.

《에밀》은 1960년 김봉수에 의해서 국내 최초로 번역되었다. 그는 바바라 폭스리(Barbara Foxley)의 영문 번역본을 대본으로 쓰고 있다고 하면서 루소의 학설 소개도 일본에서 간행된 철학사전에 의거하고 있음을 밝히고 있다.

이 외에 앞의 제2장에서 언급한 바와 같이 《참회록》은 이강록이, 《고독한 산책자의 몽상》은 방곤이, 《학문예술론》은 민병산과 박상규이 초역을 하였다. 초기 번역 시기의 한 획을 긋는 《루소전집》은 김붕구와 박은수의 공동 작업의 결과라고 할 수 있다. 총 8권으로 구성된 전집은 불어 원문을 대본으로 하였는데, 이 전집에서 불문학자인 김붕구는 《고백》(1~3권)을 번역하고 박은수는 《에밀》과 《사회계약론》을 포함한 나머지 5권을 번역하였다. 이로써 영역이나 일역을 대본으로 한 중역 시대가 마감되었다고 할 수 있다.

2) 재번역과 처녀 번역의 시대

1978년 이후 루소의 중요 작품에 대한 번역물이 많이 출판되었지만, 새롭게 초역된 작품은 별로 없었다. 기존 번역본이 개역되거나, 새로운 번역자들에 의해 위에서 거론된 루소의 동일 작품에 대한 현대적이고 참신한 번역본이 출판되었다. 새로운 번역자들은 대부분 프랑스어를 전공하였으며, 프랑스어판을 대본으로 삼았다. 여기서 그 목록을 일일이 열거할 수는 없지만,[45] 주요 (재)번역 작품은 초기 번역 시대와 마찬가지로 《사회계약론》, 《인간불평등기원론》, 《에밀》, 《고백록》, 《고독

---

[45] 인터넷으로 한국교육학술정보원(RISS) 자료를 검색하면 자세한 도서 정보를 얻을 수 있다. 2012년 6월 1일 현재 교보문고 홈페이지 검색창에 장 자크 루소를 입력하면 60여 권의 번역서 도서목록이 검색된다. 이 중에서 17권 정도가 《에밀》, 15권 정도가 《사회계약론》, 7권 정도가 《불평등기원론》, 6권 정도가 《고독한 산책자의 몽상》, 4권 정도가 《고백록》, 1권이 《신엘로이즈》로 확인된다. 여기서 '정도'라는 표현을 쓴 이유는 《사회계약론》과 《인간불평등기원론》이 합본이 되는 경우도 있고, 《에밀》, 《고백록》, 《신엘로이즈》가 2권으로 분책되는 경우도 있기 때문이다. 같은 번역자의 책이 출판사를 달리하여 출간된 경우도 있다.

한 산책자의 몽상》 등인 것으로 나타난다.

2000년대에 들어와서 초역이 이루어진 작품이 생겼는데, 여기에 포함되는 작품으로 《인간 언어 기원론》(이봉인 옮김, 2001),[46] 《산에서 쓴 편지》(김중현 옮김, 2007), 《루소의 식물 사랑》(진형준 옮김, 2008), 《신엘로이즈》(서익원 옮김, 2008), 《루소, 장 자크를 심판하다》(진인혜 옮김, 2012)를 들 수 있다. 역자들은 모두 불어판에서 직역하였음을 밝히고 있다. 아래에서 몇몇 초역작품의 성격을 간단히 살펴보기로 하자.

《산에서 쓴 편지》는 제네바 정부의 검찰총장인 트롱생(Tronchin)이 루소를 비난하기 위해 쓴 글인 《시골에서 쓴 편지》를 루소가 비판하기 위해 쓴 글이다. 이 글은 루소가 파리를 떠나 방랑생활을 하던 시기인 1764년에 출판되었다.

《루소의 식물 사랑》은 루소가 식물학에 얼마나 깊은 관심을 가졌는지를 보여주는 책으로, 이 책에 나오는 다음 문장은 그가 식물학에 심취한 동기를 잘 보여준다. "인간들을 선량하도록 만든 그분(신), 그 작품을 인간들이 괘씸하게도 타락시켜버린 그분의 경이로움에 의해 매일매일 감동을 받고 싶습니다. 숲과 산에 존재하는 저 나무들은 원래 그분의 손에서 나왔을 때의 상태를 그대로 지니고 있습니다. 제가 자연을 공부하고자 하는 것은 그 때문입니다."(129쪽) 루소는 이 책에서 자연으로 돌아가려면 식물학을 공부할 필요가 있다고 하면서, 식물을 관찰하고 알아가는 과정을 교육방법의 한 원형으로 제시하고 있다.

《신엘로이즈》(1761)는 쥘리와 생프뢰의 연애와 사랑을 다룬 서간체 소설로서 낭만주의 문학의 효시로 평가받고 있는데, 이 소설을 통해 루

---

[46] 비슷한 시기에 주경복, 고병만 공역으로 《언어 기원에 관한 시론》(책세상, 2002)이 출판되었다.

소는 문필가로서의 명성을 확립할 수 있었다. 한편, 이 책은 미국에서는 1997년에야 비로소 완역되었고, 국내에서는 2008년에 처음으로 완역되었는데, 이러한 사실은 루소에 대한 관심과 연구가 더한층 깊어지고 있음을 나타낸다고 하겠다.

《루소, 장 자크를 심판하다─대화》는 루소가 자신의 선하고 순수한 영혼과 철학체계를 정당화하기 위하여 쓴 작품으로, 그 내용은 두 작중 인물인 '루소'와 '프랑스인'의 대화로 이루어져 있다. 번역자 진인혜는 이 책이 "루소의 주요 저작들 중에서 가장 안 읽히고 연구되지 않은 작품으로, 최근까지 이 책을 읽은 대부분의 사람들은 주로 루소의 망상증에 대한 증거로 이 책에 관심을 보였다. 특히 우리나라에서는 이 책이 번역·소개되지 않은 탓에, 일반 독자들에게 거의 알려져 있지 않았다"라고 지적하고 있다(420쪽). 최근 프랑스에서는 이 책을 루소의 중요한 저서로 주목하면서 그 가치를 새롭게 평가하려는 시도가 이루어지고 있는데, 이 점을 고려한다면 이 책의 한국어 번역본이 출판된 것은 시의적절하다고 할 수 있다.

《루소, 장 자크를 심판하다》는 '책세상' 출판사에서 기획한 《루소전집》의 제3권에 해당하지만, 기획 작품 중에서 가장 먼저 출판되었다.[47] 루소 탄생 300주년을 기념하고 루소에 대한 새로운 해석을 요구하는 시대적 상황에 부응하기 위해 루소전집을 기획하였다고 하는데, 이 전

---

[47] 책세상 루소 전집은 총 13권으로 구성되어 있다. 각 권에 수록될 루소의 작품은 다음과 같다. 1~2권: 《고백》. 3권: 《루소, 장 자크를 심판하다》. 4권: 《고독한 산책자의 몽상》, 《말제르브에게 보내는 편지 외》. 5~6권: 《신 엘로이즈》. 7권: 《학문예술론》, 《인간불평등기원론》, 《그림에게 보내는 편지 외》. 8권: 《사회계약론》. 9권: 《폴란드 정부론 외》. 10권: 《에밀》. 11권: 《보몽에게 보내는 편지》, 《도덕 서한》, 《프랑키에르에게 보내는 편지》. 12권: 《바랑 부인의 과수원 외》, 《마을의 점쟁이 외》, 《달랑베르에게 보내는 연극에 관한 편지 외》. 13권: 《언어기원에 관한 시론》, 《프랑스 음악에 관한 편지 외》, 《식물학에 관한 편지 외》. 출판사는 2012년 연말까지 완간할 계획이었지만, 2013년 6월 현재 출판된 책은 3, 4, 5, 6권에 불과한 실정이다.

집이 계획대로 출판되면 한국에서 루소 연구는 새로운 전기를 맞이하게 될 것이며 루소 수용사의 제8기가 열릴 것이다.

5. 연구현황

필자는 2004년 《루소의 정치철학》을 출판하면서, 단행본으로 발간된 루소에 관한 한국학자의 연구업적과 한국어로 번역된 외국의 연구업적을 다음과 같이 정리한 바 있다. (1) 국내 학자 연구업적: 안인희·정희숙·임현식, 《루소의 자연교육사상》(1992); 김수동, 《루소의 자연주의 교육사상》(1997); 문정자, 《루소의 누벨 엘로이즈-감각세계의 이미지들》(2002). (2) 번역 소개서: 게오르크 홀름스텐 지음·한미희 옮김, 《루소》(1997); 로버트 워클러 지음·이종인 옮김, 《루소》(2001); E. 캇시러 지음/유철 옮김, 《루소, 칸트, 괴테》(1996).

2004년 이후 출판된 국내 업적과 중요한 외국 서적 번역물은 다음과 같이 정리할 수 있다. (1) 국내학자 연구업적: 이용철, 《루소: 분열된 영혼》(2006); 김영인, 《맹자와 루소의 인성론 비교》(2006); 임태평, 《루소와 칸트 교육에 관하여》(2008); 박호성 편역, 《루소 사상의 이해》(2009); 김상섭, 《현대인의 교사 루소-루소는 에밀을 어떻게 가르쳤는가》(2009); 김행선, 《루소의 생애와 사상》(2011). (2) 번역 소개서: 리오 담로시 지음·이용철 옮김, 《루소-인간불평등의 발견자》(2011); 데이비드 에드먼즈, 존 에이디노 지음·임현경 옮김, 《루소의 개》(2011).

이용철이 지은 《루소: 분열된 영혼》은 《고백론》에 나타난 루소의 삶의 궤적을 따라 연대순으로 루소의 내면세계를 보여주고 분석한다. 특히, 30장에 이르는 소주제들은 일목요연하게 루소의 삶의 윤곽을 잘 묘사하고 있다. 김영인의 《맹자와 루소의 인성론 비교》는 루소만을 다루는 본격적인 연구라기보다는 루소와 맹자의 윤리사상을 비교사상적 차원에서 분석한 연구이다.[48] 임태평의 《루소와 칸트 교육에 관하여》는 루소의 자연주의 교육관을 소개하고, 칸트의 《교육학 강의》 등을 번역하여 같은 책에 싣고 있다. 김상섭은 그의 저서에서 루소 사상에 대한 '해석학적 철학하기'를 시도하고 있는데, 이 시도는 루소 사상의 이해를 통해 우리 자신을 이해하는 것을 목적으로 하고 있다. 김행선의 《루소의 생애와 사상》은 그 참고문헌이 잘 보여주고 있듯이 전문성이 있는 연구업적이라기보다는 일반 독자를 대상으로 하는, 루소에 대한 종합적인 안내서이다. 박호성이 편역한 《루소 사상의 이해》는 저자의 독자적 연구업적이 아니라, 저자가 루소를 연구하면서 중요하다고 판단했던 여러 외국학자의 글을 모아서 번역한 것이다. 루소를 전문적으로 연구하는 학자들의 다양한 관점을 파악하는 데 큰 도움을 주는 편역서라고 할 수 있다.

이용철이 번역한 《루소-인간불평등의 발견자》는 루소의 파란만장한 생애를 자세히 잘 보여주고 있다. 루소의 삶은 물론 그의 《고백록》을 읽으면 알 수 있다. 하지만 《고백록》을 제대로 이해하려면 루소를 둘러싸고 있는 배경을 잘 알아야 한다. 《고백론》에 등장하는 많은 인물에 대한 사전 지식이 없으면 루소가 말하는 맥락을 제대로 이해할 수 없다. 따라서 이러한 문제를 해결하려면 무엇보다 전기 작가의 도움이 필요한

---

[48] 이 연구와 비슷한 맥락에서 이루어진 연구로, 프랑수아 쥴리앙 지음·허경 옮김, 《맹자와 계몽철학자의 대화: 루소, 칸트》(한울아카데미, 2009)를 참조할 것.

데, 이 번역본은 그러한 배경적 지식을 잘 전달해 주고 있다.

한국에서 번역되어 출판된 《루소의 개》는 루소의 삶에 대한 학문적 혹은 대중적 관심이 계속되고 있음을 보여주는 하나의 증거이다. 루소는 1762년 파리 정부의 체포령을 피해서 프랑스를 탈출한 후 1767년 프랑스로 다시 돌아와 1770년 파리에 완전히 정착하기까지 방랑생활을 계속하였고, 이 기간에 데이비드 흄의 초청을 받아 영국에서 1년 5개월 동안(1766년 1월~1767년 5월) 머문 적이 있는데, 《루소의 개》는 당시 프랑스와 영국의 위대한 철학자인 루소와 흄 사이에 갈등과 불화가 증폭되는 과정을 기술한 책으로, 루소와 흄 사이에 양립할 수 없는 기질, 성격, 사고방식의 차이가 존재하고 있음을 보여준다.

위에서 단행본을 중심으로 한국에서의 연구현황을 살펴보았지만, 한국교육학술정보원(RISS)을 통해 학위논문이나 학술지논문을 검색해 보면 루소에 관한 연구실적이 근대정치사상가인 마키아벨리, 홉스, 로크, 몽테스키외 등에 관한 실적보다 월등히 많다는 것을 확인할 수 있다.[49] 검색어 창에 루소를 입력해 조사해 보면, 루소 관련 논문으로 1964~2012년 동안에 발표된 석사학위논문은 총 187편에 이르며, 1976~2010년 동안에 발표된 박사학위논문은 총 24편에 달함을 확인할 수 있다. 석사학위논문을 일일이 주제별로 분류할 수는 없지만, '루소, 에밀'을 입력하면 36편의 논문이, '루소, 사회계약론'을 입력하면 14편의 논문이 검색된다. 총 24편의 박사학위논문을 정치, 교육, 문학, 기타의 4개 범주로 분류하여 구별하면 각각 6편, 13편, 4편, 1편의 논문

---

[49] 물론 번역서의 수에서도 마찬가지이다. 번역서의 종류와 양을 볼 때, 한국에서 루소에 필적할 만큼 많은 독자를 확보한 서구 사상가는 없다고 할 수 있다.

을 확인할 수 있다. 그리고 석·박사학위 논문 수로 단순 분류하면 교육학 → 정치학 → 문학의 순으로 루소가 연구대상이 되고 있음을 알 수 있다.

정치학 분야의 주요 학술지인 《한국정치학회보》와 《정치사상연구》에서 루소에 관한 논문을 조사해 보면 전자에서는 9편, 후자에서는 8편을 찾아볼 수 있는데, 이러한 논문편수는 개별 정치사상가의 연구에서 가히 상위권에 해당하는 수준이라고 할 수 있다. 《한국정치학회보》에서는 플라톤에 관한 논문이 9편, 마키아벨리에 관한 논문이 7편이 게재되어 있는데, 루소에 관한 논문은 이들과 더불어 상위권을 형성하고 있다. 《정치사상연구》에서는 플라톤에 관한 논문이 5편, 마키아벨리에 관한 논문이 5편이 게재되어 있는데, 이러한 편수에 비하면 루소에 관한 논문편수는 상대적으로 많다고 할 수 있다.

루소에 관한 국내 최초의 석사학위논문은 김용구의 "J. J. Rousseau의 평화사상: 국가연합사상을 중심하여"(서울대학교, 1964)이며, 최초의 박사학위논문은 이태일의 "루소의 정치사상: 평등주의적 참여 이론을 중심으로"(성균관대학교, 1976)이다. 《한국정치학회보》에 게재된 최초의 학술논문은 김홍명의 "루소와 정치적 상상"(15권, 1981)과 임효선의 "근대적 국가개념과 정통성의 부재문제−루소의 비판을 중심으로"(15권, 1981)이다. 석사학위논문은 1980년 이후에, 박사학위논문은 1990년 이후 계속해서 생산되었으며, 《한국정치학회보》에는 김홍명과 임효선의 논문에 이어 김용민의 "에밀에 나타난 새로운 인간상으로서의 민주적 인간"(27집 2호, 1994)과 박호성의 "루소의 자연개념"(27집 2호, 1994)이 게재되었다.

루소에 관한 학위논문이나 학술논문을 검토해 보면 1980년대에 들어서서 비로소 연구가 진작되기 시작하였고, 1990년대 들어서서 본격적인 연구가 진행되었음을 알 수 있다. 박사학위를 취득한 본격적인 연구자들이 등장하면서 루소 작품의 재번역에 대한 기대가 커졌고, 이에 부응하여 2000년대에 들어서서는 불어학자 또는 루소 전공학자에 의해서 불어 원전에 근거한 새로운 번역이 이루어졌다고 할 수 있다. 김중현, 이용철, 서익원과 같은 학자들은 루소 작품을 새롭게 번역하고 또한 초역하는 데에서 선두 그룹을 형성하고 있다.[50] 앞에서 언급했듯이 《루소전집》이 완간된다면 한국에서 루소 연구에 새로운 지평이 열릴 것으로 보인다.

6. 결론

최근 들어 한국 사회과학계나 철학계에서 '서구중심주의'를 넘어서려는 움직임이 점차 확산하고 있다. 우리의 역사와 사상, 전통과 문물을 서구의 눈이 아닌 우리 자신의 눈으로 보고, 분석하고, 성찰하고, 평가하려는 노력이 서구중심주의에 대한 반성과 성찰이라는 단계를 거쳐 자생적으로 생겨나고 있다. 루소 사상 수용의 역사가 잘 보여주듯이, 서양의 사상과 철학은 구한말 이후 한국에 이입되기 시작하였으며, 19세기 초 이후 현재에 이르기까지 100여 년이 지나는 동안에 우리의 전

---

50 김중현은 《인간불평등기원론》, 《사회계약론》, 《에밀》, 《학문과 예술에 관하여》, 《산에서 쓴 편지》, 《고독한 산책자의 몽상》을 번역하였으며, 책세상 《루소전집》의 제11권에 《보몽에게 보내는 편지》, 《도덕 서한》, 《프랑키에르에게 보내는 편지》를 번역하여 실을 예정이다. 이용철은 《에밀》과 《고백록》을 번역하였다. 서익원은 《신엘로이즈》를 초역하였고 《고백》을 번역하였다.

통, 사상, 의식의 중요한 부분이 되었다. 18세기 서양에서 기원했던 루소의 사상이 21세기 우리의 모습을 형성하고 있는 것이다.

한국에서 서구 사상과 철학의 수용은 그 첫 단계였던 개화기 때부터 '일본인의 안목에서 수용되고 굴절되는' 운명을 겪었다. 게다가 일본에 의한 왜곡된 형태의 수용은 한국이 일본의 식민지로 전락함에 따라 더욱 좌절되고 침체하게 되었다. 해방은 우리에게 초기 번역 시대를 열게 했으며, 우리의 안목에서 서구의 사상과 문물을 선택해서 직접 수용하는 계기를 마련해 주었다. 그러나 루소 작품의 초기 번역자들이 일본어판을 중역해 내었듯이, 우리의 안목과 역량은 서구의 사상을 주체적으로 직면하기에는 제한되고 역부족이었다. 그러나 그런 우리의 현실은 1980년대에 들어서면서 달라지기 시작하였다. 이 시기에 이르러 비로소 우리의 독자적 능력이 확립되기 시작하였으며, 그 결과 루소작품에 대한 직역과 루소 사상에 대한 연구도 대폭 증가하였다. 그리고 이러한 추세는 지금까지 계속되고 있다.

루소의 사상은 정치, 교육, 문학의 측면에서 볼 때 이미 우리의 것이 되었다고 볼 수 있다. 필자는 이 논문에서 어떻게 그의 사상이 우리의 것이 되었는지 그 과정을 고찰해 보았는데, 우리는 이러한 고찰을 통해 서구중심주의를 넘어설 획기적인 사상적 단초도 마련할 수 있을 것이다. 물론 루소의 사상만이 현재 우리의 모습을 형성하는 데 영향을 미치는 것은 아니다. 예를 들어 홉스, 로크, 몽테스키외, J. S. 밀 등과 같은 근대사상사가들도 큰 영향을 미치고 있음을 부인할 수 없다. 루소 사상의 수용에 관한 본 연구가 다른 사상가들에도 적용된다면 우리는 우리 자신의 사상적 정체성을 더욱 풍부하게 이해할 수 있을 것이며,

이를 바탕으로 새로운 정체성의 형성을 향해 한 걸음 더 나아갈 수 있을 것이다.

참고문헌

강중기. 2011. "량치차오, 《음빙실자유서》." 《개념과 소통》 제8호.
게오르크 홀름스텐 지음·한미희 옮김. 1997. 《루소》. 서울: 한길사.
김도형. 1994. 《대한제국기의 정치사상연구》. 서울: 지식산업사.
김병철. 1975. 《한국근대번역문학사연구》. 서울: 을유문화사.
김병철. 1980. 《한국근대서양문학이입사연구》 서울: 을유문화사.
김상섭. 2009. 《현대인의 교사 루소―루소는 에밀을 어떻게 가르쳤는가》. 서울: 학지사.
김성권. 1982. "루소의 이입과 영향에 관한 연구―개화기에서 1920년대까지를 중심으로." 서강대학교 국어국문학과 석사논문.
김수동. 1997. 《루소의 자연주의 교육사상》. 서울: 문음사.
김영인. 2006. 《맹자와 루소의 인성론 비교》. 서울: 한국학술정보.
김용민. 2004. 《루소의 정치철학》. 경기: 인간사랑.
김학동. 1990. 《한국개화기시가연구》. 서울: 시문학사.
김학준. 2002. 《한말의 서양정치학 수용 연구―유길준·안국선·이승만을 중심으로》. 서울: 서울대학교 출판부.
김행선. 2011. 《루소의 생애와 사상》. 서울: 노란숲.
김홍우 감수. 2004. 《독립신문, 다시 읽기》. 서울: 푸른역사.
김효전. 1996. 《서양 헌법 이론의 초기 수용》. 서울: 철학과 현실사.
김효전. 2000. 《근대한국의 국가사상―국권회복과 민권수호》. 서울: 철학과 현실사.
데이비드 에드먼즈, 존 에이디노 지음·임현경 옮김. 2011. 《루소의 개》. 서울: 난장.
로버트 워클러 지음·이종인 옮김. 2001. 《루소》. 서울: 시공사.
리오 담로시 지음·이용철 옮김. 2011. 《루소―인간불평등의 발견자》. 서울: 교양인.
마루야마 마사오, 가토 슈이치 지음·임성모 옮김. 2000. 《번역과 일본의 근대》. 서울: 이산.
묘향산인. 1920. "근대주의의 제일인 루소선생." 《개벽》 1:5.
문정자. 2002. 《루소의 누벨 엘로이지―감각세계의 이미지들》. 서울: 만남.
박상익. 2006. 《번역은 반역인가》. 서울: 푸른역사.
박호성 편역. 2009. 《루소 사상의 이해》. 경기: 인간사랑.
박홍규. 2005. "나카에 쵸민의 평화이념과 맹자." 《정치사상연구》 11집 2호.
안인희·정희숙·임현식. 1992. 《루소의 자연교육사상》. 서울: 이화여자대학교 출판부.
양태근. 2009. "루소 정치 사상의 전파 과정을 통해 본 중국 전통 사상과 서구 정치사상의 교류와 소통." 《중국현대문학》 제48호.
이광래. 2003. 《한국의 서양 사상 수용사》. 서울: 열린책들.
이예안. 2011. "개화기의 루소 《사회계약론》의 수용과 번역 – J. J. Rousseau Du Contrat Social에서 中江兆民, 《民約譯解》로 그리고 《황성신문》 「로사민약」으로." 《일본문화연구》 제 40집.
이용철. 2006. 《루소: 분열된 영혼》. 서울: 태학사.
이혜경. 2003. "나카에 쵸민의 이상사회." 《철학사상》 17집. 서울대학교 철학사상연구소.
임태평. 2008. 《루소와 칸트 교육에 관하여》. 서울: 과학교육사.
정용화. 2004. 《문명의 정치사상: 유길준과 근대한국》. 서울: 문학과 지성사.
최남선. 1909. "나폴네온大帝傳". 《소년》 2: 4.
최상용. 1984. "《民約譯解》에 나타난 中江兆民의 Rousseau 이해." 《아세아연구》. 서울: 고려대학교.
프랑수아 쥴리앙 지음 · 허경 옮김. 2009. 《맹자와 계몽철학자의 대화: 루소, 칸트》. 서울: 한울아카데미.
E. 캇시러 지음 · 유철 옮김. 1996. 《루소, 칸트, 괴테》. 서울: 서광사.

梁啓超. 1905. 《飮氷室文集 上, 下》. 上海: 廣智書局.
梁啓超. 全恒基 譯述. 1908. 《飮氷室自由書》. 塔印社.

# 한국에서 롤즈의 정의론:
이론적 이해와 실천적 함의[1]

장동진 연세대학교

1. 서론

한 사회가 외래의 사상이나 정의관을 어떻게 이해하고 받아들이는가를 살펴본다는 것은 매우 흥미 있고 학문적으로도 중요한 일이다. 인간의 사고와 관념, 지식은 의사소통을 통해 확장하며 발전한다. 이 의사소통의 과정은 개인 간, 집단 간, 나아가서 역사적 전통과 문화를 달리하는 사회 간, 국가 간의 관계에서도 이루어진다. 현재에 이르는 한국의 역사를 되돌아보아도 우리는 특히 불교와 유교 사상을 받아들여 개인의 생활 및 사회적 규범과 정치운영의 원리로 활용한 점을 살펴볼 수 있다. 물론 이러한 외부적 사상이나 이론적 체계를 받아들이는 기반에는 토착적인 사고의 기반과 틀이 어떤 형태로든지 있었음을 부인하기

---

[1] 이 글은 저자의 두 개의 논문, "서양정의이론의 동아시아 수용: 롤즈 정의이론의 한국적 이해", 《정치사상연구》 제12집 2호(2006년 가을): 80~100쪽과 "롤즈 정의론과 한국사회", 황경식·박정순 외, 《롤즈의 정의론과 그 이후》, 서울: 철학과 현실사, 2009: 404~426쪽에 있는 내용과 발상들을 수정·보완하여 발전시킨 것이다.

어려울 것이다. 한국적 사고나 사상은 이러한 오랜 담화의 역사적 산물이라 할 수 있다. 현대 한국인에게는 어떤 형태와 속성이든 이러한 역사적 과정에서 형성되고 내재화된 관념의 형태가 있는데, 이것을 우리는 현대의 서구적 사상을 받아들이는 과정에서 서구의 사상과 한국적 사상으로 대비시켜 논하기도 한다.

  좀 더 거시적으로 볼 때 롤즈의 정의론을 한국에서 이해하고 수용하는 과정을 살펴보는 것은, 서양의 관념이나 정의관이 그와 다른 문화와 철학적 전통을 가진 사람들에게 어떠한 반응을 불러일으키는지를 탐구하는 데 많은 단서를 제공해 줄 수 있다. 롤즈 정의론의 수용은 아주 거시적 차원에서는 서양의 이론과 관념이 한국사회에 수용되는 과정 즉, 좀 더 구체적으로는 자유주의 사상이 한국사회에 수용되어 어떻게 내재화해 가는가를 보여준다. 따라서 롤즈 정의론의 한국적 수용 과정은 서양의 사상, 구체적으로는 자유주의 사상이 한국사회에 심화해 가는 과정의 일부로 이해할 수 있다.

  롤즈 정의론의 한국적 수용은 두 가지 차원에서 검토해 볼 수 있다. 하나는 '이론적 이해'의 과정이다. 이론적 이해의 과정은 세 단계로 나누어 볼 수 있다. 첫째는 정확한 이론적 이해의 과정이고, 둘째는 비판적 이해의 단계, 셋째는 동양과 한국의 전통적 관점에서 자유주의 정치철학과 함께 롤즈의 정의론을 비판적으로 검토하고 동시에 롤즈와 자유주의적 정의관에 입각하여 한국적 정의관을 조명·비판해 보는 반성적 평형의 단계이다. 또 다른 차원은 '적용과 실천'의 과정에서 살펴볼 수 있는데, 이는 이론적 이해의 과정이 세 단계의 과정을 거쳐 심화·확장함에 따라 롤즈의 정의관이 한국사회에 실천적으로 어떻게 응용되고 적용될 수 있는지, 즉 실제적으로 현대 한국의 민주적 정치과정에 어떻게 영향을 미치는지를 검토해 보는 과정이다.

롤즈의 이론에 대한 긍정과 부정의 복합적 반응에도 불구하고, 차후 한국에서의 롤즈의 정의론에 대한 이론적 연구는 한국사회의 변화와 발전을 배경으로 새로운 해석과 더불어 끊임없이 심화·확장해 갈 것이며, 주요 발상과 원칙들은 한국의 민주주의에 지속적으로 영향을 미칠 것이다. 실천적인 측면에서 롤즈 정의론의 자유주의적 발상은 한국사회의 기본구조를 개선하고 주요한 정책을 입안하는 데 주요 단서를 제공해 줄 수 있을 것이다. 이러한 진전은 주로 공적 영역에서 이루어지겠지만, 그와 동시에 비공적 영역에 살아 있는 한국의 전통과 문화적 관행에 끊임없는 긴장을 유발할 것이다.

2. 한국에서 롤즈의 정의론에 대한 이론적 반성

1) 롤즈 정의론의 한국사회 도입

롤즈의 정의론은 그의 저서 《정의론(A Theory of Justice)》(1971)의 출간 이후 약 6개월 정도 지나서 한국에 처음 도입되었다. 그것은 아마도 1972년 봄으로 추정되는데 당시 뉴욕주립대학 교수인 굴드(Goold) 박사가 《정의론》 한 권을 김태길 교수에게 전달한 것에서 비롯되었다.[2] 굴드 교수는 김태길 교수가 홉킨스 대학교에 다닐 때 학우였다고 한다. 또 다른 한 권이 비슷한 1972년 봄에 당시 하버드 대학에서 공부를 하

---

2 롤즈의 《정의론》이 김태길 교수에게 전달되는 경위와 당시의 상황에 관해서는 존 롤즈 저, 황경식 옮김, 《사회정의론》(서울: 서광사, 1977, 1985), 7~8쪽 참조.

던 황경식 교수의 친구로부터 황경식 교수에게 전달되었다. 그 후 서울대 대학원 철학과 박사과정에서 김태길 교수와 당시 대학원생이었던 황경식 교수 두 분이 1972년 가을학기를 시작으로 1973년 봄학기와 가을학기의 세 학기에 걸쳐 《정의론》을 읽고 토론하면서 롤즈의 정의론에 대한 이해와 탐구가 최초로 진행되었다. 이후 롤즈의 정의론은 일부의 학자들에게도 그 중요성이 알려지게 되고, 1975년에는 미국문화원이 후원하고 한국철학회가 주관하는 '롤즈 정의론 심포지움'이 개최되었는데 이 자리에서 정의론 제1부 원리론은 김여수 교수가, 제2부 제도론은 차인석 교수가, 제3부 목적론은 황경식 교수가 각각 발제하였으며 그에 대한 토론이 이루어졌다.[3]

롤즈의 정의론은 처음에는 특히 한국의 철학계를 중심으로 한국의 학자들과 대학원생들 사이에서 읽히고 토론이 이루어짐으로써 이론적 이해가 시작되었다. 이러한 초기의 이해단계를 거치는 동안, 1977년에 당시 한국의 육군사관학교에 교수로 재직하고 있던 황경식 교수(1985~2012년간 서울대 철학과 교수)에 의해 처음으로 롤즈의 《정의론》의 한국어 번역이 이루어졌다. 이 최초의 한국어 번역본에서는 《정의론》의 "Part One Theory"만 소개되어 《사회정의론: 원리론》(서울: 서광사 또는 청조각, 1977)으로 출판되었다. 이어 1979년에는 《정의론》의 "Part Two Institutions"이 《사회정의론: 제2부 제도론》(서울: 서광사, 1979), "Part Three Ends"가 《사회정의론: 제3부 목적론》(서울: 서광사, 1979)으로 각

---

[3] 롤즈의 저서 《정의론》이 또 다른 경로를 통해 황경식 교수에 전달되는 과정과 이후 한국에서 롤즈의 정의론 연구가 초창기에 구체적으로 시작되는 상황에 대한 정리는 황경식, "정의론과 덕윤리, 그리고 운명애: 자전적 생애와 미완의 철학" 《철학논구》 제40집(2012), 2쪽; 장동진, "롤즈 정의론에 관한 황경식 교수 면담"(명경의료재단 이사장실, 2013. 7. 17, 11: 30~13: 00)을 근거로 하여 작성하였다.

각 출판되어 세 권의 책으로 완역되기에 이르렀다. 그 후 이 세 권의 번역서는 수정되어 1985년《사회정의론》(서울: 서광사, 1985)의 한 권으로 출판되었다. 한편 1999년의 《*A Theory of Justice, Revised Edition*》은 2003년《정의론》(서울: 이학사, 2003)으로 번역·출판되었다.[4]《정의론》의 완역 이전에 롤즈의 정의론에 대한 강독과 이해의 노력은 주로 제한된 소수의 학자와 대학원생들에 국한되어 진행되었다. 한편 롤즈《정의론》의 완역과 더불어 1970년대와 80년대를 거치면서 그의 정의론에 관한 몇몇 논문이 발표되었다. 특히 황경식 교수는 1982년 자신의 박사학위논문으로 〈고전적 공리주의와 John Rawls의 정의론 비교 연구〉를 쓰게 되고, 1985년에 이를 좀 더 발전시켜《사회정의의 철학적 기초: J. 롤즈의 정의론을 중심으로》(문학과 지성사, 1985)라는 저서로 출판하게 된다.

《정의론》의 완역에 이어 1998년에는 필자가《*Political Liberalism*》(1993)을《정치적 자유주의》로 번역하게 되었다. 이 번역이 이루어지기 이전에는 매우 제한되긴 하였지만, 롤즈의 정치적 자유주의에 대한 강의가 일부 대학원 과정에서 이루어지고 정치학과 철학 분야의 전문가들 사이에서 이에 대한 토론이 이루어지기 시작하였다.[5] 한편 1999년

---

[4] 황경식, "정의론과 덕윤리, 그리고 운명애," 2쪽. 장동진, "롤즈 정의론에 관한 황경식 교수 면담"(명경의료재단 이사장실, 2013, 7, 17, 11: 30~13: 00)를 근거로 하여 정리하였다.
[5] 필자는 우연히도 롤즈의《*Political Liberalism*》이 출판되던 1993년에 마침 여름방학 기간 미국을 방문한 한 제자를 통해 이 저서를 전달받게 되었다. 이후 필자는 1990년대 중반부터 롤즈의 정치적 자유주의를 대학원 강의에서 대학원생들과 읽고 토론하기 시작하였으며, 이러한 노력의 결실로 1999년에 번역서를 출판하게 되었다. 이러던 차에 1996년 봄학기에 김비환 교수(성균관대 정치외교학과 교수)가 연세대학교의 동서문제연구원 국제세미나실에서 롤즈의 정치적 자유주의에 대한 비판적인 논문을 발표하였다. 후에 이 발표문은 《한국정치학회보》 30집 2호(1996년 봄)에 "롤즈의 정치적 자유주의 비판: 민주적 형이상학과 사회의 기본구조를 중심으로"라는 제목으로 출판되었다. 보다 상세한 내용에 관해서는, 필자의 번역서인《정치적 자유주의》의 번역서문과 졸고, "서양 정의이론의 동아시아 수용: 롤즈 정의론의 한국적 이해"(2006)를 참조.

《The Law of Peoples》가 출판된 그다음 해인 2000년에 필자는 이 책을 다른 두 역자와 함께《만민법》으로 번역하고 학부와 대학원 과정에서 그 중심 내용을 소개하기 시작하였다.[6]

《정의론》,《정치적 자유주의》,《만민법》이 한국어로 번역되면서 롤즈의 정의론에 대한 한국적 이해는 점차 심화되어 갔다. 앞에서 언급하였듯이, 80년대에는 주로 롤즈의 정의론에 대한 이해에 초점을 맞춘 몇몇 논문이 발표되었다.[7] 90년대에 들어서면서 롤즈의 정의론에 관한 논문이 증가하게 되었으며 2000년대를 거치면서는 좀 더 다양한 관점에서 그에 대한 심화된 분석과 비판적 논문들이 발표된다. 특히 롤즈의 정의론이 1970년대 초 한국에 처음 도입된 이래 2000년대에 이르기까지 한국에서 그에 관한 연구는 주로 정의론에 대한 이론적 이해와 분석적 비판이 중심을 이루었다고 평가할 수 있다. 그렇지만 2000년대 중반에 접어들면서부터는 복지와 의료 등 다양한 분야에서 그의 정의론이 지닌 실천적 함의에 관한 분석이 함께 진행되었다. 특히 눈여겨볼 만한 점은 2010년대에 들어서면서 일반 한국인들의 정의에 대한 관심이 커지고, 롤즈의 정의론을 한국의 정치적 문제 해결의 대안으로서 검토하고 적용하려는 실천적 움직임이다.

롤즈의 정의론에 대한 실천적 적용에 관한 논의가 대두하기까지 그

---

[6] 2000년에《만민법》은 이끌리오 출판사를 통해 처음 긴급하게 번역되었으며, 이후 수정·보완 작업을 거쳐 2009년 아카넷 출판사에서 새로이 출판되었다. 이 수정·보완 작업은 주로 김만권 박사에 의해 이루어졌다. 처음의 번역과 함께 필자는 "롤즈의 국제사회정의관:《만민법》을 중심으로"(2001)와 "유교적 관점에서 본 롤즈의 국제사회정의관"(2002)을 발표하였다.

[7] 대표적 논문과 저술로 이인탁, "J. Rawls의 정의론에서 정의원칙 도출과정"(석사학위논문, 1981); 황경식, "고전적 공리주의와 J. 롤즈의 정의론 비교연구"(박사학위논문, 1982), 이인탁, "롤즈 정의론의 평등주의적 측면"(1984), "롤즈에 전해진 칸트의 유산"(1985),《사회정의의 철학적 기초: J. 롤즈의 정의론을 중심으로》(1985)를 들 수 있다.

에 대한 그간의 이론적 이해의 과정을 세 단계로 나누어 설명해 보고자 한다.[8] 한국에서 롤즈의 정의론에 대한 이론적 이해는 처음에는 주로 소수의 전문가를 중심으로 시작되었으며 대학에서의 강의뿐만 아니라 롤즈의 주요 저서인 《정의론》, 《정치적 자유주의》, 《만민법》의 번역과 함께 점차 확대·심화되어 갔다. 롤즈 정의론에 대한 한국적 이해는, 앞에서 언급하였듯이, 확장되어가는 강의와 세미나를 통해 대체로 3가지 유형의 단계를 거쳤다고 할 수 있다.

첫 번째 단계는 대략 1970년대부터 1990년대 초에 이르는 기간으로서, 제한된 소수의 학자가 롤즈의 정의론을 정확하게 이해하여 한국의 학계에 소개하려고 노력하는 특징을 보여준다.

두 번째 단계는 1990년대를 거치는 기간으로서, 롤즈의 정의론에 대한 이론적 분석과 비판이 중심을 이루면서, 첫 번째 단계보다 이론적 이해가 확장·심화된다. 이 시기에 발표된 롤즈의 정의론과 관련된 논문들은 정의론의 이론체계 내에서 기본적 전제, 논리적 정합성, 자유주의적 가정 및 인간관과 같은 문제에 초점을 둔 이론적 분석에 관심을 기울인다. 나아가서 공동체주의적 관점의 비판을 담고 있는 논문들이 대두하는데, 이는 아마도 1980년대에 서구의 학계에서 이루어진 자유주의-공동체주의 논쟁[9]에서 영향을 받았으리라 생각된다. 따라서 서구 학계에서 이루어진 롤즈 정의론의 공동체주의 비판과 한국 학계에서 이루어진 공동체주의 관점의 비판은 약 10년간의 시간적 편차가 있

---

8 롤즈 정의론의 한국적 수용과정에 대한 3단계 구분은 장동진, "서양정의론의 동아시아 수용: 롤즈 정의이론의 한국적 이해"(2006)에서 처음 이루어졌다.
9 1980년대에 진행된 자유주의-공동체주의 논쟁의 핵심적 쟁점에 관해서는 Stephen Mullhall & Adam Swift, Liberals and Communitarians(Cambridge: Blackwell, 1992)를 참조.

다고 볼 수 있다. 한편, 이러한 한국 학계에서의 공동체주의 비판은 동아시아의 공동체주의 전통을 담지하는 유교적 논의와 자연스럽게 연결된다.

세 번째 단계는 대략 2000년대를 전후하여 시작되어 현재에 이르는 기간으로서 롤즈의 정의론을 한국적 전통과 문화와 결부시켜 비판적으로 검토하는 특징을 보여준다. 이 단계에서는 롤즈의 정의론을 한국과 동양의 관점에서 비판적으로 분석하여 그 타당성을 검토하는 동시에 롤즈의 자유주의 사상에 입각하여 한국과 동양의 전통사상과 한국의 정치적 현실을 비판적으로 조명해 보는 경향을 나타낸다. 이 세 번째 단계의 이해과정을 롤즈의 용어를 빌려 '반성적 평형의 단계'라 명명해 본다. 전문가들은 롤즈의 정의론이 한국사회에 주는 긍정적 함의를 인정하면서도 한국 또는 동아시아의 도덕적 전통이나 정의관에 입각하여 비판적으로 검토하려 한다.

1997년 말 한국의 금융위기에서 비롯된 IMF의 구제금융은 서구 문화와 이념에 대한 부정적이고 비판적인 사회적 분위기를 조성하는 배경이 된다. 롤즈의 정의론에 대한 세 번째의 반성적 평형의 단계에서는 자유주의를 포함한 서구 문명 자체를 비판하고 극복하려는 일련의 지적 움직임을 살펴볼 수 있다. 강정인의 《서구중심주의를 넘어서》(2004)는 이러한 지적 노력을 대표한다. 한국의 정치사상 연구에서의 서구중심주의를 극복하고 한국 정치사상 연구의 인식론적 자율성을 회복하려는 강 교수의 학문적 노력은 최근의 저서 《넘나듦通涉의 정치사상》(2013)을 통해 좀 더 정교하고 진전된 논의의 모습을 보여준다. 이는 서구중심주의의 인식론적 예속을 벗어나 자율적인 인식론적 방법과 사유를 통해 한국 고유의 정치사상을 탐색해 나가는 것을 염두에 둔 것으로 이해된다. 다른 한편으로, 유교를 중심으로 한 한국의 전통문화와 지적 유산에 서구의 자유주의 사상을 결합하려는 지적 노력 또한 보인다. 예컨대, 이상익은 《유교전통과 자유민주주의》(2004)와 논문 "정의론에 대한 주자·롤즈의 '중첩적 합의' 가능성"(2005)을 통해 이러한 지적 방향을 개척하고 있다. 이승환의 《유가사상의 사회철학적 재조명》(1998)과 《유교담론의 지형학》(2004)은 유교에서 새로운 현대적·정치적 의미를 모색하고 있다. 이들 연구는 좀 더 광범위한 의미에서 자유주의 정치이념에 대한 새로운 이론적 대안 모색의 시도로 이해할 수 있다. 필자의 "유교적 관점에서 본 롤즈의 국제사회정의관"(2002)과 "Asian Perspectives on Liberal Democracy"(2004), "Rawls and Natural Justice: The Law of Peoples in view of the *Yin-Yang* Theory in *the Book of Change*"(2008), "주역과 현대정치철학의 정의론"(2010) 역시 이러한 문제인식을 공유한다.

세 번째 단계에서 보이는 롤즈의 정의론에 대한 한국적 이해의 노력은 한국의 학계가 서구의 이념과 정의관을 비판적으로 검토하는 동시에 한국의 전통문화와 지적 전통을 총체적으로 점검하기 시작하는 특징을 보여준다. 때로는 서구의 자유주의 관점에서 한국의 전통사상과 관행들을 조명해 보고, 동시에 서구의 자유주의와 롤즈의 정의관을 한국의 유교적 이념과 전통적 관행들에 비추어 비판적으로 조명하기 시작하였다고 할 수 있다. 이러한 연구 경향은 서구적 정의관과 한국적 정의관을 성공적으로 조화시킴으로써 한국사회에 적합한 새로운 정의관을 모색하려는 노력으로 해석할 수 있다. 즉 궁극적으로 한국 민주주의에 적합한 한국적 관점의 정의관을 탐색하려는 지적 노력으로 이해된다.

위에서 세 단계로 구분한 롤즈에 대한 이해의 특징은 앞에서 구분한 시기를 중심으로 명확하게 단계적으로 나타난다고는 할 수 없지만, 대략 이러한 이해와 수용의 과정을 거치면서 진행된다고 평가할 수 있다. 현재로서는 이러한 세 가지 단계의 특징이 혼합적으로 나타난다고 할 수 있다.

2) 롤즈의 정의론에 대한 한국적 이해: 그 한계와 반응

롤즈의 정의론을 한국적으로 이해하는 과정을 개략해 보면 긍정과 부정의 반응이 병행하는 모습을 볼 수 있다. 즉, 롤즈의 정의론은 고도의 추상적인 이론이어서 한국의 현실 문제를 해결하는 데 구체적인 접합점을 찾기가 쉽지 않거나, 그것이 지니는 개인의 자유와 권리에 기초한 자유주의적 개인주의가 한국적 맥락에 부적합하다는 부정적 반응을 볼 수 있다. 뿐만 아니라, 자유와 인권과 같은 서구 자유주의의 기본 발상들을 공동체나 가족주의 가치와 같은 한국의 정치적 전통의 중심 가치와 조화시키려는 비교적 긍정적 노력의 일면도 살펴볼 수 있다.

(1) 이론적 이해의 한계와 문제

우선, 롤즈의 정의론에 대한 한국적 이해의 한계는 기본적으로 언어 문제에서 기인한다. 외국의 발상이나 정의관을 이론적으로 이해하려면 우선 그에 상응하는 수용적인 입장의 언어를 통하여 수입할 수밖에 없다. 한 사회에서 언어의 발달은 다른 사회에서 이루어지는 언어의 발전과 서로 다른 역사·문화적 배경과 발전 경로를 겪게 되는데 이는 불가피하게 특정 의미에서 언어 격차를 발생하게 한다. 예를 들어, 영어의 'justice'는 '정의(正義)'라는 용어로 번역된다. 그렇지만 이 말은 서양에서 발전된 justice와 상이한 의미와 함의를 내포할 수 있다. 이승환 교수는 동양의 윤리전통에서 '正義'라는 용어는 《순자(荀子)》에서 처음 발견되는데 그 개념은 서양의 justice 개념과는 다소 거리가 있는 것으로 보이며 서양의 justice 개념의 실질적 내용과 규범적 특징은 오히려 의(義), 예(禮), 균(均), 평(平), 분(分), 공(公), 명(名) 등과 같은 개념에서 두루 찾아볼 수 있다고 분석한다(이승환, 1998: 6~7). 황경식 교수에 의하면, 가끔은 동양의 전통에서 서양의 정의 개념과 유사한 이론적 근거와 개념들을 찾아볼 수 있다고 한다. 예를 들어 명대(明代)의 '분(分)' 사상은 오늘날 분배정의(distributive justice) 개념과 유사하다. 그렇지만 이러한 개념들은 체계적인 이론의 형태를 갖추고 있지는 못하다. justice와 유사한 개념으로 맹자의 '의(義)' 개념을 거론할 수 있지만, 이 개념은 서양의 정의 개념보다는 도덕적 개념인 'righteousness'라고 할 수 있다.[10]

이러한 언어적 격차는 외국의 사상과 관념을 이해하는 데 한계를 부여한다. 특정의 사상과 관념의 발전을 둘러싼 역사·문화적 맥락에 대한 불충분한 이해는 그러한 외국 사상을 이해하는 데 많은 어려움을 낳는다. 가령 우리가 롤즈의 정의론을 이론적으로 이해할 수 있다 하더라도, 어떠한 사회적 맥락과 배경이 그것의 형성에 영향을 미쳤는지를 파악한다는 것은 매우 어려운 문제이다. 이러한 장벽이 서구의 역사·문화적 배경과 지적 전통 속에서 이루어진 롤즈의 정의론을 이해하는 데

---

10 장동진, "롤즈 정의론에 관한 황경식 교수 면담"(2013)을 기초로 하여 정리하였다.

근본적인 한계를 부여한다. 우리가 외국의 정의관을 이해하는 데 장애가 되는 또 다른 요인은 우리가 보존하고자 하는 역사와 문화, 정치적 전통에 흐르는 중심적 가치와 발상에서 연유한다. 즉, 우리가 외국의 사상과 정의관을 긍정적으로 이해하고 수용하려고 할 때에는 내재적인 주저함이 따르게 마련이다. 특히 외국의 사상과 정의관이 우리의 전통적 정의관이나 문화적 전통과 상충할 때면 내재적 주저함은 더 분명하게 나타난다. 이를 '문화적 주저성(cultural reluctance)'이라고 부를 수 있겠다. 롤즈의 정의론은 바로 이러한 근본적 제약을 배경으로 하여 한국 사회에 소개되고 수용되었다.

롤즈의 정의론은 고도의 추상성과 체계성으로 말미암아 전문가들조차 올바르게 이해하기가 쉽지 않다. 기본적으로, 롤즈의 정의론은 서양의 자유주의 전통의 진화 속에서 출현하였으며 자유주의 정치이론의 하나로서 자유주의 정치철학적 전통을 구성한다. 따라서 롤즈의 정의론을 적절히 이해하려면 이론과 실천 면에서 기본적으로 자유주의의 역사적 발전에 관한 상당한 수준의 이해가 필요하다. 따라서 자유주의의 진화에 대한 전반적 지식이 제한된 한국 학자들이 롤즈의 정의론을 이해하는 것은 많은 어려움을 수반하는 작업이다.

(2) 롤즈 정의론의 자유주의적 개인주의에 대한 한국적 반응

롤즈의 정의론은 개인의 자유와 권리를 전제로 하는 자유주의 전통과 함께 이를 구현하는 정치사회의 구성을 위해 계약주의 전통을 계승한다. 자유주의 정치이념은 자유와 권리를 지니는 자유주의적 인간관을 기본으로 하여 출발한다. 자유주의적 인간관은 두 가지 의미를 함유한다. 하나는 인간은 자신의 인생과 관계된 자신의 가치관을 형성할 수 있는 자율성을 지닌다는 것이며, 다른 하나는 자신의 개인적 자유를 행사하는 데 최적으로 적합한 정치사회를 결정할 수 있는 자율성을 지닌다는 것으로 정치사회가 이 두 가지의 자유를 보장해야 한다는 것을 의미한다. 이 두 가지 자유는 꽁스땅(Constant)의 고대인의 자유와 현대인의 자유, 벌린(Berlin)에게서는 소극적 자유와 적극적 자유, 롤즈의 정치적 자유주의에서는 두 가지 도덕적 능력인 가치관 형성 능력(the capacity for the conception of the good)과 정의감의 능력(the capacity for a sense of justice)으로 표현되기도 한다. 이 두 가지 자유는 자유주의적 정의관을 산출해 내는 데 이미 전제되어 있다. 달리 말해, 자유주의적 정의관이라고 한다면 이 두 가지 자유는 공유하고 있어야 한다. 이 두 가지 자유에는 자율성의 개념이 내재해 있는데, 이는 계약론(contractarianism)과 구성주의(constructivism) 논리의 기반이 된다. 자유주의에서 개인들은 어떤 정치사회를 가질 것이냐에 대한 결정권을 공통으로 가지고 있을 뿐 아니라 자신의 가치관에 따라 어떤 인생을 살아갈 것인지를 결정할 수 있는 권리를 동등하게 지니고 있다. 요약하면 개인들은 자신의 인생뿐만 아니라 정치사회를 결정할 수 있는 권리를 동등하게 가지고 있다. 따라서 개인들이 정의관이나 정의원칙을 합의하려면 계약론적 또는 구성주의적 접근이 필요하게 된다.

 자유주의 이념과 롤즈의 정의론이 전제하고 있는 이 자유주의적 인간관은 한국사회에 두 가지 반응을 불러일으킬 수 있다. 한국인들은 인간을 사회적 관계망 속의 존재로 파악하는 경향이 강하다. 즉 인간은 가족, 지역적 공동체, 사회, 나아가서 세계와 같은 상호 연결된 관계에서 조화로운 인간관계를 유지하는 데 그 역할이 있다고 생각한다. 이러한 생각을 따른다면, 개인의 권리란 가족, 지역공동체, 또는 국가의 공동선을 유지하는 한도 내에서 허용된다. 즉 개인의 권리와 자유는 인간관계의 연루성에 의해 상당히 제약을 받게 되는데 이는 공동체주의적 인간관이라 할 수 있다. 개인의 자유와 권리를 강조하는 자유주의와 롤즈의 정의론을 한국사회에 도입하는 것은 그동안 공동체주의적 전통과 연루적 인간관계에 의해 제약되었던 개인의 권리와 자유를 새롭게 인식하게 하고 그 중요성을 일깨우는 계기가 된다. 지난 1970년대와 1980년대에 이르는 권위주의 국가 시절에 개인의 자유와 권리는 경제성장과 국가 발전이라는 집단적 목표하에 상당한 정도로 제약되었다. 그 후 민주화의 진전과 함께 자유주의 사상의 도입으로 한국인들은 개인의 자유와 권리의 가치를 인식하게 되었는데 이러한 인식이 확산함에 따라 다른 한편으로는 개인의 권리에 대한 과도한 요구가 국민통합과 화합을 저해할 수 있다는 자유주의에 대한 비판론이 일부 대두하기도 하였다.

 롤즈의 자유주의적 인간관의 핵심은 그의 《정의론》에서 가장 중요한 기본 가치로 설정된 자존감(self-respect)에 있다(Rawls, 1971: 440~446). 사실상 롤즈의 정의론은 자존감의 개념에서부터 출발하는데, 자존감을 적절히 보장받으려면 권리와 자유(rights and liberties), 권한과 기회(powers and opportunities), 수입과 부(income and wealth)로 표현되는 사회적 기본가치(primary social goods)의 적절한 분배가 필요하다. 롤즈에 의하면, 자존감이 가장 중요한 기본가치이므로 우리는 누구나 건강과 같은 자연적 기본가치(natural primary goods)를 비롯하여 권리와 자유, 권한과 기회, 수입과 부와 같은 사회적 기본가치를 필요로 하게 된다. 누구나 자신의 자존감을 향유할 수 있는 공정하고 훌륭한 사회를 만들려면 사회의 기본구조를 설정하게 될 사회적 기본가치의 배열을 심사숙고하는 것이 절대적으로 요구된다. 롤즈에게서 정의의 두 원칙(Two Principles of Justice)[11]은 사회적 기본가치의 공정한 분배가 그 핵심을 이루는데 이를 공정으로서의 정의라 부른다.

롤즈는 자존감의 두 가지 측면을 설명한다. 하나는 자기 자신의 가치에 대한 인식으로, 이는 자신의 가치관과 인생 계획이 추진할 가치가 있다는 확신이라 할 수 있다. 다른 하나는 자신의 의도를 달성할 수 있다는 자신의 능력에 대한 확신을 시사한다(Rawls, 1971: 440). 롤즈의 자존감은 기본적으로 개인주의적 인간관의 중심이 된다. 이와 비교하여 한국의 전통사상에서는 인간존중의 사상을 볼 수 있다. 인간존중의 사상은 자존감의 개념과 만날 수 있게 되는데, 자존감이 자기 중심적 개념이라 한다면 인간존중은 타자 배려적 개념으로 분석된다. 롤즈가 언급한 것처럼, 자신의 가치에 대한 인식은 자신의 가치관과 인생계획을 추진할 가치가 있다는 확신으로 연결된다. 이러한 자존감의 개념은 나의 존재 즉 나의 가치관과 인생이 나에게 절대적으로 중요한 가치인 것과 마찬가지로, 타인의 존재, 가치관 및 인생계획 역시 당사자에게 중요하므로 이를 존중해 주어야 한다는 논리로 발전하게 된다. 이러한 인식의 확대는 자기 자신의 가치에 대한 발상이 타자 지향적인 도덕적 개념으로 발전하는 모습을 보여준다. 이와 비교하여 인간존중의 개념은 기본적으로 타자 관계적인 집단적 개념에서 출발한다. 우리는 모두 인

---

[11] 정의의 두 원칙에 대한 상세한 내용은 Rawls, 《A Theory of Justice》(1971), 60~65쪽을 참조.

간이므로 서로 존중해야 한다는 인식은 자기 자신의 존재에 대한 확신이나 자신의 가치관 및 인생계획의 고유성에서 출발하는 것은 아니다. 우리는 공통으로 도덕성을 지니고, 상호 의존적으로 연결된 존재이므로 서로 존중해야 한다. 자존감의 개념은 롤즈의 자유적 평등주의를 구성하게 되고, 인간존중의 발상은 한국의 공동체주의적 전통에 내재화되어 있다.

롤즈에게서 자존감은 그의 정의의 두 원칙 중 정의 제1원칙의 자유의 우선성 원칙(the priority of liberty)을 통해 우선적으로 보호된다. 정의 제1원칙에 이어, 정의 제2원칙은 사회경제적 가치의 배분을 다루고 있으며, 공정한 기회평등의 원칙(the principle of fair equal opportunity)과 차등원칙(the difference principle)으로 구성되어 있다(Rawls, 1971: 60~65). 정의 제2원칙을 구성하는 이 두 가지 원칙은 제1원칙에서 보장된 기본적 자유의 행사에 부당하게 영향을 미칠 수 있는 사회·경제적 불평등을 조정하는 것을 염두에 두고 있으며, 정의 제1원칙과 제2원칙의 관계는 제2원칙이 제1원칙을 위배할 수 없다는 순차적 관계로 설명된다. 이러한 기본적 자유의 우선적 강조와 대조적으로 유교의 이론적 전통과 실제 생활에서는 생존을 위한 물리적 조건이 기본적 자유의 보장에 앞서 강조되기도 한다. 이러한 사유에서는 기본적 자유의 보장과 사회·경제적 조건의 보장에 관한 롤즈의 위계적 구분은 실천적인 면에서 설득력이 약해진다. 우리는 일상생활에서 기본적 자유에 대한 요구와 적정한 경제적 조건의 보장에 관한 갈등을 목격하게 된다. 어떤 경우에는 사회·경제적 배분에 관한 기본적 정의 문제가 롤즈의 정의론에서 헌법적 본질(constitutional essentials)을 구성하는 기본적 자유보다 우선성을 지닐 수도 있다. 현대 한국인들은 기본적 자유의 우선성의 중요성을 인정하지만, 정부로 하여금 사회적 통합을 저해할 수 있는 경제적 불평등을 조정할 것을 요구하기도 한다. 이러한 요구는 한국의 공동체주의적 전통에서 유래하는 것 같다.

특히 롤즈의 《정의론》(1971)에서 정의 제2원칙의 핵심인 차등원칙은 합리적 선택이론의 일환으로 정당화되고 있다. 그것은 사회가 허용할 수 있는 최대한도로 자신의 최악의 입장을 최대한으로 개선하는 것을 목표로 하는 개인의 합리적인 사회적 선택이라 할 수 있다. 원초적 입장에서 차등원칙에 대한 합의는 기본적으로 개인의 근본적 이익에 대한 고려에서 비롯된다. 그럼에도 결과적으로 나타나는 차등원칙에 표현된 평등주의적 발상은 한국의 전문가들뿐만 아니라 일반인에게도 긍정적 관심을 불러일으킨다. 그 이유는 우연히도 한국사회의 공동체주의적 전통에 내재해 있는 강한 평등주의적 경향과 부합하기 때문이다. 차등원칙의 평등주의적 발상에 대한 한국인의 지지는 공동체주의적 발상에서 연유한다. 우리 한국인들은 공통의 감정을 지닌 하나의 공동체에 서로 연결되어 있어서 기꺼이 우리의 능력 한도 내에서 서로 후원하려고 한다. 그것은 자신의 최악의 입장에 대처하려는 합리적 고려에서 유래하는 것은 아니다. 차등원칙에 한국인들이 긍정적 반응을 보인다면, 그것은 아마도 있을 수 있는 최악의 상황에서 자신의 입장을 개선하려는 개인의 합리적 고려라기보다는 공동체의 보전과 번영을 염두에 두거나 상호 연루된 공통의 감정을 통하여 나오는 것으로 해석된다.

차등원칙을 정당화하는 데 롤즈는 두 가지 경로를 채택한다. 하나는 앞에서 분석하였듯이 원초적 입장에서 최악의 상황에 대비한 합리적 선택의 경로를 통해서이며, 다른 하나는 개인의 능력이 자연적·사회적 우연성의 산물이라는 설명을 통해서이다. 롤즈는 분배의 결과가 자연적·사회적 우연성에 의해 부적절하게 영향을 받는다면, 그 분배는 "도덕적 관점에서 자의적이다(arbitrary from a moral point of view)"(Rawls, 1971: 72)라고 주장한다. 개인의 능력을 자연적·사회적 우연성에서 영향을 받은 산물로 이해하는 롤즈의 발상은 능력을 사회의 공동자산으로 해석하는 것으로 진전된다. 이러한 해석은 한국에서의 공동체주의적 발상과 부합하게 된다. 한국에서의 공동체주의 이해에 따르면, 인간은 상호 의존적으로 연결되어 있다. 우리 인간은 사회에서 자신의 고유한 역할을 적절히 수행함으로써 자신의 완성을 성취할 수 있다. 자신의 능력 개발은 이러한 사회적 관계망을 통해 이루어지므로 인간은 자신이 속한 사회를 위해 자신의 능력을 발휘할 도덕적 의무를 지게 된다. 이러한 해석에 따른다면, 롤즈의 차등원칙은 개인적인 합리적 선택 논리보다는 공동체주의적 인간관계라는 해석을 통해 한국인들에게 좀 더 수용될 수 있게 된다.

(3) 계약론의 계승과 구성주의에 대한 반응

자유주의 전통에서 롤즈의 정의론은 이른바 공정으로서의 정의라는 그의 정의론을 정초할 때의 철학적 방법으로서 계약론적 발상을 계승한다. 《정의론》에서 롤즈는 "나의 목적은, 말하자면, 로크, 루소, 칸트에서 발견되는 친숙한 사회계약론을 일반화하고 좀 더 높은 차원으로 추상화하는 정의관을 제시하는 것이다."(Rawls, 1971: 11)라고 언급하는데 그 계약론의 방법은 반성적 평형(reflective equilibrium)

과 원초적 입장(original position)의 개념을 새로이 도입하여 구성주의(constructivism), 좀 더 구체적으로 말해 정치적 구성주의(political constructivism)로 발전하게 된다. 사회 기본구조에 적용되는 특정한 정의원칙을 합의한다는 계약론적 발상과 구성주의적 입장은 한국의 학자들에게조차 매우 새로운 접근방식이다. 더욱이 일반적으로 한국인들은 정의원칙에 합의하기 위한 계약론적 발상과 구성주의적 접근에 생소하다. 한국의 시민들은 정의에 관한 특정한 원칙이 분명히 존재하고 그것을 어느 정도는 알 수 있다고 생각하는 것이 일상적인 사고에서 나타나는 일반적인 경향인 것 같다. 이러한 직관적 감각의 정의에 대한 이해는 일반적으로 한국인들에게 매우 친숙하다. 나아가 롤즈의 정의론은 고도로 추상적이어서 일반 시민들이 그 구조를 파악하기는 매우 어렵다. 롤즈의 기본적 개념인 반성적 평형, 숙고된 판단(considered judgment), 원초적 입장, 무지의 장막(veil of ignorance), 최소극대화의 원칙(the maximin principle), 차등원칙(the difference principle) 등은 롤즈의 정의론을 이해하는 데 어려움을 배가시킨다. 이러한 이해의 어려움은 고도의 추상성과 이론적 체계성을 지닌 롤즈의 정의론이 한국사회에 주는 실리적인 함의는 무엇이냐는 문제로 발전하게 된다. 더욱이 실제 정책입안자들에게 롤즈의 정의론은 고도의 추상성을 띠고 기본적 원칙만으로 제시되기 때문에 이들은 롤즈의 정의론을 이론적으로 이해하기도 어려울 뿐만 아니라 이를 한국사회에 어떻게 적용·응용할지에 대해서도 난관에 부딪히게 된다.

(4) 도덕과 정치의 구분에 대하여

롤즈의 《정의론》의 계약론적 발상은 그의 저서 《정치적 자유주의》(1993)에서 정치적 구성주의로 발전하게 된다. 정치적 자유주의는 도덕철학과 정치철학의 분리를 시도하고 있다. 헌법적 본질과 기본적 정의 문제를 다루는 정치적인 것의 영역(the domain of the political)을 설정하기 위해 새로이 합당성(the reasonable), 공적 이성(public reason), 중첩적 합의(overlapping consensus)의 개념들을 도입한다. 이렇게 하여 정치적인 것을 종교적, 철학적, 도덕적 교리로 표현되는 시민사회의 포괄적 교리(comprehensive doctrines)와의 구분을 시도한다.

한국의 정치문화에서 정치와 도덕의 구분은 불분명하다. 사실상 일반 시민들은 정치인들과 정부관리들에게 공적인 영역뿐만 아니라 개인적 행동과 인생경로에 고도의 도덕성을 요구한다. 이러한 일반적 요구에는 긴 안목에서 볼 때 고도의 도덕성이 훌륭한 정치를 위한 가장 중요한 덕목이라는 논리가 내재해 있다. 유교에서는 사람에 내재해 있는 도덕적 요소를 배양하는 것이 정치적 직책이나 정부의 관직에 임명되기에 앞서 늘 강조되었다. 유교의 논리에서는 인간에 내재한 도덕성을 배양하여 훌륭한 인간이 되는 것이 훌륭한 정치인이나 정부의 관리가 되는 데 매우 중요한 것으로 간주한다고 이해된다. 한국의 정치문화에서 도덕과 정치를 구분하기는 쉽지 않다. 여전히 현대 한국인들은 공적 영역뿐만 아니라 개인적으로도 도덕적으로 행동할 수 있는 훌륭한 사람을 중시하는 전통을 상당한 정도로 계승하고 있다. 유교 이론에서 사람은 자신의 본성에 내재해 있는 도덕적 요소를 끊임없는 자기 수양을 통해 발달시킬 때 훌륭한 사람이 될 수 있다고 강조하며, 그 영향으로 현대 한국인들은 도덕과 정치의 분리, 사적인 삶과 공적인 삶의 분리를 매우 주저한다.

 정치적 자유주의에서 롤즈의 정치와 도덕의 구분은 한국의 정치적 관행에 호소력을 지닐 것 같지는 않다. 그러나 합당성, 공적 이성 및 중첩적 합의의 개념은 한국의 정치문화에 내재해 있는 공동체주의 전통에 호소력이 있으며 공동선과 사회적 화합의 추구에 이론적 근거를 제공해 줄 수 있다. 정치사회가 제한된 지리적 영역 내에서 서로 연결된 인간관계망의 표현으로 여겨지고 그 구성원들이 자연스럽게 이러한 상호적 인간관계망을 통해 공통의 감정을 가지게 될 때 공동선의 개념은 부상하게 된다. 그럴 때 합당성, 공적 이성, 중첩적 합의의 개념에 의해 지지되는 롤즈의 선에 대한 정당성의 우선성(the priority of the right over the good)은 사회 전체를 위한 공동선의 보존을 위해 개인들이 자신의 이익과 가치관을 극대한으로 추구하는 것을 자발적으로 자제할 것을 요구하는 공동체주의적 발상과 양립할 수 있게 된다.

 전체적으로 볼 때, 《정의론》(1971)에서 표현되는 합리적 선택이론으로서 개인주의적 접근보다는 《정치적 자유주의》(1993)에 내재해 있는 공동체주의 또는 공화주의 발상이 한국의 정치문화적 전통과 현재의 실정에 좀 더 설득력이 있는 것으로 평가된다.

(5) 자유주의적 국제정의관에 대하여

 한편 한정된 국내 사회를 염두에 둔 《정의론》과 《정치적 자유주의》의 기본 발상을 국제사회에 적용하려는 《만민법》(1999)은 한국인들에게 이중적인 반응을 불러일으키리라 생각된다. 칸트의 평화적 연합(foedus pacificum)으로서의 영구평화론의 발상을 계승하고 사회계약을 활용하는 롤즈의 국제사회정의관은 현실주의적 유토피아(a realistic utopia)(Rawls, 1999: 4~6, 11~12)로 제시되고 있다. 그 의미는 현실의 가능한 범위 내에서 실현 가능한 최적의 이상을 추구하는 것으로 이해된다. 롤즈는 국내 사회에서 양립 불가능한 다원주의가 특징인 특정 사회에 적용되는 정의원칙을 도출할 때 사용되는 정치적 구성주의의 발상을 국제사회에 적용될 수 있는 자유주의적 국제정의관으로 발전시킨다. 국제사회는 사회들의 사회(a society of societies)로서 자유주의적 사회, 비자유주의적이지만 적정수준의 사회, 자애적인 절대주의체제, 무법국가, 불리한 여건의 사회 등으로 구분되고 이들은 기본적으로 서로 다른 정치문화를 지닌 것으로 설명된다. 정치적 구성주의 발상을 활용하여 자유주의적 국제사회 정의관을 발전시키는 것과 관련해, 고유한 정치문화로 구분되는 국제사회의 다원주의 현실에서 합당성과 공적 이성이 어떻게 작동하여 중첩적 합의가 획득되는지에 대한 설득력 있는 구체적 설명을 찾아보기는 어렵다.

롤즈의 다섯 가지 형태의 국내 사회, 즉 자유주의적 사회, 비자유적이지만 적정수준의 사회, 자애적인 절대주의체제, 무법국가 및 불리한 여건의 사회(Rawls, 1999: 4) 중에서 한국은 분명 자유주의적 사회에 속한다고 할 수 있다. 그리고 대다수 한국인은 한국이 자유주의적 사회라고 생각한다. 하지만 북한을 어떻게 규정하고 대해야 할지에 대해서는 견해가 나누어진다. 북한은 무법국가적인 측면도 있지만, 다른 한편으로는 불리한 여건의 사회의 측면도 있다. 대다수 한국인은 현재 남북한이 서로 다른 두 개의 정치체제로 분리되어 있긴 하지만, 남북한 모두

하나의 민족을 형성하고 있다는 인식을 공유하고 있다. 그러나 자유주의적 정향을 지닌 일부 한국인들은 북한정치체제, 특히 북한의 정치지도체제가 무법국가의 위험한 측면을 포함하고 있다고 생각하는 반면에 민족주의적 성향의 사람들은 불리한 여건의 사회의 특징으로 설명할 수 있는 정치문화와 경제발전의 후진성을 강조한다. 이러한 후진성이 북한으로 하여금 무법국가적 측면을 띠게 한다는 것이다. 이러한 인식의 차이는 롤즈의 비이상적 이론에서 제시되는 무법국가를 다루는 외교정책과 사기방어의 전쟁논리를 어떻게 해석하고 북한을 어떻게 처우할 것이냐에 대한 한국인들의 견해 차이로 발전하게 될 것이다.

한편, 한국인들은 롤즈가 주장하는 국제사회정의관에서 비이상적 이론의 한 부분인 불리한 여건의 사회에 대한 원조의 의무(the duty of assistance)에 대해 이중적인 태도를 보일 것으로 예측된다. 이 원조의 의무는 원조를 통해 해당 국가가 국제사회의 성실한 성원이 될 수 있는 상태에 이르게 되면 원조의 의무가 종식되는 중단점(cut-off point)을 지닌다는 것이 핵심이다. 한국의 실질적 정책담당자들은 이 원조의 의무를 환영할 수 있을 것으로 분석된다. 그 이유는 한국 정부와 국민은 한국이 지닌 자원과 능력 내에서 스스로 결정한 정책을 통해 불리한 여건에 있는 국민을 좀 더 실질적으로 도와줄 수 있기 때문이다. 그러나 한국에서 상당한 정도의 사람들은 포거(Pogge)와 베이츠(Beitz)에 의해 제시되는 세계시민주의적 발상에 동조하여 전 지구적으로 만연한 자유시장거래의 결과로 점점 증대되는 개발국과 저개발국 국민 간의 불평등을 조정하는 국제체제가 필요하다고 생각할 것이다. 일반적으로 한국인들은 국제사회를 지배하는 자유시장질서에 대해 이중적 반응을 보인다. 근본적으로는 자유시장질서의 중요성을 인정하지만, 자유시장질서가 국제사회뿐만 아니라 국내 사회의 불평등을 심화시키고 있다는 비판적 인식도 많기 때문이다. 이러한 인식은 자유시장에 대한 비판적 반성을 요구한다.

좀 더 근본적으로는, 한국인의 일상적 정의감은 어떻게 자유주의적 국제사회정의관이 비자유주의적 정치문화를 지닌 사회로부터 합당한 합의를 획득할 수 있는지에 대해 의문을 제기할 수 있다. 그 근본적 이유는 롤즈가 명시적으로 언급하였듯이, 자유주의적 국제사회의 정의 원칙들은 자유적 국민의 이상과 원칙을 통하여 만들어졌기 때문이다(Rawls, 1999: 10). 따라서 비자유적 사회의 국민이 이러한 정의관에 중첩적 합의의 지지를 할 수 있는지는 많은 논란거리가 될 수 있다.

3. 롤즈의 정의론과 한국의 민주주의: 실천적 함의와 그 영향

롤즈의 정의론이 1970년대 초 한국에 처음 소개된 이래 관련 논의는 주로 교수와 대학원생 및 학부생을 중심으로 이루어져 롤즈의 한국적 이해는 학계를 중심으로 한 이론적 이해에 머물러 있었다. 2000년대에 들어서면서부터 롤즈 정의론의 실천적 함의 및 이를 한국사회에 어떻게 적용할 것인가에 관한 일련의 논문이 발표되기 시작하였다. 2009년에 들어서는 《롤즈의 정의론과 그 이후》가 출판되었는데, 이 책을 통해 여러 학자들은 롤즈의 정의론을 다양한 관점에서 이론적으로 분석할 뿐만 아니라 그것이 한국사회에 주는 실천적 함의 및 그 적용 가능성을 분석하는 글을 소개하였다(황경식·박정순 외, 2009). 이러한 추세에 이어

2010년에는 한국에서 좀 더 실천적인 '공정사회' 담론이 대두하였다.

1) 한국의 공정사회 담론과 롤즈의 정의론

최근에는 롤즈의 정의론이 학계를 넘어 시민사회활동가와 정부관리 및 정책입안자들의 관심을 끌기 시작하였다. 그렇지만, 최근까지 롤즈의 정의론은 한국에서의 '민주화 과정'이나 국가발전의 전략에 큰 영향을 미치지 못하였다. 현대 한국은 1948년 대한민국 정부를 수립한 이래 기본적으로 민주주의 정치제도와 자유시장경제체제를 채택해 왔다. 그러나 그간의 과정에서 한국의 민주주의는 권위주의 정치체제로 변질되어 그에 저항하는 민주화 운동을 1987년까지 불러일으키게 된다. 롤즈의 이론은 자유주의적 기본가치와 발상을 담고 있었지만, 한국의 민주화에 어떠한 이념이나 지침을 제시하지는 못하였다. 그 이유는 아마도 그의 정의론이 고도로 추상적인 정치철학의 성격을 띠고 있어 민주화 운동에 참여했던 학생과 지식인은 물론 정치인과 정책입안자들이 그것을 정확하게 이해하는 것은 물론 실질적 운동지침과 목표를 그것에서 찾는다는 것이 쉽지 않았기 때문으로 보인다.

당시 롤즈의 정의론을 한국사회에 처음 도입하는 데 절대적 역할을 하였던 황경식 교수의 대학원 학생이었던 정원섭 교수는 1980년대 중반 황경식 교수의 롤즈 정의론 강의에 대한 한 대학원생의 반응을 다음과 같이 회상한다. "롤즈 정의론? 하하하. 그것은 완전히 현대 미국판 부르주아 이데올로기지! 부르주아 이데올로기를 공부할 필요는 없지 않은가? 그것도 미 제국주의의 이데올로기라면 더욱 그렇지 않은가?"(정원섭, 2012: 27)

이러한 반응은 당시 민주화 운동에 상당한 영향을 미쳤던 사회주의 이념과 함께 반미주의적 분위기를 배경으로 한 것으로 분석된다. 한편, 롤즈의 정의론에서 보이는 발상들은 당시의 권위주의적 발전국가를 이끌었던 정치가와 정책입안자들에게도 별 영향을 미치지 못하였다. 그 근본적 이유는, 설사 이들이 롤즈의 정의론을 어느 정도 이해하였다 할지라도 당시에는 아직 민주적 제도가 정착되지 않았을 뿐만 아니라 국민의 기본적 생존 욕구를 충족시킬 경제적 여건도 확립되지 않아 그러한 현실에 유용한 실질적인 발상을 찾기가 어려웠기 때문으로 보인다. 롤즈의 정의론에서 제시되는 자유주의적 평등주의 발상은 어느 정도 민주제도가 정착되고 경제적 여건이 해결된 민주국가에 적용될 수 있기 때문이다. 롤즈의 정의론이 한국에 처음 소개된 지 약 40년이 지나서야 한국인들이 그 정책적 함의와 실질적 적용 가능성에 관심을 기울이기 시작하였다.

2010년에는 중산층 시민들이 정의와 공정성에 상당한 관심을 기울이는 새로운 현상이 나타나게 된다. 이를 '정의와 공정성' 담론이라 할 수 있겠다. 좀 더 구체적으로 말한다면, 하버드 대학 샌델(Michael Sandel) 교수의 저서 《*Justice: What's the Right Thing To Do?*》(2009)가 《정의란 무엇인가?》(2010)라는 제목으로 한국에 번역·소개되고 같은 해 8월 15일에 이명박 대통령이 8·15 광복절 경축사를 통해 '공정한 사회'를 언급하였는데, 이 두 가지 사건이 일상 한국인들의 마음속에 잠자고 있던 정의와 공정성에 대한 갈망을 불러일으키게 되는 계기가 되었다.

이러한 '정의와 공정사회 담론'의 조류를 타고 공정사회 구축을 위한 실제적인 정책들을 모색하기 위해 학자와 시민사회단체 관계자, 정부의 관리들이 함께 참석하는 일련의 세미나가 개최되었다. 그중 하나로 2011년 3월 17일에는 한국의 경제·인문사회연구회가 주관하고 한국정치학회, 한국경제학회, 한국사회학회, 한국경영학회 및 동아일보와 협조하여 '공정한 사회: 새로운 패러다임'이라는 제목의 공동학술세미나가 서울 프레스센터에서 열렸다. 이 행사에는 정치학, 경영학, 경제학, 사회학 등 다양한 분야의 학자들은 물론 산업연구원, 한국보건사회연구원, 한국여성정책연구원, 한국청소년정책연구원 등에서 온 전문가와 연구자들이 대거 참석하였다. 어떻게 하면 공정한 사회를 달성할 수 있을지에 대한 발표와 토론을 통해 다양한 의견이 이 자리에서 제시되었으며 롤즈의 정의론과 그 실천적 함의도 한국의 공정사회 실현을 위해 빈번히 거론되었다.[12]

이어서 같은 해 5월 21일에는 한국철학회가 주관하여 '정의와 공정사회: 동서 철학적 성찰'이라는 세미나를 개최하였는데, 이 세미나에서도 한국사회의 다양한 분야 즉 교육, 경제적 분배 및 페미니즘과 여성평등 등의 분야에서의 정의와 공정성에 관한 광범위한 토론이 심도 있게 이루어졌다.[13]

8월 31일에는 국무총리실과 경제·인문사회연구회가 SBS와 동아일보의 후원을 받아 「공생발전」 실현을 위한 공정사회 추진방안 국민토론회: 시민사회와 함께 만드는 공정사회'를 개최하였는데, 이 세미나에

---

[12] 상세한 내용은 경제·인문사회연구회 외 공동학술행사, "공정한 사회: 새로운 패러다임 자료집"(한국프레스센터, 2011)을 참조.
[13] 상세한 내용은 한국철학회, "정의와 공정사회: 동서 철학적 성찰 자료집"(서울: 성균관대학교 다산경제관, 2011)을 참조.

서는 공정사회를 위한 정부의 정책과 노력이 분석·평가되었고 공정사회 담론과 실천에서 시민사회 참여의 중요성이 강조되었다.[14]

이러한 일련의 공정사회 담론을 통해 롤즈의 정의론에 대한 이론적 분석은 물론 그 실천적 함의에 대한 분석이 이루어졌으며, 공리주의와 공동체주의 정의관의 관점도 함께 토론되었다. 이러한 노력의 결과, 롤즈의 정의론에 대한 이론적 이해가 더욱 심화되었을 뿐만 아니라, 더 적극적으로 그 실천적 함의와 적용 가능성을 검토하는 단계로 논의가 확장되고 있다. 이러한 롤즈의 정의론에 대한 이론적, 실천적 논의의 확장은 《공정과 정의사회》(2011)를 통해 잘 표현되고 있다.

이처럼 2000년대에 들어서면 한국을 좀 더 공정한 사회로 만들려는 일련의 관심과 노력이 보이게 되는데, 롤즈의 정의론은 이러한 사회적 분위기 속에서 다양한 관점으로 조명되기 시작하였다. 그간 롤즈의 정의론은 한국사회에서 복지프로그램을 확대하는 데 필요한 이론적 근거를 제공하는 데 기여하였다고 평가할 수 있다. 이제 한국에서 롤즈에 대한 논의는 공정한 사회를 건설하기 위한 실제 정책을 만들기 위하여 그의 발상을 실험하는 단계로 진입했다고 할 수 있다.

2) 경제민주화와 롤즈의 정의론

'경제민주화(economic democritization)'에 대한 최근의 요구는 한국사회에서 공정사회 담론을 더욱 심화시키고 있음을 반영한다. 이러한 사회적 분위기에서 특히 롤즈의 자유적 평등주의의 핵심을 이루는 차

---

[14] 상세한 내용은 국무총리실/경제·인문사회연구회, "시민사회와 함께 만드는 공정사회 자료집"(포스트타워대회의실, 2011)을 참조.

등원칙과 1999년에 수정된 《정의론》에서 제시되는 '재산소유민주주의 (property-owning democracy)'[15]의 발상에서 갈수록 심해지는 한국의 사회·경제적 불평등 문제를 해결하기 위한 대안 모색의 이론적 근거를 찾아볼 수 있을 것이다.

그렇지만, 롤즈의 정의론에서 제시된 자유주의적 평등주의 발상을 한국에서 기본구조와 정책의 기조로 채택하는 것에 대한 반성적 논의도 병행되고 있다. 김주성 교수는 롤즈의 자유적 평등주의 입장을 다음과 같이 재해석하여 한국사회에 적용할 것을 제안한다. 즉, 그는 롤즈의 정의론의 제1원칙인 자유의 우선성 원칙을 받아들이고, 정의 제2원칙 중 공정한 기회평등의 원칙을 그대로 수용하되 차등원칙 대신 사회최저치 보장(the guaranteed minimum) 원칙을 채택할 것을 제안하면서 이것이 한국의 실정에 좀 더 부합한다고 하였다. 그 이유로 경제성장의 동력을 잃지 않고 기업의 자유로운 활동의 부담을 줄임으로써 국제경쟁력을 유지하는 것이 한국이 좀 더 자유로운 사회가 될 수 있기 때문이라고 주장한다. 그러나 필자는 이러한 주장은 사실상 자유지상주의 주장과 별반 차이가 없을 뿐 아니라 그러한 자유지상주의적 국가경영으로는 갈수록 심해지는 사회·경제적 불평등 문제를 해결하기가 어렵고 빈자와 부자의 사회적 화합을 기대할 수 없으므로 좀 더 장기적으로 보면 한국의 국가운영에 많은 문제점을 노정시킬 것이라고 지적한 바 있다. 그리고 차등원칙의 발상을 한국의 현실 여건 속에서 실현하는 것이 좀 더 나은 방향이라고 주장하였다. 즉 한국의 사회·경제적 능력

---

15 롤즈의 '재산소유민주주의'의 개념에 대한 상세한 설명은 Rawls, 《A Theory of Justice, Revised Edition》 (Cambridge: The Belknap Press of Harvard University Press, 1999), pp. xiv~xv를 참조.

과 여건을 고려하여 차등원칙의 발상을 점진적으로 실현해 나갈 것을 제안하였다. 그러나 만약 차등원칙의 발상을 실현하는 것이 한국의 경제운영과 성장을 저해한다면 그것은 차등원칙 실현의 현실적 한계선이 될 수밖에 없을 것이라고 하였다. 이러한 주장은 사실상 김주성 교수의 해결 방향과의 차이가 미세할 것으로 예측되지만, 필자가 제시한 해결 방향이 좀 더 평등주의적 성격을 띠게 될 것은 분명하다.[16]

최근에 진행되는 경제민주화에 대한 요구는 심화되어가는 사회·경제적 불평등을 조정할 것을 요구하는 공정한 분배문제와 깊이 관계되어 있을 뿐만 아니라, 한국의 자유시장 관행에서 보이는 불공정성에 대한 반성을 요구하는 것을 포함한다. 경제민주화와 나아가서 공정사회에 대한 요구는 롤즈의 용어를 빌리자면 기본적 자유(basic liberties)와 기본적 정의(basic justice) 간의 갈등을 불러일으킬 수 있다. 롤즈의 《정치적 자유주의》에서 정치적인 것의 영역은 기본적으로 헌법적 본질과 사회경제적 여건을 보장하는 기본적 정의(basic justice) 문제로 구성된다. 기본적 자유의 보장은 헌법적 본질에 해당하며, 차등원칙은 기본적 정의 문제에 해당한다(Rawls, 1993: 227~230). 한국에서의 경제적 민주화 논의는 롤즈의 이론에서는 기본적 정의 문제와 관계된다.

롤즈는 자신의 정의 두 원칙을 제시할 때 1원칙과 2원칙 간에 계서적 관계를 설정함으로써 두 원칙 간 갈등 가능성에 관해서는 언급하지 않

---

[16] 롤즈의 정의론을 재해석하여 김주성 교수가 제시한 자유주의적 분배 모델은 김주성, "자유주의와 공정사회", 《공정사회란 무엇인가》(시대정신토론회, 사회복지모금회 강당, 2010, 10, 28)에서 처음 제시되었고 필자는 당시 김 교수의 입장에 관해 토론을 담당하였다. 후에 김 교수는 한국의 공정사회를 위한 자신의 자유주의적 분배모델의 발상을 좀 더 정교하게 발전시켜 "자유주의와 공정사회", 《정치사상연구》 제17집 2호(2010년 가을)에 발표하였다. 김 교수의 주장과 필자의 비판의 주요 내용에 관해서는 위의 논문과 함께, 장동진, 《심의민주주의: 공적 이성과 공동선》(2012), 238~247쪽을 참조.

는다. 그러나 현실정치에서 정의 제2원칙을 실행하려면 시민들에게 개인의 기본적 자유에 대한 자발적인 양보가 필요하게 된다. 말하자면, 기본적 정의에 대한 요구는 기본적 자유와 권리의 합당한 제한에 대한 사회적 합의를 불가피하게 필요로 하게 된다. 이를 좀 더 구체적으로 말한다면 제1원칙의 기본적 자유에 해당하는 경제적 자유와 소유권에 대한 제한 없이는 제2원칙이 현실적으로 작동되기는 어렵다. 이러한 딜레마를 해결하기 위해 롤즈는 경쟁적 시장체제를 근간으로 하는 재산소유민주주의에서 개인적 재산(personal property)과 사회적 성격을 지니는 자본(capital)과의 구분을 시도한다. 그의 재산소유민주주의는 부와 자본의 소유권을 분산시켜서 사회의 일부 소수가 경제를 장악하여 간접적으로 정치생활 자체를 통제하지 못하도록 하는 것이 목표이다(Rawls, 1999: xiv~xv).

자유주의적 사회주의체제(a liberal socialist regime)의 하나라고 할 수 있는 재산소유민주주의의 실질적 실행은 암묵적으로 기본적 자유를 어느 정도 제한하는 것을 가정하는 것으로 분석된다. 그렇기에 한국에서의 경제적 민주화의 요구는 사실상 개인의 경제적 자유와 재산권의 행사에 대한 자발적인 양보 또는 자제를 요구한다. 한국에서 경제민주화에 대한 비판의 논리는 다음 두 가지 차원에서 제시된다. 하나는 앞의 분석에서처럼 경제민주화는 개인의 경제적 자유와 재산권의 행사와 같은 기본적 자유를 제한할 수 있다는 점이다. 다른 하나는 자유로운 경제활동과 재산권의 행사를 제한하려는 사회 분위기는 결국 투자와 자발적 경제행위를 위축시켜 한국경제의 성장과 발전을 둔화시키고 세계경제에서 한국의 경제적 경쟁능력을 상실하게 한다는 우려이다. 후자의 논리는 한국인들에게 집단적인 경제적 실리(collective economic prudence)를 상실하게 하여 기본적 자유의 제한에 따른 부담 못지않게 경제적 부담을 안게 한다는 것이다.

3) 롤즈의 정의론과 한국사회의 복합적 갈등 및 남북한 통일 문제

최근 한국사회는 복합적 갈등(complex equality) 양상을 보인다고 분석되기도 한다. 구체적으로, 경제적 양극화로 대변되는 경제적 갈등, 재벌체제 내의 불공정한 지배구조와 관행, 재벌과 중소기업 간의 불평등하고 불공정한 관계, 정당정치와 연계된 지역주의 정치, 새로이 부상되는 세대 간 갈등, 다문화주의 문제, 남녀 불평등에 대한 전반적 반성을 촉구하는 여성주의의 요구, 진보와 보수의 이념적 갈등 등 다양한 갈등이 서로 영향을 미치면서 한국사회는 더욱 복잡한 복합갈등의 사회로 변하고 있다. 롤즈의 이론은 이러한 복합갈등을 해결하는 데 필요한 이론적인 지적 자원을 직·간접적으로 제공해 줄 수 있을 것으로 기대된다. 근본적으로 롤즈의 정의론은 자유주의적·개인주의적 자원과 공동체주의·공화주의적 자원을 동시에 가지고 있다. 후자의 공동체주의·공화주의적 자원은 여전히 공동체주의적인 전통이 많이 살아 있는 한국인의 정서에 더 친화적일 수 있음을 보여준다. 전자의 자유주의적 개인주의 전통은 여태까지 한국인의 집단주의적 인간관계망과 공동체주의적 전통 속에 억눌려 있었던 개인의 자유와 인권의 존중 의식을 개선하는 데 긍정적으로 기여할 수 있을 것으로 보인다. 그러나 전자의 자유주의적 가치의 확산은 한국인의 의식에 아직도 뿌리 깊은 상호적 인간관계와 집단주의적, 공동체주의적 요구와 끊임없는 긴장관계를 유지할 것으로 예측된다.

　롤즈의 정의론이 남북한 관계 개선과 통일 문제에 주는 함의는 다음과 같이 정리된다. 우선 자유주의적 국제정의관을 제시하는 《만민법》의 비이상적 이론 중에서 특히 원조의 의무는 현재의 남북한 관계에서 남한이 북한을 지원하여 북한이 국제사회에서 신뢰할 수 있는 국가로 변화시키려는 발상과 연결된다. 이는 사실상 북한으로 하여금 어느 정도 인권과 개인의 기본권을 보장하는 자유주의적 요소를 받아들일 것을 요구하는 것이라 할 수 있다. 이러한 사유주의적 접근은 북한이 인권을 존중하는 적정수준의 사회(a non-liberal but decent society)가 되거나 어느 정도 자유주의적 요소를 수용하여 좀 더 개방적인 사회가 되어야만 평화적 통일논의가 가능하다는 견해로 발전할 것이다.

　이보다 근본적인 문제로, 남한과 북한의 정치체제에 내재해 있는 자유주의와 사회주의의 이념의 차이를 어떠한 절차와 내용으로 결합할 것인가 하는 것이 남북한 통일 문제에서 가장 어려운 문제라 할 수 있다. 이와 관련해 롤즈의 정의론에서 그 해결의 절차와 방법, 내용적 결합에 관하여 어느 정도 실마리를 찾아볼 수 있다. 먼저 남북한 갈등의 해결과 통일에 접근하는 절차로서 롤즈의 원초적 입장의 발상들을 현실화하여 통일 사회의 정의원칙들을 제시해 볼 필요가 있다. 또한 통일 한국에서 정의원칙의 내용의 결합은 롤즈의 자유주의적 평등주의 발상에서 출발하여 구체화해 볼 필요가 있다. 롤즈의 자유적 평등주의 발상은 기본적으로 그의 재산소유민주주의에서 보듯이 자유주의적 이념과 가치를 계승하지만 상당한 정도의 사회주의적 발상을 포함하고 있다. 이를 자유주의와 사회주의의 결합의 시도로 해석하는 것도 어쩌면 무리는 아닌 듯하다. 한국은 현재 사회주의 이념에 기초한 북한의 정치체제와 자유주의의 이념과 가치를 근간으로 하는 남한의 사회로 분단되어 있다. 이러한 상황에서 황경식 교수는 롤즈의 자유주의적 평등주의 논리에서 남북한 통일의 사회정의론을 구체화할 실마리를 찾을 수 있다고 언급한다.[17]

롤즈의 정의론을 기반으로 하여 통일 한국의 정의원칙을 제시해 본다면, 역시 기본적 인권과 기본적 자유의 보장이 상당한 우선성을 지닐 수밖에 없다. 그리고 소유권을 기반으로 하는 자유시장경제체제의 보장 역시 불가피하다. 다만 사회·경제적 배분의 문제에 관해서는 남북한의 현실적 격차와 여건, 능력을 고려하여 차등원칙의 발상을 실험해 볼 필요가 있다.

4. 결론

미국에서 출간된 지 반년 정도 지난 1972년 봄에 롤즈의 《정의론》이 한국에 처음 소개되었고 그로부터 40여 년이 지났다. 그간 한국의 학자들은 롤즈의 정의론을 이해하기 위해 상당한 노력을 기울여 현재 다양한 이론적 논의는 물론 실천적 적용의 가능성을 모색하는 의미 있는 결실을 얻고 있다. 롤즈의 주요 저서인 《정의론》, 《정치적 자유주의》, 《만민법》이 한국어로 번역되고 그의 정의론에 관한 다양한 글이 발표되었으며, 대학의 강의에서도 그의 정의론의 내용이 다양한 분야에 걸쳐 다루어지고 있다. 강의와 세미나뿐만 아니라 논문과 저서의 출판을 통한

---

17 장동진, "롤즈 정의론에 관한 황경식 교수 면담"(2013).

이해의 축적을 바탕으로 롤즈의 정의론에 대한 이론적 이해와 실천적 적용의 탐색은 더욱 심화·확장되고 있다.

앞에서 언급하였듯이, 한국에서 롤즈의 정의론에 대한 이론적 이해는 3단계를 거쳤다고 할 수 있다. 첫 번째 단계에서는 롤즈의 정의론을 그 이론적 주장과 구조를 파악함으로써 정확하게 이해하려고 노력한 특징을 보여준다. 두 번째 단계에서는 롤즈의 이론적 체계 내에서 그의 정의론을 비판적으로 분석하기도 하고 나아가 공동체주의 관점과 결부시켜 논의를 확장해 나가는 과정을 보여준다. 그렇지만, 여전히 롤즈의 정의론을 비판적으로 검토하면서 이론적으로 이해하는 데 머물렀던 시기이다. 세 번째 단계에서는 롤즈의 정의론을 한국적 관점에서 비판하거나 한국의 전통사상 특히 유교와 결부시켜 긍정 및 부정의 관점에서 분석하는 시도들이 나타났다. 그리고 이러한 비교철학적 관점에서의 논의는 롤즈의 이론을 통해 한국의 정치적 현실을 조명하고 비판해 보는 노력과 함께 병행되었다. '반성적 평형'의 과정으로 명명해 보는 이 3단계의 노력은 자연히 한국 민주주의를 발전시키는 데 롤즈의 정의론이 어떠한 의미를 지니는지, 또는 어떻게 적용할 것인지의 논의로 진전되기에 이른다. 앞에서 정부의 정책을 포함한 '공정사회 담론'에서 롤즈의 정의론이 지니는 의미를 분석하였듯이, 앞으로도 롤즈의 정의론은 좀 더 공정한 사회를 만들려는 한국의 민주주의 노력에 지속적으로 영향을 미칠 것이다.

한국에서 롤즈의 정의론에 대한 이론적 이해에는 몇 가지 특징적 양상이 보인다. 첫째, 한국에서의 롤즈 관련 논의는 정치학과 철학을 넘어 경제, 사회 및 경영학의 학문적 분야로 이미 상당한 정도로 확장되었으며, 통합학문적 조명을 촉구하고 있다. 둘째, 한국의 민주주의에 롤즈의 정의론을 실질적으로 적용하는 것을 검토해 보는 단계로 이전되고 있다. 셋째, 롤즈의 사상을 공화주의적 발상과 연결시켜 한국에 적용할 수 있는 가능성을 탐색해 보려는 학문적 노력이 전개될 것이다. 이는 롤즈의 자유적 평등주의를 공화주의적 관점에서 재해석 하는 것을 의미한다. 앞으로 한국에서 롤즈의 정의론에 관한 논의는 공화주의 발상과 결부시키려는 방향으로 상당히 진전될 것으로 여겨진다.

롤즈 정의론의 실제적 적용과 영향에 관련하여 정리하면 다음과 같다. 첫째, 롤즈의 정의론은 인권과 기본적 자유의 중요성에 대한 인식을 고양하여 한국의 민주주의 발전에 기여할 것이다. 한국의 민주주의는 여전히 시민들에게 평등하게 인권과 기본적 자유를 보장하는 데 많은 문제점을 드러내고 있는 만큼 기본적 자유의 우선성을 보장하는 롤즈의 정의 제1원칙은 한국에서 인권과 기본적 자유를 신장시키는 데 이론적 근거를 제공해 줄 수 있다. 그러나 기본적 자유를 보장함으로써 발생하는 개인주의의 확산은 한국사회의 화합과 공동선을 어떻게 유지할지에 대한 또 다른 우려를 낳을 것이다. 둘째, 정의 제2원칙의 차등원칙의 발상은 (필요시 약간의 수정을 거쳐) 시민들의 공정한 기회평등을 손상하는 경제적 불평등의 심화를 해결하는 데 구체적 지침을 제공해 줄 수 있을 것이다. 셋째, 롤즈의 정의론에 흐르는 평등주의 발상은 공동선과 상호 의존적 인간관계를 중시하는 공동체주의적 요구와 친화성을 지닌다. 이러한 공동체주의와 공화주의적 요소는 친화성을 지니지만, 개인 자유의 우선성을 보장하는 자유주의적 개인주의는 한국인이 일반적으로 지니는 공동체주의와 관계적 인간망에서는 여전히 긴장상태를 유지할 것이다. 그렇지만 롤즈의 자유주의적 개인주의 요소는 그 동안 공동체주의의 전통 속에서 억눌려 있었던 개인의 자유에 대한 새로운 인식을 확산하는 데 이바지할 수 있으며, 동시에 그간 한국사회의 개인들에게 확장·심화해온 자유와 권리의식과 부합할 수 있을 것이다. 한국에서 롤즈의 정의론은 한국 민주주의의 발전에 따른 새로운 방향의 모색을 위해 끊임없이 논의되고 새롭게 해석될 것이다. 또한, 한국에서 롤즈 정의론의 이해는 경제적 불평등을 조정하고 공정한 기회평등을 보장하여 공정한 사회를 추구하는 실천적 움직임에 새로운 해석을 통해 지적 자원을 끊임없이 제공할 것이다.

참고문헌

강정인. 2004. 《서구중심주의를 넘어서》. 서울: 아카넷.
강정인. 2013. 《넘나듦 通涉의 정치사상》. 서울: 후마니타스.
경제·인문사회연구회 외 공동학술행사. 2011. 3. 17. "공정한 사회: 새로운 패러다임 자료집" 한국 프레스센터 기자회견장.
국무총리실, 경제·인문사회연구회. 2011. 8. 31. "시민사회와 함께 만드는 공정사회 자료집" 서울: 포스트타워 대회의실.
김비환. 1996. "롤즈의 정치적 자유주의 비판: 민주적 형이상학과 사회의 기본구조를 중심으로" 《한국정치학회보》 30집 2호: 5~23.
김주성. 2011. "자유주의와 공정사회"《정치사상연구》 제17집 2호(2011년 가을).
문지영. 2007. "한국의 민주화와 '정의 담론'"《정치사상연구》 제13집 2호.
문지영. 2011. 《지배와 저항: 한국 자유주의의 두 얼굴》. 서울: 후마니타스.
박세일, 나성린, 신도철 공편. 2009. 《공동체자유주의: 이념과 정책》. 서울: 나남.
이상익. 2004. 《유교전통과 자유민주주의》. 서울: 심산.
이상익. 2005. "정의론에 대한 주자·롤즈의 '중첩적 합의' 가능성"《사회와 철학》. 제9호.
이승환. 1998. 《유가사상의 사회철학적 재조명》. 서울: 고려대학교 출판부.
이승환. 2004. 《유교담론의 지형학》. 서울: 푸른숲.
이인탁. 1981. "J. Rawls의 정의론에서 정의원칙 도출과정" 서울대학교 석사학위논문.
이인탁. 1984. "롤즈 정의론의 평등주의적 측면"《철학연구》, Vol. 12.
임혁백. 2011. 《1987년 이후의 한국민주주의》. 서울: 고려대학교출판부.
장동진. 2001. "롤즈의 국제사회정의관: 《만민법》을 중심으로"《국제정치논총》 제41집 4호: 315~336.
장동진. 2002. "유교적 관점에서 본 롤즈의 국제사회정의관"《정치사상연구》 제7집: 157~185.
장동진. 2006. "서양정의이론의 동아시아 수용: 롤즈 정의이론의 한국적 이해"《정치사상연구》 제12집 2호(2006년 가을): 80~100.
장동진. 2009. "롤즈 정의론과 한국사회" 황경식, 박정순 외, 《롤즈의 정의론과 그 이후》. 서울: 철학과 현실사.
장동진. 2010. "주역과 현대정치철학의 정의론"《정치사상연구》 제16집 2호: 55~72.
장동진. 2012. 《심의민주주의: 공적 이성과 공동선》. 서울: 박영사.
장동진. 2013. "롤즈 정의론에 관한 황경식 교수 면담" 명경의료재단 이사장실, 2013. 7. 17. 11:30~13:00.

정원섭. 2012. "황경식 선생님의 정년 퇴임을 축하드리며"《철학논구》제40집.
존 롤즈 지음·황경식 옮김. 1977.《사회정의론: 제1부 원리론》. 서울: 靑潮閣.
존 롤즈 지음·황경식 옮김. 1979.《사회정의론: 제1부 원리론》. 서울: 서광사.
존 롤즈 지음·황경식 옮김. 1979.《사회정의론: 제2부 제도론》. 서울: 서광사.
존 롤즈 지음·황경식 옮김. 1979.《사회정의론: 제3부 목적론》. 서울: 서광사.
존 롤즈 지음·황경식 옮김. 1977, 1985.《사회정의론》. 서울: 서광사.
존 롤즈 지음·황경식 옮김. 2003.《정의론》. 서울: 이학사.
존 롤즈 지음·장동진 옮김. 1998.《정치적 자유주의》. 서울: 동명사.
존 롤즈 지음·장동진, 김만권, 김기호 옮김. 2009.《만민법》. 서울: 아카넷.
최장집. 2002.《민주화 이후의 민주주의: 한국민주주의의 보수적 기원과 위기》. 서울: 후마니타스.
한국철학회. 2011. 5. 21. "정의와 공정사회: 동서철학적 성찰 자료집". 서울: 성균관대 다산경제관.
황경식. 1982. "古典的 公利主義와 John Rawls의 正義論 比較研究"(서울대학교 대학원 박사학위 논문).
황경식. 1985. "롤즈에 전해진 칸트의 유산"《철학연구》Vol. 40.
황경식. 2012a.《덕윤리의 현대적 의의》. 서울: 아카넷.
황경식. 2012b. "정의론과 덕윤리, 그리고 운명애"《철학논구》제40집: 1~18.
황경식 외. 2011.《공정과 정의사회》. 서울: 조선뉴스프레스.
황경식, 박정순 외. 2009.《롤즈의 정의론과 그 이후》. 서울: 철학과현실사.

Corning, Peter. 2011. *The Fair Society: The Science of Human Nature and the Pursuit of Social Justice*. Chicago: The University of Chicago Press.
Jang, Dong-Jin. 2008. "Rawls and Natural Justice : The Law of Peoples in view of the *Yin-Yang* Theory in the Book of Change", *Korean Journal of International Relations*, Vol. 48, No. 5.
Jang, Dong-Jin & Kyung-Rok Kwon. 2012. "Public Reason in Korean Democracy." *Korean Political Science Review*, Vol. 46, No. 6: 7~30.
Mullhall, Stephen & Adam Swift. 1992. *Liberals and Communitarians*. Cambridge: Blackwell.
Rawls, John. 1971. *A Theory of Justice*. Cambridge: The Belknap Press of Harvard University Press.
Rawls, John. 1999. *A Theory of Justice*. Revised Edition, Cambridge: The Belknap Press of Harvard University Press.
Rawls, John. 1993, 1996, 2005. *Political Liberalism*. New York: Columbia University Press.

Rawls, John. 1999. *The Law of Peoples*. Cambridge: Harvard University Press.
Rawls, John. 2001. *Justice as Fairness: A Restatement*. Edited by Erin Kelly. Cambridge: The Belknap Press of Harvard University Press.
Sandel, Michael J. 2009. *Justice: What's the Right thing to Do?* New York: Farrar, Straus and Giroux.

동아시아
전통 정치사상의
현대화

전통한국의 공사관(公私觀)과 근대적 변용[1]

이승환 고려대학교

1. 한국의 전통적 공사관에 대한 연구는 왜 필요한가?

현대 한국의 정치 행태를 평하는 많은 언론에서 한국인은 "공(公)과 사(私)의 구분이 희박하다"거나 "공적(公的)이어야 할 정치를 사사화(私事化)한다"는 비판을 종종 제기하였다.[2] 이에 대해 연구자들 대부분은 현대 한국인에게 공사의 구분이 희박하게 된 이유를 조선시대에 5백여 년간 지속된 유교 문화(특히 성리학)의 탓으로 돌리고는 하였다. 즉, 가(家)와 국(國)을 연속선상에서 바라보고, 가정 내의 인륜적 규범과 국가의 통치질서를 동일시하며, 법치(法治) 대신 인치(人治)와 덕치(德治)를 선호해 온 유교 문화권에서는 공사의 구분이 희박할 수밖에 없었다고 여기는 것이다.

---

[1] 이 글은 《정치사상연구》 제6집(2002)에 전재된 것임을 밝힌다.
[2] 박정순, "사리와 공익의 자유주의적 관련방식"; 김교빈, "대의명분에 눌린 사적 공간"; 송복, "한국 사회의 공과 사" 등을 참조. 이들 논문은 모두 《Emerge 새천년》(중앙일보 새천년(주), 2000년 6월)에 실려 있다.

하지만 조선시대 대부분 성리학자들의 저작에서 우리는 공사의 엄격한 분리를 강조하는 수많은 주장을 발견할 수 있다. 이를테면 "커다랗게 공정하여 사욕이 없어야 한다(大公無私)"거나 "확 트인 마음으로 크게 공정해야 한다(廓然大公)"는 식의 주장이 그것이다. 이러한 주장들뿐 아니라, 성리학적 사유구조 자체가 〈天理=公, 人欲=私〉라는 엄격한 구분을 전제로 하고 〈天理=公〉을 현실 정치의 장에서 구현하는 일을 목표로 삼았던 만큼, 한국인들에게 공사의 구분이 희박한 이유를 성리학적 전통 때문이라고 말하는 일은 별로 설득력이 없어 보인다.

현대 한국인들에게 공사 관념이 희박하게 된 원인을 규명하려면 먼저 전통시대(특히 성리학적 전통시대)의 공사 관념에 대한 명료한 이해가 이루어져야 하며, 나아가서는 이러한 문화적 특징이 현대 한국인들에게 미친 영향도 구체적으로 살펴볼 필요가 있다. 뒤에 상술하겠지만, 성리학이 지배하던 시대에도 공사를 구분하는 기준은 엄연히 존재하였으며, 만약 이러한 구분이 없었더라면 조선이 5백여 년에 걸쳐 안정된 통치질서를 유지하기란 결코 쉬운 일이 아니었을 것이다. 따라서 현대 한국인들이 지니고 있는 착종된 공사 관념을 해명하려면 먼저 전통시대 공사관의 개념적 특징과 범주적 특성을 파악해내고, 이러한 문화적 특성이 현대 한국인들에게 어떤 식의 영향을 미쳤는지 검토해 볼 필요가 있다.

우리의 근대화는 '아래(즉, 각성한 주체)'로부터 배태된 자생적인 근대화가 아니라 '위'로부터 그리고 '밖'으로부터 강요된 근대화였다. 우리는 36년에 걸친 일제 식민지, 6·25 전쟁, 그리고 36년에 걸친 군사독재의 굴곡을 겪으며 제대로 된 법규범이나 제도적 장치를 마련하지 못한 채 오직 부국강병이라는 단일한 목표를 향해 '돌진적 근대화'의 길을 달려왔다. 이러한 혼란과 무질서의 상황에서 우리는 전통적 공사관의 장점도 살리지 못하고 서구 공사관의 장점도 제대로 받아들이지 못하면서, 오직 '나'와 '가족'만을 위하여 무원칙적 이기주의로 일관하였다. 이러한 탓에 자유민주주의의 공사관은 우리의 현실에 제대로 정착될 수 없었고, 그 대신에 전통의 공사관에 간직된 특정한 측면만이 부정적으로 확대·증폭되어 문화적 관성력으로 작용하였다. 시대와 시대가 엇갈리고, 문명과 문명이 마주치는 과도기적 상황에서 이러한 혼란은 어쩌면 피할 수 없는 일이었는지도 모른다. 현대 한국사회에 가치와 규범의 무질서를 초래한 주요 원인은 이처럼 전통에서 근대로 전환하는 과정에서 비롯된 과도기적 혼란 때문이라고 할 수 있지만, 나아가서 36여 년에 걸쳐 지속된 군사독재 역시 한국사회에 가치와 규범의 무질서를 초래한 중대한 원인이었음을 간과해서는 안 된다. 군사 정권은 당연히 지켜야 할 '원칙'과 '규범'을 무시한 채 온갖 편법과 술수를 동원하여 정권안보와 경제개발을 추진하였으며, 여기서 발생한 온갖 부조리와 사회악은 조국의 근대화라는 이름으로 정당화되었다. 이러한 무원칙적 개발 드라이브는 한국사회에 정실주의와 연고주의, 각종 부패와 사회악을 확산시키는 데 기여하였으며, 나아가서 현대 한국인들에게 착종된 공사관을 만연시키는 데 일조하였다고 보인다.

국가와 민족의 앞날을 걱정하는 많은 지식인이 현대 한국사회의 착종된 공사관의 원인을 전통(특히 유교문화)의 탓으로 돌리려 하는 것도 한편으로는 이해가 가는 일이다. 하지만 문제를 제대로 해결하려면 전통에 대한 막연한 질책보다는 문제의 원인에 대한 좀 더 냉철하고 정교한 인식이 필요하다. 따라서 이 글에서는 먼저 전통적 공사관에 내포된 주요한 특징을 짚어 보고, 그러한 특징이 과도기적 혼란기의 한국인에게 어떻게 왜곡·변용되어 확산하였는지를 살펴보는 한편, 향후 새로운 공사관의 정립을 위해 어떠한 노력이 필요한지를 제안해 보고자 한다.

2. 동양의 전통에서 공·사의 의미

한국에서 전통적으로 사용해 온 '공(公)' 개념은 영어의 'public'이라는 개념과 쉽게 환치될 수 없다. '공'과 'public'이라는 개념은 각기 고유한 역사·문화적 맥락 속에서 탄생하고 자라오면서 '의미 변천(meaning change)'을 겪은 단어이기 때문이다. 영어의 'public'도 그러하지만, 동양의 '공' 개념 역시 시대의 변천에 따라 새로운 의미가 첨가되거나 의미의 분화를 겪어 왔으며, 한·중·일의 '공' 개념은 저마다 작지만 매우 중요한 차이를 보인다.[3] 따라서 한국의 전통적 '공' 개념에 내포된 다양한 의미의 층위를 구분해 내고, 전통적 공사관이 과도기적 혼란기에 왜곡·변용되어가는 과정을 추적해 보는 일은 현대 한국인의 정치행태와 의식구조를 설명하는 데 간과할 수 없는 중요성을 지닌다. 한국(그리고 한자문화권)에서 '공' 개념은 역사의 변천에 따라 다양한 의미를 첨가하며 진화하였지만, 의미의 층위상 크게 다음의 세 가지 범주로 정리될 수 있다.

---

3 이와 관련해서는 미조구치 유우조(溝口雄三), 《中國の公と私》(東京: 硏文出版, 1995), 91~132쪽 참조.

1) 지배권력 및 지배기구로서의 '공'

전통적으로 한자문화권에서 '공' 개념이 지닌 가장 중요한 의미는 지배권력과 지배기구를 의미하는 '공'이라고 할 수 있다. 지배권력과 지배기구를 의미하는 '공' 개념은 《주역(周易)》, 《서경(書經)》, 《시경(詩經)》과 같은 고대의 문헌에서 처음 나타난다. 예를 들어《주역》 "대유(大有)"괘 구삼(九三)의 효사(爻辭)에는 "공(公)이 천자에게 공물을 바친다. 소인은 할 수 없다"라는 기록이 보인다.[4] 여기서 '공'은 천자에게 공물을 바치는 제후국의 군주를 가리킨다. 왕필(王弼)은 이 효사를 풀이하면서 "위세와 권한의 성대함이 이보다 더할 수 없다"고 하여,[5] '공'이 막강한 위세와 권한을 지닌 정치 권력자임을 암시하고 있으며, 루우열은 좀 더 구체적으로 "공은 제후와 왕공을 가리킨다"라고 해석하고 있다.[6] 《주역》에서 '공'이라는 단어는 모두 여섯 차례 나오는데, 한결같이 천자에 버금가는 정치 권력자의 존칭이나 작위를 가리키는 것으로 사용되었다.

《상서(尙書)》에서 사용된 '공' 개념 역시 《주역》의 용례에서 벗어나지 않는다. 《상서》에 나타난 총 75회의 용례 중에는 '주공(周公)'이나 '소공(蘇公)'과 같은 특정한 정치 권력자를 지칭하는 경우가 35회 등장하고, '공'이 단독으로 사용되었을 경우에도 '주공'을 가리키거나 아니면 다른 제후국의 군주를 가리키는 의미로 사용되고 있다.

《시경》에 나타난 '공' 개념은 《주역》이나 《상서》와 비교해 좀 더 확대된 의미를 내포한다. 《시경》에 나타난 총 95회의 용례는 '주공(周公)'이나 '소공(召公)'처럼 정치 권력자의 존칭이나 작위를 의미하는 경우가 대

---

4 《周易》 '大有' 掛 九三. "公用享于天子, 小人不克".
5 樓宇烈, 《王弼集校釋》(臺北: 華正書局有限公司, 民國 81), 291쪽. "威權之盛, 莫此過焉".
6 위의 책, 293쪽.

부분이지만, 이에서 연신(延伸)하여 정치 권력자의 혈족이나 조상을 가리키기도 하고, 정치적 지배 기구와 지배 영역을 가리키기도 한다. 예를 들어 정치 권력자의 혈족이나 조상을 지칭하는 '공'의 용례로는 '제후의 자제'를 의미하는 공자(公子), '제후의 손자'를 의미하는 공손·공성(公孫·公姓), '제후의 자손'을 의미하는 공족(公族), '주 왕조의 조상'을 가리키는 선공(先公)·종공(宗公) 등이 있다. 그리고 제후국의 지배기구나 관직명을 가리키는 용례로는 '제후의 수레를 관장하는 관리'를 의미하는 공로(公路), '제후의 전차를 관장하는 관리'인 공행(公行), '제후의 처소'를 의미하는 공소(公所), '제후의 공관(公館)', '제후 휘하의 보졸'을 지칭하는 공도(公徒) 등이 있다.

《시경》에서 눈길을 끄는 '공'의 용례로는 제후가 일국의 지배자로서 행하는 사무와 그런 사무를 처리하는 장소로서 '공' 개념이 사용되기 시작한다는 점이다. 《시경》 '대아(大雅)·첨앙(瞻卬)'편에 나오는 '공사(公事)'는 제후가 정치적 지배자로서 행하는 '나랏일(國事)' 혹은 정치적 사무(政事)를 의미한다. 또한, 《시경》 '소남(召南)·소성(小星)'편의 "총총걸음으로 밤길 가네. 밤낮으로 '공'에서 근무하네"[7]라는 노래 구절에 보이는 '공'은 공사(公事)를 처리하는 장소 즉 '관청'을 의미한다.

이처럼 '공'은 고대 문헌에서 일차적으로 정치적 지배자나 지배 권력, 지배기구와 지배영역을 가리킨다. 후에 점차 정치기구와 제도가 정비됨에 따라 지배권력과 지배기구로서의 '공'은 이러한 '지배에서 벗어나 있는 영역'을 가리키는 '사(私)'와 대응 관계를 이루면서 공사의 개념짝을 정립하게 되었다. 조선시대에 통용되었던 '공'을 포함하는 한자어에

---

[7] 《詩經》 '國風·召南·小星'. "肅肅宵征, 夙夜在公".

도 지배영역이나 지배기구를 의미하는 경우가 압도적으로 많다. 조선시대 한자어 사전에 나타난 '지배권력'과 '지배기구'로서의 '공'을 의미하는 단어를 일별해 보면 다음과 같다.[8]

① 국가를 의미하는 '공'
　공곡(公穀): 국가나 관청이 보유하고 있는 곡식
　공납(公納): 국고로 수입되는 조세
　공역(公役): 국가로부터 받은 명령이나 의무(병역, 부역)
　공적(公糴): 국가에서 백성에게 꾸어준 곡식
　공한(公翰): 국가기관에서 공적으로 내는 서한
② 왕(정치권력자)의 종실 혹은 궁실을 의미하는 '공'
　공(公): 고려시대 왕의 친아들 혹은 친형제에게 주던 작호
　공고(公故): 관리가 조회(朝會), 진하(進賀), 거동(擧動) 등의
　　　　　　 궁중행사에 참여하는 일
　공제(公除): 왕이나 왕비가 죽은 뒤 상례가 끝나고 나서
　　　　　　 상복을 벗는 일
③ 국가기관이나 관청을 의미하는 '공'
　공노비(公奴婢): 국가나 관아에 소속된 노비
　공답(公畓): 국가나 관청 소유의 전답
　공사(公事): 관청에서 작성한 공무와 관련된 문서
　공장(公場): 공사를 집행하는 장소

---

[8] 조선시대 한자어의 용례는 단국대학교 부설 동양학연구소에서 펴낸 《한국 한자어 사전》(단국대학교 출판부, 1992)에서 뽑은 것이다.

공인(公引): 국가나 관청에서 발급한 통행이나 여행 허가증

조선시대에 통용되었던 '공'과 관련된 단어에서 엿볼 수 있듯이 '공'은 일차적으로 정치적 지배기구나 지배권력을 가리키며, '사(私)'는 이러한 지배 영역에서 벗어나 있는 개인 혹은 개별 가문과 관련된 일을 의미했다. 예를 들어 사결(私結)은 국가나 관청의 토지대장에 오르지 않은 개인 소유의 논밭을 가리키고, 사노(私奴)는 개인이 소유한 남자 종을 의미한다. '사'는 이처럼 정치적 지배 영역에서 벗어나 있는 개인이나 개별 가문의 일을 지칭하지만, 부정적으로 쓰일 때에는 정치적 지배 질서에서 일탈하려는 범죄 행위를 가리키기도 한다. 예를 들어 사도(私屠)는 관청의 허가 없이 가축을 밀도살하는 일을 가리키고, 사병(私兵)은 권세를 가진 개인이 사사로이 양성하여 설치한 군대를 말한다. 또 사무(私貿)는 나라에서 법으로 금하는 물건을 사사로이 팔고 사는 행위를 가리키고, 사수(私受)는 국가나 관아에서 거두어들이는 세금이나 곡식을 개인이 부당하게 받아 챙기는 국고횡령의 범죄를 가리킨다.

2) 공정성 · 공평성 등 윤리 원칙으로서의 '공'

한자로 된 고대문헌에서 '공' 개념은 지배권력 · 지배기구를 지칭하는 의미 이외에, 공정(公正)이나 공평(公平)과 같은 윤리적 원칙을 의미하기도 한다. AD 1세기경에 편찬된 《설문해자(說文解字)》에서는 "공은 공평한 분배(平分)를 뜻한다"[9]고 적고 있다. 《순자(荀子)》에서는 "군주가 공정

---

9 許愼 著, 段玉裁 注, 《說文解字注》(臺北: 漢京文化事業有限公司, 民國 69년(1980) 50쪽.

(公)하지 않으면 신하가 충성을 다하지 않게 된다"[10]고 하고, "판결에 공정(公)해야 한다"[11]고 강조하는 것을 볼 수 있다. 그리고 진(秦)의 정치사상가인 여불위(呂不韋)는 "옛날에 성왕은 천하를 다스림에 반드시 '공평함(公)'을 우선으로 했다. '공평하게' 되면 천하는 다스려지게(平) 되니, '다스림'은 '공평함(公)'에서 얻어진다. … 천하는 한 사람의 천하가 아니라 천하 사람들의 천하이다"[12]고 적고 있다. 그런데 여기서 특기할 만한 사항은 《여씨춘추(呂氏春秋)》에 나오는 공사의 대비가 항상 공정(公正)/편사(偏私)와 같은 도의적 맥락에서 이루어지고, 나아가서는 정(正)/부정(不正)과 같은 윤리적 대비와도 동일시되고 있다는 점이다. 이는 중국의 '공' 개념에 강한 규범성과 윤리성이 깃들어 있다는 방증이 되며, 이렇게 윤리적 의미를 지니는 '공' 개념은 일본의 '오오야케(おほやけ)'와 극명한 대비를 이룬다. 일본에서 공사의 대비에 해당하는 오오야케/와타쿠시(わたくし)의 대비는 외부/내부, 국가/개인, 전체/개체, 관사(官事)/사사(私事)라는 정치 영역상의 구분만을 의미하며, 여기에는 '공정'이나 '공평'과 같은 윤리적 의미가 내포되어 있지 않다. 따라서 일본의 '공' 개념에는 훗날 일본 특유의 국가주의로 흘러가게 되는 싹이 간직되어 있다.[13]

지배권력 혹은 지배기구를 의미하는 '공'이 어떻게 해서 '공평' 혹은 '공정'과 같은 윤리 원칙을 의미하는 '공'으로 의미가 분화되었는지는 분명치 않다. 언뜻 보기에 별다른 연관성이 없어 보이는 이 두 의미는 어

---

10 《荀子》 '王覇'. "曰: 人主不公, 人臣不忠也".
11 《荀子》 '榮辱'. "… 聽斷公 …".
12 《呂氏春秋》 '貴公'. "昔先王之治天下也, 必先公. 公則天下平矣. 平得於公 … 天下非一人之天下也, 天下之天下也".
13 溝口雄三, 《中國の公と私》(東京: 硏文出版, 1995), 91~132쪽 참조.

떻게 해서 '공'이라는 단일한 글자 안에 포섭되었을까? 이는 아마도 절대군주에 의한 지배가 용인되던 시절에는 정치적 지배의 주체가 결정하고 집행하는 일이 바로 '공적인 일'로 간주되었으며, 이러한 정치권력의 행사에 거는 도덕적 기대치로서 '공정성'과 '공평성'이 군주가 지녀야 할 덕성으로 요구되었기 때문일 것이다. 따라서 정치권력이나 지배 영역을 의미하던 '공'은 자연스럽게 윤리적·도의적 의미의 '공'과 중첩되어 의미 연관성을 띠게 된 것이라고 보인다.

이러한 '공' 개념의 진화과정에서 중요한 역할을 한 것은 노가 계열의 천도(天道) 사상이다. 도가에서 '천도'는 우주와 자연의 운행법칙으로, 특정한 목적이나 의도를 지니지 않은 무위(無爲)의 질서이다. '천도'는 만물의 무차별적 평등을 의미하는 '공정무사'의 성격을 지닌다. 예를 들어 《장자(莊子)》 '칙양(則陽)'편에는 "도는 공평무사하다(道者爲之公)"라는 구절이 나오는데, 성현영(成玄英)은 "천도는 만물을 통하게 하고 생명들을 보살피는데, 그 베풂이 무사(無私)하므로 공(公)이라고 한다"라고 주석하고 있다.[14] 진(晉)의 도가 사상가인 곽상(郭象)은 "자연에서 부여받은 본성에 따라 사는 것이 '공'이고, 인위적인 마음으로 보태려고 하는 것이 '사'이다(任性自生, 公也; 心欲益之, 私也)"라고 하여, 마음(욕망)이 자연의 본성에 부합하는가 아닌가에 따라 '공'과 '사'를 구분한다.

도가 계열의 〈天道=公正無私=公〉이라는 사상은 노자의 "천지는 인하지 않다(天地不仁)"라는 견해를 물려받은 것으로, 훗날 성리학의 〈天理=大公無私=公〉이라는 사유구조에 많은 영향을 미쳤다. 예를 들어 북송대의 정명도(程明道)는 《정성서(定性書)》에서 "천지가 한결같은 것은

---

14 "天道, 能通萬物, 享毒蒼生, 施化無私, 故謂之公".

그의 마음이 널리 만물에 퍼져서 무심하기 때문이며, 성인이 한결같은 것은 그의 정(情)이 만물에 순응하여 무정하기 때문이다. 따라서 군자의 학문은 확연(廓然)하게 크고 공정하여 외물이 다가오는 그대로 반응하는 것을 제일로 한다"고 말한다. 이처럼 성리학자들은 우주·자연의 무심한 운행에서 무사공정(無私公正)이라는 덕목을 보았고, 이를 인간세상에 적용하여 공정한 사회를 이루기 위한 윤리적 원칙으로 삼았던 것이다.

'공'이라는 글자에 내포된 공평성·공정성의 측면은 유교적 덕치(德治) 이념의 전개와 더불어 '공' 개념의 주요한 축을 담당하게 되었고, 군주 및 관료–사대부 등 지배계급이 지켜야 할 보편적인 덕성으로 강조되었다.[15] 성리학 체계 내에서 공사의 대비는 천리/인욕의 대비와 결부되고, 이러한 대비는 다시 정(正)/편(偏), 정(正)/사(邪), 선/악의 대비와 동일시되었다. 따라서 〈천리=공(公)=윤리적 올바름〉을 의미하게 되고, 〈인욕=사(私)=윤리적 그름〉을 의미하게 된다. 주희(朱熹)는 이렇게 말한다.

"무릇 한 가지 일에는 두 가지 실마리가 있으니, 옳은 것(是)은 '천리의 공정함(天理之公)'이요, 그른 것(非)은 '인욕의 사사로움(人欲之私)'이다."[16]

주희는 또 "사(私)로써 가로막는 바가 없으면 곧 공(公)이고, 공(公)하면 곧 인(仁)하게 된다"[17]라고 말한다. 주희의 이러한 견해는 근대 이전 동양 사회의 '공(公)' 개념에 내포된 윤리적·도의적 성격을 드러내 주는 대표적인 예라고 할 수 있다. 성리학이 지배하였던 조선사회에서도 '공'

---

15 주희의 성리학적 이론체계를 공직자 윤리로 재해석한 글로는 졸저, "주자 형이상학에 나타난 공직자 윤리관 연구", 《동양철학》 제10집(1998)을 참조.
16 《朱子語類》 卷13, 30條. "凡一事便有兩端; 是底卽天理之公, 非底乃人欲之私".
17 《朱子語類》 卷6, 105條. "無私以閒之則公, 公則仁".

을 공정무사한 '인(仁)', 즉 보편적 윤리 원칙(天理)으로 파악하는 시각이 지배적이었다. 이황(李滉)은 선조(宣祖)에게 올린 《성학십도(聖學十圖)》에서 이렇게 말한다.

> '공(公)'은 '인(仁)'을 체득하는 방법이니 "이기심을 극복하고 예로 돌아가는 것이 '인'이다"고 말하는 것과 같다. 대체로 '공(公)'하면 인(仁)하게 되고, '인'하면 사랑(愛)하게 된다. … "이기심을 극복하고 예로 돌아가는 것이 '인'이다"라는 공자의 말씀은, 자기의 사욕을 극복하고 천리로 돌아가면 이 마음의 본체가 보존되지 않음이 없고 이 마음의 작용이 다 행해지지 않음이 없다는 것을 말한 것이다.[18]

《성학십도》는 이황이 17세의 소년군주인 선조에게 바친 책이다. 이황이 고향으로 물러가면서 선조에게 이 글을 바친 이유는, 군주가 공정무사한 마음으로 백성들에게 '인'을 베풀어줄 것을 기대했기 때문이다. 이 글에 나타난 것처럼, '공'은 공정무사한 윤리 원칙을 가리키고, '인'을 베푸는 방법이 된다. 나아가서 이러한 공정한 마음가짐으로서의 '공'은 자연법적 질서인 '천리(天理)'와 동일시된다. 이처럼 이황의 글 속에는 〈天理=公=공정무사한 윤리 원칙〉이라는 성리학 특유의 '공' 관념이 잘 드러나 있다.

'천리'를 '공정무사한 윤리 원칙' 즉 '공'으로 파악하는 성리학의 이념은 5백여 년간 조선사회를 지탱하는 사회운영의 원리로 기능하였으며,

---

18 李滉, 《聖學十圖》〈仁說〉.

이러한 이념은 근대 전야까지 지속되었다. 조선 말기에 척사위정의 사상적 기초를 세웠던 이항로(李恒老)는 이렇게 말한다. "천리는 공적인 것이다. 공을 추구하면 하나로 된다. 인욕은 사적인 것이다. 사를 추구하면 만 가지로 갈라진다. 공을 추구하면 많은 사람이 서로 돕게 되지만, 사를 추구하면 많은 사람과 다투게 된다."[19]

"천리입공, 인욕입사(天理立公, 人欲立私)"로 요약되는 성리학의 공사관은 지배계급 및 관료-엘리트들로 하여금 사적 욕망을 극복하고 공직자로서 지녀야 할 공적 덕성을 발휘하도록 하는 데 그 목적이 있었다. 붕당정치라고 불리는 시기에 집권세력의 정당성을 둘러싼 당색(黨色) 간의 투쟁도 이러한 성리학적 공사관의 틀 내에서 진행되었다. 사대부-엘리트들이 정치를 담당했던 조선 중기 이후에 '공'은 최고 권력자인 국왕에게만 요구되는 1인의 덕성이 아니라 집권 사대부 모두에게 요구되고 기대되는 '공적 덕성'의 의미를 지닌다. 이처럼 성리학의 '공' 개념에는 '공평'이나 '공정'과 같은 윤리적 의미가 강하게 깃들어 있는 데 반해, '사'는 윤리 원칙에 위배되는 불공정하거나 비도덕적 행위를 지칭하였다. 예를 들어 사거(私擧)는 공변되지 못하게 사사로이 하는 천거를 말하며, 사도목(私都目)은 사사로이 도목정사[20]를 계획하는 일을 의미했다. 그리고 조선시대뿐 아니라 지금도 자주 쓰이는 단어인 '사통(私通)'은 부부가 아닌 남녀가 남몰래 정을 통하는 비도덕적 행위를 가리킨다.

---

19 《華西雅言》卷40, 10~11條. 이상익, "한국 근대사상에 있어서 민족적 주체성과 세계적 보편성의 문제(1)", 《정신문화연구》(1997) 제20권 제3호, 211쪽에서 재인용.
20 '도목정사(都目政事)'란 고려시대와 조선시대에 이조와 병조에서 관원의 치적을 조사하여 적격자의 선발, 임면, 전근, 승진 등을 심사하던 제도를 말한다.

3) 다수의 이익과 의견으로서의 '공'

전통적으로 동양에서 '공(公)'은 '지배권력'의 의미와 '보편적 윤리 원칙'의 의미로 사용되기도 하였지만, '함께, 공동의, 다수'를 의미하는 '공(共)'의 의미로 사용되기도 하였다. 이처럼 '공동'을 뜻하는 '공' 개념은 '공동으로 사용하는 물건' 혹은 '공동으로 모이는 장소' 등과 같은 고대 공동체 사회의 유습에서 생겨난 것으로 보인다. '공동'의 의미를 내포하는 '공(公)' 개념은 《예기(禮記)》에 처음 나타난다. 《예기》'예운(禮運)'편에서는 고대의 이상적 정치공동체인 대동(大同) 사회를 묘사하면서 "천하위공(天下爲公)"이라는 표현을 쓰고 있다. 한대의 주석가인 정현(鄭玄)은 이 구절을 "공(公)은 공(共)과 같다. 군주의 위(位)를 성현에게 선양함으로써 한 집안 내에서 세습하지 않는 것이다"[21]라고 주석하고 있다. 《예기》의 이 구절은 군주의 지위가 한 가계의 사유물이 아니라, 지도자의 덕성을 갖춘 사람이라면 누구나 그 지위를 담당할 수 있는 자격이 있다고 천명하고 있다는 점에서 '공' 개념의 진화에 중요한 계기가 된다.

'공(公)'을 이처럼 '공동(共)'의 뜻으로 사용하는 용례는 《장자(莊子)》'천운(天運)'편에도 보인다. "노담이 말하기를, 명리(名利)는 공기(公器)이니, 혼자서 많이 차지하려 해서는 안 된다."[22] 곽상(郭象)은 이 구절을 해석하면서, "명리는 천하 사람들이 공유하는 것이니, 지나치게 실속을 추구하면 곧 다툼이 생겨 천하가 어지러워지게 된다"라고 하여, '더불어(共)'의 의미를 부각하고 있다. 당대의 주석가인 성현영(成玄英)은 이 구절의 '공(公)'을 평(平)으로 해석하는데, 이는 명리를 얻을 기회가 모든

---

21 "公猶共也. 禪位授聖, 不家之".
22 "老聃曰 … 名, 公器也, 不可多取".

사람에게 공평하게 열려 있어야 한다는 의미이다.[23] 《구당서(舊唐書)》'장구령전(張九齡傳)'에서는 《장자》의 이 구절을 본떠 "관작은 천하의 공기이다(官爵者, 天下之公器)"라고 적고 있다. 이는 관작을 얻을 기회가 천하 사람들에게 고루 열려 있어야 한다는 정치윤리적 이상을 표현한 것이다.

그러나 권력이나 관작을 천하 사람들이 더불어(共) 누릴 수 있어야 한다는 주장은 근대 이전의 사회에서는 사실상 실현되기 어려운 이상이었다. 그러나 청 말~근대에 접어들면서 혁명 사상가들은 이전 시대의 전제왕정을 비판하면서 정치권력의 공공성을 강하게 부르짖기 시작했다. 청 말의 혁명파는 조정과 황제를 '공(公)'으로 간주하던 이전 시대의 사회구성 원리를 비판하고, 조정과 황제는 일성(一姓)·일가(一家)의 '사(私)'에 불과하다고 주장하였다. 전제권력이 지니는 사적(私的) 성격과 달리 민(民)은 그 다수성과 전체성 때문에 '공(公)'을 대변한다고 본 것이다. 따라서 소수·전제적 존재인 황제와 조정은 다수·전체로서 민(民)의 이익을 해치는 사(私)로 규정되고 타도의 대상이 된 것이다. 강유위(康有爲, 1858~1927)는 《예기》 '예운'편에 나오는 '천하위공'에 대한 재해석을 통하여 '공(公)'을 귀천의 구분이나 빈부의 격차가 없는 '평등(平等)'의 상태로 새기고 있다. 그리고 손문(孫文, 1866~1925) 역시 《예기》의 '천하위공'에 대한 재해석을 통하여 대동주의(大同主義)의 정치 이상을 펼쳐나갔다. 미조구치 유우조는 이렇게 강유위·손문 등에 의해 재해석된 '천하위공'의 정신은 중국식 사회주의에 의해 계승·발전되어 인민공사의 '공유제(共有制)'로 나아가는 단초가 되었다고 해석한다.[24] 즉,

---

23 "名, 鳴也. 公, 平也. 器, 用也".
24 미조구치 유우조, "중국과 일본의 공과 사", 《대동문화연구》 제28집(성균관대학교 대동문화연구원, 1993), 224쪽 참조.

《예기》에서 비롯되어 강유위·손문 등에 의해 계승된 '공동(共同)'을 뜻하는 '공(公)' 개념은 중국 사회주의의 이념적 모태가 되었다고 보는 것이다.

이렇게 '지배권력'이나 '지배영역'을 뜻하던 공(公) 개념은 점차 공정성·공평성과 같은 윤리적 의미로 확장되고, 나아가서는 '함께', '더불어', '공동'의 의미로 의미의 진화를 겪어 나갔다. 이처럼 동양의 전통적 '공' 개념은 세 가지 다른 의미를 내포하면서 서로 긴밀하게 연관관계를 유지하며 총체적 의미를 구성하고 있다. 즉, 동양의 '공(公)' 개념에는 "지배권력은 공정하게 행사되어야 하며, 모든 자격을 갖춘 사람들이 더불어 참가할 수 있어야 한다"라는 복합적 의미가 간직되어 있는 것이다. 이런 점에서 동양의 '공' 개념은 단순개념(simple idea)이 아니라, '지배권력(公), 공평·공정(公), 다수(共)'의 의미를 지닌 복합개념(complex idea)이라고 할 수 있다.

3. 한국의 전통적 공사관의 주요 특징

1) 지배권력(公)의 도의성과 공공성에 대한 강조

조선시대의 '공' 개념에는 위에서 살펴본 '공'의 세 가지 측면(즉 '지배영역'으로서의 '공', '보편적 윤리 원칙'으로서의 '공', 그리고 '더불어·함께'의 의미로서의 '공')이 고루 간직되어 있다. 5백여 년간 조선의 지배이념으로 지위를 누려온 성리학의 사유구조에는 지배권력으로서의 '공'이 공정성·공평성을 갖추어야 한다는 도의적 요청이 강하게 내포되어 있다. 특히 조선 중기부터 전개된 사림정치의 구도에서 정치권력이 갖추어야 할

도의성과 윤리성에 대한 강조는 중국이나 일본의 경우보다 훨씬 강력하게 표출되었다. 사림정치는 학문과 도덕이 뛰어난 재야의 선비들을 조정의 요직에 임명하여 통치를 분담케 하는 정치체제를 말한다. 조선시대의 삼사(三司: 사헌부·사간원·홍문관)는 언론을 전담하던 기관으로서, 도덕정치를 구현하기 위해 지식인들의 공론(公論)을 조성하고, 군주의 독단적인 판단과 결정을 견제하기 위해 간관(諫官)의 역할을 담당했다. 그들은 '공론'을 관철하기 위하여 삼사의 관원들이 대궐 앞에 부복하여 국왕의 허락을 강청하는 (오늘의 연좌데모와 같은) '합사복합(合司伏閤)'을 전개하기도 하였다. 이이(李珥)의 다음 상소문에서 '공론(公論)'의 중요성을 강조하던 사림정치 시대의 분위기를 엿볼 수 있다.

> '공론(公論)'은 나라의 원기(元氣)입니다. 공론이 조성되어 조정에 반영되면 그 나라가 다스려지고, 공론이 조성되지 않고 길거리에 (소문으로) 떠돌게 되면 그 나라는 어지럽게 되고 맙니다. 만약 위와 아래에 공론이 없게 되면 그 나라는 망하게 될 것입니다. 왜냐하면, 윗사람이 공론을 주도하지 못하면서 공론이 백성에게 있는 것을 두려워하여 백성들의 입을 막고 죄로 다스리면 나라가 망하지 않은 경우란 없었기 때문입니다.[25]

그러면 공론은 누구의 의견을 말하는 것일까? 이이는 "인심(人心)이 다 옳다고 하는 것을 공론이라 하며, 공론의 소재를 국시(國是)라고 하

---

[25] 《栗谷全書》 卷7, '代白參贊疏'.

는 것입니다. 국시란 한 나라의 사람들이 서로 의논하지 않아도 함께 옳다고 동의하는 것이니, 이익으로 유혹하는 것도 아니고 위협으로 무섭게 하는 것도 아닌, 삼척동자도 그 옳음을 아는 것이 국시입니다"라고 말한다.[26] 여기서 이이는 '공론'을 "나라 안의 모든 사람이 더불어 옳게 여기는 의견"이라고 설명하고 있다. 물론 당시 현실에서 정치적 의견을 개진하고 '공론'을 집약할 수 있는 실제적인 기관은 '삼사'라 하겠지만, 이이는 정치권력의 공공성과 도의성을 강조하기 위하여 '공론'이 "나라 안 모든 사람의 의견"을 뜻한다고 강조하고 있는 것이다. 이런 점에서 이이의 '공' 개념은 '윤리적 도의성'은 물론, 나아가서는 '다수의 의지'까지 내포하는 것이었음을 알 수 있다. 이처럼 다수의 의지에 의해 조성된 '공론'을 통하여 지배권력을 도덕적으로 변모시키려는 사대부들의 노력은 조선 중기 사림정치의 특징을 이룬다.

지배권력(公)은 '다수의 의견(公論)'을 존중하고, 윤리적·도의적으로도 '공정(公正)'한 것이 되어야 한다는 성리학의 '공' 개념은 한말의 실학자·계몽가인 이기(李沂, 1848~1909)에 의해 계승되어 중대한 발전을 하게 된다. 그는 이전 시대의 전제정치를 비판하고 공화제의 실현을 주장하였는데, 전제정치는 '공(公)'이어야 할 천하를 사유(私有)하는 정치체제이므로 옳지 않으며, 통의(通議)와 중론(衆論)을 중시하는 '공화제'야말로 '공'의 이상을 실현할 수 있는 정치체제라고 그는 여겼다. 그는 1905년에 국왕에게 올린 상소문에서 "사직과 종묘는 폐하 혼자만의 것이 아니라 인민 모두의 것"이라고 강조함으로써 '국가권력의 공공성'에 대한 인식을 촉구하였고, 토지의 공유화(共有化)를 내용으로 하는 공전제(公

---

[26] 《栗谷全書》 卷7, '辭大司諫兼陳洗滌東西疏'.

田制)를 주장하기도 하였다.[27] 따라서 이기의 정치사상에서는 '공정성'과 '공평성', '다수의 의지'를 특징으로 하는 성리학적 '공' 개념의 특징이 그대로 발휘되고 있음을 볼 수 있다.

2) 공 · 사의 동심원적 상대성과 연속성

중국의 '공' 개념과 관련하여 훼이샤오 통(費孝通)은 '동심원적 파문'이라는 표현을 쓴 적이 있다.[28] 중국에서 개인은 원의 중심에 위치하며, 개인을 둘러싼 혈연 · 지연 등의 관계망을 통해 구축된 인간관계는 동심원의 파문처럼 점차 확산해 나간다. 이러한 관계망에서는 개인(중심)에 가까울수록 인간관계 또한 가깝게 되며, 중심에서 멀어질수록 인간관계 또한 멀어지게 된다. 이러한 동심원적 관계망에서 공사의 구분은 상대적이며 동시에 연속적이다. 즉 중심에서 바깥을 바라보면, 중심에서 가까운 관계는 사(私)로 인식되는 반면 바깥은 언제나 공(公)으로 인식된다. 이러한 그물망 속에서 '공'과 '사'는 연속적이며 상대적이다. '공'이란 언제나 '작은 범위를 둘러싸고 있는 큰 범위'를 가리키는 개념일 뿐이며, '사'란 '큰 범위 안에 있는 작은 범위'를 뜻할 뿐이다. 여기에는 고대 그리스에서 볼 수 있는 〈공=국가=정치 영역〉, 〈사=가정=경제 영역〉이라는 뚜렷한 이분법이 성립할 수 없다.

조선시대의 공사관이 지닌 주요한 특징 역시 중국의 경우와 같은 '연속성'과 '상대성'에서 찾아볼 수 있다. 조선의 '공'과 '사'는 확고하게 나누어진 별개의 영역이 아니라 항상 신축적으로 유동한다. 더 큰 범위의

---

27 李沂, 《海鶴遺書》 卷4, '請六移疏'(乙巳).
28 훼이샤오 통, 《중국사회의 기본구조》(원서명: 鄕土中國), 이경규 역(일조각, 1995).

관점에서 볼 때 작은 범주는 '사'이고, 더 작은 범위에서 보았을 때 큰 범위는 '공'이 된다. 조선시대에 빈번하게 사용되던 한자어 가운데 이와 관련된 재미있는 단어를 많이 발견할 수 있다. 예를 들어 '사대동(私大同)'이란 국가에서 제정한 것이 아니라 지방 관청에서 제정한 대동법[29]을 말한다. 지방 관청의 조세 정책이나 업무도 오늘날의 관점에서 보면 당연히 '공적(公的)'인 것이지만, 당시에는 '국가'라는 '큰 영역'과 대비해서 지방 관청 스스로 '사(私)'라고 불렀던 것이다. 이와 비슷하게 '사도회(私都會)'란 지방의 감사나 유수(留守)가 그 지방 유생을 불러모아 보이던 시험을 말한다. 그리고 '사진(私賑)'이란 흉년이 들었을 때 지방관이 자체적으로 곡식을 마련하여 굶주리는 백성을 진휼하는 일을 뜻한다. 국가 주도의 구휼사업(公賑)과 대비해서 지방 관청의 구휼사업을 '사'라고 불렀던 것이다. 여기서 '사'는 '탈법적'이거나 '개인적'이라는 의미라기보다, 더 크고 높은 권위에 대비하여 스스로 낮추어 부르는 언어적 관습과도 관련이 있다. 조선시대 한자어의 이러한 용례에서 우리는 당시의 공사관에 내포된 '연속성'과 '상대성'을 다시 한 번 확인할 수 있다.

3) 사적 의무와 공적 의무의 갈등과 대립

성리학에서는 '혈친에 대한 의무(親親, 친친)'를 인륜의 대도(大道)라고 보았고, 이를 자연의 이법(天理)라고 보았다. 그리고 이러한 '친친(親親)'의 도리를 확장하여 만백성들에게 인(仁)을 펼쳐나가는 일을 성왕의 정치라고 보았다. 이렇게 '친친'에서 '인정(仁政)'으로 나아가는 일은 《대학(大學)》에 나오는 〈수신-제가-치국-평천하〉의 순서처럼 연속적이면서

---

[29] '대동법(大同法)'이란 조선시대 선조 이후에 공물(貢物)을 쌀로 통일하여 바치게 한 납세제도를 말한다.

일관된 과정이다. 이황의 다음 글에서, 사적 영역이 공적 영역으로 확산해 가는 연속적 구도를 엿볼 수 있다.

> 리(理)는 만 가지로 다르면서도 또한 하나로 관통되므로, 비록 친소(親疎)의 정이 다르고 귀천(貴賤)의 등급이 다르다 하더라도 '나만을 위하는 사사로움(爲我之私)'에 얽매이지 않는다. 이것이 《서명(西銘)》의 큰 뜻이다. 친친(親親)의 후(厚)함을 미루어 '무아의 공정성(無我之公)'을 기르고, 사친(事親)하는 정성으로 말미암아 '하늘을 섬기는 도리(事天之道)'를 밝힌 것을 보면, 어디서도 분수(分殊)를 미루어 리일(理一)로 나아가지 않음이 없다.[30]

'친친'이라는 인륜적 규범이 무아(無我)라는 공적 덕성으로 확대되는 《서명》의 논리구조를 이황은 '만수(萬殊)에서 일리(一理)로'라는 형이상학적 연속성의 명제로 설명하고 있다. 성리학의 이론 구도에서는 이처럼 '친친'이라는 인륜규범이 '무아(無我)'라는 공적 덕성으로 연결될 수 있다고 보았지만, 현실 속에서 이러한 연결은 그렇게 쉬운 일만은 아니었다. '친친'이라는 '사적 의무'는 종종 '존존(尊尊)'이라는 '공적 의무'와 충돌하고 갈등을 빚었다. 우리는 현종(顯宗) 조에 있었던 '사의(私義)-공의(公義) 논쟁'에서 이러한 갈등을 재삼 확인할 수 있다. 당시에 있었던 '사의-공의 논쟁'의 발단은 이렇다. 현종 4년(1663) 청나라에서 사신을 파견하자 조선의 국왕은 모화관으로 행차하여 영접해야 했다. 이때 현종

---

[30] 李滉, 《聖學十圖》, '西銘'.

의 수행을 맡은 관료 중에 수찬 김만균이 있었다. 그는 병자호란 때 강화도에서 조모가 순절했기 때문에 청나라를 원수로 여기고, 유교의 '복수 의리관'[31]을 내세워 공무 수행을 거부하는 사직소를 올렸다. 이에 우승지 서필원은 공무 수행을 위해 사정(私情)을 접어둘 것을 요구하며 김만균으로 하여금 국왕을 수행하여 청의 사신을 영접할 것을 주장했다. 그러나 송시열은 혈친의 원수를 갚는 일은 인륜의 대도(大道)라 하여, 김만겸의 사정(私情)을 용납해줄 것을 국왕에게 간청하였다. 혈친에 대한 '사적 의무'와 국가를 향한 '공적 의무' 사이에 벌어진 갈등을 두고 유림들 사이에 격한 논쟁이 벌어지게 되었고, 후대의 역사가들은 이를 '복수–의리 논쟁'이라고 부른다.[32]

'친친'은 가족에 대한 의무라는 점에서 사적 영역에 속한다. 하지만 '존존'은 국가에 대한 의무로서 공적 영역에 속한다. 혈친에 대한 의무는 비록 정치 영역상의 구분으로 보자면 '사'에 속하지만, 유교 윤리의 관점에서 보자면 '사'를 뛰어넘는 '보편적 윤리 원칙' 즉 '천리'의 성격을 지니게 된다. 서필원과 송시열 사이에 전개된 이 논쟁은 정치 영역상의 구분으로만 보자면 '사적 의무'와 '공적 의무' 간의 충돌이라고 할 수 있지만, 유교 윤리라는 큰 틀에서 보았을 때는 '윤리적 공'과 '영역적 공' 사이의 충돌이라고도 볼 수 있는 것이다. 문제는 '윤리적 공'과 '영역적 공'을 동시에 다 수행할 수 없을 때 우리는 어느 의무를 더 중시해야 하는가 하는 점이다. 성리학적 이론체계에서 부모에 대한 의무는 임금

---

31 유교의 복수의리관과 관련해서는 졸고, 《유가사상의 사회철학적 재조명》(고려대출판부, 1998), 제1장 "유가의 정의관"을 참조.
32 정만조, "조선 현종조 사의·공의 논쟁", 《한국학 논총》 제14집(국민대 한국학 연구소, 1991), 65~89쪽; 이원택, "현종조 복수의리 논쟁과 공사 관념", 정치사상학회 2001년 하계발표회 자료집 참조.

에 대한 의무와 마찬가지로 '자연법적 질서' 즉 '하늘의 이치(天理)'로 설명된다. 만약 현실 속에서 이 두 가지 이치(理)가 서로 충돌할 때 우리는 어느 원리(理)를 우선시해야 하는가? 여기에서 서필원과 송시열의 입장은 갈리게 되는 것이다.

만약 '공적 의무'가 혈친에 대한 '사적 의무'보다 중시된다면 유교적 인륜 질서가 무너지게 되고, 역으로 '사적 의무'가 국가에 대한 '공적 의무'보다 중시된다면 국가의 지배질서가 흔들리게 된다. 결국, 당시에 정국운영의 주도권을 쥐고 있던 노론(老論)의 송시열은 혈친에 대한 의무가 군주에 대한 의무보다 더 중요하다고 판정함으로써 조선시대 공사관에 내포된 주요한 특징을 엿볼 수 있게 한다.

송시열이 중심이 된 노론(老論)의 사회 구성 원리에서는 사적 의무(親親=孝)가 공적 의무(尊尊=忠)보다 우선되어야 한다고 보았지만, 비슷한 시기 일본의 야마자키 안사이(山崎闇齊, 1618~1682)는 주군을 향한 공적 의무(忠)가 혈친을 위한 사적 의무(孝)보다 우선시되어야 한다고 하여, 한·일 비교 정치사상에 재미있는 대조점을 제공해준다. 그는 《대화소학(大和小學)》에서, 아버지가 반역하면 마땅히 주군에게 고발해야 하며, 사적인 은혜를 위하여 공적 의무를 저버릴 수 없다고 강조하고 있다. 즉 야마자키에게서 군주(大名)에 대한 충성은 부모에 대한 효도보다 우선시되는 것이다.[33]

'사적 의무'를 '공적 의무'보다 중시하는 송시열의 견해는 어찌 보면 '사적 영역'을 적극적으로 인정하고 보장하려는 근대의 정치사상에 부

---

[33] 이종은, "서구와 유교문화권에서의 개인", 《서울대 현대사상연구회·일본 장래세대총합연구소 공동 콜로키엄 논문집》(1999. 2. 20~22) 참조.

합하는 것이라고 해석할 수도 있을 것이다. 그러나 '공적 의무'와 '사적 의무'가 갈등을 빚을 때 '사적 의무'를 중시하는 이러한 입장은 훗날 한국의 근대화 과정에서 오히려 '가족 이기주의'와 집단 이기주의로 변질해 한국사회의 어두운 면을 장식하게 되었다.

4) 사적 공간의 억압과 끊임없는 '공'에 대한 강조

조선시대에는 '공(公)'이 정치적 지배 영역인 국가·국왕·국법·관청을 의미하거나 공정·공평과 같은 윤리 원칙을 의미하기도 하였다. 이에 반하여 '사(私)'는 국가나 공법의 허락을 받지 않은 '탈법적'이라는 의미, 그리고 윤리나 도의에서 벗어난 이기적이고 불공정한 행위를 가리키는 말로 사용되었다. 예를 들어, 사도(私屠)는 관청의 허가 없이 소나 돼지 등을 밀도살하는 일을 의미하고, 사시(私市)는 관청의 허가를 득하지 않은 사사로운 상행위를 지칭한다. 또한, '공(公)'이 윤리적으로 공정하고 정당한 행위를 지칭하는 데 반하여, '사(私)'는 윤리적으로 불공정하거나 정의롭지 못한 행위를 뜻했다. 예를 들어 사거(私擧)는 공변되지 못하게 사사로이 하는 천거를 의미하고, 사통(私通)은 정식 부부가 아닌 남녀가 남몰래 정을 통하는 일을 의미한다. 그리고 '공(公)'이 '여러 사람'이 더불어 추구하는 공통의 이익을 의미하는 데 반해, '사(私)'는 개인들이 자신의 목적을 추구하기 위하여 사사로이 하는 행위를 뜻한다. 예를 들어 사의(私議)는 사사로이 의논하며 모사를 꾸미는 것을 의미하고, 사분(私分)은 개인들 사이에 주고받는 정실주의적 교분을 의미한다.[34]

이처럼 조선시대의 '사' 개념은 '공'과 대립적인 의미로 사용되는 경우

---

34 단국대학교 부설 동양학연구소 편, 《한국 한자어 사전》(단국대학교 출판부, 1992).

가 많았으며, '개인 소유'[35] 혹은 '개인적'[36]이라는 몇 가지의 중립적인 용례를 제외하고는 부정적인 의미를 수반하는 것이 보통이었다. 즉 '공'이 지배권력의 정당성을 의미한다면 '사'는 지배권력에서 벗어난 일탈이나 범죄 행위를 가리키고, '공'이 공정·공평과 같은 보편적 윤리 원칙을 의미한다면 '사'는 이에 위배되는 편파적이고 불공정한 행위를 가리킨다. 또 '공'이 '모두', '함께' 등과 같이 공동체 전체의 협동적 의지를 가리킨다면 '사'는 이에서 벗어난 이기적이고 개인적인 욕망을 뜻한다.

'공'에 대한 강조와 '사'에 대한 억압의 사유구조는 한국이 근대사회로 전환하는 과정에서 긍정적인 기능과 부정적인 기능을 동시에 수행하였다. 먼저 긍정적인 측면에서 보자면, 윤리성·도의성을 의미하는 '공' 개념은 '다수의 의지'를 의미하는 '공'과 더불어 군사독재에 대항하여 민주화를 진전시키는 데 기여하였다. 국가권력은 도의성과 윤리성을 갖추어야 한다고 보는 저항적 지식인들의 견해가 꼭 서양의 민주주의에서 영향받은 것이라고만은 볼 수 없다. 민주주의의 '권력' 개념에는 상충하는 이익을 조정하고 다수의 의지를 실현하려는 정치적 목표가 내재해 있기는 하지만, 성리학에서 엿볼 수 있는 것처럼 권력의 '도의성'과 '윤리성'을 지고의 가치로 삼지는 않는다. 이런 점에서 반독재 투쟁 시절에 저항적 지식인들이 권력을 향해 도의성과 윤리성을 강조했던 일은 성리학 전통의 '공' 개념에서 많은 영향을 받은 것으로 보인다.

'공'에 대한 강조와 '사'에 대한 과도한 억압은 한국사회가 '자본주의

---

[35] 예를 들어, 사전(私田)은 개인 소유의 논밭을 뜻하고, 사동(私僮)은 사삿집에서 부리는 종을 의미하며, 사물(私物)은 개인 소유의 물건을 가리키고, 사천(私賤)은 개인 소유의 노비를 의미한다.
[36] 예를 들어, 사간(私簡)은 개인끼리 사사로이 주고받는 편지를, 사객(私客)은 개인의 사사로운 일로 찾아오는 손님을, 사무(私舞)는 혼자서 추는 춤을, 사습(私習)은 스승 없이 혼자서 학습하는 일을, 그리고 사처(私處)는 개인이 사사로이 거처하는 집 혹은 생식기를 은밀하게 부르는 말이다.

적 근대'로 전환하는 과정에서 부정적인 요인으로 작용하기도 하였다. 중국에서는 명 말에 들어 양명좌파를 중심으로 '사적 욕망'에 대한 긍정이 태동하였지만,[37] 조선에서는 양명학이 이단으로 몰려 아예 발조차 붙이지 못하였다. 따라서 조선에서는 근대에 이르기까지 '사(私)'와 '욕(欲)'에 대한 긍정이 태동하지 못하였다. 내면의 순정성과 무사성(無私性)을 강조하는 유교 윤리의 영향 아래서 '사적 욕망'에 대한 긍정은 나타날 수 없었고, 대신 끊임없는 내면의 수양과 자기 절제만이 미덕으로 강조되있다. 특히 공사의 구분을 상대적이고 연속적으로 바라보는 유교문화의 관행 속에서 '개인'은 비록 정치영역의 구분에서는 '사'에 속하지만, 보편적인 윤리 원칙의 측면에서는 '사'에서 벗어나 끊임없이 '무아의 공(無我之公)'을 추구해야 하는 도덕적 존재로 파악되었다. 따라서 서구의 근대사회에서 볼 수 있는 '사'에 대한 긍정은 나타나지 못하고, 졸속 근대화 과정에서 한국의 개인들은 '사'를 추구하지 않는 척하며 사실은 숨어서 온갖 '사적 욕망'을 추구하는 이중적 모습을 띠게 된 것이다. '사'를 부정적으로만 보아 오던 문화적 관성이 '사'를 긍정하는 자본주의적 근대성과 조우하면서, 왜곡된 모습으로 변용되어 현대 한국인의 일그러진 자화상을 빚어내게 된 것이다.[38]

4. 전통적 공·사관의 근대적 변용

조선시대에 사용된 공·사 관념에 대한 분석을 통하여 우리는 '공'

---

[37] 개인의 사적 욕망을 긍정한 명·청시대의 대표적인 사상가로 라흠순(羅欽順), 이탁오(李卓悟), 황종희(黃宗羲), 고염무(顧炎武), 여곤(呂坤), 진확(陳確), 왕선산(王船山), 대진(戴震) 등을 들 수 있다.
[38] 이와 관련해서는 졸고, 《한국인의 자화상》, 《사회비평》(2000년 봄호) 참조.

이 ① 지배권력 및 지배영역의 의미, ② 공정·공평과 같은 윤리적 의미, ③ 다수·공동을 뜻하는 '공(共)'의 의미로 사용되었음을 알 수 있다. 한국의 전통적 '공' 관념에 내포된 이러한 세 측면은 우리 사회가 근대로 진입하면서 뻗어 나갈 수 있는 세 가지 가능한 방향을 온축(蘊蓄)하고 있다. 즉, 전통적 '공' 개념이 지닌 세 측면은 각기 ① 강한 국가주의로 나아가는 길, ② 공정하고 공평한 사회를 지향하는 길, ③ 다수 민중의 의견과 이익이 존중되는 사회로 나아가는 길이라는 세 가지 가능성을 간직하고 있는 것이다. 전통적 '공' 관념이 함의하고 있는 세 가지 계기 중에서 우리의 근대는 '강한 국가주의'의 길을 택할 수밖에 없었다. 우리의 근대가 '국가주의'로 나아갈 수밖에 없었던 원인은 여러 가지겠지만, 특히 우리의 근대화가 '밖으로부터' 그리고 '위로부터' 추진될 수밖에 없었던 역사적 비극은 간과할 수 없는 것이다. 일제에 의한 식민지 지배, 뒤이어 들어선 미군정과 6·25 전쟁, 그리고 세계 냉전구도와 군사정권의 등장은 불가피하게 우리의 근대가 '국가주의'의 길을 걷도록 하였다. 따라서 '공'은 '국가'와 '민족'의 이름으로 대체되거나 동일시되었고, '공' 관념에 간직된 다른 가능성, 즉 공정하고 공평한 사회 이상으로서의 '공'과 다수의 의지로서의 '공'은 우리의 근대화 과정에서는 실현되기 어려운 것이었다.

헤겔에 따르면 시민사회는 가정과 국가 사이에 위치한 윤리적 생활(sittlicheit)의 영역이다. 헤겔은 시민사회가 사유재산권을 향유하는 이기적인 시민(bürger)과 공적 덕성을 구현하는 시민(citoyen)의 두 가지 계기를 모두 간직한 것으로 보았다. 하지만 헤겔은 결국 시민들이 공적 덕성을 구현하는 존재가 되기보다는 자기 이익만을 추구하는 부르주아지가 될 가능성이 높다고 보았고, 뒤를 이은 마르크스는 헤겔의 시민사회 개념에서 이기적 시민의 측면에 초점을 맞추었다. 우리가 지난 30~40년간 보아온 한국의 시민사회는 마르크스가 간파한 것처럼 '이기적 부르주아지'의 측면만을 너무도 강하게 표출시켰다. 위로부터 그리고 밖으로부터 근대화의 길을 걷도록 운명지어진 한국사회는 전통의 공사관에 내포된 '공평'의 측면과 '다수의 의지'로서의 '공'의 측면은 배제한 채, 오로지 국가권력에만 '공'의 무게를 실어주었다. 이에 따라 권력의 부패를 견제할 수 있는 시민의 목소리는 사라져 버리고, 국가와 시장의 부정한 결탁을 감시할 기능마저 상실하였던 것이다.

'공'을 국가권력으로만 인식하는 한, 시민들의 건전한 사익과 공적 덕성은 기대하기 어려워진다. 모든 정책과 의사결정이 과도하게 국가 또는 관 주도로 이루어지는 상황에서는 건전한 사익에 대한 주장마저 공익을 해치는 것으로 치부되고, 따라서 모든 사익의 추구는 지하로 숨어들어 탈법적·비합리적인 것으로 변질할 수밖에 없다. 더욱이 '사'를 '공'과 대립하는 비윤리적인 것으로 여겨온 성리학의 영향 아래서, '공'을 배타적으로 독점해버린 국가권력은 '건전한 사익'을 추구하는 정당한 목소리마저 움츠러들게 하는 억압자가 되었다.

단기간에 걸친 압축적 근대화로 말미암아 우리는 이익추구의 과정에서 발생할 수 있는 불공정과 불공평을 막을 수 있는 제도적 장치를 섬세하게 마련할 수 없었다. 사회적 신뢰가 제도적으로 구축되지 못한 상태에서 불어닥친 사익추구의 회오리 바람 아래서 우리는 '더불어(共)' 살아가는 지혜를 잊은 채 오직 '내 가족'만을 위해 비윤리적 행위를 서슴지 않았다. 전통적 공사관에 내포된 '상대성'과 '연속성'은 이러한 가족이기주의와 집단 이기주의를 증폭시키는 방향으로 변질하여 활용되었다. 가족·학연·지연은 그 집단 내부에서 볼 때는 '공'으로 인식되지만, 밖으로 더 큰 집단과 대조해서 본다면 어디까지나 '사'에 불과한 것이다. 조선시대에 성리학자들이 목표로 했던 것은, 이러한 '작은 공'이 더 큰 범위에 비추어보면 어디까지나 '사'에 불과하다는 사실을 주지시킴으로써 '더 큰 공' 나아가서는 '무아지공(無我之公)'에 도달하게 하려는 것이었다. 군사독재 시절 민주화를 위해 투쟁했던 많은 양심적 지식인들이 '더 큰 공'을 위해 몸을 바치고 심지어는 '무아지공'의 자세로 헌신했던 일은 전통적 '공' 개념의 유산이라고 할 수 있을 것이다. 하지만 다른 한편으로 과도기적 혼란기 속에서 자신의 안위만을 염려하던 소시민들은 '작은 집단의 공'만을 유일한 '공'으로 추구하고 '더 큰 공'을 추구하려 하지 않았다.

　조선시대에 항상 갈등의 씨앗으로 잠복하고 있었던 친친과 존존의 문제 역시 근대에 들어 왜곡된 방식으로 증폭되었다. 국가는 '공'을 독점하고 끊임없이 국민에게 '공적 의무(尊尊)'를 강요하였지만, 국민은 형식적으로는 '존존'을 따르는 척하면서 실제로는 폐쇄적으로 '친친(사적 의무)'에만 매달린 것이다. 다시 말해, 국민은 독재권력(공권력)에 형식적으로 복종하는 척하면서, 실제로는 일차 집단의 이익추구에만 매달려온 것이다. 가족 이기주의와 집단 이기주의, 그리고 지연·학연·혈연에 의한 연고주의는 '친친'에 모든 노력을 기울여온 과도기적 혼란상을 단적으로 드러내 준다. 전통의 '공' 관념에 담긴 다양한 계기들이 '사익의 긍정'이라는 근대성과 조우하여 건강하게 발전되지 못하고 정실주의와 연고주의로 얼룩진 천민자본주의와 천민자유주의로 나아가게 된 원인은 바로 여기에 있다고 여겨진다.

5. 합리적 대화와 민주적 절차를 통한 '공'의 중건

전통적 공사관에 의하면, '공'은 정치적 지배권력과 지배영역을 의미하기도 하지만, 더욱 중요하게는 윤리적 정당성과 공정성을 의미하며, 나아가서는 불특정 다수의 의견과 이익을 의미하기도 한다. 이런 점에서 볼 때, '공익'은 윤리적으로 정당성을 획득한 불특정 다수의 이익이라고 정의할 수 있을 것이다. '윤리적으로 정당성을 획득한 다수의 이익'이라는 전통의 공익관은 《예기》 '예운'편의 대동사상에 잘 드러나 있다. 대동사회란 사회 구성원들에게 골고루 재화가 분배되고, 약자와 빈자에게 복지의 혜택이 주어지며, 모든 구성원이 도덕적으로 완전해져서 사회 전체에 '커다란 조화'가 이루어진 상태를 말한다. 신자유주의라는 태풍에 휩싸인 현행의 정치·경제적 질서는 전통의 이상인 대동사회를 향한 꿈을 요원하게 만든다. '시장만능의 원리'와 '효율성의 제고'를 지고의 가치로 삼는 현행 체제는 도태되었던 사회적 약자를 다시 한 번 도태시키고, 생존경쟁에서 살아남은 강자에게 다시 한 번 부와 권력을 몰아다 준다. '윤리적 공정성'과 '다수의 이익'을 축으로 하는 전통의 '공'에 대한 이상은 '대동 민주주의'의 모습으로 새롭게 중건되지 않으면 안 된다.

현대사회는 복잡하기 그지없다. '공'은 국가정책이나 정치권력을 정당화하기 위한 이데올로기적 구호로 동원되기도 하고, 역으로 독선적인 국가정책을 비판하거나 공직자 윤리를 확립하기 위해 사용되기도 한다. 현대사회에서 다양한 사익들은 저마다 정당성을 내세우며 목소리를 돋우고, 동질의 이익을 추구하는 사람들은 한데 모여 합법적인 이익단체를 구성한다. 사익이 긍정되고 자유가 보장되는 현대사회에서는 무엇이 '공익'이라고 단정 짓기가 갈수록 어렵게 되어가는 것이다. 무엇이 '공익'인지 단정 내릴 수 있는 선험적이고 보편적인 근거가 없는 한, 공익의 결정은 민주적 대화와 합리적 토론을 통해 이루어질 수밖에 없다. 그리고 무엇보다도 중요한 점은 윤리적 정당성과 다수의 의견을 무시한 '공'은 진정한 '공'일 수 없다는 점이다. 이런 점에서 "윤리적 정당성을 획득한 다수의 의견"을 보장하는 일을 이상으로 삼아온 전통적 '공' 관념은 오늘날에도 여전히 유효한 것으로 남아 있다.

참고문헌

《詩經》,《書經》,《周易》,《春秋左氏傳》,《荀子》,《老子》,《莊子》,《呂氏春秋》,《說文解字注》,《二程集》,《朱子語類》,《朱子大全》,《退溪全書》,《栗谷全書》,《華西雅言》,《海鶴遺書》.

김교빈. 2000년 6월. "대의명분에 눌린 사적 공간"《Emerge 새천년》. 서울: 중앙일보사.
단국대 동양학 연구소. 1992.《한국 한자어 사전》. 서울: 단국대학교 출판부.
러우위리에(樓宇烈). 1992.《王弼集校釋》. 臺北: 華正書局有限公司.
미조구치 유우조(溝口雄三). 1993. "중국과 일본의 공과 사"《대동문화연구》제28집. 성균관대 대동문화연구원.
미조구치 유우조(溝口雄三). 1995.《中國の公と私》. 東京: 硏文出版.
박정순. 2000년 6월. "사리와 공익의 자유주의적 관련방식"《Emerge 새천년》. 서울: 중앙일보사.
송복. 2000년 6월. "한국 사회의 공과 사"《Emerge 새천년》. 서울: 중앙일보사.
이상익. 1997. "한국 근대사상에 있어서 민족적 주체성과 세계적 보편성의 문제"《정신문화연구》제20권 제3호.
이승환. 1998. "주자 형이상학에 나타난 공직자 윤리관 연구"《동양철학》제10집.
이승환. 2000. "한국인의 자화상"《사회비평》(2000년 봄호).
이승환. 1998.《유가사상의 사회철학적 재조명》. 서울: 고려대출판부.
이원택. 2001. "현종조 복수의리 논쟁과 공사 관념".《정치사상학회 하계발표회 자료집》.
이종은. 1999. "서구와 유교문화권에서의 개인"《서울대 현대사상연구회 · 일본 장래세대총합연구소 공동 콜로키엄 자료집》.
정만조. 1991. "조선 현종조 私義 · 公義 논쟁"《한국학 논총》제14집(국민대 한국학 연구소1).
훼이샤오통(費孝通). 1995.《중국사회의 기본구조》(원서명: 鄕土中國). 이경규 역. 서울: 일조각.

조선 초기 유교적 입헌주의의 제요소와 구조: 헌법요소의 화육신(化肉身)으로서의 군주와 권력구조의 상호작용[1]

김비환 성균관대학교

1. 서론

이 글의 목적은 경국대전으로 완성되는 조선 초기의 정치체제를 유교적 입헌군주제로 규정하고, 통치권력의 행사를 제약했던 입헌주의적 기제들의 존재방식을 확인하고 그 기제들이 어떤 방식으로 통치권력, 특히 임금의 권력을 통제했는지를 조명함으로써 창업 이후 조선이 나름대로 정교한 입헌주의 국가로 발전하고 있었음을 밝히는 데 있다.

주지하듯이 근대 입헌주의는 17세기 후반 영국의 존 로크를 비롯해 18세기 프랑스의 몽테스키외, 18세기 후반 미국 창설자들의 정치이론을 통해 체계화된 규범적 정치이론으로, 정부(또는 통치)는 제한될 수 있고 또 제한되어야만 하며, 일정한 법적·제도적 제한을 따라야만 정당

---

[1] 이 글은 《정치사상연구》, 제14집 1호(2008년 봄)에 게재된 것임을 밝힌다.

성을 얻을 수 있다는 주장으로 집약된다.[2] 여기서 정부에 가해지는 일정한 법적·제도적 제한은 통상 헌법이라 불리는 정치사회의 최고법을 통해 표현된다. 이 때문에 입헌주의는 이 최고법인 헌법에 의해 지배되는 정치체제의 작용방식을 설명하거나 정당화하는 규범적 정치이론이라 할 수 있다.[3]

그런데 입헌주의의 근거가 되는 헌법을 구성하는 요소들에 대해서는 단일한 정설이 존재하지 않는다. 한 가지 예상할 수 있는 학설은 실정헌법(=성문헌법, constitutional law)이야말로 유일하게 진정한 헌법이라는 것인데, 이 학설을 받아들일 경우 영국을 위시한 불문헌법 국가들은 헌법이 존재하지 않게 되므로 입헌주의 국가가 아니라는 불합리한 결론에 이르게 된다. 이러한 이유로 헌법학자 대부분은 헌법은 실정헌법 이상의 것을 포함하는 것으로 이해한다. 예컨대, 다이시(A. V. Dicey)는 영국의 헌법체계는 문서로 존재하는 성문헌법 외에도 정부를 효과적으로 제한하는 많은 '헌법관행(constitutional conventions)'을 포함하고 있다고 주장했다.[4]

헌법을 좀 더 광의로 해석할 경우 공식적인 헌법문서가 아닌 다른 문서, 예컨대 미국 독립선언서의 일부나 연방주의 문서 등도 헌법의 일부

---

[2] 입헌주의의 뿌리를 고대 그리스의 도시국가나 로마공화정, 중세 이탈리아의 도시국가에서 찾는 연구도 있다(Gordon, 1999). 하지만 근대적 입헌주의의 핵심적 특징들(예컨대, 민주적 참정권을 포함한 개인의 기본권, 권력분립, 독립적인 사법부 등)에 비추어 볼 때, 전근대 시대에도 온전한 입헌주의가 존재했다고 보기는 어렵다. 하지만, 입헌주의의 맹아들 혹은 뿌리들에 대한 논의는 충분히 가능하다고 보는 바, 이 글의 주요 논지 또한 이런 맥락에서 전개된다.
[3] 현대 입헌주의는 민주적 참여의 권리를 포함한 광범위한 기본권, 권력의 분립 및 권력 간 견제와 균형, 독립적인 사법부를 공통 요소로 삼고 있으므로 무엇보다 자유민주주의 정치체제에 적합한 정치이론으로 볼 수 있다.
[4] 김종철, "다이시의 법사상과 정치사상: 그 상호관련성에 주목하여", 《법철학연구》, 제7권 2호(2004), 39~62쪽. 영국의 헌법관행 중 한 가지 예는 여왕은 영국 의회의 양원에 의해 통과된 법안을 거부해서는 안 된다는 관행상의 규칙이다. 이런 규칙은 법정에서 강제할 수 없는 관행이라는 이유로 법적으로 강제될 수 있는 '성문헌법'과는 구분되고는 한다.

가 될 수 있다. 그러므로 새로운 국가의 창설을 정당화하고 건국 원리를 제시한 독립선언문[5]처럼 정치공동체에 기념비적인 의미가 있는 문서는 헌법의 범주에 포함할 수 있다. 마찬가지로 미국 헌법의 초안 작성자들이 헌법 초안의 비준을 촉구하는 가운데 쓴 연방주의자 문서 등도 헌법 원래의 이해(the original understanding)를 구성하기 때문에 광의의 헌법에 포함할 수 있다는 견해도 있다.[6]

헌법에 대한 법원의 공식적인 해석도 헌법의 일부를 구성한다. 이는 특히 영국처럼 불문헌법, 즉 보통법(common law) 전통이 강한 나라에서 더 두드러지는 현상이다. 판사들이 한 모든 헌법해석이 다 헌법의 일부라는 주장은 분명 과장된 것이지만, 해석의 일부가 헌법에 안치된다는 것은 분명한 사실이다.[7]

이상에서 살펴본 바와 같이 헌법은 '성문헌법' 이상의 것이다. 하지만 주의할 점은 헌법이 성문헌법과 헌법관행 그리고 그 이상의 자료를 포함한다고 해서 그 단순 합이 바로 헌법이라는 공식은 성립하지 않는다는 사실이다. 헌법의 내적 통일성이 중요하다고 볼 때, 헌법은 헌법 전체의 내적 통일성에 부합하지 않는 부분들을 제외한 성문헌법과 헌법관행 및 자료들의 합으로 보는 것이 타당하다. 독일 헌법재판소가 강조한 구조적 해석을 통한 화해(reconciliation through structural

---

[5] 즉, "우리는 이런 진리들을 자명하다고 여긴다. 즉, 모든 인간은 평등하게 태어났으며, 창조자에 의해 불가양도의 권리를 부여받았으며 … 이런 권리들을 보장하기 위해 정부가 설립되었으며, 그 정당한 권력을 피치자들의 동의에 의해 부여받았다…"고 선언하고 있다. Murphy, "Constitutions, Constitutionalism, and Democracy," in *Constitutionalism & Democracy*, edited by D. Greenberg, S. N. Katz, M. B. Oliviero and S. C. Wheatley, Oxford: Oxford University Press, 1993, 11에서 재인용.
[6] Murphy, 위의 글: 11.
[7] 이 점은 헌법은 고정되어 있다는 견해와 끊임없이 성장하는 나무와 같다는 견해 사이의 논쟁 및 헌법해석과 민주주의의 관계를 이해하는 데 중요한 함의가 있는 쟁점이다.

interpretation)는 헌법의 이런 구조적 통일성을 배경으로 한 것이다.[8]

이 글에서는 입헌주의가 근거하고 있는 헌법을 실정헌법은 물론 헌법관행과 기타 헌법적 자료를 포괄하는 가장 광의의 의미로 사용한다. 그리하여 조선 창업 때부터 경국대전체제의 안정화 단계에 이르기까지 조선의 권력구조를 분장하고 왕권을 제약했으며, 안민(安民)이라는 유교적 민본주의의 목표를 실현토록 왕권과 신료들에게 제약을 가했던 중요한 입헌 통치의 요소들(헌법적 문서들과 관행들 그리고 제도들)을 재조명하는 한편, 이런 요소들이 조선 초기의 제도적 장치 및 권력구조와 맞물려 작용함으로써 조선 특유의 유교적 입헌군주제로 발전하고 있었음을 보여주고자 한다. 특히 이 글은 유교적 입헌주의 요소들을 임금의 성품과 덕성, 지식으로 화육신(化肉身, incarnated)한 제도적 장치와 임금의 권력행사를 외부로부터 제어했던 권력 관계의 중요성을 강조하고자 한다. 왜냐하면, 화육신한 헌법요소로서의 임금의 개념과 임금 속에 화육신한 헌법요소들이 온전히 작동하도록 압박하는 권력관계야말로 조선 초 유교적 입헌주의의 고유한 특징이기 때문이다.[9] 이 글의 구성은 다음과 같다. 2장에서는 입헌주의의 구성 원리들을 전제적 권력행사를 방지하기 위한 권력구조와 권력분립의 규정, 보호되어야 할 개인들 혹은 집단들의 권리 명시, 정치공동체의 가치지향 혹은 도덕적 성격의 천명으로 이해하고, 조선 초 최고 통치권자로서의 국왕의 성품과 덕

---

[8] 독일 헌법재판소의 해석을 따르면, "개별 헌법조항은 고립된 구절로 간주하여 단독으로 해석되어서는 안 된다. 헌법은 내적 통합성을 갖고 있으며, 어떤 부분의 의미는 다른 조항들의 의미와 연계되어 있다. 하나의 유닛으로 이해할 경우, 헌법은 개별 조항이 따라야 하는 어떤 지배적인 원칙과 기본적인 결정을 반영한다." (Murphy, 위의 글: 10).

[9] 입헌주의에서 왕권의 제약 못지않게 중요한 것은 관료들의 담합에 의한 권력 남용의 가능성을 차단하는 것이다. 이것은 권력분립 및 분립된 권력 간의 상호균형과 견제의 메커니즘에 의해 성취될 수 있다. 물론, 입헌주의에서 헌법적 원리들의 관철과 권력의 균형은 동시에 성사되어야 한다.

성, 지식 형성에 기여했던 문서들과 제도적 장치들이 유교적 입헌주의의 구조 속에서 갖는 중요성을 조명한다. 3장에서는 각 국가기관에 대한 권력분장과 이들 상호 간의 견제와 균형 원리 및 전체로서의 신권이 입헌주의의 온전한 작동에 대해서 갖는 중요성을 조명한다. 4장에서는 유교적 입헌주의가 안민이라는 실질적인 유교적 가치에 토대를 두고 있었음을 보여준다. 근대 입헌주의가 개인들의 기본권 보호를 가장 핵심적인 원리로 삼고 있는 데 반해 유교적 입헌주의는 안민이라는 실질적인 유교적 가치를 지향했다는 점에서, 이 글은 조선 초기 유교 국가를 유교적 입헌주의 발전의 한 단계를 표현한 것으로 규정할 것이다. 마지막 장에서는 유교적 입헌주의가 전제하고 있는 인간관을 살펴보고 유교적 입헌주의의 현대적 의의를 조명해 본다.

2. 왕권 통제의 비강제적 기제들: 헌법요소의 화육신으로서의 임금

헌법학자 대부분이 제시하는 헌법의 구성 원리는 대체로 다음과 같은 세 범주로 수렴한다.[10] 첫째는 통치권력을 제약하고 권력을 분장하는 원리이며, 둘째는 보호되어야 할 개인들 혹은 집단들의 권리를 명시하는 원리이고, 셋째는 정치공동체의 가치지향 혹은 도덕적 성격을 규정하는 원리이다. 이 세 가지 원리는 함께 결합하여 헌법의 최고성을 보장하고 제한적이지만 강력한 정부를 가능하게 하며 개인과 집단의 중요한 권익을 보호해준다.[11] 헌법의 구성원리에 대한 이러한 분류에

---
10 R. Gavison, "What Belongs in Constitution." W. Sadurski, ed. *Constitutional Theory*, 2nd series. Trowbridge: The Cromwell Press, 2005, 15~31.
11 독립적인 사법부의 존재 역시 입헌주의의 필수적인 요소인데, 여기서는 권력구조와 권력분립에 포함하여 논

따라 이 장에서는 먼저 조선 초 유교적 입헌주의를 구성하는 첫째 원리 중 통치권력의 제약과 관련된 헌법적 기제들이 어떤 방식으로 존재했고 작동했는지를 살펴보고자 한다.[12]

조선 초 유교적 입헌주의는 그 존재 여부가 아니라 고유성의 측면이나 정도(more or less)의 측면에서 접근할 필요가 있다. 만일 현대 자유민주주의 체제하에서의 입헌민주주의를 기준으로 삼는다면 조선 초기는 물론 심지어 20세기 이전의 서구에서도 입헌주의가 실천되었다고 보기는 어렵다. 하지만 헌법적 요소들과 입헌주의 기제들을 '어느 정도' 갖추었으며 또 그 기제들이 어떤 고유한 방식으로 작동하고 있었는가 하는 관점에서 접근한다면 조선 초 유교국가는 나름대로 입헌주의 기제들을 잘 갖추고 있었다고 평가할 수 있다. 더구나 조선 초 유교국가는 군주의 자의적 권력행사를 방지하려는 명백한 집합적 노력 혹은 의지를 지녔으므로 뚜렷한 입헌주의적 '지향성'을 갖고 있었다고 볼 수 있다.

건국 이후 조선은 중앙집권체제와 이를 뒷받침하는 통일 법전 편찬을 확립해 가는 과정에서 통치권력, 특히 왕권을 제약하고자 치열한 노력을 기울였다. 이런 노력의 효과는 군주들의 치세기에 따라 상당한 차이를 보이지만[13] 대체로 군주의 권력은 문서나 관행 혹은 제도에 의해 상당한 제약을 받았으며, 당시의 지배세력 내부의 정치적 관계는 이런 문서와 제도가 작동하는 데 실질적인 에너지를 제공하였다.[14] 더구나

의할 수 있다고 보았다.
12 이 문제를 다룰 때 미리 지적해야 할 것은 권력구조와 군력분립에 관한 원리가 실제로 어느 정도(more or less) 작동하고 있었느냐 하는 문제와 그 원리를 지향할 의도가 얼마나 강했느냐 하는 당위적인 문제이다. 왜냐하면, 그 원리의 구현을 위한 강력한 의지가 존재했지만 실제로는 잘 적용되지 않았을 수도 있고, 특별한 의지는 없었지만 그런대로 잘 적용될 수도 있기 때문이다. 이 문제는 다른 원리들과도 관련되어 있다.
13 이런 경향은 연산군 시대 일시적으로 파탄에 이르지만 중종반정 이후 새로운 양태로 전개된다.
14 이런 측면에서 제도적 기제들보다는 정치세력들의 역학관계가 실질적으로 입헌주의를 더 효과적으로 작

세자들에 대한 철저한 경전 교육과 경연제도를 통해 끊임없이 왕의 덕성을 함양하려 했던 제도적 기제들은 그 자체로써 유교적 법치주의의 실현에 크게 기여했을 뿐만 아니라,[15] 헌법적 요소들을 왕의 성품과 지성 속에 화육신함으로써 유교적 입헌주의의 독특한 제도적 토대로 작용했다. 이 기제들은 지배집단 내부의 정치적 관계와 상호 작용함으로써 당시로써는 최상의 입헌적 통치형태를 발전시킬 수 있었다.

왕권 행사를 통제하고 권력행사에 정당성을 부여해 주었던 헌법 자료 중에서 가장 먼저 거론할 수 있는 것은 역시 《사서삼경(四書三經)》 및 그 요약 혹은 해설서라 할 수 있는 《사서절요(四書節要)》, 《대학연의(大學衍義)》와 같은 경전들이다.[16] 이들 경전의 내용에는 군주가 통치할 때 반드시 유념해야 할 마음가짐과 치국의 원리가 있다.[17] 이 경전의 원리들

동하게 한다는 주장이 제기되었다. 예컨대 벨라미의 다음 책을 볼 것. Bellamy, *Political Constitutionalism*, Cambridge: Cambridge University Press, 2007.

[15] 법치의 온전한 실현에 필요한 법 주체들의 덕성은 2차적 규범질서를 구성하는 요소들로, 이런 덕성을 길러주는 제도들은 입헌주의적 의미를 지닌다. 그것은 헌법의 문서나 원리는 아니지만, 그것이 없이는 법의 존재와 상관없이 전제정이 출현할 가능성이 높아진다는 의미에서 보이지 않는 헌법적 원리처럼 작동한다.

[16] 태조 7년 12월 17일(기미)에 조준, 조박, 하윤 등이 《사서절요》를 찬술하여 임금께 바치며 올린 전문에 그 찬술의 의의가 담겨 있다.
"군주의 정치는 심학(心學)에 매여 있으니, 마땅히 마음이 정밀하고 전일하여 중용(中庸)의 도(道)를 꼭 잡아 쥐고서, 함양(涵養)하고 확충(擴充)하여 수신(修身)·제가(齊家)·치국(治國)·평천하(平天下)의 근본을 삼아야 할 것이니, 성현(聖賢)의 글을 두루 뽑아 보건대, 《논어(論語)》·《맹자(孟子)》·《중용(中庸)》·《대학(大學)》에서 대개 이를 다 말하였습니다. 삼가 생각하옵건대, 전하께서는 하늘이 주신 성학(聖學)으로 계속하여 밝히고 공경하셨는데, 당초에 왕위에 오르실 때부터 사서(四書)를 관람하여 공자(孔子)·증자(曾子)·자사(子思)·맹자(孟子)의 학문을 밝히고자 하였으나, 다만 제왕의 정치를 보살피는 여가에 두루 관람하고 다 궁구(窮究)하기가 용이(容易)하지 않은 까닭으로 신 등에게 명하여 그 절요(節要)한 말을 찬술(撰述)하여 바치게 하셨습니다. … 삼가 바라옵건대 연회(燕會)하는 사이에 때때로 관람하여 심학(心學)을 바르게 하고, 간략(簡略)한 데로부터 해박(該博)한 데로 들어가서 《사서(四書)》의 대지(大旨)를 다 알아내어 옛것을 익혀서 새것을 알고 학문이 날마다 나아가고 달마다 진보한다면, 장차 시종(始終)이 흡족하고 덕업(德業)이 높아져서 성현(聖賢)의 도(道)가 다시 밝아지고 태평의 정치가 이루어지게 됨을 볼 수 있을 것입니다."

[17] 예종 1년 9월 19일(기해) 경연에서 지경연사 임원준이 《예기》를 강하면서 치도에서 《대학연의》의 중요성을 다음과 같이 언급하였다.
"… 《역경》은 비록 뜻과 이치가 깊으나, 정사(政事)에 절실하지는 않습니다. 《대학연의》로 말하면, 나라를 다스리는 율령(律令)이 되므로 세종대왕께서 늘 보시어 외기까지 하시고 왕자들에게 다 읽히셨으니, 청컨대 경연에서 이 글을 강하소서."

은 법전에 명확히 명시된 규칙은 아니었다. 하지만 그 기능과 위상은 결코 공식 법전에 뒤지지 않는 중요성을 갖고 있었다. 그뿐만 아니라 조선왕조 전체에 걸쳐 일관되게 군왕들에게 도덕적 수양과 치국의 지침을 제공했다.

예컨대, 예종 1년 중추부지사 정척은 제왕(帝王)이 나라를 다스리고 천하를 평정하는 도(道)가 《대학》에 갖추어져 있음을 강조하면서, 진덕수(眞德秀)가 편찬한 《대학연의》의 편제에 대해 다음과 같이 설명하였다.

> 맨 먼저 도술(道術)을 밝히고 인재를 분변하며 세상을 다스리는 방법을 살피고 민정(民情)을 살피는 것을 임금의 격물치지(格物致知)의 요지(要旨)로 삼았고, 공경하고 두려워함을 숭상하고 안일과 물욕을 경계함을 성의(誠意)·정심(正心)의 요지로 삼았으며, 언행(言行)을 삼가고 위의(威儀)를 바르게 함을 수신(修身)하는 요지로 삼았고, 배필(配匹)을 중히 하고 내치(內治)를 엄하게 하며 국본(國本)을 정하고 척속(戚屬)을 가르치는 것을 제가(齊家)하는 요지로 삼아, 네 가지 요지를 얻으면 나라를 다스리고[治國] 천하를 평정하는 것[平天下]은 그 가운데 있다고 하였습니다. … 엎드려 바라옵건대, 정무(政務)의 여가에 《대학연의》를 관람하여 치도(治道)에 도움이 되게 하소서.[18]

---

18 《조선왕조실록》, 예종 1년 3월 13일 정유.

정무와 치국의 토대로서 임금의 도덕적 수양에 대한 강조는 유교 경전의 공통된 특징으로, 이는 단순히 수사학적인 의미만을 갖는 것이 아니다. 그것은 최고 통치자나 통치에 참여하는 이들에 대한 진정성 있는 도덕적 요구로서, 정무와 치국에서 실질적인 책무를 부과하고 심리적인 압박을 가하는 제약기제로 작용했다. 《조선왕조실록》에 수백 번 등장하는 응지상소(應旨上疏)의 상당 부분은 자연적인 재이(災異)를 군주와 고관대작들이 안민(安民)의 의무를 제대로 이행하지 못한 도덕적 실패에 기인한 것으로 간주하고 군주와 지배집단의 도덕적 수성(修省)을 강력히 촉구하는 내용이다. 정종 1년 8월 8일(을사) 정종이 응지상소를 요구하는 기사는 임금이 민정의 실패와 재변에 대해서 얼마나 큰 도덕적 책임과 심리적 부담을 느끼고 있었는지를 보여준다.[19]

> 내가 … 덕(德)이 밝지 못하고 때로 조처하는 데에 어두워서 백성이 혜택을 입지 못하였다. … 근자에 천변과 지괴(地怪)가 여러 번 견고(譴告)를 보이었으니, 실로 과인의 부덕한 소치로 말미암은 것이었다. 위태하게 여기고 두려워하기를 연못의 얼음을 건너는 것같이 하여, 몸을 신칙(申飭)해 닦고 살피어 그 허물을 면하기를 생각하였다. … 아아! 하늘의 위엄을 두려워하니 감히 경계하는 뜻을 잊으랴! 정치는 덕으로 하는 것이니 마땅히 관휼(寬恤)하는 인(仁)을 베풀어야 한다. 힘써 행하여 내 뜻에 부응(副應)하도록 하라.

---

19 응지상소(應旨上疏)에 대한 분석으로는 이석규(李碩圭)의 다음 글을 볼 것. 李碩圭, "朝鮮初期 應旨上疏에 나타난 制度論", 《朝鮮時代史學報》 39호(2006. 12), 5~37.

서연(書筵)과 경연(經筵)이 주로 왕세자와 왕의 덕성을 함양하고 치국의 도와 역사에 관한 식견을 기르는 것에 집중되어 있다는 사실은 매우 중요하다. 서연과 경연에서 다루는 서적은 권력을 획득하고 유지하는 실용적 기술을 다루는 마키아벨리의 《군주론》과는 성격이 근본적으로 다르다. 그것은 성군이 되는 데 필요한 근본적 지식(예컨대, 우주자연의 道와 인간의 본성, 사회질서의 근본원리)과 도덕적 수양의 교육에 집중하는 유교의 경전들이다.

사실 최고 통치권자인 왕과 그 후계자인 왕세자의 도덕적 완성에 대한 요구는 왕의 자의적인 권력행사를 방지할 최상의 예방책이자 견제책이었다.[20] 비록 왕과 왕세자의 도덕적 수양에 대한 의무를 실정헌법적인 의무사항으로 보기는 어렵고, 어느 정도의 도덕적 수양이 왕으로서의 정당한 권위를 획득하는 데 필요한지는 분명치 않지만, 최고 통치자인 군왕의 도덕적 수양은 통치권위의 획득을 위한 거의 절대적인 필요조건으로 자리 잡아가고 있었다.[21] 이런 정황은 왕세자의 교육과 경연에 대해 조선 왕들과 신료들이 가졌던 각별한 관심을 통해 확인된다. 서연과 경연을 통해 왕세자와 왕은 심술(心術)을 바르게 하고 수성에 힘쓰는 한편 치국의 도를 배우고 또 배웠다. 이런 일생 동안의 학습과정

---

20 이런 측면에서 볼 때, 조선 전기 폭군의 대명사인 연산군이 재위 12년 5월에 경연을 중지시킨 것은 그를 폭군으로 간주하는 한 가지 증거가 된다. 그는 경연을 중지하기 전에 경연관(經筵官)을 단순히 글을 읽어 진언(進言)한다는 의미의 진독관(進讀官)으로 고침으로써 자신에 대한 비판과 간언을 철저히 금하고자 하였다. 이에 관해서는 다음 글을 볼 것. 金燉, 《朝鮮前期 君臣權力關係 硏究》(서울대학교 출판부 1997), 제2장.
21 위에서 인용된 상서의 '내용'에 못지않게 상서하는 '방식'에도 주목할 필요가 있다. 신료들의 상서는 완곡하거나 간접적이지 않고 오늘날의 정부나 직장의 상하 인간관계에서조차도 무례하다고 느낄 정도로 매우 직설적이고 강력하게 표명되었다. 이것은 상서가 단순한 의견개진에 불과한 것이 아니라, 임금이 마땅히 따라야 하는 수성(修省)과 통치의 원칙을 대언하거나 그 원칙을 지지하는, 관행적으로 인정되거나 확립된 절차였기 때문으로 사료된다. 따라서 임금의 도덕적 수양과 치도에 관한 상서는 비록 극존대의 표현이 쓰였을지라도 그 전체적인 방식은 명령조의 단호함과 직설적 특성으로 이루어졌다.

을 통해 조선의 왕들은 진정한 권위의 원천인 도덕적 완성을 기하게 되며, 조정의 신료들은 그런 학습 기제의 철저한 관리를 통해 군왕의 권력을 원천적으로 통제하려 했다.

이런 관점에서 볼 때 왕세자의 교육을 담당하는 서연제도는 입헌주의적 의미를 갖는 가장 기본적인 제도이며, 서연에서 강론되는 유교 경전과 그 아류는 헌법의 일부를 구성하는 중요한 문서라고 할 수 있다. 왕의 권력은 선왕의 자리를 물려받을 왕세자의 성품과 덕성, 식견을 미리 관리함으로써 가장 효과적으로 통제할 수 있다.[22] 만일 이러한 계획이 성공적이면 신료들은 왕권의 남용을 두려워할 필요가 없게 되며 나아가서는 왕권의 행사를 적절히 통제할 수 있는 가장 효과적인 수단을 갖게 된다. 비록 그 계획이 그다지 성공적이지 않더라도 다른 제도적 장치들을 동원하여 왕권의 자의적인 권력행사를 막는 데는 적지 않은 도움이 될 것이다. 이것이 바로 서연과 경연제도의 운영을 철저히 관리하고자 했던 신료들의 주된 의도였다.

서연에 대한 군왕과 조정의 깊은 관심을 확인시켜 주는 《조선왕조실록》 기사는 대단히 많다. 아직 조선왕조의 통치기반이 확고히 다져지지 않았던 태조 때부터도 왕세자에 대한 교육은 매우 중요시되었다. 태조 1년 12월 16일(임술)의 기사에는 동궁전에서 거의 '날마다' 서연이 개최되어 《대학연의》가 강론되었다고 기록되어 있다. 태조 4년 9월 18일(기유)에는 간관이 세자가 학문을 좋아하지 않는다고 상언하자 임금이

---

22 《국가》에서 철저한 교육시스템을 구축하고 있는 플라톤의 의도도 아마 이러한 부류일 것이다. 플라톤적 시각에서 조선조 유자들의 유교적 이상국가 건설 프로젝트를 분석해 보는 것도 흥미 있는 시도라 생각된다. 이런 관점에서 보면 철인정치의 이상을 견지하였던 《국가》와 법률의 지배를 현실적인 이상국가의 특징으로 본 《법률》은 서로 모순적이라기보다는 보완적이라 볼 수 있다. 《법률》에서 법치의 목적이 처벌이 아닌 선한 인간의 조형임을 볼 때, 유교국가의 이상과 국가에 대한 플라톤의 구상은 일맥상통하는 면이 있다.

세자에게 '매일' 서연에 나아가 강습을 게을리 말라고 분부하였다. 정종 역시 자신이 많이 배우지 못한 것을 한탄하며 인주(人主)는 젊었을 때 '날마다' 유신(儒臣)들과 더불어 치도를 강론하는 것이 도움이 될 것이라고 강조하였다.[23]

태종 재위 때 서연을 통해 왕세자를 성군의 재목으로 키우고자 했던 계획이 수포로 돌아가자 의정부와 육조의 문무 대신들은 급기야 세자를 폐하기를 상소하기에 이르렀는바, 태종 18년 6월 2일(신사)과 4일(계미)의 상소에서는 세자가 저지른 불의를 서연(관)의 실패와 연관시키고 있다. 당시 기사에 세자는 "간신의 말을 듣고 함부로 여색에 혹란하여 불의를 자행하였는바", "후일에 생사여탈의 권력을 마음대로 한다면 형세를 예측하기가 어려우므로" 세자를 폐해야 한다는 것이다. 더구나 이 와중에서 세자가 부왕(父王)에게 공손하지 못한 태도로 상서하게 되자, 신료들은 그것이 부자의 인륜에도 위배되고 (성군을 기대하는) 신료들의 희망에도 배치되는 것이라 주장하며 세자를 폐출시켜 외방으로 내치기를 상소하였다. 그와 동시에 서연관들의 죄를 물어 엄히 다스릴 것을 청하였다.

《조선왕조실록》의 수많은 기사는 부왕(父王)도 왕세자의 교육에 대해 신료들 못지않은 관심을 두고 있었다는 것을 보여주는데, 아마도 그 주된 이유는 왕이 되기 전에 서연을 통해 받은 교육에서 찾을 수 있을 것이다. 왕은 왕세자 때 받은 교육을 통해 유교적 가치와 이념을 내면화하였고, 그로 말미암아 통치자로서의 도덕적 완성과 치도의 학습이 갖는 중요성을 깊이 인식하게 되었다. 과거에 급제할 정도로 유교에 깊

---

23 《조선왕조실록》, 정종 2년 5월 8일 임신.

은 식견을 지녔지만 1・2차 왕자의 난을 통해 많은 피를 흘리게 한 태종 같은 경우에는 자신은 성군이 될 수 없다는 자격지심이 어린 왕세자의 교육에 대한 깊은 관심으로 나타났다고 볼 수 있다. 하지만 그런 자격지심과 왕세자의 교육에 대한 깊은 관심 자체는 유교 경전과 역사에 대한 공부가 성군의 자격을 갖추는 데 반드시 필요하다는 당시의 일반화된 인식을 반영했다. 이 때문에 태종은 그 누구보다도 성군의 자격을 갖추는 과정으로서 서연의 중요성을 강조했던 것이고, 자기 뜻에 부응하지 못했던 왕세자를 자주 책망했던 것이다. 다시 말해, 당시에는 모든 군왕이 성군이 되기 위해서는 유교 경전에 대한 깊은 이해와 높은 도덕적 수양을 쌓아야 한다는 인식이 '당연시'되었을 정도로 유교정치의 이념적 토대가 (최소한 엘리트들 사이에서는) 확고히 뿌리를 내리고 있었다. 그러므로 조정 신료는 물론 군왕마저도 왕세자에 대한 교육에서 정치질서의 안정과 번영의 기초를 찾을 수 있다고 '진정으로' 믿게 되었으며, 이런 내면화된 임금의 의식이 왕세자에 대한 서연의 강조로 표현되었던 것이다.

  서연이 왕세자의 교육을 통해 군왕의 권력남용을 미리 예방하기 위한 제도였다면, 경연은 서연을 통해 가꿔진 군왕의 성품과 덕성, 식견을 더욱 깊이 있게 하고 확장하여 군왕이 성군으로서 통치해 나갈 수 있도록 군왕을 재교육하거나 견책하는 제도였다. 그것은 서연보다 더 직접적으로 왕의 비정(枇政)이나 폭정을 제어하기 위한 중요한 제도적 장치로 기능했다. 이 때문에 경연제도의 지속적이고 엄격한 운영은 특히 왕권을 통어하기 위한 신료들의 사활적 관심사일 수밖에 없었다.[24]

---

[24] 각주 20에서 지적한 대로 연산군이 경연을 혁파한 것은 그가 이미 폭군이 되었다는 확실한 증거이다.

그래서 조선 개국 직후부터 신료들은 '날마다' 경연 개최를 청하였으며, 왕이 핑계를 대며 경연을 미루고자 할 때마다 왕을 비판하며 경연에 참여하기를 종용했던 것이다. "간관의 뜻은 다만 전하에게 글을 읽게 하려고 함이 아니옵고, 대개 정직한 사람을 가까이하여 바른말을 듣게 하려고 함"이라고 왕에게 간하기도 했고,[25] "경연에 임하는 것을 하루도 폐할 수" 없으니 "전하께서는 계속하여 오늘부터 경연에 임하시어 시독(侍讀)하는 선비를 예모(禮貌)로써 대접하고, 항상 더불어 성학(聖學)을 연구하며 치도(治道)를 강론하며, 시종일관하게 학문에 뜻을 두시어 광명(光明)한 데로 계속 나가게 하시면, 장차 치도(治道)의 융성함이 삼대(三代)보다 낫게 될 것"이라고 간하기도 했다.[26]

경연은 경학과 역사만을 진강(進講)하는 자리는 아니었다. 그것은 임금이 경학을 공부하면서 신료들과 국사를 논하고 심의하는 자리이기도 하였다. 이 때문에 경연 중이나 경연이 끝난 자리에서 많은 정무가 행해졌으며, 신하들은 유교의 경전과 역사서들을 진강하는 가운데 정무의 올바른 처리를 종용함으로써 왕권에 효과적으로 영향을 미칠 수 있었다.[27]

경연은 세종과 성종 때에 가장 활발하게 펼쳐졌다. 그런데 이때가 바로 조선 전기 통치에서 문치주의가 완성되고 국가의 기틀이 다져진 시기였다는 것은 결코 우연한 일이 아니다. 세종과 성종 대의 실록에 실린 경연 관련 기사는 경연이 경학에 관한 연구와 더불어 인사를 포함한

---

[25] 《조선왕조실록》, 태조 1년 11월 12일 기축.
[26] 《조선왕조실록》, 태조 3년 3월 3일 경진.
[27] 예컨대, 《조선왕조실록》, 태종 1년 5월 18일의 기사와 태종 3년 11월 15일 기사.

다양한 정무를 의논하고 결정한 자리였음을 명확히 보여주고 있다.[28] 경전과 역사를 진강한 후 곧바로 의정부와 6조의 신료들이 임금과 정무를 심의하게 되면 임금으로서도 자의적이거나 즉흥적인 정책결정을 삼가게 되고 좀 더 대의와 원칙에 맞는 결정을 내릴 수 있었다.

사실 경연 기사의 상당 부분은 신료들이 경전의 원리에 따라 국왕의 마음가짐과 정무처리 방식, 즉 권력행사에 대해 이의를 제기하거나 수정을 요구하는 왕권견제에 관한 것들이다. 예를 들어, 성종 1년 2월 22일(신미)에 대사헌 이극돈이 "경연(經筵)의 설치는 제왕(帝王)이 이치를 연구하고 성품을 다하여 몸을 닦고 사람을 다스리고자 하는 것"에 있음을 강조하고 《논어》의 "허물이 있으면 고치기를 꺼리지 마라"라는 구절을 인용하면서 "간쟁(諫諍)하는 것을 받아들이고 정당한 의논을 즐겁게 여기는 것을 유념(留念)하시고 … 대신을 예로써 대하고 군신(群臣)의 처지를 이해하여 주는 것을 유념하셔서 오로지 행할 때나 말할 때 모두 반드시 성인의 말을 본받는다면 한 권[一部]의 《논어》로 족히 백성을 편안히 하여 족히 태평을 이룰 수 있을 것"임을 강조하였다. 이처럼 경연은 단순히 왕의 독서를 돕는 제도가 아니었고, 오히려 왕권의 행사를 도덕적으로 제어하고 국사를 논하고 처리하는 집단적 심의기관으로서 입헌통치의 토대가 되는 중요한 역할을 하였다.

경연은 유교국가 특유의 교유한 방식으로 왕의 권력행사를 제어하려 하였다는 점에서 그 독특성과 중요성이 있다. 피상적으로 본다면 경연에서의 경전 강독은 왕권 제약과는 전혀 상관이 없는 듯 보일 수 있다.

---

28 예컨대 성종 20년 12월 20일 기사는 경연이 실질적인 정책결정기구로 기능했음을 짐작할 수 있게 해준다. 그 기사는 다음과 같다. "승정원(承政院)에 전교하기를, '전일에 경연(經筵)에서 재상(宰相)이 아뢴 일 중에서 아직 거행하지 못한 것이 있는가? 상고하여 아뢰라.' 하였다."

하지만 경연은 오랜 조종의 성헌이자 불문율이었으므로 경연에의 참석은 왕의 중요한 의무였다. 따라서 신료들은 경연을 적극적으로 활용해 왕이 성품과 덕성을 바람직하게 형성하도록 이끎으로써 왕의 자의적인 권력 행사를 원천적으로 차단하고자 하였다. 경연은 유교 경전에 산재해 있는 권력 행사의 목적과 원칙을 지속적이고 반복적으로 강습함으로써 그런 권력 제약의 원칙들을 왕의 인격과 사유 속에 내면화하는 기제로 활용되었다. 그러므로 경연은 왕세자를 교육하는 서연과 더불어 헌법적 요소들을 군왕을 통해 화육신함으로써 권력 행사의 최고 주체인 군왕이 내면에서부터 스스로 권력을 통어할 수 있게 하는 입헌적 메커니즘이었다. 군왕의 군력 행사를 외부의 다른 수단을 통해 직접 제약하기 전에, 만일 군왕이 자신의 성품과 덕성 속에 내면화된 권력통제의 기제에 따라 자율적으로 권력을 제어할 수 있다면, 그것은 외부의 권력통제 기제들과 결합하여 기대 이상의 결과를 산출해낼 수 있을 것이다.

경연이 입헌통치의 주요 기제로 작용했다는 것은 이 글에서의 필자의 주된 주장이다. 하지만 경연이 그 기능을 충분히 발휘하려면 또 다른 기제가 필요하였다. 만일 경연이 다른 기제들과 상호작용하지 않았다면, 아무리 도덕적으로 수양이 깊은 군왕이라도 권력을 남용하여 자신의 사욕을 채우려는 충동을 쉽게 극복하지는 못하였을 것이다. 군왕의 내면에서 작용하는 통제기제는 그 자체로서는 지극히 불완전하다. 군왕의 판단에 오류가 있거나 군왕이 상황을 오해할 때에는 비정이나 폭정을 막기 어렵다. 그러므로 경연을 통해 군왕의 성품과 덕성 속에 화육신한 입헌통치적 기제들은 그 효과적인 작동을 위해 반드시 외부적 권력통제 기제들과 상호작용할 필요가 있다. 이것이 바로 경연과는 별도로 정부조직을 체계적으로 구조화하고 권력을 배분하는 헌법적 기제들이 필요한 이유였으므로 성종 시기에 경국대전체제의 완성은 비로소 유교적 입헌통치를 기능적·제도적으로 완성했다는 의미가 있다.

다음 절에서 군왕의 권력 행사를 통어하는 외부적 기제들과 그 기제들 사이의 권력관계를 다루기 전에 이 장에서 마지막으로 몇 가지 언급할 사항이 있다. 첫째 사항은 조선은 임금과 왕세자뿐만 아니라 그들의 친척들과 내명부까지도 철저히 제약함으로써 왕가의 권력남용을 방지하고 통치의 안정성을 기하는 데 각고의 노력을 기울였다는 점이다. 태종 9년에는 궁중의 비빈들이 본받을 만한 내용들을 초록해 올렸으며,[29] 문종은 즉위 원년에 《대학연의》를 종실(宗室) 가운데 문리(文理)가 통하지 않는 자를 가르치라고 명하였고, 약 1년 뒤에는 최항에게 "《대학연의》는 임금의 귀감(龜鑑)일 뿐 아니라 대신(大臣)·종친(宗親)도 몰라서는 안된다. 이제 지은 주해(註解)가 조금 소략(疏略)하므로 상세히 주석(註釋)을 더해서 세자(世子)와 종친을 가르치고자 한다"고 명하였다.[30]

특히 이 맥락에서 세종 대에 국가와 왕실이 지켜야 할 다섯 가지 의례를 《국조오례의》로 정리·완성하여 반포하였다는 사실은 주목할 필요가 있다. 《국조오례의》 전체가 왕실이 지켜야 할 의례에 관한 것은 아니었지만 왕실의 종묘제례, 혼례, 왕세자의 책봉 예 그리고 왕실의 상례(喪禮) 등에 관한 것들이었음 볼 때, 유교로써 왕실의 정당성과 처신을 얼마나 엄격하게 제어하려 했는지를 이해할 수 있다. 조선시대의 많은 강제규범이 의(儀)와 예(禮)의 형태로 존재했다는 사실을 참작한다면,

---

29 《조선왕조실록》, 태종 9년 9월 17일 병술.
30 《조선왕조실록》, 태종 10년 7월 12일 무신.

왕실의 종묘의례와 각종 의식을 예로써 체계화한 《국조오례의》의 반포는 조선 초 유교적 입헌통치를 제도적으로 한 단계 성숙시킨 것으로 이해할 수 있다.[31]

왕과 왕세자는 물론 왕의 종친과 내명부까지도 엄격한 유교적 예를 따르도록 강제하였던 예법의 존재는 조선조 통치형태를 군주의 자의적인 폭정과는 거리가 먼 입헌통치의 관점에서 이해할 수 있게 해준다. 서경과 경연을 통해 헌법적 원리들을 화육신한 군왕들은 유교 경전에 기술된 치도의 원리와 왕실의 의례를 규정한 《국조오례의》 등에 의해 매우 엄격한 규제를 받았다. 왕권은 유교정신 혹은 유교 경전에 나타난 치도와 명분을 존중하여 행사될 때만이 정당화될 수 있다는 것은 당시의 확고한 불문율이었다.[32] 만일 이런 치도와 명분에서 벗어날 경우 임금은 대소신료는 물론 재지유생들로부터도 끊임없는 상소에 시달려야 했고, 중종반정과 인조반정에서 확인할 수 있듯이 아주 예외적으로는 신료들에 의해 폐위까지 될 수 있었다.

유교 경전이나 그것에 기반을 둔 통치경전이 임금의 통치행위를 가장 근원적인 수준에서 제약한 헌법적 요소들이었다면, 고법(古法) 혹은 조종성헌(祖宗成憲) 존중원리는 좀 더 직접적으로 왕권의 행사를 제약했

---

[31] 함재학은 조선시대 입헌통치의 기초를 《국조오례의》에 두고 있다(함재학, 2004: 281~283). 조선의 헌법은 경국대전이 아니라 왕실의 제례와 의식을 통제하는 《국조오례의》라는 것이다. 필자는 《국조오례의》의 일부가 헌법적 자료라고 본다는 점에서는 함재학에 동의하지만, 그것이 헌법적 지위를 갖는 가장 주된 문서도 아니었고 입헌통치의 주된 기제도 아니었다고 보는 점에서는 함재학과 다르다. 더구나 《국조오례의》는 조선조 신분질서의 정점에 있는 조선 왕실의 권위와 정당성을 뒷받침하기 위한 목적도 갖고 있었다는 점에서 '반드시' 입헌적 기능을 했다고만 할 수는 없다. 왕실의 지고함을 정당화하기 위해 지배이데올로기 역할도 겸했기 때문이다. 진희권은 《국조오례의》의 양면성을 모두 인정하고 있다. 진희권, "조선의 국가이념에 대한 소고", 《법철학연구》 제6권 2호(2003), 227~252.

[32] 이런 관점에서 보면 유교적 대의명분과 정통성을 결여한 채 왕위에 오른 세조가 재위 기간 줄곧 모역(謀逆)과 난언(亂言)에 시달린 것을 이해할 수 있다. 세조 대 왕위의 취약성에 대해서는 다음 글을 볼 것. 최승희, "世祖代 王位의 취약성과 王權强化策", 《조선시대사학보》 제1권(1997), 7~68.

던 헌법적 원리의 하나였다. 고법과 조종성헌 그 자체는 임금이 권력을 행사할 때 어떤 제약을 따라야 하는지를 지시해 주지 않아 헌법이라 볼 수는 없다. 하지만 중요한 것은 조종성헌의 내용보다는 조종성헌을 존중해야 한다는 오래된 불문의 원칙이 존재한다는 사실이다. 만일 임금이 조종성헌의 존재를 무시하거나 그에 역행하여 통치한다면 그것은 정당한 치도에서 벗어난 것이다. 요컨대, 조종성헌을 존중하며 통치해야 한다는 원칙은 그 어떤 임금도 결코 무시할 수 없었던 통치의 원칙, 곧 헌법적 원리였던 것이다.

군왕의 자의적인 권력행사를 제어했던 또 다른 기제는 실록청과 사관(史官)이다. 실록청은 국왕이 서거하면 설립되는 임시기관으로 고위 관료가 책임을 지고 문과에 합격한 기사관들을 지휘하여 춘추관에 의해 쓰인 시정기(時政記)와 사초(史草) 그리고 기타 자료들을 토대로 실록을 편찬한다. 국왕이라 해도 사초를 보는 것이 엄격히 금지되었고 또 실록이 자신의 사후에 편찬되었으므로 국왕들은 자신의 치적이나 과실이 후세에 어떻게 남게 될 것인지에 대해 크게 관심을 기울이지 않을 수 없었다.[33] 사관의 경연 입시를 허용한 광종 이후의 기사를 보면 왕권 남용을 방지하는 데 사관들과 사필(史筆)이 중요함을 분명히 언급되고 있다.

> "사관의 직책은 인주(人主)의 언동(言動)과 정사의 득실(得失)을 직서(直書)하여 숨기지 않고 후세에 전하니, 관성(觀省)에

---

[33] 예컨대 세종 재위 20년 3월 2(병술) 기사는 세종대왕이 《태종실록》을 보려 했으나 신하들의 반대로 보지 않았다는 기사가 있다.

대비하고 권계(勸戒)를 남기자는 것입니다. 고려 말년에 임금이 황음무도(荒淫無度)하여 부녀자와 내시를 가까이하고 충성스럽고 어진 신하를 멀리하였으며 사관이 직서(直書)하는 것을 꺼리어 근시(近侍)하지 못하게 하였으니, 너무나 무도(無道)한 일이었습니다. 마땅히 고려의 실정(失政)을 거울삼고 관직을 설치한 의의를 생각하여, 특히 사관으로 하여금 날마다 좌우에 입시하여 언어 동작을 기록하고, 그때그때의 정사를 적게 하여 만세의 큰 규범으로 삼도록 하소서." 임금이 그대로 따랐다. 지경연사(知經筵事) 조박(趙璞)이 나와서 말하였다. "인군(人君)이 두려워할 것은 하늘이요, 사필(史筆)입니다. 하늘은 푸르고 높은 것을 말하는 것이 아니라 천리(天理)를 말하는 것뿐입니다. 사관은 인군의 착하고 악한 것을 기록하여 만세에 남기니, 두렵지 않습니까?" 임금이 그렇게 여겼다.[34]

---

[34] 《조선왕조실록》, 정종 1년 1월 7일 무인. 태종 1년 3월 23일(임오)의 기사는 사관과 춘추관의 승지들이 기록하는 문서의 위력을 잘 보여주고 있다.
임금이 다섯 승지(承旨)와 시독(侍讀) 김과(金科)에게 이르기를,
"전일에 사관(史官)이 사냥하는 곳에 따라온 것은 무슨 까닭인가?" 하니 모두 대답하기를,
"사관은 시사(時事)를 기록하는 것을 직책으로 맡았는데, 하물며 인군(人君)의 거둥이겠습니까?" 하였다. 김과가 앞으로 나아가서 말하기를,
"인군은 구중궁궐에 있어 경계하는 뜻이 날로 풀리고 게으른 마음이 날로 생기는 것을 누가 능히 말리겠습니까? 그러므로 인군은 오직 황천(皇天)과 사필(史筆)을 두려워할 뿐입니다." 하니, 임금이 말하기를,
"왜 그런가?" 하였다. 김과가 대답하기를,
"하늘은 형상이 없으나, 착한 것은 복을 주고, 음란한 것은 화(禍)를 주며, 사필(史筆)은 시정(時政)의 좋고 나쁜 것과 행동의 잘잘못을 곧게 쓰지 않음이 없는데, 만세에 전하여 효자와 자손이 능히 고치지 못하니, 두려운 일이 아닙니까?" 하니 임금이 말하기를,
"그렇다." 하였다. 김과가 또 말하기를,
"비록 사관으로 하여금 입시(入侍)하지 못하게 한다 하더라도, 다섯 승지(承旨)가 모두 춘추관(春秋館)을 겸하여 일동일정(一動一靜)을 또한 모두 씁니다." 하였다. 임금이 처음에는 그런 것을 알지 못하고 항상 가까이하기 때문에 자못 소홀히 여겼는데, 이때부터 언동(言動)을 더욱 공근(恭謹)하게 하였다.

사관의 지위는 미미하였으나 "임금의 마음을 경계하고 한편으로는 임금의 덕을 나타내게"하는 매우 막중한 임무를 부여받았기 때문에 왕권이 남용되거나 자의적으로 행사되는 것을 막는 권력통제 기능을 할 수 있었다.[35] 그러므로 후세에 영구히 남게 될 실록을 작성하는 실록청의 입헌주의적 중요성을 결코 과소평가해서는 안 된다.

이와 같은 다양한 입헌적 기제들 외에도 조선시대의 군왕은 다음 장의 주제가 될 정부의 다양한 권력기구들에 의해 치국의 규범들을 철저히 지키도록 감시되고 견제됨으로써 이중적으로 통제를 받았다. 그러므로 연산군에 의해 경국대전체제가 일시적으로 교란되기 전까지 조선은 다양한 수준에서 입헌통치의 기반을 확립하면서 고유한 유교적 입헌체제를 발전시켜 가고 있었던 것이다.

3. 왕권에 대한 준(準)강제적 제약기제들 및 권력분장

앞 장에서 살펴보았듯이 유교 경전 내용의 일부, 서연, 경연, 국조오례의 중 왕가(王家)와 관련된 예법과 조종성헌 존중원리 등은 왕이 자신의 권력을 자발적으로 통제할 수 있도록 유인한 헌법적 요소들 혹은 입헌적 기제들이었다.[36] 하지만 이런 자발적·권고적 기제들만으로는 왕

---

[35] 《조선왕조실록》, 태종 12년 12월 6일(정사). 강재언, 《선비의 나라 한국유학 2천년》, 하우봉 옮김(한길사 2001), 240.
[36] 초기 조선을 입헌 통치의 관점에서 규정하려 한 노력은 거의 없다. 더구나 있다 해도 국조오례의와 같은 문서의 존재만을 헌법적 요소로 이해한다(함재학). 하지만 그런 요소들이 실질적으로 왕권을 제약하도록 작용하였던 정치적 역학관계에 대한 이해 없이 입헌주의를 논하는 것은 큰 의미가 없다. 문서의 존재만으로 권력을 효과적으로 통제한다는 것은 비현실적이기 때문이다. 어떤 통치권력도 문서의 존재만으로 문서상의 원리를 그대로 실천할 수는 없다. 그 과정을 감시하고 견제할 수 있는 의미 있는 정치세력의 존재와 작용만이 그 문서상의 원리들을 구현할 수 있도록 해준다는 의미에서 그렇다. 앞에서 강조하였듯이 헌법적 요소들의 존재와 정치적 관계에 대한 분석은 동시적으로 이뤄져야만 한다. 따라서 입헌주의는 어느 정도 정치적인 성격

권을 충분히 그리고 적절히 제약하기 어렵다. 이런 헌법적 요소들과 입헌적 기제들은 그 자체를 관철할 수 있는 강제적 힘이 없기 때문이다. 그러므로 입헌체제의 또 다른 조건은 그러한 헌법적 원리들과 관행들 및 입헌적 기제들이 제대로 작동할 수 있도록 외부적으로 압박을 가하는 권력관계의 존재이다.[37] 헌법의 존재는 입헌주의의 필요조건이기는 하지만 충분조건은 아니다. 입헌주의는 헌법 원리들이 제대로 실행될 수 있도록 외부에서 에너지를 공급하는 권력관계가 구축될 때만이 이행될 수 있다. 그러므로 정부 부서 간의 권력분장과 각 부서 간 권력관계에 대한 규정은 헌법의 필수사항으로서 입헌주의의 또 다른 필요조건이다.

《경제육전》을 보수하여 제정한 《경국대전》은 주례(周禮)의 육전(六典) 체제를 계수하고 '횡간(橫看)', '공안(貢案)', '오례의(五禮儀)', '대명률(大明律)'을 보충법규로 삼고 있는 법전으로, 조선왕조의 법적 기초를 이룬다. 《경국대전》은 최고의 권력자인 군왕에 관한 사항이 없고, 행정조직 및 형벌에 관해 비교적 세세한 사항을 담고 있다는 점에서 현대의 헌법과는 상당한 괴리가 있다. 하지만 《경국대전》은 국가의 통치기구와 조직체계, 위계적 관리질서(吏典, 의정부와 6조), 국가의 경제적 기초와 그 활동(戶典, 토지제도와 세금제도 그리고 토지의 매매와 상속), 교육과 과거시험, 의례와 외교(禮典), 군사기구와 조직 그리고 복무규정과 군법(兵典), 형벌 및 노비제도(刑典, 大明律에 의해 보완), 국가시설과 관청의 건설과 보수에 관한 규정 및 도량형에 관한 규정(工典) 등을 포함하고 있어

을 전제하거나 필요로 한다.
37 예컨대, 벨라미의 '정치적 입헌주의'는 헌법 원칙들의 실제적인 실행을 위한 '정치적' 역학관계의 중요성을 강조한다.

서 직간접적으로 신권의 분할과 상호견제가 가능하며, 왕권에 대한 직간접적인 통제에 대한 내용을 담고 있어서 행정법적·형사법적 성격과 헌법적 성격을 동시에 지니고 있다. 따라서 《경국대전》의 몇몇 부분은 앞에서 거론한 헌법요소들 및 왕권제약 기제들과 함께 왕권을 제약하는 헌법적 기능도 담당했다고 보는 것이 타당하다. 이런 인식하에 이 절에서는 경국대전체제로 구체화된 권력분장의 원리와 왕권과 신권의 관계를 중심으로 조선 초기 유교적 입헌주의가 어떤 권력구조를 바탕에 두고 작동하고 있었는지를 조명하고자 한다.

조선 왕조의 창업과 더불어 새로운 권력구조를 확립하는 것은 당시 신진사대부들의 가장 큰 관심사였다. 여말선초의 정치사에 깊이 연루되었던 사상가 정도전은 1392년 개국 때부터 1398년 사망하기 전까지 조선왕조의 기본적인 통치구조와 이념을 확립하는 데 주력했다. 《주례》를 토대로 해서 쓴 《조선경국전》(私撰법전)과 《경제문감》, 《경제문감별집》을 통해 조선의 통치 이념으로 仁政(=민본주의)을 제시하는 한편 재상제와 6조제를 주창했다. 정도전은 특히 왕권을 실질적으로 재상에게 대폭 이양한 재상제를 제시함으로써 재상을 중심으로 한 신권 우위 체제를 확립하고자 했다. 이것은 모든 권력이 왕에게 집중했을 때 발생할 수 있는 여러 가지 폐단을 미리 방지하려는 목적이 있었는데, 그런 폐단으로는 왕이 육조의 수장들을 직접 통솔함으로써 발생할 수 있는 폭정의 가능성과 군주 재질의 혼명(昏明)이나 강약의 차이로 말미암아 발생할 수 있는 통치의 불안정성 등을 들 수 있다.[38] 만일 재상을 잘 기용만 한다면 왕은 재질의 혼명이나 강약에 상관없이 성군이 될 수 있

---

[38] 정도전, 《조선경국전》, 치전, '총서'.

다. 재상은 군왕의 신임으로 진퇴가 결정될 수 있을 뿐만 아니라 대간(臺諫)과 같은 언관들에 의해 감찰되고 탄핵당할 수 있었기 때문에 재상에 의한 폭정의 가능성 또한 거의 없었다.

결과적으로 조선왕조의 정부구조는 정도전의 설계에 따라 그 대강이 결정되었다. 영의정·좌의정·우의정의 3정승으로 구성된 의정부가 국정을 총괄하고 백관을 통솔했다. 의정부는 국정의 최고기관으로서 그 아래《주례》의 6전제를 본 딴 이·호·예·병·형·공조의 6조를 두어 분야별 행정업무를 담당하게 하였다. 또 주요한 언론·감찰 기구로 국왕에 대한 간쟁과 논박을 담당하는 사간원과 시정을 논하고 백관을 감찰하는 사헌부를 둠으로써 권력 기구들의 부당한 권력남용과 비리를 규찰·시정하게 하였다.

이런 권력구조는 군신의 권력관계가 변함에 따라 어느 정도 변화하였지만 그 기본적인 틀은 변하지 않았다. 크게 볼 때 의정부의 권력이 강화된 의정부 서사제와 군왕이 6조를 직접 통솔하는 6조 직계제 사이를 오가는 변화와 궁중의 경서·사적·문서를 관리했던 홍문관이 언관의 역할을 하는 등의 직책 변화 등이 있었지만, 의정부와 6조제, 언론·감찰 기구를 근간으로 하는 형식적인 정부구조는 그 기본 틀을 계속 유지하였다.

하지만 본 연구의 주제와 관련하여 중요한 문제는 단순히 이런 정부구조가 존재했다는 사실이 아니라 이들 부서가 어떤 관계를 형성했고 또 어떤 메커니즘을 통해 입헌통치를 가능하게 했는가 하는 점이다. 입헌주의적 관점에서 정부기구 사이의 권력분립에 못지않게 중요한 것은 바로 그들 사이의 견제와 균형이며, 이런 원리들에 의해 헌법 원리들이 실질적으로 이행되는 메커니즘이다. 이런 측면에서 볼 때, 경국대전체제 확립기의 조선의 권력구조는 그 어떤 정치세력도 권력을 독점하거나 남용할 수 없도록 철저한 균형과 견제의 원리 위에 세워졌다고 평가할 수 있다.[39] 이는 여말선초의 정치적 격동기를 경험한 성리학자들이 얻은 중요한 정치적 교훈을 반영한 결과였는데, 여말의 성리학자들은 왕정의 결함이 권력의 독점과 전횡 가능성에 있다고 보고 이를 방지하려면 분장된 권력들 사이의 균형과 견제가 필요하다는 것을 '과도할 정도'로 인식하였다.[40]

정도전에 의해 그 기틀이 마련된 조선 초기의 권력분장 원칙에 따르면, 왕은 사유재산을 가질 수 없었으며 실질적 인사권도, 정책의 집행권도 갖지 않았다. 사간원에 의해 탄핵당할 수 있었고 천명을 해석할 때에도 성현의 해석에 의존하거나 조정 신료들의 조언을 구해야 했다.[41] 즉, 형식적 정통성은 갖고 있었으나 권력을 독점하지 못했고 의정부의 정승들과 언관들의 권력에 의해 강력하게 견제되었다. 그 결과 권력의 균형이 이루어지고, 균형을 이룬 권력을 통해 仁政(=민본주의)이라는 실질적인 유교정치의 가치가 실현될 수 있었다.

왕권, 행정권, 언관권 그리고 재야 유생들의 집단적 권력이 빚어낸 권력균형 상태는 조선조의 입헌주의적 원리들이 실질적으로 작동하는 데 필요한 에너지를 공급했다. 문종과 단종, 세조와 연산군 시대처럼 이런 권력 균형 상태가 일시적으로 깨지는 시기도 있었고 의정부의 지위

---

39 김영수, 《건국의 정치: 여말선초, 혁명과 문명의 전환》(이학사 2006), 787쪽
40 J. B. Palais, 《Politics and policy in traditional Korea》, Cambridge, Mass: Harvard University Press, 1975, 김영수, 앞의 책, 787에서 재인용.
41 김영수, 앞의 책, 787~788쪽.

가 상대적으로 더 강화되거나 약화하는 시기도 있었지만, 조선 전기에 걸쳐 신권과 왕권, 언관권은 대체로 균형을 유지하였다. 그 결과 왕이든 행정 관료들이든 언관들이든 할 것 없이 절대적인 권력을 장악·행사할 수 없도록 견제되었다.

하지만 이런 균형 상황의 유지가 이 균형을 깨뜨리려는 노력이 없었다는 것을 의미하지는 않는다. 왕을 포함한 각 정치세력은 여건이 허락하는 한 자신의 권력과 영향력을 극대화하려고 노력하였다. 왕은 왕대로 중앙집권화를 넘어서 중앙권력을 독점하려고 하였고, 신료들 역시 자신의 세력들을 더 강화하려고 하였으며, 언관들은 자신들이 누려온 권력과 권위를 유지하고자 부단히 노력하였다.

왕이 자신의 권력을 확장하려는 노력은 다양한 방식으로 구체화되었다. 사실 의정부체제만 하더라고 왕이 자신의 권력을 높이게 된 결과를 가져왔다. 의정부의 전신인 고려시대의 도평의사사는 귀족세력을 대변하는 최고위급 관리들의 심의기구로서 조선시대의 의정부에 비해 막강한 권력과 영향력을 행사하였다. 하지만 조선조에 들어 도평의사사가 폐지되고 왕의 직속 관청으로 의정부가 들어섰다는 것은 왕의 권력이 그만큼 강화되었다는 것을 의미한다. 하지만 의정부의 정승들은 왕의 권력남용을 견제할 상당한 권력을 보유하고 있었으므로 이 당시 왕권이 전제적인 단계에 이르렀던 것은 아니다. 그럼에도 조선 초의 왕들은 육조를 자신의 직속 관할하에 둠으로써 왕권을 더욱 강화하려고 하였다.

다른 한편으로 왕은 고려시대의 서경(署經)제도를 대폭 축소함으로써 자신의 왕권을 강화하였다. 주지하듯이 서경제도는 사간원과 사헌부 양사(兩司)가 임금의 관리임용에 동의수표를 발행하는 제도이다. 고려시대에는 임금이 1품에서 9품까지의 모든 관리를 임용할 때 양사의 동의를 받아야 했다. 하지만 조선시대에는 5품 이하의 관리임용에만 양사의 동의수표를 받도록 개혁함으로써 임금은 자신의 인사권을 실질적으로 대폭 강화하였다.[42] 물론 서경제도가 제한적으로나 여전히 시행되고 있다는 사실은 상징적으로나마 왕권의 절대성을 부정하는 증거가 될 수도 있다.[43] 그럼에도 서경제도의 범위가 대폭 축소되었다는 사실은 그에 비례하여 왕권이 그만큼 강화되었다는 증거가 될 수 있다.

왕권강화와 관련된 또 다른 노력은 상피제(相避制)의 강화로 나타났다. 조선조의 상피제는 고려시대보다 훨씬 그 범위가 확대된 것으로, 의정부를 포함한 주요 관아의 경관(京官)은 물론 지방의 외관(外官), 송관(訟官), 언관(言官) 및 시관(試官) 등에 이르기까지 광범위한 적용대상을 포함하고 있다.[44] 조선조의 상피제는 고려 말의 잘못된 인사관행을 척결하고 중앙집권적 관료주의를 모색하고자 하였던 정도전의 노력에서부터 그 단초를 찾을 수 있는데, 태종 대에 훨씬 더 구체화되고 강화되었다가 마침내 세종 대에 입법화되었다. 태종 14년(1414)부터 세종 17년(1435)에 이르기까지의 시기는 6조 직계제가 시행되었던 시기였다. 이 시기는 의정부 서사제를 통해 강화되었던 재상들의 권력이 상대적으로 약화하고 임금의 권력이 대폭 신장한 시기로, 상피제가 더 강화되고 입법화되었던 시기와 중첩된다. 따라서 정부와 지방의 다양한 관직을 임용할 때 신료들의 (일정 범위에 있는) 친인척들을 배제하고자 했던

---

[42] 장국종, 《조선정치제도사》(한국문화사 1998), 13쪽.
[43] 따라서 서경의 축소를 왕의 전제권의 강화로 판단하는 장국종 식의 평가는 잘못된 것이라고 할 수 있다.
[44] 조선시대의 상피제에 관해서는 다음을 볼 것. 李起明, 《朝鮮時代 官吏任用과 相避制》(백산자료원 2007).

상피제의 시행과 입법화는 군신(君臣) 권력관계의 중심을 국왕 쪽으로 옮기고자 했던 시도의 결과로 볼 수 있다.

물론 상피제의 시행은 순탄하지 않았다. 세종 이후 문종과 단종 시기에는 임금이 병약하고 어린 점을 틈타 신권이 일시적으로 강화되어 상피제가 문란해지기도 하였다.[45] 예컨대, 단종 즉위년(1452)에는 의정부 상피법 제정이 무산되면서 의정대신(議政大臣)의 자식·사위·동생·조카에 대한 상피법 적용이 완화되었는가 하면, 단종 1년(1453)에는 김종서의 인아(姻婭) 김맹헌이 판전의감사(判典醫監事)로, 아들 김승규는 수전농사윤(守典農寺尹)으로 그리고 황보인 아들 윤삼산은 판통예문사(判通禮門事)로 임용되기도 하였다.[46]

조선 초기의 군왕들이 자신의 권력을 증대하려고 꾸준히 노력하였듯이 신료들 역시 권력을 확장하기 위해 지속적인 노력을 기울였다. 앞 절에서 살펴본 서연과 경연 제도의 지속적인 운영을 통해 왕의 성품과 덕성 형성을 관리함으로써 근원적으로 왕권을 통어하려고 하였으며, 육조를 의정부 산하에 두어 왕의 직접 통솔로 말미암아 발생할 수 있는 문제점을 방지하려고 하였고, 제한적이나마 서경제도를 존속·확대함으로써 왕권을 견제하고자 하였다. 게다가 대간들은 임금에게 거침없이 간쟁함으로써 왕의 자의적인 권력행사를 제어하고 원칙과 법에 따른 통치의 실현을 압박하였다. 필요할 경우 신료와 대간들은 상호 협력 하에 번갈아 상소를 올림으로써 왕권 행사에 영향을 미쳤다. 군신(群臣)의 압박이 적지 않았기에 때로 조선의 임금들은 자신이 마음 놓고 일할

---

45 李明起, 위의 책, 66쪽.
46 왕권의 약화로 인한 이 같은 상피제의 문란은 세조 일파가 경쟁관계에 있던 안평대군 일파를 몰아내고 정권을 장악하는 구실을 제공함으로써 다시 군권을 강화시켜 주는 계기가 되기도 하였다.

수 없다는 것을 탄식했을 정도로 신권의 권력은 막강했다. 예를 들어, 왕권을 대폭 강화한 세종도 좌사간 신포시의 상소에 응답하기를 "… 각 사에서 긴급한 사연을 고하면 나는 할 수 없이 좇는 것이니, 어찌 나의 본 마음이겠느냐"고 탄식할 정도였다.[47] 때로 폭정의 혐의를 받기도 하는 세조에게 이유(李瑜)의 죄를 청하는 대간의 상소는 당시 임금이 권력을 행사할 때 직면해야 했던 집요한 견제의 일단을 보여준다.

> "… 종사는 국가 만대의 종사이니 유독 전하만의 사사로운 것이 아니며, 형법은 국가 만대의 형법인지라, 역시 전하만의 사사로운 것이 아닙니다. 그런데 어찌하여 전하께서는 사사로운 은혜(恩惠)에 빠지시어 종사에 관계되는 큰 죄인을 기필코 용서(容恕)하시어 국가 형법의 막중한 공도를 폐지하시려고 합니까? … 옛날의 명철한 군주는 그 지존(至尊)함을 스스로 지존하게 여기지 않고 많은 사람에서 지혜를 모으고 여러 사람의 뜻을 좇아 중론이 옳다 하는 것을 옳게 여기고 중론이 그르다는 것을 그르게 여겨서 한 정사, 한 사물에도 반드시 중론을 상고하여 중론이 같으면 이를 채택해 나갔던 것입니다. … 엎드려 바라건대, 전하께서 허심탄회하게 이를 채납(採納)하시고 사견을 버리고 심찰(審察)하여 자문(咨問)을 무익하다 이르지 마시고 전단(專斷)이 해롭지 않다 이르지 마시며 여론에 따르시고 국법을 바로잡으시어 유(瑜) 등을 모두 법에 붙임으로써 대악(大惡)을 징계하시고, 대

---

[47] 《조선왕조실록》, 세종 12년 5월 15일 갑인.

의(大義)를 밝히시며, 대강(大綱)을 굳게 하시며, 대병(大柄)을 엄하게 하옵시면, 종사가 이에서 다행함이 없고, 국가 또한 이에서 다행함이 없겠습니다."[48]

왕권과 신권 간의 권력관계도 중요하지만 그에 못지않게 중요한 것은 신권 내부의 권력관계이다. 입헌 통치의 관점에서 볼 때 신료들 사이의 권력 배분과 균형은 필수불가결하다. 그런 측면에서 행정 관료들과 언간권의 구분 및 행성 관료집단 내부의 상호견제도 주목할 필요가 있다. 그리고 나아가서는 유생집단들의 상소 및 공론형성도 권력관계와 입헌통치에 영향을 미치는 외적인 요인으로서 결코 간과해서는 안 된다. 이런 요소들이 함께 작동함으로써 조선 초의 권력관계는 다소 불안정한 가운데서도 역동적인 균형을 이뤄가며 입헌통치를 실현할 수 있었다.

상피제도는 전체적으로 신권의 확장을 견제하기 위해 임금이 가동할 수 있는 중요한 무기였지만, 다른 한편으로는 신권 내부의 한 정파가 다른 정파의 성장을 막을 수단으로 사용하기도 하였다. 즉, 상피제는 신권 내부에 지나치게 큰 권력을 소유한 정파가 형성되는 것을 견제했던 신료들의 공통된 심리 때문에 어쩔 수 없이 확대·적용된 측면이 없지 않았다.

물론 위에서 지적한 대로 상피제는 일관되게 적용되지 않았다. 자신의 세력을 확장하려는 권력집단의 속성상 왕권과 상대 정파의 세력이 잠시 약해지기라도 하면 각 정파는 상피제를 무력화시켜 세력 확대를

---

48 《조선왕조실록》, 세조 1년 6월 16일 경신.

도모하고자 하였다. 그러므로 어떤 제도나 원칙의 존재도 중요하지만 더 중요한 것은 그런 제도나 원칙이 제대로 작동하거나 이행될 수 있도록 작용하는 실질적인 에너지, 곧 정치집단의 의지와 권력의 존재이다.

이런 관점에서 볼 때, 특별히 중요한 것은 권력집단들 사이의 균형과 상호견제라는 불문의 원칙 혹은 관행의 존재이다. 만일 권력구조 속에 다른 모든 세력이 연합할 경우에도 제압하거나 견제하기 어려운 압도적인 권력집단이 존재한다면 제도와 원칙의 올바른 운영과 적용은 전적으로 지배적 권력집단의 의지에 좌우될 수밖에 없다. 다행히 지배 세력이 선의지를 갖고 있다면 정치제도의 운영과 원칙의 적용이 파행적이 될 가능성은 낮을 것이다. 하지만 그렇지 않을 경우 제도와 원칙은 형식적으로만 존재할 뿐 실질적으로는 지배세력의 적나라한 의지가 지배하게 될 것이다. 그리고 비록 지배집단의 선의지에 의해 제도와 원칙이 올바로 운영되는 다행스러운 상황이라 해도, 그런 상황은 매우 불안하고 예측 불가능할 수밖에 없다. 왜냐하면, 지배세력이 선의지를 거둬들이는 순간 정치는 전제적 지배로 바뀌게 되기 때문이다.

그러므로 입헌통치의 관점에서 중요한 것은 어느 정치세력도 절대적인 권력을 독점하지 못하도록 하는 권력균형을 유지하는 것이다. 비록 일방의 권력이 다소 유리해도 최소한 다른 권력들이 서로 연합하여 그 지배권력을 견제할 수 있다면 전제에 이르지는 않을 것이다. 입헌 통치의 기반으로서의 권력관계의 중요성은 바로 여기에 있는바, 조선 초기의 체제를 입헌군주제로 규정하는 이 글의 입장은 경국대전체제 형성기의 조선이 헌법적 원리와 기제들은 물론 이런 역동적인 권력관계 구조도 갖추고 있었다고 본다. 왕과 전체로서의 신권 사이에 상호견제의 메커니즘이 그런대로 잘 작동하고 있었고, 신권이 왕권을 견제하는 단합된 세력으로 기능할 수 있도록 신권 내부의 권력분장과 견제도 이뤄지고 있었으며, 이런 상호 견제와 균형의 원리가 정상적인 궤도에서 이탈하지 않도록 압박을 가하는 외적 힘들(예컨대, 유생들의 집단상소나 공론 조성에 의한 압력 등)이 잘 조화를 이룸으로써 경국대전체제 형성기에 조선은 입헌체제의 특징을 발전시키고 있었던 것이다.

《조선왕조실록》은 상호 견제와 균형의 권력관계를 보여주는 많은 기사를 싣고 있다. 그중 태종 15년 8월 14일(무인) 이조에서 대간을 고공(考功)하는 법을 정지하도록 청하는 사간원의 상소는 이런 측면에서 시사하는 바가 크다.

"예전 사람이 벼슬을 설치할 때 반드시 대간의 권세를 중하게 한 것은 조정을 중하게 하는 것입니다. 한(漢)나라에서는 백관과 더불어 자리를 떨어져 앉게 하였고, 당(唐)나라에서는 백관으로 하여금 길을 피하여 가게 하였습니다. … 만일 천자의 득실(得失)과 생민(生民)의 이해와 사직의 대계로서 오직 듣고 보는 대로 하여 직사에 매이지 않는 것은 홀로 재상이 행할 수 있고, 간관이 말할 수 있으니, 간관이 비록 낮으나 재상과 대등(對等)합니다. 천자가 말하기를 '불가하다' 하면, 재상은 말하기를 '가하다' 하고, 천자가 말하기를 '그렇다' 하면, 재상은 말하기를 '그렇지 않다' 하여 묘당 위에 앉아서 천자와 더불어 서로 '가하다', '불가하다' 하는 것은 재상이고, 천자가 말하기를 '옳다' 하면 간관은 말하기를

'그르다' 하고, 천자가 말하기를 '반드시 행하겠다' 하면 간관은 말하기를 '반드시 행하지 못한다' 하여 전폐(殿陛) 사이에 서서 천자와 더불어 시비를 다투는 것은 간관입니다. 우리 성조(盛朝)에서도 대간을 중히 여기어 총애를 달리하는 것이 재상과 서로 대등하여 백사(百司)·서부(庶府)가 감히 겨루지 못하니, 강기(綱紀)가 이것으로 말미암아 떨치고, 조정이 이것으로 말미암아 더욱 높아져서 무릇 이 직책에 있는 자는 풍절(風節)을 격려하지 않음이 없어서 오로지 국가를 위하고 그 몸을 돌아보지 않는 것은 참으로 이 때문입니다."

이런 정교한 권력구조 속에서 왕과 행정 관료들, 언관들은 헌법적 원리와 법전의 규칙에 대한 해석과 적용을 놓고 논쟁과 심의를 벌임으로써 헌법적 원칙을 객관적이고 타당하게 해석하고 적용할 수 있었다. 다음 장에서는 안민이라는 유교적 민본주의의 실질적 가치가 2~3장에서 논구한 입헌통치의 구조와 메커니즘 속에서 어떻게 구현되는지를 살펴본다.

4. 유교적 입헌통치의 근본이념: 안민

유교적 민본정치의 핵심 가치는 안민이다. 태종 10년 10월 29일(임술) 사간원의 좌사간대부(左司諫大夫) 유백순(柳伯淳) 등이 올린 상소는 "예전에 나라를 잘 다스리는 자는 반드시 그 백성을 아끼고 길렀으니, 백성이 기르는 것을 잃게 되면 근심과 원망이 생기어 족히 천지(天地)의

화기(和氣)를 상하는 것"임을 강조하고 있다. 세종 때 평양 통사 강지순이 요동에서 등사해 온 조서에는 명나라 황제 역시 안민제세(安民濟世)하는 데 뜻을 두고 주야로 힘썼다는 것을 밝히고 있다.[49] 성종 때 사헌부 대사헌 한치형은 상소문에서 《서경》을 인용하여 "백성은 오직 나라의 근본이니, 근본이 튼튼하여야 나라가 편안하다"는 것과 《주역》을 인용하여 "아래를 후하게 하여야 집이 편안하다"는 민본주의(民本主義)를 강조하였다.[50] 세조 때 집현전직제학(集賢殿直提學) 양성지(梁誠之) 역시 정치의 목적에 대해 자신의 소견을 다음과 같이 밝혔다.

> "… 민심을 얻는 것입니다. 대개 인주가 나라를 누릴 때 그 장단은 바로 민심을 어느 정도 얻었느냐에 달려 있습니다. 예로부터 제왕이 일어날 때면 반드시 폐해를 제거하고 인민을 구제하는 정신으로 앞에서 창업해 놓으면 이를 계승하는 임금이 다시 그 인민을 능히 사랑해 길러 그 은택이 인심 속에 흡족히 배어 있으므로 비록 쇠잔한 세대에 이르러도 선왕의 덕을 생각하여 떠나지 못하는 것입니다.
> 신이 경사(經史)를 가지고 상고컨대, 주(周)나라의 문왕(文王)이 비로소 왕업을 열어 놓으니, 무왕(武王)이 이어서 능히 그 공훈을 이루었고, 성왕(成王)·강왕(康王)이 서로 이어가며 백성을 무육(撫育)하였기 때문에 인심이 굳게 뭉쳐 8백 년에 이르도록 잊지 않았고 한(漢)나라의 고제(高帝)가 진(秦)나라

---

49 《조선왕조실록》, 세종 10년 11월 4일 임자.
50 《조선왕조실록》, 성종 2년 6월 8일 기유.

와 항우(項羽)의 포학(暴虐)을 제거하고 천하를 보유하게 되었는데, 혜제(惠帝)·문제(文帝)·경제(景帝)가 서로 이어가며 인민을 편안하게 휴식시켰고 그 정치는 백성을 기르는 데 있었으며, 광무(光武)가 이를 다시 중흥하였고 명제(明帝) 또한 백성을 사랑하는 것으로 정치의 기본을 삼았기 때문에 그의 역년(曆年)이 4백 년에 이르렀으며, 당(唐)나라의 태종(太宗)이 고조(高祖)를 도와 수(隋)나라의 난(亂)을 평정하고 몸소 태평세월을 이룩하였고, 현종(玄宗)에 이르러서도 개원(開元)의 치(治)가 역시 백성을 사랑하는 뜻이 있었기 때문에 그 역년(曆年)이 거의 3백 년에 이르렀으며, 송(宋)나라의 태조(太祖)는 상성(上聖)의 자질로써 오계(五季)의 난(亂)을 평정하였고 사종(四宗)이 번갈아 일어나서 백 년간 무사하였다가 고종(高宗)이 강남으로 건너갔으나 남송(南宋) 효종(孝宗)도 역시 백성을 사랑하는 인주였습니다. 그러한 까닭으로 3백 년간 비록 민·광 지방에 힘을 못 펴고 지냈지만 민심은 하루같이 변하지 않았던 것입니다."[51]

성종 역시 새로 부임하는 광주 목사 권중개, 벽동 군수 유경 및 목천 현감 강안을 인견(引見)하는 자리에서 "수령(守令)의 직책은 안민(安民)하는 데에 있는 것"이므로 "마땅히 내가 이 백성을 사랑하는 뜻을 본받아 각각 그 직무에 충실토록 하라"고 명하였다.[52]

---

51 《조선왕조실록》, 세조 1년 7월 6일 무인.
52 《조선왕조실록》, 성종 23년 7월 25일 계사.

이처럼 조선조 유교정치의 궁극적 목적은 백성을 사랑하고 기르며 믿는 안민에 있었기 때문에 유교적 입헌주의 역시 이 안민의 이념과 분리하여 이해하기는 어렵다. 임금이 어릴 때부터 엄격하고 오랜 교육을 통해 성품과 덕성을 함양하고 군왕이 되어서도 경전과 전장을 신료들과 논구하는 것도, 그리고 정부의 권력을 분장하여 권력남용과 전제가 일어나지 않도록 하는 것도 다 궁극적으로는 안민이라는 유교적 가치에 기반을 두고 있다. 세조 즉위년 7월 5일 집현전 직제학 양성지는 인정(仁政), 곧 "백성을 사랑하는 길이란 다름 아닌 요역(徭役)을 가볍게 하고 부세(賦稅)를 적게 하며 형벌을 덜어 주는 세 가지에 불과할 따름"임을 강조하면서, 안민이 임금의 선무(先務)이며 그를 위해 제도 확립이 필수불가결하다는 점을 역설하였다.

> 제도(制度)를 정하는 것입니다. 대개 백성을 휴양해 생식(生息)하도록 하는 것은 본시 인군의 선무(先務)이나, 법을 세우고 제도를 정하는 것도 또한 늦출 수 없는 일입니다. 백성을 사랑한다는 것은 나라를 다스리는 근본이며, 법을 세우는 것은 세상을 규제하는 한 방법으로서 본시 이것은 거행하고 저것은 벌릴 수도 없는 것이어서 반드시 병행되어야 한다는 것입니다.

양성지에 따르면 각종 제도와 법률을 확립하는 것은 통치의 주된 목적인 안민을 위한 노력과 병행되어야 한다. 다시 말해, 백성을 아끼고 사랑하는 일과 백성의 일탈적 행위를 규제하는 것은 둘 다 필요하다는 것이다.

　안민과 인민규제의 병행 필요성은 입헌주의적 관점에서 보면 다음과 같은 근거를 갖고 있다. 먼저 안민은 통치의 궁극적 목적이므로 통치는 안민의 목적에 가장 잘 구현될 수 있는 방식으로 조직화되고 통제될 필요가 있다. 안민이 통치의 근본이념이라 해도 만일 통치구조와 방식이 올바로 조직화되지 않는다면 안민의 이념은 온전히 실현되기 어렵다. 따라서 통치구조와 권력행사 방식은 안민의 이념 구현에 적합한 방식으로 제도화될 필요가 있다.특별한 정부조직과 권력규제 방식, 곧 입헌주의 원칙을 채택할 필요가 있는 건 바로 이 때문이다. 입헌주의 방식으로 정부가 조직되고 권력행사가 규제되지 않는다면 통치는 자의적인 지배로 타락할 가능성이 크다. 그리고 그러한 불확실하고 예측 불가능한 지배하에서는 지배집단과 인민들 사이에서 불신과 불안이 형성될 가능성이 커져 안민의 실현이 어렵게 된다.

　다음으로, 인민의 불법적이고 비윤리적인 행위는 인민 내부로부터 안민을 어렵게 하는 요인이 되는 까닭에 적절히 규제할 필요가 있다. 법과 제도로써 인민을 규제할 필요성은 바로 이러한 정황 때문에 발생한다. 하지만 법과 제도에 의한 규제는 그 규제의 목적에 맞게 이뤄져야 한다. 만일 법과 제도를 통한 인민의 규제가 원칙 없이 이뤄지거나 지배집단의 자의에 따라 이뤄진다면 그것은 규제의 목표를 이루기는커녕 안민을 크게 해치는 결과만을 초래할 것이다.

　이런 측면에서 법과 제도에 의한 인민의 규제는 인간의 지배, 즉 '인치(人治, rule by man)'가 아니라 '법의 지배(rule by law)'에 의해 이뤄져야 한다. 인간의 통치(비록 성군이라 하더라도)는 그 목적이 안민을 위한 것이라 하더라도, 통치자의 미숙한 성품과 잘못된 판단, 기질적인 약점과 같은 다양한 요인들로 말미암아 인민의 안위를 해칠 수 있다.[53] 그러므로 인민에 대한 규제는 그 목적과 정당성의 원리에 맞게 '법의 지배'를 따르는 것이 바람직하며, 법의 지배의 온전한 실현을 위해 법의 해석과 집행 및 권력행사를 책임지는 위정자들은 상위법으로서의 헌법의 통제를 받을 필요가 있다.

특히 이 맥락에서 강조할 필요가 있는 것은 법의 해석과 집행에 관여하는 지배집단이 담합을 통해 권력을 남용하는 일이 일어나지 않도록 견제할 수 있는 제도적 장치의 확립이다. 만일 이러한 견제장치가 마련되어 있다면 그것은 상호견제를 통해 권력집단 내부에 역동적인 균형 상태를 조성하는 동시에 안민의 이념을 실현하는 데 필요한 에너지를 공급할 수 있다. 하지만 반대의 경우에는 안민의 이념이 권력남용과 자의적인 폭정의 희생물이 될 가능성이 크다.

권력들 사이의 균형은 대체로 상대 세력의 독주를 견제할 수 있는 세력의 힘에 의존했지만, 권력통제의 명분과 원칙은 유교적 경전과 조종성헌, 공론과 같은 원리적인 요소들이었다. 이 때문에 왕이든 신료들이든 상대방의 입장이 부당하다고 생각될 때마다 사서삼경의 헌법적 요소들이나 조종성헌, 공론을 거론하며 상대방의 입장이 부당함을 지적하면서 자신들의 입장을 정당화하고자 하였다. 이는 조선조의 입헌통치가 단순히 권력정치와 권력균형의 논리에서만 설명될 수 없는 이유를 보여준다. 그것은 권력균형이라는 권력정치의 측면이 있지만 동시에 통치의 당위적 목적과 원리를 충족시키는 한에서만 정당성이나 공

---

53 정도전, 《조선경국전》, 치전, "총서".

공성을 얻을 수 있다는 의미에서 입헌적이었다. 다시 말해 통치는 정당성과 공공성을 담보하기 위해 반드시 유교 경전의 원리와 법전의 규칙에 근거해야 했고, 유교 경전과 법전의 토대가 민본주의적 애민사상 혹은 그 구체적 목표로서의 안민이었기 때문에 역동적인 권력균형 원리를 중심축으로 하여 움직였던 권력정치 역시 안민이라는 이념적 토대 위에서 그 정당성을 인정받을 수 있었던 것이다. 만일 조선 초기의 권력관계가 이런 이념적 토대나 궤도를 벗어나 그 자체의 권력논리로만 움직였다면 그것은 전혀 입헌적이었다고 보기 어려울 것이다.

4. 결론

입헌체제를 구축하고자 했던 조선조의 정치적 노력은 인간에 대한 일정한 이해를 전제하고 있었다. 인간은 규칙에 따라 행동할 수 있는 합리적이고 정의감이 있는 존재이기도 하며, 자신의 욕심을 채우기 위해 타인에게 해를 가할 수도 있는 이기적이며 충동적인 존재이기도 한 양면적 존재라는 것이 그것이다. 인간은 합리적이며 정의감이 있는 존재이므로 적절한 교육을 받으면 자신의 이기심을 절제하고 타인의 입장을 배려하며 공동의 규칙을 존중할 수 있다. 하지만 그러한 도덕적 잠재성이 적절한 교육을 통해 계발되지 않으면 자신의 이익을 극대화하려고 타인에게 위해를 가할 수 있고 공동의 규칙도 얼마든지 무시할 수 있다. 이러한 인간 존재의 양면성에 대한 균형 잡힌 이해에 근거하여 조선 질서의 창설자들은 인간의 선한 측면은 극대화하고 악한 측면은 통제할 수 있는 인격적 훈육과 제도적 제어 기제를 확충함으로써 당시의 어떤 나라보다도 더 정교한 입헌체제를 수립할 수 있었다.

앞에서 살펴본 바와 같이 서연, 경연과 같은 교육제도는 왕세자와 임금의 도덕적 자질과 성품을 최선의 상태로 계발하는 제도이고, 권력분장 원리의 도입과 권력균형 원리의 채택은 집단의 이기성과 힘을 다른 집단의 이기성과 힘으로 제어하여 좀 더 생산적이고 창조적인 에너지로 전환할 수 있는 제도적 원리이므로 각각 인간에 대한 이상주의적인 자기이해와 현실주의적인 평가를 반영한 것이라고 볼 수 있다. 따라서 유교적 입헌통치 질서를 인간의 선한 도덕적 단서로 일방적으로 정당화하는 입장도, 권력관계의 균형 원리에만 근거하여 현실주의적으로 이해하는 방식도 유교적 입헌주의의 인간론적 기초를 잘못 이해한 것이다.

유교적 입헌주의를 필자의 관점에서 바라볼 때, 유교적 입헌주의는 그 근본정신에서 현대의 자유주의적 입헌주의와 일맥상통하는 측면이 있으며, 관점에 따라서는 현대의 입헌주의를 더욱 향상시킬 수 있는 귀중한 통찰을 제공해 줄 수 있다. 유교적 입헌주의가 인간의 양면적 가능성에 대한 균형 잡힌 이해에 토대를 두고 있듯이, 자유주의적 입헌주의 역시 인간의 자율성과 정의감에 대한 신뢰와 함께 인간의 이기심과 타락 가능성에 대한 경계의 태도를 동시에 반영하고 있다. 하지만 현대의 자유주의 사회에서는 개인의 권리의식이 크게 고조되어 그 권리를 존중하고 보호하는 것이 입헌 국가의 주된 목표가 되었으므로 자유주의적 입헌주의를 유교적 입헌주의와 동일한 차원에서 비교·평가하기는 어려울 것이다. 유교적 사회와 자유주의적 사회는 그 성격이 근본적으로 달라 추구하는 실질적 가치도 전혀 다를 수밖에 없기 때문이다.

그럼에도 유교적 입헌주의와 자유주의적 입헌주의는 각자가 속한 사회 속에서 도출될 수 있는 이상적인 인간상과 현실적인 성향을 균형 있게 고려함으로써 현실적으로 최상의 입헌체제를 확립하려 한 데 공통점이 있다.

마지막으로 유교적 입헌주의와 자유주의적 입헌주의의 한 가지 중요한 차이점을 지적해 보면 다음과 같다. 유교적 입헌주의가 전제하고 있거나 지향하는 인간에 대한 이상과 유교적 입헌주의가 정교한 제도적 기제들을 통해 제어하고자 하는 인간과 국가의 성향을 생각해 볼 때, 자유주의적 입헌주의는 좀 더 다양한 가치들에 중립적이고자 하는 태도로 말미암아 인간계발에 충분한 관심을 쏟기보다는 제도적 장치의 구비와 올바른 작동, 곧 절차적 기제들에 상대적으로 더 큰 비중을 둔다. 그 결과 자유주의 사회는 완전주의적인 유교 사회보다 훨씬 더 중립적이다.[54] 이런 태도는 자유롭고 관용적인 사회를 위해서는 어쩔 수 없이 용인될 수밖에 없는 측면이 있다. 하지만 중립주의적인 태도는 자못 극단적인 상대주의와 회의주의마저도 양해함으로써 니힐리즘(nihilism)적인 아노미(anomie) 상태를 산출해 자유주의적인 가치들마저 지킬 수 없는 상황을 초래할 수도 있다. 유교 사회는 유교적 완전주의를 완화함으로써 좀 더 관용적인 사회로 나아갈 필요가 있었다면, 자유주의적인 사회는 그 자유주의적인 성격을 지키고 전승할 수 있도록 일정한 가치를 보호·장려할 필요가 있는 것이다. 바로 이 점이 인간의 도덕적 잠재성을 계발하여 정치질서를 움직이는 인격적 요소로 활용한 유교적

---

54 혹은 그 역이 성립된다. 다시 말해, 자유주의 국가가 중립적인 태도를 취할 수밖에 없는 이유는 자유주의 사회가 가치 혹은 문화 다원주의적인 사회이기 때문이다.

입헌주의가 현대의 자유주의적 입헌주의의 향상에 기여할 수 있는 부분이다. 제도 운영 주체의 덕성 없이 제도의 온전한 운영은 불가능하고, 인간의 이기성과 타락 가능성이 공존을 파국으로 이끄는 것을 예방하는 신중함이 없이는 안정되고 지속적인 정치질서를 보장할 수 없다. 이런 측면에서 인간성의 계발과 제도적 장치의 역동적인 상호작용을 통해 안민이라는 유교적 가치를 구현하고자 하였던 조선 초기의 유교적 입헌 국가는 오늘날에도 최소한의 역사적 의의를 보존하고 있다.

'민본'과 '민주' 사이의 거리와 함의

김석근 아산정책연구원

1. 서론: 민주주의의 허와 실

제2차 세계대전 이후 '민주주의(Democracy)'는 인류의 보편적인 종교로서의 위상을 차지하게 되었다. 지구상에 존재하는 거의 모든 정치체제, 심지어 가장 격심한 독재체제마저도 그 체제의 정치를 가리켜 '민주주의'라 주장하였다. 1980년대 후반 이후 동구권의 붕괴, 소련의 해체, 비서구사회의 민주화 물결과 더불어 그런 추세는 한층 더 고양되었다. 전 세계적으로 볼 때, 어쩌면 지금이야말로 민주주의의 최고 절정기라 할 수 있을지도 모르겠다.

오랜 기간에 걸쳐 전개된 '민주화(Democratization)' 운동 끝에 군부권위주의 체제에 종지부를 찍고 몇 차례 정권교체를 경험한 한국사회

---

1 이 글은 김형효(외), 《민본주의를 넘어서: 동양의 민본사상과 새로운 공동체 모색》(청계, 2000)에 수록된 글 (247~299쪽)을 분량을 크게 줄여 수정한 것이다.

역시 예외는 아니었다.[2] 되돌아보면 '민주주의'는 그동안 한국사회의 이념적 지향인 동시에 그 자체가 목적이기도 하였다. 아마 앞으로 그 누구도 '민주화' 과정 자체를 되돌릴 수는 없을 것이다.

그럼에도 많은 사람은 '현실의 민주주의' 혹은 '민주주의의 현실'에 그다지 만족하지 않으며 민주주의의 '미래'도 낙관하지 않는다. 이미 오래전부터 제기된 민주주의 자체에 대한 비판을 차치해 두고서라도, 민주주의에 대한 의문과 회의, 예컨대 '천민(賤民) 민주주의', '민주주의의 종말', '엘리트의 반란과 민주주의의 배반'과 같은 발언이 한편에서 터져 나오고 있는가 하면, 다른 한편에서는 '민주주의의 공고화(Consolidation)' 내지 절차적 민주주의는 이루어졌으니 앞으로는 실질적인 민주주의로 나아가야 한다는 주장을 어렵지 않게 듣게 된다. 엄격하게 말하자면 민주주의는 아직도 멀리 있으며, 여전히 목표가 되어 있다. 바야흐로 우리는 민주주의가 왜 좋은지, 민주적 인간 없이 어떻게 민주주의가 가능한지, 민주적인 인간이 되려면 어떻게 해야 하는지 등을 물어야 할 시점에 이르렀다. 민주주의의 허와 실을 한번 짚어 보아야 하는 것이다.

그런 까닭에 민주주의, 특히 아시아의 민주주의는 여전히 논란의 초점이 되고 있다. 한동안 '아시아적 가치(Asian Value)'와 관련해서 아시아에는 서구식 민주주의가 적합하지 않다는 식의 주장을 둘러싸고 열띤 논의가 전개되기도 했다. 또한, 아시아는 민주주의 철학과 사상이 풍부하며 민주주의 실현이 충분히 가능하다는 요지의 반론도 제기된

---

[2] 1950년대 영국의 어느 한 신문에서 "한국에서 민주주의를 희망하는 것은 쓰레기통에서 장미꽃이 피기를 기대하는 것과 같다"고 한 발언을 떠올리게 되면, 그간의 변화를 실감할 수 있다.

바 있다. 조금 뉘앙스가 다른 차원이긴 하지만, 최근에는 서구 사회의 '자유민주주의'가 지닌 이념적, 실천적 한계에 대한 반성과 그 대안을 모색하는 과정에서 유교에 대한 재해석과 '민본주의'에 대한 관심이 적극적으로 제기되기도 한다.

이 글은 서로 다른 전통과 맥락을 갖는 '민주주의'와 '민본주의'라는 두 개념을 비교·분석하는 데 일차적인 초점을 맞추어 보편적 종교로서 민주주의의 허와 실을 짚어보는 동시에 민본주의 전통을 재조명하는 작업에 대해서도 적절한 참고 자료를 하나 제공하고자 한다.

이러한 목적을 달성하기 위해 다음과 같은 순서로 글을 전개해 나가고자 한다. 먼저 2장과 3장에서는 유교 문화에 바탕을 두고 있는 민본 및 민본주의와 서구 사회의 민주주의를 가능한 한 개념적으로 접근해 분석할 것이다. 이어 4장에서는 민본주의와 민주주의가 서로 얼마나 다르며 또 서로에 대해 어떤 정치적 의미를 띠고 있는지를 검토할 것이다. 결론에서는 앞에서의 논의를 바탕으로 민주주의와 민본주의가 내일의 바람직한 이념으로 기능하기 위해서는 어떤 점들을 고려해야 할 것인지 간략하게 지적할 것이다.

2. '민본'과 '민본주의'[3]

오늘날 '민본'이라 하면 '민본주의'와 관련해서 '민(民)이 국가 혹은 정치의 근본' 혹은 '민을 근본으로 생각하는 정치' 비슷한 것을 떠올리게 된다. 흔히들 '민본'이라는 말 자체는 '민유방본(民惟邦本)'에서 유래하였

---

[3] 이에 대한 자세한 논의는 김석근 미발표 논문 "민·민본·민본주의 개념에 관한 시론"을 참조할 수 있다.

다고 한다. 하지만 한자어 '민본(民本)'이란 단어의 원래 의미는 우리가 생각하는 것과는 달리 오히려 '인민 생활의 근본', '민에게 중요한 것'에 가까운 것이었다. 간단히 말해 '방본(邦本)'과 단어 구조가 같다는 점에 유의하는 게 좋겠다. "무릇 덕과 의는 생민의 근본이다"[4]와 "노자가 말하기를, 식은 민의 근본이며 민은 국가의 기틀이다. 그러므로 인군(人君)은 위로는 천시(天時)에 기인하며 아래로는 지리(地理)를 다한다"[5]는 구절이 그런 예에 속한다. 이 또한 '민본주의'에서의 '민본'과는 뉘앙스가 조금 다르다. 미묘한 의미의 변화가 일어난 것이다.

'민주'라는 용어 역시 거의 비슷한 변화를 겪게 되었다. 한자어로서의 '민주'는 원래 '민의 우두머리, 즉 군주'를 가리키는 말이었다(《廣辭苑》, 2,482). "하(夏)를 대신하여 민주(民主)를 세웠다",[6] "그 말이 구차해서 민주(民主)의 그것 같지 않았다",[7] "군주가 능히 가르침을 밝힐 수 없다면 민주(民主)됨을 버리는 것이다"[8]라는 표현에서 그것을 알 수 있는데 이는 '민주주의', 다시 말해서 '민이 주인'이라거나 '주권이 민에게 있다'는 생각과는 거리가 멀다. '민주'라는 단어에 담기는 의미의 변화, 다시 말해 의미변용이 일어났다는 것이 정확한 표현이겠다. '주의(主義)'라는 단어 역시 '주된 뜻(主意, 의미)',[9] '의를 주로 하는 것'[10]에서 점차 '이즘(ism)'과 비슷한 의미로 옮아가게 되었다.

게다가 '민본주의'라는 용어는 한자문화권에서 자체적으로 만들어

---

4 "夫德義, 生民之本也"《國語》"晉語四".
5 "老子曰, 食者民之本也. 民者國之基也, 故人君上因天時, 下盡地理"《文子》"上仁".
6 "代夏, 作民主"《書》"多方".
7 "其語偸, 不似民主"《左氏》"襄" 31.
8 "君實不能明訓, 而棄民主"《國語》"晉語四".
9 "敢犯顔色, 以達主義"《史記》"太史公自序".
10 "主義行德曰元"《逸周書》"諡法解".

진 단어라기보다는 영어 Democracy의 번역어로 등장했다는 사실은 시사하는 바가 크다. 이 말을 일본에서는 카야하라 카잔(茅原華山, 1871~1952)이 (천황의) 조칙(詔勅)에서 따와서 최초로 사용하였으며, 그 후 요시노 사쿠조오(吉野作造, 1878~1933)의 습용(襲用)을 통해 널리 보급되기에 이르렀다(《大漢和辭典》, 6~842).[11] 이는 다음과 같은 서술에서도 뒷받침된다.

"동북아시아인은 태어났을 때 이미 확고한 정치시스템과 법이 있었다. 게다가 그 법은 윗사람(お上)의 통치수단이었으므로 법과 관련해 동북아시아인은 윗사람을 따른다는 의식을 가지고 있었다. 일본어 사전의 선구라 할 수 있는 《대언해(大言海)》에서 '데모크라시(デモクラシイ)'에 대한 설명이 유명한 예로서 흔히 인용되곤 한다. 즉 **"하류(下流)의 인민(人民)을 본(本)으로 삼아 제도를 세우고 정치를 행해야 한다는 것. 옛날의 이른바 하극상(下剋上)이라는 것인가"**라고 설명했다. 또 '**하극상(下剋上)**' 항목도 "[이 말, 데모크라시(でもくらしい)로 이해해도 될 것이다] 아랫사람〈下〉으로 윗사람〈上〉에게 이기는 것〈剋〉. 신하〈臣〉로서 군주〈君〉을 능멸〈凌〉하는 것"이라고 했다. 편자인 오오츠키 후미히코[大槻文彦, 1847~1928: 한학자 오오츠키 반케이(大槻磐溪)의 차남]에게 서구의 데모크라시는 전혀 실감이 가지 않는 정치제도였다(加地伸行, 1990:

---

11 "(Democracy의 역어(譯語)의 하나. 카야하라 카잔(茅原華山)이 조칙(詔勅)에서 따와 최초로 사용되었다.) 러일전쟁 후에 요시노 사쿠조오(吉野作造)에 의해 주창된 민주주의론. 주권의 소재는 언급하지 않고 그 운용의 민주화를 주장하여 정당내각제, 보통선거에 대한 근거를 제공해 주었다." 《廣辭苑》, 2,483쪽.

239~240. 강조는 인용자).

이렇게 본다면, Democracy라는 단어가 처음에는 '민본주의'로 번역되었다가 그 후에 '민주주의'로 정착하게 된 것으로 추정할 수 있다. "하류(下流)의 인민(人民)을 본(本)으로 삼"는 것(민본주의)을 데모크라시로 보고 이를 '하극상'과 다름없는 것으로 인식하였다는 것은 흥미롭다. 다시 말해 명분과 질서(상하관계)가 무너지는 것으로 비쳤던 것이다. 아마 그 언저리부터 시작해서 점차로 '민본주의'와 '민주주의'의 의미가 세분되어 갔을 것이다. 그렇다면 '민본'과 '민본주의' 개념은 오늘날 우리가 생각하는 것과는 반대로, 오히려 Democracy라는 새로운 개념을 접하게 된 후에 반사적으로 형성되었거나 재구성된 것이라는 가설을 조심스레 세워볼 수 있지 않을까 한다.

또 한 가지. 지배-피지배[治者-被治者] 관계라는 관점에서 보자면, '민'은 확연히 '피지배계급(층)'에 속하고 있었다. 그들은 어디까지나 통치의 객체, 위정(爲政)의 대상일 따름이었다. '자유'롭고 '평등'한 존재로서 자연권에 속하는 천부인권의 '권리'를 갖는 '권리의 주체'와는 확실히 달랐다. 이처럼 전통적인 개념으로서의 '민(民)'과 근대적인 의미에서의 '개인(個人)'은 너무나도 멀리 떨어져 있다.

엄격하게 말해서, 근대적인 의미에서 '권리'의 주체는 자유롭고 평등한 '개인'일 수밖에 없다. 그것은 사회계약설에 의해 상징되며 설명될 수 있다고 본다(김석근, 1999). 영어 단어 'right'의 번역어에 해당하는 '권리'라는 말 역시 우여곡절을 거친 끝에 등장한다(柳父章, 1982: 151~172). 게다가 '정치에서 인민의 권리'라는 의미에 해당하는 '민권(民權)'이라는 단어는 전통적인 한자문화에서는 아주 낯선 것이었다. '민'은 '권'과 어울리지 않았다. 실제로 한문으로 쓰인 고전 문헌에서는 그 용례(用例)를 거의 찾아볼 수가 없다(《大漢和辭典》, 6~838). '민권(民權)', '민권주의(民權主義)'라는 단어는 바야흐로 서구 문명이나 사조를 접한 이후에야 생겨난 것들이었다. '민권'은 개화기 일본에서 전개된 '자유민권운동'에서, '민권주의'는 쑨원(孫文)의 이른바 삼민주의(三民主義)의 하나로 등장하게 되었다.

여기서 그냥 지나칠 수 없는 것은 '권리'라는 개념이 (아직 '개인'에 이르지 못하고) 여전히 '민'과 이어져서 '민권'으로 등장하고 있다는 점이다. 따라서 전통적인 '민' 개념이 아직 짙은 그림자를 드리우고 있다는 정도로 읽어도 큰 무리는 없을 것이다. 그렇다고 해서 그것의 의의를 과소평가하거나 외면해서는 안 된다고 본다. 전통적인 '민' 개념은 '민주주의'를 이해하고 민주주의로 나아가기 위한 관념의 징검다리이기 때문이다. 그러므로 '민주주의'는 여전히 저만큼 떨어져 있다.

3. '민주주의'의 두 모델

'민주주의'가 여전히 논란이 되는 원인 중 하나는 모두가 동의하는 정해진 개념이 없고, 대신 많은 사람이 자의적으로 개념을 규정해서 사용하는 데 있다. 그야말로 우리는 민주주의 개념의 혼란 시대에 살고 있다고 해도 지나친 말은 아닐 것이다.

이념과 입장에 따라 민주주의에 대한 논의와 분류는 다양하게 전개되었다. 여기서는 1) 고대 아테네의 민주주의와 2) 근대 서구사회에서 등장한 '자유민주주의'라는 두 모델을 중심으로 검토하고자 한다.

1) 아테네 민주주의[12]

고대의 그리스는 하나의 정부 내지 통치체제하에 모든 그리스인이 함께 사는 특정한 지역을 가리키는 국가가 아니었다. 그것은 주변의 농촌 지역을 포함하는 수백 개의 독립된 도시들로 구성되어 있었다. 기본적인 형태는 이른바 '도시국가(city state)'였다. 그중 가장 유명한 것은 민주주의를 꽃피운 아테네였는데 그 체험은 아주 독특한 것이어서 전 세계적으로 보더라도 무척 예외적인 현상이었다.

'데모스'의 '크라티아', 즉 '데모크라티아(인민의 지배)'라는 말을 바탕으로 '민주주의'라 부를 수 있는 정치적 현상이 '솔론의 개혁'과 '클레이스테네스의 개혁' 이후에 나타났다는 점은 아테네의 민주주의를 이해하는 데 매우 중요한 측면이다.[13] 이는 민주주의는 그냥 이루어지지 않았다는 것으로, 민주주의가 이루어질 수 있는 상황과 조건 정도로 이해할 수도 있다.[14]

---

[12] '데모크라시(democracy)'의 어원은 그리스어 데모크라티아(demokratia)로, 인민(people)을 의미하는 데모스(demos)와 지배(rule)를 의미하는 크라토스(kratos)가 합해진 말이다. 그것은 모든 인민이 자유롭고 평등한 입장에서 정치에 참여하는 인민의 지배(통치)를 의미한다. 이는 권력이 한 사람에게 속하는 군주정치와 소수의 사람에게 속하는 귀족정치와 구별되는 개념으로 사용되었다. 일종의 정치원리나 정치형태를 가리키는 것으로 출발한 것이다. "민주주의라는 말은 헤로도토스의 시대 이래로 국가의 지배권력이 어떤 특정한 계급에 부여되는 게 아니라 사회 전체의 구성원들에게 합법적으로 부여되는 정치형태를 가리킨다."(James Bryce, *Modern Democracy* Vol. 1, p. 29.)

[13] "아테네에서 민주주의는 BC 6세기 초 솔론(Solon)의 개혁에서 비롯되어 페이시스트라토스(Peisistratous)의 개혁을 거쳐 6세기 말 정치적 실권을 거의 전 시민에게 부여한, 아테네 민주주의의 아버지라고 불리는 클레이스테네스(Cleisthenes)의 개혁에서 그 기본 골격이 완성되었다. 그 이후 몇 차례의 개혁을 통해서 아테네 민주정은 BC 450년경을 전후로 페리클레스의 지배하에서 그 절정에 이른다. 그러나 민주주의라는 용어는 클레이스테네스 당시에는 아직 통용되지 않았으며, 헤로도토스(Herodotus) 시대 이래 공동체의 특정한 계급이 아니라 모든 시민에게 정치권력이 존재하는 정부 형태를 지칭하기 위해 사용된 것으로 추정된다."(강정인, 1997: 71~72).

[14] "아무튼, 아테네에서 데모스라는 단어가 보통 모든 아테네인을 의미하면서도 때때로 보통 사람 혹은 심지어

솔론은 평민들의 부채를 말소시켰으며, 그 덕분에 노예가 되었던 사람들은 자유민으로 해방되었다. 또한, 가난한 사람들도 민회에 참여할 수 있게 하여 하층민도 정치에 참여할 길이 열리게 되었다. 그의 개혁은 완벽한 것이 아니었지만, '참정권의 확대'라는 의미에서 민주주의로 가는 길을 열어주었다. 이어 클레이스테네스는 평민들의 지지를 바탕으로 귀족의 특권을 분쇄하고자 했다. 그의 "개혁은 시민단의 개편과 500인 협의회의 창설을 주요 내용으로 하는 것"(양병우, 1976: 14)이었다. "시민단을 개편하는 데 기초단위로 삼은 것은 Demos였다. 이것은 새로 만든 것이 아니라, 이미 있던 촌락공동체를 이용한 것이었다."(위와 같음) 그는 20세 이상의 시민권을 가진 성인 남자들로 구성된 민회가 국가의 주권기구임을 확정시켰으며, 통치기관으로 500인 평의회를 설치하였다. 그야말로 아테네 민주주의의 아버지였다. 아테네의 민주주의는 그런 토대 위에서 꽃필 수 있었다.

아테네 민주주의를 떠받쳐 주었던 정신, 즉 평등과 자유, 법과 정의의 추구는 민주주의 절정기를 구현한 카리스마적 지도자 페리클레스의 장례 연설에 잘 나타나 있다.[15]

> "우리는 우리의 국가제도를 민주주의라고 부릅니다. 국가권력이 소수의 수중에 있는 것이 아니라 전체 인민에게 있기 때문입니다. 우리에게 개인의 분쟁을 해결해야 할 일이 생

가난한 사람들을 의미했다는 것은 흥미로운 일이다. 데모크라시라는 단어는 때로 자신들의 정부 통제권을 빼앗아 간 보통 시민들에 대한 그들의 혐오감을 보여주는 별칭으로 귀족들에 의하여 사용되었다." 로버트 달 지음·장동진 외 옮김(1999: 28).

15 스파르타와의 전쟁, 즉 펠로폰네소스 전쟁 첫해에 전사한 장병들을 추모하는 연설로, 투키디데스(Thucydides)의 《펠로폰네소스전쟁(The Peloponnesian War)》에 실려 있다.

졌을 때 모든 사람은 법 앞에서 평등하게 대우받습니다. 우리가 어떤 사람을 다른 사람에 앞서서 책임질 공직자로 임명한다면 그것은 그 사람이 특정 계층에 속해서가 아니라 그가 가진 실질적인 능력 때문입니다. 국가에 유익하게 봉사할 수 있는 사람이면 누구도 빈곤 때문에 차별을 받아서는 안 됩니다. 우리의 생활이 자유롭고 개방되어 있는 것과 마찬가지로 시민들 사이의 일상생활도 그렇게 되어 있습니다. 우리의 사생활은 자유롭고 관대합니다. 그러나 공적인 일에서는 법을 지킵니다. … 우리는 말과 행동 사이에 어떠한 불일치성도 존재해서는 안 된다고 고집하지는 않습니다. 그러므로 우리 아테네인들은 직접 정책을 결정하거나 정책을 올바르게 정하기 위해서 허심탄회하게 모두 토론에 참여하고 있습니다. 가장 나쁜 일은 문제를 올바르게 토의하기도 전에 쉽사리 결론을 내리고 저돌적으로 행동하는 일입니다."(Pericles, 'Funeral Oration')

아테네에서 가장 핵심적인 기관은 모든 시민이 참여할 자격을 가진 민회(assembly)였다. "민회는 최고의 의사결정기관으로서 그 권한은 이론상 무제한이었으며 천부 불가양의 권리라는 관념에 의해 그 행사가 제한받지 않았다. 따라서 민회는 때로 언론의 자유를 침해하는 법률을 통과시키기도 했다"(강정인 1997, 67). 그리고 실제로 전체 시민이 입법부를 구성하고 직접 정책을 토론하며 투표에 참가하는 직접 민주제 형

태를 취하였다.[16]

하지만 아테네 정치가 오로지 민주주의적 이상에 따라 시행되지는 않았다. 이러한 현상은 후대로 갈수록 더 심해졌다. 분파의 지도자들은 그들의 적을 10년 동안 추방하기 위해서 민회에서의 투표를 통한 패각추방 즉, 오스트라시즘(Ostracism)을 이용하기도 하였다.[17] 민회에서의 연설 역시 소수의 사람들, 예컨대 이미 유명한 사람들이나 능수능란한 웅변가 등에 의해 이루어졌다. 발언할 기회는 데모스에게 지도자로 알려진 그들이 많이 가지고 있었다. 그들을 '데마고그(demagogue)'라 부르기도 하였다. 이 말은 원래 서술적이라는 의미를 담고 있는 것이어서 지도자적인 웅변가는 '데모스의 수호자(prostates tou demou)'로 알려지기도 하였다. 데마고그가 약간의 경멸이 담긴 선동가라는 의미로 바뀌게 된 것은 역시 민주주의의 타락 현상과 관련이 있다고 할 수 있다.

이제 앞으로의 논의를 위해 아테네 민주주의가 가졌던 몇 가지 특징적인 국면을 정리해 두고자 한다. 이는 일종의 예비작업으로서 오늘날 민주주의 관점에서 보자면 고대 민주주의의 결정적인 한계처럼 비칠 수도 있겠고, 거꾸로 재해석될 수도 있다.

첫째, 아테네의 민주주의는 '도시국가'라는 극히 제한된 공간에서 운용되었다. 이는 어떤 고차원적인 정치철학적 사유에서 도출된 결론이 아니라 단지 지리적인 성격에서 빚어진 우연의 소산으로 볼 수도 있다. 아테네는 도시국가였던 만큼 전체 인구가 30만 명 정도로 소규모였으

---

[16] 민회와 협력하여 실제로 아테네 민주정의 입법과 행정에서 핵심적인 역할을 했던 기구는 500인 평의회였다. 그것은 매년 인구 비례에 따라 선발된 후보자 중에서 추첨으로 선출된 30세 이상의 일반 시민 500명으로 구성되었다. 임기는 1년이었고 재임은 허용되지 않았다.
[17] 오스트라시즘은 때로 정략적으로 악용되기도 했다. 로버트 달 지음 · 조기제 옮김, 1999: 55~56쪽 참조.

며 그중에서 시민권을 가진 사람은 4만여 명이었고 아고라의 민회에 참석했던 사람은 평균 5천 명 정도였다. 아테네의 민주주의가 '직접'민주주의였다는 점을 고려하면 이는 매우 중요한 의미를 지닌다. 규모가 커질수록 직접 민주주의는 점점 더 어려워지기 때문이다.

당시 아테네 민주주의에 비판적이었던 플라톤마저도 《법률》 편에서 시민들의 숫자가 적어서 서로 잘 알고 또 가능하면 서로 사이 좋게 지낼 수 있을 정도로 정치체를 구성하는 것이 바람직하다고 강조하였다. 심지어 그는 가장 적절한 인구(가구)를 5,040명으로 추정하기도 하였다. 아리스토텔레스 역시 모든 시민이 한자리에 모일 수 있을 정도의 규모가 되어야 하며, 그곳에서 연설자의 이야기를 직접 들을 수 있을 정도가 되어야 한다고 하였다.[18]

둘째, 민회에서는 특별한 경험과 전문적 기술이 요구되는 소수의 관리들(예컨대 장군들)을 선출하기는 하였지만, 공적인 의무를 수행하는 시민을 선발하는 주된 방법은 '추첨(제비뽑기)'이었다. 따라서 자격을 갖춘 시민들은 선출될 확률이 모두 같았다. 이는 일종의 '절대적 평등'의 보장이라 할 수도 있다.[19] 신분적, 경제적 측면에서의 불평등은 그 같은 정치적 평등에 아무런 장애도 되지 않았다. 일반 시민들은 정부의 가장 중요한 통치관으로 선출될 기회를 생애에 한 번은 가졌다고 한다.

이와 관련해 아리스토텔레스는 ('선거'보다) '추첨'에 의해 임명하는 것

---

[18] "귀족정치를 옹호하는 사람이든 민주주의를 지지하는 사람이든 아니면 이 두 정치체제의 혼합형을 지지하는 사람이든 간에 페리클레스의 시대서부터 아리스토텔레스의 시대에 이르는 기간 동안 영향력을 미칠 수 있었던 그리스 사상가들 모두가 한결같이 정치체가 영역 면에서나 인구 면에서 소규모이어야 한다는 점에서는 의견의 일치를 보여주고 있다." 로버트 달 외 지음·진덕규 옮김(1980: 17).

[19] "이와 같은 정치적 평등은 무엇보다도 장군직을 제외한 거의 모든 공직을 추첨에 따라 배분하는 관습에 의해 확보되었는데, 아테네 민주정에서 이 추첨제는 '(인민이) 교대로 통치하고 통치받는' 민주주의의 기본원리를 가장 극적으로 표현한 것이라고 평가된다." 강정인(1997: 79).

이야말로 민주주의의 전형적인 특징이라 여겼다. 예컨대, 관직의 임명에서 추첨을 사용하는 것은 민주적 방식으로 간주되었으며 투표를 사용하는 것은 과두제적 방식으로 간주되었다(Politics). 투표를 하게 되면 모든 사람이 평등하게 공직을 담당할 수 없기 때문이었다. 따라서 부, 명예, 출신, 능력 등을 통해서 대중에게 영향력 있는 사람들이 선출될 가능성이 당연히 높았으며, 또 실제로 그렇게 되었다. 그런 정치적 자원이 없는 사람은 자연히 공직에 평등하게 참여할 기회를 얻지 못하게 되었으며, 그들이 보기에 투표에 의한 선출과 그것에 기초한 정부는 어디까지나 과두제적 정부에 지나지 않았다.

셋째, 아테네 민주주의는 비슷한 시대의 다른 체제들보다 훨씬 더 포괄적이었음에도 이론과 실제에서는 모두 시민의 자격에 대해서 고도로 배제적이어서 '데모스'에는 사실 많은 사람이 배제되어 있었다. 하지만 아테네인들은 그러한 배제를 심각하게 생각하지 않았다.

실제 정치에 참여할 수 있는 권리는 '시민' 계급, 그것도 일정한 나이에 이른 남자 시민에 한정되었다. 여성, 외국인 장기 거주자(metics), 노예는 분명히 제외되었다. 기원전 415년 이후 시민 신분을 얻으려면 부모가 모두 아테네 시민이어야 했다. 시민 신분은 혈연이라는 원초적 유대에 기초한 세습적 특권이었다. 자유민인 메틱과 그 후손들조차 시민이 될 수 없었다. 이들은 수 세대에 걸쳐 아테네에 거주했으며 기원전 5~4세기에 아테네의 경제적, 지적 생활에 크게 기여했음에도 그런 기회가 주어지지 않았다. 게다가 그들은 토지나 집을 소유할 수 없었는데도 납세와 병역의 의무는 져야 하였다.[20]

---

[20] 그들은 예술가, 상인, 지식인으로 사회적, 경제적, 문화적 생활을 누렸으며 법원에 의해 보호되는 권리가 있

노예들은 시민의 권리는 물론이고 어떤 법적인 권리도 갖지 못하였다. 그야말로 소유자의 재산에 지나지 않았다. 자신들을 방어할 방법도 없었다. 설령 자비로운 주인들이 그들을 해방시켜 준다 하더라도 기껏해야 메틱이 될 수 있을 뿐 결코 시민이 될 수는 없었다.

그래서 "주민 전체를 놓고 생각할 때, 그 일부만이 정치적 특권을 누린 것이라 하겠으므로, 소수자인 시민들의 지배 곧 과두정치였다고 볼 수도 있는 것이다."(양병우, 1976: 2) "아테네 민주정을 오늘날의 관점에서 보면 … 그 참가 범위에서 제한적 민주주의라고 할 수 있다."(강정인, 1997: 66) 즉, 엄격하게 말한다면 일종의 소수지배체제였다고 할 수도 있다.

넷째, 그리스인들은 자유, 평등 혹은 권리, 그것이 정치적 권리이든 혹은 더욱 광범위하게 인권이든 간에 이러한 보편적 요구가 존재한다는 것을 알지 못하였다. "고대 민주주의는 인간의 존엄성을 기조로 하는 인권 사상을 기반으로 삼지 않았다."(한국정치학회편, 1971: 8) 자유는 구성원 신분의 속성이었고, 그것은 인류의 한 구성원으로서가 아니라 특정 도시의 구성원 신분(즉 시민 신분)의 속성이었다.

그리스인의 '자유(freedom)'는 공동체를 넘어서지 못하였다. 구성원들의 자유에는 공동체 내에 거주하는 모든 사람의 법적, 시민적 자유가 포함되어 있지 않았다. 게다가 다른 구성원들의 정치적 자유도 포함되지 않았다. 민주적인 폴리스에서조차 "자유는 법의 지배와 결정 과정에 참여하는 것을 의미할 뿐 양도할 수 없는 권리를 소유하는 것을 의미하지는 않았다."(로버트 달 지음·조기제 옮김, 1999: 60)

었다. 때로는 부유하였으며, 명백히 어떤 지위를 누리고 있었다.

그래서 "개인과 정치적 공동체는 불가분적인 일체로 결합되어 있었고, 국가의 활동이란 궁극적으로 그 구성원 전체의 도덕적 삶의 완성을 실현하기 위한 것이었다."(강정인, 1997: 78) 그런 의미에서 인간은 폴리스 내에서 살아가는 '정치적 동물(zoon politikon)'이었다. 말하자면 개인은 근대적인 의미에서의 개인으로 존재한 것이 아니라 전체의 한 부분으로 존재했던 것이다.

2) 근대의 자유민주주의

아테네에서 꽃피었던 민주주의는 아테네의 몰락 이후 아주 오랫동안 잊혀 있었다. 민주주의라 불리는 정치체제가 다시 출현하기까지는 2000년이라는 긴 세월을 보내야 하였다. 아테네 민주주의가 다시 재조명되기 시작한 것은 근대 시민사회가 대두하면서부터였다. 새로운 사회계급으로 등장한 시민(부르주아) 계급은 대립관계에 있던 귀족의 전제군주적 절대체제에 맞서 싸우기 위해서 민주주의를 내세우게 되었다.

그러나 이미 상황과 조건이 달라졌으므로 아테네 민주주의를 그대로 복원·시행할 수는 없었고, 그렇게 하려고 하지도 않았다. 그들은 고대 민주주의의 유산을 시대적 상황과 자신들의 편의에 맞게 적절하게 변형해 수용하고자 했으며 그 결과, 근대 시민사회를 토대로 하는 자유민주주의가 탄생하게 되었다.

여기서는 자유민주주의의 탄생 과정과 의미에 대해서 논하기보다는 아테네 민주주의의 특성을 염두에 두면서 근대 자유민주주의의 몇 가지 특징적인 국면을 검토해 보고자 한다.

(1) 개인(Individual)[21]

근대 자유주의와 자유민주주의에서 주목해야 할 점은 정치적 주체로서의 '개인'의 발견이다. 개인이라는 관념은 곧 근대의 가장 특징적인 산물이라 할 수 있으며[22] 이를 통해 "근대(세)와 고대 사상 사이에는 본질적인 구별이 있다는 점을 인지해야 한다. 왜냐하면, 그리스는 보편(普遍)에서 출발하고, 세계를 완성된 것으로 생각하며, 전체의 조화와 질서의 개념이 앞서 있는 데 반해, 근대는 개체(個)에서 출발하며, 자유가 질서에 앞서고, 세계는 생성된 것으로 파악하기 때문이다."(南原繁, 1973: 178~179)

고대나 중세 사회에서 인간은 개인(개체)이라기보다는 전체 혹은 공동체(폴리스, 가족, 길드, 교회 등)의 한 구성원으로 존재하였다. 따라서 정치의 양태 역시 공동체적이고 간주관적(間主觀的, intersubjective)일 수밖에 없었다. 말하자면 '정치적 동물(Physei politikon zoon)'이었던 것이다.

하지만 그 오랜 전통에 대해 데카르트(Rene Descartes)는 반란을 획책하였다. "나는 생각한다, 고로 나는 존재한다(Cogito ergo sum)"라고 선언함으로써 '근대'를 열어젖혔던 것이다. 데카르트에게 '나'의 존재는 신(神)이나 교회가 아니라 오로지 나 자신에 의해서 뒷받침되므로 주체(subject)와 객체(object)를 절대적으로 구분하는 존재론 위에서 '나' 이외의 모든 존재(存在)와 질서(秩序), 도덕체계(道德體系)와 당위(當爲)로부터 자유로운 '절대개인(絕代個人)'이 탄생하게 된다.

독립된 개체로서의 개인(절대개인)이라는 개념은 근대 자유주의의 기

---

21 이 부분은 김석근, 1999 중에서 특히 제2절을 많이 참조하였다.
22 Individual은 라틴어 'individuum'에서 나왔는데 그것은 '더는 나누어질 수 없는 것(indivisible)'이라는 의미가 있다. 그리고 유일하거나 독특한 것을 가리켜 individual이라 했다.

초가 되었을 뿐만 아니라 근대사상가들의 총아로 등장하였다. 홉스(T. Hobbes)는 인간을 자연상태(state of nature)에서 이미 완성된 모습을 갖춘 존재, 즉 '독립된 개인'으로 상정하였으며, 로크(John Locke) 역시 자연상태에서의 인간을 '자유'롭고 '평등'한 상호 독립적인 '개인'으로 파악하였다.[23]

'개인'은 자유롭고 평등한 독립된 존재이며, 또 권리(rights)를 가진다. 하늘이 부여해준 인간의 권리(천부인권설), 이른바 자연권이 그것이다. 근대의 구성원리는 그런 '개인'에서 출발하며 그러한 '개인'들에 의해서 세계는 생성되는 것으로 여겨진다. 그러므로 '개인'을 통해서 질서, 사회, 국가, 세계가 설명되어야 한다.

서로 자유롭고 평등하며 권리를 가진 개인들 간의 계약을 통해서 '사회(society)'가 등장하게 되었고 그에 따라 근대 사회의 구성원리로서 '사회계약설(social contract theory)'이 탄생하게 되었다. 그것은 근대 정치의 기원설화(起源說話)로서, 아리스토텔레스를 부정하면서 데카르트가 설정한 절대개인의 정치행위와 당위를 설명하는 이론이라 할 수 있다. 사회는 처음부터 이미 그렇게 있거나 주어진 것이 아니라 개인들에 의해서 만들어진 것이다(그런 의미에서 개인과 사회는 서로 짝을 이룬다).

말하자면 자연상태(state of nature)에서 사회로 이행하는 것이다. 홉스는 인간은 자연상태를 극복하기 위해 '(사회)계약'을 맺어 사회를 만들어냈다고 보았다. 이때 사회는 개인이 자연상태에서 소유하고 있던 생존권의 일부를 군주에게 넘김으로써 성립된다. 거기서 '주권'이 탄생했고 동시에 개인에게는 '의무'가 부과되었다. 사회계약설의 원리와 논리

---

23 고대 폴리스에서의 자유가 공동체 내에서의 구성원 전체의 그것이었던 것과 확연하게 구분된다.

는 로크와 루소(J. J. Rousseau)를 거치면서 한층 더 세련되었다. 로크는 '정부의 해체'에 대해 말하면서 개인의 '저항권'도 설정하였다. 홉스의 주권론 위에 근대 민주정치의 두 기둥이라 할 수 있는 '의회제 민주주의론'과 '인민주권론'이 덧씌워지게 되었다.

(2) 보통선거권[24]

"자유민주주의(liberal democracy)는 그 지향하는 내용과 역사적 뿌리에서 서로 구분되는 '자유주의(liberalism)'와 '민주주의(democracy)'라는 두 개의 정치이념이 자본주의 사회의 특정 발전단계에서 결합함으로써 성립된 정치이념"이라 할 수 있다(김세균, 1992: 321). 그런데 "서구 근대 사회가 체험한 가장 심각한 정치적 대립은 자유주의와 민주주의(혹은 자유의 파토스와 평등의 파토스) 사이의 그것이다."(足立幸男編著, 1991: 2)

'자유주의'라는 용어는 늦게 등장하였지만(19세기), 그것이 의미하는 실질적인 내용은 17~18세기 부르주아 혁명(bourgeois revolution)의 이념 속에 이미 포함되어 있었다. 정치사적으로 볼 때, 영국의 명예혁명과 그에 뒤이은 입헌주의의 도입, 미국의 독립선언, 프랑스의 인권선언과 혁명은 근대 정치원리의 기본 이념인 '인간의 자유'에 분명한 토대를 제공해 주었다.

자유주의를 사전적으로 정의한다면 "개인의 자유와 권리가 사회에서 가장 중요한 가치로 간주되므로 사회와 국가는 개인의 자유를 가능한 한 최대로 보장해 주어야 한다고 주장하는 정치이념" 정도가 될 것이다. 자유를 추구하여 압제에 항거하고 권력에 저항하는 인류의 역사

---

24 이 부분은 김석근 외(1999a)를 많이 참조하였다.

는 훨씬 이전까지 거슬러 올라가며, 정치적 자유라는 관념은 고대 그리스의 전통에서 찾을 수 있다. 그러나 자유주의의 근대적 의미는 개인의 자유를 보편적 가치로 인식하고 그것을 토대로 하는 사회제도를 적극적으로 구상하고, 나아가서는 그것을 토대로 정치사상을 형상화하였다는 점에 있다.

현실적으로 자유주의는 서구 유럽에서 근대혁명의 보편적 원리를 주창하는 부르주아가 토지 귀족 세력의 정치적 지배를 타파하고 자신의 계급적 이해를 관철하기 위해 성립된 측면도 없지 않았다. 그래서 자유주의는 그 출발점에서부터 고유한 양면성을 지니게 되었다. 즉 자신의 힘으로 경제적 부(富)를 축적한 신흥 부르주아 계급이 봉건제와 절대주의, 다시 말해 봉건적 속박에서 벗어나기 위해 자유와 평등한 인간을 주창하는 측면과 그들이 지닌 '재산과 교양'을 지표로 내세워 가난한 대중과 계급을 정치과정에서 배제하여 그들의 정치적 지배를 민주적 방식으로 관철하려는 측면을 아울러 지니고 있었다.

따라서 자유주의에 대한 도전은 아주 거센 형태로 나타날 수밖에 없었다. 시대의 속성상 자유주의가 그 본래의 모습을 유지하기는 어려웠다. 즉, 각 국가의 계급적 구성과 상황에 따라 그리고 다른 이념과의 경쟁이나 갈등에 따라 변모해 갈 수밖에 없었다. 그나마 영국과 프랑스에서는 자유주의가 개혁의 원리로 기능할 수 있었지만, 거기서조차도 일찍이 봉건적 속박으로부터의 해방을 경험한 바 있는 대중들이 민주주의를 요구하고 있었다.

19세기의 독일과 이탈리아에서는 자유주의가 정착하기는커녕 오히려 그것을 완전히 부정하는 파시즘(fascism) 운동이 횡행하게 되었다.[25] 그러나 그보다 더 큰 위협은 1917년 러시아혁명과 그것이 전 세계의 사회주의 운동에 미친 영향이었다. 자유주의로서는 사회주의와 대항하기 위해서, 좀 더 정확하게 말하자면 그 위험을 피하고자 민주주의와 연합하지 않을 수 없었다.

보기에 따라서는 자유주의가 부르주아적 한계성에서 벗어나 유연하게 대중사회에 적응해 간 것으로 해석할 수도 있다. 체제유지를 위한 고육지책이었지만, 현실적으로는 선거권의 확대와 보통선거권의 확립이라는 모습을 띠게 되었다. 하지만 '보통선거라는 괴물'로 불렸듯이, 당시에는 이미 격렬한 반대와 비판의 목소리가 높았으며, 지금도 여전히 문제가 되고 있다.

(3) 국민국가(Nation state)

이미 앞에서 확인한 바와 같이 그리스 사람들은 민주주의 정치체제를 지지하든 반대하든 간에 관계없이 훌륭한 정치체제는 영역이나 인구수가 적어야 한다는 것에서 의견이 일치하였다.

그로부터 약 2천여 년 후에 다시 등장한 근대 민주주의에서도 그런 생각은 그대로 유지되었다.[26] 루소는 대등하면서 서로 잘 아는 사람들로 구성된 조그맣고 결속력 있는 도시국가를 상정하고 있었다. "루소가 머리 속에 그리고 있던 민주주의는 시민들이 직접 주권을 행사하는

---

25 이에 대해서는 라인하르트 퀴넬 지음, 서사연 옮김, 1987 중에서 특히 제2장을 참조.
26 "극히 최근에 이르기까지 (정확히 말하자면 18세기 말기까지) 민주주의 정치체제나 공화체제에 적합한 국가의 크기는 작아야 한다는 견해에 반대를 나타낸 정치사상가들은 거의 찾아볼 수 없었다. 가령 민주주의는 도시국가라야 가능하다는, 즉 현대적인 표준에서 말하자면 소국가라야 성공할 수 있다는 관념이 지배적이었다." 로버트 달 외 지음 · 진덕규 옮김(1980: 15).

형태로서, 그는 현재 스위스 산악지역의 작은 주에서 하고 있듯이 매년 시민들이 넓은 초원에 모여 협의를 통해 정치적 결정을 내리는 방식을 제시했다."(기 에르메 지음, 임미경 옮김, 1998: 20) 몽테스키외 역시 그러했다. 그는 공화국으로서의 정치체제가 성공하는 데 필요한 요건들, 즉 미덕, 자제, 법에 대한 복종, 공동선에 대한 헌신감, 충성심, 평등성, 생활의 검약 등은 공화국의 영토가 소규모일 때 충족될 수 있다고 보았다. 《법의 정신(The Spirit of the Laws)》에서 그는 이렇게 말하고 있다.

"공화국은 영토가 작아야 하는 것이 기본적인 속성이다. 그렇지 않다면 그대로 유지되어 나갈 수 없을 것이다. 대규모의 공화국이라면 재산도 너무 거대해져서 적절한 검약성 같은 것도 생길 수가 없다. 또한, 이러한 공화국에서는 책임 같은 것도 너무나 거대해 어느 특정인물의 수중에 위탁할 수도 없게 된다. 이해관계도 한층 더 첨예해지기 마련이다. 이렇게 되면 사람들은 국가라는 것이 없어도 행복해질 수 있고 위대해질 수도 있으며 영광을 차지할 수 있으리라 생각하게 된다. 이렇게 생각하게 될 때 마침내 시민들은 그들의 국가를 패망의 언저리로 몰아가고 만다. 거대한 공화국체제에서는 공동의 선이라는 것도 온갖 것을 고려해야 하므로 결국은 희생되기가 쉽다. 그리하여 마침내 여러 가지 예외적인 사실에 완전히 종속되는 결과를 보여준다. 공동의 선은 그 성패가 이제 완전히 우연에 달려 있게 된다. 그 반대로 소규모의 공화국체제에서는 공동의 선이 좀 더 뚜렷하게 느껴질 수 있고 모든 시민에게 더 잘 알려질 수 있으며 남용될 경우도 줄어들므로 그러한 일이 훨씬 줄어들게 될 것이다."(Vol 1, Book 8)

이처럼 몽테스키외는 조그만 도시처럼 국가의 규모가 작아야 공화국의 정치체제가 잘 운영될 수 있다고 보았지만 무한정 소규모를 주장했던 것은 아니다. 현실에서 소규모 국가는 대규모 국가에 의해 종속될 수 있어서 적정한 규모를 상정하였던 것이다. 즉, 규모가 너무 작다면 외부의 침략세력에 의해 무너질 수밖에 없으며, 규모가 지나치게 커지면 국가 내부의 사악한 요소에 의해 망하고 말 것이라 주장하였다.

하지만 도시국가를 단위로 하는 공화국 정치체제에 대한 이러한 생각은 점차 사라져 갔다. 현실에서의 전개가 그런 생각을 바꾸게 하였던 것이다. 주지하는 바와 같이, 근대 사회에서는 독립된 정치체제의 단위가 촌락, 공동체, 도시국가 차원이 아니라 민족국가 또는 국민국가(nation state)를 토대로 하고 있다. 이에 따라 종래의 도시국가 차원에서 논의되던 여러 가지 덕목들, 예컨대 자부심, 충성심, 애국심 같은 것들은 바야흐로 국민국가에서 요구하는 것으로 변모해 가게 되었다.

미국을 건국한 자들은 몽테스키외의 사상, 특히 입법권, 사법권, 행정권의 삼권분립 이론을 충분히 받아들였지만, 소규모 국가이론에 대해서는 그렇게 하지 않았고 그 점에 관한 한 부정적으로 바라보았다. 그들은 현실세계에 거대한 공화국을 건설하려는 생각을 가지고 있었다.

실제로 이 문제는 1787년 미국 헌법제정회의에서 중요한 이슈로 등장하였다. 여전히 일부에서는 공화국 정치체제는 소규모의 한정된 영역이 필요하다고 주장하였지만, 그에 대한 반박이 이루어졌다. 특히 매디슨(Madison)은 《연방주의자논문집(The Federalist)》 10호에 게재되기도 한 논박문에서 그와 정반대되는 주장을 펼쳤다. 공화국 정치체제에는 대규모의 크기가 실제로 도움이 될 뿐만 아니라 필연적인 요건이기도 하다고 주장하였다. 현실에서 어떻게 그런 일이 가능할까. 이 의문을 푸는 열쇠는 다음 절에서 보게 될 간접민주주의로서의 '대의제도', 다시 말해 의회제도에 있다.

(4) 대의제도(간접민주주의)

아테네 민주주의의 특징의 하나는 직접민주주의의 원칙을 고수하는 것이었다. 이는 민주주의의 전통으로 이어져 내려오고 있지만, 대의제도 자체는 민주주의보다는 오히려 중세의 군주제 혹은 귀족제하에서 발달한 것이다.[27] 그러므로 기원으로 따지자면 그것은 비민주주의적인 것이라 할 수 있다.

> "자신들의 역사를 알고 있는 집회 (직접) 민주주의의 옹호자들은 민주주의 장치로서의 대의제도가 어두운 과거를 가지고 있다는 것을 인지하고 있다. … 그것은 민주주의적 관행으로서가 아니라 비민주주의 정부(주로 군주국)들이 특히 전

---

[27] "대의제도는 실제로 민주주의자들에 의해 발명된 것이 아니라 중세의 군주제 정부 그리고 귀족제 정부의 제도로서 발달되었다. … 특히 영국과 스웨덴에서 대의제도의 초기 모습이 현저히 발견된다. 군주에 의해 혹은 때때로 귀족 자신들에 의해 국가의 중요한 문제들, 즉 세수, 전쟁, 왕위 계승 등등의 문제들을 다루기 위해 소집된 회의들에서 대의제도의 시작을 찾을 수 있다. 그렇게 소집된 사람들은 다양한 계층으로부터 나왔으며 자신의 계층을 대표하도록 고안되었고 각 계층의 대표들은 각각 별도의 회합을 가지는 것이 전형적 형태였다." 로버트 달 지음 · 조기제 옮김, 1999: 70~71.

쟁 수행을 위해 원했던 비싼 재원이나 여타 자원에 손을 댈 수 있도록 한 하나의 장치로서 유래된 것이다. 기원상 대의제도는 비민주주의적이다. 그것은 후에 민주주의 이론에 실제로 이식된 비민주주의적 제도이다."(로버트 달 지음·장동진 외 옮김, 1999: 141)

따라서 "고대 그리스에서 17세기까지, 입법부가 전체 시민이 아니라 대표들로 적절히 구성될 가능성은 (오늘날의 민주주의사들은 이 사실을 이해하기 어렵겠지만) 민주주의나 공화주의 정부의 이론과 실제에 거의 들어 있지 않았다."(로버트 달 지음·조기제 옮김, 1999: 69~70).

"그렇지만 영국 내란 중에 당시의 정통적인 견해에 심각한 균열이 일어난다. 청교도들이 군주제 대신 공화제를 추구하는 과정에서 민주주의 (혹은 공화주의) 이론과 실제에 있어 가장 중요한 문제들의 상당수를 제기하였다. 선거권의 확대, 광범위한 선거인단에 대해 책임지는 정부의 요구를 이론화하는 과정에서, 특히 수평파들은 대의제도의 정당성을 (그 필요성도) 포함하여, 민주주의 사상의 미래의 발전을 미리 말하였다. 그럼에도 대의제도를 민주주의 이론과 실제에 완전히 부합하는 것으로 하는 데에는 다시 한 세기 이상이 걸렸다. 《제2통치론》에서 '그들 자신이나 그들이 선택한 대표들에 의해'(chap. XI, para. 140, p. 380) (특히 세금에 대한) 다수의 동의가 표출될 수 있다고 한 로크조차도 대의제도나 대의제도가 민주주의 혹은 공화주의 이론에서 차지하는 위치에 대해 거의 언급하지 않았다. 그리고 루소가 《사회계약론》에서 '대의제도는 허용될 수 없다'(bk. 3, chap. 15)고 주장한 것은 전통적 견해와 완전히 맥을 같이 하는 것이었다."(로버트 달 지음 · 조기제 옮김, 1999: 70)

'인민의 지배'라는 민주주의 사상이 대의제도라는 비민주적 실제와 결합함으로써 민주주의는 완전히 새로운 형태와 차원을 갖게 되었다. 그것은 앞에서 본 규모의 확대, 다시 말해 도시국가를 넘어선 국민국가 수준에서의 민주주의 요구를 근사하게 충족시켜 줄 수 있는 해결책으로 제시되었다.

대의제도와 민주주의의 결합은 실로 놀랍고 엄청난 발명품이었다. 트라시(Destutt de Tracy)는 (몽테스키외를 비판함으로써 토머스 제퍼슨에게 영향을 미쳤던) 직접민주정치체제는 오로지 원시사회에서만 실현 가능하며, 그 밖의 지역, 예컨대 그리스에서는 직접민주주의 정치가 아주 단명했으며, 엄격히 말해서 민주주의 정치라 할 수 없다고 하였다. 그는 "대의제도 혹은 대의정부는 몽테스키외 시대에는 알려지지 않았던 새로운 발명품으로 간주될 수 있다. 대의제 민주주의는 오랫동안 그리고 광범위한 영토에 걸쳐서 적용될 수 있다"라고 의기양양하게 말하였다.(로버트 달 외 지음 · 진덕규 옮김, 1980: 24)

대의 정치제도의 등장 자체는 고전적인 민주주의 이론과 몽테스키외의 주장을 완전히 퇴색시켜 버렸다. 몽테스키외나 루소 이후 몇 세대 지나지 않아서 대의제도는 고대적인 제약을 완전히 불식시킬 수 있었다. 인민의 정부는 더는 소규모의 국가에 한정될 필요가 없게 되었으며 바야흐로 무한히 크고 많은 인구를 포함할 수 있게 되었다.

존 스튜어트 밀(John Stuart Mill)은 "현대의 위대한 발견이라 할 수 있는 의회제도는 모든 어려운 문제에 대한 실제적이고 이론적인 해결책이라 할 수 있다"라고 하였다(1820년). 그는 《대의정치론(Considerations on Representative Government)》의 "이상적인 면에서 최선의 정치구조"라는 장(章)에서 "모든 사회의 위급한 상태를 완벽하게 만족시켜 줄 유일한 정치체제가 있다면 그것은 바로 전체 국민이 자발적으로 정책결정에 참여할 수 있는 정치체제일 뿐이다"라고 하면서 다음과 같은 말로 결론을 내렸다. "이 사회의 공동체라는 것이 조그만 촌락은 훨씬 능가할 정도로 규모가 크기 때문에 모든 사람들이 전부가 다 정책결정에 참여할 수가 없다. 그 대신에 국민의 전체 중에서 일부분이 이러한 공적 활동에 관여할 수밖에 없으므로 이상적인 정치체제의 완벽할 정도의 형태가 있다면 그것은 곧 의회주의 정치제도뿐이다."(앞의 책, 29)

1833년 매디슨 역시 편지에서 이렇게 쓰고 있다. "현대 정치제도에서 의회주의 원칙의 도입은 … 보다 더 광범한 영역에 걸쳐서 의회정치의 실체성을 보여주는 것이다. 이러한 원칙의 적용 영역이 확장되었다는 사실은 소규모 공동체 내에서의 국민주권의 정치에서부터 야기될 수 있는 사악함을 치유할 수 있음을 뜻하는 것이기도 하다."(앞의 책, 239~240)

트라시, 밀, 매디슨 등이 민주주의의 혁명적 전환이라 여겼던 것은 점점 더 당연히 그러해야 할 것처럼 되어버렸다. 얼마 후에는 민주주의가 대의제도여야 한다는 것은 명백하며 더는 논쟁의 여지가 없는 것으로 굳어졌다. 적절한 대안이 없다는 것도 나름대로 작용하였을 것이다.

하지만 앞에서 보았듯이, 아리스토텔레스와 그리스인들이 보기에는 선거를 통한 대의정치 체제는 민주주의가 아니라 일종의 과두제적 정부형태일 뿐이었다. 보기에 따라서는 자신들에게 방해가 되는 군주정을 반박하기 위해 인민의 이름을 빌어 내세우는 일종의 명분이었다는 식으로 대의정치체제를 소수의 사람들이 고안해 낸 고도의 계산된 트릭처럼 해석할 수도 있다. 어쨌든 그들이 진정으로 민주주의를 원하였던 것일까.

> "사실 이들은 민주주의를 두려워하고 있었다. 이들이 자기네 창안물을 좀 더 매력 있게 보이도록 하기 위해서 민주주의라는 이름을 사용했다고 하더라도, 그 창안물은 어쨌든 애초에는 인민의 열망을 막아내고 그 영향을 지연시키는 장치로서 발달한 것이다. '민주주의를 만들어낸 장인(匠人)들'은 민주주의를 확산시키려 하기보다는 제한하려고 애썼다. 그들은 부자들의 소유물을 시샘하고 파괴하려는 대다수 인민의 압력에 더욱 효과적으로 대처하기 위해 법의 권력을 강화했다. 그리고 같은 목적을 위해 대의(代議)의 원칙을 바람직한 정치의 황금률로 삼고 인민이 직접적으로 권력을 행사할 모든 길을 막았다."(기 에르메 지음 · 임미경 옮김, 1998: 21)

대의정치 체제라는 새로운 전통은 지금도 그대로 이어지고 있다. "근대 민주국가는 보통 그 인구와 영토에 있어서 아테네보다 훨씬 크기 때문에, 모든 시민이 정치적 의사 결정에 직접 참가하여 영향력을 행사한다는 것은 불가능하다. 따라서 오늘날 대의민주주의 국가에서 시민은 자신을 대신하여 결정을 내릴 사람을 일정한 정치적 절차에 따라 선출할 수 있는 권리를 가진다는 점에서 지배한다고 말할 수 있을 뿐이다. … 하지만 그 경우에도 대표자의 선출에 참가하는 시민의 수가 대단히 많기 때문에, 대표자를 선출할 시민의 권한마저 대단히 미미한 것이 사실이다. 따라서 현대 민주 국가에서 이처럼 시민의 적은 권한을 고려할 때, 대표자를 선출한다는 것이 실제로 '지배'에 해당되는 것인지 아니면 단순히 정당화를 위한 민주적 신화에 불과한 것인지에 대해서는 정당한 의문이 제기될 수 있다."(강정인, 1997: 67~68.)

4. '민본'과 '민주': 거리와 함의

"'… 인민의, 인민에 의한, 인민을 위한 정부는 지구상에서 영원히 사라지지 않을 것이다.' … 물론 여기서 민주주의의 가장 핵심적 요소는 '인민에 의한'이다. 어느 정부나 인민을 다스리고 인민에 기반하기 때문에 '인민의' 정부라는 표현은 모든 정부에 해당한다. 또 '인민을 위한' 정부는 선의의 전제군주나 독재자 또는 독재 집단들 역시 인민을 위해 통치할 수 있기 때문에 민주주의를 다른 정부와 구별하는 기준이 될 수 없다."(강정인, 1997: 70~71)

정치의 핵심은 먼저 "누가 어떻게 통치하느냐"는 것으로 압축될 수 있다. 그것은 곧 주권의 소재, 다시 말해 정치의 '주체'를 묻는 것이기도 하다. 그리고 그런 주체들은 사회 또는 국가를 어떻게 보는가, 다시 말해 체제를 어떻게 보는가, 더 나아가 체제는 어떻게 해서 변하는가 하는 정치체제 변동론과 만나게 된다. 그들은 서로 연결되어 있다.

아래에서는 앞에서 논의된 내용을 토대로 '민본'과 '민주'가 얼마나 멀리 떨어져 있으며 그것이 어떤 함의를 지니고 있는지를 논의하고자 한다.

1) 민, 데모스, 개인

'민(民)'은 다양한 의미를 담고 있지만, 피치자계급(층)에 속한다는 점만은 분명하다.[28] '민'은 '중서(衆庶)'의 의미가 강한 일종의 집합체로서 다소 추상적인 뉘앙스를 지니고 있는데 구체적인 관계에서는 '군, 왕, 군자, 인'과 대비되며 '평등'과는 거리가 멀었다. '민'은 '정치(爲政)'의 주체 즉 위정자(爲政者)가 아니라 어디까지나 정치의 '객체'에 머물러 있었던 것이다. 민초(民草)라는 이미지 역시 그와 멀리 떨어져 있지 않다. 적극적인 의미에서의 정치참여는 확실히 그들 너머에 있었다.

'민'은 언제나 통치의 대상으로 여겨졌다. 그것은 '다스림(治)'이라는 말로 요약된다. 군, 왕, 군자가 하는 일은 '민을 다스리는 것(治民, 治人)'이었다. 따라서 기본적으로 민은 '다스려지는 것(民治)'으로 이해되었다. 유교의 에센스라 할 수 있는 수기치인(修己治人)은 그들에게 해당하는 명제가 아니었다.

---

28 그들은 민중(民衆), 민인(民人), 민서(民庶)로 쓰이기도 했으며 인민(人民), 서민(庶民), 여민(黎民), 백성(百姓), 서인(庶人), 중인(衆人) 등도 거의 같은 의미를 지녔다.

치자(治者)들은 민의 지식이나 지적인 (도덕적인) 능력에 대해서는 극히 회의적이었다. 그들은 '먹고 사는 것을 중시(民以食爲天)'[29]하며 다른 것에 대해서는 그다지 관심이 없고 그저 시키는 대로 할 수 있는 정도에 지나지 않는다고 여겼다. "그들로 하여금 따르게 할 수는 있겠지만, 일일이 다 알게 할 수는 없을 것이다."[30]라는 식의 일종의 우민관(愚民觀)에 가까웠다.[31]

하지만 통치자들은 언제나 '민은 귀하다(民爲貴)'고 주장하였다. 실제로 민은 통치의 객체이자 지배관계를 성립시켜 주는 한 축으로서 중요하다. 하지만 유교에서는 민을 냉정한 이해관계의 차원이 아니라 당연히 그런 것(그러해야 할 것)으로 여겨왔다는 점에 주목해야 한다고 본다. 어떤 형태로건 그것은 적어도 관념적으로나마 치자(治者)들의 의식과 행동을 규율하는 일종의 규범으로 작용하였다. 이는 '민본주의'가 주목을 끌게 된 주된 이유의 하나로 꼽을 수 있을 것이다.

한편, 아테네 민주주의에서의 데모스는 일정한 역사적 과정을 거치기는 하였지만, 분명히 정치적 주체였다고 할 수 있다. 제한된 영역과 인구를 갖는 도시국가(city state)에 거주하는 '데모스', 그들은 크라티아(지배)의 주체였던 것이다. 데모크라시라는 말 자체도 거기서 비롯된 것이어서 그것은 '직접'민주주의의 성격도 지니고 있었다. 더구나 공직자

---

[29] "王者以民人爲天, 而民人以食爲天".《史記》"酈食其傳". 다음과 같은 맹자의 말 역시 같은 맥락에서 이해할 수 있다. "민이 살아가는 방법은 항산이 있는 사람은 항심이 있으며, 항산이 없는 사람은 항심이 없으니, 만일 항심이 없으면 방벽함과 사치함을 하지 않음이 없을 것입니다(民之爲道也, 有恒産者, 有恒心, 無恒産者, 無恒心, 苟無恒心, 放辟奢侈, 無不爲已)."《孟子》"藤文公上". 민은 항산이 없으면 항심이 없다! 항산이 없으면서도 항심을 지니는 사(士)와는 당연히 구별된다.

[30] "民可使由之, 不可使知之"《論語》"泰伯".

[31] 하지만 이는 노장사상의 우민정책이나 한비자로 대표되는 법가의 정치론과는 성격이 조금 다른 것이라 하겠다.

는 추첨(제비뽑기)을 통해 선출됨으로써 절대적인 평등, 다시 말해서 정치적 평등을 구현하고 있었다.

하지만 데모스에는 많은 사람이 배제되어 있었고 그들은 그 점을 심각하게 생각지 않았다. 정치에 참여할 수 있는 권리, 곧 참정권은 '시민' 계급, 그것도 일정한 나이에 이른 남자 '시민'에 한정되어 있었다. 여성, 외국인 장기 거주자, 노예는 분명히 제외되어 있었다. 노예는 시민의 권리는 물론이고 어떤 법적인 권리도 갖지 못하였다. 그들은 소유자의 재산에 지나지 않았다.

아테네의 정치는 주민 전체를 놓고 보면 데모스, 즉 전체 구성원의 일부만이 정치적 권리를 누렸으므로 소수 시민들의 지배 곧 '과두정치'였다고 해야 할 것이다. 그리고 보편적인 인권과 같은 관념은 존재하지 않았으므로 오늘날의 관점에서 말한다면 일종의 '제한적 민주주의'라고 할 수 있다.

반면, 근대는 '개인의 발견'과 더불어 시작되었다. 자유주의, 나아가 자유민주주의는 개인에서 출발하는데[32] 그런 개인은 서로 자유롭고 평등하며 권리를 갖는 상호 독립적인 존재이다. 게다가 그는 전체 혹은 공동체의 구성원으로서 존재하는 게 아니라 스스로 생각함으로써 존재한다. 그는 자신 이외의 모든 존재와 질서, 도덕체계와 당위로부터 자유로운 절대개인으로서의 위상을 갖는다. '개인'이 곧 정치적 주체가 된 것이다. 이는 실로 혁명적인 정치적 사유의 전환이라 하지 않을 수 없지만, 실제로 그러했는지는 또 다른 차원의 문제에 속한다. 이는 일종

---

[32] 자유민주주의는 자유주의를 근간으로 하면서 민주주의 요소를 가미한 것이라 할 수 있다. 김석근(외), 1999a 참조.

의 기원 설화라 할 수 있겠는데 일반적으로 그렇게 생각했다는 것과 지금도 그렇게 생각한다는 사실 자체가 중요하다고 본다.

현실에서 자유주의와 민주주의는 서로 다른 정치이념이었다. 자유주의는 개인의 자유를 보편적 가치로 인식하고 그것을 토대로 하는 이념이었다. 그래서 봉건적 속박에서 해방할 역사적 사명을 수행하였으며, 새로이 등장한 부르주아 사회를 떠받쳐주고 정당화해주는 논리라는 측면도 없지는 않았다. 부르주아 사회에서 '개인'이 일정한 교양과 재산을 가진 자로 상정된 건 바로 이 때문이었다.

이에 대해서 아래로부터의 민주적인 갈망과 사회주의의 위협은 현실적으로 '개인'의 범위를 확대하지 않을 수 없게 하였다. 그것은 선거권의 확대, 보통선거권의 확립이라는 형태로 나타났으며 최종적으로는 1인 1표(one man, one vote)라는 제도로 귀결되었는데 이것이야말로 자유민주주의의 근간을 이루는 것으로서 지금까지 이어지고 있다.

2) 주체, 계약, 사회

우리는 근대(세)와 고대 사상 사이에는 본질적인 구별이 있다는 점을 인지해야 할 것이다. 왜냐하면, 고대 그리스 사상은 보편에서 출발하고 세계를 완성된 것으로 생각하며 전체의 조화와 질서의 개념이 앞서 있지만, 근대 사상은 개체에서 출발하고 자유가 질서에 앞서며 세계는 생성된 것으로 파악하기 때문이다.

이 점은 그냥 지나치기 쉽지만, 매우 중요한 측면이다. 민과 민본을 바탕으로 하는 근대 이전의 유교 국가(정치적 공동체)는 물론이고, 고대 아테네 사회에서도 세계와 정치적 공동체를 이미 주어진 것으로 생각하고 있었다. 국가를, 폴리스를 누가 만들어냈는가 하는 물음은 아마 억지 생각이 많은 사람의 '어리석은 물음'으로 치부되었을 것이다.

고대 그리스 아테네에서 각 구성원은 절대적인 개인으로 존재한 것이 아니라 정치적 공동체와 불가분하게 결합해 있었다. 정치적 공동체의 활동은 곧 그 구성원 전체를 위한 것이었고, 구성원들은 거기서 벗어날 수 없었다. 인간은 정치적 공동체, 즉 폴리스를 떠나서는 살아갈 수 없는 동물이었다. 따라서 정치의 존재 양태 역시 공동체적이고 간주관적인 것으로 표출되었다. 정치적 동물(zoon politikon)이란 인간의 그런 속성을 가리키는 말이었다. 구성원들은 (근대적 의미의 개인으로서가 아니라) 이미 주어진 정치적 공동체의 한 부분 혹은 전체의 한 부분으로 존재하였던 것이다.[33]

이러한 측면에서 보면 '민'의 유교 사회와 데모스의 도시국가 사이에는 일맥상통하는 면이 없지 않다. 하지만 애초에 자유롭고 평등하며 권리를 가진 개인(개체)을 출발점에 둔 근대 사회는 이와 다를 수밖에 없었다. 개체가 모든 질서의 출발점에 있었기 때문에 '자유'에서 '질서' 관념을 도출해내야만 했던 것이다. 여기서 나온 것이 바로 사회계약설이다.

주체로서의 '개인'은 이미 독립된 개인으로 상정되어 있으며 자연상태(state of nature)에서 벗어나려고 서로 계약(contract)을 통해 '사회(society)'를 만들어낸다. 따라서 '사회'는 처음부터 존재했던 것이 아니라 어디까지나 '계약'에 의해서 만들어진 것이다. 사회계약설은 사상가에 따라 미묘한 차이가 없지 않지만, 근대 사회와 정치의 기원 설화라

---

[33] 필자는 소크라테스가 외국으로 도망가거나 망명하지 않고 기꺼이 독배를 마신 것 역시 이런 측면에서 이해할 수 있지 않을까 한다.

는 점에서는 크게 다르지 않다.

홉스는 인간은 자연상태를 극복하기 위해 '계약'을 맺어 사회를 만들어낸다고 하였다. 사회는 각 개인이 지니고 있는 생존권의 일부를 군주에게 양도함으로써 성립된다는 말이다. 여기서 '주권(sovereignty)'이 탄생하는 동시에 개인의 '의무(obligation)'가 도출되어 개인과 사회는 서로 짝을 이루게 된다. 그만큼 개인과 사회는 근대적인 관념이라 할 수 있는데, 동아시아 사회가 서구 사상을 접하게 되었을 때 유교적 교양을 지닌 지식인들이 individual과 society를 이해하고 번역하는 데 무척이나 고심했다는 사실은 이 점을 방증해 준다고 하겠다(柳父章, 1982; 김석근, 1999).

그런데 여기서 유념해야 할 점은 '사회'라는 관념이 현실에서 구체적으로 어떻게 표현되었는가 하는 것이다. 정치체제의 단위에 관한 한, 근대 사회는 촌락, 공동체, 도시국가가 아닌 민족국가나 국민국가(nation state)를 단위로 하고 있다. 따라서 종래 도시국가나 공동체 차원에서 논의되었던 여러 덕목은 국민국가의 그것으로 변모하지 않으면 안 되었다.[34]

이와 관련해서 제기된 심각한 문제는 국민국가라는 규모 자체가 아테네적인 직접민주주의를 불가능하게 하였다는 점이다. 왜냐하면, 플라톤 이래로 민주주의에 어울리는 정치공동체는 영역과 인구수가 소규모여야 한다고 생각했기 때문이다. 루소도, 몽테스키외도 그러하였다. 그리고 이에 대한 해결책으로 등장한 것이 바로 대의제도, 즉 의회제도

---

[34] "2천 년 후, 일차적 충성과 정치적 질서의 초점이 훨씬 큰 규모의 민족국가에 옮겨진 후, 소규모 체계 민주주의의 한계는 수정 불가능한 결함으로 인식되었다. 민주주의 이론과 실제는 폴리스의 좁은 경계를 부수어야만 하였다." 로버트 달 지음·조기제 옮김, 1999: 61.

를 통한 간접민주주의 방식이었다. 그것은 미국의 건국 과정에서 현안으로도 떠올랐다. 트라시는 몽테스키외가 대의제도 혹은 대의정부를 몰랐다고 비난하면서 대의제 민주주의가 거대한 국가와 영토에 적용될 수 있다고 주장하였다. 그의 뒤를 이어 존 스튜어트 밀은 의회주의 제도가 이상적인 정치체제의 완벽한 형태가 될 수 있다고 결론을 내렸다.

간접민주주의하에서 구성원(개인)은 자신의 대표를 선출하게 되었는데 선출 방식은 오늘날 일반화된 투표인 선거였다. 그것은 추첨과는 확연히 다른 것이었다. 그러나 아리스토텔레스와 그리스인들이 보기에 선거를 통한 대의정치체제는 민주주의라기보다는 과두제적 정부형태였을 뿐이었다.[35] 게다가 대의제도 자체는 중세의 군주제나 귀족제하에서 발달한 것이었다. 그랬던 것이 민주주의 이론에 이식되었던 것이다. 트라시는 대의제도를 가리켜 '새로운 발명품'이라 하였지만, 필자가 보기에는 일종의 '중세의 유산'이거나 그것을 적절하게 응용한 것으로 볼 수 있지 않을까 한다. 근대는 중세를 지양하는 형태로 전개되었지만, 그 모든 면에서 완벽하게 단절된 것은 아니었을 것이다. 따라서 약간의 연속성을 상정해 볼 수 있지 않을까 한다.

3) 저항, 혁명, 권리

정치공동체의 구성원은 그 체제에 저항하고 혁명할 수 있을까. 이는 이른바 저항권과 혁명권의 문제라 하겠는데, 근대 사회에서는 개인이 서로 계약을 맺어 사회와 정부를 만들어냈다고 한다면 논리적으로 계약을 파기할 수도 있고 또 그래야만 하는 것으로 되어 있다. 이러한 태

---

[35] 선거 자체는 과두제적인 측면을 지니고 있다고 할 수 있다. 기 에르메 지음 · 임미경 옮김(1998: 40~41)참조.

도는 무엇보다 존 로크의 《통치론》(혹은 《시민정부론》) 제19장 "정부의 해체에 관하여"에 분명하게 표현되어 있다.

> "외부로부터의 이러한 전복 이외에도 정부는 다음과 같은 이유로 그 내부로부터 해체된다. 첫째, 입법부가 변경될 때이다. … 입법부가 파괴되거나 해체될 때에는 사회의 해체와 죽음이 뒤따른다. … 입법부의 설립이야말로 사회의 가장 최초의 기본적인 행위이며, 그 설립을 통해서 사람들의 일체감을 지속시키기 위한 조치들이 인민의 동의와 임명에 의해서 권한이 부여된 사람들의 지도와 그 사람들이 제정한 법의 구속하에서 마련된다. 만약 인민의 동의와 임명이 없다면, 인민 중의 어느 한 사람이건 여러 사람이건 어느 누구도 나머지 사람들을 구속하는 법률을 제정할 권한(authority)이 없다. 한 사람이든 여러 사람이든 인민이 임명하지 않았음에도 불구하고 법률을 제정한다면, 그들은 권한 없이 법률을 제정하는 셈이며, 따라서 인민은 복종할 의무가 없다. 이로 인해 인민은 다시 복종에서 벗어나 스스로 그들이 최선이라고 생각하는 바에 따라 새로운 입법부를 구성할 수 있다. 인민은 권한 없이 그들에게 무엇이든 강요하는 자들에게 저항할 충분한 자유가 있기 때문이다. 사회의 위임으로 공공의지를 선언할 권한을 가진 자들이 거기서 축출되고 아무런 권한이나 위임 없이 다른 사람들이 그 자리를 찬탈한다면, 모든 사람은 자신의 의지에 따라 행동해도 무방하

게 된다. … 그러한 정부가 해체되는 방식에는 또 하나가 있는데, 그것은 최고의 집행권을 가진 자가 자신의 임무를 게을리하고 방기함으로써 이미 제정된 법률이 더 이상 집행될 수 없을 때이다. 이것은 분명히 만사를 무정부 상태로 귀착시키는 것이며 결과적으로 정부를 해체하는 것이다. … 일단 정부가 해체되면, 인민은 자신들의 안전과 복지를 위해서 가장 최선이라고 판단하는 바에 따라 입법부의 인원이나 형태 중 어느 것 또는 그 양자를 동시에 변경시킴으로써 이전의 것과 다른 새로운 입법부를 창립하여 자유롭게 자신들을 위해서 대비할 수 있다."(존 로크 지음·강정인 외 옮김, 1996: 202~206)

이는 '민'과 '민본'을 근본으로 하는 유교 사회는 물론이고 고대 아테네 민주주의론과도 확연히 구분되는 측면이므로, 조금 길게 인용해 보았다. "입법부와 군주, 둘 중 어느 한편이 그들의 신탁에 반해서 행동하는 것"(위의 책, 208), 그것은 곧 '정부의 해체'에 다름 아닌 것이다. "인간은 폭정으로부터 벗어날 권리뿐만 아니라 그것을 예방할 권리도 가지고 있다"(위의 책, 207) 그리고 새로운 정부를 구성할 수 있다. 그것을 일종의 '권리' 차원에서 긍정되고 있는 것이다.

로크는 '정부의 해체'에 대해 자세히 논하는 가운데 예상 가능한 비난과 질문에 하나하나 답한 후, 마침내 다음과 같은 결론에 이르게 된다. 필자가 보기에 그것은 근대 자유민주주의의 정신과 원리를 가장 명쾌하게 천명한 것으로 여겨진다.

"각 개인이 사회에 들어갈 때 그 사회에 양도한 권력은 사회가 존속되는 한 결코 개인들에게 되돌아가지 않으며, 항상 공동체에 남아 있다. 왜냐하면 그러한 권리가 없이는 어떠한 공동체도, 어떠한 국가도 존재할 수 없으며, 그러한 상태는 원래의 합의에 반하는 것이기 때문이다. 또한 사회가 입법권을 그들의 후계자를 정하는 지침 및 권위와 더불어 일단의 사람들로 구성된 집회에 부여하고, 그 집회가 그들과 그들의 후계자들을 통해서 지속되면, 통치가 지속되는 한 입법권이 결코 인민에게 되돌아가지 않는다. 왜냐하면 입법부에 영구히 지속될 권력을 부여함으로써 그들은 그들의 정치권력을 입법부에 양도한 셈이고 다시 회수할 수 없기 때문이다. 그러나 만약 그들이 입법부의 지속에 일정한 한계를 부과하고 이 최고의 권력을 특정한 인물 또는 집회에 오직 일시적으로만 부여하였다든가 또는 권한을 가진 자들이 실정(失政)에 의해서 그러한 권력을 몰수당한 경우에는 통치권의 몰수나 기간의 종료와 더불어 그 권력은 사회로 되돌아간다. 그렇게 되면 인민은 최고의 권력자로서 행동할 수 있는 권리를 가지게 되며, 스스로 입법권을 계속 가지고 있을 것인가, 아니면 새로운 정부 형태를 수립할 것인가, 아니면 예전의 형태를 유지하면 입법권을 새로운 사람들에게 맡길 것인가를 그들이 좋다고 생각하는 바에 따라 결정한 권리를 가진다."(위의 책, 229)

이와 관련해 우리는 유교의 '천(天)'과 '천명(天命)'론 특히 맹자의 역성혁명론을 떠올려 볼 수 있다. 미리 말하건대, 그것은 로크의 저항권, 혁명권처럼 직설적인 것이 아니라 ('천'이나 '천명'과 같은 추상적 관념의 매개를 과감하게 벗어 던져버렸다는 점에서 서구 근대사회의 근대다움이 있다!) '천'과 '천명'이라는 매개 관념이 필요하다. 이 점을 조금 부연 설명하는 것으로 논의를 마무리하고자 한다.[36]

중국의 역사와 사상사를 통해 볼 때 은(殷)에서 주(周)로의 왕조 교체는 가히 혁명적인 것이었다. 그것은 모든 측면에 변화를 가져다 주었으며, 관념의 영역 역시 예외는 아니었다. 특히 유교 정치변동론[易姓革命論]에서 두드러지는 위상을 차지하고 있다. 이른바 탕(湯, 殷)에 의한 걸(桀, 夏)의 축출과 더불어 '방벌(放伐)', 탕무혁명(湯武革命)의 대표적인 사례로 꼽힌다.[37] 한마디로 무력에 의한 정벌인 셈이다. 하지만 혁명을 시도했던 사람들은 자신들의 행위는 자의적인 것이 아니라 하늘의 명(天命)에 의한 것이라 주장하였다. 이는 자신들의 행위를 정당화하기 위해서 지극히 추상적인 '천'과 '천명'을 동원한 것으로 볼 수도 있다.

하지만 '천'과 '천명'의 강조와 더불어 '민'의 존재 역시 일정한 정치적 의미를 지니게 되었다. '민'을 통해서 '천'과 '천명'을 알 수 있다고 하였기 때문이다. 너무 추상적인 '천'과는 달리 '민'은 금방 피부에 와 닿는다. 이를 계속 밀고 나가면 마침내 '천민일체관(天民一體觀)', 즉 '천은 민을 구체적인 내용으로 한다'는 데까지 이르게 되는데 여기에는 민이 원하는 것이 곧 천, 천명이라는 명제가 깔려 있다.

---

[36] 이에 대해서는 김석근의 미발표 논문에서 자세하게 검토·논의하고 있다.
[37] 이는 요→순→우로 이어지는 평화적인 정권이양, 즉 '선양(禪讓)'과는 전혀 다른 성격을 띤다.

《상서(尙書)》에서 싹이 튼 '민'과 '천(천명)'의 상관성, 그리고 그것을 바탕으로 한 역성혁명론은 전국시대를 산 맹자(기원전 372~289)에 의해 좀 더 분명한 형태로 주장되기에 이른다. 그는 희대의 폭군 걸(桀)과 주(紂), 그리고 그들이 천하를 잃은 사실에 대해서 이렇게 논평하였다.

> "걸과 주가 천하를 잃은 것은 민을 잃었기 때문이니, 민을 잃었다는 것은 그 마음을 잃은 것이다. 천하를 얻음에 길이 있으니, 민을 얻으면 천하를 얻을 것이다. 민을 얻는 데 길이 있으니, 마음을 얻으면 민을 얻을 것이다. 마음을 얻는 데 길이 있으니, 원하는 바를 주어서 모이게 하고, 싫어하는 바를 베풀지 말아야 한다. 민이 인자(仁者)에게 돌아감은 마치 물이 아래로 흘러가며 짐승이 들로 달려가는 것과도 같다."[38]

민의 마음, 즉 민을 얻는다는 것은 곧 천하를 얻는 것이고 민을 잃는 것은 곧 천하를 잃는 것이므로 아무리 역성혁명론을 높이 평가하더라도 '민본' 및 '민본주의' 사상은 근대 서구의 자유민주주의 이념과 분명히 구분된다고 하지 않을 수 없다. 그리고 그것은 이미 확인되었다고 해야 할 것이다. 앞에서 보았듯이 '민'은 정치적 주체가 아니었다. 어디까지나 집합적 개념으로 정치의 객체에 머물러 있었다. 다음과 같은 발언은 이 점을 선명하게 지적하고 있다.

---

[38] "桀紂之失天下也, 失其民也, 失其民者, 失其心也. 得天下有道, 得其民, 斯得天下矣. 得其民有道, 得其心, 斯得民矣. 得其心有道, 所欲與之聚之, 所惡勿施爾也. 民之歸仁也, 猶水之就下, 獸之走壙也"《孟子》"離婁上".

"맹자의 '민본주의'는, '민주주의(데모크라시)'를 의미하는 것은 아니었다. 이는 '혁명'의 주체가 인민(人民) 일반이 아니라 통상적으로 옛 왕조(舊王朝)의 유력자였고 선거(選擧)나 의회(議會) 혹은 시민집회(市民集會) 등 민의(民意)를 반영하는 각종 제도가 결여되어 있다는 점에서 알 수 있다. 확실히 '안민(安民)'이나 '인민(人民)'을 위해서 주창되었다. 그러나 어떤 것이 인민을 위한 것인지는 군주가 결정했으며, 인민(人民)의 자치(自治)라는 관념은 전혀 없었다. 천명(天命)을 부여받은 군주가 동시에 민의 '사(師)'이며 '부모(父母)'로 여겨지고, 도덕적인 교화의 주체로 간주되었던 것은 그 점과 관련되어 있다. 그러므로 이른바 가부장적인 온정주의가 민본주의와 짝을 이루고 있었다는 점이 중요하다."(平石直昭, 1996: 35)

5. 결론: '민본주의'의 재조명

오늘날 민주주의는 여전히 인류의 보편적인 종교로서의 위상을 누리고 지향해야 할 목표로 건재하고 있지만, 한편으로는 민주주의 자체에 대한 회의와 비판 역시 만만치 않다. 민주주의의 허와 실을 짚어볼 시점에 이른 것이다. 따라서 민주주의가 내세우는 구호에 그치는 것이 아니라 실속 있는 것이 되려면 민주주의를 위한 조건과 상황에 대한 검토가 필요하다.

오늘날 민주주의의 기원으로 여겨지는 아테네의 민주주의 체험은 고대 그리스에서도 예외적인 현상이었으며 고대 세계 전체를 통해서도 독특한 것이었다. 그러나 언제나 이상적인 형태로 운영되었던 것도 아니었다. 독재를 방지하기 위해 고안된 오스트라시즘이 거꾸로 정략적으로 악용되기도 하였고, 데마고그들의 무분별한 선동이 횡행하기도 하였다. 선동적인 연설과 흥분된 군중들의 열기가 이성을 마비시키기도 하였다. 하지만 실상이 그렇다고 해서 민주주의 이념까지 평가절하될 수는 없는 일이다.

그로부터 2천여 년 후에 다시 등장한 근대의 민주주의는 고전적인 민주주의 정신을 표방했지만, 옛 모습으로 돌아갈 수는 없었고 돌아가서도 안 되었다. 무엇보다 정치적 공동체의 장(場)이 국민국가로 확대되었고, '중세의 유산'이라 할 수 있는 대의제도를 통한 간접민주주의 방식이 도입되었다. 주체로서의 개인의 자각과 발견 또한 역사적인 의미를 지닌 것이었다. 노예제를 인정하였던 아테네에 비추어볼 때 근대의 민주주의는 정치참여의 폭을 확대하였다는 점에서 진보적이고 발전적임을 분명히 인정해야 할 것이다.

하지만 근대의 자유민주주의는 참정권의 확대, 다시 말해 보통선거권의 확립과 더불어 적지 않은 부작용을 수반하였다는 사실도 부인할 수 없다. 책임질 수 없는 사람에게 투표권을 주는 것은 어린아이에게 칼을 쥐여주는 것과 같다는 말은 일리가 있는 지적이었다. 대중사회의 도래와 더불어 그런 우려는 더욱 커져 '질(質)의 정치'에서 '수(數)의 정치'로 전락한 듯한 느낌마저 든다. 의회는 다수가 지배하는 통치기관으로 변질하여 그 속에서 '바보들의 대행진'이 이루어지고 중우(衆愚)정치가 이루어지고 있다고 한다면 이는 너무 심한 말일까. 민주주의는 오랜 질곡의 세월을 보냈던 민중에 대한 해방의 정치라는 측면도 있지만,

현실적으로 보면 민중은 기껏해야 대표자를 선출하는 투표에 참가하는 정도에 머물러 있을 뿐이다.

그러다 보니 천민 민주주의, 민주주의의 종말, 민주주의의 배신 등과 같은 민주주의의 한계와 위기에 대한 우려의 목소리를 자주 듣게 된다. 민주주의는 그 고귀한 이상과 정신을 상실하고, 지배의 정당화를 위한 일종의 신화가 되고 말았다는 지적도 나온다. '민주주의, 민주적 절차'라는 신화가 그것이다. 게다가 만연해 있는 정치적 무관심과 매스컴의 득세 등으로 초래된 대중 민주주의의 맹점은 민주주의에 대한 근원적인 재검토를 촉구하고 있어 현 단계의 민주주의는 어떤 형태로건 보완과 수정이 필요하다고 본다. 이와 관련해서 필자는 두 가치 측면에서 오늘날의 민주주의의 한계와 위기에 대한 보완과 수정에 대한 시사점을 얻을 수 있지 않을까 한다.

첫째, 고대 아테네의 민주주의 체험에 대한 진지한 성찰은 오늘날의 민주주의와 그 전망에 도움이 될 수 있다고 본다. 이는 민주주의를 가능하게 하는 조건과 상황에 대한 시사라 해도 좋겠다. 이와 관련해 필자는 개인을 넘어선 전체(공동체) 의식, '정치'의 적극적 의미, '정치' 영역의 독자성(특히 '오이코스'로부터), 소규모 지역 단위(폴리스)의 민주주의 (지방자치), 약간의 폐쇄성을 가진 시민권(citizenship) 등의 효용을 지적하고 싶다. 이는 지금까지의 정치사를 "공공성 찬탈의 역사"[사사키 다케시(佐佐木毅)]로 볼 것인가, 아니면 "공론 정치(the Forum polity)의 끊임없는 확장의 역사"(Samuel E. Finer, 김홍우)로 볼 것인가 하는 점과도 관련되어 있다(김홍우, 1999). 외형상으로는 분명히 공론의 정치가 확장되어 왔다고 해야 하겠지만, 이와 더불어 (혹은 그 결과) 공공성의 질적인 저하

(또는 타락) 현상도 수반하게 되었다고 볼 수도 있지 않을까 한다. '공공성'은 언제나 깨지기 쉬운(fragile) 것이다.

둘째, '민본'과 '민본주의' 전통에 대한 재조명과 적절한 수용이 필요하다. 오늘날 민주주의는 기본적으로 대의제도를 통한 간접민주주의라는 틀을 벗어날 수 없기 때문이다. 지방자치가 큰 흐름을 이루어가고 있지만, 그 규모로 볼 때 직접민주주의로 다시 돌아가기란 쉬운 일이 아니다. 어쩌면 불가능할는지도 모른다. 아리스토텔레스를 비롯한 그리스인들은 선거를 통한 대의정치를 일종의 과두제적 정부 형태로 보았다. 필자는 이 점이 중요하다고 생각하는데 냉정하게 보면 지금도 여전히 그렇지 않을까 한다.

일찍이 로베르토 미헬스(Robert Michels)는 사회민주주의 또는 사회민주주의적 기구들 역시 과두정치에 의해 지배되고 있다는 사실을 밝혀낸 바 있다. 밀로반 질라스(Milovan Djilas) 역시 사회주의 국가에서 '새로운 계급(the new class)'의 존재를 확인하지 않았던가.[39] 현실에서 '소수자의 지배(과두제)'가 '역사의 냉혹한 숙명'이어서 대표(혹은 엘리트)의 존재를 부인할 수 없다면, '민본'과 '민본주의'에 대해 한 번쯤 새롭게 인식할 필요가 있다고 본다. 민주적인 절차를 거치면 모든 것이 정당화되고 합리화된다고 믿고서 모든 것을 지배집단 마음대로 처단하기보다는 민

[39] "역설적인 일이지만 민주주의의 위풍당당한 치장을 가장 잘 벗겨낸 사람들은 가장 온건한 보수주의 사상가들이다. 토크빌(Tocqueville)이 분석한 바에 따르면, 프랑스의 경우 1789년의 대혁명은 통치자만 바뀌었을 뿐 여전히 모든 것을 관장하는 중앙집권적 국가가 사회보다 우위를 유지하였다. 그 후에도 파레토(Pareto), 오스트로고르스키(Ostrogorski), 슘페터(Schumpeter)가 민주정치의 엘리트주의적인 속성을 지적하였다. 민주주의란 정치 당사자들이 선거라는 장치의 힘을 빌려 켈젠이 말한 '지도자 인민'을 위해 마련된 경쟁 속에 끼어든 자들을 쫓아내는 대의정치체제에 불과하다고 역설하였던 것이다. 이것은 아주 순진한 사람이 아닌 이상 누구라도 아는 사실이다. 1913년, 로베르토 미헬스는 사회민주주의적 기구들 역시 과두정치에 의해 지배되고 있다는 사실을 밝혀냈는데, 이 과두정치가 보장하는 종신적 지위는 민주주의 원칙에 비추어 전혀 적절하지 못한 것이다. 이러한 점 역시 모두들 인정하는 사실이다." 기 에르메 지음 · 임미경 옮김(1998: 26~7).

주주의 정신과 일맥상통한다고도 볼 수 있는 '인민을 위하는(爲民)' 정치의 정신을 살려가는 것이 차라리 현실적이고 효율적이라 할 수 있지 않을까 한다.

끝으로, 혹 있을지도 모를 오해를 피하고자 '민본'과 '민본주의'의 재조명을 말하고 있다고 해서 과거의 역사를 미화하거나 '민주화'의 도도한 물줄기를 되돌리려 하는 것은 결코 아니라는 점을 덧붙여 둔다.

참고문헌

강정인. 1997. 《민주주의의 이해》. 서울: 문학과 지성사.
게오르그 쇠렌센 지음 · 김만흠 옮김. 1994. 《민주주의와 민주화: 민주화 물결의 과정과 전망》. 서울: 풀빛.
기 에르메 지음 · 임미경 옮김. 1998. 《민주주의로 가는 길》. 경기: 한울.
김석근. 1999. "19세기말 개인 개념의 수용에 대하여". 전파연구모임 발표 논문.
김석근(외). 1999a. 《한국의 자유민주주의》. 경기: 인간사랑.
김석근(외). 1999b. 《아시아적 가치》. 서울: 전통과 현대.
김석근. 미발표논문. "민 · 민본 · 민본주의 개념에 관한 시론".
김세균. 1992. "자유민주주의의 역사, 본질, 한계", 한국정치연구회 사상분과 편저. 《현대 민주주의론 1》. 파주: 창작과 비평사.
김홍우. 1999. "한국 정치의 탈사사화를 위한 제언". 《현상과 인식》 제 23권 1 · 2호.
데이비드 헬드 지음 · 이정식 옮김. 1993. 《민주주의의 모델》. 경기: 인간사랑.
라인하르트 퀴넬 지음 · 서사연 옮김. 1987. 《부르즈와 지배체제론: 자유주의와 파시즘》. 학문과 사상사.
로버트 달(외) 지음 · 진덕규 옮김. 1980. 《민주주의체제적정론》. 현대사상사.
로버트 달 지음 · 장동진 외 옮김. 1999. 《민주주의》. 경기: 동명사.
로버트 달 지음 · 조기제 옮김. 1999. 《민주주의와 그 비판자들》. 서울: 문학과 지성사.
양병우. 1976. 《아테네민주정치사》. 서울: 서울대출판부.
장 마리게노 지음 · 국제사회문화연구소 옮김. 1995. 《민주주의의 종말》 서울: 고려원.
죤 로크 지음 · 강정인 외 옮김. 1996. 《통치론: 시민정부의 참된 기원, 범위 및 그 목적에 관한 시론》. 서울: 까치.
크리스토퍼 래시 지음 · 이두석 외 옮김. 1999. 《엘리트의 반란과 민주주의의 배반》. 서울: 중앙 M&B.
한국정치연구회 사상분과 편저. 1992. 《현대민주주의론 1》. 파주: 창작과 비평사.
한국정치학회편. 1971(1986). 《민주주의론》. 경기: 법문사.

《廣辭苑》. 東京 岩波書店.
《大漢和辭典》. 第 6卷.
加地信行. 1990. 《儒敎とは何か》. 東京: 中公新書 989.

南原繁. 1973. 《政治理論史(南原繁著作集 4)》. 東京: 岩波書店.
福田歡一. 1970. 《近代の政治思想》. 東京: 岩波新書.
福田歡一. 1971. 《近代政治原理成立史序說》. 東京: 岩波書店.
柳父章. 1982. 《飜譯語成立事情》. 東京: 岩波新書.
足立幸男編著. 1991. 《現代政治理論》. ミネルウア書房.
徐復觀. 民國77. 《儒家政治思想與民主自由人權》. 臺灣學生書局.
平石直昭. 1996. 《天》. 東京: 三省堂.
丸山眞男(外). 1998. 《飜譯と日本の近代》. 東京: 岩波新書 580.

Giovanni Sartori. 1962. *Democratic Theory*. Michigan: Wayne State Univ. Press.
Anthony H. Birch. 1993. *The Concepts and Theories of Modern Democracy*. London: Routledge.
David Held. 1989. *Political Theory and the Modern State: Essays on State, Power and Democracy*. Cambridge: Polity Press.

자유주의 인권론(人權論)과
유교의 인륜론(人倫論)

이상익 부산교육대학교

1. 서론

정치사상적 맥락에서 유교와 자유주의는 각각 한국의 전통과 현대를 대표하는 이념이다. 전통 유교는 '인륜'을, 현대 자유주의는 '인권'을 중심 개념으로 삼는다. 오늘날 자유주의가 일방적으로 개인의 자유권을 옹호하면서 종종 반인륜적 행태를 방조하고 있다는 점,[1] 역으로 전통 유교는 사회의 질서라는 명목으로 개인의 자유와 평등을 과도하게 질

---

[1] 근래에 우리 법원은 외손자를 친양자로 입양하는 것을 허가했다(《조선일보》 2010년 8월 10일 자 보도 "외손자를 친양자로" 참조). 이 판결의 취지는 여러 당사자의 행복을 증진할 수 있다면 가족관계를 사실과 다르게 왜곡할 수도 있다는 것이다. 우리 법원은 또 '출산을 아내의 의무로 규정할 수 없다'는 취지의 판결을 내리기도 했다(《조선일보》 2010년 9월 25일 자 칼럼 "결혼과 출산의 관계" 참조). 이 사건의 당사자 아내는 자신의 행복을 위해 출산을 기피한 것이고, 담당 재판관은 이를 잘못이 아니라고 판결한 것이다. 한편, 오늘날 가족해체를 야기하는 좀 더 광범한 요인은 간통인데, 지금은 간통죄를 폐지해야 한다는 의견이 점점 더 거세지고 있다. 간통죄 폐지론자들에 따르면, 간통을 처벌하는 것은 '개인의 성적 자기결정권'을 침해하는 것이므로 위헌이라는 것이다. 근래 많은 논란을 일으키고 있는 '학생인권' 문제도 오늘날의 인권론과 전통적 인륜론이 갈등하는 사례로 볼 수 있다. 과거에는 '스승의 도리, 학생의 도리' 등 인륜적 본분을 중시했는데, 지금은 피차 본분은 소홀히 하고 권리를 내세우기 때문이다. 한편 '표현의 자유'는 각종 음란물이나 사이비 언론을 방조하는 수단이 된 지 오래다.

곡했다는 점을 주목한다면, 자유주의의 인권론과 유교의 인륜론은 매우 상치되는 것 같다. 그러나 양자의 근본 취지를 돌이켜 본다면 양자는 오히려 서로 보완하는 관계이자 서로 각자의 취지를 함축하는 관계라고도 볼 수 있다.

인권론과 인륜론의 상함성은 무엇보다도 인간의 존엄성을 옹호하고, 인간을 수단화하는 것을 반대하며, 복지를 통해 모두의 행복한 삶을 뒷받침하자는 점에서는 양자가 취지를 같이한다는 데 있다. 또, 전통 유교가 개인의 자유 자체를 완전히 부정한 것이 아니라 사회의 질서를 위해 일부의 자유를 제한했던 것이요, 현대 자유주의도 인륜적 삶 자체를 부정한 것이 아니라 개인의 자유를 과도하게 옹호하다 보니 인륜을 해치게 되는 것이라고 볼 수 있다. 이는 전통 유교에서도 '생명권, 재산권, 언론의 자유, 신앙의 자유, 신체의 자유' 등 오늘날 우리가 강조하는 기본적 권리의 대부분을 상당히 보장하고 있었다는 점에서,[2] 그리고 현대 자유주의에서도 여전히 '무해원칙'이나 '공정원칙'을 사회운영의 원리로 강조하고 있다는 점에서 충분히 알 수 있다. 이는 곧 전통 유교의 인륜론도 상당 부분 인권보장의 취지를 담고 있었고 현대 자유주의의 인권론도 인륜의 의의를 근본적으로 외면하는 것은 아니므로 여기에서 양자의 상함성을 충분히 확인할 수 있겠다.

이처럼 전통 유교와 현대 자유주의는 서로 많은 내용을 공유하고 있지만, 양자 사이에는 근본적인 입장의 차이가 있는 것 또한 사실이다. 따라서 이 글의 제2장과 제3장에서는 먼저 자유주의의 인권론과 전통

---

[2] 이에 대한 자세한 논의는 이상익(2012) 참조. 드 배리도 '자유민주적 가치와 인권을 지지하는 입헌적 질서'는 '유교적 사고방식과 전적으로 다른 것이 아니다'라고 해명한 바 있다(Wm. Theodore de Bary, 1998: 15). 한편 김비환은 조선시대 전통 유교사회를 입헌주의의 관점에서 조명한 바 있다(김비환, 2008).

유교의 인륜론을 대비적으로 살펴봄으로써 양자의 공통점과 차이점을 확인해 보고자 한다.

자유주의의 인권론을 '생명권·자유권·재산권'으로 대별한다면, 생명권과 재산권에서는 자유주의와 유교가 대체로 그 궤를 같이한다. 유교와 자유주의의 대립은 대개 '자유권'을 둘러싸고 야기되는 것이다. 자유주의가 추구하는 '자유로운 삶'은 유교가 추구한 '인륜적 삶'과 많은 부분 상충하므로 자유를 강조하면 할수록 인륜은 훼손되기 쉽다. 그러나 자유라는 이름으로 인륜을 외면할수록 자유주의의 궁극적 이상인 '자아실현'은 오히려 방향을 잃게 된다. 이러한 맥락에서 이 글의 제4장에서는 자유주의자들이 추구한 '자아실현' 문제를 논의하면서, 반드시 '인륜적 삶'을 전제로 해야만 참다운 자아실현이 가능하다는 점을 살펴보고자 한다.

본론에 들어가기 전에 분명히 해 두어야 할 것은 본성(本性)과 본능(本能)의 개념이다.[3] 본성이란 어떤 사물이 선천적으로 지니는 요소로서 유(類)에 따라 그 사물을 그 사물답게 만들어주는 성질을 말하고, 본능이란 어떤 생물이 선천적으로 지니는 요소로서 자신의 생명을 지속시키기 위한 성향(욕구)이나 능력을 말한다. 인간으로 말하자면, 선천적으로 타고난 것이라는 점에서는 본성과 본능이 같으나, 본성은 '사람의 사람다움'을 뒷받침하는 요소이며, 본능은 '인간의 생존'을 뒷받침하는 요소라는 점에서 서로 다르다. 자유주의의 인권론은 본능 중심적 인간관을 전제로 삼고, 유교의 인륜론은 본성 중심적 인간관을 전제로 삼는다.

---

3 많은 사람이 본성과 본능을 구분하지 않고(못하고) 혼용하기도 한다. 그러나 본성과 본능을 구별하지 않으면 '사람의 사람다움'을 해명할 수 없다는 문제가 발생하므로 인륜을 논하는 이 글에서는 이 둘을 엄격하게 구분한다.

2. 자유주의의 인권론(人權論)과 인륜(人倫) 문제

자유주의의 인권론(人權論)은 본능 중심적 인간관을 전제로, '생존의 욕구를 자유롭게 충족시킬 수 있는 권리'와 '개인의 독특한 개성을 자유롭게 발휘할 수 있는 권리'를 요구한다.[4] 먼저 자유주의자들의 인간관을 살펴보자.

아블라스터(Anthony Arblaster)는 자유주의의 인간관을 '주권적 욕망'과 '도구적 이성'이라는 말로 요약한 바 있다. 한마디로 인간은 '합리적 이기주의자'로서 '자신의 이익을 극대화하고자 한다'는 것이다. 여기서 '이기주의'란 '자신의 본능적 욕구를 추구한다'는 뜻이며, '합리적'이란 '이성을 통해 본능적 욕구를 가장 효율적으로 충족시키는 방법을 모색한다'는 뜻이다. 이기주의는 종종 다른 사람과의 갈등(투쟁)을 낳는데, 이성은 갈등을 회피하거나 줄이는 길을 알려준다. 홉스는 《리바이어던(Leviathan)》에서 이러한 인간관의 전형을 제시했다.

홉스가 상정한 인간성의 두 요소는 정념(passion)[5]과 이성이다. 홉스의 정념론은 다양한 내용을 포괄하고 있지만, 그것은 욕망과 혐오로 대

---

[4] '생존의 욕구'와 '자유로운 개성'의 관계에 대해 필자는 다음과 같이 생각한다. 자유주의에서 우선 중요한 것은 생존을 위한 욕구의 충족으로서, 궁극적으로 중요한 것은 자아실현을 위한 자유로운 개성의 추구이다. 요컨대 생존의 욕구가 충족되면 그다음에는 자유롭게 자신의 개성을 발휘하고자 하므로 '생존'은 본능의 최소치이고 '자아실현'은 본능의 최대치인 것이다. 오늘날 정치학자들은 흔히 '한 국가의 경제성장은 정치적 자유 욕구를 불러온다'고 설명하는데, 이를 개인적 차원에서 말하자면 '배가 부르면 자유를 갈망하게 되는 것'이고, 전통 유교의 지론으로 말하자면 '배가 부르면 인륜(人倫)을 돌아보자'는 것이다.

[5] 'passion'은 '정열(情熱)', '열정(熱情)', '정념(情念)', '정욕(情慾)' 등 조금씩 어감이 다른 다양한 말로 번역된다. 'passion'은 그리스어로는 'pathos'라 하는데, 아리스토텔레스는 'pathos'를 "욕망, 분노, 공포, 태연, 질투, 환희, 사랑, 증오, 동경, 경쟁심, 연민, 그리고 일반적으로 쾌락이나 고통을 수반하는 감정들"이라고 설명한 바 있다(《니코마코스 윤리학》, 1105b). 한편, 홉스는 《리바이어던》 제6장의 제목에서 'passion'을 '자발적 운동의 내적 단초'라고 설명한 바 있다. 아리스토텔레스의 설명에 따라 'passion'을 '쾌락이나 고통을 수반하는 감정들'이라고 정의한다면, 홉스는 '쾌락이나 고통을 수반하는 감정들'을 '자발적 운동의 내적 단초'로 규정한 것이다.

별된다. 욕망은 그 대상으로 접근하는 운동을 낳고, 혐오는 그 대상으로부터 도망가는 운동을 낳는다(Hobbes, 1985: 118~120). 정념이 추동하는 인간의 의지적 운동이란 이익이 되는 대상에게 달려가고 손해가 되는 대상으로부터 도망치는 운동인 것이다.[6] 홉스의 이성론 역시 둘로 요약된다. 이성은 한편으로는 미래의 불안(가난)을 고려해 욕망을 증대시키고(Hobbes, 1985: 160~161), 다른 한편으로는 자신을 방어하고 타인과 공존(평화)하고자 타인과 동등하게 자신의 권리를 포기(양도)하도록 하는 것이다(Hobbes, 1985: 190).

홉스의 정념론과 이성론을 종합하면 다음과 같다. 인간의 정념 가운데 핵심적인 것은 자기보존을 위한 이기적 욕망이다. 이기적 욕망은 자연상태를 전쟁상태로 몰아넣는다. 이성은 욕망을 무한히 증대시키기도 하고, 자신의 권리를 포기하게 하기도 한다. 이성이 자신의 욕망을 증대시키는 것은 더 큰 만족을 위한 것이지만, 이성이 자신의 권리를 포기하도록 하는 것도 더 큰 만족(평화에 의해 자신의 안전을 보장받는 것)을 위한 것이다.

인간의 본능적 욕망을 그 자체로 승인하는 것은 자유주의의 일반론이었다. 요컨대 근대의 자유주의자들은 인간의 욕망 자체에 주권적 성격을 부여하였다. 아블라스터는 이를 다음과 같이 설명한다.

> 인간의 욕망이라는 개념은 인간 본성에 대한 자유주의적 개념 안에서 커다란 힘을 지닌다. 홉스·흄·벤담에게서 욕망

[6] 이러한 맥락에서, 조긍호는 홉스의 정념을 '자기보전을 위한 이기적 욕구와 이를 달성하기 위한 자유의지를 포괄적으로 가리키는 것'으로 풀이한 바 있다(조긍호, 2012: 421).

> 은 일종의 주권적 독립성을 가진다. 이들은 욕망을 도덕의 영역 너머에 위치시킨다. 욕망은 본질적으로 인간성에 주어진 불변의 것으로, 도덕성은 그 자신을 욕망에 맞추어야 한다.(Arblaster, 1984: 28)

아블라스터는 자유주의자들은 욕망에 주권을 부여함으로써 욕망과 도덕성 사이의 전통적 주종 관계를 역전시킨다고 하였는데 이처럼 '욕망을 도덕의 영역 너머에 위치시킴으로써' 이기적 욕망을 그 자체로 긍정하는 것은 자유주의의 일반론이었다.[7] 그리고 이러한 맥락에서 흄은 "이성은 정념의 노예요, 오직 노예여야만 한다. 이성은 정념에게 시중들며 복종하는 것 외에는 다른 어떠한 직분도 절대로 가질 수 없다"고 선언했던 것이다(Hume, 1958: 415).

이제 자유주의자들의 인권론을 살펴보자. 자유주의의 입헌정신은 '자연권' 사상과 '사회계약' 이론에 근거하는데, 양자는 곧 자유주의 인권론의 토대이기도 하다.

먼저 자연권 사상을 살펴보자. 홉스는 자연권을 "모든 사람이 자신의 본성, 곧 자신의 생명을 보존하기 위해 자기 뜻대로 힘을 사용할 수 있는 자유, 즉 그 자신의 판단과 이성에 따라 가장 적절한 조치를 취할 수 있는 자유"라고 정의했고(Hobbes, 1985: 189), 로크는 "자연의 이성은

---

[7] 아블라스터는 "비판적 질문을 하고, 회의적 관점을 취하기를 좋아하는 자유주의가 욕망에 대해서는 놀랍도록 무비판적이고 의문 없는 태도를 취한다"고 꼬집은 바 있다. 자유주의는 암암리에 '인간의 욕망·원망(願望)·열망'이 단순히 존재한다는 것만으로 그것을 '인간의 본성'으로 간주한다는 것이다(Arblaster, 1984: 29). 한편 월린도 자유주의를 "인간이 본질적으로 합리적인 존재이며 그 행실은 실제로 이성에 의해 지배된다는 견해"로 간주하는 많은 학자의 통념은 '상당한 오류'를 범하는 것이라고 지적하고, "로크에서 시작해서 스미스, 흄, 공리주의자들을 거치면서 확장된 자유주의 논자들은 반복해서 인간이 강한 정념(情念)을 지닌 피조물임을 강조했다"고 해명한 바 있다(월린, 2009: 221).

인간이 일단 태어나면 자신의 보존에 대한 권리, 따라서 고기와 음료, 기타 자연이 그들의 생존을 위해서 제공하는 것에 대한 권리를 가진다고 가르친다"고 주장했다(Locke, 1993: 273). 여기서 분명히 알 수 있듯이, 자유주의자들이 주창한 자연권이란 '인간이 각자 자신의 본능적 욕구를 자유롭게 충족시킬 수 있는 권리'로서, 그것은 크게 '생존권(생명권)·자유권·소유권'으로 나뉜다.

그 첫째는 생명권 또는 생존권에 대한 이론이다. 자유주의는 개인주의를 바탕으로 삼고 있으므로 개인의 생명권 또는 생존권은 다른 어떤 권리보다도 중요한 것이다. 또한, 자유권이나 재산권은 수단적 권리 또는 수단과 목적을 겸하는 권리이지만, 생명권이나 생존권은 오로지 목적에 해당하는 권리이므로 자유주의자들은 생명권이나 생존권을 지상명제로 천명하고, 자유권과 재산권으로 생명권을 뒷받침한다.

둘째는 자유권에 대한 이론이다. 홉스는 '자유'를 '저항의 부재'라고 정의하고, '자유인'이란 '자기의 힘과 지력(知力)으로 할 수 있는 일들에 대하여 자기가 하고자 하는 것을 방해받지 않는 인간'이라고 규정한 다음, '모든 인간은 날 때부터 평등하게 자유로운 존재'라고 설파했다(Hobbes, 1985: 261~268). 이러한 설명은 자유주의의 한결같은 지론이다. 자유주의자들이 자유를 옹호하는 논거는 둘로 집약된다. 개인적 차원에서는 자유가 '자아실현의 가능조건'이라는 것이다. 인생의 목적은 행복이요, 행복은 자아실현과 그 궤를 같이하며, 자아실현의 관건은 자기가 좋아하는 것을 추구하는 자유라고 한다면, 우리는 자유의 정당성을 부인할 수 없게 된다. 사회적 차원에서는 자유가 '진보의 원동력'이라는 것이다. 밀은 자유를 삶에 대한 '다양한 실험'으로 이해하고, 그것을 '행복의 주요한 요소'의 하나이자 '개인과 사회발전의 핵심적 요소'라고 옹호했다(Mill, 1979: 53~54). 이는 상호 간의 자유로운 토론이나 경쟁 속에서 진리 또는 가장 좋은 것을 이룰 수 있다는 주장이다.

셋째는 소유권 또는 재산권에 대한 이론이다. 자유주의의 소유권 이론은 로크에 의해 체계화되었는데, 그것은 다음의 세 가지 명제로 집약된다. 즉 이 세계의 모든 사물은 본래 '만인의 공유물'이라는 것이요, 자신의 몸은 본래 '자신의 소유'라는 것이며, 공유물에 자신의 몸으로 노동을 가하면 그 산물은 '자신의 사유물'이 된다는 것이다(Locke, 1993: 274~275). 내 노동의 산물은 나의 소유물이라는 주장은 자유주의의 지론이었으며, 이는 '자조(自助)의 원칙'과도 맥락을 같이 한다. 모든 사람은 자신의 노동을 통해서 먹고 살아야 한다는 것이 바로 '자조의 원칙'이었다.

이제 자유주의자들의 사회계약 이론을 살펴보자. 사회계약론은 '자연상태' 이론에서 도출된다. 자연상태는 각자의 자연권만 존재하는 상태로서, 곧 공통의 권력이 없는 상태를 말한다. 인간은 모두 이기적인 존재이므로 공통의 권력이 없는 상황에서는 결국 전쟁상태에 들어가게 된다. 이러한 상황에서 개인들은 결국 각자의 자연적 권리의 일부를 양도하여 공통의 권력을 창출함으로써 나머지 권리를 안전하게 보장받자는 데 합의하게 된다는 것이다.

사회계약론에 따르면, 국가는 개인들 사이의 계약으로 이루어지는데 여기에서 국가의 본래 주인은 '개인(국민)'이라는 '주권재민(主權在民)' 사상이 성립한다. 또 국가의 본래 주인은 개인이므로 개인은 국정에 참여할 수 있는 권리를 지니며 국가를 대상으로 여러 사안을 청구할 수 있다. 또한, 만약 국가가 본래 주인인 국민의 권리를 무시한다면, 국민은 당연히 국가에 저항할 수 있는 것이다. 이러한 맥락에서 자유주의자들은 참정권·청구권(청원권)·저항권 등의 정치적 권리를 개인의 기본적 인권으로 정당화하였다.

이상에서 자유주의의 인권론을 개관했으므로 지금부터는 자유주의에서의 인륜 문제를 살펴보기로 하자. 자유주의에서는 인간관계에서 특히 오륜(五倫)을 중시하는 유교와 달리, 모든 인간관계를 서로 평등하고 독립적인 개인과 개인의 관계로 규정하고, 그에 필요한 일반적 원칙만을 제시할 뿐이다.[8] 첫째는 공정원칙으로, 누구든 다른 사람보다 더 많은 권리를 누리려고 해서는 안 된다는 것이다. 둘째는 무해원칙으로, 나의 자유로운 행위가 남에게 해를 끼쳐서는 안 된다는 것이다. 자유주의자들은 이 두 원칙에 어긋나지 않는 한 모든 행위가 자유롭게 허용(관용)되어야 한다고 주장한다. 이는 실천적으로 다음의 세 가지를 뜻한다.

첫째, 쾌락주의와 이기주의이다. 본능적 욕망을 중심으로 인간을 이해하고, 인간은 합리적 이기주의자라고 규정하면서 자유를 주창하는 것은 결국 '모든 사람이 각자 자유롭게 자신의 쾌락을 추구하도록 허용해야 한다'는 뜻이다.

둘째, 중립주의이다. 사회나 국가는 구성원들의 다양한 행위들이 각각 공정원칙과 무해원칙에 어긋나지 않는 한 그것들에 간섭하지 말고 중립을 지켜야 한다는 것이다. 중립주의는 결국 '가치의 위계'나 '가치의 객관성'을 부정하는 것이다.

---

[8] 자유주의에서는 개인을 기본적으로 '추상적 존재, 원자적 존재'로 인식하므로 '자식의 부모에 대한 도리, 남편의 아내에 대한 도리, 형의 아우에 대한 도리, 군주의 신하에 대한 도리' 등을 별도로 문제 삼지 않고, 모든 인간관계를 '남과 남의 관계'로 일반화한다.

셋째, 정의(正義) 중심주의이다. 자유주의자들은 사회를 각각의 구성원들이 이기적으로 경쟁하는 공간으로 보는데 무해원칙과 공정원칙은 바로 그 경쟁을 규율하는 원칙이기도 하다. 따라서 자유주의자들은 무해원칙과 공정원칙이 지켜지는 사회를 '정의로운 사회'로 규정한다. 윤리적 덕목은 크게 '사랑'과 '정의'로 나눌 수 있는데, 무해원칙과 공정원칙은 '사랑'보다 '정의'를 중시하는 것이다(박순성, 2003: 300~305).

쾌락주의와 이기주의, 중립주의, 정의 중심주의는 자유주의 윤리의 핵심적 요소들이다. 자유주의자들은 이러한 요소들만으로 만인의 행복을 보장하고자 했으나 현실은 그렇지 못했다. 예컨대 사랑을 외면한 정의 중심주의는 '부익부 빈익빈' 문제를 초래하고, 가치의 객관성을 부정하는 중립주의는 '멋대로의 자유(exousia)'나 '나르시시즘(narcissism)'을 조장하여 개인의 참다운 자아실현을 어렵게 하며, 쾌락주의와 이기주의는 '추잡한 삶'이나 '쾌락주의의 역리' 문제를 야기한다는 점은 흔히 지적되는 내용이다. 보다 근본적으로 모든 인간관계를 추상적이고 원자적인 개인과 개인의 관계로 규정함으로써 고독과 불안 등 소외의 문제를 야기한다는 점, '부자, 부부, 형제' 등 일차적 인간관계를 단순히 개인과 개인의 관계처럼 일반화함으로써 가족의 해체를 조장하게 된다는 점도 자주 지적되는 바이다.

3. 유교의 인륜론과 인권 문제

유교의 인륜론은 본성 중심적 인간관을 전제로 하여 인간다움의 근거를 인륜성에서 찾고 이를 통해 인간의 존엄성과 사회생활이 가능한 근거를 찾으려는 것이다. 먼저 유교의 인간관을 살펴보자.

유교의 인간관은 맹자의 성선설(性善說)로 대변된다. 맹자 당시에 '성(性)'이란 용어는 '인간이 타고난 동물적 본능'을 지칭하기도 하고, '인간이 타고난 도덕적 본성(本性)'을 지칭하기도 했다. 예컨대 맹자의 논적이었던 고자(告子)는 "사람이 타고난 것 그 자체가 바로 본성(本性)"이라 하고, 좀 더 구체적으로는 "식색(食色)이 바로 인간의 본성"이라 하였다《孟子》告子上 3~4). 그러나 맹자는 '식색의 본능'을 '인의예지의 본성'과 구분하고, "군자(君子)는 식색을 본성으로 여기지 않는다"라고 단언했다. 요컨대 군자는 오직 인의예지만을 본성으로 여긴다는 것이다《孟子》盡心下 24). 이러한 맥락에서 맹자는 인의예지야말로 사람과 금수를 구별해주는 '인간의 고유한 본성'이라고 규정했다.

인의예지의 본성은 우리의 삶에서 사단(四端)으로 드러난다. 맹자는 "측은지심이 없으면 사람이 아니요, 수오지심이 없으면 사람이 아니며, 사양지심이 없으면 사람이 아니요, 시비지심이 없으면 사람이 아니다"라고 단언했다《孟子》公孫丑上 6). 측은지심은 '남을 사랑하는 마음' 특히 '곤경에 처한 사람을 불쌍히 여기고 도와주려는 마음'이요, 수오지심은 '자신의 잘못을 부끄러워하고 남의 잘못을 미워하는 마음'이며, 사양지심은 '자신을 낮추고 상대방을 존중하는 마음'이요, 시비지심은 '옳고 그름을 분별하는 마음'이다. 여기서 알 수 있듯이, '인의예지'는 모두 '인간의 사회성'과 관련된 것이다. 요컨대 여타의 동물들과는 달리 인간에게는 사회적 삶을 뒷받침하는 요소들이 본성적으로 갖추어져 있다는 것이다.

맹자는 "사람에게는 도(道)가 있거니와, 배불리 먹고 따뜻하게 입으며 편안히 살되 가르침이 없다면 곧 금수에 가깝게 된다. 성인(聖人)이 이를 근심하시어, 설(契)을 사도(司徒)로 삼아 인륜을 가르치게 하셨다"고 하였다(《孟子》滕文公上 4). 의식주의 충족이라는 본능의 차원에서는 사람과 금수가 다르지 않으므로, 오직 인륜만이 사람과 금수를 구별해 주는 준거가 된다는 것이다. 맹자는 또한 "사람이 금수와 다른 점은 거의 드물다. 서민(庶民)은 그 차이를 없애버리고, 군자는 그 차이를 보존한다"고도 하였다(《孟子》離婁下 19). 사람이 금수와 같은 점은 모두 생존을 위해 본능적으로 식색 또는 의식주의 욕망을 추구한다는 점이요, 다른 점은 사람에게는 인륜이 있다는 점이다. '사람이 금수와 다른 점은 거의 드물다'는 말은 식색의 본능이 인의예지의 본성을 압도한다는 뜻이다. 맹자는 식색의 본능이 인의예지의 본성을 압도하는 것이 사실이라고 보면서도, 사람을 금수와 구별해 주는 요소, 즉 사람을 사람답게 만들어주는 요소는 인의예지의 본성에 있다고 보았기 때문에 이에 근거하여 성선설을 주창한 것이었다.

맹자가 말하는 '인륜적 삶'이란 바로 인의예지의 본성을 실현하는 삶이다. 인의예지의 본성을 바탕으로 동물적 본능을 제어함으로써 사회적 삶을 바람직하게 이루어나가는 것이 바로 '인륜적 삶'이요, '인간다운 삶'이다. 맹자는 다음과 같이 말한다.

> 순(舜)은 여러 사물에 밝았고, 인륜을 자세히 살피셨다. 이는 인의(仁義)에 말미암아 실천하신 것이요, 인의를 실천하신 것이 아니다.(《孟子》離婁下 19)

순은 인륜을 자세히 살피어 비로소 오륜으로 구체화한 성인이다. 그런데 순이 정립한 오륜은 인의예지라는 인간의 본성으로부터 유래한 내용이라는 것이다. 오륜은 '부자(父子), 군신(君臣), 부부(夫婦), 장유(長幼), 붕우(朋友)'를 인간관계의 다섯 가지 기본 유형으로 규정하고, 각각의 경우에 합당한 덕목들을 체계화하여 제시한 것이다. 이 다섯 가지 기본 유형에 속하지 않는 일반적 인간관계, 즉 '남과 남의 관계'를 규율하는 원리로서는 《논어》의 '충서론(忠恕論)'을 들 수 있다.

《논어》에서 '인(仁)'은 일반적으로 '사람을 사랑함'으로 풀이되며, '효제(孝弟)'로 설명하기도 하고 '충서(忠恕)'로 설명하기도 했다. 인(仁)은 포괄적 개념으로서 '모든 종류의 사랑'을 전반적으로 지칭하는 것이며, 효제와 충서는 인(仁)의 구체적 내용을 두 가지로 나누어 제시한 것이라고 이해할 수 있다.

일반적으로 '효(孝)'는 자식이 부모를 봉양함을 말하고, '제(弟)'는 아우가 형을 공경함을 말한다. 효제가 혈연을 매개로 하는 '본능적 사랑'이라면, 충서는 자기의 진심을 매개로 일반인들에게까지 사랑을 확충해 나가는 '이성적 사랑'이다. 그런데 본능적 사랑은 모든 생명체가 공유하는 것이므로 인간의 사랑이 효제에 그친다면 그것은 본능적 차원에 머물게 되어 다른 동물과 구별되는 인간의 존엄성을 주장할 여지가 없게 된다. 여기에 충서의 의의가 있다. 충(忠)은 남을 돕기 위하여 '스스로 최선을 다하는 것'이다. 증자(曾子)는 "남을 위해 일을 도모할 때 忠하라"고 했는데(《論語》學而 4), 충은 바로 '남의 행복을 증진시키기 위해 자신의 최선을 다함' 즉 '선(善)의 작위(作爲)'에 해당하는 것이다. 서(恕)는 '자신의 마음을 미루어 남을 대하는 것'이다. 《논어》에서 '서(恕)'는 "자기가 원하지 않는 일을 남에게 베풀지 말라"는 말로 대표되는데(《論語》衛靈公 23), 이는 '남에 대한 해악의 금지' 즉 '악(惡)의 부작위'에 해당하는 것이다.

공자는 자공(子貢)이 종신토록 실천할 만한 한마디 말을 청했을 때 '서(恕)'라고 대답하고, "자기가 원치 않는 것을 남에게 베풀지 말라"고 말해 주었다. 이것으로 본다면 서(恕)는 우리가 항상 지켜야 하는 '준수사항'인 것이다.[9] 한편, 주자는 "남을 위해 일을 도모할 때 충(忠)한다는 것은 또한 어려운 일이다. 대개 사람들은 자기를 위해 일을 도모할 때에는 최선을 다하지만, 남을 위해 일을 도모할 때에는 반드시 최선을 다하지는 않는다"고 했다(《朱子語類》卷21). 타인의 행복을 증진하기 위해 자기의 최선을 다함은 어려운 일이라고 한다면, 충은 모든 사람이 반드시 준수해야 할 실천의 원리로 규정할 수 없으므로 단지 '권장사항'에 해당할 뿐이다.

이상에서 유교의 인륜론을 개관하였으며, 이제부터는 유교에서의 인권 문제를 살펴보고자 한다. 유교에는 '인권'이라는 개념도 없었고 '민주주의'라는 개념도 없어서 많은 사람은 전통 유교가 인권 그 자체를 부정한 것으로 생각한다. 그러나 이는 오해에 가깝다. 물론 전통 유교에서는 오늘날의 자유주의처럼 인권을 철저하게 옹호하지는 않았다. 그러나 우리는 전통 유교가 추구한 인륜공동체(人倫共同體)라는 관념 속에서 오늘날 우리가 추구하는 인권론의 많은 내용을 발견할 수 있다. 요컨대 전통 유교는 인권을 부정한 것이 아니라 인륜을 통해서 개인의 권리를 보호하는 방식을 모색하였던 것이다.

---

[9] 서(恕)는 무해원칙과 공정원칙을 동시에 포괄하는 것으로 볼 수 있다.

예컨대 유교 이념에 충실했던 조선시대에는 생명권과 신체의 자유, 언론의 자유와 신앙의 자유, 재산권과 상속권, 참정권과 재판청구권 등 오늘날 우리가 강조하는 기본권의 대부분을 충실히 보장하였으며, 사회적 약자에 대해서는 더욱 각별한 보호책을 마련하고 있었다(이상익, 2012: 53~76). 다만 오늘날의 관점에서 보자면 평등권과 사생활의 자유에서 여러모로 부족한 점이 많지만, 이에 대해서는 곡진한 이해가 필요하다.

원리적으로 논하자면, 조선시대에 '평등권'과 '사생활의 자유'가 취약했던 까닭은 본래 이 사회가 농경사회로서 공동선(共同善)을 추구하는 위계적 사회였기 때문이다. 공동선을 추구할수록 사생활의 자유는 위축되게 마련이다. 또한, 위계적 사회란 본래 상층계급에 더 많은 책임을 부여하고 그에 상응하여 더 많은 권한을 부여하는 사회이므로 이러한 사회에서는 상하의 차별이 자연스럽게 여겨지는 것이다. 따라서 '평등권'과 '사생활의 자유'가 취약했던 것을 두고 그 자체로 '본질적인 인권의 침해'라고 규정하는 것은 오늘날의 편견일 가능성이 높다.[10] 적장자(嫡長子)를 우대하여 가족질서를 확립하며, 사회복지를 기본적으로 가족의 차원에서 해결하며, 상하의 위화감을 예방하고자 사생활의 자유를 제한하는 등의 조치들은 오늘날 자유주의의 관점에서는 수용하기 어려울지 모르나 조선시대의 인륜공동체 이념에서는 당연시되었던 것

---

10 롤즈의 《만민법》에서는 '자유주의 국가'와 '위계적 국가'가 만민법을 공유할 수 있다고 보았다. 롤즈의 《만민법》은 만민이 '정의의 원칙'을 공유함으로써 전 세계 모든 인류의 인권을 보장하고 평화를 실현하는 것을 목표로 삼고 있다. 그렇다면 자유주의 국가와 위계적 국가가 만민법을 공유할 수 있다는 것은 위계적 국가에서도 인권이 충분히 보장받을 수 있다는 뜻이다. 한편, 롤즈가 말하는 '위계적 국가'는 모든 사람이 자유롭고 평등한 시민(개인)으로 간주되지 않는 국가로서, '공동선으로서의 정의(正義)'를 추구하는 국가이다(롤즈, 2000: 116~122). 이렇게 본다면, 조선시대야말로 바로 '공동선으로서의 정의'를 추구했던 '위계적 국가'였던 것이다.

이다.

　더 많은 책임과 더 많은 권한이 서로 조화를 이룬다면 원리적으로 크게 문제 될 것은 없다. 문제는 그 실상을 보면 책임은 다하지 못하고 권한만 많이 누린 예가 많았다는 점이고, 위계적 사회에서는 불평등이 정당화될 수 있다고 하더라도 그 불평등이 필요 이상으로 과도했다는 점이다. 양천(良賤)의 차별과 적서(嫡庶)의 차별이 그 대표적인 예이다. 이러한 맥락에서는 조선시대 인권의 실상에 대해서 얼마든지 비판할 수 있다. 양천의 차별과 적서의 차별이 우리의 근대화 과정에서 가장 먼저 철폐의 대상으로 지목되었던 것은 바로 이 때문이다.

4. '자유로운 삶'과 '인륜적 삶'

　자유주의자들이 주창한 기본권을 '생존권, 재산권, 자유권'으로 요약할 때, 생존권과 재산권은 전통 유교에서도 충분히 인정된 것이었다. 전통 유교에 크게 결여되었던 것은 자유권, 특히 '사생활의 자유'였다.[11] 자유주의에서 추구하는 '자유로운 삶'은 유교에서 추구한 '인륜적 삶'과 상치되는 점이 많으므로 이제 이 문제를 좀 더 구체적으로 논해 보기로 하자.

---

[11] 조긍호는 '사생활의 자유(privacy)'를 "개인이 사적 영역에서 외부의 간섭 없이 자기의 의지와 양심에 따라 삶을 자율적으로 선택하고 집행할 수 있는 자유"라고 정의한 바 있다(조긍호, 2006: 133). 한편, 조선시대에는 평등권도 취약했지만, 평등권은 자유주의보다는 사회주의와 밀접한 관계가 있으므로 이 글에서는 더는 거론하지 않기로 하겠다.

1) 자유주의의 궁극적 이상: 자아실현

주지하듯이 자유주의는 개인주의와 그 궤를 같이하는데, 루크스(Steven Lukes)는 개인주의를 구성하는 핵심 관념을 다음의 다섯 가지로 제시한 바 있다.

첫째는 '인간의 존엄성'이라는 관념이다. 이는 '모든 인간은 그 자체로서 최고의 내재적 가치를 지닌다'는 관념으로서, 모든 개인주의 도덕원칙의 출발점이 된다. 자유주의자들은 '인간'을 '각각의 개인'으로 분해하고, 각각의 개인들이 바로 최고의 내재적 가치를 지닌다고 규정하는 것이다. 이러한 맥락에서 루소는 "인간은 단순히 남을 위한 도구로 봉사하기에는 너무나 고귀한 존재"라고 했고, 페인은 "공공선(public good)은 개인의 이익과 대립하는 개념이 아니다. 이와 반대로, 모든 개인의 이익이 결집한 것이 공공선이다"라고 했으며, 칸트는 "인간은, 그리고 일반적으로 모든 이성적 존재는 그 자체가 목적으로 존재하는 것이요, 단순히 이러저러한 의지에 따라 마음대로 쓰일 수 있는 수단으로 존재하는 것이 아니다"라고 했다(Lukes, 1973: 45~49).

둘째는 '자율성'이라는 관념이다. 이는 '개인의 사고와 행동은 그 자신의 것으로서, 그의 통제 밖에 있는 작인(作因)이나 원인에 의해 지배되지 않는다'는 관념으로서, '자기결정'의 이상을 표현하는 말이다. 서구에서 자율성의 관념은 토마스 아퀴나스의 '모든 사람은 신이 주신 이성에 따라 행동해야 한다'는 관념에서 발전하였으므로, 이러한 맥락에서 자율성의 관념은 인간은 이성적 존재라는 관념과 표리를 이룬다. 루크스는 자율성의 옹호자로서 스피노자와 칸트를 주목했는데, 이들은 자유란 바로 자율성을 뜻한다고 보았다. 자유와 자율성을 같은 맥락으로 파악하면 그 자유란 '소극적 자유'가 아니라 '적극적 자유'에 가까운 것으로서, 벌린(Isaiah Berlin)은 이를 '개인이 자기 자신의 주인이 되고자 하는 열망'이라고 설명한 바 있다(Lukes, 1973: 52~55).[12]

셋째는 '사생활의 자유(privacy)'라는 관념이다. 이는 '그 자신의 방법으로 그 자신의 선(善, 좋음)을 추구하기 위해 그가 선택한 것은 무엇이든 할 수 있도록 남들로부터 간섭받지 않고 홀로 남겨져 있는 영역'을 보장받아야 한다는 관념으로서, 벌린의 말로 표현하면 '소극적 자유'에 해당한다. '사생활의 자유'는 밀의 "어떤 개인의 행위 가운데 사회에 복종해야 하는 유일한 부분은 남들과 관계된 부분이다. 단순히 자신과만 관계된 부분에서는 그는 당연히 절대적 독립성을 지닌다. 개인은 자기 자신에 대해서, 즉 자신의 몸과 마음에 대해서 주권자이다. … 비록 우리의 행위가 그들의 눈에 바보스럽거나 기이하거나 잘못된 것으로 보일지라도, 우리가 하는 행동이 동포들에게 해를 끼치지 않는 한, 그들로부터 방해받지 않으면서 우리 자신의 개성에 적합한 인생 계획을 설계하고 초래될 결과를 감수한다는 조건하에, 우리가 좋아하는 것을 행할 수 있는 자유를 요구한다"는 말에 그 취지가 잘 나타나 있다. 요컨대 '사생활의 자유'란 사적인 영역에서는 누구나 완전한 자유를 누릴 수 있어야 한다는 관념이다. 사생활의 자유는 '사유재산제도'와도 그 궤를 같이한다(Lukes, 1973: 59~65).

넷째는 '자기계발'이라는 관념이다. 이는 '자신의 독특한 개성을 발견

---

[12] 루크스는 자율성이 자유주의의 중심적 가치라고 보고, 스피노자와 칸트를 부각시켰다. 그러나 아블라스터는 스피노자와 칸트를 자유주의의 주류에서 벗어난 예외적인 인물로 규정하였다. 자유주의의 주류는 '이성을 통해 욕망을 절제하는 삶'이 아니라 '이성이 욕망을 위해 봉사하는 삶'을 추구했다는 것이다(아블라스터, 2007: 87~89쪽 참조). 벌린도 자유의 핵심을 '적극적 자유'가 아닌 '소극적 자유'에서 찾고 있음은 주지하는 바이다.

하고 이를 계발하는 것이야말로 삶의 목적 그 자체로서, 궁극적 가치를 갖는다'는 관념이다. 루소는 "나는 이제까지 내가 만난 어느 누구와도 다른 사람이 되었다. 나는 과감하게 '나는 이 세계의 그 누구와도 다르다'고 말할 것이다. 내가 그들보다 더 뛰어나지는 않겠지만, 그러나 최소한 나는 그들과 다르다"고 했고, 슐레겔(Friedrich Schlegel)은 "인간에게 근원적이고도 영원한 요소는 바로 그의 개성이다. 이러한 개성을 형성하고 개발함을 예찬하는 것은 일종의 신성한 자기중심주의(egotism)이다"라고 했으며, 밀은 "모든 사람은 자신의 개성을 개발하는 정도에 비례하여 자신에게 더욱 가치 있는 존재가 되며, 그리하여 남에게도 더욱 가치 있는 존재가 되는 것이다"라고 했다(Lukes, 1973: 67~72). '자기계발'의 궁극적 목표는 '자아실현'에 있음은 물론이다.

다섯째는 '추상적 개인'이라는 관념이다. 이는 '본능이든 능력이든 욕구든 욕망이든 권리든 간에, 여러 개인적 특성은 사회적 맥락과 독립된 채 주어진 것이라고 가정함으로써 개인을 사회·역사적 맥락과 무관한 '추상적 존재'로 규정하는 것'이다. 이러한 관념에 입각하면, 개인은 모든 일의 결정과 집행의 원천이자 주체이며, 사회와 국가란 이러한 개인의 요구에 맞추어 적절하게 반응하는 일련의 장치이고, 모든 형태의 사회생활(사회·정치적 규칙과 제도들)은 개인들의 창조물로서, 개인들의 목적을 충족시키기 위한 수단으로 간주된다(Lukes, 1973: 73~75).[13]

이상에서 개인주의의 다섯 가지 핵심 관념을 살펴보았는데, 루크스

---

[13] 루크스에 의하면, '인간의 존엄성, 자율성, 사생활의 자유, 자기계발'은 개인주의가 추구하는 가치나 이상을 표현하는 관념인 반면, '추상적 개인'은 개인을 인식하는 방식을 표현하는 관념이다. 또한, 루크스가 말하는 '추상적 개인'은 개인을 흥미·욕구·목적·필요·능력 등을 완비한 '자족적 존재'로 규정하는 것이기도 하다. 이처럼 개인을 외적 행위의 원인이 되는 모든 속성을 내적으로 완비한 존재로 규정함으로써 개인은 행위의 객체나 대상이 아니라 그 주체, 곧 원인 행위자로 부각된다(조긍호, 2006: 122).

는 이 가운데 특히 '자기계발'이라는 관념을 부각시켰다. 자기계발은 순수한 이기주의(egoism)에서부터 강한 공동체주의에 이르기까지 '자기(self)'의 개념을 어떻게 정의하느냐에 따라 그 내용이 달라지기는 하지만, "자기계발의 관념은 개인의 삶의 이상을 규정하는 가치"이므로 "일반적으로 자기계발은 목적 그 자체인 궁극적 가치의 지위를 갖는 이념"이라는 것이다(Lukes, 1973: 71~72). 이렇게 본다면, 개인주의를 구성하는 여러 관념은 결국 '자기계발'을 통한 '자아실현'이라는 목표로 귀결된다.

이상의 논의에서 잘 드러났듯이, 자유주의의 궁극적 이상은 '자아실현'에 있다. 그런데 문제는 자유주의의 여러 이념이 때때로 자아실현의 이상을 제대로 뒷받침하지 못하고 있다는 점이다. 이는 자유주의를 비판하는 철학자들이 종종 지적하는 바이므로, 지금부터는 이 문제를 살펴보기로 하겠다.

2) 자아실현과 자유주의 원칙들 사이의 간극

오늘날 '자아실현'이라는 자유주의의 이상을 비판할 사람은 아무도 없을 것이다. 자유주의를 비판하는 여러 철학자도 '자아실현'이라는 이상에 대해서는 모두 십분 긍정하고 있었다. 그들은 다만 자유주의의 여러 원칙이 자아실현이라는 이상을 제대로 뒷받침하지 못한다는 점을 지적하고 비판하였던 것이다. 요컨대 자유주의의 여러 원칙은 '자아의 소외'나 '자아의 타락'을 초래하여 오히려 '자아의 실현'을 방해한다는 것이다. 이제 그 몇 가지 예를 살펴보자.

먼저, 프롬(Erich Fromm)의 비판이다. 프롬은 《자유로부터의 도피》

에서 자유를 갈구하던 근대인들이 자유를 얻자마자 스스로 자유로부터 도피하는 경향을 보여주고 있다고 지적하고, 이를 문제 삼았다. 프롬에 의하면, 근대인에게 자유란 '자연의 지배, 교회의 지배, 국가의 지배' 등 외부의 지배에서 벗어나는 것이었다. 그런데 근대인에게 자유란 이중적 의미를 지니고 있었다는 것이다. 즉 "근대인은 전통적 권위로부터 해방되어 한 사람의 '개인'이 되기는 하였지만, 동시에 그는 고독하고 무력한 존재가 되어 자기 자신이나 다른 사람들로부터 소외당하여 외적(外的)인 목적의 도구가 되었다는 것, 게다가 이러한 상태는 그의 자아를 남몰래 해쳐 그를 약화시키고 위협하여 그로 하여금 자진해서 새로운 속박에 복종하게끔 한다는 것"이다(Fromm, 1980: 295).[14]

프롬에 의하면, 어린아이를 그의 어머니와 결연시키는 일, 원시사회의 성원을 그의 씨족과 자연에 결연시키는 일, 중세의 인간을 교회와 그 사회적 계급에 결연시키는 일 등은 모두 인간 사회의 '시원적 결연관계(primary ties)'에 속하는데, 시원적 결연관계는 한편으로는 개성과 자유를 억압하기도 하지만, 다른 한편으로는 개인에게 안정감과 나아갈 방향을 제시해 주기도 한다. 따라서 개성화의 결과 개인이 시원적 결연관계로부터 자유롭게 될 경우, 그는 동시에 고독과 불안에 직면하게 된다는 것이다(Fromm, 1980: 35).

프롬에 의하면, 개인이 고독과 불안을 극복하는 방법에는 두 방향이 있다. 하나는 스스로 외부의 어떤 권위체에 복종하고 기꺼이 속박을 당

---

[14] 프롬은 이러한 관점에서 20세기 초 나치즘(Nazism)이나 파시즘(Fascism)의 등장 배경을 해명하였다. 요컨대 자유가 초래하는 불안과 고독을 극복하기 위하여 당시 독일이나 이탈리아 국민은 기꺼이 자유를 포기했으며, 이는 독일과 이탈리아만의 문제가 아니었고 근대 민주국가가 한결같이 당면한 문제였다는 것이다. 한편 근대의 자유주의가 나치즘·파시즘을 초래했다는 프롬의 주장은, 맥락은 조금 다르지만, 자유에 대한 만족할 줄 모르는 욕망이 민주정(民主政)을 참주정(僭主政)으로 타락시킨다는 플라톤의 주장을 상기시킨다.

하는 것인데, 이것이 바로 '자유로부터의 도피'로서 자아실현을 스스로 포기하는 것이다. 다른 하나는 '사랑'을 통하여 남과 새로운 관계를 맺고 '창조적인 일(노동)'을 통하여 자연과 새로운 관계를 맺는 것인데, 이것이 바로 진정한 자아실현의 길이다(Fromm, 1980, 285).

여기서 주목할 것은 '사랑'이다. 프롬이 자아실현의 한 방법으로 '사랑'을 거론하는 것은 바로 근대 자유주의의 '합리적 이기주의'를 비판하는 데 초점이 있기 때문이다. 합리적 이기주의는 남을 소외시킴은 물론 자신마저도 소외시킨다는 것이 프롬의 지론이다.

프롬에 의하면, 근대의 이기주의는 진정한 자아를 상실한 데서 연유한다. 프롬은 "근대 인간이 사리(私利)에 의해서 움직이고 있다고 믿고 있으면서도 사실상 그의 생활을 자기 이외의 목적에 바쳤다고 하는 모순에 빠져 있었다"고 지적하고, "이기주의는 바로 이와 같이 자기를 사랑하는 마음이 결여되어 있다는 데 그 뿌리를 박고 있다"고 설명했다(Fromm, 1980: 134~135). 이는 이른바 '욕망의 노예가 되었다'는 말과 같은 맥락으로, 이것이 바로 이기주의가 자신을 소외시키는 양상이다. 프롬은 이기주의가 타인을 소외시키는 양상에 대해서는 다음과 같이 말한다.

> 개인과 개인과의 구체적 관계는 직접적이며 인간적인 성격을 잃어버리고, 교묘한 속임수와 수단이라는 정신으로 가장되게 되었다. 일체의 사회적 및 개인적인 관계에 있어서는 시장의 법칙이 지배하고 있다. 경쟁자들 사이의 관계는 상호 간의 인간적인 무관심에 근거해야 한다는 것은 명백하

다. … 그들은 자기네들의 경제적 이익을 추구해 가기 위해 서로 상대방을 이용한다. 그들의 관계는 그 어느 편도 모두 목적에 대한 수단의 관계이며, 서로가 타자의 도구로 되고 있다. … 단지 경제적인 관계뿐만 아니라 인간관계도 이와 같은 소외의 성격을 띠고 있다. 그런데 그것은 인간적 존재 사이의 관계가 아니라 물건과 물건과의 관계이다.(Fromm, 1980: 136~137)

프롬이 지적한 것처럼 자유주의의 합리적 이기주의가 자신을 소외시키고 남을 소외시키는 것이 사실이라면, 이는 결국 자유주의의 궁극적 이상인 자아실현을 방해하는 것이다. 이러한 맥락에서 프롬은 근대 자유주의의 합리적 이기주의를 비판하고, 그 대안으로 '사랑'을 내세운 것이다.[15]

다음은 매킨타이어(Alasdair MacIntyre)의 비판이다. 매킨타이어는 자유주의의 '추상적 개인관'을 비판하였다. 그에 의하면, 자유주의자들이 전제하는 '원자적 개인'이란 허구적 개념일 뿐이다. 사람은 누구나 공동체의 문화적 전통 속에서 자아의 정체성을 형성하고, 공동체 속에서만 자아를 실현할 수 있다는 것이다. 그는 다음과 같이 말한다.

> 우리 모두가 우리의 상황들을 하나의 특수한 사회적 정체

---

[15] 아블라스터는 '다른 사람을 수단으로 취급할 수 없다'는 인간존중의 원리가 자유주의(개인주의)의 핵심인 것은 분명하지만, 또한 자유주의의 이기주의·쾌락주의에는 '다른 사람을 수단으로 취급하는 경향이 내재한다'고 지적하고, 이러한 점에서 자유주의는 '모순적'이라고 지적한 바 있다(아블라스터, 2007: 82~83). 한편, 조긍호는 자유주의의 '합리적 이기주의'는 동물과 질적으로 다른 인간만의 특징을 설명할 수 없을 뿐만 아니라 공동체의 공익 추구의 근거를 찾기 어렵게 한다고 비판한 바 있다(조긍호, 2012: 822~827).

성의 담지자로서 파악한다는 것이 중요하다. 나는 누군가의 아들 또는 딸이고, 누군가의 사촌 또는 삼촌이다. 나는 이 도시 또는 저 도시의 시민이며, 이 동업조합 또는 저 직업 집단의 구성원이다. 나는 이 씨족에 속하고, 저 부족에 속하며, 이 민족에 속한다. 그렇기 때문에 나에게 좋은 것은 이러한 역할을 담당하는 누구에게나 좋아야 한다. 이러한 역할의 담지자로서, 나는 나의 가족, 나의 도시, 나의 부족, 나의 민족으로부터 다양한 부채와 유산, 정당한 기대와 책무를 물려받는다. 그것들은 나의 삶의 주어진 사실과 나의 도덕적 출발점을 구성한다.(MacIntyre, 1997: 324)

매킨타이어의 말대로, 우리는 독립적 개인이기 전에 누군가의 아들·딸로 존재하고, 누군가의 삼촌 또는 사촌으로 존재하며, 그 밖에도 다양한 집단에 소속되어 여러 부류의 사회적 관계를 맺고 있다. 이러한 관계들은 자연스럽게 나에게 마땅한 역할이나 책무를 규정하는데, 이것이 나의 도덕적 출발점이라는 것이다.

매킨타이어는 자유주의의 추상적 개인관은 결국 '덕의 상실'을 초래했다고 비판한다. 그에 의하면, 덕을 거론하려면 먼저 '사회에서 나에게 부여된 역할'이 무엇인지, 더 나아가 '인간에게 좋은 삶'이 무엇인지를 먼저 규명해야 한다. 덕을 실천한다는 것은 요컨대 "개인으로서, 그리고 아버지 또는 자식으로서, 또는 시민 및 어느 집단의 구성원으로서, 또는 이 모든 것들의 몇 가지 역할로서 그에게 더 좋은 것을 행한다는 것"을 의미한다(MacIntyre, 1997: 331). 개인을 원자적 존재로 규정하면 덕을 추구할 동기 자체가 없어진다는 것이다.

매킨타이어에 의하면, 덕의 상실은 두 가지 문제를 초래한다. 하나는 우리로 하여금 '내재적 선(善)'을 외면하고 '외면적 선(善)'에 집착하게 하는 것이다. '내재적 선'이란 어떤 행위를 수행함으로써 달성되는 '탁월성'을 말하고, '외면적 선'이란 어떤 행위를 수행함으로써 얻어지는 '돈·명예·권력' 등을 말한다. 내재적 선은 그 결과가 공동체 전체를 이롭게 한다는 점이 특징이나, 외면적 선은 그 결과가 그것을 성취한 사람의 소유로 된다는 점이 특징이다. 또한, 돈·명예·권력 등을 어떤 사람이 차지하면 할수록 다른 사람이 가질 수 있는 것은 더욱 줄어들게 되므로 외면적 선만 인정하는 사회는 치열한 경쟁 사회가 된다(MacIntyre, 1997: 278~290).[16] 다른 하나는 도덕의 영역에서 '자신의 역할을 충실히 수행함' 또는 '미덕(탁월성)을 발휘함' 등을 배제하고, 도덕을 단순히 '규칙 준수'의 문제로 인식하게 하는 것이다. 그런데 더욱 심각한 문제는 자유주의의 또 다른 특징인 '정의주의(情意主義)'[17]로 말미암아 우리가 공통으로 지켜야 할 규칙에 대해서조차 합치된 결론에 이를 수 없다는 점이다(MacIntyre, 1997: 359~362).[18]

매킨타이어의 주장처럼 자유주의의 추상적 개인관이 덕의 상실을 초래하는 것이 사실이라면, 추상적 개인관을 전제로 한 자아실현이란 치열한 경쟁의 승리자가 되는 것이거나 자기의 욕망을 마음껏 충족시키

---

[16] 매킨타이어는 홉스가 말하는 '자연상태'가 바로 외면적 선(善)들만 인정함으로써 야기되는 치열한 '경쟁의 상태'에 해당한다고 보았다.
[17] 매킨타이어는 정의주의를 "모든 가치평가적 판단 또는 더 정확하게 말하면 모든 도덕적 판단은 선호(選好)의 표현들, 태도 및 감정의 표현들과 다를 바 없다는 학설"이라고 규정하였다(매킨타이어, 1997: 32). 자유주의의 지론처럼 사실과 가치를 별개로 분리하고 나면, 도덕은 개인의 주관적 감정이나 선호의 표현에 불과하게 되는데, 이것이 바로 '정의주의' 윤리학이다.
[18] 매킨타이어는 그 대표적인 예로 정의에 관한 롤즈와 노직의 상반된 견해를 들었다.

는 것에 불과하게 된다. 매킨타이어는 이를 진정한 자아실현이 못 된다고 보고, 공동체에서의 개인의 본분을 상기시킨 것이다.

다음은 테일러(Charles Taylor)의 비판이다. 테일러는 자유주의자들이 주장하는 '자기확신의 권리'를 문제로 삼았다. 우선 벌린의 다음과 같은 말을 보자.

> 자유의 정수는 언제나 각자 선택하고 싶은 대로, 어떤 거창한 체계에 사로잡히거나 강압이나 협박에 의해서가 아니라 각자 그렇게 원하기 때문에 선택하는 능력 안에 들어 있다. 그리고 저항할 권리, 인기가 없어도 될 권리, 순전히 자기가 그렇게 확신한다는 이유 때문에 자기 확신을 신봉할 권리에 들어 있다.(Isaiah Berlin: 2002, 103~104)

벌린은 자유의 이름으로 '순전히 자기가 그렇게 확신한다는 이유 때문에 자기 확신을 신봉할 권리'를 옹호하였다. 다른 사람들의 일반적 가치관이 어떻든 나는 나의 가치관이 옳다고 확신할 권리가 있다는 말은 바로 '공통적 (객관적) 가치의 척도를 인정하지 않는다'는 뜻이다. 자유주의자들의 이러한 주장에 대해 테일러는 다음과 같이 비판한다.

> 내 삶의 의미는 내가 스스로 선택할 수 있다는 데에서 오는 것이라고 생각할 수도 있다. 이 경우 자기 진실성은 실질적으로 자기결정의 자유에 근거하게 될 것이다. 하지만 그러한 경우조차도(오직 자기 선택만에 의하여 결정되는 것이 아니라),

그 자체로 (객관적으로) 고상하고 용기 있는 어떤 것, 따라서 내 자신의 삶을 형성하는 데 도움이 되는 유의미한 어떤 것이 나의 의지와 무관하게 독립적으로 존재하고 있다는 인식에 바탕을 두고 있는 것이다. … 존 스튜어트 밀이 《자유론》에서 단언하고 있듯이, 내 인생은 내가 선택한다는 점이 중요할 수가 있다. 그러나 어떤 선택 사항이 객관적으로 볼 때 다른 것들보다 더 중요하지 않다면, 자기 선택이라는 관념은 그 자체만으로는 아주 하찮은 것이 되어 버려서 결국 선택의 의미가 자기 모순에 빠지게 된다. 이상(理想)으로서의 자기 선택은, 선택된 사항들이 다른 것들보다 (객관적으로) 더 유의미한 경우에만 의미를 갖게 되는 것이다.(Taylor, 2001: 57~58)

테일러에 의하면, 그저 '그렇고 그런 것들' 중에서는 무엇을 선택하든지 간에 선택이 의미 있는 행위가 될 수는 없다. 나의 선택이 의미 있는 행위가 되려면 '객관적으로 볼 때' 더 귀중한 것을 선택해야 한다. 만약 '덜 귀중한 것'과 '더 귀중한 것'을 각자가 주관적으로 결정하기로 한다면, 어떤 사항도 의미 있는 것일 수가 없는 것이다.

자유주의자들이 말하는 '자아실현'이란 '자기계발'의 결과이므로 자유주의자들은 자기계발에서 무엇보다도 '자신의 독특한 개성'을 강조하였다. 자유주의자들이 말하는 '자기확신의 권리'란 곧 자신의 독특한 가치관을 확신할 권리인 것이다. 그러나 가치의 객관적 척도를 전제하지 않는다면, 자아실현은 종종 자아도취(narcissism)로 전락하게 된다. 이러한 맥락에서 테일러는 자유와 선택이 진정 의미 있으려면 '객관적인 가치의 척도'를 전제해야 한다고 강조한 것이다.[19]

이상에서 몇몇 철학자들의 자유주의 비판을 살펴보았다. 이를 정리하자면, 프롬은 자유주의의 '합리적 이기주의'를 비판하고 그 대안으로 '사랑'을 내세웠으며, 매킨타이어는 자유주의의 '추상적 자아관'을 비판하고 구체적 관계 속에서의 인륜적 본분을 강조하였고, 테일러는 자유주의의 '자기확신의 권리'를 비판하고 객관적 진리에 근거한 삶을 강조하였다. 그렇다면 이들은 자아실현이라는 자유주의의 이상을 부정하는 것인가?

3) 자아실현의 두 차원과 인륜적 삶의 요청

인생을 논하면서 자아실현의 이상을 부정하는 사람은 없을 것이다. 더군다나 프롬·매킨타이어·테일러 등 20세기 자유주의 시대를 살았던 철학자들이 손쉽게 자아실현의 이상을 부정한다는 것은 더욱 상상하기 어렵다. 그렇다면 이들의 자유주의에 대한 비판은 어떻게 설명해야 할까? 이는 자아실현에는 본래 두 차원이 있다는 관점에서 접근해야 할 것이다.

사실 자아실현은 근대 자유주의자들만의 이상이었던 게 아니라 동서고금 모든 철학자의 이상이었다. 다만 자아실현을 전근대의 철학자들은 '인간의 본성'의 실현이라는 맥락에서 이해하였고, 근대의 자유주의자들은 '개인의 개성'의 실현이라는 맥락에서 이해한 것이다. 근대 자유

---

19 서병훈은 테일러와는 다른 맥락에서 가치의 객관적 척도를 강조하였다. 가치의 객관적 척도를 외면하는 자유는 '멋대로 자유(exousia)'로 전락한다는 것이다(서병훈, 2000: 162~165).

주의자들이 '개인의 독특한 개성'을 추구하였던 것에 대해서는 앞에서 살폈으므로, 이제부터는 전근대의 철학자들이 '인간의 보편적 본성'에 초점을 두고 있었음만 확인해 보기로 하겠다.

주지하듯이, 소크라테스·플라톤은 선(善, 좋음, 훌륭한 삶)을 한결같이 '본분의 실현'으로 설명하였다(플라톤, 1997: 433a~435b). 이를 좀 더 일반화하면, 각각의 존재자가 해야 할 일은 그 존재자의 자연적 본성(physis) 그 자체에 의해 결정되므로 어떤 존재자가 선하다는 것은 그가 자기의 자연적 본성을 왜곡하지 않고 온전하게 실현한다는 뜻이다(김상봉, 2002: 67). 그런데 이러한 입장은 또한 전통 유교의 지론이기도 하였다. 《중용》의 다음과 같은 말을 보자.

> 오직 천하의 지성(至誠)만이 그 본성을 다 발휘할 수 있으니, 그 본성을 다 발휘할 수 있으면 남의 본성도 다 발휘할 수 있고, 남의 본성을 다 발휘할 수 있으면 만물의 본성도 다 발휘할 수 있으며, 만물의 본성을 다 발휘할 수 있으면 천지의 화육(化育)을 도울 수 있고, 천지의 화육을 도울 수 있으면 천지와 더불어 삼재(三才)가 될 수 있다.(《中庸章句》 22)

이처럼 유교에서도 '본성을 다 발휘한다'는 이상을 추구하고 있었다. 더 나아가, 위의 인용문에서 볼 수 있듯이 '자신의 본성을 다 발휘함'이 천지의 화육을 돕는 길임은 물론 천지와 더불어 삼재가 되는 길이라 하였다. 이는 소크라테스·플라톤이 '각자 본분의 실현'을 통해서 정의로운 국가를 만들 수 있다고 보았던 것과 같은 맥락이다.

위에서 소개한 《중용》의 내용은 《대학》의 '자신의 명덕을 밝힘(明明德), 백성을 새롭게 함(新民), 지선에 머묾(止於至善)'과 그 궤를 같이한다. 《대학》에서는 지어지선(止於至善)의 예로, 임금이 되어서는 인(仁)에 머물고, 신하가 되어서는 경(敬)에 머물며, 자식이 되어서는 효(孝)에 머물고, 부모가 되어서는 자(慈)에 머물며, 국민들과 사귈 때에는 신(信)에 머문다는 것을 들었다. 여기서 알 수 있듯이, 자신의 본성을 다 발휘한다는 것은 구체적으로는 다양한 인륜적 관계에서 요청되는 본분을 완수함을 뜻한다.

'인간은 사회적 동물'이라 하듯이, 사회성은 인간 본성의 핵심을 이룬다. 또한, 인간은 사회적 동물이라는 것은 결국 각자 사회적 역할을 나누어 맡는다는 뜻이므로 인륜적 본분 또한 인간의 사회성에서 도출되는 자연스러운 산물이다. 그리고 인간의 본성은 동서고금을 통해 보편적인 것이므로 가치의 객관적 척도가 될 수 있다. 이처럼 금수와 인간을 구별해주는 인간만의 고유한 본질로서의 '인간의 본성'은 '인간의 사회성'과 '인륜적 본분', '가치의 객관성' 등을 담보하는 개념이다.[20] 이렇게 본다면, 프롬·매킨타이어·테일러 등의 자유주의에 대한 비판은 단순히 '개인의 독특한 개성'만을 추구해서는 안 되고, 동시에 '인간의 보편적 본성'에 기초한 자아실현을 추구해야 한다는 취지였던 것이다.

'자아실현'이란 무엇보다도 '자기가 원하는 인간이 되는 것'이거나 '자기가 원하는 삶을 사는 것'이므로 자아실현의 핵심 조건은 자기가 원하는 것을 추구할 수 있는 자유라 하겠다. 그런데 여기서 문제가 되는 것

---

20 피터 싱어는 '변하지 않는 인간의 본성'으로서 인간은 사회적 존재라는 점, 친족에 관한 관심을 지닌다는 점, 협조적 관계를 지향한다는 점, 상호적 의무를 인지한다는 점, 위계 혹은 신분제도를 지향한다는 점, 남녀의 역할을 구분한다는 점 등을 거론한 바 있다(피터 싱어, 2011: 65).

은 '자기가 원하는 것이 무엇이냐' 하는 점이다. 우리는 자신만의 독특한 개성을 실현하고자 원할 수도 있고, 인간의 보편적 본성을 실현하고자 원할 수도 있다. 그런데 개인의 독특한 개성만을 강조하고 인간의 보편적 본성을 무시한다면, 그때의 자아실현이란 이른바 '자아도취, 멋대로 자유' 등 각종 폐단을 야기하는 것이다. 따라서 '인간의 보편적 본성'에 기초하여 '개인의 독특한 개성'을 발휘할 때만이 참다운 자아실현이라고 할 수 있을 것이다.

'인간의 보편적 본성'에 기초하여 '개인의 독특한 개성'을 발휘한다는 것은 인륜의 한계를 넘지 않는 범위에서 자유를 누린다는 뜻이요, 가치의 객관적 척도를 존중한다는 뜻이다.[21] 우리는 전통 유교가 인륜만 강조하고 개인의 자유를 외면했다고 보기 쉬우나, 유교의 진정한 이상은 인륜과 자유가 조화를 이루는 것이었다. 이는 공자의 '화이부동(和而不同)'이나 '종심소욕불유구(從心所欲不踰矩)'라는 말에 잘 나타나 있다.

'화이부동'은 '남들과 조화를 이루되 자신의 개성을 잃지 않는다'는 말이다. 남들과 조화를 이루려면 공통의 규범을 존중하면서 자신의 본분을 다해야 하는데, 그러면서도 '자신의 개성을 잃지 않는다'고 했으니 '화이부동'은 분명 인륜의 한계 안에서 자유를 누리는 것이라 하겠다. '종심소욕불유구'는 '자신이 원하는 대로 살았으나 법도에 어긋나지 않는다'는 말이다. 자신이 원하는 대로 사는 것은 분명 '자유를 만끽함' 또

---

[21] 전통 유교에서 가치의 객관적 척도로 '인간의 보편적 본성(本性)[인의예지(仁義禮智)]'과 함께 흔히 거론된 것은 '자연의 영원한 이법(理法)[천리(天理)]'이었다. 유교의 '천리(天理)'는 《주역(周易)》의 '일음일양지위도(一陰一陽之謂道)'로 대변되는데, 이는 '하나의 음과 하나의 양이 서로 교감하는 것이 도(道)이다'라는 뜻과 '한 번은 음이 되고 한 번은 양이 되는 것이 도(道)이다'라는 뜻을 동시에 지니고 있다. 그런데 전통 유교(朱子學)에서는 '성즉리(性卽理)'라 하여 자연의 이법과 인간의 본성은 본질이 같은 것이라고 보았다[인의예지(仁義禮智)의 본성(本性)과 일음일양(一陰一陽)의 이법(理法)이 서로 매개되는 논거에 대한 자세한 논의는 이상익, 2007: 94~95 참조].

는 '자아를 실현함'일 것인데, 그러면서도 '객관적인 법도에 어긋나지 않았다'고 하였으니, 이 역시 인륜의 한계 안에서 자유를 누리는 것이다.

'화이부동'이나 '종심소욕불유구'라는 말로 설명하자면, 기존의 자유주의는 다분히 '화(和)'를 외면한 채 '부동(不同)'을 강조하고 '불유구(不踰矩)'를 외면한 채 '종심소욕(從心所欲)'을 강조한 것이다. 반면에 프롬 · 매킨타이어 · 테일러 등의 자유주의 비판은 '부동(不同)이 화(和)와 함께할 것' 또는 '종심소욕(從心所欲)이 불유구(不踰矩)와 함께할 것'을 촉구한 것이다. 그런데 '화(和)'나 '불유구(不踰矩)'는 인륜적 삶을 지탱하는 핵심 요소이므로, 프롬 · 매킨타이어 · 테일러 등의 주장은 곧 '인륜의 한계 안에서 자유를 누리자'는 뜻으로 해석할 수 있겠다.[22]

5. 결론

자유주의에서는 정치의 과제를 '인권의 보장'으로 규정한다. 자유주의자들은 자연권 이론으로는 '생명권(생존권) · 자유권 · 재산권(소유권)' 등을 정당화하고, 사회계약 이론으로는 주권재민과 참정권을 정당화하였다. 자유주의자들은 이러한 권리들이 '개인의 행복(복지)'을 증진시키기 위한 필수불가결한 요소라고 역설한다. 반면에 전통 유교에서는 정치의 궁극적 과제를 '인륜의 실현'으로 규정하였다. 유교의 인륜론은 크게 오륜론(五倫論)과 충서론(忠恕論)으로 나뉘는데, 오륜론은 가장 기본

---

[22] 우리는 전통 유교의 인륜론이 모든 면에서 프롬 · 매킨타이어 · 테일러 등의 지론과 완전히 합치한다고 볼 수 없으며, 전통 유교의 인륜론을 오늘날 그대로 실천해야 한다고 주장할 수도 없다. 그러나 '화이부동'이나 '종심소욕불유구'를 전통적 인륜론의 핵심적 내용으로서 추구하였다는 점에서 전통 유교가 프롬 · 매킨타이어 · 테일러 등과 그 궤를 같이한다는 것은 부정할 수 없을 것이다.

적인 인간관계를 다섯 가지로 유형화하고 그에 따른 각자의 도리(本分)를 제시한 것이며, 충서론은 오륜에 포섭되지 않는 일반적인 인간관계의 규범을 제시한 것이다. 유교에서는 이러한 도리나 규범을 준수해야만 '사람다운 사람'이 될 수 있다고 역설한다.

유교는 '본성 중심적 인간관'에서 출발하여 '인륜적 삶'을 지향한 반면, 자유주의는 '본능 중심적 인간관'에서 출발하여 '개인의 행복'을 추구하였다. 그런데 인간에게는 본성의 실현뿐만 아니라 본능적 욕구의 충족도 중요하며, 또 아무리 인륜을 강조한다 하더라도 개인의 행복도 외면할 수 없다. 따라서 유교와 자유주의는 서로 방향을 달리하고 있다고 하더라도, 그 두 방향은 기본적으로 서로 긍정되어야 마땅하다.

유교와 자유주의의 대립은 '자아실현'에 대한 상이한 이해에서 비롯된다. '자아실현'은 동서고금을 막론하고 누구나 원하는 간절한 소망일 것이다. 문제는 '자아실현'은 본래 두 차원에서 이해할 수 있다는 점이다. 우리는 자신만의 독특한 개성을 실현하고자 원할 수도 있고, 인간의 보편적 본성을 실현하고자 원할 수도 있다. 그런데 개인의 독특한 개성만을 강조하고 인간의 보편적 본성을 무시한다면, 그때의 자아실현이란 프롬·매킨타이어·테일러 등이 지적한 것처럼 이른바 '자아도취, 멋대로 자유' 등 각종 폐단을 야기한다.[23] 따라서 참다운 자아실현은 '인간의 보편적 본성'에 기초하여 '개인의 독특한 개성'을 발휘할 때만이 가능하다고 할 것이다. '인간의 보편적 본성'에 기초하여 '개인의 독특한

---

[23] 기존의 인권론에 대한 레비나스(Emmanuel Levinas)의 비판도 주목할 필요가 있다. 그에 의하면, 근대의 인권은 오로지 '자기의 권리'에 집착한 것으로서 '에고이즘(egoism)'을 보장하는 수단에 불과한 것이었다. 에고이즘에 입각한 나의 권리 요구는 결국 타자의 권리를 부정하게 됨으로써 '인권에서 출발한 만인에 대한 만인의 투쟁'을 야기한다. 이처럼 기존의 인권담론으로는 나와 남의 평화적 관계가 요원해지는 까닭에 레비나스는 '남의 권리'와 그에 대한 '나의 책임'이라는 관점에서 인권론을 재구성하고자 했다(김도형, 2012: 2~6).

개성'을 발휘한다는 것은 인륜의 한계를 넘지 않는 범위에서 자유를 누린다는 뜻이요, 가치의 객관적 척도를 존중한다는 뜻이다. 우리는 그 모범적 사례를 공자의 '화이부동'이나 '종심소욕불유구'에서 찾을 수 있다.

이 글에서는 프롬·매킨타이어·테일러 등의 자유주의에 대한 비판은 '인륜의 한계 안에서 자유를 누리자'는 취지였다고 해석하였다. 프롬·매킨타이어·테일러 등의 자유주의에 대한 비판은 본래 정당한 것이고, 또 그들의 비판에 대한 본고의 이러한 해석이 옳다면, '화이부동'이나 '종심소욕불유구'는 유교와 자유주의가 공유해야만 하는 이상이라고 할 수 있다.

맹자는 "배불리 먹고 따뜻하게 입으며 편안히 살되 가르침이 없다면 곧 금수에 가깝게 된다. 성인이 이를 근심하시어, 설(契)을 사도(司徒)로 삼아 인륜을 가르치게 하셨다"고 했던 만큼 인륜은 '사람다운 삶'의 보루이다. 오늘날 우리 한국은 산업화와 민주화를 통해 '결핍'과 '억압'의 문제를 대부분 해결하였다고 한다. 그러므로 이제는 '자유와 풍요'를 바탕으로 '사람다운 삶'을 실현하는 데 관심을 기울여야 마땅하다고 본다.

참고문헌

《四書集註大全》,《朱子語類》

김도형. 2012. "레비나스의 인권론 연구 : 타인의 권리 그리고 타인의 인간주의에 관하여."《大同哲學》제60집. 대동철학회.
김비환. 2008. "朝鮮 初期 儒敎的 立憲主義의 諸要素와 構造",《정치사상연구》제14집 1호. 한국정치사상학회.
김상봉. 2002.《호모 에티쿠스》. 서울: 한길사.
박순성. 2003.《아담 스미스와 자유주의》. 서울: 풀빛.
서병훈. 2000.《자유의 미학》. 서울: 나남출판.
이상익. 2004.《儒敎傳統과 自由民主主義》. 서울: 심산.
이상익. 2007.《朱子學의 길》. 서울: 심산.
이상익. 2012. "조선시대의 人權 문제."《정치사상연구》제18집 1호. 한국정치사상학회.
조긍호. 2006.《이상적 인간형론의 동·서 비교》, 서울: 지식산업사.
조긍호. 2012.《사회관계론의 동·서 비교》, 서울: 서강대학교출판부.
로크, 강정인 지음·문지영 옮김. 1996.《통치론(제2론)》. 서울: 까치.
롤즈 지음·장동진 외 옮김. 2000.《만민법》. 서울: 이끌리오.
밀 지음·김형철 옮김. 1992.《자유론》. 서울: 서광사.
셸던 월린, 강정인 지음·이지윤 옮김. 2009.《정치와 비전2》. 서울: 후마니타스.
아리스토텔레스 지음·최명관 옮김. 2002.《니코마코스 윤리학》. 서울: 서광사.
알래스데어 매킨타이어 지음·이진우 옮김. 1997.《덕의 상실》. 서울: 문예출판사.
앤서니 아블라스터 지음·조기제 옮김. 2007.《서구 자유주의의 융성과 쇠퇴》. 파주: 나남.
에리히 프롬 지음·이극찬 옮김. 1980.《자유로부터의 도피》. 서울: 전망사.
이사야 벌린 지음·박동천 옮김. 2006.《이사야 벌린의 자유론》. 서울: 아카넷.
찰스 테일러 지음·송영배 옮김. 2001.《불안한 현대사회-자기중심적인 현대문화의 곤경과 이상》. 서울: 이학사.
플라톤 지음·박종현 옮김. 1997.《국가·政體》. 서울: 서광사.
피터 싱어 지음·최정규 옮김. 2011.《다윈주의 좌파 : 변하지 않는 인간의 본성은 있는가?》. 서울: 이음.

Anthony Arblaster. 1984. *The Rise and Decline of Western Liberalism*. Oxford: Basil Blackwell Publisers Ltd.

David Hume. 1958. *A Treatise of Human Nature*, edited by L. A. Selby-Bigge. London: Oxford University Press.

Isaiah Berlin. 2002. *Freedom and its Betrayal*. London & Princeton: Princeton University Press.

John Locke. 1993. *Two Treatises of Government(The Second Treatises of Government)* in *Political Writings*. London: Penguin Books.

John Stuart Mill. 1979. *On Liberty*, edited by Elizabeth Rapaport. Indianapolis: Hackett Publishing Company, Inc.

Steven Lukes. 1973. *Individualism*. New York: Harper & Row.

Thomas Hobbes. 1985. *Leviathan*, edited with an introduction by C.B. Macpherson. London: Penguin Books.

Wm. Theodore de Bary. 1998. *Asian Values and Human Rights*. Cambridge: Harvard University Press.

유교적 정치가와 성숙한 민주주의: 안철수 '민란'

박홍규 고려대학교

1. 서론: 전통 유교와 서구의 근대성

2012년 대한민국 18대 대통령 선거의 주인공은 최종 국면에서 대선 후보를 사퇴한 안철수였다. 대권을 거머쥔 여당 새누리당의 박근혜도, 통한의 패배를 맛본 야당 민주당의 문재인도 이 드라마의 조연에 불과했다. 후보를 사퇴할 때까지 안철수는 박근혜 후보와의 가상대결에서 우위를 놓치지 않았다. 정치적 경험도 정당 조직도 없이 안철수 후보는 단신으로 민중의 지지를 업고 광풍을 일으키며 양대 정당의 기존 정치 방식을 쑥대밭으로 만들면서 대선판을 종횡무진 누비고 다녔다. 그것은 '민란'이었다. 이 글에서는 이러한 안철수 현상이 1980년대의 민주화 이후 한국의 민주정치에서 의미하는 바가 무엇인지를 탐구해 보고자 한다.

1 이 논문은 2013년 9월 《한국정치학회보》 제47집 제4호에 게재되었던 글이다.

중국 고대의 주나라가 쇠퇴한 후 춘추시대를 거쳐 7개의 대국이 패권을 다투던 전국시대가 펼쳐졌다. 다양한 생각을 가진 사상가들이 전쟁상태를 종결시킬 수 있다는 방안을 제시하며 논쟁을 벌이거나, 자신의 정치적 견해를 개진하기 위해 패권국의 군주를 찾아다녔다. 유가(儒家) 사상의 대표자는 맹자였다. 〈맹자〉의 첫 구절은 법가사상을 수용하여 최강의 국세를 자랑하던 양나라(위나라)의 군주 혜왕과 면대하는 장면으로 시작된다. 천 리를 멀다 않고 찾아온 맹자에게 혜왕이 "장차 우리나라에 어떤 이익을 가져다 주려는 것인지요?"라고 묻자, 맹자는 이렇게 답하였다.

> 왕께서는 하필 이익(利)이라는 말씀을 하십니까? 그저 인의(仁義)만 얘기하셔야 합니다. 왕께서 '어떻게 해야 우리나라에 이익이 될까?'라고 말씀하시면, 대부들은 '어떻게 해야 우리 가문에 이익이 될까?'라고 말할 것이며, 사(士)와 서민들은 '어떻게 해야 내 몸에 이익이 될까?'라고 말할 것입니다. 위아래서 서로 이익을 다툰다면 그 나라는 위험에 빠집니다. … 대의를 뒤로 미루고 이익만을 앞세우기 때문에 남의 것을 빼앗지 않고는 만족하지 못하는 것입니다. … 왕께서는 인의만을 말씀하셔야 합니다. 왜 하필 이익을 말씀하십니까?(〈양혜왕상〉· 1)[2]

인의와 이익을 준별하고 언제나 인의를 추구해야 하고, 그런 정치가

---

[2] 이 글에서 〈맹자〉의 번역은 장현근(2010a)과 성백효(1991)를 사용하였다.

에 의해 전쟁은 종결될 것이라는 맹자의 신념은 비록 전국시대의 전쟁 상태를 종결시키지는 못하였지만, 그후 2000년 가까이 동아시아의 담론 세계에 강력한 영향력을 발휘하였다. 특히 한국의 경우 조선왕조 전 시기에 걸쳐 《맹자》는 담론 세계는 물론 정치 세계를 지배하였다. 그러나 19세기말 서구 근대문명과 조우하면서 맹자적 담론은 그 위세를 잃게 되었고, 20세기 전반(全般)을 지나오면서 정치 세계에서 그 자취를 찾아보기 어렵게 되었다. 그리고 그 자리를 대신하여 서구 근대성 담론이 차지하였다.

2012년, 산업화 단계와 민주화 단계를 통과한 한국에서 한 유력한 대선 후보는 자기의 생각을 다음과 같이 피력하였다.

> 리더십의 바탕은 진심(眞心)이라고 생각합니다. 사람과 사람의 관계에서 '내 개인의 이익을 위해 상대방을 이용하지 않는다'는 진심이 있어야 해요. 그래야 사람들이 믿고 따라옵니다. '많은 사람들을 짧은 순간 속일 수 있고, 소수의 사람을 오랫동안 속일 수 있지만 많은 사람들을 영원히 속일 수는 없다'는 말이 있죠. 결국 진심은 전달이 된다고 믿습니다.(《안철수의 생각》, 41~42)[3]

너무도 평이하고 [순진하다(naive)고 할까] 담담한 어조로 자신이 다른 후보와 무엇이 다른지를 제시하고 있다. 자기 자신과 자기를 지지하는 세력의 이익을 실현하기 위해 권력을 장악하고 유지하고 구사하는 데

---

[3] 안철수. 2012. 《안철수의 생각》. 서울: 김영사. 이하 《생각》으로 약칭하였다.

혈안이 되어버린 정치판에 뛰어들어, 그 세계를 광정(匡正)하겠노라고 안철수는 말하고 있었던 것이다. 필자는 이러한 안철수의 언행에서 맹자적 담론과 유사한 측면을 발견할 수 있었다. 이 글에서는 안철수를 '맹자의 사도(使徒)'로서 묘사할 것이며,[4] 이와 더불어 민주주의 시대의 정치가(政治家) 안철수를 유교적 정치가로서 설정할 것이다. 따라서 이 글은 연구사적으로는 '전통 유교와 서구의 근대성'이라는 문제영역에 속한다.

다양하게 전개된 이 문제영역에서의 선행연구는 크게 세 가지 유형으로 분류·정리할 수 있다. 첫째, 서구의 근대성에 해당하는 등가물을 동아시아 전통에서 찾는 시도이다. 자유, 정의, 인권, 입헌주의 등 서구의 근대적 가치에 상응하는 것이 전통 유교에도 있었다는 것을 주장함으로써 전통 유교가 서구의 근대성과 비교해 열등하지 않다는 것을 강조하려는 연구이다. 이러한 연구는 전통 유교에 대한 이해를 심화시킬 수 있지만, 전통 군주제와 서구 민주제라는 정치공동체의 본질적인 차이를 무시한 채, 추상적인 담론 수준에서의 비교를 통해 연구자의 지적 유희로 끝날 위험성이 있다. 둘째는 첫째에서 더 나아가 유교 문명의 우월적 가치를 강조하는 관점에서의 시도이다. 이는 서구 근대성의 한계에 대한 대안을 전통 유교에서 찾아 제시하는 것으로, 규범적 성격을 띠는 연구이다. 그러나 그 대안의 실현 가능성을 인정하기가 쉽지 않다는 점에서 이러한 연구 역시 첫째 유형과 마찬가지로 공허한 주장으로 그칠 수 있다. 셋째는 사회현상과의 관련 속에서 설명적 접근을 시도하

---

4 필자는 안철수와 일면식도 없다. 따라서 그가 〈맹자〉를 읽었는지, 맹자에 관해서 어떤 생각을 가졌는지 알지 못한다. 단지 필자는 지금까지 공표된 그의 언행에 근거하였을 뿐이다.

는 것이다. 산업화 단계에서 유교와 자본주의의 친화성을 주장하는 유교자본주의론, 민주화 단계에서 유교와 민주주의의 양립 가능성에 대한 논의 등이 그 예이다.[5] 단지 이 유형의 연구에서는 연구대상이 되는 각 국가에서 일정 시점(시간대)에서 나타난 현상을 설명할 수 있을 뿐, 이를 통해 일반 이론의 수준에 도달하기를 기대하는 것은 어렵다. 유교가 자본주의 발전을 저해하는지 촉진하는지, 유교가 민주주의와 양립할 수 있는지 없는지 일반화할 수 없다. 게다가 이 연구는 자칫 개별 국가의 특수성에 초점을 맞춤으로써 인민주권, 자유, 인권 등의 근대적 가치를 왜곡할 위험이 있다. 그럼에도 필자는 이 유형의 연구가 나머지 두 유형의 연구와 비교해 상대적으로 유의미한 연구성과를 기대할 수 있다고 생각한다.

이 글에서는 한국이라는 공간성과 민주화 이후라는 시간성의 맥락을 전제로 하여 '민주주의의 성숙'이라는 관점에서 전통 유교와 서구 근대성의 문제에 대한 설명적 접근을 시도할 것이다. 특히 규범적 접근을 피하고 설명력을 높이기 위해 '인문화(humanization)'[6]와 '진정성(genuineness)'이라는 개념을 사용할 것이다. 이러한 설명을 통해 안철수 현상에서 '민본민주주의'라는 개념을 상상해내는 것이 이 글의 궁극적인 목적이다.

---

5 이 유형의 연구 또한 부분적으로 규범적 제안을 포함하고 있다.
6 문맥에 따라 인문성, 인문주의, 인문 영역이라는 개념으로 사용된다.

2. 근대 서구의 민주주의: 인문성과 책임성

서구 중세는 기독교 공동체였다. 신이 인간을 포함한 지상 세계를 지배하였다. 신의 피조물인 인간은 신의 의지에 따라 살아야 했으며, 지상의 권력은 신이 부여한 것이었다. 근대는 이러한 신과 신의 지배에서 벗어나 인간이 중심이 되어 인간 스스로 자신의 의지에 따라 정치공동체를 창출하는 시대이다. 인본주의(humanism), 즉 인간중심주의는 중세에서 근대로의 전환을 표현하는 가장 핵심적인 개념이다. 신을 전제로 하지 않는 인간이 다른 인간들과 더불어 생을 유지한다는 것은 무엇을 의미하는가? 자신의 이익을 추구하는 인간이 자신과 마찬가지로 욕망을 추구하는 다른 인간과 더불어 살아가야 한다는 것이다. 마키아벨리는 바로 이러한 근대적 인간을 극단적으로 묘사한 사람이었다. 그는 자신의 눈앞에 현존하는 실제적인 인간의 모습을 이렇게 묘사한다.

> 이 점은 인간 일반에 대해서 말해준다. 즉 인간이란 은혜를 모르고, 변덕스러우며, 위선자인 데다 기만에 능하며, 위험을 피하고 이득에 눈이 어둡다는 것이다. 당신이 은혜를 베푸는 동안 사람들은 모두 당신에게 온갖 충성을 바친다. … 그러나 당신이 정작 궁지에 몰리게 되면, 그들은 등을 돌린다. … 인간은 두려움을 불러일으키는 자보다 사랑을 받는 자에게 해를 끼치는 것을 덜 주저한다. 왜냐하면, 사랑이란 일종의 의무감에 의해서 유지되는데 인간은 지나치게 이해타산적이어서 자신들의 이익을 취할 기회가 있으면 언제나

자신을 사랑한 자를 팽개쳐버리기 때문이다. 그러나 두려움은 처벌에 대한 공포로써 유지되며 항상 효과적이다.(마키아벨리, 2003: 117)

마키아벨리는 은혜와 사랑으로 살아가는 중세적 인간과는 극명하게 대비되는, 이익을 추구하는 욕망의 주체로서 신의가 없고 약속을 지키려고 하지 않는 인간을 전제로 정치질서를 구축할 것을 주장한다. 이러한 근대적 인간으로 이루어진 정치공동체 창출의 논의는 홉스를 통해 제시되었다.

욕망의 주체들이 자신의 이익을 극대화하기 위해 충돌하는 상태(자연상태)에서 인간은 자신을 보존할 수 없게 되고, 결국 그러한 비참한 상태에서 벗어나기 위해 이성의 명령(자연법)에 따라 자신의 욕망을 추구할 권리(자연권)를 서로 포기하는 계약을 맺어 정치공동체(리바이어던, 국가)를 창출하기에 이른다. 그리고 리바이어던이 부여한 법과 제도의 틀 속에서 인간은 평화적으로 자기의 이익을 추구하게 된다.[7]

인간이 추구하는 이익 중에서 가장 큰 두 가지는 경제적 이익(부)과 정치적 이익(권력)이다. 따라서 국가에는 경제적 이익의 추구와 관련된 경제 영역과 정치적 이익의 추구와 관련된 정치 영역이 존재한다. 그러나 이 두 영역에는 근본적인 차이가 있다. 부의 추구는 그 자체가 목적일 수 있다. 따라서 획득한 부를 통해 추구하고자 하는 다른 가치를 설정하지 않아도 무방하다. 반면 권력을 추구하는 인간은 권력 그 자체가

---

[7] 로크는 홉스처럼 극단적이지는 않지만 인간의 불완전성을 전제로 법적, 제도적 장치를 통해 정치질서를 구축하고자 하였다. 이기적인 인간이 법과 제도(외적 강제)를 통해 자신에게 질서를 부여하는 '제도규율적 질서'가 근대 정치질서이다.

목적이라고 말하지 않는다. 권력은 인민주권, 자유, 정의, 평등, 인권 등의 정치이념(정치적 가치, 공적 가치, 공공선)을 실현하기 위한 수단임을 주장한다. 설령 권력 그 자체를 목적으로 추구하는 인간일지라도, 그 권력을 통해 실현하고자 하는 정치이념을 앞세운다.[8] 정치이념은 정치권력의 존립 근거이다. 그러나 한편으로 정치이념은 권력추구를 미화하는 장식이며(장식성), 권력을 통해 행해지는 억압성을 정당화하기 위한 장치이기도 하다(억압성). 이렇듯 정치 영역은 정치권력의 추구라는 측면과 정치이념의 추구라는 측면을 함께 갖고 있다. 전자를 정치의 '현실성'이라고 한다면, 후자는 정치의 '이념성'이라고 할 수 있으며, 양자를 겸하고 있는 것이 정치 영역의 고유한 특성이다. 이러한 정치 영역의 고유성은 인간이 추구하는 진(眞), 선(善), 미(美), 성(聖)이라는 가치들과 정치적 가치가 어떻게 다른가를 알아봄으로써 확인할 수 있다.

  인간은 철학을 통해 진리를 추구하고, 윤리를 통해 선을 추구하고, 예술을 통해 미를 추구하고, 종교를 통해 성을 추구한다. 이러한 것들은 경제 영역이나 정치 영역과는 다른 차원이지만 인간의 삶을 구성하는 중요한 영역이다. 이 영역을 '인문 영역'이라고 부르기로 한다. 인문 영역의 '가치'는 경제 영역의 부라는 '이익'과는 질적으로 다르며 정치 영역의 정치이념이라는 정치적 가치와도 다르다. 정치적 가치는 그 가치를 '진정으로' 추구하지 않아도 존립한다. 아니 정치권력을 장식하거나 나아가 억압을 강요하는 정치권력의 도구로 사용된다고 해도 존립할 수 있다. 그러나 인문 영역의 가치는 그 자체가 목적이어야 하고 진정으로 추구되어야 하므로 다른 이익을 추구하기 위한 수단으로 전락

---

[8] 《군주론》에서의 마키아벨리조차 권력은 국가의 건설, 유지, 확장이라는 목적을 위한 수단임을 주장한다.

하는 순간 존립할 수 없게 된다. 따라서 인문 영역의 가치는 정치 영역에서는 추구될 수 없는 가치이다. 인문 영역의 가치가 갖는 이러한 특성을 '진정성'이라고 부르기로 한다. 서구 근대에서는 이러한 인문 영역을 사적 영역으로 독립시켜 정치가가 추구하는 공적영역, 즉 정치 영역과 구분하였다.[9] 서구에서는 진선미성을 사적 영역에 두고 정치적 가치를 공적 영역에 배치함으로써 근대적 정치이념이 탄생하게 되었다. 따라서 근대 정치의 고유성은 진정성을 추구하지 않는다는 데 있다. 정치 영역에서는 진정성의 추구가 필요하지 않은 것이다. 서구 근대는 이렇듯 서로 성격을 달리하는 세 영역, 즉 경제 영역, 정치 영역, 인문 영역이 정립(鼎立)하고 있었다.[10] 인문 영역은 두 영역으로부터 독립하여 자율성을 견지하면서, 두 영역에서의 이익추구를 간접적으로 제약하는 역할을 한다.[11] 정치 영역은 경제 영역보다 인문 영역에서 영향을 더 받는데, 이는 정치 영역에서는 이익(권력)의 추구와 함께 정치이념의 추구라는 측면이 함께 존재하기 때문이다. 인문성이 더욱 강고한 만큼 정치 영역의 이익추구는 순화되어 정치 영역의 질적 향상에 영향을 미치게 된다.

한편, 근대의 인간은 정치체제를 형성하고 유지하는 데 모두가 자유롭고 평등한 주체로서 참여할 권리(인민주권)를 갖고 있다고 생각하였다. 그들은 일인이든 소수이든 타인의 지배를 받기를 원하지 않았다. 그들이 원한 것은 스스로 지배자인 동시에 피지배자가 되는 체제, 즉 민주주의(democracy)였다. 민주주의의 원형은 고대 그리스에서 실행된

[9] 정치 영역이 공적 영역이라면 경제 영역은 인문 영역과 함께 사적 영역에 속한다.
[10] 실재 인간은 세 영역에 걸쳐 중첩되어 살아간다.
[11] 정치 영역과 경제 영역은 법, 제도, 절차를 통해 이익추구를 직접적으로 제약한다.

직접민주주의이다. 그러나 직접민주주의는 대규모의 근대국가에는 적합하지 못해 근대인은 새로운 형태의 민주주의, 즉 간접민주주의를 고안하게 되었다. 인민이 주기적으로 선거를 통해 대표(대통령, 국회의원)를 선출하여 그들로 하여금 정치권력을 사용하게 하는 대의민주주의가 그것이다.

대의제에서는 인민 중에서 대표가 되기 위해 활동하는 직업정치가가 생기게 되었다. 정치가는 자신의 정치이념, 정책을 제시하고 인민의 지지를 받아 정치권력을 행사하게 된다. 선출된 대표는 일정 기간 인민으로부터 권리를 위임받아 정치적 행위를 하고, 그 결과를 가지고 다음 선거에서 인민의 심판을 받게 된다. 대의제의 책임성이다. 이 과정을 통해 정치가는 정치적 자산을 축적하여 큰 정치가로 성장하거나, 아니면 감소하여 정치가로서의 생명을 다하게 된다.

근대 정치에서 정치가는 정치 영역에 한정된 존재가 아니다. 정치가는 세 영역을 넘나들며 행위하는 존재이다. 물론 앞에서 언급했듯이 정치가는 정치 영역에서 직접적으로 인문성을 추구하지 않는다. 그러나 정치가이기에 앞서 자연인으로서 인문 영역에 침윤된 존재이고, 간접적으로 그가 지닌 인문성은 그의 정치행위에 영향을 미친다. 또한, 정치가는 경제 영역과는 밀접하게 관계를 맺는다. 정치는 경제를 직접적으로 취급한다. 정치가는 세 영역의 상호작용 속에서 균형 잡힌 행위를 하게 된다. 그러나 근대 정치가를 규정하는 또 다른 영역이 존재한다. 곧 국제정치 영역이다.

근대국가는 국제적 아나키와 쌍생아이다. 국내적으로는 개인에 대한 외적 강제를 통해 법적, 제도적 질서를 형성하는 자체가 다른 국가와의 생존 투쟁 속에서 이루어지기 때문이다. 근대국가들 사이의 국제관계는 평화적인 조정, 중재, 심판을 할 수 있는 상위자가 존재하지 않아 언제나 전쟁으로 귀착될 수 있는 아나키이다. 따라서 근대국가의 역사는 전쟁의 역사이기도 하다. 일국 내에서는 문명을 이루고 유지하는 국가들이 그들 사이에서는 전쟁이라는 야만의 상태에 빠져 있는 모순된 상황(근대 문명의 패러독스)[12] 속에서 정치가는 존재한다. 일방적으로 국가이익을 추구해야 하는 국제정치 영역과 인문성이나 이념성이 작용하는 국내정치 영역이라는 이중성에 빠져 있는 것이다. 이 분열 속에서 정치가의 인문성과 이념성은 빛을 발휘하기 어렵다.

3. 한국 민주주의의 성숙화: 인문화 운동

1948년 근대국가를 수립한 대한민국은 정치, 경제, 인문의 각 영역에서 근대화의 길을 걷기 시작하였다. 그러나 일제 식민지 지배의 폐해와 한국전쟁으로 말미암아 근대화가 순조롭게 진행되지 못한 결과, 1961년 5·16쿠데타로 정권을 장악한 박정희는 경제 영역의 근대화, 즉 자본주의 산업화를 우선시하는 전략을 채택하게 된다. 산업화 우선 전략은 효과를 발휘하여 몇 차례의 위기를 겪으면서도 고도성장을 이루어갔다. 그러나 경제성장주의 일변도 속에서 정치 영역과 인문 영역은 경제 영역에 종속되고 지배되었다. 권위주의체제 속에서 민주적 가치는 억제되었고, 인문성은 성장하기 어려웠다.

1979년 산업화 과정에서 억제되었던 민주적 가치에 대한 요구가 박

---

[12] 최악의 모순은 '문명의 사명'이라는 명분으로 식민지 쟁탈을 강행한 제국주의이다.

정희 암살사건을 계기로 폭발하였다. 이 사건의 처리과정에서 1980년에 광주 민주화 운동이 발생하였고, 이후 지속된 민주화 운동은 1987년의 직선제 개헌을 통해 민주주의 체제로의 이행을 성취하였다. 나아가 평화적인 여야 정권교체를 거듭하면서 민주주의는 공고화되었다. 그러나 이러한 경제발전과 민주화에도 한국 민주주의 수준이 질적으로 향상되었다고 보기는 어렵다. 낮은 수준의 정치적 제도화, 정치적 부패의 만연, 경제적·사회적 불평등의 증대와 경제적 불안감의 확대, 사회적 불신과 정치제도에 관한 낮은 신뢰 수준 등의 현상은 성숙한 민주사회라는 평가를 내리기 어렵게 한다. 특히 1996년부터 10년간 정치제도에 대한 국민의 신뢰를 추적해 보면 과연 정치 영역이 존립할 수 있는지 의심스러울 정도로 민주주의의 수준은 매우 낮다.

한국민주주의바로미터(Korea Democracy Barometer) 1996년 조사에서 62%의 응답자가 행정부를 신뢰한다고 하였으나, 아시아바로미터(Asian Barometer) 2003년 한국조사에서는 26%가 신뢰한다고 하였고, 아시아바로미터 2011년 한국조사에서는 22%가 신뢰한다고 하여, 지난 15년 동안 행정부에 대한 신뢰수준이 40% 정도 급격하게 낮아진 것으로 나타났다. 국회의 경우도 유사하게, 1996년 조사에서는 49%가 신뢰한다고 하였으나, 2003년에는 15%가 신뢰한다고 하였고, 2011년에는 11%가 신뢰한다고 하여, 같은 기간에 38% 정도 낮아졌다(박종민·배종현, 2011: 117~118). 민주화 이후 민주주의가 성숙하지 못하고 오히려 퇴행하고 있다는 우려를 하지 않을 수 없다. 특히 지난 2012년 19대 총선 과정을 살펴보면, 정치가의 수준에 대해서는 더욱 회의적이다. 기존의 정치인은 물론 정당공천을 통해 정치권에 진입한 새로운 인물들 또한 견실한 정책선거를 지향하기보다는 득표를 위해 실행 가능성이 낮은 공약(空約)을 남발하고 네거티브 선거 캠페인을 행하였다.

물론 이러한 문제는 한국을 포함한 후발 신생 민주주의 국가들만의 문제는 아니다. 정부와 정치제도에 대한 시민들의 점증적 불신과 양극화의 심화, 정치적 냉소주의, 낮은 투표율 등과 같은 경향은 선진 민주주의 국가들에서도 나타나는 보편적인 현상이다. 이에 따라 '민주주의의 질'에 대한 관심이 전 세계적으로 크게 고조되고 있다. 과거에는 여러 가지 양적인 지표의 제고가 대부분 국가의 일차적인 관심사이자 목표였지만, 오늘날에는 양적인 성장에 걸맞은 질적인 발전에 대한 요구와 수요가 급증하고 있는 것이다. 이에 부응하고자 사회과학 분야에서도 다양한 제도와 영역에서의 질적 수준(삶의 질, 사회의 질, 시민사회의 질, 거버넌스의 질, 민주주의의 질, 정부의 질)에 대한 연구가 폭발적으로 증가하였다. 전 세계의 많은 국가가 민주주의체제이거나 자칭 민주주의를 표방하는 상황에서 민주주의냐 아니냐라는 질문은 더는 큰 의미가 없게 되었다. 더욱이 민주주의란 고정된 것이 아니라 얼마든지 내부적으로 퇴행할 가능성을 안고 있다는 주장이 받아들여지면서, 단순히 민주주의 체제를 유지해 나가는 것이 아니라 민주주의를 질적으로 향상시키는 데 관심이 집중되고 있다. 이제는 '어떤 민주주의인가'(최장집, 2007)를 물어야 할 상황인 것이다.[13]

한국의 국회의원들은 개인적으로는 매우 우수하지만, 집단으로서는 신뢰받을 수 없는 최하의 인간군으로 평가되고 있다. 따라서 한국 민

---

13 민주주의의 질적 향상의 문제는 선진 및 신생 민주주의 국가에서 동시에 나타나는 현상이지만, 이 글에서는 신생 민주주의 국가인 한국의 특수성에 주목하여 미성숙의 원인과 성숙화를 위한 대책을 모색해 보고자 한다.

주주의의 미성숙의 원인을 정치가 차원의 문제로 접근해 볼 수도 있다. 그러나 이 글에서는 그 원인을 앞 절의 논의를 바탕으로 구조적 차원에서 설명해 보고자 한다.

앞 절에서 언급했듯이 서구 근대는 서로 성격을 달리하는 세 영역, 즉 경제 영역, 정치 영역, 인문 영역이 정립하는 모습으로 전개되었다. 특히 인문 영역은 두 영역으로부터 독립하여 자율성을 견지하면서, 두 영역에서의 이익추구를 간접적으로 제약하는 역할을 하였다. 그러나 한국에서는 인문 영역의 지체(遲滯)가 민주화 이후의 한국 민주주의 미성숙의 원인으로 작용하고 있다.

1948년 건국 이후 쉼 없이 진행된 산업화와 민주화의 과정에서 인문 영역은 자율적이며 독립된 영역으로서 구실을 할 정도로 성숙하지 못하였다. 성장제일주의의 기치 아래 산업화를 추진하던 권위주의 시대에 인문 영역은 억압되어 있었고, 경제와 정치 두 영역의 폭주를 묵인, 옹호, 조장하기도 하였다. 또한, 인문 영역이 성숙하지 못한 상태에서 운동으로서의 민주화는 투쟁을 통해 전개되었고, 민주주의로의 이행과 공고화가 이루어졌음에도 정치 영역에서의 투쟁성은 완화될 기세를 보이지 않고 있다. 그 결과 지금 대한민국에는 '초권력주의(ultra power politics)'가 만연해 있다. 정치권력을 장악하기 위한 투쟁이 심화되어 정치 영역에서의 현실성이 폭주를 멈추지 않고 있으며, 이 때문에 권력의 추구를 규율할 외적 강제로서의 법과 제도는 제대로 작동하지 못하고 있다. 또, 정치이념은 장식성의 수준을 넘어 극단적으로 과잉되어 권력투쟁을 한층 가열시키고 있다. 한편, 인문 영역의 진정성은 본연의 빛을 발휘하지 못하고 있다. 이러한 초권력주의는 '무책임의 구조'를 낳았

다.[14]

정치가가 신뢰를 받지 못하는 것은 그들이 책임을 지지 않기 때문이다. 대의민주주의는 책임성을 전제로 해야만 작동할 수 있다. 정치가가 책임을 지지 않는, 질 수 없는 구조에서는 대의민주주의가 존립하기 어렵다. 한국 민주주의의 무책임 구조는 제물(祭物)적 대통령제, 지역패권주의, 약체(弱體)정당의 세 가지로 이루어져 있다.

제물적 대통령제란 주기적으로 퇴임 대통령을 제물로 바치고 대다수의 정치가가 책임을 모면하는 구조이다. 대통령에게 과도한 권한이 집중된 현행 제왕적 대통령제에서 대통령은 초권력주의 현상의 정점에 위치하여 법과 제도와 절차를 넘어서게 된다. 제약되지 않는 제왕적 대통령의 행위는 임기 말에 이르면 문제화되어 결국 몇 명의 순장(殉葬)자와 함께 제물로 바쳐지게 되고, 나머지 정치가 집단은 회생하여 다음의 제물을 찾아서 광분하게 된다. 지역패권주의란 한 정당이 지역을 장악하고 있어 장악하고 있는 정당과 정치가의 책임을 묻지 못하게 하는 구조이다. 지역에 기반을 둔 정당과 그 정당에 소속한 정치가는 정치적 행위의 잘잘못에 대해 자기 텃밭 지역에서 심판을 받지 않고 오히려 비호된다. 마지막으로 약체정당이란 책임을 져야 할 정당을 해체함으로써 정당 소속 정치가가 책임을 모면하고 새로운 정당을 만들어 활로를

---

[14] 마루야마 마사오는 다른 일반적인 근대국가의 국가주의(무력적인 팽창 경향)와 질적으로 다른 일본의 초가주의(ultra nationalism)의 논리와 심리를 분석한 바 있다(丸山眞男, 1997). 근대국가의 제도·규율적 정치질서에서 권력추구는 일반적인 현상이다. 권력추구 그 자체가 목적으로 전도되어, 제도적 규율을 넘어서서 권력이 추구되는 권력주의가 나타난다고 해도, 그것은 마키아벨리가 설명하였듯이 필요성에 따른 일시적이고 상황적이며 개별적인 현상일 뿐이다. 이러한 권력주의와는 달리 여기서 말하는 초권력주의란 법과 제도, 정치이념, 인문성이 작동하지 못하는 노골적인 권력 추구가 항상적, 집단적으로 이루어지게끔 구조화되어 있는 상황이다. 법은 강자를 위한 수단이고, 이념은 투쟁을 위한 수단이며, 인문성은 장식을 위한 수단에 불과하다. 초권력주의는 박정희 시대의 산업화와 양김 시대의 민주화의 산물로 성장제일주의와 강고하게 결합하여 한국사회에 무책임의 구조를 형성하고 있다.

모색하는 현상이다. 한국정치의 가장 큰 문제를 정당의 미발달로 보는 견해가 지배적이다. 필자는 정치가들이 의도적으로 정당 발달을 방해하고 있다고 본다. 강한 정당에서는 정치가가 책임을 모면하기가 어렵다. 정당의 책임을 다선의원이 져야 하므로 당선 횟수가 많아질수록 해당 의원은 강한 정당을 원하지 않는다. 다선으로서 자신의 정치적 생명을 온존하게 하려면 약체정당을 유지하는 것이 더 좋기 때문이다. 강한 정당은 정치가가 만드는 것이다. 왜 민주화 이후에도 강한 정당이 형성되지 못하는지는 계급의 문제도, 국민의 문제도, 지역의 문제도 아니다. 본질적인 원인은 무책임의 구조를 유지하고자 하는 정치가에게 있다.

　무책임의 구조에서는 정치적 부활이 가능하다. 제왕적 대통령이 하사하는 정치적 사면을 통해, 약체정당의 공천을 통해, 또는 지역주의에 기반을 둔 텃밭 선거를 통해 정치적 사망자가 부활한다. 사망과 부활을 거듭하는 것이 마치 정치적 거물이 되는 길처럼 여겨지는 곳에서는 책임정치를 기대하기 어렵고 이러한 무책임의 구조에서 정치가의 성장을 기대하기도 어렵다. 따라서 한국정치에서는 초선의원의 교체율이 높고, 의미있는 중진(重鎭)의원으로 성장하기가 쉽지 않다. 이러한 초권력주의에 기반을 둔 무책임의 구조에서 민주주의가 성숙하려면 어떤 방안을 마련해야 할까?

　첫째, 권력정치의 '현실성'의 폭주를 완화할 수 있는 것은 법, 제도, 절차를 준수하며, 강한 정당을 만들어 진지한 정책 실행을 통해 책임정치를 실현하는 것이다. 둘째, 과잉된 정치이념의 정상화이다. 정치이념은 정치권력을 통해 이루고자 하는 목적이자 장식이다. 정치이념이 목적성과 장식성을 넘어 권력투쟁의 도구로 전락해서는 안 된다. 셋째,

인문 영역의 정립이다. 인문성의 확충을 통해 진정성을 확보하는 것이다. 이 글에서 주목하는 것은 세 번째 방안이다.

서구의 근대성은 경제 영역, 정치 영역, 인문 영역이 정립을 이룰 때 완결된다. 근대성의 성취를 목표로 하는 후발자는 적극적 노력을 통해 근대성을 달성하고자 한다. 근대화 '운동'이 그것이다. 산업화와 민주화는 운동을 통해 성취되었다. 지체된 인문 영역 역시 자각적인 운동을 통해 성취될 필요가 있다. 운동으로서의 인문화가 한국 민주주의를 성숙시키는 길이다.

물론 산업화와 민주화가 진행되는 과정에서 비록 지체되기는 하였지만 인문성 역시 축적·성장하였다. 산업화가 진행되면서 민주주의에 대한 요구가 축적·성장해 오다가 박정희 암살사건을 계기로 그 요구가 급격하게 주요 현안으로 등장하였듯이, 인문성에 대하여 축적되어 온 요구 또한 임계점에 달해 어떤 계기를 통해 인문화 운동으로 현재화될 것이다. 이러한 맥락에서 안철수 '민란'은 인문화 운동의 계기가 되었다는 것이 필자의 생각이다.

4. 안철수 '민란': 유교적 정치가의 등장

1862년(철종13년, 임술년) 진주에서 민중이 반란을 일으켰다. 우리는 이를 진주민란 혹은 임술민란이라고 부르는데 그 핵심 사항은 ① 조선 후기 신분제의 변화 속에서 지주와 소작인의 대립이 표면화되고 조세 제도의 폐단이 지속되었지만(지배층과 피지배층 사이의 모순 심화), ② 조선의 지배층이 개혁을 통해 민중의 요구를 수용하지 못하자(지배층의 개혁

불능), ③ 민중은 폭력을 사용하여 조선의 지배질서에 저항하였다(피지배층에 의한 기존 질서의 타파)는 것이다.

2012년 18대 대선 과정에서도 민중[15]이 반란을 일으켰다. 이것이 바로 안철수 '민란'으로, ① 민주화 이후 민중의 인문성은 성장한 반면, 정치 영역에서는 초권력주의가 만연하여 대의민주주의의 책임성이 작동하지 않는 등 민주주의가 성숙하지 못하는 상황이 지속되었지만(정치가와 민중 사이의 모순 심화), ② 정치가는 개혁을 통해 민중의 요구를 반영하지 못하자(정치가의 개혁 불능), ③ 민중은 대의민주주의 질서에 저항하였다(양대 정당에 의한 대선판의 타파)는 것이 주요 골자다.

두 민란에는 두 가지의 차이가 있다. 하나는 폭력성의 유무이고, 다른 하나는 정치권력의 장악 의도의 유무이다. 진주민란은 폭력을 사용하였지만 조선 정부를 타도하고 정권을 장악하려고 하지는 않았다.[16] 반면 안철수 민란은 폭력을 사용하지 않고 기존 질서를 준수하면서 정권을 장악하려고 하였다. 비록 이러한 차이는 있지만, 기존 질서가 민중의 요구를 반영하지 못할 때 민중이 자발적, 주체적으로 기존 질서의 타파를 시도한다는 점에서 두 민란 사이에는 구조적 유사성이 존재한다.

안철수 민란의 서곡은 2011년 10월 26일에 치러진 서울시장 보궐선거였다. 2011년 9월 1일 밤 안철수의 서울시장 출마 결심이 임박했다는 기사가 한 언론을 통해 보도되었고, 그다음 날 서대문구청에서 열린

---

15 이 글에서 민중은 돈과 권력을 갖지 못한 다수 대중을 의미하지 않는다. 맹자가 말한 선지자, 선각자의 책임을 자임하는 사람을 제외한 국민을 의미한다. 그렇다고 군자(君子)에 짝이 되는 소인(小人)을 의미하는 것은 물론 아니다. 문맥에 따라 국민이나 시민이라는 용어를 사용하는 것이 적합한 곳에서도 민중이라는 용어를 사용할 것이다.

16 공공연하게 조선 정부를 타도하고 새로운 왕조를 세운다는 혁명성은 보이지 않았다. 다만 반란이 성공하여 조선 정부군을 타도하는 상황에 이르렀다면 혁명성이 등장하였을지도 모른다.

청춘콘서트 현장은 취재진으로 아수라장이 되었다. 서곡의 시작을 안철수는 "자고 일어나보니 세상이 바뀌어 있었다. 2011년 9월 2일이었다."(《생각》, 4)라고 표현하였다. 초권력주의에 실망한 민중들은 열광하였다. 그러나 9월 6일에 그는 50%에 달하는 민중의 지지를 받았음에도 5%의 지지를 받고 있던 박원순 씨에게 서울시장 후보를 전격적으로 양보하였다. 그 결과 한나라당은 패배하고 민주당의 지원을 받은 무소속의 박원순 후보가 승리하였다. 여당은 패배하고 야당은 자체 후보조차 내놓지 못하였다. 민란의 서곡이 울리자 한나라당은 12월에 박근혜 비상대책위원회 체제를 출범시켜 2012년 4월 11일로 예정된 19대 총선으로 국면을 전환하였고, 2012년 2월 2일에 새누리당으로 당명을 개정하고 꽃단장을 하여 약체정당의 본모습을 또다시 드러냈다. 한편 민주당은 비록 자체 후보를 내지는 못하였지만, 박원순 시장이 2월 23일에 공식 입당하여 야권 단일화를 통한 총선 승리에 뛰어들었다.

19대 총선은 이명박 정부에 대한 지지가 워낙 낮아 야권의 승리가 예상되고 있었다. 그러나 신장개업한 새누리당은 박근혜 비대위원장의 지휘하에 과반의석을 확보함으로써 민주당에 충격을 안겨주었다. 승리의 여세를 몰아 박근혜는 12월로 예정된 18대 대선을 향해 독주를 시작하였다. 서울시장 후보조차 내지 못한 민주당은 총선 패배의 충격 속에서 대선 국면으로 전환하였지만 박근혜에 대항할 만한 자체 후보를 갖고 있지 못하였다. 새누리당의 정권연장을 바람직하게 생각하지 않는 민중, 대항마도 없이 수권정당의 자격조차 갖추지 못한 민주당을 지지하지 못하는 민중, 그들은 안철수의 등장을 대망하고 있었다. 출마 예상 후보의 가상대결에서 안철수는 수위를 차지하고 있었다. 민중의 진의와 자신의 정체를 신중하게 파악하고 있던 그는 이윽고 9월 19일에 도전장을 던졌다. 안철수 민란의 막은 이렇게 올랐다. 민중의 지지를 등에 업고 민주당 후보로 선정된 문재인 후보와의 단일화 과정이 시작되었다. 그러나 민주당의 초권력주의의 벽을 넘어서지 못하고 11월 23일 마지못해 민주당 문재인 후보의 지지를 선언하면서 안철수는 후보를 사퇴하였고, 12월 19일 선거에서 집권당은 야권 단일 후보를 제압하고 권력을 쟁취하였다.

민란은 그렇게 진압되었지만, 민란의 주체는 민중이었다. 그렇다면 그들은 무엇을 요구하였을까? 산업화에 성공하여 선진국의 대열에 들었다고는 하지만 가진 자와 갖지 못한 자의 불평등이 심화되었고, 민주화가 이루어져 대의민주주의가 실행되고 있지만 정권교체를 거듭하면서도 강한 정당에 의한 책임정치가 이루어질 가망이 없이 초권력주의가 판치는 세상을 그들은 바꾸고 싶었다. 산업화와 민주화의 그늘이 심화되고 빛바랜 근대성에 절망하여 새로운 정치와 그것을 실현할 새로운 정치가를 그들은 갈망하였다.

이러한 민중의 요구는 느닷없이 나타난 것이 아니다. 산업화와 민주화의 장도를 거치면서 온축되어온 에너지가 구체제의 임계점에 달해 자발적으로 드러난 것이다. 그리고 그 에너지는 인간다운 삶을 원하는 민중의 집단심성에서 나왔으며 집단심성은 인문 영역에 뿌리내리고 있었다. 따라서 이 반란은 성숙하지 못한 정치, 경제 영역에 대한 인문 영역의 외침이었다. 민중의 아우성이 안철수로 향한 건 바로 이 때문이었다.

언제부터인가 안철수는 민중의 소리를 듣고 있었다. 세상의 심연에서 들려오는 소리에 안철수의 영감(靈感)은 반응하고 있었다. 2011년 9

월 2일의 청춘콘서트장에서 그는 깜짝 놀랐다. 민중의 소리의 톤이 달라졌던 것이다. 그가 듣고 감당하기에는 너무나 엄청난 것이었다. 민중의 열망을 무시할 수도 없지만 이를 온전히 정치하라는 뜻으로 착각하는 것도 곤란하다고 생각하였다. 자신을 지지하는 민중의 뜻을 정확히 파악해야 진로를 결정할 수 있었고, 자신이 감당할 능력이 있는지 냉정하게 판단하는 것이 중요하다고 생각한(《생각》, 52) 그는 민중과 공감(共感)하는 수순을 밟기로 하고 2012년 7월에 《안철수의 생각》을 시작으로 자기의 생각을 구체적으로 민중에게 알리기로 하였다.

> 제가 생각을 밝혔는데 기대와는 다르다고 생각하는 분들이 많아진다면 저는 자격이 없는 것이고, 제 생각에 동의하는 분들이 많아진다면 앞으로 나아갈 수밖에 없겠지요.(《생각》, 52)

이처럼 폭발하는 민중의 요구에 성급히 대응할 수 없었던 안철수는 민중의 소리를 자신의 언어로 전환하여 민중과의 공감을 시도하였다. 그러나 대선이 눈앞에 다가오는 상황에서 그의 "고민이 길어지다 보니 '안철수는 우유부단하다'거나 '간만 본다'고 비판하는 목소리"(《생각》, 32)가 퍼져갔다. 공감의 과정이 필요했던 것은 '무지(無知)' 때문이었다. 그것은 자신에 대한 무지와 미래에 대한 무지였다. 그래서 정치가가 되는 일에 처음으로 발을 담그는 (그것도 대통령이라는 최고통치권자가 되는) 일에 자신이 적합한 존재인지를 묻지 않을 수 없었다. 또한, 자신을 둘러싸고 벌어지는 현상을 파악하고 판단할 만한 전례가 없었다. 구체제에 저항하는 민중의 아우성은 감지하겠는데, 어디로 향하는 것인지, 어떻게 진행해 가야 할지 알지 못하였다. 그가 의거할 수 있는 것은 민중과 민중의 소리뿐이었던 것이다.

안철수는 진로를 결정할 때 세 가지를 생각하였다. "의미가 있는 일인가, 열정을 지속하고 몰입할 수 있는 일인가, 내가 잘할 수 있는 일인가."(《생각》, 28) 공감의 과정을 통해 민중의 요구에 부응하는 것은 의미 있는 일이고, 따라서 열정을 지속적으로 몰입할 수 있는 일인 것은 확신하였는데, 잘할 수 있는지는 확인할 길이 없었다. "그래서 스스로에게 거듭 질문을 던지고 대화를 통해 답을 찾고자 노력"(출마선언문)하였다. 그러나 그에게 잘할 수 있는지 없는지는 최종 결정 요인이 아니었다.

> 한 직업에서 다른 직업으로 넘어갈 때마다 제가 고민한 가장 큰 기준은 '개인적으로 뭘 많이 얻을 수 있는가'나 성공확률이 아니라, '얼마나 우리 사회에 좋은 영향을 끼칠 수 있는가'였습니다.(《생각》, 45)

비록 대선에서 이기지 못한다 할지라도, 민중의 소리에 응하여 대선에 나아가 구체제와 싸우는 것만으로도 '우리 사회에 좋은 영향을 끼칠 수 있다'고 판단하였을 것이다. 그것이 바로 '의미가 있는 일'이라는 믿음을 갖게 되었을 것이다. 미지의 세계를 향해 믿음으로 내딛는 것은 엄청난 용기가 필요하다.[17] 드디어 9월 19일에 출마 의사를 밝혔고, 민

---

[17] 동물의 왕국에서 처음으로 둥지를 떠나는 새들의 모습은 짧은 시간의 주저는 있지만 내재된 프로그램에 의해 이루어지는 자연현상이다. 이런 모습과 달리 '의미와 의지의 왕국'에서 벌어진 안철수의 비행(飛行)을 보면서 숙연함을 느꼈다.

란의 괴수가 탄생하였다.

> 저는 이제 이번 18대 대통령 선거에 출마함으로써 그(새정치
> 에 대한) 열망을 실천해내는 사람이 되려합니다. 저에게 주어
> 진 시대의 숙제를 감당하려고 합니다.(출마선언문)

그가 말하는 시대의 숙제는 "국민들의 삶을 외면하고, 국민을 분열시키고, 국민을 무시하고, 서로 싸우기만 하는 정치"(출마선언문), 즉 초권력주의에 의한 무책임의 정치를 종식하고, 국민의 삶을 보살피고, 국민을 통합하고, 국민을 존중하고, 서로 소통하는 정치를 이루는 것이다. 또한, 구체제를 극복하고 새로운 가치를 구현하는 것이다.

> 지금 대한민국은 낡은 체제와 미래가치가 충돌하고 있습니
> 다. 이제 낡은 물줄기를 새로운 미래를 향해 바꿔야 합니
> 다. 국민들의 민의를 반영하지 못하는 정치시스템, 계층 간
> 의 이동이 차단된 사회시스템, 공정한 기회가 부여되지 않
> 는 기득권과 보호구조, 지식산업시대에 역행하는 옛날 방식
> 의 의사결정구조, 이와 같은 것들로는 미래를 열어갈 수 없
> 습니다.(출마선언문)

안철수는 '통합의 정치', '덧셈의 정치', '미래가치'라는 개념을 통해 성숙한 민주정치에 대한 자신의 견해를 피력하였다. 그런데 민중의 요구가 안철수의 언어로 전환하여 표출되는 공감의 과정에서 새정치는 이

중성을 띠게 된다. 그가 제시하는 새정치는 성격을 달리하는 두 개의 줄, 즉 근대성이라는 씨줄과 유교성이라는 날줄로 엮였던 것이다.

본문의 3절에서는 민주주의를 성숙하게 하는 방안을 언급하였다. 그것은 서구의 근대성을 완성하는 길이다. 안철수의 새정치는 대의민주주의의 책임성을 확보하고, 정치이념의 기능을 정상화하고, 인문성을 창출해가는 것이다. 여기서는 지면의 제약으로 상술하지는 못하지만 《안철수의 생각》은 기본적으로 근대성에 기초한 새정치에 관한 내용으로 채워져 있다.[18] 그러나 사실 민중은 근대적 새정치의 길을 단념했기 때문에 민란을 일으키지 않았던가? 만약 안철수가 근대적 새정치의 길에 머물러 있었다면 민중은 안철수의 생각에 공감하지 않았을지도 모른다.[19] 여기서 필자가 주목하고 싶은 것은 안철수가 표출한 유교성에 기반을 둔 새정치이다.[20]

안철수가 꿈꾸는 지상에서의 성공적인 삶이란 '의미' 있는 일에 '열정'적으로 임해서(《생각》, 28) 다른 사람들의 삶에 긍정적인 영향을 미치는 것이다(《생각》, 258).[21] 그에게는 '이익'보다 '의미', '가치'가 중요하였다.

---

18 좀 길기는 하지만 한 부분만 소개한다. "저도 정치에서 대립하는 세력 간의 싸움은 피할 수 없다고 생각해요. 다만 싸울 때 세 가지 관점이 중요하다고 봅니다. '무엇을 위해 싸우는가, 어떤 주제를 가지고 싸우는가, 싸움의 결과로 어떤 합의를 끌어내 사회를 발전시키는가'를요. 정치인들이 국민을 위해서, 정책에 대한 가치관과 철학에 대한 차이를 가지고 싸우고, 그 결과로 합의를 끌어낼 수 있다면 바람직한 싸움이죠. …그 반대는 권력쟁취를 목적으로, 상대방이 얼마나 나쁜 놈인지 공격하며 싸우고, 끝까지 합의가 안 되는 평행선을 가는 것이겠죠. 우리 정치인들이 이렇게 싸운다면 우리가 바라는 복지, 정의, 평화는 불가능할 것입니다. 우리 정치가 한시바삐 과거의 적대적 프레임에서 벗어나 미래를 두고 정책으로 경쟁하는 단계로 발전해야 합니다." (《생각》, 92).
19 박근혜 후보도 문재인 후보도 근대적 새정치를 제시하고 있었다. 따라서 근대적 새정치 사이의 차이로 세 후보를 차별화하기는 어렵다.
20 이하에서는 안철수의 생각과 행동을 맹자적 사유와의 관계에서 설명할 것이다.
21 안철수는 종교를 갖고 있지 않다(《생각》, 75). 그가 생각하는 성공적인 삶은 내세를 갖고 있지 않은 유교에서의 성공적 삶이라 해도 틀리지 않을 것이다.

> 기업을 경영할 때도 돈만 버는 영리기업을 추구하지 않고, 사회에 어떤 기여를 할 수 있는지를 가장 중요한 기준으로 삼았고요. 그래서 외국기업에서 거액을 제시하며 회사를 인수하겠다고 제안한 것도 그 자리에서 거절했고, 개인들에게 백신을 무료 공급했고, 인터넷 대란 때 국가기관에 기꺼이 인력을 무료로 파견해 해결했습니다.(《생각》, 45~46)

위의 글이 경제 영역에서의 안철수라면, 아래의 글은 정치 영역에서의 안철수이다.

> 서울시장에 출마하지 않기로 선언한 후 나는 학교에서 학생들을 가르치는 일과 공익재단을 설립하는 일에 매진하면서, 한편으로는 정치권에 국민들의 목소리를 전달하는 울림통으로서 소임을 다하겠다는 마음이었다. 특히 개인적으로 무엇을 얻거나 무엇이 되겠다는 욕심이 전혀 없었기 때문에, 제3당을 만들라거나 4월 총선에서 적극적으로 역할을 하라는 말씀들에 응하지 않았다.(《생각》, 5)

이 글의 서론에서 인용하였듯이 맹자는 인의와 이익을 준별하고 언제나 인의를 추구해야 한다고 했다(義利之辨). 이익 중에서 자신의 목숨보다 소중한 것은 없다. 그러나 맹자에게는 목숨보다 인의가 중요하였다.

> 목숨 또한 내가 바라는 바이고, 의로움 또한 내가 원하는 바

인데, 두 가지를 다 겸할 수 없다면 목숨을 버리고 의를 취할 것이다. 목숨 또한 내가 바라는 바이지만 목숨보다 더 바라는 것이 있기 때문에 구차히 목숨을 지키려 하지 않는 것이다.(《고자상》, 10)

그렇다고 맹자는 이익을 무시하지는 않는다. 단지 이익은 인의를 행하는 가운데 저절로 수반되는 결과에 불과할 뿐이다. 물론 결과로서의 이익이 수반되지 않았다고 해서 인의를 추구한 생각과 행동이 부정되는 것은 아니다. 반면 인의를 고려하지 않은 채 결과로써 이익이 주어졌다 해도 그러한 이익은 인정되지 않는다.[22] 지금까지 안철수가 얻은 부와 명예는 "언젠가는 같이 없어질 동시대 사람들과 좀 더 의미 있는 건강한 가치를 지키며 살아가"(《생각》, 274)는 가운데 결과로써 주어졌을 뿐이다.[23]

가치를 추구하여 긍정적인 결과가 수반된 사람에게는 그에 상응하는 기대가 발생하고, 그 기대에 책임을 지는 것이 사람의 마땅한 도리라고 안철수는 생각하였다.

저 역시 이름이 알려지는 것을 원하지 않았지만, 열심히 공부하고 일하다 보니 저에게 사람들의 기대가 쌓이더군요. 그래서 적어도 그 사람들의 기대를 저버리는 행동은 하지

---

[22] 이러한 맹자적 사유를 동기주의라고 한다. 진량과 주희의 논쟁을 동기주의와 결과주의의 대립으로 분석한 이승환(2001, 296~308)을 참조.
[23] 안철수가 맹자와 같이 결과주의를 부정하는지는 모르겠지만 적어도 맹자적 동기주의에 근거하고 있음은 분명하다. 무료 백신을 쓰고 있는 민중들은 그의 말에 공명할 수 있으리라.

않아야 한다는 책임감을 갖게 됐습니다. 사람들의 삶에 긍정적인 영향을 끼쳐서 내 삶의 흔적을 세상에 남기는 것이 내가 꿈꾸는 성공의 모습입니다.(《생각》, 258)

따라서 안철수에게 진흙탕 같은 정치판은 두려움의 대상이 아니었다. 단지 자기에게 밀어닥치는 엄청난 민중의 기대가 무거운 책임감으로 느껴졌을 뿐이다. 이러한 책임감은 결과에 구애되지 않고 의미 있는 정치적 가치를 실현하기 위해 정면으로 부딪치는, 맹자적 동기주의에 기반을 둔 책임감이다.

하늘이 이 백성들을 낳음에 선지자(先知者)로 하여금 후지자를 깨우치게 하고, 선각자(先覺者)로 하여금 후각자를 깨우치도록 하였느니라. 나는 하늘이 낳은 백성 가운데 먼저 깨우친 선각자다. 내 장차 이 도를 가지고 이 백성들을 깨우쳐 줄 것이니, 내가 아니면 누가 하겠는가.(〈만장상〉, 7)

세력의 크고 작음은 천하를 얻는 데 중요한 요소가 아니라고 맹자는 강조한다. 자신의 대에 이르러 동쪽으로는 제나라에 패하고, 서쪽으로는 진나라에 땅 칠백 리를 잃고, 남쪽으로는 초나라에 모욕을 당한 대국의 군주 양혜왕이 맹자에게 설욕할 방법을 묻자, 맹자는 세력은 중요하지 않으니 땅이 사방 백 리(소국을 의미)만 되어도 어진 정치(仁政)을 행한다면 천하를 얻을 수 있다고 하면서, 어진 정치를 행하는 자에게는 천하에 대적할 사람이 없다(仁者無敵)는 것을 의심하지 말라고 한다(〈양혜왕상〉, 5). 단지 민중을 귀하게 여기고(民爲貴,〈진심하〉, 14), 민중과 고락을 함께하는 것(與民同樂,〈양혜왕하〉, 2)이 진정한 정치(인정, 왕도정치)의 요체임을 피력한다. 안철수는 민중에게 출사표를 올리며 이렇게 호소했다.

> 저는 정치경험뿐 아니라 조직도 없고 세력도 없지만, 그만큼 빚진 것도 없습니다. 정치경험 대신 국민들께 들은 이야기를 소중하게 가지고 가겠습니다. 조직과 세력 대신 나라를 위해 애쓰시는 모든 분들과 함께 나아가겠습니다.(출마선언문)

맹자가 말하고 싶은 것은 '정치적 가치(仁政, 王道)는 그 자체로써 목적이어야 하고 정치가는 그것을 진정으로 추구하여야 한다'는 것이다.[24] 이것을 필자는 맹자의 '진정성의 정치'라고 부르겠다. 2절에서 인문 영역의 가치는 그 자체가 목적이어야 하고 진정으로 추구되어야 하며, 이러한 '진정성'은 정치 영역에서는 추구될 수 없다고 하였다. 맹자적 사유에서는 정치적 가치와 인문적 가치를 분리하는 서구 근대성과는 달리 인간의 본성이 선하다는 것을 전제로 하여 정치를 통해 진선미성(眞善美聖)을 실현하고자 한다. 이러한 맹자의 진정성의 정치는 비록 현실에서 그대로 실현되지는 못하였지만, 이를 실현하고자 노력하였던 맹자의 사도들이 2000년 가까이 동아시아 세계에 살고 있었다. 그리고 서구 근대성과의 조우를 헤쳐나온 대한민국에서 필자는 또다시 맹자의 사도가 등장함을 보았다.

---

[24] 그렇지 않고 "힘으로 어짊을 가장하는 정치는 패도(以力假仁者霸)"라고 단정한다(〈공손추상〉, 3).

저는 세상을 움직이는 것은 진심이라고 생각합니다. 진심(眞心)의 정치를 하겠습니다. 그 과정에서 저를 향한 공격이나 비난은 두렵지 않습니다. 극복하겠습니다. 더 나은 미래를 만들기 위해 싸워야 한다면 정정당당하게 싸울 것입니다. 사람의 선의(善意)가 가장 강력한 힘이 될 수 있다는 것을 국민 여러분과 함께 증명하려고 합니다.(출마선언문)

안철수의 출마선언에 민중들은 열광하였다. 민중의 여망을 안철수는 자신의 언어로 우려내었고, 그 언어에 민중은 공감하였다. 근대적 민주주의의 미성숙에 좌절한 민중의 절규에 직면한 안철수는 근대적 민주주의의 성숙이라는 과제를 유교적 진정성의 프레임으로 엮어내었다. 근대성과 유교성이 중첩된 안철수와 그를 지지하는 민중이 일으키는 현상에서 필자는 근대 민주주의와 유교 민본주의의 결합을 상상해 본다.

5. 제4의 물결: 민본민주주의

19세기까지 유교의 역사는 세 번의 물결을 일으키며 전개되었다. 제1의 물결은 춘추전국시대의 원시유교이고, 제2의 물결은 한대의 유교이고, 제3의 물결은 송대의 신유교였다. 그리고 이제 제4의 물결, 즉 민본민주주의의 물결이 일기 시작하였다. 이 도도한 유교 문명의 흐름은 다양한 요소와 교잡하면서 이어졌다. 그중에서도 어떤 요소는 유교와 충돌하여 격한 파고를 일으켜 새로운 물결이 일어나는 계기가 되었다. 선진시대에 제1의 물결이 시작된 이후, 제2의 물결에서는 법가사상이, 제3의 물결에서는 불교가 유교와 부딪혔고, 이제 민주주의가 유교와 격돌하여 제4의 파고가 발생하고 있다. 이처럼 유교의 생명력이 지속할 수 있었던 것은 새로운 상황에 처할 때마다 끊임없이 자기변신을 할 수 있었기 때문인데, 이를 유교의 '포괄성'이라고 하겠다.

중국에서 문명이 발생한 이래 하나라, 은나라, 주나라로의 왕조교체가 있었고, 주나라가 쇠약해지자 분열된 국가들 사이에 패권을 다투는 춘추전국시대가 전개되었다. 이때에 이르러 다양한 사상이 분출하여 자웅을 다투었는데(百家爭鳴), 그중 한 유파였던 유가는 공자를 통해 제1 물결이 되었다. 공자는 전해 내려오던 서적들을 편찬하여 여섯 개의 경전(六經)을 편찬함으로써 자신을 중국문명의 계승자로 자임하였다. 그중에서도 주나라의 주공(周公)을 특별히 존숭하였다.

육경 및 제자들에 의해 편찬된 그의 언행록 《논어》에 나타나는 유가사상의 특징은 신화와 주술의 세계에서 벗어난 인본주의이다. 비록 상제(上帝), 죽음, 귀신, 점(占), 운명 등의 잔재가 남아 있기는 하지만, 인간 중심의 문명세계(人文세계)를 구축하였다. 인간이 인지하고 작위할 수 있는 현세에서 인간의 능력으로 만들 수 있는 바람직한 세상을 제시하였다. 이러한 공자의 생각은 맹자로 계승되어 '성선(性善)'과 '민본(民本)'으로 구체화되었다. 비록 눈앞의 인간은 악행을 하고 있지만 인간의 본성은 선하기에 그 선한 본성을 잘 발휘하도록 하는 것이 성선이라면, 먼저 본성을 발휘한 사람이 정치가가 되어 그렇지 못한 사람을 위하여 정치를 통해 성선을 발휘하도록 하는 것이 민본이다(진정성의 정치). 이렇듯 인본, 성선, 민본이 핵심이 되어 제1 유교의 원형이 이루어졌다.

그러나 유교는 현실의 정치 세계에서 받아들여지지 않았다. 현실에서 위세를 떨치게 된 것은 법가였다. 법가의 핵심은 '성악(性惡)'과 '군본(군주본위)'으로, 전제군주는 법(法)과 형(刑)에 의한 통치로 부국강병을 지향하였다. 유가와 법가는 경쟁을 벌였으나 결국 법가를 채택한 진나라에 의해 천하는 통일되고 제국이 형성되었다. 하지만 얼마 지나지 않아 법가의 폐단이 드러나고 진나라는 단명하고 만다. 제약되지 않는 군주의 권력은 전제화되었으며 형벌이 과도해져서 민중의 삶은 피폐해졌던 것이다.

뒤이어 등장한 한나라는 법가를 대신하여 유가를 국가이념으로 채택하였다. 제2 유교 물결의 시작이었다. 그렇다고 유가가 법가를 배척할 수만은 없었다. 제국의 질서를 확립하여 유지하려면 법가와 타협(법가를 포괄)할 수밖에 없었다. 황제의 권위를 확보하고 중앙과 지방의 행정체제를 구축하며 사회의 신분질서를 확립하기 위해 법과 형에 의한 통치가 이루어지지 않을 수 없었고, 나아가 법가의 군본주의가 옹호되어 군존신비(君尊臣卑)에 입각한 삼강론(三綱論)이 새롭게 유교에 포함되었다. 그러나 법과 형에 의한 통치는 어디까지나 주가 되는 유교의 덕치(德治)를 보조한다는 차원(德主刑補)이었다. 나아가 제2 유교는 군주를 견제하고 민본성을 확보하기 위해 새로운 논리를 개발함으로써 법가와의 차별화를 시도하였다. 동중서에 의한 천인감응설(天譴論)이 그것이다. 이렇게 법가를 포괄함으로써 유교는 제국질서를 유지할 수 있었다.[25]

인도에서 전래된 불교는 현세를 가상의 세계로 규정하고 내세를 참된 세계로 설정한 종교여서 현세의 부자와 군신의 관계가 부정되었다.

---

25 겉으로는 유가를 표방하지만 실제로는 법가적 통치를 의미하는 외유내법(外儒內法)이라는 개념이 사용되고 있는데, 이에 대해서는 후술함.

그것은 가정과 정치가 부정됨을 의미하였다. 또한, 불교는 참된 세계로의 길을 외적 세계와 단절하고 내면의 마음을 통해 찾고자 하였으므로 인간의 행위와 행위의 축적인 역사 역시 부정되었다. 따라서 불교는 결코 유교와는 양립할 수 없었다. 그러한 불교가 유교사회에 광범위하게 퍼져 정신세계를 장악해갔다. 여기에는 몇 가지 원인이 있는데, 유교는 일찌감치 종교성을 탈피하여 현세에서 바람직한 삶을 주로 추구하였고, 한대에는 국가이념으로서 채택되기도 하였지만 유교가 지향하는 사회는 쉽게 이루어지지 않았으며, 더욱이 유교가 인간의 죽음과 내세 및 형이상학에 대한 욕구를 채워줄 수 없었기 때문이다. 급기야 탈정치를 원리로 하는 불교가 현실의 정치 세계를 좌우하는 상황에까지 이르게 되었다. 그러나 불교는 정치를 정화할 수 없었다. 유교는 반격을 준비하였고 당나라 말기에 유종원, 한유 등이 제3 유교의 포문을 열었다.

제3의 신유교는 불교를 배척하면서 일어났다. 그러나 고도의 형이상학으로 무장한 불교의 논리를 유교의 단순한 논리로는 대적할 수 없었다. 유교는 불교의 논리를 자신의 것으로 내재화하여 유교적 형이상학의 세계를 구축하였다.[26] 주자는 우주론, 심성론, 윤리론, 정치론을 포괄하는 웅장한 이기론(理氣論)의 체계를 집대성하였다. 척불론의 핵심 중의 하나는 불교가 내적 마음 수양에 집중할 뿐 외적인 인간사(가정, 사회, 국가)를 무시한다는 것이다. 신유교는 이기·심성론으로 내면의 논리를 강화하는 한편 강화된 내면을 외적 정치에 연결함으로써(修己治人) 불교를 넘어서고자 하였다.[27] 다른 한편 신유교는 천리(天理)의 세계를

---

[26] 도교의 영향도 있었음은 주지의 사실이다.
[27] '합내외지도(合內外之道)'라고 한다. 불교의 내적 측면을 자신의 논리 속으로 포괄하였다.

현실의 군주권보다 상위에 위치시킴으로써 새로운 세력으로 등장한 사대부계층으로 하여금 군주권을 견제하고 민본성을 확보하고자 하였다. 신유학은 이후 원, 명, 청나라에 걸쳐 체제 이데올로기로 군림하였다. 중국에서 발생한 각 단계의 유교는 시차를 두고 주변 국가로 전파되었는데, 특히 고려 말에 한반도에 전해진 제3 유교는 조선왕조의 건국을 계기로 조선을 철저한 유교 국가사회로 만들어갔다.

제1 유교에서 제3 유교에 이르기까지 지속된 유교의 핵심은 인본, 성선, 민본이었다. 유교는 이것을 중핵으로 다른 요소와 대결하고, 타협하고, 흡수하면서 자기변신을 거듭하다가 19세기에 이르러 서구의 근대성과 조우하게 된다. 그러나 자연과학기술, 기독교, 자본주의, 민주주의 등 서구의 근대성은 어느 하나도 쉽게 유교와 양립할 수 없는 것들이었다. 충돌 처음에 유교는 근대성을 배격하였지만 제국주의의 힘에 강요되면서, 마침내 근대성이 유교가 내세우는 바람직한 세상을 더 잘 실현하는 길임을 깨닫고[28] 근대성을 적극적으로 수용하게 된다.

19세기 말 이래 동아시아에는 문명사적 변화가 전개되었다. 중심으로서의 서구와 주변으로서의 동아시아, 문명으로서의 서구와 미개로서의 동아시아라는 이분법적 논리에 따라 경제, 정치 영역에서 근대문명은 유교 문명을 대체해갔다. 그 양상은 동아시아 국가가 처한 상황에 따라 다양했지만 산업화와 민주화의 두 축으로 진행되었다. 그러나 애당초 근대성 자체가 궁극적인 해결책이 아니었던 만큼 20세기 후반에 이르러 근대성은 본거지인 서구에서조차 한계를 드러내며 탈근대의 주

---

28 원래 유교는 민중의 물적 생활의 향상을 중시한다. 나아가 서구적 민권을 보장하는 것이 민본을 실현하는 것이 된다.

장이 개진되었고, 후발 동아시아에서는 급속하게 진행된 근대화의 폐단이 서구보다 더 심각하게 드러나게 되었다. 이쯤에서 이 글의 주제로 돌아가도록 하자.

한국의 경우, 근대화의 찬란한 성공은 역설적으로 초권력주의와 무책임의 구조라는 유산을 남겼고 근대성이 스스로 그 문제를 해결하지 못하자 결국 민란이 발생하였다. 민란의 주인공 안철수는 근대적 민주주의의 성숙이라는 과제를 유교적 진정성의 프레임으로 엮어냈다. 그 유교성은 어디서 나온 것일까?

경제·정치 영역과는 달리 유교적 인문성은 근대적 인문성으로 대체될 수 있는 것이 아니었고, 근대적 인문성이 수용된다고 해서 유교적 인문성이 소멸하는 것도 아니었다. 유교적 인문성은 여전히 온존되었다. 한국의 인문 영역에는 근대적 인문성과 유교적 인문성이 복잡한 양상으로 중첩되어 있는데[29] 2012년의 대선을 계기로 유교적 인문성이 민란의 형태로 현재화하였다. 제4 유교의 물결이 시작된 것이다. 필자는 근대성과 유교성이 중첩된 안철수와 그를 지지하는 민중이 일으키는 현상에서 근대 민주주의와 유교 민본주의가 결합한 '민본민주주의'가 시작되었다고 본다. 그런데 서로 이질적인 이 양자의 결합이 과연 가능한 것인가? 한편은 성선과 민본이고 다른 한편은 성악과 민주가 아닌가? 그러나 역사적으로 유가와 법가가 혼용했고, 유교와 불교도 공존하지 않았던가?

제2 유교에서 법가의 유가화 또는 유가의 법가화를 통해 양자의 절

---

[29] 양자 사이에 일치·유사하여 공유·보완하는 부분이 있는가 하면, 완전히 상극·대립하여 어느 한쪽으로 대체되어야 하는 부분이 있고, 비록 대립하기는 하지만 양립·병존이 가능한 부분도 있다.

충과 혼합이 있었음은 주지의 사실이다(장현근, 1997: 219~238; 이승환, 2001: 199). 유교의 법가화라는 표현에서 유가의 장식성의 측면이 부각된다면, 법가의 유가화에서는 유가의 이념성의 측면이 부각된다. 앞에서 언급한 외유내법(外儒內法)[30]이라는 표현에서도 장식성이 강조된다. 그러나 유가와 법가의 혼용에서는 어디까지나 유교의 덕치(德治)가 주이고 법치는 보조적 차원이었다(德主刑補)[31]는 점을 고려하여 필자는 양자의 융합을 유교의 포괄성이라는 각도에서 파악하고자 한다. 이상성과 현실성을 겸비한 유가가 현실성만 지닌 법가를 포괄하였다. 법가의 협소성이 제국의 질서를 파국으로 이끌었다는 현실인식을 통해 유가는 포괄성을 발휘함으로써 제국의 질서를 유지하려고 하였던 것이다.

성악과 민주의 서구 민주주의와 성선과 민본의 유교는 법가와 유가 못지않게 대립적이다. 그러나 민주주의의 한계라는 시대상황에서 유교의 포괄성은 또다시 역사의 전면에 등장하고 있다. 포괄성은 대립하는 요소를 병존 · 결합 · 혼융하는 힘이다. 원리적으로 완전한 해결은 아니지만 현실에 새로운 물결을 일으킨다. 현존하는 대의민주주의에서 민란이라는 사건이 발생하였다는 것은 민주주의의 협소성이 초권력주의를 치유할 수 없다는 것을 말해 주었다. 유교의 포괄성이 민주주의를 상대로 새로운 힘을 발휘하기 시작하였다. 민주주의의 주체인 민중은 성숙한 민주주의를 위해 그것과는 대치되는 원리를 담고 있는 민본주의를 요청하고 있다. 민주주의의 역설이다. 민중은 민본을 실행해 줄 정치가를 부르고 있고, 정치가는 민주주의 제도와 절차를 기반으로 민

---

[30] 장현근(2010b)은 '외예내법(外禮內法)'으로 개념화하여, 유교 중에서도 순자의 예치에 중점을 두어 한나라의 장기 지속성을 설명한다.
[31] 덕주형보(德主刑補)론은 이상익(2001, 264~279)을 참조.

본정치를 실행함으로써 민주주의를 성숙시키게 될 것이다.

　법가와 유가가 내·외라는 방식으로 결합하였다면(외유·내법), 민본과 민주는 상·하라는 방식으로 융합할 것이다(상민본·하민주). 아래에서는 이익과 욕망을 추구하는 민중이 민주주의 제도와 절차에 따라 정치가를 선출하고, 위에서는 선출된 정치가가 인의(仁義)의 원리에 따라 민본을 실행한다.

　근대성과의 조우 이래의 기간은 제4 유교를 위한 서곡이었다. 이제 제4 유교의 물결은 시작되었다. 민본과 민주의 결합은 그 물결의 한 부분일 것이다. 앞으로 이 물결이 어떤 다양한 모습을 보여주며 전개될지는 모른다. 새로운 유교 이론이 등장할 것이다. 유교의 포괄성은 융합이라는 이 시대의 요구에 호응한다. 정치에서 시작된 근대성과 유교의 융합은 경제, 자연, 종교, 예술 등에서의 융합으로 이어질 것이다.

6. 결론: 안철수 2막

　2012년 대한민국 18대 대통령선거의 주인공은 유교적 정치가 안철수였다. 그러나 그는 진정한 주인공이었던가? 민중에 의해 무대로 불려나와 춤을 추었던 것이 아니었던가?

> 정치에 직접 뛰어들어 긍정적인 변화를 만들어내든, 혹은 직접 나서지 않아도 기성 정치에 긴장감을 불어넣는 역할을 하든, 국민의 열망을 대변해야 하는 것 아닌가 하는 책임감을 느꼈어요. 제가 정치에 참여하느냐 하지 않느냐는 제 욕

심에 따라 결정되는 것이 아니라, '주어지는 것'이라는 생각을 하게 됐죠.(《생각》, 30)

　정치경험뿐 아니라 조직도 없고 세력도 없이 오직 민중에게서 듣는 이야기에만 의존하여(출마선언문) 주어진 배역을 충실히 연기한 배우가 주체적 정치가라고 할 수 있겠는가?
　유교 정치가는 민중의 마음(民心)을 통해 하늘의 명(天命)을 읽어내어 정치(人事)에 임하였다. 그러나 천명과 민심의 '모든 것'이 '아는 방법'을 통해 정치가에게 전해지는 것은 아니다. 따라서 정치가는 비장한 책임감과 주체적 결단을 통해 천명·인심과 인사를 연결할 수밖에 없다. 미지의 세계를 향한 주체적 결단이야말로 유교 정치가의 본령이다. 이 글의 본문에서도 지적하였고, 위의 인용문에도 나오는 무거운 책임감에 따른 9월 19일의 출마 결단이야말로 안철수가 유교적 정치가임을 표출한 사건이었다.
　그러나 안철수에게 유일한 준거인 민중은 고정불변하는 실체가 아니다. 민중은 수시로 유동할 뿐이다. 게다가 민중의 마음은 얼마든지 모순될 수 있다. 그러한 민중의 마음을 잡으려는 것이 얼마나 위험한 일인가? 민중은 '의미'와 '가치'를 중시하는 안철수의 동기주의에 호응하다가 결국은 결과에 민감하지 않았던가? 대선 이후, '안철수를 중심으로 단일화를 이루어 정권교체에 성공하든가, 아니면 적어도 문재인으로 단일화하였다면 승리를 견인했어야 하지 않았나'라는 결과론적 비판이 안철수에게 향하고 있다. 안철수가 다른 정치가들과 다른 것은 그가 유교적 정치가로서 가진 동기주의에 있다. 그러한 그가 만약 결과주의에 기웃거린다면 그의 존재 의미는 사라질 것이다. 이것이 안철수의 딜레마이다. 그는 이 딜레마를 어떻게 돌파해 갈 것인가? 정치가 안철수 2막의 과제이다.

안철수는 "낡은 물줄기를 새로운 미래를 향해 바꿔"놓았다. "미래는 지금 우리 앞에 있"(출마선언문)다고 확언하였다. 그러나 제4 유교로서의 민본민주주의는 미지의 길이다. 민본과 민주는 양립할 수 있을까? 근대적 민주주의에서 진정성의 정치는 가능할까? 과연 이 과제를 안철수는 풀 수 있을까? 민중은 풀 수 없는 문제를 제시한 것인가? 아니면 잘못된 문제인가? 우리는 역사의 미로를 헤맬 것인가? 그러나 민중이 제기한 문제에는 정오(正誤)가 없다. 옳은 문제도 틀린 문제도 정답도 오답도 없다. 단지 풀어갈 뿐이다. 이미 우리 앞에 그 문제는 던져졌을 뿐이다.

1961년의 쿠데타가 산업화 운동의 시발점이 되었고 1979년의 박정희 암살이 민주화 운동의 시발점이 되었다면, 2012년 안철수 민란은 인문화 운동의 시발점이 되어 문명사적 변화의 대미를 향한 문을 열어놓았다. 미래가치를 향한 물줄기는 다양한 분야에서 다양한 인물에 의해 다양한 물길이 만들어지면서 대한민국의 대지를 적실 것이다.

> 저는 기업을 경영하면서 나름대로 '영혼이 있는 기업'을 만들고자 애써왔습니다. 기업이 존재하는 것은 돈을 버는 것 이상의 숭고한 의미가 있으며, 여기에는 구성원 개개인의 자아실현은 물론 함께 살아가는 사회에 기여하는 존재가 되어야 한다는, 보다 큰 차원의 가치도 포함된다고 믿어왔습

니다.(《생각》, 273)

　권력을 갖는 것 이상의 숭고한 의미를 지닌 '영혼이 있는 정치'를 향한 그의 도전은 이제 2막에 접어들었다. 바로 눈앞의 4월에 보궐선거가 펼쳐진다. 맹자는 전국 7웅과 같은 대국이 아니어도 천하를 얻을 수 있다고 했지만 사방 백 리라도 되는 소국의 군주는 되어야 맹자의 설득 대상이 될 수 있었듯이, 민중의 여망을 담아내려면 안철수에게도 '사방 백 리' 정도의 정당은 급선무이다. 비록 이번 선거에서 교두보를 확보한다 해도 자신의 정체성을 유지하면서 험준한 정치지형을 돌파하기는 쉬워 보이지 않는다. 그래도 그에게는 희망이 있다.

　전국시대의 민중은 맹자의 주장에 공감하였을 것이다. 그러나 맹자는 자기의 뜻을 실현하지 못하였으며 그의 사도들도 맹자의 유훈을 실현하지 못하였다. 민중에게 선택할 수 있는 권리가 없었기 때문이다. 지금의 민중은 민본주의에 공감하고 있고, 그들에게는 선택할 수 있는 민주적 권리가 있다.

　그러나 민중은 믿을 수 있는가? 민중을 믿게 하는 것은 정치가의 몫인가?

참고문헌

마루야마 마사오(丸山眞男) 지음·김석근 옮김. 1997. 《현대정치의 사상과 행동》. 서울: 한길사.
마키아벨리 지음·강정인, 문지영 옮김. 2003. 《군주론》. 서울: 까치.
박종민, 배정현. 2011. "정부신뢰의 원인: 정책결과, 과정 및 산출." 《정부학연구》 17(2).
성백효. 1991. 《맹자집주》. 서울: 전통문화연구회.
안철수 지음·제정임 엮음. 2012. 《안철수의 생각》. 서울: 김영사.
이상익. 2001. 《유가사회 철학연구》. 서울: 심산.
이승환. 2001. 《유가사상의 사회철학적 재조명》. 서울: 고려대학교출판부.
장현근 편저. 1997. 《중국정치사상입문》. 서울: 지영사.
장현근. 2010a. 《맹자, 바른정치가 인간을 바로 세운다》. 서울: 한길사.
장현근. 2010b. "公(public)·共(common) 개념과 중국 秦·漢정부의 재발견: 禮·法의 분화와 결합." 《정치사상연구》 제16집 1호.
최장집. 2007. 《어떤 민주주의인가》. 서울: 후마니타스.

필자 약력

현대 한국정치의 사상화(사상적 재구성)

강정인

현 서강대학교 정치외교학과 교수, 서강대학교 현대정치연구소 소장.
서울대학교 법학과 졸업. 미국 UC 버클리대학교(University of California at Berkeley) 정치학 석사 및 박사.
주요 논저: ≪넘나듦通涉의 정치사상≫(후마니타스, 2013), ≪사회계약론 연구≫(서강대학교출판부, 2013, 공저), ≪한국정치의 이념과 사상≫(후마니타스, 2009, 공저), ≪서구중심주의를 넘어서≫(아카넷, 2004) 등.

김동춘

현 성공회대학교 사회과학부 교수, 성공회대학교 민주주의연구소 소장.
서울대학교 학사, 동 대학 사회학과에서 석사 및 박사. 진실화해를 위한 과거사정리위원회 상임위원 역임. 참여연대 정책위원장.
주요 논저: ≪이것은 기억과의 전쟁이다≫(사계절출판사, 2013), ≪1997년 이후 한국사회의 성찰≫(길, 2006), ≪전쟁과 사회≫(돌베개, 2000), ≪한국 사회과학의 새로운 모색≫(창작과비평사, 1997), ≪한국사회 노동자 연구≫(역사비평사, 1995) 등.

문지영

현 한국여성정책연구원 부연구위원.
이화여자대학교 정치외교학과 졸업. 서강대학교 정치학 석사 및 박사. 영국 케임브리지대학교 박사 후 연구원 역임.
주요 논저: ≪지배와 저항: 한국 자유주의의 두 얼굴≫(후마니타스, 2011), 〈한국의 민주주의와 양성평등: 여성정치할당제 문제를 중심으로〉(기억과전망, 2012), 〈자유주의와 근대 민주주의 국가: 명예혁명의 정치사상〉(한국정치학회보, 2011), 〈김재준과 1960~70년대 민주화 운동의 정치사상〉(정치사상연구, 2010) 등.

양승태

현 이화여자대학교 사회과학대학 정치외교학과 교수.
서울대학교 문리과대학 정치학과 졸업. 미국 노스웨스턴 대학교 대학원 정치학 박사. 독일 튀빙겐대학교 철학부 및 고전학부, 미국 브라운 대학교 고전학과 방문교수.
주요 논저: ≪소크라테스의 앎과 잘남: 대화, 아이러니, 시민적 삶, 그리고 정치철학의 태동≫(이화여자 대학교출판부, 2013), ≪대한민국이란 무엇인가: 국가 정체성 문제에 대한 정치철학적 성찰≫(이화여자대학교출판부, 2010), ≪우상과 이상 사이에서: 민주화 시대의 이데올로기들에 대한 비판적 성찰≫(이화여자대학교 출판부, 2007), ≪앎과 잘남: 희랍 지성사와 교육과 정치의 변증법≫(책세상, 2006) 등.

이동수

현 경희대학교 공공대학원 교수, 교무처장.
서울대학교 정치학과 졸업. 서울대학교 정치학 석사, 밴더빌트대학교 정치학 박사. 대통령직속 녹생성장위원회 위원, 대통령실 정책자문위원.
주요 논저: ≪행복과 21세기 공동체≫(아카넷, 2013, 편저), 〈고대 그리스 비극에 나타난 민주주의 정신: '아테네'의 메타포를 중심으로〉(한국정치연구, 2013), 〈미국건국에 있어서 공공성과 공동성〉(한국시민윤리학회보, 2011), 〈지구시민의 정체성과 횡단성〉(21세기정치학회보, 2010), 〈소통정치와 미디어〉(아세아연구, 2009) 등.

서양 정치사상의 한국화

김남국
현 고려대학교 정치외교학과 교수. 장 모네 석좌교수(Jean Monnet Chair Professor).
서울대학교 정치학과 졸업. 미 시카고 대학교 정치학 박사. 파리고등사회과학원 초빙 교수.
주요 논저: 〈문화적 권리와 보편적 인권〉(국제정치논총, 2010), 〈Migrant Workers' Movement in the Democratic Consolidation of Korea〉(*Journal of Contemporary Asia*, 2012), 〈Deliberative Multiculturalism in New Labour's Britain〉(*Citizenship Studies*, 2011) 등.

김성문
현 홍콩시립대학 공공정책학과 부교수.
연세대학교 정치외교학과 졸업, 한국학중앙연구원 한국학대학원 석사, 매릴랜드대학교 박사. 리치몬드대학교 조교수 역임.
주요 논저: ≪*Confucian Democracy in East Asia: Theory and Practice*≫(Cambridge University Press, 2014), 〈John Dewey and Confucian Democracy: Toward Common Citizenship〉(*Constellations*, forthcoming), 〈To Become a Confucian Democratic Citizen: Against Meritocratic Elitism〉(*British Journal of Political Science*, 2013), 〈Confucian Constitutionalism: Mencius and Xunzi on Virtue, Ritual, and Royal Transmission〉(*The Review of Politics*, 2011), 〈Mencius on International Relations and the Morality of War〉(*History of Political Thought*, 2010) 등.

김희강

현 고려대학교 행정학과 부교수.
이화여자대학교 정치외교학과 졸업, 시카고대학교 정치학 석사, 박사. 경희대학교 인류사회재건연구원 연구교수.
주요 논저: 〈Marriage Migration between South Korea and Vietnam: A Gender Perspective〉(*Asian Perspective*, 2012), 〈The Comfort Women System and Women's International Human Rights〉(Korea Observer, 2012), 〈Luck and the Gendered Social Structure〉(*Journal of Women, Politics & Policy*, 2010), 〈Should Feminism Transcend Nationalism? A Defense of Feminist Nationalism in South Korea〉(*Women's Studies International Forum*, 2009), 〈Equality as an Evaluation of Social Relations〉(*Public Affairs Quarterly*, 2006) 등.

김용민

현 한국외국어대학교 정치외교학과 교수.
서울대학교 정치학과 졸업. 동 대학원 석사. 시카고대학교 정치학 석사, 박사. 한국정치사상학회 회장 역임.
주요 논저: ≪루소의 정치철학≫(인간사랑, 2004), 〈에피쿠로스신학과 스토아신학에 관한 비판적 검토: 키케로의 『신의 본성에 관하여』를 중심으로〉(한국정치연구, 2012), 〈키케로의 정치철학: 『국가에 관하여』와 『법률에 관하여』를 중심으로〉(한국정치연구, 2007), 〈루소의 국제정치관과 평화사상〉(국가전략, 2006), 〈플라톤의 세계에서 신화의 의미: 정치적 신화를 중심으로〉(정치사상연구, 2004) 등.

장동진

현 연세대학교 정치외교학과 교수.
연세대학교 정치외교학과 학사, 동 대학원 정치학 석사, 텍사스주립대학교 정치학 박사. 한국정치사상학회장. 연세대 사회과학연구소장. 연세대 사회과학대학장/행정대학원장.
주요 논저: ≪심의민주주의: 공적 이성과 공동선≫(박영사, 2012), ≪현대자유주의 정치철학의 이해≫(동명사, 2001), 〈자유주의〉(2008), 〈Rawls and Natural Justice: The Law of Peoples in view of the Yin-Yang Theory in the Book of Change〉(2008), 〈East Asian Perspectives on Liberal Democracy: Critical Evaluation〉(2004) 등.

동아시아 전통 정치사상의 현대화

이승환
현 고려대학교 철학과 교수.
고려대학교 철학과 졸업. 국립대만대학교 철학연구소 석사. 하와이대학교 철학과 박사. 한국 동양철학회 회장, 고려대 철학연구소 소장 역임.
주요 논저: 《횡설과 수설: 4백년을 이어온 성리논쟁에 대한 언어분석적 해명》(휴머니스트, 2012), 《유교담론의 지형학》(푸른숲, 2004), 《유가사상의 사회철학적 재조명》(고려대학교출판부, 1998) 등.

김비환
현 성균관대학교 정치외교학과 교수, 한국정치사상학회 회장.
성균관대학교 정치외교학과 졸업, 영국 케임브리지 대학 대학원 사회정치학과 석사, 박사. 한국정치학회 이사역임, 한국정치사상학회 편집위원장, 연구위원장 역임.
주요 논저: 《오크숏의 철학과 정치사상: 이데올로기와 실용주의를 넘어선 자유와 해방의 철학》(한길사 2013), 《플라톤과 아리스토텔레스의 정치철학과 변증법적 법치주의》(성균관대학교 출판부 2011), 《포스트모던 시대의 정치와 문화》(박영사 2005), 《축복과 저주의 정치사상: 20세기와 한나 아렌트》(한길사 2001), 〈마이클 오크숏의 법의 지배 이론과 그 헌정 구조적 함의―하이에크와의 비교를 포함하여〉(법철학연구, 2012), 〈시장과 민주주의의 관계를 중심으로 본 현대 자유주의의 내적 분화: 기본권 개념을 중심으로〉(법철학연구, 2004), 〈A Critique of Raz's Liberal Perfectionism〉(*Government & Opposition*, 1996) 등.

김석근

현 아산정책연구원 인문연구센터 센터장, 아산서원 부원장.
연세대학교 정치외교학 학사, 한국학중앙연구원 한국학대학원 석사, 한국학중앙연구원 한국학대학원 박사, 일본 동경대학 법학부 대학원.
주요 논저: ≪마루야마 마사오: 주체적 작위, 파시즘, 시민사회≫(아산정책연구원, 2013, 번역서), ≪문명론의 개략을 읽는다≫(문학동네, 2007, 번역서), ≪한국의 자유민주주의≫(인간사랑, 1999), ≪한국 정치사상사≫(백산서당, 2005, 공저), ≪일본정치사상사연구≫(통나무, 1998, 번역서) 등.

이상익

현 부산교육대학교 윤리교육과 교수.
성균관대학교 한국철학과 졸업, 동 대학원 철학박사. 육군사관학교 철학과 교수 역임.
주요 논저: ≪주자학의 길≫(심산, 2007), ≪유교전통과 자유민주주의≫(심산, 2004), ≪儒家 사회철학연구≫(심산, 2001), ≪서구의 충격과 근대 한국사상≫(한울, 1997) 등.

박홍규

현 고려대학교 정치외교학과 교수.
고려대학교 정치외교학과 졸업. 일본 동경대학교 석, 박사. 고려대학교 아세아문제연구소 연구교수 역임.
주요 논저: ≪마루야마 마사오: 리버럴리스트의 초상≫(논형, 2011), ≪정치가 정도전≫(까치, 2007), ≪주자학과 일본근세사회≫(예문서원, 2007), 〈주희(朱熹)의 이단론과 세종(世宗)의 중용론: 흥천사 사리각 논쟁을 중심으로〉(Korea Journal, 2012), 〈정치가 태종: 권력에서 권위로〉(Korea Journal, 2006) 등.

탈서구중심주의를 지향하며
현대 한국 정치사상

초판 1쇄 발행 2014년 6월 25일

엮은이 강정인

펴낸곳 아산서원
주소 서울시 종로구 경희궁1가길 11
등록 2013년 12월 16일 제 300-2013-154호
전화 02-730-5842
팩스 02-730-5876
이메일 info@asaninst.org
홈페이지 www.asaninst.org
편집 디자인 All Design Group

ISBN 979-11-952043-0-4 03300
값 22,000원

※ '아산서원'은 아산정책연구원에 소속되어 있는 인문 · 교양 분야 전문출판사입니다.
※ 이 책은 아산서원이 저작권자와의 계약에 따라 발행한 것이므로
　 본원의 허락 없이는 어떠한 형태나 수단으로도 이 책의 내용을 이용할 수 없습니다.